U0959790

1. 莱维家族最自豪的资产——“乐园”。1888 年，它遭到了储户们的愤怒围攻

2. 中年的切萨雷·莱维，摄于 1933 年。他在“乐园”度过了他的童年假日

3. 翁贝托国王大街 75 号的楼梯井。莱维在这里结束了他的生命

4. 埃丝特尔·莱维与她的第一个孩子，普里莫，摄于 1920 年。注意为婴儿出牙准备的琥珀串珠

5. 姥爷切萨雷·卢扎蒂、姥姥阿德利娜·卢扎蒂与他们的外孙女和外孙，安娜·玛丽亚和普里莫，摄于 1926 年

6. “孩子们的热身”——都灵的瑞典体操课，摄于 1925 年。前排从左至右：罗伯托·莱维（后被党卫军杀害）、普里莫·莱维、朱莉娅·科隆博；右下角为普里莫的妹妹，安娜·玛丽亚·莱维

7. 安娜 · 博尔戈尼奥与学生们。从左至右，下排：安娜·博尔戈尼奥（莱维的体操教师）、费尔南达 · 皮瓦诺；中排：佛朗哥 · 欧佩蒂、鲁道夫 · 维拉；普里莫在后排最右侧

8. 从左至右：普里莫 · 莱维、他的表妹朱莉娅、妹妹安娜 · 玛丽亚，摄于 1929 年。注意普里莫与他的妹妹的身高差距

9. 莱维和家人在巴多内基亚，摄于 1934 年，让莱维几乎丧命的那次登山之旅的前夕。从左至右：安娜 · 玛丽亚 · 莱维、普里莫 · 莱维、朱莉娅 · 科隆博和她的妈妈艾达 · 卢扎蒂 · 科隆博

10. 莱维与“达阿塞里奥侯爵”皇家预科学校的同学们。莱维在最后排，左数第四人；布鲁诺·福阿，后排左数第六人；马里奥·皮亚琴察，后排右数第三人；乔治奥·拉特斯，中排右数第三人；恩尼奥·阿尔托姆，前排左数第三人；马里奥·洛萨诺，前排最右侧，摄于1935年

11.1936年，“达阿塞里奥侯爵”皇家预科学校的校刊，《福尔马林里的达阿塞里奥》。画面中，皮埃蒙特地区的达阿塞里奥侯爵被泡在防腐液里。莱维在这份杂志中发表了他的处女作

12. 普里莫·莱维的漫画形象（文字为“一位编辑”），作者为乔治奥·拉特斯

13. 最左侧，埃马努埃莱·阿尔托姆；左数第五人，阿齐莉娅·阿里希；洛伦佐·考科洛教士，摄于1936年

14. 巴多内基亚，米米·金德和帕皮·金德，“希腊诸神”，摄于1935年

15. 都灵，化学学院，俯瞰瓦伦蒂诺公园，注意尖顶的通风塔

16. 吉亚科莫·蓬齐奥教授

17.1930 年，莱维的英语老师，格拉迪斯·梅尔罗斯

18.1941 年，尼科伦·达拉波塔博士

19.1940 年，莱维的化学系校友们。第二排左至右：埃斯特尔·瓦拉布雷加、瓦娜·拉娃、克拉拉·莫斯基诺（最右侧）；第三排最左侧，埃玛·维塔-莱维

20. 莱维的两位化学系女友：盖比瑞拉·加尔达和伊迪丝·薇兹

21.1941 年，莱维沿着意大利湖泊骑行

22.1940 年，桑德罗·德尔玛斯特罗和他的狗，弗勒希

23.1940 年，普里莫·莱维与阿尔贝托·索莫尼

24. 莱维的天使漫画。画中，莱维带着他的冰镐和化学器皿飞到米兰去工作，在他的翅膀上写着万德有限公司生产的各种婴儿食品和酊剂的名称

25. 艾达·黛拉·托雷（最右）在米兰的工棚里被迫制作水壶的漫画

26. 安娜·玛利亚·莱维与普里莫·莱维在皮奥萨斯科山谷花园，摄于 1941 年

27. 莱维在假身份证上的照片

28. 万达・马埃斯特罗

29. 卢西亚娜・尼希姆

30. 约兰达・德・贝内代蒂

31. 佛朗哥・萨切尔多蒂和努奇・特雷韦斯

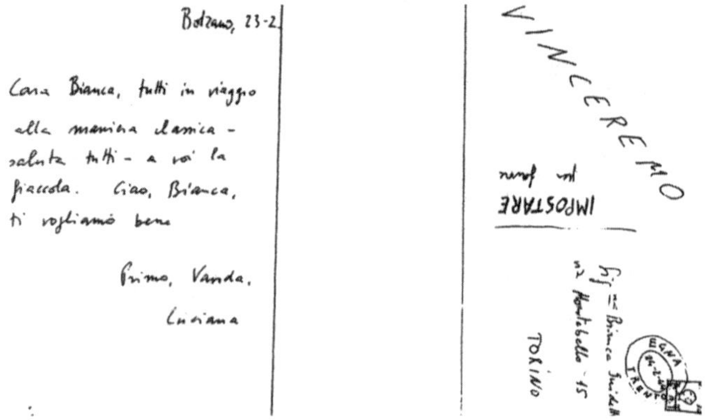
Bolzano, 23-2

Cara Bianca, tutti in viaggio alla maniera classica - saluta tutti - a voi la fiaccola. Ciao, Bianca, ti vogliamo bene

Primo, Vanda, Luciana

VINCEREMO

IMPOSTARE per favore

TORINO

32. 莱维从去往奥斯维辛的列车上扔下的纸条，收信人是比安卡·乔德蒂·塞拉。“亲爱的比安卡，我们正在以传统的方式前行。请向大家转达我们的致敬。愿你将这火炬传递下去。想念你，比安卡——我们祝你幸福。普里莫、凡达、卢西亚娜。”

33. 阿尔贝托·达拉·沃尔特，摄于1943年末他被捕的前几天。“一个强壮而平和的人，黑夜的武器在他面前变得迟钝。”

34. 身着狙击兵制服的洛伦佐·佩罗内，摄于1925年。“没人知道我欠这个人多少情。”

35. 让·萨米埃尔，摄于奥斯维辛解放后。他和莱维在集中营遭受突袭时相遇。那时，他们谈起了各自的母亲

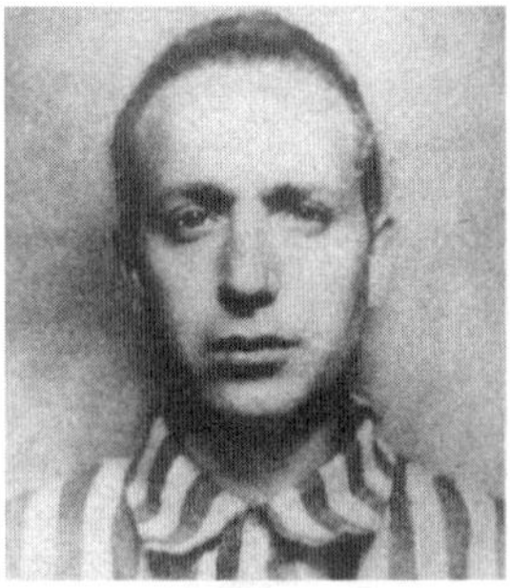

36. 莱洛·佩鲁贾，摄于1945年5月，卡托维茨，奥斯维辛解放五个月后。《休战》中的塞萨尔，“阳光的孩子”

37. 佛朗哥·安东尼切利，摄于 1935 年

38.《这是不是个人》(*Se questo è un uomo*) 第一版的封面，安东尼切利选择使用戈雅的画作

39.1952 年 11 月 13 日，奥古斯托·索莫尼与朵拉·索莫尼的金婚庆典。从右下角起：普里莫·莱维、不知名客人、阿尔贝托·索莫尼、露西娅·莱维、布鲁诺·索莫尼和比安卡·乔德蒂·塞拉

40.1954 年 4 月，普里莫·莱维（右数第六人）在布痕瓦尔德集中营纪念仪式上

41.1952 年，韦尔切利。从左至右：莱维、艾达·黛拉·托雷和西尔维奥·奥尔托纳

42.1952 年，莱维与乔瓦娜·巴尔扎雷蒂在 SIVA

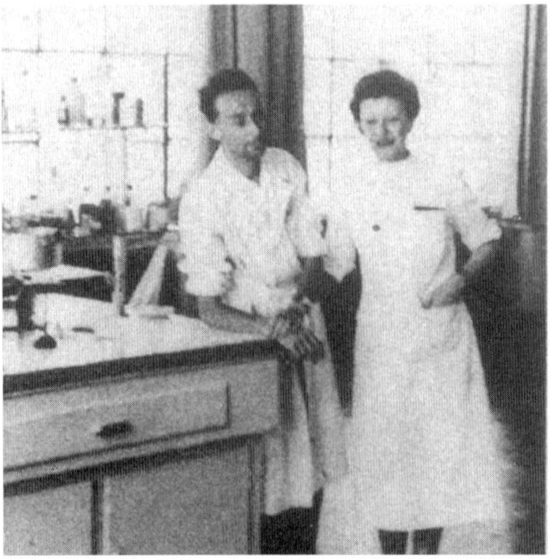

43. 弗德里科（“里科”）·西拉·阿卡蒂，“一位非常杰出的人类专家”

44.1963 年，翁贝托国王大街 75 号的家中。从左至右：丽莎·莱维、普里莫·莱维、伦佐·莱维、露西娅·莱维

45. 在《休战》和德语版《这是不是个人》中使用的作者照片

46.1963 年，“斯特雷加文学奖”颁奖典礼上。从左至右：伊塔洛·卡尔维诺、朱利奥·埃诺迪和娜塔丽亚·金兹伯格

47. 李奥纳多（“纳多”）· 德 · 贝内代蒂

48. 海蒂 · 施密特–马斯

49. 费迪南德 · 迈尔，《元素周期表》里的洛萨 · 穆勒。他在开始与莱维的通信时，把这张照片寄给了莱维

50. 努托 · 雷韦利在韦尔杜诺城堡

51. 马里奥 · 里戈尼 · 斯特恩在为学生进行讲座

52. 伊迪丝 · 布鲁克

53.1972 年 6 月 8 日，SIVA，欧索里娜・费雷罗的生日。普里莫・莱维站在左侧

54. 比安卡・乔德蒂・塞拉在法庭上

55. 开始蓄须的莱维与 SIVA 公司的秘书弗兰卡・坦比尼

56. 1975 年 5 月 30 日，化学系同学会。莱维刚刚同意把《元素周期表》的续篇命名为《双键》。乔瓦娜・巴尔扎雷蒂坐在莱维的左边

57.1980 年，莱维正在向巴巴拉·帕普兹解释自然现象

58.1983 年 7 月 31 日，普里莫·莱维在他的 64 岁生日之际登上了科涅附近的高山

59.1986 年 4 月 21 日，莱维与露西娅在斯德哥尔摩。莱维正在进入一次抑郁发作期

60.1986 年 9 月，在翁贝托国王大街 75 号的家中。莱维与菲利普·罗斯闲聊。67 年前，他就出生在这间公寓里

Ian Thomson

# Primo Levi

## A Life

# 普里莫·莱维传

[英] 伊恩·汤姆森 著
杨晨光 译

中信出版集团 · 北京

图书在版编目（CIP）数据

普里莫·莱维传 /（英）伊恩·汤姆森著；杨晨光
译. -- 北京：中信出版社，2018.12
书名原文：Primo Levi: A Life
ISBN 978-7-5086-7806-1

Ⅰ. ①普… Ⅱ. ①伊… ②杨… Ⅲ. ①普里莫·莱维
–传记 Ⅳ. ① K835.465.6

中国版本图书馆 CIP 数据核字（2017）第 150379 号

PRIMO LEVI by Ian Thomson
Copyright © Ian Thomson 2002
Simplified Chinese edition copyright © 2018 Shanghai Sanhui Culture and Press Ltd.
Published by CITIC Press Corporation
All rights reserved.
本书仅限中国大陆地区发行销售

普里莫·莱维传

著　　者：［英］伊恩·汤姆森
译　　者：杨晨光
出版发行：中信出版集团股份有限公司
（北京市朝阳区惠新东街甲 4 号富盛大厦 2 座　邮编　100029）
承 印 者：山东临沂新华印刷物流集团有限责任公司

开　　本：960mm×1300mm　1/32　　印　　张：23　　字　　数：667 千字
版　　次：2018 年 12 月第 1 版　　印　　次：2018 年 12 月第 1 次印刷
京权图字：01–2017–7348　　广告经营许可证：京朝工商广字第 8087 号
书　　号：ISBN 978-7-5086-7806-1
定　　价：118.00 元

版权所有·侵权必究
如有印刷、装订问题，本公司负责调换。
服务热线：400-600-8099
投稿邮箱：author@citicpub.com

以此书，献给

伦敦的劳拉，

及

罗马的劳拉，

且

缅怀我的父亲

约翰·汤姆森（1928—2002）

医院上空，

灰云缓缓北去，

医院中的护士们，

描绘着人类世界的失败。[1]

1　摘自《无主之日：德国诗歌，1945—1946》（*The Derelict Day*: *Poems in Germany*, *1945-1946*），艾伦·罗思（Alan Ross），《德国军医院》（"German Military Hospital"）。

# 目录

# 插图说明

18. 格拉迪斯·梅尔罗斯（马里纳·贝尔提）

19. 莱维的化学系校友们的照片（莱维山庄）

20. 盖比瑞拉·加尔达和伊迪丝·薇兹（瓦娜·拉娃）

21. 莱维沿着意大利湖泊骑行（比安卡·乔德蒂·塞拉）

22. 桑德罗·德尔玛斯特罗（埃斯特尔·瓦拉布雷加）

23. 普里莫·莱维与阿尔贝托·索莫尼（比安卡·乔德蒂·塞拉）

24. 莱维的天使漫画（尤金尼奥·真蒂利）

25. 艾达·黛拉·托雷在米兰的工棚里被迫制作水壶的漫画（尤金尼奥·真蒂利）

26. 莱维与他的妹妹（西尔维奥·奥尔托纳）

27. 莱维在假身份证上的照片（《邮报》）

28. 万达·马埃斯特罗（朱莉娅·科隆博·迪娜）

29. 卢西亚娜·尼希姆（卢西亚娜·尼希姆）

30. 佛朗哥·萨切尔多蒂和努奇·特雷韦斯（尤尔达·萨瑟多蒂·戈德拜切）

31. 约兰达·德·贝内代蒂（艾尔莎·穆贾）

32. 莱维从去往奥斯维辛的列车上扔下的纸条（莱维山庄）

33. 阿尔贝托·达拉·沃尔特（保罗·达拉·沃尔特）

34. 洛伦佐·佩罗内（福萨诺国民图书馆）

35. 让·萨米埃尔（让·萨米埃尔）

36. 莱洛·佩鲁贾（莱洛·佩鲁贾）

37. 佛朗哥·安东尼切利（蕾娜塔·安东尼切利）

38.《这是不是个人》（*Se questo è un uomo*）第一版的封面（朱莉娅·科隆博·迪娜）

39. 奥古斯托·索莫尼与朵拉·索莫尼的金婚庆典（布鲁诺·索莫尼）

40. 莱维在布痕瓦尔德集中营纪念仪式上（佛朗哥·施昂希特）

41. 莱维、艾达·黛拉·托雷和西尔维奥·奥尔托纳（西尔维奥·奥尔托纳）

42. 莱维与乔瓦娜·巴尔扎雷蒂（乔瓦娜·巴尔扎雷蒂）

43. 弗德里科（“里科”）· 西拉 · 阿卡蒂（保拉 · 阿卡蒂）

44. 翁贝托国王大街 75 号的家中，丽莎、莱维、伦佐和露西娅（《新闻报》）

45. 在《休战》和德语版《这是不是个人》中使用的作者照片（莱维山庄）

46. 伊塔洛 · 卡尔维诺、朱利奥 · 埃诺迪和娜塔丽亚 · 金兹伯格（《邮报》）

47. 李奥纳多（“纳多”）· 德 · 贝内代蒂（埃里奥 · 维塔莱）

48. 海蒂 · 施密特–马斯（玛丽安娜 · 施密特–马斯 · 费尔斯切）

49. 费迪南德 · 迈尔（寇朵拉 · 迈尔 · 布洛斯费尔德）

50. 努托 · 雷韦利（《邮报》）

51. 马里奥 · 里戈尼 · 斯特恩（《邮报》）

52. 伊迪丝 · 布鲁克（《邮报》）

53. 莱维和欧索里娜 · 费雷罗（约瑟佩 · 维内齐亚）

54. 比安卡 · 乔德蒂 · 塞拉（《邮报》）

55. 莱维与弗兰卡 · 坦比尼（弗兰卡 · 坦比尼）

56. 莱维参加化学系同学会（乔瓦娜 · 巴尔扎雷蒂）

57. 莱维和巴巴拉 · 帕普兹（阿尔贝托 · 帕普兹与路易莎 · 帕普兹）

58. 普里莫 · 莱维登上了科涅附近的高山（西尔维奥 · 奥尔托纳）

59. 莱维与露西娅在斯德哥尔摩（马里奥 · 那提）

60. 莱维与菲利普 · 罗斯（《邮报》）

# 前言

我于1991年初抵达都灵，着手这部传记。那时，我在都灵并没有几个熟人，也不知道该如何开始。要挖掘出那些鲜为人知的事实，并把它们编织成一部传记，其中的困难是难以想象的。不过，我知道普里莫·莱维酷爱登山运动。所以，我在都灵的第一步行动就是去参观国家山脉博物馆。不出所料，我在那里除了找到一些法西斯时代的铁头登山杖、宽松的登山短裤以及野山羊标本之外，并没有发现任何有价值的信息。莱维的遗孀，露西娅（Lucia），明确表示不接受采访。我见到了她的儿子伦佐，和他一起品尝了都灵的开胃酒。像他的妈妈和姐姐一样，伦佐并不想回答任何关于莱维的问题。不过，他告诉我，虽然莱维家族并不准备提供帮助，但他们也不会妨碍我的调查工作。

从一开始，我就决心不能凭借莱维的著作来构建这部传记。在我看来，在这传记中堆砌莱维早已出版的文字，不仅是虚伪的，同样也是危险的。莱维撰写了一些精美的自传体小说。在一定程度上，这也为传记作家带来了巨大的困难。于是，我尽可能多地采访相关人士；而决不让自己拘泥于莱维本人的文字。

都灵是一座小城，消息很快就传开了。有人说我锲而不舍，也有人说我执迷不悟。而莱维的朋友们开始接受我的采访。直到那时，我对莱维的认识在很大程度上还局限于我对他本人进行的采访。那还是我在他逝世前不久进行的一次采访。那次采访让我对莱维产生了难以磨灭的印象，而我的调查工作的许多灵感也来源于此。

在那次采访中，普里莫·莱维穿着一件衬衫，左臂上“174517”的刺青清晰可见。（他尖刻地评论这是“德国人典型的归门别类的才能”。）那是1986年7月，一个夏日的午后。莱维差不多68岁了，却仍旧神采奕奕。同年早些时候，他在伦敦的意大利文化研究院做讲座时，我曾经见过他。会后，我与他取得联系，请求他接受我的采访，以期将相关报道登载在某份报刊之上。我已经在《伦敦杂志》（*London Magazine*）上发表了几篇采访意大利作家的稿子，其中包括伊塔洛·卡尔维诺（Italo Calvino）、娜塔丽亚·金兹伯格（Natalia Ginzburg）、列昂纳多·夏夏（Leonardo Sciascia）和阿尔贝托·莫拉维亚（Alberto Moravia）。莱维也是我预期的采访对象之一。在这次采访中，他一直坐在一张印花棉布旧扶手椅上，抽着那种在特殊场合才抽的“阿拉斯加”薄荷烟卷。他戴着一副旧金丝边眼镜，颌下的胡须经过仔细的修剪。他的书房很简朴，包括一盏万向台灯、一台打字机，以及其他用于写作的基本必需品。墙边摆放着成架的书籍，其中只有寥寥几本是英语的。墙上悬挂着几个画框，里面镶嵌着莱维过去作为化学家时获得的证书。证书下面是一个玻璃门书架，陈列着用铜丝制作的猫头鹰、企鹅，以及一只巨大的蝴蝶模型。他曾经在都灵郊外的一家装饰品与油漆工厂里担任了30年经理。我能在房间里看到的其他装饰品只有一幅画，画的是一道残破的铁丝网——奥斯维辛。

在意大利，莱维是一座国家纪念碑。而我时年24岁，为这次采访感到惴惴不安。而且，其他地方的意大利人都认为都灵人虚伪，冷漠（“falso e cortese”，他们说，“虚情假意”）。但我所见到的莱维亲切而迷人，严肃又不失风趣。那个下午充满了意想不到的笑声，莱维不时会显得容光焕发，比如谈到登山的时候。我决定把关于奥斯维辛的问题留到后面，也不知道怎么导向这个话题。我荒唐地担心那会让莱维觉得沮丧，所以我先跟他谈科幻小说和化学。今天，再次听到那次采访的磁带时，我为莱维的回答听起来那么中规中矩而惊讶。在我遇到莱维的时候，他已经积累了丰富的采访经验，能够专业地应对关于纳粹暴行的问题。我们采访的下半程是以《这是不是个人》

（*If This Is a Man*）为中心进行的。现在，这部著作已经成为意大利校园中的指定读物。没有任何书能比这本书更深刻、更直接地表现出纳粹种族灭绝的恐怖，或对我们近现代的道德史提出如此尖锐的质问。作为人对人的暴行的无声证据，它始终是我们时代最重要的著作之一。

告辞的时候，我注意到靠大门的墙边钉着一块马蹄铁。一位伯伯在街上拾到了它，“但我不知道它是否给我带来了幸运”，莱维淡淡地说。接着，他表示这次采访给了他“莫大乐趣”。这令我不禁欣喜若狂。九个月后，莱维去世了。

本书的撰写颇费了些时日。我用了 5 年在意大利、德国、波兰、美国和英国开展调查，采访了 300 多人，与这些人中的大半保持着通信联系。我与莱维的妹妹安娜·玛丽亚（Anna Maria）有过六次长谈。她是一位迷人、高雅的女士，有着敏锐的幽默感。当她发现我采访过她哥哥时，她看起来既感动，又高兴。在我们最后一次采访中，她非常意外地告诉我，英国作家阿道斯·赫胥黎（Aldous Leonard Huxley）的第二任太太不仅是莱维的同学，而且自莱维出生起就和他住在同一幢公寓楼里。我跟随这条线索，在好莱坞的一栋别墅里找到了劳拉·阿彻拉·赫胥黎（Laura Archera Huxley）太太。她能告诉我关于战前都灵的情况——那时莱维还是一个孩子。

我希望找到其他了解莱维的人，于是在《科学美国》（*Scientific American*）和《化学与工业》（*Chemistry and Industry*）上刊登了广告。广告的效果不错。一位伦敦的荣格派心理分析师、一位亚特兰大的生物物理学家，还有一位新墨西哥州的波兰裔幸存者都和我取得了联系。他们都认识莱维，也都有一些关于莱维的趣事要告诉我。传记作家成了侦探，拼合信息碎片，还尝试追寻目击证人。一位意大利女士，埃琳娜·西蒙（Elena Simion），在“二战”中被驱逐出境。她在 1945 年年底经苏联位于波兰卡托维兹的中转营回到了威尼斯。她在卡托维兹与莱维有过短暂的交往。在支付了 3 万里拉的法定费用之后，威尼斯出生与死亡登记处的一名职员才告诉我，在埃琳娜·西蒙死后，她的女儿娜迪娅仍然生活在威尼斯的威内托区。娜迪娅·汉密尔顿（Nadia Hamilton）在 1945 年 5 月 25 日出生于波兰。她的父亲，罗伯特·汉密尔顿（Robert Hamilton）是一名苏格兰战俘，也是在1945年年底经卡托维兹回国。我非常想找到他，不仅是为了他对于战后波兰的记忆（我希望这份记忆也许能对莱维的回忆录《休战》构成补充），也是为了他女儿。娜迪娅从未见过自己的父亲。我进行了大量的调查工作，最终却难以找到他的下落。

其他采访对象则没有这么困难。已故的天才作家富尔维奥·托迈札（Fulvio Tomizza）住在伊斯特里亚——意大利与前南斯拉夫之间的边境地带。我给他的出版商写的信都如泥牛入海，而我也无法通过电话联系到他。于是我去克罗地亚碰碰运气，看能不能找到他。乘出租车到达玛特雷德村后，我向村民打听，找到了去他家的路。找到他的时候，他正在焚烧落叶。“你从伦敦来？”喝完一瓶当地的葡萄酒后，托迈札和我谈起了莱维，还有我在撰写这部传记中肯定会遇到的困难。他警告我，“你无法轻易走进莱维的人生。”莱维保护自己隐私的决心是众所周知的。如果莱维想保守一份秘密的话，那么他一定会坚持到底。他常常混迹于一些平凡人之中：他们是工人、制酒匠、铁匠。他们大多数人乐于回答我的问题，但有时候他们对于莱维的记忆却含糊不清，受到第三方记忆的影响，或干脆在岁月中日渐模糊。作为莱维的传记作家，我将会面对许许多多的陷阱，而不可靠的信息来源只是其中之一。

我仍然清楚地记得调查工作中的一个片断。我在都灵查阅一些微缩胶片上的旧报纸时，发现了一则关于莱维祖父意外死亡的报道。那是一则启示。1888年夏天，工程师米歇尔·莱维（Michele Levi）曾被紧急送进都灵的一家综合医院——圣乔瓦尼·巴蒂斯塔医院（San Giovanni Battista Hospital）。这所医院大楼的空旷和阴郁使它仍然宛如一座军事要塞，而其中的医务人员也如旧日一样热情、友好。令我惊讶的是，我居然找到了医院1888年的出入登记簿。它仍然保存在医院厢楼一间潮湿的房间里。岁月已经在纸张上留下了棕色的斑点。其他幸运时刻也接踵而至。我曾联系过意大利集中营幸存者伊塔罗·蒂巴尔多（Italo Tibaldo），因为他认识莱维。但那时我完全不知道他辛辛苦苦地编写了一份和莱维一起被投进奥斯维辛集中营的犹太人的明细名单。这份名单为我提供了所有这些被投入集中营的犹太人的国籍和出生日期，也让我能够去想象那辆牲畜列车的死亡车厢中发生的一些事情。

不可避免地，我所收集的许多材料对于犹太人民有着极为重要的意义。但我并不是一个犹太人。而这个事实也许恰恰为我撰写此书提供了有益的客观性。莱维很少把自己称为“犹太作家”，他并不是通过宗教视角，而是通过一位世俗的人文主义者的更广阔视角去描写奥斯维辛。在莱维所撰写的所有主题中，正是纳粹集中营，以及战后欧洲精神和物质的毁灭，为他提供了长期的主题和素材。近代也发生过其他大屠杀事件，但没有一件能像希特勒德国在欧洲中心所进行的这场屠杀这样残忍，这样“蓄意而高效”[1]——正如莱维所言。即使是莱维所尊崇的英国著名小说家，赫伯特·乔治·威尔斯（Herbert George Wells），凭借其不可思议的科学预言天赋，也无法预见在奥斯维辛或特雷布林卡发生的工业化屠杀。我们仍然在学习如何理解莱维所见证的这场大灾难。他的人生和著作反映了他的时代，而这部传记则将他置于20世纪这个更广大的框架中。

莱维的逝世，让欧洲文学界失去了一个最高尚、最富有人情味的声音。他的声望与日俱增，现在他是世界最可敬的作家之一。就在莱维逝世后不久，他已经对其他人的创作产生了巨大的影响。美国小说家菲利普·罗斯（Philip Roth）的《夏洛克在行动》（*Operation Shylock*）是对莱维回忆录的痛苦（也是有趣的）致敬。伦敦东部的剧作家阿诺德·韦斯克（Arnold Wesker）给我发来了一份他的电视剧本，《早餐》（*Breakfast*）。其中他借鉴了莱维的《这是不是个人》（此书从未被搬上舞台）。还有美国电影导演伍迪·艾伦（Woody Allen），他承认自己在拍摄电影《罪与错》（*Crimes and Misdemeanours*）时的灵感正是来自莱维——一位叫路易斯·莱维的哲学家从高处一跃而下，结束了自己的生命。从年轻时起，普里莫·莱维就开始遭受情绪低落的困扰，其后发展成抑郁症。他不易相处，也难以理解，但他仍然受到公众的爱戴。我希望本书能揭晓其中的一些原因。

---

1 “蓄意而高效”:《记忆之声》，p.180。

# 一

# 1987年4月11日

意大利作家普里莫·莱维今天从他位于都灵的居所楼梯上跌落身亡。警方确认他死于自杀，时年68岁[1]。

意大利，都灵，路透社

1987年4月11日上午大约10点至10点15分之间，位于马塞纳街73号的警察总部接到了一个电话。它是通过紧急报警电话113转来的：出事了。警察机动小组及一辆救护车赶到了翁贝托国王大街75号。这是都灵居民区里的一栋公寓。大门已经打开，以便警察进入。在公诉办公室，日期为4月11日（周六）的首份报告中，警方记录道："……在电梯附近发现了尸体……身份为普里莫·莱维……"[2]他从大楼楼梯井坠下，大约15米高度，头部先着地，摔在电梯井道旁边的大理石地面上。立即死亡。

初始调查排除了第三方作案的可能性。不过，在莱维生命的最后时刻并没有目击证人。根据警方的现场重构，莱维打开他的四楼公寓的房门，在无人目击的情况下，走出公寓，来到楼梯平台，翻下楼梯栏杆，无声地坠落。死亡时间大约在上午10点05分（并非如此，据意大利报纸，是在上午10点20分或10点30分），大约在警察赶到现场前10分钟。最后见到莱维活着的人是公寓的看门人约兰达·加斯佩里（Jolanda Gasperi）。

在这次事故发生后的第19天，1987年4月30日，约兰达·加斯佩里在马塞纳街警察总部接受警方讯问。她是一位身材矮小、头发灰白的女人。由于警方刻板的手续，她的证词显得有些僵化、不自然："兹证明我担任翁贝托国王大街75号看门人一职。"[3]证言由此开始。"大约在上午10点，整理完邮件后，我去作家莱维的寓所，位于前述地址的四楼，亲自给莱维送邮件。然后，我回到门厅干活。正准备扫地时，突然听到楼梯间传来一声巨响，就立刻去查看，发现莱维躺在地上，靠近电梯井旁边。"约兰达·加斯佩里试着给红十字会打电话，想叫一辆救护车，但电话没人接听。这时一个男人走了进来（"清洁公司的老板，我不知道他的名字"），拨打了113电话，接通了警务中心的话务员。在警方和救护车赶到后，看门人又给普里莫·莱维的儿子伦佐打了电话，告诉了他发生的事情。

伦佐·莱维（Renzo Levi），29岁，生物物理学家，住在翁贝托国王大街75号旁边的另一栋公寓里。尽管住得很近，但他并没有听到楼下的骚乱声。莱维的女儿丽莎，38岁，生物教师，同样住在附近：她在事后很快赶到现场。当天上午，都灵大街上通行的车辆很少，这让警方机动小组可以迅速赶到现场——在这个复活节的长周末，许多人离开了都灵。人们都认为1987年4月11日是一个罕见的晴朗日子。在连月的阴雨之后，翁贝托国王大街沿街的马栗树吐出了它们的第一批春芽。

据一位记者的报道，当天早晨，约兰达·加斯佩里曾经对普里莫·莱维说："您看今天的阳光多好啊，教授！"[4]许多人都用"教授"称呼莱维（他并没有这样的头衔，这只是一个尊称）。加斯佩里只比普里莫·莱维小10天，1919年8月10日出生于意大利北部的特伦蒂诺省。她已经在翁贝托国王大街75号当了12年的看门人。

那个周六，按照她每天上午10点的习惯，加斯佩里太太拿着一捆邮件离开了守门人的小屋，打算给那些还在公寓里的住户送邮件。米兰的《意大利新闻报》（*Il Giorno*）报道称，她沿着电梯旁宽大的花岗岩楼梯拾阶而上，路过一个个镌刻着住户姓名的黄铜铭牌，还有每层的两扇木门，像往常一样分发邮包和信件。来到四楼，她按响了3A室[5]的门铃。普里莫·莱维打开门，伸出手取信。"不，没有什么特别的，"加斯佩里告诉罗马的《共和报》，"几份广告宣传册，一本书，一本杂志。没什么，我是说，这也许让他不高兴了。"

在她担任看门人的漫长岁月里，约兰达渐渐与莱维熟识。一周前，他还在他的新书上为她签名赠言："以友情和尊敬"。据她回忆，那个春日上午，莱维并没有不合宜的行为。"他像往常一样跟我打招呼。微笑，道一声谢谢。"《共和报》（*La Repubblica*）还引用了加斯佩里的说法："我知道他这些日子有些情绪低落，但他从来不在我的面前表现出他的悲伤。"从《意大利新闻报》上，我们可以发现莱维当天上午的衣着穿戴：短袖白衬衫、灰裤子、黑鞋。

约兰达·加斯佩里回到楼下，还没过五分钟，她听到"砰"的一声（"un tonfo"）。当时在莱维的公寓里，只有普里莫·莱维的母亲埃丝特尔和一名护士，埃琳娜·乔达尼诺。"我不知道出事了，"护士告诉一家地区报纸，"我正忙着照顾老太太。"事实上，两位妇女正位于距离房门最远的一个房间里，无法听到四楼楼梯平台上的声音。乔达尼诺也在马塞纳街警察总部里接受了警方讯问。她在1930年10月26日出生于都灵。她以常见的正式口吻开始了她的证词："兹证明我是一名护士，从1968年8月起，在作家普里莫 · 莱维[6]的居所里履行我的职责，即照顾他92岁的母亲埃丝特尔。"[7]

她接着说："作家普里莫 · 莱维在医院里经历了一场前列腺手术，刚出院不久，情绪极为烦躁。事实上，有时他会问我，他的病能不能痊愈，因为他觉得难以做到随时接待来宾。1987年4月11日，我像往常一样，在早上8点给他打针之后继续我的工作。大约10点，莱维叫我，问在他下楼去门房的时候，我能不能守在电话旁边。"看起来，莱维是想确保房间里唯一走动的，乔达尼诺护士，不会无意间打扰他完成他那可怕的想法。"从那时起，我就再没见到莱维，"护士继续说，"当他的儿子莱维 · 伦佐在警察的陪同下来到公寓后，我才知道发生的事情。"在回答其他问题时，护士重复着她的证言："我证明莱维 · 普里莫的情绪极为烦躁不安。事实上，有时我看到他双手抱头坐在那里，沉思。"

所以，很可能并不是看门人约兰达 · 加斯佩里（正像意大利报纸所宣称的），而是那名护士最后见到了活着的普里莫 · 莱维：与莱维结婚40年的妻子露西娅，当天上午9点30分外出购物。当加斯佩里的求救声惊动了弗朗西斯科 · 夸格里亚（Francesco Quaglia）时，她还没有回来。弗朗西斯科 · 夸格里亚72岁，是一名牙医，在同一栋大楼里开了一间诊所。他从上学时就认识莱维。（不清楚夸格里亚究竟是不是像加斯佩里对警察所说的那样，是"清洁公司"的老板，但他负责公寓的管理。）"那场面真可怕，"夸格里亚告诉《共和报》，"一眼就能看出没救了。"莱维的妻子带着大包的生活用品回来了。报道称，加斯佩里和夸格里亚都试图阻止她进入现场。"我们来不及阻止她看到那场面。"夸格里亚解释。露西娅抱住夸格里亚："普里莫有抑郁症，"她不断对他重复这句话，"你也知道，不是吗？"

所有的意大利报纸都把这件事归咎于普里莫 · 莱维晚年的抑郁症，或者某种精神错乱。其中一家报纸引用他遗孀的说法："我就担心会这样，每个人都担心。普里莫厌倦了人生……我们尽量不让他独处，每时每刻。有那么一会儿工夫就足够了。”“我就担心会这样，每个人都担心。”——据称［据米兰8月的《晚间邮报》（*Corriere della Sera*）报道］，这是露西娅·莱维扑倒在丈夫身边，试着抬起他的脑袋时哭喊出的第一句话。这时，几名法医赶到了现场。其中有人在电梯旁的大理石地面上撒了些木屑，那里已经有了一摊小小的血泊。莱维的母亲已经靠直觉猜出发生了不幸。都灵的《邮报》（*La Stampa*）称，她哭号着：“这出出进进都在干什么……这场骚乱……出什么事了？……普里莫……他出什么事了？”人们告诉她，她的儿子因心脏病发作被送进了医院。

警方征召到场的医生留下了一张简短的、手写的字条：“兹证明普里莫·莱维很可能死于自杀。忠实的罗伯托·曼达斯医生（Dr. Roberto Mandas），87/4/11。”[8] 纸条在翁贝托国王大街75号被当场签字，在所有的官方报告中，这是对自杀的第一次提及。

祈福的人群、朋友、亲戚聚集在公寓楼外面。人们在莱维坠落的地方敬献兰花和勿忘我花。献花越来越多，以至于约兰达·加斯佩里不得不把它们统统搬到看门人的小屋里去。意大利共产主义报纸《支队》（*L'Vnità*）试图抓住人们震惊和悲痛的感觉：“守门人正把公寓楼的大门关上一半，以此作为哀悼的标志。这时，一个女孩骑着自行车来到门前。那女人对她说了几个字。笑容突然从那年轻的脸庞上消失了：‘普里莫·莱维去世了？’”

根据都灵助理检察官洛雷托博士（Dr. Loreto）的命令，尸体被送到都灵大学法医学院。尸体在上午11点45分被存入那里。这时距离不幸发生还不到两个小时。两天后的4月13日（周一），马里奥·波尔蒂格利亚提（Mario Portigliatti）教授代表警方进行了尸检。尽管普里莫·莱维无疑死于自杀，但意大利刑法第365款规定，检察官必须听取病理学家的尸检报告结果。报告中写道：“尸僵呈现，左前臂伸展肌表面有374572数字的文身（数字几乎难以辨认）。两耳双侧出血及右鼻孔出血……”[9] 这位病理学家本人也是死者生前的朋友。他也许并不知道，这个集中营文身是174517（生前是清晰可辨的），而不是尸检报告中所引用的数字。

死亡原因总结如下："大脑粉碎，伴有多处颅骨骨折。心脏、肺脏、肝脏、脾脏……严重撕裂伤。椎骨、胸骨、所有肋骨、锁骨、骨盆、右大腿骨及右腕骨骨折。"导致死亡的物理原因为"高处坠落致死"（precipitazione dall'alto）。

这场悲剧在 1987 年 6 月 5 日落下了大幕。都灵法庭正式宣布普里莫 · 莱维死于自杀，因此不涉及刑事程序，且"所有与自杀相关的文件"[10] 都被纳入法庭卷宗。

## 注释

1 实际上，他离 68 岁的生日还有三个月。（本书注释如无特殊说明，均为原注，下同。）

2 "……在电梯附近发现了尸体……"：引用自警方档案（1987 年 4 月 11 日；H.15.00），都灵市圣塞孔多警察局；由卡拉塔医生（Carratta）签字。

3 "兹证明我担任……"：《约兰达 · 加斯佩里目击证言》（都灵市圣塞孔多警察局，1987 年 4 月 30 日）。

4 "您看今天……"：多家意大利报纸（1987 年 4 月 12 日）引用该文：《支队》《早报》《信使报》《晚间邮报》《共和报》《日报》《中央报》《西西里日报》，还有《邮报》（1987 年 4 月 13 日）。

5 欧洲人习惯将一楼称为 Ground floor（底层），二楼称为 First floor（一层），依此类推，因此四楼 A 室的门牌号为 3A。——译者注

6 警察笔录中，某些地方用的是"莱维 · 普里莫"，某些地方用的是"普里莫 · 莱维"。

7 "兹证明我是一名护士……"：《埃琳娜 · 乔达尼诺目击证言》（都灵市圣塞孔多警察局，1987 年 4 月 11 日）。

8 "兹证明……"：皮埃蒙特地区国民健康署，U.S.L. 都灵 1-23（对象：证 . 死亡）。

9 "尸僵呈现……"：《法医报告》，1987 年 4 月 13 日。都灵大学，法医研究所。

10 "所有与自杀相关的文件"：《普里莫 · 莱维自杀案相关卷宗》，都灵法院，刑事起诉办公室（N.2078. Reg. Gen. Istr；N.1585/87 c P.M.）。

# 二

# 莱维的先辈们

（1819—1919）

# 1

普里莫·莱维喜欢把他的祖先描写成不谙世故、有着学者风度，却迷失在徒劳的投机事业中的形象。在他的著作中，他们带着厚重的伪装，是精心虚构和小道传闻相结合的产物。不过，他在笔下几乎从来不提及他的直系亲属：读者无从知晓他的婚姻状况，他妻子的名字，甚至他有没有子嗣。莱维的家族谨慎地守卫着它的秘密：早在莱维父辈的年代，这件丑事就已经被掩盖起来。它已经渐渐损害了莱维家族在意大利社会中的地位。莱维的先辈们是银行家，而且，作为在近代获得解放的、成功的犹太人，他们在商业中赚取的财富足以让人们羡慕。

同意大利北部大多数的犹太人一样，莱维家族自称是塞法迪犹太人[1]（英语为“Sephardim”，派生自希伯来语“Sefarad”，意为“西班牙”）的后裔，在15世纪为了逃避反犹的卡斯提尔王国[2]而进入意大利。大约在1500年，他们在皮埃蒙特地区定居。“皮埃蒙特”意为“群山脚下的地方”，其后成为萨伏依王朝[3]统治的地区之一。莱维家族在皮埃蒙特地区的最早记录出现在蒙多维（Mondovì）。约瑟夫·莱维（Giuseppe Levi），作家的曾祖父，大约在1819年出生于蒙多维犹太人隔离区。后来，他对于神职人员表现出一种谨慎的厌恶，但在商务经营中屡遭不幸。这份商途上的厄运在其后代身上仍然阴魂不散。在他出生一年后，莱维银行在蒙多维成立。不过，在犹太人区，商务活动却受到了重重限制。

作为一种惩罚手段，意大利半岛上的第一个犹太人隔离区出现于1555年。而蒙多维的犹太人隔离区则建立于1725年。即使如此，蒙多维犹太人区与意大利半岛上其他那些见证了贫穷、饥饿和疾病的犹太人隔离区并不一样。可查的史料表明，蒙多维犹太人区没有过多的人口，大门在夜间也不上锁。1796年，在蒙多维犹太人隔离区建立70年后，随着拿破仑率领新兴的法兰西共和国大军越过阿尔卑斯山侵入意大利，蒙多维的犹太人获得解放。

人们在大广场上栽下了一棵解放之树，而且有大约 200 名犹太人给他们的新生儿起名“波拿巴”以纪念他们的解放。然而，皮埃蒙特地区的犹太人仅仅享受了不到 20 年的公民自由，大革命时代就结束了。1815 年，萨伏依王朝恢复了犹太人隔离区，并且清洗了他们的雅各宾王国。

莱维家族不得不又等待了四分之一个世纪以迎来他们的再次解放。1848 年，在位的萨伏依国王，查尔斯·阿尔伯特（Charles Albert），颁布了划时代的《自由法案》（Edict of Emancipation），将诸多权利赋予他领土上的犹太人。这些权利是犹太人原本做梦都不敢想的。犹太人隔离区再一次取消了。整个皮埃蒙特处处都发生着民族同化。解放让约瑟夫·莱维可以离开蒙多维。并且在法案颁布的 12 个月内，他和妻子恩里凯塔（Enrichetta）向南搬迁了 80 公里，来到另一个更小的镇子——贝内瓦杰恩纳镇（Bene Vagienna）。他们在这里开办了家族银行的支行。1849 年 5 月 13 日，他们的儿子米歇尔，莱维的祖父，降生在贝内瓦杰恩纳镇。

莱维家一共六口人，是当时贝内瓦杰恩纳镇 6039 名居民中仅有的六名犹太人。虽然这个小镇坐落在罗马人的殖民古城奥古斯塔巴津诺拉姆（Augusta Bagiennorum）的遗址之上，但它并没有任何出众之处——正像皮埃蒙特地区所有的乡村一样，街道两旁有着长长的游廊。游廊上方笼罩着低矮的黄褐色拱顶。镇政厅旁耸立着巴洛克式造型奇特的圣方济各教堂。远处起伏的平原上分布着桑园和葡萄园。莱维银行坐落于镇子的主广场——波特罗广场边的一座大房子里。一幅同时代的版画作品中可以看到收银柜台对面有存放马车和马匹的马房，阳台上垂下条条紫藤。约瑟夫·莱维买卖地产和金子，但他在贝内瓦杰恩纳镇最赚钱的买卖是银行。人们都认为他家过于招摇。在贝内瓦杰恩纳镇还没有铺砌路面的那个年代，莱维家就在自家附近铺上了石板。当地人都用皮埃蒙特语啧啧连称：“那房子用了太多石头！”（Trope pere'n tsa ca!）[4]

1859 年，米歇尔·莱维 10 岁的时候，萨伏依国王维克托·伊曼纽尔二世（Victor Emanuel II）在意大利发起了爱国统一运动，又称意大利复兴运动。1861 年，意大利宣布统一：意大利正式成为在萨伏依王朝统治下的单一国家。除了教宗所在地罗马，其他地区都明确废除了对犹太人的歧视政策。

解放前，犹太人只有两种选择，从事金融业，或者钻研犹太法学。现在，他们能与占意大利人口大多数的天主教徒一样享有平等的公民权利，并可以自由选择职业。米歇尔成为北意大利犹太人中抛弃旧犹太人隔离区中传统的高利贷和金匠生意的第一代人。他似乎并不想子承父业，而是从都灵的土木工程专业毕业。在此之前，莱维家族中还没有人在皮埃蒙特的首府居住过。按当地的标准，米歇尔已经算是一个受过高等教育的人了。1873 年，他完成了他关于法国工程师卡米尔·波隆索（Camille Polonceau）的博士论文，并把它献给“最亲爱的父母”。[5]

关于普里莫·莱维的祖父的资料甚少。据说，他瘦弱，忧郁，而且并不是很高（“1.67 米”[6]）。他由于“右侧腹股沟疝气”没有通过征兵体检。在都灵学习时，他遇到了他未来的妻子阿黛尔·塞尼加利亚（Adele Sinigaglia），一位生长在都灵的交际花，比他小五岁。至于她的娘家，阿黛尔出身于一个富裕的皮埃蒙特布商家庭。据记载，她是一个“金枝玉叶”（benestante）[7]。人们都认为米歇尔有些高攀。米歇尔和阿黛尔的家庭赞成这门婚事，并共同承担了婚礼和嫁妆费用。米歇尔带着他的新娘回到了贝内瓦杰恩纳镇，并成为家族企业中的一员。起初，他们的婚姻非常和谐。1878 年，米歇尔 28 岁时有了第一个儿子，切萨雷（Cesare，普里莫·莱维的父亲），后来他们又生了两个儿子。

萨伏依王朝的法案所赋予犹太人的世俗自由让莱维家族获利颇丰。日期为 1863 年 11 月 3 日的一份法律文书表明，纳佐尔村（Narzole）的一处房产被“蒙多维与贝内瓦杰恩纳镇居民，萨尔瓦多之子，约瑟夫·莱维先生”[8]以 600 里拉的价格卖出。犹太人现在可以和教堂做生意。1875 年，蒙多维主教从“莱维父子”银行借出了 5300 里拉——当时的一笔巨款。新的法律废除了教士不能和犹太人做生意的规定，允许犹太人购买教会的地产，这让犹太人大占便宜。贝内瓦杰恩纳镇的记录表明，约瑟夫·莱维先生至少拥有 14 处地产，其中多处以前都是教堂的土地。这些地产价值 50 万里拉，按今天的标准计算，总价将超过 100 万英镑。据当地报纸报道：“该公司拥有价值超过 50 万里拉的地产，成为小镇的命脉。每个人，上到地主、商人，下到仆从、农民，都把他们或多或少的存款存入**莱维公司**。几乎可以说，莱维银行就是这片土地上的国家银行。”[9]

普里莫·莱维的父亲就是这个大富之家的子孙。约瑟夫和他的儿子是镇上的名人。不过，离开都灵远居外省之后，阿黛尔·塞尼加利亚并不为她的婚姻感到快乐。1881 年，等到她第三次怀孕的时候，她与镇上的医生，菲利斯·勒巴登戈医生（Dr. Felice Rebaudengo）勾搭成奸。今天的镇民仍然记得这个人——一位个头高大，留着长长的黑色胡须的共济会会员。他不仅比荡妇阿黛尔年轻五岁，而且是一位受洗的天主教徒。就在这位医生与阿黛尔亲热的时候，莱维家族即将失去他们的家族企业，还有他们的财富和社会地位。

如果今天去问贝内瓦杰恩纳镇那些年长的镇民，他们会深情而空幻地提起“郁金香莱维”（i Levi dei tulipani）[10]。这个绰号来自贝内瓦杰恩纳镇郊外一栋缀满鲜花的“农舍”（Cascina）。如今，这栋坐落在一条白垩溪[11]边的农舍早已破败不堪。这栋农舍周边几英里的地方是唯一长满野生郁金香的地方。郁金香球根极易移植，而在皮埃蒙特，遭受迫害的犹太人曾经定居的地方往往有着栽种郁金香的遗迹。不过，有些时候，在皮埃蒙特语中，这个深情的绰号“郁金香莱维”成了“冤大头”的代名词（当地人的说法是：“你就是一株郁金香”）。镇民们流传着关于愚蠢的“老郁金香”约瑟夫·莱维和他的妻子恩里凯塔曾经怎样富甲一方，又怎样在一场关于他们的儿子米歇尔的丑闻中被压垮的故事。

1888 年夏天，莱维父子银行已经资不抵债的传闻（其来源未知）开始四散传播。愤怒的储户袭击了位于波特罗广场的家族银行，想处死米歇尔·莱维和他的父亲约瑟夫。于是，莱维父子，昨天还是广受尊敬的银行家，今朝却成了可鄙的犹太放贷人。暴徒之一是当地的税官（“Cedularius”[12]，来自意大利化的拉丁语单词“cedola”，意为“收条”）。他还是一名教士——彼得罗·东佩（Pietro Dompè）牧师。他在莱维银行里存了 11000 里拉，为了收回这笔钱，他煽动起这场骚乱。银行门外的大街上聚集了 200 多名农民。暴徒们易于轻信教会的煽动。而东佩牧师轻而易举地激发起他们的反犹情绪。在复兴运动之后的意大利，那些文化程度不高的乡村牧师有理由为这个平等主义的新时代而感到恐惧。莱维的一处地产，现在位于九月二十日大街（Via XX Settembre），原本是圣方济会的一个小修道院。东佩无疑为莱维家族占用教会地产而感到愤恨。

“警察”（carabinieri）驱散了人群，莱维家的房子也被警戒隔离以避免“更大的麻烦”。两天后，1888年7月24日，星期二，米歇尔·莱维带着他的仆从们逃到了都灵。我们不知道他的父母约瑟夫和恩里凯塔是否跟他在一起。据一份报纸称，这个“惊恐的”工程师和“他妻子的亲戚”一起藏身于都灵的老犹太人隔离区里。几乎可以肯定，“他妻子的亲戚”指的是阿黛尔的哥哥莫伊兹（Moise），一名律师，以及他的女儿塞莱斯特（Celeste）。都灵《人民报》（*Gazzetta del Popolo*）7月26日—27日的周末版，在《工程师的自杀》的冷酷标题之下，写道：“昨晚凌晨2点，贝内瓦杰恩纳镇的工程师米歇尔·莱维，年仅40岁，从保拉的圣弗朗西斯科街18号的一处二楼住宅[13]跳下，坠落在下方的院子里，身受重伤。看门人和工程师莱维的仆人急忙赶去，把他移到床上。虽然已经叫了医生，但仆人们仍然建议莱维的亲人把这个不幸的人送到圣乔瓦尼·巴蒂斯塔医院。这个谨慎的建议被采纳了。但莱维在被送往医院的路上去世。”这篇报道还称，自杀的消息已经“在都灵和贝内瓦杰恩纳镇激起了巨大的震惊和悲痛”。

凌晨3点，就在米歇尔·莱维纵身跃出窗户的一个小时之后，他被紧急送到医院。在医院1888年的出入登记簿上记录着，7月26日，星期四，工程师米歇尔·莱维“到达医院时已经死亡”。普里莫·莱维的祖父时年39岁，而不是当地报纸所称的40岁。所记录的直接死亡原因是“高处坠落致死”（precipitazione dall'alto）[14]——与99年后普里莫·莱维尸检报告上的死亡原因一字不差。

都灵的《人民报》转载了一篇来自贝内瓦杰恩纳镇，日期为1888年8月1日的专题报道，更正了之前关于这场自杀的一则新闻条目：“工程师米歇尔·莱维上周在都灵结束了自己的生命。在报道这则消息时，该报称导致这个不幸的人采取如此绝望之举的原因是一个谜。不幸的是，甚至在自杀发生之前，贝内瓦杰恩纳镇的许多人就已经了解其中原委。正是约瑟夫·莱维父子银行的灾难性倒闭导致了这场不幸——工程师米歇尔·莱维是这家银行的合伙人。”这篇报道推测，家族银行不可避免的破产让米歇尔·莱维感到绝望而自杀。这篇报道并没有提到他配偶的不忠。

8月3日，周五，另一家报纸《阿尔卑斯的哨兵》（*La Sentinella delle Alpi*）报道了这场破产和自杀的悲剧，报道称“著名的犹太人”，约瑟夫·莱维再一次险些命丧暴徒之手。仅仅在米歇尔·莱维自杀四天后，就爆发了第二次骚乱。这场骚乱很可能也是税官东佩牧师煽动起来的。一群农民“发现”约瑟夫·莱维藏在他的猎屋“乐园”[15]里。这栋“乐园”坐落于莱奎奥塔纳罗（Lequio Tanaro）的一座葡萄园内。葡萄园位于一片陡坡之上，而猎屋就在坡顶，想必难以围攻。尽管如此，暴徒们仍然穿过葡萄藤攀上坡顶，“肯定不是想拥抱那个破产的家伙”，破门而入，却并没有找到约瑟夫·莱维。这篇报道并没有说他接下来发生了什么，但在他的儿子米歇尔·莱维自杀后，他把“乐园”卖给了附近福萨诺镇的科隆博家族。1995年，科隆博家族一名年长的后人克里斯托费罗·科隆博博士（Dr. Cristofero Colombo）告诉我，莱维企业其实并没有破产。恰恰相反，正是在一位“反犹教士”[16]的努力下，它才被迫关门停业。事实上，1888年8月4日的一篇新闻报道证实，这家银行的负债仅仅超过其资产81277里拉（按今天的标准，17000英镑）。所以，莱维父子银行并没有深陷债务危机。那位记者总结道，如果储户们少一些“疯狂与愤怒”[17]，这家银行“很可能仍在正常运营”。就在莱维家族被逐出贝内瓦杰恩纳镇后不久，东佩牧师就在镇上开办了一家新银行。

## 2

1888年8月18日，蒙多维民事法庭宣布“一个调查委员会”[18]（其中包括阿黛尔·塞尼加利亚的情夫菲利斯·勒巴登戈医生）将对莱维银行的破产案进行调查。这个臭名昭著的委员会包括福萨诺银行、亚历山德里亚银行和蒙多维储蓄银行的老板——这些尊贵的银行家统统是莱维父子银行的敌人。在破产程序的文件中，我们还可以看到“已故的米歇尔·莱维的遗孀阿黛尔·塞尼加利亚”的名字。她针对莱维银行发表了一则声明（但文件中并没有提到是哪种声明）。

11月17日，蒙多维法庭休庭并通过了对莱维父子银行的最终判决。法官大人并不为这家银行的事态所动，而是在结案时判决莱维家族破产。“让他们继续做生意只会引起更大的危害。”[19] 至于庭审的细节，在判决的文书上盖着“GRATUITO PATROCINIO”（免费法律援助）的印章。69岁的约瑟夫·莱维，当地曾经富甲一方的人物，却已经付不起自己的律师费。

所有的新闻报道都认为，对于贝内瓦杰恩纳镇的居民来说，1888年是可怕的一年。在莱维银行倒闭之后，“当地陷入了一场疯狂的、难以形容的骚乱”。镇民先是遭到一场霍乱疫情的打击。接着，9月4日傍晚，米歇尔·莱维自杀的两个月后，一场风暴摧毁了临近丰收的葡萄园。“地平线变得漆黑，密集的冰雹像雨点一样猛地砸下来。不到10分钟，地上就积了一英寸厚的冰粒……1888年绝对是一个灾（jattura）年。”随着新年的到来，人们又迎来了一次日食。都灵记录了一场地震的颤动。

在这个悲惨的故事中，我们没有再听到约瑟夫和恩里凯塔的名字。他们可能在清算了他们的资产之后离开了贝内瓦杰恩纳镇。今天，他们的房产已经破败不堪，如脚手架般摇摇欲坠。我们不知道阿黛尔·塞尼加利亚和菲利斯·勒巴登戈医生在法庭上得到了何种经济补偿方案，但他们很可能获利颇丰。他们在都灵的波河街（Via Po）——城里最昂贵的地区之一——买下了一套公寓。米歇尔·莱维的三个儿子，切萨雷、恩里科、马里奥（Cesare、Enrico、Mario，年龄分别为10岁、9岁和7岁），和他们一起搬进了城里。在都灵古老的犹太墓地里，专门隔离出一块空地用于埋葬自杀者。在茂盛而杂乱的野草中间，一块石碑标志着普里莫·莱维的祖父的坟墓：

怀念工程师米歇尔·莱维

1888年7月26日

他离开了挚爱的亲人们

他的妻子和儿子们

祈祷他能获得
永远的安宁。[20]

## 3

很可能在1888年或1889年间，普里莫·莱维的父亲切萨雷从贝内瓦杰恩纳镇来到了都灵。这次搬家，无论是对他，还是对他的两个弟弟，无疑都是一个难关。家族失去了原本显赫的社会地位。切萨雷离开了他的故乡，离开了他的祖父母，和他的单亲家庭一起生活在都灵。一等到服丧期满，他的妈妈就迫不及待地再婚了——关于阿黛尔·塞尼加利亚和她的情夫菲利斯·勒巴登戈医生的流言很快在都灵传得满城风雨。10岁的切萨雷已经成长到足以理解他父亲死亡的可怕性质，并感到照顾两个小弟弟恩里科和马里奥的责任重重地压在他的肩上。

大约在1890年，菲利斯·勒巴登戈医生娶了寡妇塞尼加利亚为妻，成了米歇尔·莱维的三个儿子的继父。他的外科诊所位于波河街24号——全家人在都灵的新公寓——接诊时间是下午1点到3点。他把大量的业余时间投入慈善事业。一份城市指南把他列为一家孤儿院的“名誉健康巡查员”[21]。他的慈善事业是都灵相对进步的中产阶级的典型做派。这无疑也有助于这位医生躲开莱维的三个孩子。这些孩子并不赞同他和他们的母亲阿黛尔之间的婚姻，并越来越讨厌他。

阿黛尔嫁给了一名天主教徒，这无疑表现出她对于融入意大利天主教社会的渴望。她对犹太教的繁文缛节的掌握已不牢固，但她仍然像犹太人一样重视教育。在意大利的大部分人口属于文盲的那个年代，大多数意大利犹太人却能够识文断字。阿黛尔坚持送切萨雷去工科学校，以便让他学习数学、设计和地理的基础知识。其后，他在都灵大学研习应用数学。切萨雷原本可以进入一所犹太神学学校就读，但阿黛尔想让她的大儿子追随她那已故的工程师丈夫的世俗、科学的脚步。切萨雷的两个弟弟也进入了工科学校学习。马里奥从都灵大学医学专业毕业。恩里科则像他的祖父约瑟夫·莱维一样钻研金融。

## 4

1898年11月，时年20岁的切萨雷·莱维进入都灵皇家土木工程学校就读。30年前，他的父亲也曾在这家学校读书。不过，与米歇尔·莱维不同的是，切萨雷通过了征兵体检，并在1900年作为一名成人学生应征进入陆军工程兵部队。他的团驻扎在都灵。时代日新月异，而都灵跻身于欧洲最繁荣的城市之列。都灵人会用他们法国腔的都灵话讲："都灵的确在前行。"（Turin ca bougia.）而几年后，这座城市还会成为意大利的工业化引擎。在大街上，在咖啡馆里，在每个角落，都可以听到人们讨论企业、信用、广告以及旅行推销员的生意。都灵有钱，也有发达的娱乐业。切萨雷·莱维，作为一个享乐主义者（bon vivant），一个有钱太太的大公子，喜欢在都灵的瓦伦蒂诺公园（Valentino Park）里，与那个美好时代的闲人们以及他们的交际花厮混在一起。法国梧桐下的酒馆在分派啤酒。波河岸边有一支军乐队在演奏。工程学校那绿茵茵的草坪顺着山坡一直延伸到河边。远远望去，这学校活像法国卢瓦尔河（Loire）边的一座城堡。那是都灵最风雅精致的年代。"你会以为自己置身画室之中！"哲学家弗里德里希·尼采（Friedrich Nietzsche）感叹道。1888年，他在都灵完成了他最出色的作品《瞧！这个人》（*Ecce Homo*）。

在为期两年的土木工程课程中，切萨雷·莱维不得不参加了14门考试，从水力学到应用几何。尽管学业繁重，但作为一个野心勃勃的年轻人，切萨雷却想去钻研电力工程。六个月前，在纪念萨伏依王朝颁布《自由法案》50周年的庆典上，他已经目睹了电力的奇迹。都灵人从来没有见过这样炫目的人造灯光："没有人想留在家里，所有人都像喝多了阿斯蒂白葡萄酒一样醉了。"[22] 那时，都灵是一座创新的、技术的都市，急切地探索着未来。1900年，在但丁街，一家小小的汽车厂开业了。人们叫它菲亚特（全称为"Fabbrica Italiana automobile torino"，即"意大利都灵汽车制造厂"，缩写为"Fiat"）。当第一辆汽车发着轧轧声驶过都灵的大街时，马匹都吓得嘶叫起来。

但都灵不仅有汽车和工厂。在那个美好的时代，这座城市的诗人，圭多·戈扎诺（Guido Gozzano），将都灵描写成一处"利于行乐"之地。当普里莫·莱维的父亲还是孩子的时候，都灵是意大利电影业的首都，波河边的小好莱坞。都灵也是意大利时尚业（la moda italiana）的中心。这座城市开创了裙装上的S线条以及涡形图案的新派（自由风）式样，大胆地突出了身体曲线。还有，那无数的剧场、电影院和咖啡馆都表明，那个世纪之交时的都灵文化生活远远要比如今的都灵活跃得多。在国家咖啡馆，八边形的镀金酒吧旁，乐队在棕榈树掩映下的舞台上演奏。切萨雷喜欢在这里纵情作乐，与那些女歌手调情打闹。作为一个时髦分子，他订阅了都灵腔调的，充满花边新闻的报纸《无赖汉》(*Birichin*)。他也为认识波河街上所有的店铺和主妇而自豪。他长期热爱戏剧。他家公寓下面就是罗西尼剧院（Teatro Rossini)。他一定是这家剧院的常客。如果他在家里打个喷嚏，舞台上的演员都能听到并高喊一声“长命百岁，工程师先生！”（Salut，ingegné!）[23]

切萨雷·莱维时代的都灵不仅是电影和时尚的蜂房，也是著名的玄术之都。灵学，第一个现代异教，受到了被解放的犹太人以及其他思想自由的理性主义者们的青睐。切萨雷喜欢桌灵转、敲墙术，以及其他玄幻的灵术，因为这些东西颇对他那迷信的胃口。（一次宴请宾朋，他匆匆跑出去又找来一名宾客，是为了避免餐桌旁只有13位客人。整个1913年，他在写信时都写成“1912+1”。）

1900年年底，普里莫·莱维的父亲开始研究实证主义思想的最新学说。这种哲学认为只有“确凿”的事实（可论证的，与纯理论相反）才能构成真正的知识。切萨雷被这种哲学思想所吸引。1876年，自封的“测颅学家”切萨雷·龙勃罗梭（Cesare Lombroso）在都灵建立了全新的学科——刑事人类学。他和他的朋友们自称“实证主义者”，其“实证”是指他们客观的、经验主义的方法论。在卡钳和颅骨测量图表的帮助下，他们试图根据物理特征来定义“犯罪型”外貌的存在。他们认为，招风耳、能抓握物品的脚，以及其他猴类特征都是返祖现象的典型反映。

普里莫·莱维的父亲与切萨雷·龙勃罗梭熟识，并且熟悉他在都灵创立的学科[24]。每到周六，他常去参加在龙勃罗梭位于莱尼亚诺街的房子里举办的沙龙。当时，这是知识分子在都灵唯一的集会场所，因此有许多杰出的客人到场（其中包括尼采）。其中的一位客人，吉亚琴托·帕克奇奥蒂医生（Dr.

Giacinto Pacchiotti）曾经在 1888 年确认了米歇尔·莱维的自杀。这位医生坚信公共卫生对于一个不断进步的社会而言是不可或缺的。帕克奇奥蒂后来建立了都灵第一个公共健康办公室。

现在，人们已经发现龙勃罗梭的刑事人类学的理论并不正确。都灵刑事人类学博物馆里满是装在玻璃柜子中的精密仪器，以及戴着手铐的“犯罪分子”的古旧照片。而且，龙勃罗梭的头颅也可怕地保存在防腐剂中（学生们都说，那颅骨上的处处隆起说明他具有严重的犯罪倾向）。不过，龙勃罗梭理论的误入歧途（通过解剖学特征可以甄别天生的罪犯）绝不会贬抑实证主义方法论的价值，实证主义严格地界定了人类认知的感官局限（永远不相信任何没有经过证实的事物）。切萨雷·莱维虽然嗜好灵学幻术，却能认识到实证主义的宝贵。他把实证主义思想传给了他的儿子普里莫。而普里莫·莱维的成熟作品中无不渗透着他的故乡的实证主义精神。

## 5

1901 年 12 月底，切萨雷从土木工程专业毕业。他是一个聪明的学生，最擅长的学科是技术物理。两年后，大约在 1903 年，他开始了工程师的工作。他的第一份工作是从南意大利的一个湖床中汲水。大约在 1911 年，他来到布达佩斯，并升职为匈牙利冈茨-丹纽比斯工程公司（Ganz-Danubius）的设计专家。这家企业位于布达佩斯南端的切佩尔岛（Csepel Island），是德裔犹太人文化的一座堡垒。在布达佩斯 3 万名居民中，每四人中就有一人是犹太人。在这座城市，他喜爱参与社交活动，品尝大盘的匈牙利牛肉汤和啤酒。他在布达佩斯那些闪闪发光的咖啡馆里磨炼了他的象棋技术。圣诞节的时候，冈茨公司的老板寄给他的明信片背面便是棋谜。那些年切萨雷过着快乐的单身汉日子。

四年后，他在匈牙利美好的田园生活突然结束了——1915 年 5 月，在第一次世界大战中，意大利加入了协约国，向奥匈帝国宣战。切萨雷突然成了置身于敌人领土上的一个异端分子。匈牙利政府将他以及其他所有的外国人驱逐出境，发给他一张火车票，让他回家。在他回意大利的途中，切萨雷遇到了一个黑头发的姑娘。她来自一个布商家庭，她的父母在都灵开了一家布店。埃丝特尔·卢扎蒂（Ester Luzzati）是一位漂亮、非常耐心和忠诚的姑娘。她喜欢切萨雷的活力和机敏。她的父母鼓励他们之间的结合。都灵《邮报》的社会版面宣布了“工程师弗朗西斯科·莱维（原文如此）和埃丝特尔·卢扎蒂”[25]的婚姻。1918年10月7日，他们在犹太教堂中举行了婚礼。西班牙流感即将摧毁欧洲，都灵贴出了公共卫生告示以警告人们不要搭乘公共电车，也不要去人多的地方。结果，这对新婚夫妇只能在家里度过他们的蜜月。作为世界历史上最严重的疫情之一，西班牙流感（la spagnola）将杀死两千多万人，直到1919年春天才渐渐平息。

第一次世界大战结束后，切萨雷重新回到冈茨公司工作。但他并不喜欢在布达佩斯的所见所闻。城里挤满了因战争而无家可归的东欧犹太人。这些难民的景象令切萨雷畏缩。作为一位来自西方的被解放的犹太人，他感到这些东欧犹太人的大胡子、长袍和意第绪语都是落后的部族特征和习俗。由于挤满了东欧的难民，这座匈牙利的首都现在成了“犹太佩斯”。然而，最让切萨雷烦心的并不是这些东欧犹太人，而是匈牙利共产主义政权的景象。1919年3月，布达佩斯爆发了革命。那时，切萨雷的妻子埃丝特尔已经怀孕五个月。当意大利报纸报道一场红色革命占领了匈牙利时，独自留在都灵的她一定为丈夫的安危感到担心。在布达佩斯，雕塑、桥梁、阳台上都悬挂着红色的旗帜。过去切萨雷喜欢在豪华的匈牙利酒店下象棋，现在这里已经成了新的共产党总部。布达佩斯成了一座“红色城市”（voros varos）。冈茨公司就像匈牙利所有的企业一样被共产党所征用。到处都是间谍。到1919年4月匈牙利和苏俄结盟的时候，这场动乱已经蔓延到了邻近的波斯尼亚、克罗地亚和斯洛文尼亚。

切萨雷·莱维再一次被驱逐出境。1919年6月10日，在警察的护送下，一列火车离开布达佩斯开往意大利的里雅斯特市（Trieste）位于亚得里亚海边的港口。当载着切萨雷的火车隆隆前进的时候，都灵的工人占领了工厂以抗议工资过低。新成立的匈牙利苏维埃振奋了他们的精神。等到切萨雷回到意大利时，这场“红色恐慌”已经蔓延到了整个意大利。在欧洲，一个反对自由主义的新时代开始了。就在切萨雷离开匈牙利之后，一位名不见经传的前社会党人——贝尼托 · 墨索里尼（Benito Mussolini）——在米兰的市政厅里纠集起一群未来主义者、无政府主义者、共产主义者和自由主义者，发动了一场运动。这场运动催生了两年后的国家法西斯党。同年，民族社会主义德意志工人党（很快更名为纳粹党）也成立了。那一年，24 岁的埃丝特尔 · 莱维即将产下她的第一个孩子。

## 注释

1 塞法迪犹太人（Sephardi Jews）：犹太人的分支之一，占犹太人数量的 20% 左右，长期生活在伊比利亚半岛（西班牙、葡萄牙等国家），生活习惯与其他分支颇为不同，说拉迪诺语。——译者注

2 卡斯提尔王国（Crown of Castile）：西班牙古国之一。——译者注

3 萨伏依王朝（House of Savoy）：欧洲王朝之一，曾于 1861 年至 1946 年统治意大利。——译者注

4 “当地人都……”：第一个向我讲述莱维家族炫富故事的人是玛格丽塔 · 德 · 桑蒂（Margherita De Santi，1993 年 2 月 26 日）。她现在住在波特罗广场。库内奥国家档案馆中可以找到莱维银行的相关文件（蒙多维经济法庭，民事判决系列）。在贝内瓦杰恩纳镇的人口登记办公室可以找到莱维家族的出生和死亡记录。莱维家族曾拥有的 14 处房产的明细资料保存在贝内瓦杰恩纳镇的土地登记档案中。意大利历史学家、司法家阿图罗 · 卡洛 · 杰莫罗（Arturo Carlo Jemolo）在他的书《缓刑岁月》（*Anni di prova*，1969）中描写了蒙多维犹太人隔离区。杰莫罗对 1842 年（六年后，犹太人隔离区得以解放）他母亲在隔离区里的生活进行了描写。

5 “最亲爱的……”：都灵的奇维卡图书馆中，仍保存着米歇尔 · 莱维的毕业论文 *Calcolo delle dimensioni d'una incavallatura Polonceau* 的一份副本。

6 “1.67 米”：库内奥国家档案馆，米歇尔 · 莱维的入伍档案。

7 “金枝玉叶”：据贝内瓦杰恩纳镇的人口登记办公室。阿黛尔 · 塞尼加利亚出生于 1855 年或 1857 年（都灵墓碑上的日期与都灵人口登记册上的日期不符）。

8 “……约瑟夫 · 莱维先生”：库内奥国家档案馆（公证文件）。这份文件盖有萨伏依国王的盾形纹章：维克托 · 伊曼纽尔二世国王当时正统治着已经实现统一的意大利。蒙多维主教借款的记录也保存在库内奥国家档案馆。

9 “该公司拥有……”：1888 年 8 月 3 日（周五），《人民报》。新闻标题为：“莱维银行破产了”（“IL KRAK DELLA BANCA LEVI”）。这家公司在 1886 年所拥有的 50 万里拉，相当于 1966 年的 2443729400 里拉（该计算结果出自伦敦意大利银行）。

10 “郁金香莱维”：90 岁高龄的奥尔加 · 索尔迪（Olga Soardi）向我讲述了“郁金香”这个绰号，并由安娜 · 玛丽亚 · 莱维证实。

11 白垩溪：指流经白垩矿山的小溪，由于经过白垩矿的过滤作用，这类小溪往往水质清澈，且偏于碱性。——译者注

12 “Cedularius”：1888 年 8 月 3 日（周五），《人民报》第一个报道了莱维家族的房子遭

受的围攻。

13　按美国的楼层计数法，则为三楼。——译者注

14　“高处坠落致死”：圣乔瓦尼·马焦雷医院：接诊记录。

15　“乐园”：在贝内瓦杰恩纳镇的土地登记档案中，“乐园”被描述为“带葡萄园的猎屋”。1876 年，莱维家族从卡瓦利·奥古斯托·德维勒（Cavalier Augusto del Villar）手中买下了它。

16　“反犹教士”：1995 年 5 月 29 日，克里斯托费罗（·“里诺”）·科隆博博士告诉作者。

17　“疯狂与愤怒”：1888 年 8 月 3 日（周五），《人民报》。

18　“一个调查委员会”：库内奥国家档案馆，《约瑟夫·莱维破产档案》。

19　“……更大的危害”：同上。

20　“怀念工程师……”：这块墓碑（犹太 3，4 区：第 1 行，第 35 穴）上的铭文是：“Alla cara memoria di / Levi ing. Michele/Rapito all' Affetto dei Suo/ Cari il 26 luglio 1888 / La moglie e figli pregano / eterna pace”。

21　“名誉健康巡查员”：《都灵指南》（*Guida di Torino*），1920 年（玛佐拉蒂编），在“慈善与社会治安”章节中。菲利斯·勒巴登戈医生负责位于高德尼北奥菲拉里街的一个孤儿院里大约三百名孩子的健康。

22　“没有人想留在家里……”：奥古斯托·蒙提，《都灵大观》（*Torino falsa magra*）。

23　“长命百岁，工程师先生！”：1992 年 5 月 27 日，朱莉娅·科隆博·迪娜告诉作者。在都灵理工大学工程系档案中可以找到切萨雷·莱维在工程系修学的详细资料。

24　虽然龙勃罗梭是犹太人，但他的书《反犹主义与现代科学》却嘲笑了犹太民族独特的外表和神学信仰，声称犹太教注定比天主教更缺乏吸引力，且更易于导致信徒自杀。这本书有着极大的影响力。布莱姆·斯长克，在他的小说《德拉库拉》（*Dracula*）中提到吸血鬼的鼻子有着犹太人的曲线。这不仅暴露了他对东欧犹太人的憎恨（在 19 世纪 90 年代，东欧犹太人正大量进入英国），也直接借鉴了龙勃罗梭在“刑事人类学”中提到的生理特征。

25　“工程师弗朗西斯科……”：1918 年 10 月 8 日，《邮报》，第三页，“都灵民事：婚礼”版面中。

三

# 黑衫的幼年

（1919—1927）

# 1

普里莫·米歇尔·莱维将在都灵度过他的大部分人生，生活并死于他出生的房子里。都灵，意大利半岛的大门。从许多方面来说，它都是一座最不像意大利的意大利城市。1861 年意大利统一后，都灵曾暂时作为这个国家的首都。都灵人会问："从意大利来的邮件到了吗？"因为这座城市临近法国，莱维的父母，就像皮埃蒙特地区的众多有钱人一样，谈话中掺杂着许多法语（或近似于法语）单词：Monsù（先生）；bon-aneuit（晚安）。

都灵是一个对称的城市，有着一条条笔直的街道以及游廊环绕的巨大广场。法国建筑师在 16 世纪为都灵制订了格子状的市政规划方案。根据他们的图纸，人们建成了长达 1 万米，相互连通的柱廊。"下雨时挺有用。"[1] 普里莫·莱维评论道。他深深地眷恋着皮埃蒙特的土地，并为他的故乡都灵自豪。都灵是"理性的""广阔的""自律的"[2]，他说。他相信，这个城市条理分明的布局正是都灵人自律人格的写照。都灵人喜欢用本地话说："不要言过其实"（Esageroma nen）。莱维在他的作品中秉持简洁的美德，在他的人生中亦如是。

在莱维出生的年代，都灵笼罩着浓厚的资产阶级氛围。这反映在都灵人如发条般精确的饮食习惯中，每天晚上 8 点准时吃晚饭，饭后有着例行的休息时间以助消化。中产阶级越来越重视这个城市的消遣方式和文化生活。圣卡罗广场（Piazza San Carlo）则保持着高度的资产阶级传统。这个宽阔明亮的广场被称为都灵的"会客厅"。广场周边分布着许多雅致的咖啡馆。这些咖啡馆内部陈设有大理石台面的桌子，墙壁上镶嵌着深色饰板。这座城市的老派绅士们会在这里啜饮咖啡，品尝"榛子巧克力蛋糕"（gianduiotti）。都灵是一座天生保守的城市，克已、守礼、和谐。城里很少能够见到现代建筑（当地人把六层楼称为"grattacielo"——"摩天大厦"）。而且，由于城市按格状规划布局进行建设，你可能在城中难以确认自己究竟身在何处。每当傍晚时分，西斜的落日将层层阴影投射在棱角分明的拱廊以及被游廊所环绕的广场上时，这座城市就显得亦真亦幻。这种朦胧感打动了画家乔治奥·德·基里科（Giorgio de Chirico）。他所描绘的月下城市风景，包括那残破的雕像，无尽的游廊，都是都灵真正的写照。

在更神秘的暗流中，我们可以寻到都灵作为超自然现象中心的传闻。据说尼采就是在都灵疯掉的（有人看到这位哲学家在波河街拥抱一匹路过的驽马）。而神秘术士们则宣称都灵与里昂、布拉格共同构成了魔力三角区。环绕都灵的群山为被城市禁锢的人们提供了遁世的去处。每逢夏季，远处隐约可见的阿尔卑斯群峰看起来凉爽而诱人。城市的一个标志性建筑，安托内利尖塔（Mole Antonelliana）似乎又高于群峰。这座带着织针般塔尖的建筑是在 1863 年作为一座犹太教堂设计并建造的。在意大利复兴运动之后，都灵只有 1500 名犹太居民。他们想用一座庄严的教堂来纪念他们的解放。但由于缺少资金，这座犹太教堂一直没有完工。这座尖塔（仍然是都灵最高的建筑）现在成了一座博物馆，却也是一座纪念碑，让人们想起那些被解放的犹太人没有实现的抱负。

## 2

1919 年 7 月 31 日早晨，就在第一次世界大战正式停息的那一年，普里莫·莱维在家中诞生了。在那个夏日，都灵一共诞生了 12 个孩子[3]。据当地报纸记载："九男，三女。"父母给他起名普里莫。这在意大利并不是一个常见的名字。普里莫（Primo），来自意大利语"primogenito"，意为第一个孩子。按照犹太习俗，这个孩子在出生后第八天接受了割礼，并在唇上沾一滴葡萄酒以示祝福。在他的名与姓之间，又有中间名米歇尔，以纪念他的祖父。随着他慢慢长大，埃丝特尔喜欢叫他"米诺"（Mino），这是出自于爱称"小普里莫"（primino）。1920 年拍摄的一张人物照中，埃丝特尔正把八个月大的"米诺"放进摇篮：宛如波提切利[4]笔下的天使[5]——莱维家庭的一位朋友如是说。他戴着一串琥珀珠子（用于婴儿磨牙），穿着一件花边连胸围裙。埃丝特尔对幼子的爱中掺杂着担心——普里莫是一个孱弱的孩子，他患上了义膜性喉炎和百日咳。埃丝特尔为他唱起皮埃蒙特地区的摇篮曲。作为犹太家庭出生的第一个孩子，普里莫身上担负着父母沉重的希望。

普里莫出生时，莱维一家住在都灵翁贝托国王大街75号。埃丝特尔·卢扎蒂的父母将这套房子作为嫁妆的一部分送给了新婚夫妇。这套房子位于一个时尚的社区，自1909年起属于埃丝特尔家族。那是一栋五层公寓楼，是在都灵第一个繁荣期的“美好时代”建成的。新婚夫妇的新家很大，但颇有些昏暗，见不到多少阳光。高高的天花板上绘有壁画，略呈穹状。镶木地板上打着蜂蜡。两个向北的阳台可以俯瞰美丽的维科街（Via Vico）。还有一个后阳台，与下面的院落之间有着令人头晕的三段楼梯。在莱维家的房子里，每一处都是优雅而时髦的。普里莫是被娇宠的，然而对他的养育方式中也不乏资产阶级的生硬。在楼下的大厅中，仍然可以看到看门人张贴的告示：“乞丐不得入内”。

第一次世界大战之后，都灵的这片地区吸引了许多靠倒卖军需品发财的暴发户。于是，这里原本青翠茂盛、郁郁葱葱的特有景致便不复存在。在意大利，他们被称为“鲨鱼”（pescecani）。他们固执地建造超大号的住宅楼来炫耀在战争中积累的财富。这些楼往往用于出租，并带有形状夸张的角楼。许多暴发户喜爱萨伏依贵族的气质，甚至用王室成员的名字给自己的孩子命名。普里莫的新家所处的这片地区被称为“克罗塞塔”（Crocetta），或“小十字区”，因为附近有一座教堂。有着宽阔大街的克罗塞塔，实际上是都灵的城中城。这里的居民被称为“克罗塞塔人”。中产阶级的犹太人特别渴望居住在这里。自从1848年《自由法案》颁布以来，都灵的犹太人口几乎增加了一倍。普里莫出生时，这一数字已经达到了2500人。由于到都灵破败的犹太人隔离区只需要步行半小时，所以克罗塞塔成了获得解放的犹太人钟爱的新城郊居住区。

在1914—1918年的大战中，超过50万意大利军人战死，还有100万人伤残。在都灵，就像在北意大利的其他地方一样，随着越来越多的复员军人涌进克罗塞塔谋生，人们的不满情绪日渐高涨。这座城市的金属加工厂和菲亚特汽车厂吸引了这些士兵。少数幸运儿在克罗塞塔找到了修伞或修窗户的工作。战后的意大利经济混乱，濒临革命爆发的边缘。每天，家庭主妇们为美国腌牛肉罐头讨价还价。而随着领取救济粮的队伍越来越长，底层工人的不满情绪也愈演愈烈。1919—1920 年期间，罢工和非法占领在都灵达到了顶峰。人们把这两年称为“两个红年”（biennio rosso）。当工人们占领邮电设施时，这座城市似乎陷入一场动乱。莱维的父亲藏身在克罗塞塔这座中产阶级的孤岛上，一想到国内会爆发红色革命就浑身发抖。他儿子还没有出生时，他就在布达佩斯目睹了共产主义的暴力革命。

库恩·贝拉[6]的匈牙利苏维埃刚刚崩溃，自由欧洲就受到了新的威胁，这一次是意大利人。1919 年 9 月，诗人、飞行员盖比瑞拉·邓南遮[7]占领了位于亚得里亚海边的阜姆港。这座城市原本属于刚刚成立的斯洛文尼亚、克罗地亚和塞尔维亚王国（南斯拉夫前身）。但邓南遮宣布它是意大利的领土。邓南遮这样做，是为了在第一次世界大战之后恢复意大利的国家自豪感。尽管过早秃顶，牙齿七扭八歪，还瞎了一只眼睛，邓南遮却是一位传奇式的情人。切萨雷·莱维讨厌他在高高的阳台上进行的那些极端主义的讲演，也担心阜姆会引发欧洲新一轮的大战。邓南遮，一个平庸的恺撒，在阜姆预演了许多未来墨索里尼式的独裁。他手下民族主义的乌合之众被称为“罗马军团战士”，以纪念古罗马的伟大。而且，早在“法西斯主义”（fascismo）这个字眼出现前，他们就身着黑衫。阜姆作为一个准法西斯主义的独立共和国运转了一年多的时间。它的存在是 20 世纪的一个转折点；由于它，极权主义欧洲注定了灭亡的命运。

与此同时，普里莫·莱维成长为一个遵规守矩、身材瘦削的小男孩，有着苍白的面孔和灰蓝色的眼睛。就像大多数克罗塞塔的孩子，他有着漂亮的衣服，常常穿着白色衣领的蓝色水手衫。按任何标准来说，他都有着舒适的幼年时光。他的童年是幸福的。在莱维家的同一层公寓，还住着另一个小男孩，佛朗哥·阿彻拉（Franco Archera），他是普里莫的玩伴。不过，普里莫很快就失去了这个朋友——佛朗哥在三岁时死于脑膜炎。佛朗哥的姐姐劳拉，一个小提琴天才，后来成了阿道斯·赫胥黎太太。有一天，劳拉·阿彻拉看到普里莫从他那高高的婴儿车里跌下来，头朝下跌在人行道上。普里莫似乎很快就从这次跌落中恢复过来，但劳拉却因此做了好几天噩梦[8]。

## 3

普里莫作为家中唯一的孩子所享受的娇宠短短 18 个月就结束了。1921 年 1 月 27 日清晨，埃丝特尔·莱维产下了一个女儿，安娜·玛丽亚。这个小女孩的中间名是福尔图娜塔——为纪念她的曾祖母。在克罗塞塔区，所有自重的犹太家族都雇用了天主教的用人，因为他们可以在安息日（犹太人在这一天不能烹饪或清洁房屋）干活。埃丝特尔身边也有一位保姆帮她照顾孩子。早在埃丝特尔怀上普里莫之前，莱维家就已经雇用了西尔维亚·麦奈格赫利（Silvia Meneghelli）。她出生于 1867 年。50 多岁的她会把满头的银发梳成一个圆髻，有时候她会把梳弃的头发卖给在克罗塞塔走街串巷的假发贩子。她严肃、诚实、乐于助人，来自意大利的美食中心——艾米利亚-罗马涅区（Emilia-Romagna），知道如何烹饪出一桌丰盛的意大利面。鉴于保姆的宗教，莱维家在周五吃鱼。大多数夜晚，西尔维亚都一个人在厨房吃饭；在那个时代，与用人过分亲密是不允许的。而西尔维亚“清楚自己的地位”。就像他们这个社会阶级的许多都灵孩子一样，普里莫和他的妹妹越来越深地依恋西尔维亚。普里莫叫她“西亚”。这是他所说的第一个字。她肯定是他世界的中心。

据那些了解埃丝特尔的人说，她乐于履行作为一个母亲的职责，从一开始就把她的品味和风格带给这个家庭。在朋友和亲戚中，她被称为埃丝特里娜（Esterina，意为“小埃丝特尔”），常常被简称为“里娜”。她长长的黑头发用龟壳梳子整理成发髻。她个头不高不矮，从不化妆，身上闻起来像药剂师一样有淡淡的桉树味。出门在外时，她略显羞涩，有着平和、宁静的天性。朋友们回忆说她“性格庄重”“勤于持家”，总是把父母的职责放在最重要的地位。切萨雷似乎对于父亲的职责有些淡漠，还是她担起了家里的日常家务，包括负担孩子们的学费。尽管她不是一名知识分子，也没有像切萨雷那样学过那么多书本知识，但她比她的丈夫要敏锐得多。成年后的普里莫与他母亲的关系已经超越了普通的子女之爱：他尊重她在知识上的判断，而且每当他收到很多需要审阅的书籍时，他喜欢让她帮助自己在这些书中进行筛选。

然而，晚年的莱维曾经对一位记者说，他不记得他的母亲“亲吻或拥抱过”[9]他。这是相当不友好的言过其实（或许是那些过度依恋母亲的男人的特征）。莱维无疑深爱着埃丝特尔，而她却从没有亲吻或拥抱过他——这是不可思议的。作为一位典型的中产阶级主妇，这的确是真的，她不是一位感情外露的女人。她自己是家中六个孩子里的长女。许多人说她和普里莫在性格上有很多相似之处。埃丝特尔有一点老式的正统做派。而她把这一点也传给了她的儿子。她小心谨慎地隐藏自己的感情，近乎顽固地恪守礼仪，有着严格的行为标准，苛刻地讨厌动物，总是在家里的清洁上投入巨大的精力。除了沉静之外，埃丝特尔脸上总是带着浅浅的微笑。

埃丝特尔在1895年6月29日出生于都灵。普里莫的母亲比他的父亲小17岁。就像那个年代的大多数犹太夫妇一样，他们的婚姻是由父母安排的。卢扎蒂家的四个姑娘——埃丝特尔、艾达（Ida）、内拉（Nella）和约莱（Jole）——曾在都灵的玛格达·德·拉扎里女子精修学校学习。在那个还没有女权主义运动的年代，像所有的中产阶级妇女一样，卢扎蒂家的姐妹们被教育要端庄娴静，娇柔可人。但她们还是取得了相当的成就（埃丝特尔取得一张法语文凭，而她的妹妹们学习了制衣、水彩画和钢琴），而且远远不是她们丈夫的附庸。她们那花花公子的兄弟——古斯塔沃（Gustavo）和科拉多（Corrado），却不愿意上大学，而是追求快车和玩乐的生涯。他们那些满脑子实用主义的姐妹嘲笑他们是“懒骨头”，是被惯坏的没有方向的年轻人。

与之形成鲜明对照的是，普里莫的两个叔叔恩里科和马里奥却是和他们大哥切萨雷一样的读书人。由于热爱读书，他们总是不断互相偷窃对方的藏书，尽管他们并不真正在意。莱维三兄弟都继承了他们母亲阿黛尔·塞尼加利亚那敏锐的洞察力。最年幼的兄弟，马里奥和他的妻子埃古斯蒂娜·艾玛·科恩（Agostina Emma Coen）住在玛丽亚·维特多利亚街（Via Maria Vittoria）的老犹太人聚居区。他们的儿子罗伯托（Roberto）是个爱哭的、令人厌烦的孩子。但普里莫仍把他视为一个玩伴。三兄弟中最富有的恩里科在热那亚开办了一家银行，并且拥有自己的私人司机。普里莫喜欢去恩里科叔叔家。他和他的妻子路易莎，还有两个儿子住在热那亚的萨里塔·圣安娜（Salita Santanna）地区。恩里科有着喜欢幻想的性格，养了一只猴子当宠物，业余时间爱好油画。他有法国伽利玛出版社第一版的马塞尔·普鲁斯特[10]文集。普里莫立志有一天要好好读一读这套书。恩里科的三卷古本《但丁》（*Dante*），配有古斯塔夫·多雷[11]虔敬的插图，其后也由他继承了。

## 4

在20年代初，普里莫的父亲是冈茨公司在皮埃蒙特地区以及邻近的利吉里亚（Liguria）地区的销售代表。现在库恩·贝拉的革命已经失败，布达佩斯可以重新与资产阶级的意大利进行自由贸易。而切萨雷把匈牙利冈茨公司的机械卖给意大利的工程企业。他的办公室就在离家不远的圣马蒂诺街（Corso San Martino）。由于切萨雷没有汽车（那时汽车还是少数人才能买得起的奢侈品），他步行去上班。18年来，每天早晨都是同样的路线：沿着翁贝托国王大街，来到岳父母位于维托利奥街的家中，品一杯咖啡，再走一小段路，来到苏萨门火车站附近的办公室。嘴里叼一支雪茄，个头矮胖，有着食肉者的红润面颊，莱维的父亲是一个在城市中往来奔走的令人安心的胖子。有人说，他有些像儿童漫画《孩子们的信差》（*Corriere dei piccolo*）中的卡通角色阿西巴尔多（Arcibaldo）；在原本的美国喜剧连载漫画《培养爸爸》（*Bring up Father*）里，阿西巴尔多是穿着高筒靴，戴着大礼帽，身材矮胖的爱尔兰移民吉格斯（Jiggs），总是喜欢吃腌牛肉。切萨雷是一个身强体壮而血气旺盛的男人，并不像成年后的普里莫。

虽然按照传统的标准来看，莱维的父亲算不上英俊，但他颇能吸引女人，并能轻而易举地和她们打成一片。他富有魅力又善于调情，是雪茄和红酒的行家，在刮胡子时喜欢哼唱奥芬巴赫[12]的《天国与地狱序曲》（*Orpheus in the Underworld*）中的咏叹调。然而，作为一个花花公子，他并不是埃丝特尔忠诚的丈夫。在20年代中期，他和冈茨公司的秘书格里鲍多小姐（Signorina Gribaudo）发展了一段风流韵事。她是一位一本正经的皮埃蒙特姑娘，年纪只有他的一半大。莱维的堂妹回忆起当时的切萨雷："就他的身体来说，他的胳膊有些太长了。但他是如此充满热情，又带着一点书卷气的魅力，让你注意不到他有多丑。"[13] 在照片里，切萨雷带着庄严的家长气质：那是一个男人，你会感觉到，吃着桌子上最好的肉块，吸着上好的方头雪茄。不过，有些东西打破了他的庄重。

尽管切萨雷自以为见多识广，但与其说他有学者之风，倒不如说他是半瓶子醋的泛泛之辈，带着一点土包子的生硬。他从来不放过任何能炫耀自己聪明才智的机会。在熟识的奶酪店里，他卖弄地用工程师算对数用的游标计算尺来计算买菜的花销。普里莫在某些方面将会继承这种喜爱炫耀的倾向。在下班回家的路上，切萨雷会逛逛瑟那伊亚街（Via Cernaia）的二手书摊，和老板砍砍价。为了装下他买到的大量二手书，他在上衣的衬里缝了很多口袋（据普里莫所说）[14]。

从出生起，普里莫就在一个满是印刷品的家庭环境中渐渐长大。他父亲收集德国陶赫尼茨出版社粉色封面的平装本小说丛书，还订阅了都灵的玄学杂志《灵知》（*Gnosi*，这份杂志的编辑社恰好位于圣弗朗西斯科街。那里正是1888年切萨雷的父亲自杀的地方）。切萨雷也常去位于阿梅地奥王子街（Via Principe Amedeo）51号的贵族书店普雷格里亚斯科父子书店（"Pregliasco& Sons"）。这家书店的老板是切萨雷的朋友，他允许切萨雷从书店借书，只要他能保证书籍不受损坏。因此，家人常常可以看到切萨雷横卧在沙发上，眯上一只眼睛，向未切开的书页里窥视。

有时，普里莫的父亲同时读三本书。他试着阅读德语原版的康德[15]和叔本华[16]，甚至精通匈牙利语，一种难得令人发狂的语言。奇怪的是，作为一个通晓多国语言的人，他却学不会英语。他认认真真地按贝立兹[17]方法把重要的动词卡片放在口袋里——结果却毫无用处。随着20年代逐渐逝去，工程师莱维为他那日渐成长的孩子们准备了大量藏书。其中普里莫最喜欢的是可怕的德国故事《马克斯与莫里茨》（*Max and Moritz*）。在这个故事里，这两个闯祸精掉进了一台磨粉机，而他们的遗骸统统被鸭子吃掉了。小时候的普里莫还喜欢看乔瓦尼·贝提涅第（Giovanni Bertinetti）的《梅奥的耳朵》（*Meo's Ears*）。这个故事讲的是一个懒男孩每次说谎都会长出驴耳朵（最后梅奥变成了一个诚实的孩子，具有皮埃蒙特人那些自夸的全部美德：坚韧、自信以及专业技术）。

从幼年起，普里莫就喜欢看爸爸的书，尤其喜欢那些关于非洲人狩猎的书——他们用彩色盘子装非洲高粱，还有吃肉的猫。还有法国自然学者让-亨利·法布尔（Jean-Henri Fabre，人称“昆虫界的荷马”）关于蜜蜂和蚂蚁的手册，还有玄学研究的书籍。其中之一是龙勃罗梭的《死后会怎样？》（*After Life-What?*），书上有水晶球术士和白色灵质光团的照片。在引起巨大人员伤亡的第一次世界大战结束后，玄学极大地繁荣起来，即使在克罗塞塔这个上流社区，占卜板也是风行一时的事物。

## 5

埃丝特尔的父母在皮奥萨斯科（Piossasco）有一栋度假别墅，距离都灵只有半小时的车程。幼年的普里莫在那里消磨夏日，他常常和母亲一直住到9月葡萄丰收的时节。他后来回忆往事时，总是把那懒散、灿烂的秋季时光当作他童年最幸福的日子。每到葡萄成熟的时候，卢扎蒂家族的大部分成员都会来到这栋别墅——万特嘉街（Via Montegrappa）26号。它有着铸铁大门，并装饰着石雕的菠萝图案。走进别墅，白色的墙壁让人感到凉爽而恬适。埃丝特尔的父亲在1912年买下了这栋别墅，那时她还是一个小女孩。但在她的一生中，她都深深地眷恋着这栋别墅，并把她的孩子们带到这里以享受绿地和清新的空气。普里莫和妹妹就像妈妈小时候一样热爱这个地方。他们在这里捉瓢虫，或用金黄色的玉米须子做假发。那座花园太好玩了，到处都是小动物。普里莫在果园一端的桑冈托溪（Rio Sangonetto）里捞蝌蚪。在清洗的日子里，他看着农妇们在溪流里洗衣服；稍后这些衣物会清爽干净地出现在翁贝托国王大街75号，以及科罗塞塔地区的其他家庭中。

这栋别墅的管家是一位天主教徒，叫作克雷蒙特·布鲁诺（Clemènt Bruno）。每逢夏末时节，莱维家和卢扎蒂家会邀请他一起来庆祝犹太新年。

大家用希伯来语“Shana Tova”（新年快乐）互致问候，然后一起品尝农家亚麻餐布上的苹果派。据说，克雷蒙特唯一一次离开皮奥萨斯科是在第一次世界大战期间。当时他被征召入伍。对于克雷蒙特来说，任何离开自己故乡的旅行（哪怕只是去都灵）都是前往“意大利”的长途跋涉，都是令人痛苦的麻烦事。莱维只要一想起皮奥萨斯科，就会想起克雷蒙特，想起清晨他的耙子耙过别墅院落里碎石的声音。克雷蒙特的女儿玛丽亚在保姆西尔维亚不在的时候，在都灵照看过普里莫和他的妹妹。她是一个农村姑娘，一进城就会感到紧张。有一次，在整场犹太宴会中，她一直坐在那里，把一只宠物鹅抱在膝头。

幼年的普里莫敬畏他的外祖父切萨雷·卢扎蒂。作为一名陆军动员兵，他曾在 1908 年西西里岛（Sicily）灾难性的地震中帮忙从碎石瓦砾中清运了 84000 具尸体。他也参加过第一次世界大战。从他那里，普里莫知道还有炮弹休克、战壕热这样可怕的事物。戴上他的小黑礼帽，卢扎蒂也是一个风度翩翩的男人。他最大的爱好是吃东西，不过他吃了太多的甜食——糖尿病最后夺去了他的生命。他的床边摆着一台称重的机器，不过只要太太不在身边，他就会乘机大快朵颐。他个头不高，体重 102 公斤，几乎难以挤进他的汽车。除了肥胖之外，卢扎蒂另一个鲜明的特征就是他那极为固执的性格。他是这样一个男人——了解自己的想法，并坚定不移。用皮埃蒙特语来说，他是一个“老顽固”（bougianen）。在一定程度上，普里莫继承了他外祖父那固执的性格特征。（卢扎蒂姥爷会说：“做个倔骡子，强过墙头草。”）他是一个沉默寡言的人，几乎从不读书，也没人听他说过六个字以上的句子。

如果说普里莫和妹妹度过了一个丰富而舒适的幼年，那么在一定程度上这要归功于切萨雷·卢扎蒂。他的店铺是都灵一流的纺织品店，出售各种小衣饰。城里所有苏格兰家族几乎都到他的店里来买格子呢。每周去姥爷的店铺构成了普里莫幼年生活重要的一部分。它位于罗马大街 37 号，在成排的婚纱展示橱窗和糖果店之间。走进姥爷的店铺就像走进一个阴暗的洞穴，在店铺一侧只有一个晦暗的窗子供顾客们检查他们的布料。莱维喜欢看伙计们在账簿和铅笔间忙来忙去。其中的一个伙计，外号叫“大橡果”（Ghiandone），戴着一顶不适称的红色假发。普里莫觉得这顶假发特别可怕。

他还被收银员萨维娜小姐（Signorina Savina）所吸引，她有着特别大的胸部。作为一种特别优待，卢扎蒂姥爷会带着普里莫和他的妹妹安娜·玛丽亚去隔壁的咖啡馆，给他们买糖条或彩色的杏仁蛋白软糖。柜台上覆盖着小小的彩色玻璃块，因此当普里莫向下看时，会看到他的腿被折射成几百个碎片。

作为一个别出心裁的人，卢扎蒂姥爷有时会发明一些稀奇古怪的家庭用语，并用在罗马大街的店铺里。有一个伙计叫埃米利奥（Emilio），租住在店铺的楼上，每当卢扎蒂叫他的时候，他总是假装听不见。"楼上的埃米利奥！"成了卢扎蒂特有的说法，专指那些耳背的人。另一个说法，"一三·一"（tërdesun），意为"讨厌的顾客"。它是指那些在1月13日走进店里的非犹太顾客，因为这些客人已经在圣诞节花光了所有的钱。（这种顾客常常打开每一捆布匹，离开时却什么也不买。）而且，这个店是都灵为数不多的几个仍然能听到犹太-皮埃蒙特语的地方之一。任何时候，如果伙什们不想让天主教顾客听懂他们在说什么，他们就会使用这种奇怪的方言。比如，他们也许会卖给"一三·一"一捆破布。不过，偶尔他们也会在犹太顾客在场时误用这种粗鲁的伎俩，这时卢扎蒂姥爷就会陷入尴尬。

普里莫的外祖父是一个精明的商人，但他真正爱的并不是布匹或金钱，而是他童年时皮埃蒙特的乡村气息。卢扎蒂于1869年出生在偏僻的卡萨莱（Casale），他的祖辈都是用季节和收割来丈量自己人生的犹太农民。卢扎蒂真正信任的人只有皮奥萨斯科的管家克雷蒙特·布鲁诺。他们一起用木头做老鼠夹子，用坛子酿造葡萄酒，把烟斗里的烟雾吹到葡萄上杀死绿蝇。

卢扎蒂姥爷的太太阿德利娜（Adelina）是一个舌尖口快、暴躁易怒的女人，但她不是一个傻瓜。她控制了丈夫人生的每个方面，包括治疗他糖尿病所需的胰岛素。关于阿德利娜，一个亲戚说道："她是一只精明的老鸟，能够随时暴跳如雷。她是纺织品店背后真正的头脑。"[18] 当她生气时（这经常发生），阿德利娜的嗓音会提高得像鸟叫一般尖锐刺耳，而她的丈夫就会明智地一声不吭。阿德利娜出生于1867年，原名阿黛尔·黛拉·托雷（Adele Della Torre）。她的妈妈惊人地生了21个孩子，其中大多数都没有活过第一天。她的父亲在皮埃蒙特地区的亚历山德里亚市（Alessandria）拥有一家制革厂。她的大哥纳塔莱（Natale）是一位革命家，据说曾经见过俄国无政府主义者米哈伊尔·巴枯宁（Mikhail Bakunin）。

阿德利娜与普里莫的奶奶阿黛尔·塞尼加利亚的关系并不好。塞尼加利亚认为卢扎蒂的社会地位比她低，而阿德利娜·黛拉·托雷则蔑视阿黛尔的再婚。（她会说："谁会信任一个吃猪肉的异教徒？"）有时，在一场圆滑、老练的精彩表演中，阿德利娜就会提起阿黛尔把她丈夫推出了三楼窗户的谣言。所以，在敬神的、传统氛围的卢扎蒂家中，阿黛尔·塞尼加利亚并不受欢迎。作为一个遭受嘲笑的亲戚，都灵的阿黛尔只能在腐烂的蜂鸟标本和不合适的假发中度过她的余生。

## 6

普里莫·莱维3岁时，1922年10月26日至28日，跳梁小丑贝尼托·墨索里尼，对意大利衰败的自由政府发动了突然袭击。在所谓的"进军罗马"期间，法西斯党占领了都灵的政府机关和电话总机。维托里奥·伊曼纽尔三世国王（Victor Emanuel III），萨伏依王朝的最后一位君主，在恐慌中没有施行戒严令，而是邀请墨索里尼担任意大利的新首相。（后来有很多纪念碑夸张地表现了这位"领袖"在"进军罗马"行动中大步迈向那座永恒之城的形象。其实，他是在国王宣布邀请他就任首相的几个小时后乘豪华火车到达罗马的。）年仅39岁的墨索里尼成功地罢黜了意大利腐朽的统治阶层。这场危机早已酝酿多时。一年前，1921年5月，多名法西斯党人首次入选了意大利国会。随后，意大利各地被黑衫军所控制。人们将这些黑衫军称为"拉斯"（ras，埃塞俄比亚语，意为"酋长"）。在邓南遮于阜姆的独裁活动之后，这批衣冠不整的乌合之众又聚集在墨索里尼身边，形成了这支"拉斯"大军。虽然年轻的墨索里尼曾经被社会主义所吸引，但到1921年时他已经倾向于右翼。为了夺取权力，他还尝试过"红色恐怖"（terrore rosso）。但到1921年11月，他正式声明建立国家法西斯党（PNF）时，所有对他渴求权力的疑虑都烟消云散了。这个党的名称来自古罗马的权力标志——一束棍棒中插有一柄战斧，读作"fasces"。墨索里尼梦想将意大利建成第二个罗马帝国，就像屋大维皇帝时代，统治整个地中海。

正如人们所预测的，“进军罗马”在全意大利引发了一系列暴力事件。法西斯先遣队报复性地洗劫了反对党的办公室并用“圣棒”（santo manganello）残忍殴打敌对人士。在都灵，大多恐怖暴力事件发生在1922年12月18日夜间，墨索里尼的行刑队失去控制，屠杀了22人。在克罗塞塔，行刑队用的字眼是“血洗”。半个世纪后，莱维谈起这场暴力背后的根本原因：“黑衫军不仅杀死都灵的工会领袖、社会党人和共产党人。他们先让受害者喝掉半公斤的蓖麻油。通过这种方式，一个人被降格为垃圾，而不再是一个人。他的肚子会痛如刀绞，而不得不每五分钟上一次厕所。在1922年都灵的大屠杀和纳粹集中营的进营仪式之间有着直接的联系。在进营仪式上，纳粹剥光你的衣服，撕碎你的个人照片，剃光你的头发，并在你的胳臂上打上刺青。这是对人格的摧毁，这就是法西斯主义。”[19]

在“圣棒”与蓖麻油的攻势之下，法西斯党的所有反对者都被赶出了国会。接着，开始出现腐败。1924年春天的大选中出现极端无耻的弄虚作假。社会党领导人吉亚科莫·马泰奥蒂（Giacomo Matteotti）宣布选举结果“无效”。结果马泰奥蒂被绑在一辆小汽车里遇害了。普里莫的父亲阴郁地喃喃着：意大利已经成了一座“普鲁士兵营”。他早已目睹了库恩·贝拉在匈牙利的独裁统治，因此警惕于墨索里尼主义的极端崇拜——哪怕它挂着体面的伪装。

也是在1924年，普里莫·莱维参加了法西斯党儿童运动“狼的孩子”（Figlidella Lupa）。在古罗马的传说中，“狼的孩子”是指罗慕路斯和勒莫。这个运动的目的是在全国范围内逐渐培养意大利儿童的盲从性。在某些方面，它与英国的童子军有些相似，但更倾向于军事化。在一片嘈杂的掌声、喝彩声和摇旗呐喊声中，五岁的普里莫公开加入了一支“狼孩”先遣队。后来，他又参加了配备制服的少年先遣队，负责在学校外面站岗放哨——政治已经不可避免地渗入他的生活。然而，他的父母严格禁止他当众谈论这个全新的法西斯国家。他们并不想被卷入政治。切萨雷·莱维并不是一个反法西斯分子，甚至不是一个温和的执不同政见者。他最多（在私下里）用希伯来语骂过墨索里尼“杂种”（mamzer）。

尽管如此，莱维的父亲还是成了一名法西斯党人，哪怕是极不情愿地。

就像许多意大利人一样，他只是把这枚法西斯党徽视为一种权宜之计：没有它，他与冈茨公司的工作合约就会受到威胁。时年已经46岁的切萨雷被意大利人称为“最后时刻”的法西斯党人。如果他私下反对墨索里尼，那么这其中不仅有政治原因，也有美学的缘故。这位独裁者为大众提供粗俗的剧目，而他那假惺惺的好战姿态也让切萨雷厌烦。切萨雷讨厌为了商业上的便利而穿上法西斯的黑衫（它让身上发痒）。但他对法西斯党的反对也就到此为止了。大多数都灵人开始慢慢支持新的来自罗马的独裁统治。警方的法西斯探子报告说，皮埃蒙特人“古板”并“慢慢地下定决心”——一言以蔽之即是资产阶级。对于罗马的敌意至少可以追溯到意大利复兴运动，从那时起，都灵就渐渐失去了它那资本之都的地位。

不过，在20年代，每个意大利人都成了法西斯，包括犹太人。据估计，在墨索里尼时期，有13万名犹太人居住在意大利（现在只有5万人了），而在20年代中期，他们骄傲地支持这位独裁者。他们把法西斯主义看作意大利复兴运动的合法继承者。意大利复兴运动实现了意大利的统一。而墨索里尼也喜欢说：“全体意大利人，并只有意大利人！”而且，法西斯党似乎支持中产阶级犹太人的爱国热情。普里莫·莱维的一位远房表兄，律师欧卡迪奥·莫米利亚诺（Eucardio Momigliano）就曾经在1919年帮助建立了法西斯党。

## 7

法西斯统治建立之后，都灵成了一座秩序井然的城市。街道清洁，犯罪率低——人们因过于害怕而不敢违犯法律。“夜无闭户”，法西斯党的口号如此承诺。在翁贝托国王大街75号的四楼，普里莫和妹妹把用糖纸包裹的钱币扔给街上的流浪音乐家。其中一位音乐家用牛奶瓶当木琴为他们演奏小夜曲。普里莫自己正在学习钢琴，但他并不是一个勤奋的学生，总是抱怨手疼。换过两个老师后，他就再不用去上钢琴课了。

在茶点和晚饭之间，莱维家的孩子们可以自由玩耍。随着他们慢慢长大，哥哥普里莫和妹妹安娜·玛丽亚变得非常亲密。他们说话的语速是那么快（还没等别人说一个字，他们已经说了10个字），以至于对方不一定能明白他们的意思。而且，他们私下发明了一套连父母都不懂的暗语。由于秉性不同，在玩游戏时，常常由普里莫说了算。不过，他的妹妹安娜·玛丽亚警告说，他并不是“神童”。“和哥哥在一起很有趣——我们总是无忧无虑的。”[20]克罗塞塔的其他孩子给莱维的妹妹起了一个绰号叫“埃维莉娜”（Evelina）。她把头发梳成辫子，面色苍白，动作紧张而快速。

翁贝托国王大街两旁有着成行的栗子树。在秋天，孩子们会举行比赛，看谁拾到的栗子最多。（普里莫成了第一流的栗子斗士。）在克罗塞塔的街头游戏只需要一条跳绳，以及了解附近每一个死胡同和路灯柱的位置。普里莫认为跳房子游戏过于“娘娘腔”，而喜欢更刺激、惊险的游戏，如捉迷藏和“离开地面”[21]。最有意思的是在克罗塞塔的一块少见的荒地。孩子们把那里称为“肺”。莱维常常和邻居家的一个犹太男孩里奥·埃维格德尔（Leo Avigdor）一起，在保姆西尔维亚的监管下，到“肺”去挖掘宝藏。克罗塞塔是一个可靠而亲密的世界。

上学前，普里莫得到了一套麦卡诺玩具。用这套玩具，他可以建造能吊起玩具砖头的吊车。在他五岁生日时，爸爸送给他一个小小的木匠工具箱。于是，普里莫可以为他妹妹的娃娃房子制作木头家具。从一开始，他就总能想出千奇百怪的主意。在皮奥萨斯科，他用一辆自行车（前轮大，后轮小）、一辆狗拉的四轮车还有一张带脚轮的桌子做了一辆车。他坐在这辆九个轮子的大观光车上滑过万特嘉街。像个小大人似的，他给自己的发明起名为“enne-ciclo”（其中“n”是希腊人对数字九“nine”的缩写）。不过，其他孩子无法掌握这个新词的发音，总是把它尴尬地简略成“menne”。这个词又和皮埃蒙特语“menno”危险地相似，而后者的意思是“小猫咪”（引申为“女阴”），因此孩子们的父母都禁止孩子们说这个词。

据他的妹妹回忆，普里莫早在四岁生日之前就学会了读写。“而他也急着教我认字。”她回忆道。在卢扎蒂姥爷家，普里莫把木制矮桌拼在一起，为安娜·玛丽亚和表妹朱莉娅·科隆博（Giulia Colombo，姨妈艾达·卢扎蒂的女儿，住在克罗塞塔，莱维家附近的拉玛尔莫拉街）做了一张书桌。他给女孩们发了铅笔和纸，开始教她们认识字母。普里莫肯定有教学的天赋。

当他教安娜·玛丽亚做加法时，“一切难题都变得浅显易懂——我哥哥为我简化了数学”。[22] 等普里莫学会了认字，他最喜欢的书是英国经典作品，阿瑟·密（Arthur Mee）的《儿童百科全书》（*Children's Encyclopaedia*）。其意大利版的编辑是保拉·龙勃罗梭·卡拉拉（Paola Lombroso Carrara），都灵犯罪学家切萨雷·龙勃罗梭的女儿。每册书都是真皮封面，封面上的图案是身着白色罩袍、面色红润的意大利儿童。从 1922 年到 1925 年，逢双月出版一册。买齐全套书需要 170 里拉——在当时这可花费不菲。莱维“狼吞虎咽地”读完了这套书，他的妹妹回忆道。从幼年起，他就喜欢向他人传授知识。在晚年时，莱维自己的科教短文也在解释为什么跳蚤能够跳起自己身高几百倍的高度，或者为什么我们具有打哈欠的生理需求等各种问题。

## 8

1925 年秋天，普里莫·莱维进入了都灵的“菲利斯·里格农”（Felice Rignon）国立小学。这所小学是在 1879 年为了迎合受过良好教育的克罗塞塔居民的需要而建立的。位于马塞纳街 39 号的这所小学离莱维家不远。每天早晨，6 岁的莱维在母亲或保姆的陪伴下来到学校。他身着黑色罩衫，灰色短裤。学校每天从早 8 点开始上课，男女分班授课，每班 45 名学生。

在塑造顺从的新一代法西斯党人的过程中，小学是政府最重要的教育机构。为了在东非建立一个法西斯帝国，墨索里尼陷入了持久战的泥沼之中。而在每周的音乐课上，普里莫需要高唱政府那好战的赞美诗《青年赞》（*Giovinezza*）。走廊粘贴的标语令人安心地声明：“墨索里尼永远是正确的。”（法西斯“十诫”中的第八条。）大多数教学时间用于教授意大利语法和漂亮的写作。历史课是必不可少的宣传，却让普里莫觉得“极为无聊”[23]。地理课也只是“稍微”对他有点吸引力。校方极为重视所谓的卫生课。随时随地，咬指甲或忘记清洗耳朵后面都会招致责骂。莱维对大多数学校活动都抱着浓厚的兴趣，只有体育课例外，因为体育课已经成了法西斯宣传的重要阵地。学校体育馆的教练，卡西涅利先生（Signor Cassinelli），满怀热情地培养这些小小的“新男人”（他就是这样称呼这些六岁孩子的）。他让他们学习胳臂僵直的法西斯致敬礼，不过他自己创造了一套更加复杂的动作。“齐步走！”是他最喜欢的口令。

莱维永远无法忘记学校的一名教员，伊米莉亚·格劳德（Emilia Glauda）。在她百年之后，他亲切地称她为“我小学时的圣女小姐”[24]。格劳德性格极为正直，并给幼年的普里莫留下了深刻的影响。她在教莱维时已经 47 岁，并且未婚。她是个高个子，略有些驼背，穿一件高领黑绸长裙。孩子对她既敬又怕。像在公共部门工作的所有人一样，她是一名法西斯党人，但并非狂热地支持墨索里尼。她尽量避免让孩子们接触那些民粹党人编造的故事，像热心的孩子们战胜了共产党人、非洲人和犹太人（不久之后）。意大利作家塞尔瓦托·戈塔（Salvatore Gotta）的《阿尔卑斯的小士兵》（*The Little Alpine Soldier*）是当时最流行的儿童小说，但它在格劳德小姐的眼中却是滑稽的。她憎恶这本书那浮夸的修辞风格，并禁止班里的学生阅读它。她让学生们读埃迪蒙托·德·亚米契斯（Edmondo De Amicis）在意大利复兴运动之后的都灵所创作的启蒙小说《爱的教育》（*Heart*）。德·亚米契斯的作品曾经帮助格劳德小姐启迪了一代又一代学生，且她并不打算改变。

伊米莉亚·格劳德教了莱维三年，她认为他的作文简明扼要，比例适当。有一种说法认为文学风格是一种装饰——它是可以应用在你的文字上的某种东西。但莱维从来不喜欢这种说法。事实上，词汇的精练一直是莱维成熟行文的特点。但即使在当时，六岁的莱维也远不是意大利人所说的“马大哈”。

莱维上学一年后，1926 年，他被迫加入了 14 岁以下男孩的法西斯先锋队组织。他每周要花几个小时融入先锋队，这给了他一种归属感，让他感到了国家统一的强大，这种感觉总体来说并不坏。但他并不喜欢擦扣子和鞋子——没有几个七岁孩子会喜欢。学校先锋队的活动由体育馆的卡西涅利教练监督，他鼓吹等级观念，傲慢而自负。每到周六下午，先锋队会在瓦伦蒂诺公园举行操典，可能会有长达三个小时的队列练习。每到这个时候，莱维就会遭到卡西涅利的严厉提醒，不许在队列练习中敷衍了事，而要更加认真。他不得不学习步枪零件的一些基础知识，如何排成四人纵队，以及怎么扛枪。每到 10 月 28 日，为了纪念墨索里尼的“进军罗马”，卡西涅利会把男孩们驱赶到都灵足球场参加被称为“大比武”（grosso saggio）的盛大联赛。由少年组成的滑雪队、骑兵队会列队穿过草坪，而年纪更大的孩子们——百夫长们的队伍则尾随其后。莱维的妹妹也参加了女孩子们的“小意大利人”。她也要在周六上午参加军训。姑娘们穿着不合身的制服，背着弓箭，而不是男孩的步枪。哪怕在当时，安娜·玛丽亚也明白，她们正照着“蠢男人”[25]的命令行军。

## 9

这段时期，莱维是班级里的尖子生，总是能获得品行、卫生和阅读理解上的“头名”奖励。“普里莫·莱维第一！”他的同学们都说。莱维发现学习很轻松，背诵课本毫不吃力。1927 年，他又赢得了学校的“一等奖”，但他并不夸耀自己的成绩。恰恰相反，他似乎为此而感到更加尴尬。尽管莱维是一名模范学生，但他努力与同学们保持良好的关系。“他是每个人的朋友，”他的同班同学塞尔焦·瓦尔瓦索雷（Sergio Valvassori）回忆说，“他给人的印象并不是死读书的书呆子，而是很低调，他愿意与他人分享他的知识，甚至帮助我们这些凡夫俗子写作业。”[26] 当伊格纳奇奥·菲洛加莫（Ignazio Filogamo）在 1927 年秋季第一次遇到八岁大的普里莫时，他回忆道，莱维央求伊格纳奇奥带他去参观伊格纳奇奥父亲开办的菲洛加莫汽车展示厅。在那里，莱维将从阿瑟·密的百科全书中学到的汽车发动机的知识一一道来。“莱维是一只勤奋的蚂蚁，但不是一个卖力讨好的人。”[27] 菲洛加莫后来评判道。

莱维不仅心灵，而且手巧。他的另一位同学，里奥·埃维格德尔（Leo Avigdor），敬畏于莱维那“令人嫉妒的能力”——因为莱维能够使用工程师父亲给他的小变压器重现电力现象。“我试着用叫作‘小工程师’的昂贵工具套装来做一遍同样的试验，但结果糟透了，我很快就放弃了。”[28] 埃维格德尔一生中都难以忘记莱维，正如当时大多数认识莱维的男孩们一样，但并不是因为莱维过人的能力。“普里莫非常谦虚和热情，但也内向并易受伤害。他绝对是学校里我们同龄人中最优秀的。”我所采访过的人中，没有一个人说过莱维的坏话。他们众口一词地将莱维描述成一个在某些方面比其他人更有天赋的孩子。

莱维后来在文学上所取得的成就也许影响了他的同学们的记忆。一个智力高于常人，品行尤其优秀，不引人注目的安静孩子浮现在我们眼前。然而，现实生活中的莱维很可能并不格外“杰出”。作为一个不爱出风头的孩子，他养成了谨言慎行的习惯。这是为了避免让自己受到注意，后来却给人留下了超然离群的印象。根据莱维后来的自述，显然从某个时刻起他开始认识到自己与同龄人的不同。随着他进入青春期，这份不安也在日渐增长，他越来越意识到自己身为犹太人的身份，变得孱弱并经常生病。

## 注释

1 “下雨时挺有用”：普里莫·莱维接受作者采访时告诉作者。
2 “理性的”“广阔的”“自律的”：同上。
3 “……12 个孩子”：1919 年 8 月 1 日，《邮报》，“都灵民事版”。
4 桑德罗·波提切利（Sandro Botticelli，原名 Alessandro Filipepi；1445—1510）：15 世纪末佛罗伦萨的著名画家，欧洲文艺复兴早期佛罗伦萨画派的最后一位画家。他画的圣母子像非常出名。——译者注
5 “笔下的天使”：1992 年 10 月 22 日，维托利奥·福阿告诉作者。
6 库恩·贝拉（Kun Béla，1886 年 2 月 20 日—1939 年 11 月 30 日）：匈牙利共产主义革命家，匈牙利苏维埃共和国的主要创建者和领导者，犹太人。——译者注
7 盖比瑞拉·邓南遮（Gabriele d’Annunzio，原名 Gaetano Rapagnetta；1863 年 3 月 12 日—1938 年 3 月 1 日）：意大利诗人、记者、小说家、戏剧家和冒险者。他常被视作贝尼托·墨索里尼的先驱，在政治上颇受争议，主要作品有《玫瑰三部曲》。
8 “……好几天噩梦”：1993 年 11 月 1 日，劳拉·阿彻拉·赫胥黎太太告诉作者。（我这次采访的部分内容刊登在《独立》杂志上，1994 年 4 月 30 日，标题为《看到光明》。）
9 “亲吻或拥抱过”：1982 年 6 月，普里莫·莱维接受罗塞拉·弗拉戈拉（Rosella Fragola）的采访时说，《皮埃蒙特生活》（*Piemonte Vivo*）。
10 马塞尔·普鲁斯特（Marcel Proust，1871 年 7 月 10 日—1922 年 11 月 18 日）：20 世纪法国最伟大的小说家之一，意识流文学的先驱与大师。也是 20 世纪世界文学史上最伟大的小说家之一。——译者注
11 古斯塔夫·多雷（Gustave Doré，1832 年 1 月 6 日—1883 年 1 月 23 日）：19 世纪法国著名版画家、雕刻家和插图作家。自幼喜爱绘画，此后潜心练习。他以幽默画成名。——译者注
12 雅克·奥芬巴赫（Jacques Offenbach，1819 年 6 月 20 日—1880 年 10 月 5 日）：德籍

法国作曲家。奥芬巴赫是法国轻歌剧的奠基人和杰出的代表。他面向大众，把舞台剧的传统、喜歌剧的形式、巴黎林荫路的活报演出与城市民谣相结合。——译者注

13 “……胳臂有些太长了……”：1994 年 3 月 20 日，安娜·约纳告诉作者。

14 “为了装下……”：《寻根》，第 4 页。

15 伊曼努尔·康德（Immanuel Kant，1724 年 4 月 22 日—1804 年 2 月 12 日）：德国著名哲学家，德国古典哲学创始人，其学说深深影响近代西方哲学，并开启了德国唯心主义和康德主义等诸多流派。——译者注

16 亚瑟·叔本华（Arthur Schopenhauer，1788 年 2 月 22 日—1860 年 9 月 21 日）：德国著名哲学家，唯意志主义的创始人和主要代表之一。——译者注

17 马克西米利安·贝立兹（Maximilian Berlitz，1852 年 4 月 14 日—1921 年 4 月 6 日）：语言学家，在 1878 年成立了贝立兹语言学校。——译者注

18 “她是一只精明的老鸟……”：1994 年 3 月 20 日，安娜·约纳告诉作者。

19 “黑衫军不仅……”：节取自荷兰电视记者罗尔夫·奥德尔在 1974 年对普里莫·莱维的采访笔记。该采访内容其后一直未得到发表。

20 “和哥哥在一起……”：1992 年 10 月 21 日，安娜·玛丽亚·莱维告诉作者。

21 “离开地面”：一种捉人游戏，在游戏时，如果被捉者设法让双脚离开地面，则不能被捉住。——译者注

22 “一切难题都……”：1992 年 10 月 21 日，安娜·玛丽亚·莱维告诉作者。

23 “极为无聊”：普里莫·莱维在接受乔瓦尼·泰西奥的采访时告诉乔瓦尼·泰西奥（该采访内容未发表）。1995 年 10 月 15 日，乔瓦尼·泰西奥又将此内容转告作者。

24 “我小学时的圣女小姐”：《莱维全集》第二卷，P.986。

25 “蠢男人”：1992 年 10 月 26 日，安娜·玛丽亚·莱维告诉作者。

26 “……每个人的朋友”：1993 年 2 月 25 日，塞尔焦·瓦尔瓦索雷告诉作者。

27 “……勤奋的蚂蚁”：1996 年 2 月 15 日，伊格纳奇奥·菲洛加莫告诉作者。

28 “我试着用……”：1995 年 7 月 29 日，里奥·埃维格德尔告诉作者（书信）。

# 四

# 不安的童年

（1927—1934）

# 1

"菲利斯·里格农"小学开设了犹太教课程。这在法西斯意大利可是独一无二的。在墨索里尼统治下，国立小学只能开设天主教课程。不过，据推测，都灵的副市长是犹太人，而他能够左右"菲利斯·里格农"小学的管理者。这门课程只有12个月，1927—1928学年的每周一上课。课堂上有着家庭般的氛围。艾达·富比尼（Ida Fubini）是一位善讽、专横的犹太老师。他教学生们学习《圣经·旧约》中的教义。据一位同学回忆，《圣经·旧约》中那些关于救赎和生存的残酷道德寓言会让莱维非常激动。尽管莱维后来称自己只有"百分之五是犹太人"[1]，但从幼年起，他就不可避免地受到犹太教旨和犹太文化传统的熏陶。

在翁贝托国王大街75号，的确，这个家庭并没有强烈的犹太民族归属感。埃丝特尔和切萨雷·莱维已经深深融入这个非犹太社会。实际上，他们与信奉天主教的大多数意大利人已经没有任何区别。即使在虔诚敬神的卢扎蒂一家眼中，传统的犹太仪式也并非看上去那么完美无缺。阿德利娜·卢扎蒂在犹太教堂中有专属的黄铜铭牌，但她施行的犹太教旨却是高度灵活的。在安息日（Sabbath），她允许家人在家中干任何活计，只有缝纫例外。在赎罪日（Yom Kippur），犹太人原本不应该烹饪或进食，阿德利娜却敢于冒犯神灵，制作大量的番茄酱，打破了忏悔与救赎的沉重氛围。

卢扎蒂一家人非常亲密。他们总是和莱维家一起庆祝那些最重要的犹太节日。这样做，与其说是为了敬神，倒不如说是为了亲人们欢聚一堂，共享美食。在逾越节，人们将无酵饼掰成两半，按照风俗（这是西班牙系犹太人从德系犹太人那里得来的风俗），将一杯葡萄酒倒在地上以纪念先知以利亚。但更重要的是美食：火鸡冻肉卷配西芹是最受欢迎的一道菜。普林节（Purim）被称为犹太人的嘉年华。莱维家的孩子们穿上闪闪发光的小丑装，品尝橘子酱馅的意大利甜水饺。（这种传统食物有着难以描述的味道，据说并不十分可口，因此莱维家制作类似的食物来代替它。）很多时候，节日上的美食甚至不是犹太传统食品。一种叫作“bruscadela”的杏仁饼干打破了赎罪日的斋戒。这种食物并不符合犹太教义，因为它在酒里浸泡过。有一次，逾越节的傍晚，普里莫的父亲和他的妹夫奥雷斯特·科隆博（Oreste Colombo）在吃饭的时候回来晚了。他们又饿又累，为了能快点吃上鹅肉香肠，就跳过了祈祷书上的几页经文。卢扎蒂姥爷厉声抱怨说：“我一定是老了，因为我都听不懂你们的祷文了。”[2]

莱维的父亲为自己那摇摆不定的信仰而感到一丝古怪的悔恨之情。他猜想上帝也许存在，因此遵从犹太传统而不吃猪肉。同时他却喜欢吃意大利熏火腿，而且据说更喜欢后腿。他会拉着一张内疚的脸，对孩子们说：“我有罪是因为肉体的软弱——但你们必须放规矩些！”[3]莱维家盛行的调子是反宗教的。不过，切萨雷家是一个可敬的资产阶级家庭，与那些犹太亲戚不相往来的想法是不可想象的。于是，每个周六普里莫和他的妹妹都会被带去看望他们的奶奶。她仍然和她的第二任丈夫勒巴登戈医生住在波河街24号。自从阿黛尔·塞尼加利亚和她的异教情人逃离贝内瓦杰恩纳镇，40年已经飞逝而过，但一股丑闻的气息仍然如樟脑味道般笼罩在她身上，挥之不去。在奶奶家，孩子们的顺从中掺杂着恐惧。在莱维天真的想象中，勒巴登戈医生是那个叫作“Struwwelpeter”的剪刀人，专门剪掉孩子们吮吸的手指。阿黛尔已经70多岁，老眼昏花，穿着磨破的天鹅绒衬衫和缀着珠宝的拖鞋。她会给普里莫·莱维吃巧克力，然后把包巧克力的箔纸寄给远在法西斯意大利非洲殖民地的天主教传教士。有一段时间，她想出家做修女。

看望了奶奶之后，切萨雷会带着孩子下楼去罗西尼剧院。剧院大厅用奢华的镏金材料和红色天鹅绒装饰。孩子们不得不坐在那里观看整场用皮埃蒙特方言表演的戏剧，却听不懂一个字。每当看到切萨雷在走廊里吼着：“罗西尼剧院真是太烂了！”孩子们都会难为情地扭过身子。在其他方面，切萨雷在培养孩子时则更成功一些。切萨雷喜欢象棋，常常复盘亚历山大·阿廖欣（Alexander Alekhine）以及其他国际象棋大师的传奇棋局。普里莫从他的父亲那里继承了对于象棋的终身爱好，而且他的许多妙招都是学自切萨雷。象棋在普里莫的人生中扮演着越来越重要的角色，并多次出现在他的成熟作品中。和象棋一样，切萨雷也教儿子玩牌——而在当时都灵的富人眼中，玩牌是一种低劣的游戏。在冬天，他会带着孩子们去看都灵狂欢节中的跳蚤马戏团。一辆辆花车被装饰成摩尔人宫殿，戴着面纱的后宫佳丽们在2月的寒风中瑟瑟发抖。1928年，从意大利非洲殖民地来了一队黑人舞者。之后的几天里，普里莫一直热衷于谈论那些人唇上“惊人的”圆片[4]。

工程师莱维努力将他对于都灵的爱传递给他的儿子，因此他经常带儿子去参观城市中的纪念碑和博物馆。在波河街，他和普里莫会停下脚步，轻抚过路的小猫（只要它们不是黑色的）。他还为普里莫指出尼采曾经居住过的房屋，孟德斯鸠（Montesquieu）曾经走过的街道，加富尔伯爵（Count Cavour，政治家，意大利统一运动的领导人）曾经享用过晚餐的饭店。但这些名字对九岁大的普里莫并没有任何意义。正如普里莫后来所说：“我和父亲之间并不存在真正的对话。”[5]在切萨雷和他的儿子之间横亘着40年的鸿沟。他们有着完全相异的性格。普里莫已经变得相当严肃，并不认可他父亲那些直率的玩笑。五岁时，他曾经问切萨雷“犹太”是什么意思，但仅得到了一个并不令人满意的粗俗回答[6]。虽然经过多次尝试，但普里莫却不可能与他的父亲形成轻松的亲密关系。在童年时，他就开始怀疑自己不是父亲喜欢的孩子。在一定程度上，这是由于长子对于家中男性权威形象的怨恨。不过，莱维也怨恨切萨雷对于安娜·玛丽亚那毫不掩饰的偏爱。埃丝特尔把她的大部分热情放在普里莫身上，而切萨雷则钟爱他的女儿。在晚饭后，他喜欢给她读法语版的狄更斯，却没有普里莫的份儿。

毫无疑问，普里莫为他父亲与安娜·玛丽亚的亲密而感到不安。而他妹妹那更活泼、外向的天性更加强了这份亲密。和她父亲一样，安娜·玛丽亚性格随和，喜爱交际，并且已经显露出富有魅力和慷慨大方的特征。普里莫则更像他的母亲，略带羞涩，更加严肃，性情平和。据住在克罗塞塔的亲戚们回忆，更让普里莫不安的是，安娜·玛丽亚“身体丰盈”，而且“不断长高”，而普里莫则个头矮小，身材瘦弱。在九岁时拍的一张照片中，他比年仅七岁的妹妹还要矮半头。

成年后的莱维关于他父亲的许多言论都反映了这种不可化解的怨恨。莱维曾计划写一部小说[7]，正如他后来所说。这部小说描写了一个性格外向的意大利工程师娶了一个布商的女儿。他们的儿子有点娘娘腔，而他们的女儿则是一个假小子。因此女儿完成了父亲的愿望，而儿子则失望而归。（这部小说一直未能完成。）在各种采访中，莱维很少给他的父亲正面评价。他直截了当地嘲笑他的父亲靠“讲叔本华”[8]来勾引女人。还有他父亲那有力的钢琴演奏：“我不喜欢我父亲演奏的方式。他是一个平庸的乐手，非常吵闹，而且乏味。他演奏是为了自己的快乐，而不顾他人的感受。”[9]切萨雷用他自己的方法演奏贝多芬，为那些花哨的音节弹一套基本音阶，碰到那些他不知道的（或太难的）音节就弹一组三度琶音。这让他弹奏的曲子听起来非常生动。但普里莫却觉得这样有失体统。这个男孩相当自负。

## 2

普里莫在他的第一个学年请了80天病假[10]，并且常因病假无法参加先锋队的集训。只要有机会，莱维就尽量避免参加有组织的体育活动和比赛。在那个把团队精神视为法西斯男子气概的精髓的年代，这种与众不同则被人们视为怪癖。在那个世纪之交的时候，意大利流行的一本书叫作“身体健康，心理才健康”（*Mens sana in corpore sano*）。它的作者是实证主义者安吉洛·默索（Angelo Mosso）医生。他推荐用新式的“瑞典健身系统”来锻炼孩子的力量，并提倡“对关节活跃的、多血性的刺激”。莱维的母亲赞同体育锻炼（在卢扎蒂家的六个子女中，只有她骑自行车），于是等到一家新健身馆在都灵开业并提供“健康的瑞典健身课程”时，她为普里莫报了名。这家健身馆坐落在波尔图街25—27号（现为马泰奥蒂街），拥有瑞典式的绳索、吊环、单双杠、跳板和鞍马。上了几节课后，莱维深深地喜欢上了锻炼，因此他母亲在接下来的三年中，尽量每周带他来健身馆两次。这家健身馆的客人主要是来自克罗塞塔地区的上流社会人士［（其中包括菲亚特汽车公司未来的主席，吉亚尼·阿涅利（Gianni Agnelli）］。一张名为“热身的孩子们”的照片上，可以看到26名“瑞典式”小体操运动员。其中，普里莫正像芭蕾舞蹈演员一样用手扶住一只脚向前压。他身上有着一股阴柔的气质。

莱维家的儿科医生，乔瓦尼·阿拉里亚（Giovanni Allaria）教授还推荐用拳击来锻炼孩子的性格。于是父母给莱维买了一只皮制的拳击吊球。而莱维把它挂在家中门上方的一个石膏飞檐上。显然他经常击打这个吊球，因为那个门的上部“布满了裂纹”[11]。随着年龄的增长，莱维表现出克服瘦弱身体的强烈决心。他相信自己那纤薄的身体在他人眼中一定格外明显，因此，刚刚精通了击打拳击吊球的技术，他又开始利用天花板上的吊环练习引体向上。普里莫也急切地尝试滑冰。都灵市郊库科山街（Corso Monte Cucco）的滑冰场，是意大利奥运会花样滑冰冠军迪娜·金德（Dina Kind）经常光顾的地方。莱维喜欢看她用冰刃的刀尖旋转，看她在冰面上划出各种各样的形状。莱维的滑冰鞋咔哒作响，但他却尝试古怪的单足旋转。也大约在这段时期，他开始接触登山。他的姨父奥雷斯特·科隆博喜爱户外运动，开始带着莱维到都灵周边的小山上做一些采摘草莓的探险。“踩着我的脚印走！”他会说。不久，莱维就可以和奥雷斯特一起挑战更高的高度。这些远足极大地提高了这个男孩对于自己身体的信心：总有一天，他会带着严肃的使命感走入登山运动的殿堂。

## 3

1928 年 8 月，普里莫的母亲在都灵西南瓦勒度教派的谷地中租了一座度假的农舍。瓦勒度教派的新教徒已经占据了这片谷地长达六个世纪。埃丝特尔·莱维有很多亲戚居住在那里。当地的篮球冠军，乔瓦尼·都灵（Giovanni Turìn，一位阿根廷犹太人）娶了埃丝特尔的表妹埃尔达·卡尔德罗尼（Elda Calderoni）——他们只是许许多多犹太-瓦勒度的成功联姻中的一对。瓦勒度派的教徒，正像犹太人一样，将自己视为遭受了不公正迫害的上帝子民。而他们对于单纯、俭朴生活方式的追求受到了实用主义思想的埃丝特尔的青睐。莱维的农舍位于一个叫作鲍山（Baussan）的小农庄。农舍中有皮制炊具和石头地板。蜻蜓掠过安格罗尼亚河（Angrogna），埃丝特尔在树荫下缝衣服，而她的儿子则在浅滩上玩耍。普里莫给他住在都灵的表妹朱莉娅·科隆博写信，信上还附有涂鸦来解释蝌蚪如何进化成青蛙。尽管他有自然学家的好奇心，却一生害怕蜘蛛。有一天晚上，在鲍山村，普里莫正在半睡半醒之间，突然被一只爬过来的黑色刺隅蛛吓了一跳。听到他的尖叫声，埃丝特尔赶来驱走了那只蜘蛛。听说了这件事后，切萨雷给了普里莫一本法布尔的经典之作《蜘蛛的生活》(*Life of the Spider*)，希望他能克服自己的蜘蛛恐惧症，然而并没有作用。

埃丝特尔和她的孩子们常常自己来鲍山村，而把切萨雷留在都灵。她的丈夫在乡下会不舒服，并称自己在乡下人中会感到"窘困"。酷热、灰尘还有蚱蜢吵闹的鸣叫声，都让他情绪低落。而且，他有着自己童年时在祖父的猎屋"乐园"度假的糟糕记忆——他在那被迫吃了马栗。即使切萨雷偶尔来到鲍山村，他也会带着书。他会在地上铺一张报纸，坐在上面看书，确保泥土不会弄脏他的西服。有一个周末，他带了一本法语版的《查泰莱夫人的情人》(*Lady Chatterley's Lover*)。切萨雷不看了的时候，普里莫被那些淫秽的情爱描写所吸引，偷偷阅读那些带着小小折痕的书页。时年50岁的切萨雷已经大腹便便，身材发福，看上去颇有些滑稽可笑。为了避免和他的岳父切萨雷·卢扎蒂相混淆，人们称他为"小切萨雷"(Cesarino)。

切萨雷不喜欢去鲍山村的另一个原因是他在都灵的情妇。一个周末，格里鲍多小姐假装来到鲍山村帮忙处理家庭事务。我们不可能知道埃丝特尔对自己的婚姻状况的看法——这份婚姻与其说是基于爱情，倒不如说是由习惯和容忍所维系。但不知怎么回事，这些绯闻传到了孩子们耳中。这也许让切萨雷遭致了关于不忠的猜疑和议论。直到有一天，切萨雷在翁贝托国王大街75号的家里被安娜·玛丽亚·莱维抓到了"现行犯罪"，这件风流韵事终于变成了一场危机。我们不知道，安娜·玛丽亚的这次发现是否导致了这场婚外情的突然终结，但它一定损害了切萨雷和埃丝特尔的婚姻。据安娜·约纳(Anna Yona)回忆，正是切萨雷对埃丝特尔的不忠，让普里莫如此过度依附于他的母亲。"在某种程度上，普里莫感到他必须补偿埃丝特尔作为妻子时没有得到的爱。"[12]无论这种说法有多少可信度（然而它听起来并非特别可信），普里莫·莱维一定为他的父亲感到愤怒，转而在其他男性中寻找一个正直、慈爱的榜样形象。他在舅舅科拉多·卢扎蒂身上找到了。

科拉多舅舅是一个未来主义者，热爱速度和技术。他生于1900年，机械时代的顶峰，从来不一本正经，却时刻脚踏实地。他在冬天飙车以追求在冰上刹车的快感。仪表板上那颤抖的指针所指示的似乎并不是车速，而是他现代的灵魂。科拉多舅舅拥有一系列跑车模型（包括菲亚特“508 Ballila”），并在后座上放了一支银质火药筒作为吉祥物以预防车祸。除了汽车，科拉多还对电影产生了巨大的热情。在卢扎蒂姥爷家，他为大家放映汤姆·米克斯（Tom Mix）的西部片，其中有切罗基人的追逐，还有公牛比尔的打斗场面。他甚至自己拍摄了电影《吉卜赛音乐》（*La Zingaresca*），使用一台法国百代电影摄像机，由普里莫身着普林节的盛装友情出演。科拉多显然喜欢吹牛。他告诉普里莫，他曾做过乔瓦尼·帕斯特洛纳（Giovanni Pastrone）的助手。乔瓦尼·帕斯特洛纳是都灵的传奇导演。他在1914年拍摄的划时代的奴隶狂想剧《卡比利亚》（*Cabiria*）成了全球票房冠军。但在那部电影拍摄时，科拉多还不到14岁。

莱维崇拜他的舅舅。如果说切萨雷让莱维学会了运用头脑，那么科拉多就培养了普里莫对于现代小发明的热爱。这让普里莫了解各种技术原理，并提高了他的动手能力，从而让他受益终生。除了电影和汽车，科拉多还有一种昂贵的爱好：无线电。作为都灵最早的无线电爱好者，科拉多在雪茄匣子里制作了电子管收音机，并在他位于克罗塞塔的住宅阳台上用复杂的夹钳和牵索竖起高高的无线电天线。20年代后期，家用无线电还是非常昂贵的，但好在普里莫的舅舅在都灵生产晶体管设备的“麦格纳迪娜”工厂有熟人。这个男孩头戴沉重的监听设备，在无线电静电的嘈杂声中，听到了一个新时代空洞的声响。1928年夏季，他被对安伯托·诺比尔（Umberto Nobile）厄运重重的极地探险的无线电报道迷住了。诺比尔的飞艇与冰山相撞，六人遇难。灾难的消息让法西斯意大利陷入举国哀悼之中。但极地探险的失败却为小普里莫展现了人类兴衰历史的一个新时代的开始。

1928年4月17日[13]，阿黛尔·塞尼加利亚再一次成了寡妇。她的儿子切萨雷、恩里科和马里奥参加了继父在都灵的葬礼。他们把他的骨灰保存在一个黑色大理石瓮中。葬礼之后，人们毫不意外地在勒巴登戈医生的个人财物中发现了共济会的斗篷和剑——他生前行事总是带着神秘的氛围。同时阿黛尔已经把她从贝内瓦杰恩纳镇带来的钻石换成了玻璃仿制品，开始秘密在都灵的证券市场进行投机买卖。

## 4

普里莫 10 岁时，他的健康情况严重恶化。一开始是伤风咳嗽，但很快变成了胸膜炎，需要住院治疗。欧洲记忆中最可怕的寒流又加重了他的病情。1928—1929 年的冬天，意大利里维埃拉地区的棕榈树都冻结了，都灵的大地铺上了厚厚的积雪。埃丝特尔守在儿子床边，喂他吃肺病糖浆和咳嗽药片。对于普里莫，这是一段充满了亲与爱的迷人时期，增进了母子之间的感情。在家中度过了漫长的康复期之后，他休学在家开始接受为期一年的家庭教育。这段独处的日子一定让这个孩子更深刻地感到自己与众不同。同时，莱维也可以奢侈地享受一间独立的书房。他可以在其间学习，也有更大的空间去容纳他对于知识的渴求。他有两位家庭教师。第一位是他的小学老师伊米莉亚・格劳德，她答应辅导他的数学。第二位是玛丽莎・兹尼（Marisa Zini），都灵反法西斯哲学家齐诺・兹尼（Zino Zini）的女儿，时年 22 岁。普里莫还在襁褓之中的时候，玛丽莎就已经认识他了。她辅导他的意大利语和拉丁语。格劳德和兹尼还帮助这个男孩学习大学预科（ginnasio）的课程，这相当于 13 岁至 15 岁孩子在中学学习的内容。作为一名好学不倦的学生，莱维在私人教育中迅速成长着。他后来能够成为一名古典学者，完全要归功于兹尼。他很快就能帮他妹妹检查她的拉丁语作业了。

事实上，莱维在学习上取得了非常大的进步，以至于可以将两个学年压缩成一个。而这将在后来对他的人生产生至关重要的影响。

他在这段时期贪婪地阅读，翻遍了他父亲的书房，并陶醉在书房里找到的不知名的外国小说中。他尝试阅读了匈牙利小说（译本）。他的父亲曾在布达佩斯阅读过这些书籍。据他的妹妹回忆，他最喜欢的匈牙利小说，是米克沙特・卡尔曼（Mikszáth Kálmán）的乡土小说《圣彼得的伞》（*St. Peter's Umbrella*，1895）。在这篇小说中，一群斯洛伐克农民在一把巨大的红伞下发现了一名弃婴，而他们相信这个孩子的父亲是圣彼得。莱维也读了匈牙利最热情浪漫的拜伦式诗人裴多菲·山陀尔（Petőfi Sándor）的诗，并在他描写乡村生活的田园诗中感到狂喜。

为了提高他的法语，兹尼给了莱维一篇阿尔丰斯·都德（Alphonse Daudet）在1872年创作的冒险小说《达拉斯贡的戴达伦》（*Tartarin of Tarascon*）。戴着指节铜环、手执剑杖的戴达伦总是渴望干一番大事。他正是蔑视阿拉伯人、黑人和“肮脏的犹太人”的黑衫军的原型。（当莱维在40年后重读这部小说时，发现它有着可疑的趣味。）其他书还有詹姆斯·克伍德（James Curwood）关于哈德孙湾的毛皮猎人以及荒野西部枪战的美国故事。像《灰熊王》（*The Grizzly King*）和《最后防线》（*The Last Frontier*）这些男生们热衷的故事满足了莱维对于坎坷冒险的渴望。但是，切萨雷禁止莱维读埃米利奥·萨尔加里（Emilio Salgari）。他是意大利第一位专属于男孩子的作家，1911年在都灵自杀。切萨雷评价道，他的那些关于大海、海盗和食人族的故事都是有害的异端邪说。冒险故事很好，但它必须有一定的科学可信性。意大利的中产阶级男孩可以分成两派，一边是萨尔加里派，另一边是凡尔纳派（儒勒·凡尔纳，Jules Verne）。普里莫则是凡尔纳阵营里坚定的一分子。工程师对于阅读的监督并不仅限于他的儿子。安娜·玛丽亚也不可以读“粉色小说”（libri rosa）。阿玛莉亚·娜格雷蒂侯爵（Marquess Amalia Negretti，“Liala”），意大利的芭芭拉·卡特兰（Barbarla Cartland），为女孩子写了大量浪漫的爱情故事，其中充满了扭曲的爱情观。它们都是“毫无意义的垃圾”[14]，切萨雷告诉他的女儿；他不喜欢它们浮夸的、过于甜蜜的行文。

## 5

1930年9月，胸膜炎痊愈的普里莫进入了都灵的名牌学府“达阿塞里奥侯爵”皇家预科学校（the“M. D’Azeglio” Royal Gymnasium）。在一年中学业突飞猛进的莱维年仅11岁，几乎比预科学校的一些新生小两岁。莱维原本享受着玛丽莎·兹尼和伊米莉亚·格劳德的关爱。可以说，预科学校猛地敲醒了他。他的班级，II-A 班，共有 8 名女生和 16 名男生。这所学校，据说“年代悠久”，坐落在克罗塞塔边缘的约瑟佩·帕里尼街八号（Via Giuseppe Parini）。它有着很高的学术声誉，开明的办学风格，并以反法西斯倾向著称。校内任教的一些老师是都灵严肃的伦理学者皮耶罗·科贝蒂（Piero Gobetti）的门徒。皮耶罗·科贝蒂在都灵创立了意大利第一份反法西斯周刊《自由的革命》（*Rivoluzione Liberale*）。不过，等到莱维入校的时候，这些教师要么已经被排挤出校，要么被迫缄口。而法西斯审查机构则确保他不会注意到这些被排挤的不妥协分子。学校的走廊里隐伏着法西斯的密探。而校长乔瓦尼·玛切萨·罗希（Giovanni Marchesa Rossi），据说就像小偷一样，喜欢穿着装了软底的特制套鞋偷听老师们上课。教区执事卡鲁索先生（Signor Caruso）以前是一名警察，现在是一名可疑的法西斯探子：“出去，笨蛋！走那个门！”[15] 他会对那些试图穿过女生通道的男生大喊大叫。

装有折页的书桌被用螺丝钉牢牢地固定在地板上。男生和女生被严格分开。少数学生来自克罗塞塔的书香门第，但大多数学生来自商人家庭。头发油亮的同学们：男生身着诺福克上衣和双排扣的西服套装，女生身着高档裙装，外罩黑色连胸围裙。其中一位同学，费尔南达·皮瓦诺（Fernanda Pivano，后来成为欧内斯特·海明威的红颜知己），在很多方面都是一个典型的养尊处优的达阿塞里奥预科学校的女生。“我们想我们都是精英，”她说，“我的父母有九个女仆，而我认为我们中有许多人都被惯坏了，只想让别人尽心尽力地伺候。”[16]

莱维不仅是班里年纪最小的，最瘦弱的，而且在很大程度上，也是班里最聪明的学生。大一些的男生们对于他的聪明摆出一副嗤之以鼻的态度，并且让他感受到他们的轻蔑。而他是班里唯一的犹太人这个事实又进一步恶化了他的地位。“同学们都看着我，似乎我是一头小怪兽”[17]（或者至少是一头迷路的野兽——与整个群体格格不入的一头野兽）。

1923 年的法西斯学校改革确保将古典文学（而不是科学）作为学校课程的核心。背后的理论是——孩子们越了解古代的世界，他们就越能自律。莱维的父亲上的那种理科学院在意大利仍然存在，但法西斯主义已经对科学造成重创。黑衫军的空想家们把实验学科通通归类为粗俗的实用主义。直到今天，精通拉丁语和希腊语仍然被视为意大利教育的标志之一。意大利上流社会的许多高官名流都是从“达阿塞里奥侯爵”皇家预科学校这样的古典学校毕业的。

学校从上午8点开始上课，直到下午3点放学，每周六天，从9月末直到来年5月。多亏莱维的家庭教师玛丽莎·兹尼，他已经能够读一些古希腊文的色诺芬[18]作品了。但现在他不得不接受更严格的古典文学训练。每天早晨，他与同学们齐声背诵拉丁语动词的变格。很快他就需要灵活而流畅地把希腊语翻译成拉丁语。在意大利的历史上，像莱维这一代孩子这样接受如此深度和彻底的古典文学教育是前所未有的。

他的班主任叫安娜·博尔戈尼奥（Anna Borgogno），一位富有魅力的32岁女性，总是带着冷淡、聪慧的表情。大多数男生都暗恋她。她教拉丁语、历史和语文。莱维在她的课上得分很少低于8分（满分10分）。博尔戈尼奥把全班最淘气、最懒的男生安排在莱维旁边，将莱维塑造成一个闪闪发光的榜样。她开玩笑说教室要挂起一个牌匾：“普里莫·莱维在此学习”[19]。她的弟媳艾玛·阿德里安妮（Emma Andriani）对博尔戈尼奥的评语是：“顽皮、脱俗、聪明”[20]，偶尔有些刻薄，但从来不乱发脾气。她常常搀扶一名患小儿麻痹症的男生走过走廊。她也关注着莱维，因为显然他并不快乐。在每张预科学校的照片里，他都远远地躲开他的同伴们，目光不安而冷漠。

有一次，当博尔戈尼奥给班级布置了“贪婪”作为作文题目时，一名男生在教室后面喊道：“犹太人”。博尔戈尼奥生气地训斥了他。在“达阿塞里奥侯爵”预科学校，有两个男生总是欺负莱维。而这名男生正是其中之一。莱维回忆，尽管他们并非“特别愚蠢”[21]，甚至并非“讨人嫌”，但他们总是嘲笑他犹太人的身份。他们把犹太人的割礼等同于阉割，把莱维视为一个被阉割的娘娘腔。他们在操场上折磨他，总是让他把作业借给他们抄（而他让他们抄了）。莱维恨这两个男孩，恨他们带给他的痛苦。但他更恨自己的软弱，容忍他们去欺侮他。成年之后，他总是不无痛苦地回忆起他那可鄙的自我屈从。

生活开始向莱维展现出残酷的一面。欺侮开始影响到他的身体。他经常因肺部感染而请假。有个春天，他因病耽误了两周课程。莱维开始相信自己有些方面令人厌烦。他自卑自怜，听到有人谈论他的“犹太”特征就容易发怒。但他学会了隐藏自己的感受。成年之后，莱维将他早年的耻辱改编成一部科幻小说《人造人》（*The Synthetic Ones*）。在这部小说里，学生马里奥没有肚脐（而我们说过莱维受过“割礼”）。马里奥发现了自己那难以忍受的异人之处，独自蜷缩在学校体育馆里，偷偷哭泣。

带着些许痛苦，莱维在后来的一次采访[22]中回忆了欺侮者们对他的嘲笑。最可怕的欺侮者（但莱维并没有提到他的名字）是鲁道夫·维拉（Rodolfo Villa）。他的帮凶叫塞尔瓦托·罗杰罗（Salvatore Roggero）。他们把莱维的生活变成了一场毫无希望的悲剧。维拉狡猾顽皮，而罗杰罗则有着粗野、纯朴的气质——一个专横的家伙。有趣的是，莱维的大多数同学都不太记得这两名男生。像大多数欺侮者一样，他们都是一些平庸之辈，碌碌无为地离开了“达阿塞里奥侯爵”预科学校。我在1998年与罗杰罗通信时，他对自己曾经施加给莱维的羞辱只字未提，而是毫不掩饰地把莱维称为“以色列人”[23]。在意大利，过于礼貌的字眼往往隐含着偏见的意味，也许它只是用来避免那个更直截了当的词——犹太人。

莱维在其他地方寻找朋友。1932年，马里奥·皮亚琴察（Mario Piacenza）转入了莱维的班级。他是一个圆脸的无忧无虑的男孩，随和豁达。莱维在他身上找到了友情的港湾。莱维认为自己比皮亚琴察更聪明一些，并且让对方知道这一点。“没错，普里莫是一位聪明的大师，”皮亚琴察回忆，“但我想他更喜欢的是我们之间那种师生般的差距。”[24]当时莱维的另一个说得来的朋友是乔治奥·拉特斯（Giorgio Lattes），在都灵另一所学校上学的一名犹太男孩。因为他那高颧骨的宽大脸型，莱维叫他“大乔治”（Giorgione）。他沉静、懒散、多愁善感而慷慨大度，住在克罗塞塔外围的约兰达女公爵街（Via Duchessa Jolanda），是两兄弟中的一个。后来，拉特斯深深地爱上了莱维的妹妹（但被她断然拒绝了）。如果说皮亚琴察是谦和地赞赏莱维，那么拉特斯的作用就是刺穿莱维的自负。“乔治奥总是温和而不依不饶地讽刺普里莫学识上的高蹈。”[25]他的遗孀朱利亚娜·拉特斯（Giuliana Lattes）回忆道。但莱维感到他可以向拉特斯倾述他的失败以及他内心深藏的羞辱。

莱维对他的朋友们极为忠诚，而皮亚琴察是莱维和拉特斯共同的朋友。他们形成了一个不可分割的铁三角。放学回家的路上，他们常常会在普拉蒂咖啡馆（Caffè Platti，1897 年一群田径运动员在此成立了尤文图斯足球队）停下脚步，买上几片这家咖啡馆特有的，用烘烤余料和糖皮制作的“俄国面包”。克罗塞塔以其中产阶级的亲昵，鼓励这种消遣。

## 6

1932 年夏季，莱维在“达阿塞里奥侯爵”皇家预科学校的第二个学年结束时，第一次随家人来到巴多内基亚（Bardonecchia）。巴多内基亚位于都灵的正东方，是一处老派的度假胜地。它坐落在峭崖之上，密林当中，附近常有狐狸和鹿出没。远远地可以望见阿尔卑斯山群峰之上在夏季残留的积雪。莱维的父母在古镇中心的卡洛·萨斯派兹广场（Piazza Carlo Suspize）边租了一栋房子。比起鲍山村的农舍，这里让切萨雷感到更加舒适。只有一件事破坏了这闲适的田园生活。每到周末，法西斯的业余度假团体所组织的一日游旅客像洪水般淹没了巴多内基亚。他们吵吵嚷嚷地聚集在普里莫的卧室窗户之下。那里摆放着一支日晷。他们会试着大声念出日晷上方墙壁上的拉丁文格言：“我，阴影，是太阳的女儿”（现在仍然在那）。莱维嘲笑那些试着翻译拉丁语的大老粗。

他加入了巴多内基亚网球俱乐部。他会把自己的网球涂一层银色的硝酸盐，以便与其他人的网球区分开来。他也会叉着腰走在环绕院子的高墙上练习平衡。有一天，他看到了米米·金德（Mimi Kind）和帕皮·金德（Pupi Kind）——莱维在都灵所崇拜的花样滑冰冠军迪娜·金德的两个儿子。这兄弟俩的爷爷阿道夫·金德（Adolfo Kind）是瑞士人。他在 1896 年将冬季运动引入意大利，被人称为“意大利滑冰的传道者”。米米和帕皮比莱维年长两三岁。两个脸上长满雀斑的孩子身上散发着男子气概和优秀的体育素质。这极大地吸引了当时还不到 13 岁的少年莱维。兄弟二人都没有参加法西斯青少年运动。在莱维那涉世未深的眼中，这是大胆而叛逆的行为。他远远地用羡慕的眼光看着他们练习划艇、射箭、滑冰。一只杜宾犬为他们拾回标枪。据说他们还要在山顶上建造一栋圆顶小屋。在米米·金德的眼中，网球是“娘娘腔”的消遣。他在1995年给我的信中写道：“谁会想像困在篱笆间的小动物一样跑来跑去？”[26]莱维羞怯、阴柔的天性使他渴望得到他们的注意。安娜·玛丽亚说：“我哥哥把金德兄弟视为古希腊的天神。”他们和父母住在都灵温琴佐·蒙提街的一栋巨大的德式别墅中。普里莫渴望去拜访他们。也许这份多情恰恰表明了他在金德兄弟身上感到的吸引力中掺杂着同性之爱。莱维第一次被身材健壮的男性所吸引，但绝对不是最后一次。

莱维13岁生日后的第一个星期六，在犹太教堂，他不得不在自己的成人礼上唱经。那是1932年8月的一个闷热的夏日，莱维因紧张而口干舌燥——年满13岁的他必须登上圣坛，高唱《以赛亚书》。在过去的两年中，莱维已经在都灵的希伯来学校学习过犹太法典。通过他的老师，博拉菲奥（Bolaffio）拉比，他已经吸收了大量的犹太文化知识。半个世纪之后，他仍然能记起200个希伯来单词[27]，但完全忘记了它们的含意。在莱维看来，希伯来学校的唯一目的就是教男孩如何流畅地朗读祈祷书，从而使他们能在成人礼那天在庙宇之中为自己的祖父母争光。此时普里莫已经正式长大成人了。他的家人中有半数因8月假期而离开了都灵，但在那场挥金如土的接待会上普里莫还是收到了一块金表、一对金袖扣、一套钢笔，以及一套带刷子和梳子的生活必需品。他的奶奶阿黛尔·塞尼加利亚没有出席，因为她早已在四个月前的1932年4月23日去世了。她给三个儿子各留下一枚钻石戒指，结果却被发现都是赝品。

起初，莱维非常认真地看待他的宗教责任。他经常祈祷，坚信上帝的存在，并苦修虔诚敬神的美德。他那短暂的皈依上帝的主要动机是恐惧——“害怕无所不知的圣父对我的审判”[28]——而莱维后来说，每当他打破了613条圣律（在星期六不能吃火腿卷，不能乘坐电车：这些教条中既有正义，也有对人权的禁锢）中的某一条，他都会感到罪恶。为了从他的姥爷那里赢得一辆自行车，他发誓会在晨祷时佩戴经文匣。不过，一得到自行车，莱维就对上帝失去了兴趣。并且，随着他的信仰开始动摇，逆向的进程开始了——

莱维开始对科学感兴趣。他开始研究无神论者查尔斯·达尔文（Charles Darwin）的进化论。有一天，在鲍山村，莱维看见一只蝌蚪在地上痛苦地扭动着，这时一只知更鸟俯冲下来，吃掉了这只蝌蚪。眨眼间，农舍里的猫猛地一扑，又把知更鸟吞进了肚子。大自然的残酷性为少年莱维上了一课。在达尔文的《物种起源》（*The Origin of Species*）中，莱维发现了另一种理论。这种理论认为世界上并没有神。随着莱维越来越接近他最终的无神论信仰，他告诉同学马里奥·皮亚琴察，进化论是“科学所发现的最重大的自然真理”。（皮亚琴察回忆，莱维是“了不起的哲学伙伴”[29]。）莱维虔诚敬神的时期结束了，而他的智力即将开始飞速增长。

在父亲的推荐下，莱维读了弗拉马里翁（Flammarion）在1884年创作的经典天文学指南《天国疆域》（*Territories of the Sky*）。在弗拉马里翁的星图帮助下，他开始探索夜空的奇迹。他对妹妹讲起天空的“地理学”，以及夜晚苍穹的“壮丽”。只要想到宇宙，他就不禁去猜测宇宙这台巨大机器背后的“驱动者”。但即使这个“驱动者”真的存在，正如莱维在多年之后所总结的：“他并不值得我们向他祈祷。”[30]

## 7

与此同时，在外面的世界，黑暗的政治旋涡正在飞快地旋转。1933年1月30日，希特勒成为德国总理。他的那些挥舞着剃刀和短棒的匪徒们立刻将手伸向德国犹太人。4月4日，冲锋队员袭击了柏林的犹太人聚居区，对犹太人进行殴打。4月7日，第一部反犹法案公之于众。所有“非雅利安人”都被从政府岗位上清除了。很快德国犹太人被剥夺了公民权利。

莱维像大多数意大利犹太人一样，没有感受到这些暴行的直接威胁。他们无法相信，他们和全欧洲的犹太人处在同样的危险之中。波兰或苏联的正统派犹太人也许因为他们的哈西德长袍和鬈发长须而受到人们对犹太人的仇视，但已经民族同化的意大利犹太人可不会。他们已经融入了意大利社会，而这成为他们安全的保证。德国发生了糟糕的事情，但对莱维一家而言，那些暴行只是远方的传言，与他们无关。

面对希特勒的崛起和掌权，墨索里尼的心情是复杂的。在某种程度上，赞颂金发碧眼的北方佬与法西斯党尊崇古罗马的教条是相互矛盾的。事实上，墨索里尼并不赞成希特勒以生理学为基础进行反犹活动的做法。他的情妇玛格丽塔·萨法蒂（Margherita Sarfatti）就是犹太人。而她对这位独裁者的影响要远大于世人的猜想。她正是墨索里尼对于古罗马那夸张崇拜的幕后策划者——在当今意大利的法西斯建筑上仍能看到那些鹰状图案和哺育狼孩的母狼。这些形象部分来自她的设计。有像萨法蒂这样的宣传专家在他身边，他难以承担驱逐意大利犹太政治力量的后果。而且，意大利犹太作家和艺术家们仍然在执迷不悟地支持着这个政府。皮埃蒙特地区的犹太诗人阿图罗·福阿（Arturo Foà）写了一首广受欢迎的法西斯主义叙事诗《前进的意大利》（*Italy on the Move*），其中将墨索里尼歌颂为圣耶稣和加里波第[31]的结合体。如果这是一种英雄崇拜，那么墨索里尼当然乐于鼓励它。

然而，当希特勒成了帝国的总理时，墨索里尼便有了实际的理由去与反犹德国搞好关系。拥有超级军事力量的希特勒可以帮助墨索里尼实现他在地中海和东非复兴古罗马帝国的梦想。这位意大利独裁者清楚，一场反犹运动将大大取悦希特勒。如果迫害犹太人能够为他换来外交优势，那他又何乐而不为？以马基雅维利[32]般的圆滑，他试图以小型而连续的反犹运动（并在意大利法西斯极端报刊上大肆宣扬）来换取希特勒的赞许。这次运动的持续时间并不长，到1933年年中便渐渐销声匿迹。但它的宣传效果是巨大的。而且，这是迈向对意大利犹太人的正式迫害的第一步。这场运动以法西斯党针对犹太人和犹太复国运动的争论拉开序幕，但很快就宣告反犹主义赢得胜利。罗马的非官方法西斯报刊《特韦雷河边》（*Il Tevere*）抱怨“不爱国的”意大利犹太复国分子忘恩负义地梦想在巴勒斯坦建立犹太人的家园[33]。这家报纸声称，犹太人的新锡安山并不在中东，而在这里——在法西斯意大利，“这个可以给予他们公民权利和经济繁荣的国家”。在这家报纸表面的反犹太复国运动的观点背后，隐藏的是常见的反犹主义思想。这家报纸甚至严厉谴责一家意大利船运公司，因为这家公司把他们的一艘船改名为“特拉维夫”（Tel Aviv）号。同时，当犹太复国主义者们在这份特立独行的法西斯报刊上气急败坏地声辩时，墨索里尼则袖手旁观。

如今重新分析当时的状况，可以清楚地发现，在法西斯主义和意大利犹太人之间一直存在着不易觉察的紧张关系。那些倾向于国际性的人，那些超越了国家局限的人，都让墨索里尼感到紧张。尤其是犹太复国主义者，被视为自以为是的、超国家的党派，是有害于维系国家和民族团结的法西斯纽带的。如果说有意大利犹太人看穿了纳粹主义的传播、邪恶和威胁，那就是犹太复国主义者。自从萨伏依王朝在 1848 年颁布《自由法案》以来，被民族同化的意大利犹太人声称随着人类不可避免的进步，中世纪对犹太人的仇恨必将烟消云散。但希特勒证明他们错了。1933 年是意大利犹太人命运的一个转折点。

## 8

1933 年，像往年一样，莱维家在巴多内基亚度过他们的暑假。这年莱维已经 14 岁。他着迷于一场结果被证明过于鲁莽的登山探险之中。登山是一种超越常规、充满风险的运动。但莱维一门心思想成为米米或帕皮那样的男孩，渴望考验自己的身体极限。所以，在 7 月初一个炎热的夏日，他从巴多内基亚出发，去攀登阿尔卑斯山。他的同伴有 16 岁的路易吉·费泊（Luigi Firpo），这位未来的历史学家自封为领队；还有与他同岁的乔治奥·迪那（Giorgio Diena）。他们计划横穿卡泰纳·代·马吉（Catena dei Magi）山脊，再沿另一面的山坡下山，到达斯特雷塔山谷（Valle Stretta）。从巴多内基亚出发，这需要让人精疲力竭地步行一天——要是莱维的父母事先知道这件事，他们一定不会允许他参加这样的冒险。不过，这些男孩们却为自由而兴高采烈：根据导游手册，他们估计只需要三个小时就能攀上梅尔希奥国王峰（King Melchior），而莱维说只用两个小时就能轻而易举地登顶，并在晚餐时及时赶回家。

等到三个男孩到达梅尔希奥国王峰的峰顶时，天已经快黑了。而他们几乎耗尽了全部力量。没有食物，没有保暖衣物，前往遥远的登山小屋是非常危险的。巴多内基亚平原在他们脚下 3000 米的地方，他们不可能连夜下山。莱维和同伴们有体温过低的危险。他们开始高声呼救。最终有人听到了他们的呼喊。凌晨两点，一支救援队到达了山顶。“上面都是什么人？”一个问题伴着回声从下面传来。“啊，只不过是三个爱哭的小娃娃！”[34]先爬上山顶的救援队员回答，带着山民对城里人的满腔轻蔑。救援队员们把三个男孩像意大利蒜味腊肠般绑在一起，在提灯的照明下用绳索缒下山去。这便是阿尔卑斯山对他们的嘲弄。

登山遇险的消息很快传遍了巴多内基亚。莱维多年之后也难以忘记这场耻辱。尽管如此，在光秃秃的山顶度过的那一夜对于莱维的成长是至关重要的一课。后来，在短篇小说《熊肉》（“Bear Meat”）中，莱维回忆了这次冒险，并强调了从错误中汲取经验的重要性。他在巴多内基亚的这次远足（而不是他的成人礼）标志着他开始长大成人。

回都灵的途中，更紧迫的忧虑沉重地压在莱维一家的心头。罗马大街37号的纺织品店面临被迫拆迁。这是一个大型市政工程项目的一部分，为了创造就业机会——8000名都灵人聚集在罗马大街拆除店铺和住宅，以便建设带有石雕雄鹰图案和束棒图案的“墨索里尼现代”建筑群。1933年10月28日，这个伪帝国的罗马大街一期工程通车了。黑衫军凯旋般地列队走过摆满鲜花的街道。卢扎蒂的店铺搬到了附近的圣特蕾莎街（Via Santa Teresa），但新的店址周围到处都是法西斯党的盾状徽记和裸体雕像，缺少老店的韵味。卢扎蒂姥爷从此失去了往日的神采，终日闷闷不乐，八年后便郁郁而终。

在这10年后接下来几年中，墨索里尼对于罗马帝国的狂热到达了疯狂的程度。这位独裁者用上了“Duce”的头衔，这个词来自拉丁语“Dux”，意为“领袖”。全新的，且更加严厉的法西斯党行为准则开始施行。托马斯·曼[35]被罚了50里拉，因为他允许自己的幼女在意大利的水中嬉戏。法西斯主义的高级教士们开始称呼墨索里尼为“神圣的恺撒”。他们主张禁止一切外国单词和非拉丁语系的字眼。他们嘲笑握手是神经质和不卫生。还有，在一场宣传鹅的运动中，鹅被鼓吹为拯救了古罗马的圣鸟（它们高亢的鸣叫声警告了罗马士兵，帮助他们打退了野蛮的高卢人的袭击）。意大利陆军采取了“从希特勒那里抄来的鹅步”。而普里莫这代人被期待生活在尽可能拉丁化的意大利国度中。他们在学校里跟朋友只能说拉丁语，不得使用法语或英语。他不再能够乘小舟出行，而只能靠“浮桥”（pontone）出行，就像尤利乌斯·恺撒所做的（当他发明了浮桥的时候）。“鸡尾酒”一词也被荒唐地拉丁化为“coda di gallo”。

## 9

1933 年年底，莱维从法西斯儿童先锋队升到了为更大的男孩组织的先驱队。先驱队的领导者们往往都是那些最极端的反动者，要求绝对的纪律。幸运的是，莱维设法加入了先驱队的滑雪分队，从而逃过了每个周末的持枪操练。每到周六，清晨 5 点 30 分，一辆长途汽车就离开都灵的萨基街，向群山开去。车上满载着 30 名先驱队的男性滑雪队员。每个人都急切地盼望着高坡速降。滑雪给了他们一条充满魅力的出路。但这项运动也是对身体和胆量（ardimento）的衡量，对男子气概的法西斯之魂的考验。“如果我们真的想让我们的下一代像伟大的墨索里尼所要求的那样成为坚如磐石的一代，我们就必须终结所有的娇宠和嬉戏。”1932 年，安吉洛·玛那雷斯（Angelo Manaresi）在他那篇神经错乱的致冬季运动的发言——《致登山运动员》（“A Word to Alpinists”）中如是说。在玛那雷斯的书中，潜藏着对女孩的恐惧和蔑视（莱维还饶有趣味地读过这些书）。而这一倾向，在法西斯主义宣传电影中又进一步得到加强。这些电影，表现的无不是赤裸胸膛、方下巴的运动员们飞快地滑下雪坡，或者在滑雪后开怀大笑。

无疑，莱维对于滑雪的新热情，消除了他对于自身男子气概的忧虑。作为班级里最小的学生，当他的嗓音终于变得沙哑的时候，他一定暗自松了一口气。他没有女朋友，而班级里的同学们对于男女关系知道的要比他丰富得多。那些女生不仅在年龄上，在各个方面都要比他成熟。当时的莱维幸运地找到了另一位值得景仰的男性英雄形象：罗伯托·佩尔多米（Roberto Perdomi），一个与他同岁的结实的男孩子，滑雪队的队友。放学之后，除了拜访乔治奥·拉特斯和马里奥·皮亚琴察之外，莱维越来越喜欢去佩尔多米位于翁贝托国王大街 63 号的家。罗伯托的父母在周末广宴宾客，并鼓励罗伯托去邀请普里莫。他们觉得与学业优异的普里莫交往会为自己那不爱读书的儿子带来益处。佩尔多米擅长竞技运动，并凭借熟练的技能在障碍滑雪赛中多次赢得奖杯。在莱维眼中，他是集强悍坚韧与精明老练于一身的完美人物。而佩尔多米，则乐于在莱维那无比的敬佩中扬扬自得。

然而，他认为莱维穿着先驱队那宽松的登山短裤，站在两条原始的胡桃木滑雪板上的样子有些“懒散”[36]。他的姿势毫不优美，几乎是“摇摇晃晃”地滑下山去，跌了许多跟头。佩尔多米的指导是在一连串严厉却善意的责骂中完成的。不过，滑雪及时而有益地鼓励莱维去用他的身体而不仅仅是头脑思考。两个男孩一起出发，踏上距离更远的滑雪之旅。绍泽杜尔克西（Sauze d’Oulx）的苏萨村（Susa）是他们最喜爱的目的地。在那里，一个农户用焖得烂熟的肉为他们烹制阿尔卑斯风味的土豆饺子，并为他们准备过夜的床铺。第二天清晨，收拾好行装，他们起程去森林。坐落在绍泽杜尔克西之上的阿道夫·金德小屋就像克朗代克地区的小木屋一样，有着铸铁炉子和摇来摇去的百叶窗。胸膛中燃烧着傲迎冰雪的先锋精神，这两位少年感到自己就像杰克·伦敦（Jack London）笔下的英雄人物，并坚信回到都灵时他们都会成为更强大的男人。

1934 年春天，莱维再次因胸部感染而病倒。他在床上度过了两周，享受着大量的书籍，还有佩尔多米和其他朋友买来的巧克力。之后，他在巴多内基亚逐渐康复。莱维容易患上支气管紊乱，但他生病还有一个明显的原因。上一年秋天，强悍的法西斯主义爱国者 F. 塔韦尔纳教授替代了备受莱维爱戴的安娜·博尔戈尼奥老师。这位教授同时是一位执迷不悟的反犹主义者。“他很讨厌，而且非常严厉。他对我们这些孩子毫无喜爱之情。”[37] 莱维回忆。在塔韦尔纳的强势镇压下，班上的男生们不得在卫生间逗留时间过长，也不准在课上看女生；既禁止“触碰自己”，也不得把手放在口袋里。

大约在那段时间，莱维在读阿尔贝托·莫拉维亚（Alberto Moravia）的《冷漠的人们》（*The Time of Indifference*）——一部描写法西斯意大利社会中性别支配与异化的非凡小说。莫拉维亚是一个威尼斯犹太人的儿子，1925 年，年仅 16 岁的他刚刚从肺结核（比莱维大两岁）中康复，便撰写了这部小说。他对于墨索里尼的意大利社会中的口是心非、阴谋和暴力的刻画激怒了法西斯党人。他们公开诋毁莫拉维亚是“所有人类价值观的毁灭者”[38]。在当时，没有哪部意大利书籍能像这本小说这样深刻地剖析当代社会，令同时代的人们如此不安。莱维的父亲警告普里莫，他所读的是一本危险的小说。尽管如此，莫拉维亚对丁性的近于残酷的坦率态度和玩世不恭唤醒了这位少年。莱维开始自问哪些作家真正以自己的本性去创作。他创造了一个古怪的词汇“打动人心与否？”（pancia-sentito-o-no?）[39] 作为文学鉴赏的一个关键点。杰克 · 伦敦的《野性的呼唤》(*The Call of the Wild*)就是极为“打动人心”的。这篇小说的主人公是一条狗（一半圣伯纳德狗血统，一半牧羊犬血统）。它必须作为一条雪橇狗开始自己的荒野新生，否则就只有死路一条。当时另一部性觉醒的重要小说是拉约什 · 齐洛希（Lajos Zilahy）的关于爱与战争的匈牙利史诗《两个囚徒》(*Two Prisoners*)。它已经远远超出了普通学生的阅读范围。这部小说以奥匈帝国的布达佩斯为背景，描写了一场偷窥狂的白日梦和一场婚前性行为。对于沉浸在混乱而困惑的青春当中的莱维，齐洛希进一步强化了他那迷茫的渴望。“普里莫一读完这本小说，就立刻从头到尾又读了一遍。”[40] 他的妹妹还记得。与当时法西斯主义统治下的大多数意大利作家（莫拉维亚也许除外）相比，齐洛希对两性关系的描写更加具体而细致。

同时，15 岁的莱维迷上了克罗塞塔的一个女孩。薇拉 · 盖伊（Vera Gay）是一名新教徒，一个受大家喜欢的活泼、漂亮的女孩，新近才搬到莱维家附近。她和父母住在翁贝托国王大街 30 号。只要提到她的名字就足以让莱维脸红心跳。看到这一幕，克罗塞塔其他女孩子就会齐声嘲笑他：“普里莫脸红啦！”（Arrossisce Primo!）[41] 在青春期那过分关注自身而产生的尴尬中，莱维感到羞愧难当。

## 10

1934年3月31日，随着关于推翻法西斯统治的“犹太阴谋”的连续报道，意大利犹太人迎来了更多坏消息。那些阴谋元凶都在都灵，从而都灵的犹太社区中发生了巨大的恐慌。法西斯国家新闻媒体不断强调“颠覆分子”的犹太背景（而原本这些报纸不会提到他们的宗教信仰）。当墨索里尼的秘密警察抓获这场阴谋的策划者们时，莱维一家发现这些被逮捕的人都是他们的熟人，有些甚至还是他们的亲戚。在警察破获这起“阴谋案”之后的整整两周中，趁着犹太逾越节，关于阴谋的新闻不断被故意泄露给媒体。反犹情绪日益高涨，注定要给犹太人造成最大程度的破坏。

1934 年 3 月 11 日，锡安 · 塞格雷 · 阿玛尔（Sion Segre Amar），一名富裕的都灵犹太人，在将反政府宣传品偷运至瑞士的过程中被捕。他属于意大利“公平与自由”（Giustizia e Libertà）组织。这个组织是当时意大利最大的政治反对派。取自该组织名称的首字母“g”和“l”，这个组织的成员被称为“朱尔斯蒂”（giellisti）。他们中有很多人是犹太人。但总体而言，这个组织的大多数成员是天主教徒。组织秉承意大利复兴时期的自由精神，立志推翻萨伏依王朝（现在则是法西斯政党），以及“领袖”。

一个更富经验的阴谋家也许不会让事情败露。锡安 · 塞格雷却是一个性格温和，甚至有一些懒散的人。他在自己的美国跑车里安装了活板，以隐藏反法西斯宣传品。在这次偷运任务中，马里奥 · 莱维与他同行。但马里奥与这次阴谋毫无关系，他只是奥利维蒂办公机械公司的一名主任，也是一名失败的冒险家。意大利边境警察在瑞士边境截住了他们。马里奥 · 莱维设法横渡卢加诺湖（Lake Lugano），逃到了中立国的领土上。但塞格雷却被捕了。尽管塞格雷并不赞成犹太复国运动，法西斯党人却相信他们已经抓获了犹太复国分子在全国范围阴谋推翻“领袖”的骨干成员，因为塞格雷的名恰好叫“锡安”。于是意大利展开了第二次反犹运动。这次运动同样是由少数亲德的意大利极端分子挑起的——一批无名小卒。但这一次意大利的讽刺报刊开始公然刊登一些粗鲁的反犹漫画，反映了普通意大利人对于犹太人的偏见竟然如此根深蒂固。对于莱维的家人，这场运动一定让他们想起了 1888 年将他们逐出贝内瓦杰恩纳镇的那些暴民。正如莱维后来所看到的，法西斯党早期的反犹运动是其后暴行的一种预兆——纳粹的水晶之夜，犹太人房屋的碎玻璃散落在德国街道上的恐怖之夜，仅仅发生在四年之后。

17 名有嫌疑的“朱尔斯蒂”在都灵被捕接受讯问。其中之一，画家兼医生卡罗 · 莱维（Carlo Levi），后来因撰写《基督来到恩波利》（*Christ*

*Stopped at Eboli*）而成名。他因婚姻而与莱维一家有联系。因为都灵的犹太圈子不大，很多亲戚朋友都被牵连其中。“公平与自由”组织在都灵分支的负责人维托利奥·福阿（Vittorio Foa）是阿德利娜·卢扎蒂姥姥的亲戚（福阿的外祖父是阿德利娜的兄弟）。福阿住在翁贝托国王大街 64 号，来往非常方便。约瑟夫·莱维教授是逃走的马里奥的父亲。他还有一个女儿，即未来的小说家娜塔丽亚·金兹伯格（Natalia Ginzburg）。他是莱维一家在翁贝托国王大街的朋友和邻居。他也遭到了逮捕。年纪最小的被捕者恩尼奥·阿尔托姆（Ennio Artom）是普里莫的校友。

最后，在所有被捕者中，仅有三人受到审判并被定罪。他们是锡安·塞格雷、莱昂内·金兹伯格（Leone Ginzburg，后来成了娜塔丽亚·金兹伯格的丈夫）以及“在逃的”马里奥·莱维。让莱维一家松了口气的是，普里莫的家人并没有因为认识这些阴谋策划者而受到牵连。尽管如此，埃丝特尔和切萨雷还是为发生的事情感到愤怒和震惊。两个刚愎自用的犹太年轻人由于他们拙劣的偷运技术而危及了所有意大利犹太人的安全。但更重要且更危险的是，当意大利犹太人面临希特勒的全面威胁之时，1934 年的丑闻进一步分化了意大利犹太人群体，从而削弱了他们的力量。

都灵的犹太人分成了两派，一派支持“公平与自由”组织的颠覆分子，而另一派则反对他们。在都灵的一批犹太法西斯党人创立了一家支持墨索里尼的周报——《我们的旗帜》（*La Nostra Bandiera*）。这家报纸在 1934 年 5 月 1 日的创刊号是一声尖锐的战斗号角，催促犹太人团结起来，担负起保卫和建设祖国的职责。切萨雷·莱维是在政治上等同于意大利的格莱斯顿[42]的一名自由党人。他强烈厌恶《旗帜》对于犹太准法西斯主义的标榜，并把这家报纸称为“叛徒”[43]。他和《旗帜》的编辑埃托雷·奥瓦扎（Ettore Ovazza）有着多年的交情，但现在他们已经形同陌路。

据说，这次逮捕是因为一名犹太间谍打入了“公平与自由”组织的高层。事后证明，人们的猜疑没有错。战后，人们发现这名间谍就是锡安·塞格雷的堂弟迪诺·塞格雷（Dino Segre）。代号“雷内·奥丁”（Réné Odin，将自己名字巧妙地颠倒字母顺序而构成的新名）的塞格雷不仅是一名犹太人，而且住在克罗塞塔。他以笔名“皮提格雷里”（Pitigrilli）撰写糟糕的色情小说（《贞操带》《奢华的野兽》）。普里莫经常看到他沿着翁贝托国王大街遛狗。（这位告密者因婚姻而与莱维家产生联系，因为阿黛尔的兄弟莫伊兹的女儿塞莱斯特·塞尼加利亚是他的妻子。）战后，塞格雷-皮提格雷里逃到了阿根廷，在那里据说成了伊娃·贝隆[44]的影子写手。

在这次逮捕的四个月之后，1934 年 7 月，莱维参加了“达阿塞里奥侯爵”皇家预科学校的“大学预科班”（liceo）入学考试，并在当年秋天顺利升学。这时，意大利的反犹运动已经渐渐失去了原有的势头。这是因为与反犹德国结成法西斯同盟的前景在国内已经失去了民众的支持。希特勒对奥地利的野心与阴谋，以及德国同样会在意大利北部边境造成的威胁，让许多意大利人警惕起来。不管怎么说，他们认为与他们那身着戎装的伟大领袖站一起，希特勒显得獐头鼠目、猥琐不堪。墨索里尼开始寻求改善与英法的外交关系。作为一名机会主义者，他判断一场国内的反犹运动不再对他有利。尽管当时很少有人能够预见到，但领袖对于希特勒的摇摆态度注定了意大利犹太人的毁灭。不管法西斯党对犹太人的迫害变得多么残酷，意大利犹太人都始终抱着最后“缓刑”的希望——墨索里尼已经摇摆了那么多次，他一定会像希特勒走得那么远吗？等到德军占领意大利并开始将犹太人送进集中营的时候，犹太人想逃离已经太迟了。

## 注释

1　“百分之五是犹太人”：普里莫·莱维告诉作者。

2　“我一定是老了……”：1992 年 5 月 27 日，作者采访朱莉娅·科隆博·迪娜时，由朱莉娅·科隆博·迪娜转述卢扎蒂的话。

3　“我有罪……”：普里莫·莱维告诉作者。

4　“之后的几天里……”：1993 年 9 月 8 日，朱莉娅·科隆博·迪娜告诉作者。

5　“……真正的对话”：普里莫·莱维告诉作者。

6　“五岁时……”：1984 年，莱维接受马西莫·迪尼采访。采访手记未发表。

7　“……计划写一部小说”：1993 年 2 月 10 日，路易莎·蒙蒂向作者讲述了普里莫·莱维写作这部小说的想法。

8　“讲叔本华”：普里莫·莱维告诉乔瓦尼·泰西奥，收录于《普里莫·莱维：回忆与创作》（*Primo Levi：Memoria e Invenzione*）一书中，“一篇失败的传记之意义”（*A Proposito di una biograia mancata*）。

9　“我不喜欢……”：1984 年 2 月 14 日—17 日，普里莫·莱维接受意大利电台的保罗·特尼（Paolo Terni）的采访，《普里莫·莱维谈音乐与唱片》（*Lamusica e i dischi di Primo Levi*）。

10 “80 天病假”：菲利斯·里格农小学档案。
11 “布满了裂纹”：1992 年 6 月 11 日，朱莉娅·科隆博·迪娜告诉作者。
12 “……普里莫感到他必须补偿……”：1994 年 3 月 20 日，安娜·约纳告诉作者。
13 “1928 年 4 月 17 日”：都灵人口登记办公室。勒巴登戈医生享年 76 岁。人们对他进行了火葬。（他的骨灰瓮上简短地铭刻着：“缅怀菲利斯·勒巴登戈医生，死于 1928 年 4 月 17 日。”）
14 “毫无意义的垃圾”：1993 年 3 月 30 日，安娜·玛丽亚·莱维告诉作者。
15 “……走那个门！”：1993 年 7 月 1 日，布鲁诺·福阿告诉作者。
16 “我们想我们都是精英……”：1992 年 3 月 19 日，费尔南达·皮瓦诺（Fernanda Pivano）告诉作者。
17 “……一头小怪兽”：1984 年，莱维接受马西莫·迪尼采访。采访手记未发表。
18 色诺芬（Xenophon，约前 430 年—约前 355 年或前 354 年）：雅典人，军事家，文史学家。他以记录当时的希腊历史、苏格拉底语录而著称。——译者注
19 “普里莫·莱维在此学习”：普里莫·莱维告诉乔瓦尼·泰西奥（未发表的采访手记）；1995 年 8 月 21 日，乔瓦尼·泰西奥向作者转述了博尔戈尼奥的话。
20 “顽皮、脱俗、聪明”：1995 年 7 月 18 日，艾玛·阿德里安妮告诉作者。
21 “特别愚蠢”：1984 年，马西莫·迪尼对普里莫·莱维的采访。未发表的采访内容。
22 “……后来的一次采访”：同上。
23 “以色列人”：1998 年 7 月 11 日。
24 “没错，普里莫是一位聪明的大师……”：1995 年 7 月 9 日，马里奥·皮亚琴察告诉作者。
25 “乔治奥总是……”：1998 年 1 月 30 日，朱利亚娜·拉特斯告诉作者。
26 “……像困在篱笆间的小动物”：1997 年 2 月 8 日。
27 “……200 个希伯来单词”：1988 年 5 月—6 月，《现在时》（*Present Tense*）的丽莎·索迪（Risa Sodi）对普里莫·莱维的采访。
28 “害怕无所不知的圣父对我的审判”：普里莫·莱维告诉作者。
29 “了不起的哲学伙伴”：1995 年 10 月 13 日，马里奥·皮亚琴察告诉作者。
30 “他并不值得我们向他祈祷”：《记忆之声》，p.276。
31 朱塞佩·加里波第（Giuseppe Garibaldi，1807 年 7 月 4 日—1882 年 6 月 2 日）：意大利爱国志士及军人。他献身于意大利统一运动，亲自领导了许多军事战役，是意大利建国三杰之一。——译者注
32 尼可罗·马基雅维利（Niccolò di Bernardo dei Machiavelli，1469 年 5 月 23 日—1527 年 6 月 21 日）：意大利政治思想家和历史学家，出生于佛罗伦萨。在中世纪后期政治思想家中，他第一个明显地摆脱了神学和伦理学的束缚，为政治学和法学开辟了走向独立学科的道路。他主张国家至上，将国家权力作为法的基础，代表作《君主论》主要论述为君之道、君主应具备哪些条件和本领、应该如何夺取和巩固政权等。他是名符其实的近代政治思想的主要奠基人之一。——译者注
33 “罗马的非官方法西斯……”：伦佐·德·菲利斯（Renzo De Felice）的《法西斯统治下的意大利犹太人的历史》（*Storia degli ebrei italiani sotto il fascismo*）为《特韦雷河边》提供了反犹的细节。
34 “……三个爱哭的小娃娃”：1984 年 3 月，《山脉》杂志的阿尔贝托·帕普兹采访普里莫·莱维。

35 托马斯·曼（Thomas Mann，1875 年 6 月 6 日—1955 年 8 月 12 日）：德国小说家和散文家，1924 年发表长篇小说《魔山》，1929 年度获得诺贝尔文学奖。——译者注

36 “懒散”：1995 年 4 月 12 日，罗伯托·佩尔多米（Roberto Perdomi）告诉作者。

37 “他很讨厌……”：普里莫·莱维告诉乔瓦尼·泰西奥（未发表的采访手记）；1995 年 8 月 21 日，乔瓦尼·泰西奥向作者转述了博尔戈尼奥的话。

38 “所有人类价值观的毁灭者”：1984 年 11 月 14 日，阿尔贝托·莫拉维亚告诉作者（参见《伦敦》杂志，1985 年 11 月，《阿尔贝托·莫拉维亚与冷漠》）。

39 “打动人心与否？”：1992 年 11 月 11 日，卢西亚娜·尼希姆告诉作者。

40 “普里莫一读完这本小说……”：1993 年 3 月 30 日，安娜·玛丽亚·莱维告诉作者。

41 “普里莫脸红啦！”：1995 年 5 月 10 日，卡拉·奥瓦扎（Carla Ovazza）告诉作者。

42 威廉·尤尔特·格莱斯顿（William Ewart Gladstone，1809 年 12 月 29 日—1898 年 5 月 19 日）：英国政治家，曾作为自由党人四次出任英国首相。——译者注

43 “他强烈厌恶……”：1984 年，马西莫·迪尼对普里莫·莱维的采访。未发表的采访内容。

44 伊娃·贝隆（María Eva Duarte de Perón，1919 年 5 月 7 日—1952 年 7 月 26 日）：常被称为贝隆夫人，出生于阿根廷，阿根廷前总统胡安·多明戈·贝隆的第二任妻子，曾是阿根廷的第一夫人。为纪念她，还拍摄了同名电影《贝隆夫人》。——译者注

# 五

# 化学与青春期

（1934—1937）

# 1

1934 年 9 月，普里莫·莱维进入了一个由 37 名年纪更大的男生组成的新班级。莱维认识其中一些学生，包括他的好友乔治奥·拉特斯（他从都灵的一所小型中学转进了“达阿塞里奥侯爵”皇家预科学校）和马里奥·皮亚琴察。莱维的妹妹已经在体育上崭露头角，多次在赛事中获奖，但面对她哥哥拿手的学业课程时却显得无能为力。在原来的班级中，还有五人升入了大学预科班，其中包括喜欢欺负人的鲁道夫·维拉和塞尔瓦托·罗杰罗。于是他将面对他们变本加厉的挑衅。已经 15 岁的莱维，开始将自己视为一个“紧张的人”（complessato）[1]，正如他多年之后所说，“一个神经质者”，并把感受到的所有不如意通通归咎为自己是一名犹太人。拉特斯为当时的莱维画了一幅讽刺漫画。画中的莱维带着不安的表情，有着精致而敏感的鼻子，以及好学而脆弱的气质。学校校刊不怀好意地宣称莱维写了一本书，书名叫“身体发育”（*Lo sviluppo*），并由“小不点”（Mingherlini）出版社出版发行。这种调侃一定深深地伤害了莱维。

升入大学预科班是莱维人生中的一道分水岭。他曾经是安娜·博尔戈尼奥最得意的学生。而现在，他只是众多杰出的同龄人中的一个。而他的学业也因此受到了影响。据大多数比他年长的同学回忆，莱维在他的新班级里并没有格外优秀。“我完全不记得他有任何出众之处，那有许多其他天才。”[2] 布鲁诺·福阿说。在莱维的新班级——B 班中，有着各式各样的人物。他们中有都灵资产家们的后代，这些少年有着油光发亮的头发和刚刚蓄起的小胡子。他们大多数是“无赖”[3]，莱维记得。在 1934 年的一张全班合影中，我们可以看到一个身穿细条纹西服套装的文雅少年，一个戴着金表链的花花公子，还有一个站得笔直的运动健将。他们是典型的学业优等生，同时也是一群顽固不化的势利小人。保罗·佩罗西诺（Paolo Perosino）则是无产阶级的代表。他第一次出现在班级里就遭到了那些公认的“惯坏的顽童”（figli di papà）的嘘声。不过，比起佩罗西诺，莱维在这些合影中更显得格格不入。他尴尬的表情和姿势让他看起来像成人中的一个孩子，在某种意义上也的确如此。

遭受欺凌的牺牲品在群体中总是显而易见。而犹太人，作为一个少数民族，自古便容易受到排挤和打击。在 B 班中有很多犹太人（共有七人），但没有证据表明他们受到其他同学的欺负。在学业上傲慢自负的恩尼奥·阿尔托姆，是 1934 年春天“犹太阴谋案”后被拘留的 11 位犹太人之一。他肯定是一个易遭受欺侮的对象。相对于人们传统的观念和信仰，他是一个异端。他那激进的文学品味、有些古怪的行事作风和外表（他戴着一副那种知识分子式的厚如瓶底的眼镜，穿着一条可笑的登山短裤），早已让他在学校里出了名。不过他完全没有受到同学们的欺负。唯一受到欺负的人是普里莫。

显然，莱维甚至受到了班里犹太同学的取笑。布鲁诺·福阿，一个英俊的尤文图斯队球迷，认为莱维“瘦小枯干”[4]，活该成为一个笑料。“坦率地说，莱维就是一个笑话，有些一本正经——他的名字是性迟钝的代名词。”率直的福阿永远不会支持，更不会容忍反犹的观点。但莱维后来把他在大学预科班所遭受的欺侮和嘲笑都归咎于一种独特的反犹主义。我们难以判断，莱维最终受到的迫害对这一印象造成了多大的主观影响。

人们也许会把莱维的羞涩当作冷漠，而且莱维无疑不喜欢那些缺乏书卷气的男孩。像布鲁诺·福阿这样的学生，喜欢说粗话和黄笑话，引发了莱维的厌恶。莱维比他的同学们小两岁。他的同学们在身体发育上比他成熟得多，已经开始对女孩产生了兴趣，而莱维那时还深陷痛苦的尴尬和自省之中。A 班满是充满吸引力的“高中女生”（dazegline），但由于被自己很丑的想法折磨着，莱维从来不敢走近她们。尽管如此，他还是对其中的一个女孩怀着巨大的热情，利迪娅·卡博纳托（Lidia Carbonatto）。40 年后，当莱维在一场古典音乐会上遇到利迪娅的时候，她已经成为《邮报》的音乐评论人利迪娅·帕隆巴（Lidia Palomba）。在音乐会休息的间歇，他决定向利迪娅表白自己十几岁时那青涩的迷恋。“事到如今已经没有什么好隐瞒的了。”他红着脸坦白。莱维承认他曾经在学校的走廊里，跟在利迪娅的后面，只为了看她走路的样子。她曾经以她无法相信的方式成为他想象中的女主人公。“普里莫·莱维！你从来没有告诉过我！”[5]她惊叫道。

莱维开始妒忌他那身为情场高手的父亲。切萨雷酷爱给女人讲黄笑话，并自视为女人的征服者。他建议莱维（并没有成功）给女生送花，并请她们喝一杯。但莱维一生都不擅长与女性交往，并在63岁时仍然对性的话题深深地感到尴尬。当一名记者问到他的“初恋”[6]时，他用玩笑回避了这个问题：“那是我13岁的时候——爱上了天文！”

## 2

由于与女孩交往受挫，莱维加强了与男孩的友谊，主要是马里奥·皮亚琴察。在皮亚琴察位于约瑟夫·加里亚诺街（Via Giuseppe Galliano）18号的家的顶楼，有一个简易实验室。它属于皮亚琴察在上大学的哥哥吉诺（Gino）。化学像一块强大的磁石，吸引着这个正在为生活寻找焦点的懵懂少年。对于莱维，这个房间充满了炼金术和魔法的魅力：就像浮士德在他那药剂师的巢穴里，试管中汩汩冒泡的物质让莱维敬畏。男孩们在进行实验时会粗略进行记录，之后再把记录誊写在专用的练习册上。他们找翁贝托国王大街的一名药剂师购买化学试剂。他们的实验把这位药剂师逗得发笑（后来却引起了他的兴趣）。他会把更危险的药剂放在深蓝色的瓶子里，并按特价卖给他们滤纸以及他们无法自己准备的玻璃实验器材。后来，莱维尝试过基本的玻璃吹制术。吹管的火焰烧伤了莱维，不过“他也锻炼出手艺人的好本领”[7]，皮亚琴察回忆。一氧化二氮（笑气）让守门人中了毒，并让邻居们都抱怨有轻微的头疼。

大约就是在这段时期，莱维决定要成为一名化学家。一本书更坚定了他的决心。那就是英国物理学家、诺贝尔奖获得者威廉·布拉格爵士（Sir William Bragg）所著的《论事物的性质》（*Concerning the Nature of Things*）。书中有滚珠轴承浮在水银上的照片，还有关于如何使用牙医的石蜡和木球制作原子模型的说明。为了这些，莱维给英国一个专门的地址去信，并建议皮亚琴察也这样做。尽管两个孩子走在同样的探索之路上，却是莱维用粉笔在黑板上写下了一条条化学公式，也是莱维利用干电池和旧果酱瓶实现了水电解实验。皮亚琴察钦佩莱维那广博的科学知识，并乐于在这份友情中充当一个追随者的角色。在“二战”结束后，哪怕皮亚琴察搬到了秘鲁，两人仍约定保持联系。1981 年，莱维向这份友情致敬：“我们这份有趣的友情时断时续、横跨大西洋，却根深蒂固。”[8]

仍然是在 1934 年，有一天，切萨雷送给儿子一本薄薄的、皮质封面的显微学手册。那是 1846 年在伦敦出版的《谈微生物》（*Thoughts on Animalcules*），作者是维多利亚时期的自然学家吉迪恩·阿尔杰农·曼特尔博士（Dr. Gideon Algernon Mantell）。这位博士因其专门展出史前骨骼化石的“曼特尔博物馆”而闻名。在曼特尔的魔法世界中没有丑陋的自然对象。这里有着水蛭般长满纤毛的微生物，还有池塘水草上绿色的果冻状苔藓。它们都是曼特尔所说的“隐形世界生灵”的一部分。《谈微生物》这本只有 140 页的小册子，鼓励莱维通过实验去探索自然世界。书中还附有水螅及其他水生昆虫的标本，夹在精致的彩色玻璃片中。但莱维需要一台显微镜去欣赏这些微生物那不断晃动的纤毛。尽管切萨雷相信微观学是一门孤独而隐密的科学，但他还是给儿子买了一台蔡司显微镜。一台显微镜将让他认识到准确的重要性，培养了他通过实验去验证和观察的重要美德。于是，骑着两年前成人礼时得到的自行车，莱维来到树林里寻找苍蝇翅、蜜蜂刺、蜘蛛颚。他在自己的牙龈上刮擦以收集血小板样本，刺破妹妹的拇指以收集红血球。随着自信心的增长，他开始为家人和朋友举办微观展览。他把装有明矾溶液蒸汽的幻灯片放进一台低宽度的百代电影放映机。明矾结晶的画面不是投射到屏幕上，而是直接投射到墙上——你可以真正看到晶体的增长。

## 3

在学校，科学教育是薄弱的，莱维为此抱怨不已。所谓的“自然科学”课程，囊括了人类解剖、植物学、动物学、化学、矿物学和天文学。这样的大杂烩反映了法西斯对于科学的蔑视，以及对于人文学科的钟爱。学校唯一的一间简陋的实验室实在太小，仅能满足基本的教学需要。而政府对于现代科学的偏见似乎化身成了学校那名老朽的科学执事——莫拉萨诺先生

（Signor Mulassano）。据说这位执事身上散发着防腐液的臭味。在这种尚古之风的熏陶下，学校并不鼓励学生去探索教科书之外的世界。《物种起源》是少数学生在家里阅读的唯一科学读物。

神学和哲学教师阿尔贝托·帕加尼（Alberto Pagani）神父是一位坚定的神创论者，无法接受我们从动物世界进化而来这一生物事实。自然科学教师乔治娜·潘吉拉（Giorgina Pangella）是一位瘦小的银发女子，住在莱维家附近的韦斯普奇街（Via Vespucci），也不能接受进化论。成年后的莱维谈到潘吉拉，从来只说她的姓氏，而不提她的名字，并带有一种宽容的轻慢。他怀疑她是否曾见过一枚晶体，或者独自蒸发过一份溶液，并抱怨她教他的所有知识都是"照本宣科"[9]。每周一次，潘吉拉会派学生们到都灵的公园去用簸箕收集自然样本：似乎她的科学实践课也就仅限于此。

但是，在法西斯统治之下的意大利，"达阿塞里奥侯爵"皇家预科学校并不是反科学的一个极端样本（哪怕莱维并不同意这一点）。虽然在乔治娜·潘吉拉的课堂上，很多教学内容是机械而僵化的，但她发现了莱维对于科学的兴趣，并鼓励他投身科学。她的教育，可以说尽心尽责，却被法西斯教育大纲所局限。这种教育大纲有效地关闭了实验室的大门。每当回到他们那简陋的实验室，莱维和皮亚琴察这两个年轻的达尔文主义者，就着手尝试曼特尔博士在一个世纪之前所推荐的实验。他们把微小的蠕虫放进装着水螅的玻璃瓶中，观察水螅怎样把蠕虫拉进嘴里，再吞吃下去。在莱维的蔡司显微镜下，这些水螅变成了巨大的杀手。自然选择的残酷法则甚至延伸到最渺小的生物实体。

## 4

1934—1935 学年，普里莫·莱维在学业上没有任何闪光之处。他的兴趣在课程之外——加里亚诺街的化学实验室，在学校只是随波逐流。拉丁语是他唯一分数上升的学科，从一年级的 7 分，到二年级和三年级的 8 分。这反映出他对于这个学科日渐增长的兴趣。他小心翼翼地崇拜着他的古典文学老师洛伦佐·考科洛（Lorenzo Coccolo）教士，一位有着大肚腩的天主教教士，因同情班上的犹太人而闻名。这个身着黑色罩袍的老师经常会很晚才出现在课堂上，抛下肩头的袋子，从中拿出一本荷马或维吉尔的名著。他嗜爱饮酒，常因午间的烈酒而变得口舌不清。有时他会无意中吐出一串粗俗的皮埃蒙特语。在一次长时间的戏谑发作中，他环顾四周，脱口而出："谁那么操蛋？"（Chi ch'a l'è col rompabale?）[10] 事后考科洛教士道了歉。男生们试图合伙设计一个圈套来败坏这位教士。莱维做了一首五行打油诗，诗中描写了考科洛教士和学校胖胖的女厨子跳了一曲克力欧卡舞。但莱维在拉丁语上的优异成绩让考科洛猜出了这首诗的作者。因为莱维对于拉丁语源学和语法的浓厚兴趣，考科洛给他起了一个外号"语法翁"[11]。虽然莱维那时还没想过将写作当作自己的职业，但考科洛让他了解如何正确地运用词汇，以及如何不妄谈写作。正如雷蒙德·钱德勒[12] 所说："古典文学教育让你不会被自负所蒙蔽。"[13]

在大学预科班里，被学生们大为取笑的并非只有考科洛一个老师。莱维的数学老师玛丽亚·马斯卡尔奇（Maria Mascalchi）也成了各种下流笑话（包括夜壶和雨伞）中的笑料。作为一名骄傲的法西斯党人，个人魅力并不是马斯卡尔奇的强项。而莱维根据她喜欢在两个车站之间从电车上跳下来的习惯，给她起了一个外号"跳车女"（Saltante-Tram-in-Corso）[14]。另一位引起莱维不满的教师是黛安娜·雷杜西（Diana Reduzzi），一位头发油滑光亮的45岁女性，长着一个巨大的鹰钩鼻子，负责教授艺术史。"纯粹的折磨"[15] 是莱维对她的课程的评价。

## 5

尽管健康情况不佳，虚弱多病，但莱维仍然想锻炼出结实的体魄。1935年，除金德兄弟外，他又找到了另一位运动偶像。路易吉·贝卡里（Luigi Beccali），意大利中短跑冠军，有着电影明星般英俊的外貌。莱维在学校成立了一个贝卡里支持者俱乐部，成员包括他在滑雪队的队友罗伯托·佩尔多米、小学同学塞尔焦·瓦尔瓦索雷，以及克罗塞塔的硬汉吉多·邦菲廖利（Giudo Bonfiglioli）和路易吉·费泊（据说他是考科洛老师的主要对头）。所有成员必须表现出厌恶女性的行为特征，只能使用最粗鲁的字眼去评论女孩子。为了表现得像个男子汉，莱维编了一些牵强而做作的黄笑话。比如，他说威尼斯剧作家卡洛·哥尔多尼（Carlo Goldoni）的名字听起来很像皮埃蒙特语“goldon”（意为“避孕套”）。

这些贝卡里的支持者们在克罗塞塔一座废弃的体育馆里放纵他们的锻炼狂想曲。萨伏依王朝的莱堤西亚公主（Princess Laetitia）在世纪之交时修建了这座体育馆。但从1932年后，它就再没被使用过。当时，贝卡里刚刚在洛杉矶摘得冠军。瓦尔瓦索雷会在放学后，在莱维家的外面等他。“在体育馆里练习伪奥运项目是补偿我们对女孩的恐惧的方式。”[16]瓦尔瓦索雷后来说。瓦尔瓦索雷比莱维小一岁，这个蓝眼睛的温柔男人像莱维一样，有着一位性格强势而外向的工程师父亲。两人穿着先驱队的登山短裤和条纹背心，用撑帐篷的竹竿练习撑竿跳，常常把这些竹竿弯曲到危险的程度。据瓦尔瓦索雷回忆，莱维在练习撑竿跳时“极为刻苦”，每天练习三个小时，无论风雨从不间断。“普里莫是个技艺高超的运动员”——这个消息在克罗塞塔传开了，而这大大提高了他的自尊。莱维仍然对团队运动没有兴趣。他想要的是单人竞技中那孤独的兴奋感。在心里，他开始将自己视为《伊利亚特》中的一名运动员，在尘埃中沿着跑道飞奔，将标枪用力掷向他的对手。当他与同伴们在跑道上竞技时，一名手拿秒表的志愿者会为他计时。

临近1935年夏季学期结束的时候，莱维让那些认识他的人大吃一惊，因为他参加了一场性感的脱衣舞。贝卡里俱乐部来了一名新成员，马里奥·洛萨诺（Mario Losano）。他在与女孩的交往中非常成功。莱维在初中时认识了他。他在学校因懒惰和旷课而被开除。一天，洛萨诺邀请了两名女孩。她们坐着豪华轿车来到体育馆（“但我不会告诉你她们的名字，因为她们仍然住在都灵。”[17]吉多·邦菲廖利说）。接着，俱乐部成员们开始脱掉他们的衣服。女孩们则交换着惊讶和嘲笑的目光。莱维的脸因兴奋而显得僵硬。他想看那些女孩，但他的目光总是愧疚地躲开。“我不相信他竟然也脱掉了一两件衣服，”邦菲廖利说（他现在是撒丁岛的一名物理助教），“普里莫就像是个一本正经的道学先生，你知道，他的性教育是迟缓的。”[18]

多年之后，莱维在他的自传体小说《一场漫长的决斗》（“A Long Duel”）中，浓墨重彩地渲染了他在体育场的这次越轨。尽管这篇小说在很大程度上是虚构的，但它也揭示了一些真相。一个叫吉多的英俊男孩咄咄逼人地向莱维发出挑战，问他敢不敢在自然科学课的课堂上脱光衣服（无须赘言，任何以为莱维想在课堂上脱光衣服的想法都是荒唐的）。莱维羡慕那些身材结实的大男孩，也羡慕吉多那“雕塑般的身体”和顽强的“性欲”。事实上，吉多的男性雄风似乎在莱维体内唤醒了一种暧昧的吸引力。（吉多既“如酒神般撩拨人的心胸”，又充满了“凡人的活力”。）在这篇自传体小说中，莱维描写了他与吉多在体育馆里一对一的赛跑。而在现实生活里，贝卡里俱乐部的六名成员总是和他一起在跑道上练习。《一场漫长的决斗》触及了长期潜藏在莱维内心的青春期的不安。性困惑和想象中身体缺陷一直困扰着他。路易吉·费泊的妻子劳拉·费泊（Laura Firpo）在1995年告诉我：“普里莫一生都怕我们女人，他害怕我们。”[19]

## 6

这时，莱维已经认识到自己要成为一名化学家。化学是一门令人安心的脚踏实地的科学，而且“闻起来不错”。它那洁净的特质就像一剂解毒药，专门治疗意大利政府对古罗马荣耀那喋喋不休的浮华宣传。他选择自己的第16个生日（1935年7月31日）向他父亲宣布他的决定。这时切萨雷已因胃癌住院。都灵最好的胃肠外科医生，路易吉·斯特罗佩尼（Luigi Stropeni）为他摘除了肿瘤。但肿瘤再次复发。切萨雷将迎来七次手术，每一次手术都能暂时缓解病情，但最终注定是一场失败的战役。圣乔瓦尼·巴蒂斯塔医院是这位工程师卧床休养的地方，他试着恢复原本慈爱的自己。政府对于人文学科有着强烈的偏爱，而自己的儿子却表现出少有的独立思想，去选择了化学。不过，普里莫的父亲和爷爷都是工程师。已经57岁的切萨雷为普里莫的决定而感到高兴。如果说这对父子之间缺乏亲密的关爱，那么这更多是因为他们性格上的差异，而不是因为缺少共同的兴趣。

# 7

这个少年完全没有意识到欧洲上空正在聚集的风暴。在莱维升入大学预科班的10个月后，意大利的政治形势趋于恶化。1935年5月15日，法西斯警察在都灵再次出击。根据化名“皮提格雷里”的间谍的密报，超过200名“公平与自由”组织成员因颠覆罪被捕。莱维学校里的一位代课教师，小说家和诗人切萨雷·帕韦塞[20]，也在逮捕之列。卡罗·莱维被“幽禁”在南意大利达两年之久。在法西斯的“幽禁”（confino）刑罚中，政治犯被监禁（偶尔也会死亡）在意大利偏僻的乡村。卡罗·莱维的流放地是阿利亚诺村（Aliano，在他的书《基督来到恩波利》中化名为“加利亚诺村”）。那里是一片荒废的住宅，周围是岩坡峭壁。在另一次逮捕行动中，被捕的人员中有很多是犹太人，从而引发了对反犹迫害的进一步恐慌。

这次风波针对的是意大利犹太人，毫无疑问。在普里莫生日的两个月后，1935年9月，希特勒颁布了欧洲历史上已知的最凶残的法律文件：《纽伦堡法案》。德国犹太人被剥夺了公民权利，并禁止与“雅利安”德国人通婚。德国的犹太儿童，在一夜之间变成了生理上的异端，被禁止在学校里与非犹太儿童坐在同一条长椅上。他们的父母将失去工作。在意大利，这样的恐怖似乎并没有可能降临到人们头上：《邮报》把更大的篇幅用来报道墨索里尼即将对埃塞俄比亚（当时称阿比西尼亚）的侵略，而不是《纽伦堡法案》。事实上，这家报纸向它的都灵读者们保证，墨索里尼在“明年之前”就会占领埃塞俄比亚首都亚的斯亚贝巴（Addis Ababa），但领袖的步伐注定要比这更快。

10月2日，一个多云的秋日，钟声和工厂的汽笛声把意大利人召集到他们各自城镇的广场上。巨大的扩音器向他们广播墨索里尼致全体意大利人的消息：埃塞俄比亚已经被入侵。这位独裁者向国民们承诺：要把埃塞俄比亚和意大利现有的厄立特里亚（Eritrea）和索马里兰（Somaliland）殖民地合并在一起，从而在东非建立一个新的伟大帝国。现在他已经拥有了大多数意大利人民那催眠般的支持。一种新的沙文主义的必胜情绪横扫整个意大利。在莱维的教室里，一张油布地图上的红箭头标示着墨索里尼在非洲大踏步前进。莱维急切地吸收着报纸上关于意大利节节胜利的乐观报道。只有最敏锐的意大利犹太人才能看出对埃塞俄比亚的入侵预示着对他们而言最严重的危险。入侵埃塞俄比亚，墨索里尼已经将意大利置于国际联盟（埃塞俄比亚是成员之一）的对立面，并让他的国民成为西方民主国家的敌人。因为这场侵略，英国对意大利施加了意想不到的强硬制裁，从而把墨索里尼进一步推向了他未来的同谋和导师——希特勒的怀抱。墨索里尼的声望已经可以与英国国王乔治五世比肩。英国现在成了“背信弃义的人”（La Perfida Albione），一个不共戴天的仇敌。建立对抗纳粹帝国的统一战线的全部希望就此覆灭了。

渐渐地，墨索里尼将他在埃塞俄比亚战役上的失败归咎于两个“怪物”——犹太人和布尔什维克。希特勒不祥地预言，意大利人“在这场（在埃塞俄比亚的）冲突中，终将认识到犹太问题的存在”。事实上，如果在墨索里尼的非洲战役和欧洲的反犹主义之间有着明显的联系，那么就是种族主义。种族主义始终是法西斯主义的一部分。在被占领的埃塞俄比亚，法西斯党徒很快制定法律，隔离黑人与白人。他们甚至认为埃塞俄比亚人不值得他们那蓖麻油式的虐待——这些黑人是原始人，他们吃自己的孩子，这就是法西斯的宣传。不相信这些宣传就是不爱国。只需要一小步，就能从非洲的“不愉快”迈向国内的种族至上论。

随着入侵埃塞俄比亚的兴奋渐渐消逝，莱维一家继续他们的日常生活。他们作为犹太人在意大利的法律地位仍然未受影响，而他们在国民生活中的地位也没有大的改变。很少有意大利犹太人察觉到那场正在逐渐形成的危机。而莱维的同班同学恩尼奥·阿尔托姆却是一个例外，他说过：“我们犹太人要完蛋了。”[21] 现在回想起来，这个小伙子有着惊人的政治成熟性。早在 1934 年，法西斯党徒对“公平与自由”成员的第一次镇压中，他就曾经被捕。另一个为墨索里尼入侵埃塞俄比亚的野心忧心忡忡的犹太人是莱维家的医生约瑟夫·迪那（Giuseppe Diena）。私下谈起这场即将降临的灾难，他对他那支持法西斯党的兄弟克莱蒙特（Clement）说：“难道你看不出我们犹太人要被终结了吗？”[22] 1944 年，纳粹在福洛森堡集中营（Flossenburg）杀害了约瑟夫。

埃塞俄比亚在七个月内就被占领了。而意大利人陷入了无尽的狂喜之中。最高领袖出现在罗马的阳台上，向国民宣告应允的非洲殖民地的兼并，第三罗马的建立，以及文明的胜利。在意大利人眼中，他的形象近乎是完美的神祇。“他就像一位天神。”一个法西斯党徒说。“像一位天神？不，不，”另一位说，“他就是一个天神。”但是，当墨索里尼忙着巩固在埃塞俄比亚的权力的时候，莱维学校里的反动力量也在日渐加强。在1936年夏季学期，普里莫协助编辑的校刊受到了审查。学生们共同发行了一期“特刊”，《甲醛中的达阿塞里奥》（*D'Azeglio sotto spirito*，其中有着“烂醉”的双关寓意）。它是学生们那些傻乎乎的黄笑话的大杂烩。编辑佛朗哥·菲尼（Franco Fini）让莱维投稿，而莱维给了他一些无关紧要的漫画（其中之一很有趣，画的是爱欺负人的塞尔瓦托·罗杰罗）。在最近几个月里，学校已经任命了一位支持法西斯党的新校长，纳塔莱·格里马尔迪（Natale Grimaldi）。他宣布这期特刊“有损”法西斯主义精神。他尤其反感其中的一篇社论，因为其中描写了学生们在等待埃塞俄比亚战争的结果时“发抖”[23]，并将这件事报告给法西斯政治警察。当菲尼解释“发抖”这个字眼并没有任何颠覆政府的含意时，警察们带着无聊的厌倦神情接受了他的解释。

最终，这期校刊上布满了用来遮挡“讨厌的”漫画和文字的黑色方块。莱维最重要的投稿是一首清新而有些糟糕的小诗，《你不知道怎么学习！》。据知这是他第一篇发表的作品，这是一首模仿英雄体的打油诗，其中做作地用了些植物学典故。莱维把自己描写成一个滑稽的、总是闹笑话的“书呆子”，骑在自行车上，脑袋却在云中。这首诗戏仿了彼特拉克[24]著名的十四行抒情诗中的第七首，以及18世纪瑞典自然学家林奈[25]的作品[26]。虽然《你不知道怎么学习！》是一首平凡的小诗，但它反映出莱维对于文学谐仿的毕生热爱。

## 8

莱维是最后一代靠死记硬背来接受教育的意大利人。他们不得不背诵大量的文献。所以他对于语文课的总体记忆是“极为无聊”[27]。诗歌在他眼中不仅毫无意义，而且是当堂背诵的炼狱。这导致了他的作文归于平庸。在第一个学年，莱维学习了彼特拉克和薄伽丘的经典作品，还有但丁的《地狱》（*Inferno*）。他在第二个和第三个学年则学习了但丁的《炼狱》（*Purgatory*）和《天堂》（*Paradise*），同时也涉猎莎士比亚和经典的法国散文。这种填鸭式教学完全不同于之前他与家庭教师玛丽莎·兹尼那高雅的文学讨论。莱维不仅需要阅读但丁的全部作品，而且需要背诵《神曲》（*Divine Comedy*）的全部诗篇。难怪他会被化学所吸引——与这枯燥的背诵相比，科学的确富于创意。在教室之外，莱维的课外阅读则要广泛得多。1935 年冬天，复活节的期中假期，他阅读了维克多·雨果（Victor Hugo）的《悲惨世界》（*Les Misérables*），觉得雨果华丽的文风就像一条"满涨而浑浊的大河"。他也读一些关于爱因斯坦和弗洛伊德的时髦书籍。

莱维的语文老师，阿齐莉娅·阿里希（Azelia Arici）在他无意识地成长为一名作家的道路上发挥了至关重要的作用。阿里希出生于 1895 年。她是个"长着双下巴的男人婆"[28]，已故的菲亚特总裁吉亚尼·阿涅利回忆。另一位同龄人，路易莎·蒙蒂（Luisa Monti）记得阿里希老师总是不喜欢照相。B 班的 38 名任性的男生无情地取笑她，但阿里希运用她那大块头的身躯作为对最可恶的无礼行为的威慑。尽管如此，学生们钦佩她的敏锐和慈祥。她的语文课总是秩序井然。阿里希在她的课上寻求学生的独创性，而不是一致性。每一批新生来到她的课堂上就像给她提出了一个新的挑战：她想让她的学生们会思考和阅读，会自己做出判断。她会把空洞或啰唆的文章称为"水蒸气"，并且引导学生不要写出这样的文章。也是大约在这段时期，莱维创造出了"实用希腊语"（gerco applicato）[29] 这个词汇，用于描述任何被蓄意含糊的事物。

作为一名古典学者，阿里希相信，雅典、罗马和但丁是值得研究的人类成就纪念碑。在她眼中，但丁代表着欧洲文明的最高表现，也是从黑暗的哥特时代走向文艺复兴的第一步。她最喜欢当堂背诵《地狱》第五篇，爱侣保罗和弗朗西斯卡被绝望地卷入黑色漩涡的那一段。"阿里希咬牙切齿，却让我们全然着了迷。"[30] 一位学生回忆。虽然这些经典诗篇的背诵令莱维兴奋，但他后来也承认有时会因为它们而"尴尬"。阿里希的父亲是维吉尔的翻译者、二流的伦巴第族诗人切萨雷·阿里希（Cesare Arici），她是他两个女儿中的一个。她说话时带着上流社会的都灵人那富有教养的、有微弱鼻音的腔调，能写华丽的田园诗。许多学生（莱维就是其中之一）在离开学校之后才发现她的教育的宝贵之处。后来，他称赞她那具有人文主义思想的教学，灌输给她的学生“善于批判的意识”[31]以及“从来不向法西斯辞藻低头的精神”。但他的赞扬并不准确：阿齐莉娅·阿里希被法西斯主义所诱惑。事实上，她与校内支持法西斯政府的哲学老师萨穆埃莱·格巴兹（Samuele Gerbaz）有一段情史，并且据说她崇拜法西斯政府的首席哲学家——教育部长乔瓦尼·秦梯利（Giovanni Gentile）。而且，她支持墨索里尼对“裸身主义”（la maglia carne）的滑稽崇拜，鼓励了很多年轻人半裸身体去登山，这是她对最高领袖的致敬。

阿里希对于美学问题喋喋不休，而且她坚信科学家只是实验室里的低等生物，这让莱维非常气恼。在阿里希看来，化学“臭不可闻”。而且，同样，她是一名法西斯党徒。很少有人（包括一批无伤大雅的实证主义者和进化论者）敢于提出1923年的法西斯教育改革已经损害了科学，以及这个问题至关重要。意大利杰出的思想家贝内代托·克罗齐（Benedetto Croce，在他成为一名坚定的反法西斯主义者之前）和乔瓦尼·秦梯利本人，都认为科学是危险的，并担心孩子们会在研究科学的过程中受到腐蚀。克罗齐对于科学唯物主义和实证主义的愤怒攻击为法西斯新唯心主义和所谓的“心灵”价值观铺平了道路。莱维永远不会原谅克罗齐的格言：“科学问题不是真正的问题。”

## 9

1936年7月3日早晨，维也纳犹太人斯蒂芬·卢克斯（Stefan Lux）在国际联盟开枪自杀以抗议《纽伦堡法案》。在他的遗体上找到了一份遗书，其中写道：“我找不到其他方法，能让人们在乎这件事。”一个月后，为了在西班牙内战中与希特勒团结一致，墨索里尼给西班牙的佛朗哥[32]送去了飞机和军备物资。意大利犹太人注定走向噩运。然而，普里莫更关心的新闻是王牌运动员路易吉·贝卡里在8月的柏林奥运会上遭遇败绩。一名运动员的鞋钉刺穿了他的脚趾。贝卡里只能带着一枚铜牌，跛着脚回到意大利。

意大利犹太人即将迎来一个又一个充满不安的月份，以及一个又一个坏消息。11 月 15 日，朱塞佩·博塔伊（Giuseppe Bottai）接替乔瓦尼·秦梯利就任教育部长。作为一名前法西斯冲锋队员，博塔伊成了墨索里尼两年之后的反犹措施的最坚定的支持者。他那褊狭而任性的政治主张渗透了意大利教育及生活的方方面面。墨索里尼以其特有的机会主义外交政策，已经命令意大利各大主流媒体统统摆出一副亲德的立场。就这样，恶魔已经降临到欧洲大地上，并侵入了（尽管仍然难以察觉）莱维的生活。但他开始安慰自己，“意大利不会发生《纽伦堡法案》”。他的心中还有其他忧虑和苦恼。他的保姆西尔维亚·麦奈格赫利去世了。1936 年 11 月 30 日，她被葬在她出生的地方，艾米利亚-罗马涅区，终年 69 岁。

随着新年（1937 年）的临近，莱维不得不面对新的苦恼。从 5 月起，他开始为毕业考试展开复习。在夏季毕业考试中失败的学生将无法得到进一步的教育。在大约三周的时间里，考生们要参加 10 个学科的考试，从希腊语到险恶的军事文化。每科考试包括四篇不同的作文，以及同样数量的面试和口试。晚年时，莱维承认每当他看到自己少年时的作文题目就会感到“极度晕眩”[33]。随着学生们投入复习之中，整个学校弥漫着一股恐怖气氛。

1937 年 7 月，莱维即将开始马拉松式的毕业考试。彼时的他却收到了法西斯国防部的传唤，以“紧急沟通”为由，要求他立即到指定地点报到。莱维明白，如果他不服从这个命令，那么他就有大麻烦了。7 月 4 日，星期天，他到都灵的水上飞机码头报到。在那里，他和另一个男孩（也叫莱维）被指控无视海军的征兵令。接待他们的法西斯党徒威胁要按逃避兵役给他们定罪。显然，这其中存在着官僚主义的混乱。安娜·玛丽亚·莱维说：“也许在法西斯国家征兵名单上有我哥哥的名字，但他从来没有收到意大利皇家海军的通知。”[34] 今天，那些国防部的有关文件早已不复存在。

法西斯报刊最喜欢的莫过于一次小小的犹太丑闻。而面对“逃兵”的指控，莱维几乎陷入恐慌。莱维家召开了一次家庭会议——在那越来越艰难的日子里的第一次会议。切萨雷·莱维，拖着病重的身子，到都灵相关的主管机构去求情，希望能够免除儿子的兵役。招兵办公室说他们很遗憾：命令就是命令。法西斯联邦同样说他们无能为力。这个死结一直无法解开，直到一个矛盾的解决方案出现了：如果在该年秋天，普里莫·莱维能够加入法西斯大学国民军（MVSN），就可以免除他在海军的兵役（换句话说，只要他能进入大学）。法西斯大学国民军是一个预备军官组织。但在莱维看来，这很难算作一个光明的未来。“我完全不想成为一名优秀的士兵，并且事实上，我也从来没能成为一名优秀的士兵。”[35] 他回忆道。

酷热的天气持续了两周之久，令人窒息的闷热，而在7月5日，星期一上午，莱维参加了四场语文考试中的第一场。据他妹妹回忆，这次的时机真是糟得不能再糟：前一天刚刚受到法西斯的威胁，再加上一位犹太校友的意外身亡，莱维发起了高烧[36]。考试委员会的副主席，卡洛·帕塞罗（Carlo Pasero），在当天早晨向这些恐惧的考生们念出了语文考试的作文题目：“参考古希腊历史学家修昔底德（Thucydides）的名言‘我们所拥有的非凡优点，便是勇敢到了极点’，对近期意大利插手西班牙内战展开论述。”[37] 莱维还没从前一天的遭遇中恢复过来，写了一篇“短小而错乱”[38] 的作文，事实上等于交了一张白卷。

在等待自然科学考试的日子里，莱维出发去登山。凉爽的空气也许有助于他忘却在语文考试中的耻辱。7月20日他和表妹朱莉娅·科隆博一起到达绍泽杜尔克西。在上山前往阿道夫·金德小屋的路上，莱维在没有明显理由的情况下在一块岩石上刻下了伽利尔摩·马可尼[39] 的名字。同一天，马可尼去世。虽然莱维的理性思维认为这只是一种巧合，但他半开玩笑地告诉朱莉娅，他有在650公里以外杀死“大人物”[40] 的能力。

7月30日，他18岁生日的前一天，莱维和其他学生都挤在公告板前查看自己的毕业考试成绩。在“语文”旁边，他看到了用红色墨水书写的可怕字眼：“补考”。对于莱维论述西班牙内战的作文，考官卡洛·帕塞罗赏给了他可怜的3分（满分10分）。同年，在语文考试中，还有其他六名学生不及格。其中之一便是费尔南达·皮瓦诺，他后来成了欧内斯特·海明威的意大利语译者和挚友。莱维和皮瓦诺都在公告板前站了很长时间。皮瓦诺问莱维是不是写了一篇反法西斯的作文。莱维回答：“我才没那么傻。你呢？”[41]

“我？我写了一篇反战的作文！”

“那你是比我还傻的傻瓜。”

多年之后，莱维曾说：“我的毕业考试考得一团糟。”[42]不过，现在看来，这种说法有些过于轻描淡写了。实际上，他被毁了。莱维一生都给自己确立了最高标准，而在童年的大多数时期他都是出类拔萃的。但这场耻辱让他感到自己一文不值，并导致了某种精神崩溃。事实上，莱维在语文考试中的失败被看作一场“家庭悲剧”，他的妹妹告诉我。莱维后来出版的一篇自传体小说《破译》（“Decodification”），反映了作者对于失败的恐惧已经达到了非理性的程度。一个“又瘦又高”的学生参加了夏季毕业考试，在“一连串的失败”面前崩溃了——不是一个，而是“一连串”。

一个了无希望的夏天摆在莱维面前。为了秋季的补考，莱维不得不继续复习功课。莱维在语文考试中的失败意味着整场考试都要重来一遍。他一定在担心自己会不会再得到同样的分数。为了保证他顺利通过考试，家里找到了但丁专家翁贝托·科兹摩（Umberto Cosmo）来为他补课。在都灵，科兹摩作为一名反法西斯人士而闻名。他在莱维心中种下了一颗反抗的种子。“并不是那些他告诉我的事情，而是那些他没告诉我的事情，让我认识到，除了法西斯主义，我们还有其他选择。”[43]在语文补考中，莱维得到了满分10分中的7分，足以通过考试，但并不优秀。他在其他学科的毕业考试中得到了体面的成绩，中等尚可。令人惊讶的是，虽说黛安娜·雷杜西的教学不佳，但莱维在艺术史上摘得了他的最高分数：8分。其他学科，他的表现平庸，在拉丁语上只得到了可怜的6分，而这原本是他最拿手的学科。他不得不承认，他的考试成绩有些愧对他过去的名气，但至少他通过了考试。两个月后，1937年12月20日，他拿到了毕业文凭，证明他已经顺利毕业，成为一名“成人”（maturo）。这张文凭所盖的印章中，有着但丁肖像的浮雕图案。这一年，文凭上写着，是法西斯纪元第16年。

在学习了五年古希腊语、八年拉丁语之后，饱读古典诗文的普里莫·莱维离开了“达阿塞里奥侯爵”皇家预科学校。他知道，他可以忽略这所学校的科学教育。但在其他许多方面，它给予了他良好的教育，也在意大利文学上给予了他出色的训练，让他至少掌握了一门外语——法语。在校的大多数教师能够抱着理解的态度去对待他。而在整体上，他也是一名勤奋而品行端正的学生。但莱维的主要努力方向早已在学校之外——加里亚诺街的实验室——此刻化学已在召唤他。

## 注释

1 “紧张的人”：费尔南多·凯蒙（Fernando Camon），《普里莫·莱维对话录》（*Conversazione con Primo Levi*，p.70）。
2 “我完全不记得……”：1993年7月1日，布鲁诺·福阿告诉作者。
3 “无赖”：普里莫·莱维告诉作者。
4 “瘦小枯干”：1993年7月1日，布鲁诺·福阿告诉作者。
5 “普里莫·莱维！你从来没有告诉过我！”：1995年3月28日，利迪娅·卡博纳托告诉作者。
6 “初恋”：1982年6月，普里莫·莱维接受《皮埃蒙特生活报》（*Piemonte Vivo*）的记者罗塞拉·弗拉戈拉（Rosella Fragola）的采访。
7 “……手艺人的好本领”：1995年7月28日，马里奥·皮亚琴察告诉作者（信件）。
8 “……有趣的友情……”：1980年11月28日，普里莫·莱维告诉马里奥·皮亚琴察。
9 “照本宣科”：《普里莫·莱维与图利奥·雷吉：对话》，p.16。
10 “谁那么操蛋？”：普里莫·莱维接受乔瓦尼·泰西奥的采访（采访内容未发表）；1995年8月21日，乔瓦尼·泰西奥将考科洛教士的话转告作者。
11 “语法翁”：同上。
12 雷蒙勒·钱德勒（Raymond Thornton Chandler，1888年7月23日—1959年3月26日）：美国推理小说作家。——译者注
13 “古典文学教育……”：1950年11月10日，雷蒙德·钱德勒致哈米什·汉密尔顿（Hamish Hamilton）的信中。
14 “跳车女”：1993年2月17日，卢西亚娜·尼希姆告诉作者。
15 “纯粹的折磨”：普里莫·莱维告诉作者。
16 “在体育馆里练习……”：1993年6月25日，塞尔焦·瓦尔瓦索雷告诉作者。
17 “但我不会告诉你……”：1993年3月12日，吉多·邦菲廖利告诉作者。
18 “……是迟缓的”：同上。
19 “普里莫一生都怕我们……”：1995年6月5日，劳拉·费泊告诉作者。
20 在此，我们必须澄清莱维在校期间最有趣的传说之一。切萨雷·帕韦塞并没有教过莱维意大利语，哪怕许多文章和文学论文得出了相反的结论。帕韦塞在莱维的学校共工作了7个月（1934年10月—1935年5月），其间他只教过女生的A班。因此，他的签名没有出现在莱维任何一张成绩单上。如果不是因为一些专业学者（还有费尔南达·皮瓦诺那充满幻想的报纸回忆录中）喜欢以讹传讹，让大众普遍认为帕韦塞教过莱维，这个错误的记载原本是可以被忽略的。
21 “我们犹太人要完蛋了”：1993年6月2日，恩佐·莱维（Enzo Levi）将阿尔托姆的话转告作者。

22 “难道你看不出……”：1995 年 4 月 11 日，吉多・富比尼（Guido Fubini）向作者转告了迪那的话。

23 “发抖”：1993 年 6 月 23 日，佛朗哥・菲尼告诉作者。

24 弗兰齐斯科・彼特拉克（Francesco Petrarca，1304 年 7 月 20 日—1374 年 7 月 19 日）：意大利学者、诗人，文艺复兴第一个人文主义者，被誉为“文艺复兴之父”。——译者注

25 卡尔・冯・林奈（Carl von Linné，1707 年 5 月 23 日—1778 年 1 月 10 日）：瑞典自然学家。——译者注

26 “这首诗戏仿了……”：在这首诗的结尾处，莱维聪明（却错误地）借鉴了彼特拉克的一句诗（“Povera e nuda vai，Filosoia”），描写了生物学被当作废物而抛弃。“生物学，她离开了。一贫如洗，赤身裸体。”普里莫・莱维借此表达了他对学校科学教育的不满。

27 “极为无聊”：普里莫・莱维告诉作者。

28 “长着双下巴的男人婆”：1994 年 11 月 15 日，吉亚尼・阿涅利告诉作者。

29 “实用希腊语”：1992 年 11 月 11 日，卢西亚娜・尼希姆告诉作者。

30 “阿里希咬牙切齿……”：1995 年 5 月 3 日，卡拉・沃恩萨施（Carla Vernsaschi）告诉作者。

31 “善于批判的意识”：普里莫・莱维，《忆阿齐莉娅・阿里希》发表于《邮报》，1978 年 7 月 7 日。

32 弗朗西斯科・佛朗哥（Francisco Franco，1892 年 12 月 4 日—1975 年 11 月 20 日）：西班牙内战期间推翻民主共和国的民族主义军队领袖，西班牙国家元首，大元帅，西班牙首相，西班牙长枪党党魁。1936 年发动西班牙内战。——译者注

33 “极度晕眩”：普里莫・莱维，《邮报》，1981 年 7 月 3 日。

34 “也许在法西斯国家征兵名单上……”：1992 年 10 月 26 日，安娜・玛丽亚・莱维告诉作者。

35 “我完全不想……”：《记忆之声》，p.49。

36 “高烧”：1992 年 10 月 21 日，安娜・玛丽亚・莱维告诉作者。

37 “我们所拥有的非凡优点……”：《晚间邮报》，1937 年 7 月 5 日。在那天的其他考试中，莱维不得不根据西塞罗的名言“牢记保持正直的灵魂”写一篇拉丁文作文，并把墨索里尼在 1922 年的讲话翻译成拉丁文。

38 “短小而错乱”：普里莫・莱维，《波河上的佛拉第亚沃洛》发表于《邮报》，1986 年 12 月 14 日。

39 伽利尔摩・马可尼（Guglielmo Marconi，1874 年 4 月 25 日—1937 年 7 月 20 日）：意大利工程师，专门从事无线电设备的研制和改进；1909 年诺贝尔物理学奖得主。——译者注

40 “大人物”：1993 年 2 月 2 日，朱莉娅・科隆博・迪娜告诉作者。

41 “我才没那么傻……”：1993 年 6 月 7 日，费尔南达・皮瓦诺告诉作者。

42 “我的毕业考试考得一团糟”：普里莫・莱维告诉作者。

43 “并不是那些他告诉我的事情……”：1979 年 10 月 19 日—21 日，在圣萨尔瓦多蒙费拉托，莱维接受詹科穆兹（Jacomuzzi）的采访。

# 六

# 大学与迫害

（1937—1938）

# 1

1937年10月底，普里莫·莱维在都灵大学注册了化学学位课程。他们将用三个月的时间学习基本化学理论，然后通过一场考试来决定哪些人能留下来在实验室中完成他们的学业。在那之前，莱维只是80名满怀希望的新生中的一员。完整的四年课程将包括严格的22科测试，从数学到冶金学。对于这个18岁的大男孩来说，化学将是一场漫长的心理考验。在这段时间，莱维和家人住在克罗塞塔的家中，而他的妹妹，安娜·玛丽亚，也完成了她在中学的学业。

在接下来秋季的三个月中，莱维每天早晨8点准时赶到化学学院讲堂。这座学院早已风光不再，正像它的通风塔那斑驳的外观（建成于1906年，宛如一座异国情调的尖塔）。鼎鼎大名的吉亚科莫·蓬齐奥（Giacomo Ponzio）教授主宰着这座学院。他是一位矮小而严肃的老人，脸上总是带着坚定的表情。过去的22年中，他一直担任学院的院长。蓬齐奥如填鸭般迫使每年的新生把2月考试的知识死记下来，却对他们不抱什么希望。

莱维把他的新教授看作老派的“坏脾气先生”（burbero），但他同意蓬齐奥对新生们所说的话：“化学就像是盖房子，你们都是砖瓦匠。别想着在这里发现人生的意义。”[1] 整个家族都继承了个性鲜明的特色。教授研究放射线的弟弟在截掉小指的手术时拒绝麻醉。以类似的风格，蓬齐奥夸口说他能空手（毫无畏缩）拿起加热到70摄氏度的坩埚。他的气质让莱维忍俊不禁。在遵规守矩的法西斯意大利，蓬齐奥显得有些特立独行。不在实验室的时候，他喜欢戴一顶土耳其毡帽。

第一次世界大战前，蓬齐奥在位于撒丁岛的萨萨里大学（Sassari University）担任药学教授。他在那所大学研究一类叫作“肟”的鲜为人知的有机化合物。学生们分散了他研究的精力，而蓬齐奥显然厌烦他们。他因为用一个关于原子重量的恶作剧问题连续开除了10名“讨厌的学生”而出了名。欣赏一个又一个学生的狼狈样对他来说是一种快乐。同样众所周知的是，这名教授重男轻女。对于缺乏化学天赋的女生，他会让她们滚出去织袜子，而对于最懒惰的男生，他的建议则是去骑骑自行车。他会说：“先生们，去骑自行车吧！”（Signori，datevi al ciclismo!）薄嘴唇因不满而撅起来。

蓬齐奥教授1870年生于都灵。到莱维认识他的时候，他已经67岁，快要退休了。年轻时，他为自己在有机化学领域挣得了一点名气（因此，在1935年的《意大利百科全书》第27卷中有对他简短的介绍），但这并不足以让他站在当代科学的前列。他蔑视罗马（在很多方面，这是一个传统的皮埃蒙特人对罗马的蔑视），却因此让化学学院远离了科学的最新发展。就在罗马，未来的诺贝尔奖获得者恩里科·费米（Enrico Fermi）正领导着一批世界级的物理学家和化学家，但蓬齐奥却无缘参与其中。罗马和梵蒂冈是“毒蛇窝”，他说。1939年，当蓬齐奥听说庇护六世教皇（Pope Pius XI）去世时，他脸上露出一丝快活的神情，并回答：“谁在乎呢？”（E chi se ne frega?）

虽然蓬齐奥教授是个保守的人，但理学院那些更年轻的助教将引导莱维接触化学发展的最前沿。但在那之前，他还得接受蓬齐奥教授那有效的（但绝对是老式的）教导。不过，教授多刺的性格给莱维带来了极为重要的影响。在我对他的采访中，莱维称赞蓬齐奥是“我的第一位，也是我最好的科学教师”，以及“这个人让我知道怎么去爱化学”。他把蓬齐奥比喻成一名猎人，在捕捉化学上的“猎物”时，更多地依赖本能和敏锐的嗅觉，而不是书本上的理论。作为一名教育者，蓬齐奥正如《艰难时世》（*Hard Times*）中的葛雷梗（Gradgrind），是个功利主义者（事实上，想象力并非他的强项），但他那精确、严谨的作风会在多年之后反映在莱维那清晰、精炼的行文之中。蓬齐奥的有机化学和无机化学讲义被视为精准阐释的范本。其他大学一年级的化学教材厚达千页以上。而这位教授的讲义却只有前者四分之一的厚度。“如果什么事情能用三个字说清楚，那么教授总乐意用两个字——而从不会啰唆地用三个半字。”[2]他的一名学生说。

## 2

当“口试”（colloquio）的日子渐渐临近，大一的新生们越来越紧张。他们的人数将从 80 人缩减到 20 人。这是学院实验室所能容纳的最大人数。莱维刚刚蒙受了高中毕业考试的耻辱，不想再次失败。他把考试所需的矿物学、植物学、物理学和无机化学知识背得烂熟。到 2 月初，他已经准备好迎接各科考试，还背下了蓬齐奥的《无机化学》（*Chimicia Inorganica*）。一些学生以为只要在家背会教授的讲义就能通过口试，不用费力来上课。蓬齐奥完全清楚这些人是谁，并选择一些并不在章节前面，而是在中间部分的知识来考他们。（有名的一次，他判定一名学生不及格，是因为这名学生不知道阿拉伯汽油和罗马尼亚汽油的区别，而这部分知识只出现在讲义里的一条脚注上。）这些立志成为化学家的学生会被按字母顺序叫到黑板前面。蓬齐奥会问他们一个问题。如果他们回答正确，蓬齐奥就会递给他们一截粉笔，让他们在黑板上写出几个化学式。出生在意大利的捷克斯洛伐克犹太人伊迪丝·薇兹（Edith Weisz）记得她不得不写出高锰酸钾的化学式。在满分 30 分中，她必须得到 18 分才能通过考试，但蓬齐奥能轻而易举地让她通不过。当天早些时候，他曾经让一名学生回答氯化亚汞的颜色。氯化亚汞是用于儿童泻药的一种白色粉末。坐在前排的一个朋友轻轻敲打自己的牙齿，提醒答案是白色。但这名学生看了看教授那被尼古丁污染的牙齿，错误地回答了黄色。教授饶有兴趣地告诉她，“不合格，坐下。”这就是蓬齐奥对于那些不及格学生的通用评语。不过，大学记录表明莱维轻松拿到了他的入学证书，正式步入高等教育的殿堂。

## 3

在优秀成绩的支持下，莱维现在成了化学系的一名正式大学生。第一学年，也就是 1937—1938 年，对于他的学业是至关重要的一年。在这段时间中，他需要参加四科考试。只有通过了这些考试，他才能升入大学二年级，学习分析化学。在上午的课程之后，他要在实验室度过精疲力竭的五个小时。莱维要在实验台上加热和过滤。忙得头晕目眩的他总是不小心割伤或烫伤自己。每件东西都要干净并有序摆放——架子、活塞、曲颈瓶。肾状的陶瓷洗涤槽放在实验台的末端用于清洗玻璃器皿。

第一年在实验室关于无机化学的实验都是非常基本的。目的是让学生们学会过滤、结晶和蒸馏，知道如何运用试管，以及他们那“砖瓦匠”手艺中的具体细节。校方重视培养学生的感官观察能力，要求学生能识别焚烧中的砒霜所释放的大蒜气味。莱维是一名勤奋的学生，并且在蓬齐奥的实验室兼厨房中自得其乐。最重要的是，这间实验室是男女生共处一室的社交催化剂。到下午 5 点，学生们会停下手中的实验，并利用实验室里的玻璃器皿煮茶。学生们品尝着用本生灯烘烤的饼干。更富于冒险精神的学生则尝试蛋黄酱。一天，蓬齐奥教授指着一名女生用烧杯即兴制作的萨白利昂风味布丁，质问这名被吓坏了的学生：“很有趣。这是块药皂吗？”其实他的鼻子早已告诉他答案了。

数字和物理是化学系学生必修的内容。莱维的数学教授是玛丽亚·奇布拉里奥（Maria Cibrario），一位穿着英国花呢服装的皮埃蒙特女伯爵，一名具有天赋的教育者。不那么起眼，更有些无趣的是他的物理教授——50 岁的阿尔弗雷多·波切蒂诺（Alfredo Pochettino）。一提到后爱因斯坦物理，波切蒂诺就会浑身发抖——他的主要兴趣是气象学，总喜欢在物理学院那昏暗的小屋里全神贯注地观察气压计。不上课的时候，他喜欢编织巨大而极为绚丽的哥布林挂毯。植物学系、医学系和化学系的学生都挤进讲堂听波切蒂诺讲课。

有一段时间，恩里科·佩希科（Enrico Persico）教授也教过莱维物理学。他有着更加现代的灵魂，主修当时意大利高度重视的原子物理。“在破解物质之谜的道路上，物理远比化学深刻得多。”[3] 佩希科说。事实上，物理定律——重力、能量、运动、时间——是支撑其他学科的基础。然而，等莱维认识到这一点时，他的学位课程已经过半。这时再转而学习物理，对他来说为时已晚（尽管后来他希望自己当初那样去做）。

实验室的日常维护工作则由蓬齐奥那忠诚的技术员多米尼克·卡塞利（Domenico Caselli），以及教授24岁的助手吉多·塔皮（Guido Tappi）负责。52岁的卡塞利在化学学院学习了大量的化学知识。1935年，蓬齐奥曾经请求大学奖励给卡塞利700里拉，因为“他所提供的服务已经大大超越了他的工作职责”[4]。与难以取悦的塔皮不同，卡塞利受到学生们的喜爱。对于塔皮，莱维把他看作一个“男爵”（barone），一个“职业学者”，他却总是骚扰女学生。尽管有着这样的缺点，塔皮却是一个极能干的化学家。而他那些实用的建议让莱维受益匪浅，正如他从蓬齐奥的建议中受益一样。塔皮给他的第一个任务是用酸溶解五里拉银币以制取硝酸银，把银币上国王的面孔腐蚀得干干净净。到天快黑的时候，实验室里将会充满一氧化二氮那近于有毒的浓厚烟雾。

每天傍晚7点钟，完成了一天的实验之后，莱维会和他的朋友皮亚琴察一起走回家。皮亚琴察也在蓬齐奥的班里。这段时间他家搬到了翁贝托国王大街87号，与普里莫家只隔着几户人家。而这让两个年轻人更加亲密。如果身上有钱，他们会在肮脏的埃琳娜咖啡馆停下脚步，喝上一大杯“咖啡热巧克力”（bicerin）。皮亚琴察回忆，在那里，“早已过了午夜时分”，他们试着理解相对论和进化论。法西斯狂热分子将查尔斯·达尔文贬低为一个“实利主义者”。这让阅读他的作品显得有些颠覆主义的倾向。然而，莱维越深入地阅读《物种起源》，他就越敬畏这部书那黑暗的伟大。它是世俗的《创世记》，将由僧帽水母进化而来的动物王国与人类世界联系在一起。《物种起源》让莱维感受到宇宙的“伟大设计”，感受到从混沌中撷取秩序的一丝冷静的快乐。而这正是化学的魅力——在元素周期表中，秩序替代了混乱。

像皮亚琴察一样，莱维加入了大学法西斯组织GUF。这是大学校园中的社交俱乐部，学生可以在其中结交朋友，放松身心。而莱维在第一个学年就积极参与其中。从五岁起，他就加入了法西斯儿童运动，所以他毫不在乎地加入了这个俱乐部。政府控制了大多数学生组织，GUF也不例外。俱乐部墙上写着好战标语：“一手拿书，一手拿枪，造就优秀的法西斯党人”。GUF都灵分部每周发行自己的周刊《标志报》，着重于美化战争和战斗精神。但大多数GUF成员并不关心政治。而莱维也没有意识到任何严重的洗脑倾向。对于经济困难的学生来说，GUF 是一种福利，因为它让他们能去滑雪、看电影，享受会员的折扣价。俱乐部的花园里有飞溅的喷泉，还有一个酒吧。学生可以在其中品味奶油糕点或玩乒乓球。莱维经常在课后来到这里，等朋友或喝咖啡。一张公告板上常常会有舞厅、演出或电影的大减价广告。

在焕然一新的罗马大街充满胜利气氛的店铺之间，两家新电影院开业了——理想电影院和伊利斯奥电影院。墨索里尼即将发起反好莱坞的攻势，但在 1938 年春天，理想电影院正在放映珍·哈露（Jean Harlow）的最新影片《个人财产》（*Personal Property*）。借助 GUF 的打折卡，大多数周末莱维都会去看由玛娜·洛伊（Myrna Loy）主演的爱情片《望乡》（*Pépé le Moko*），以及弗雷德·阿斯泰尔（Fred Astaire）的音乐片。但在 GUF 最受欢迎的活动是运动。而这个俱乐部里有的是出色的法西斯青年。每年 4 月，它都会组织被称为“Littoriali”的文化与田径赛事。学生乘坐大客车去罗马或那不勒斯与全意大利的田径选手同台竞技，甚至还有来自意大利非洲殖民地的马萨伊人。这是激动人心的时刻，而大多数 GUF 成员都支持法西斯主义。莱维班上的男生乔治奥·伯拉（Giorgio Burla）是意大利仰泳冠军。另一名同学，则是短跑纪录保持者。在这些胸怀抱负的年轻人中，有许多人在即将到来的大战中死去了。伯拉的潜艇被英国鱼雷击沉，伯拉当场阵亡。

除了体育赛事，GUF 还组织宣传讲座和集会，而莱维会被要求参加。GUF 同样有一身可笑的制服，包括一顶绿色的三角帽、一方由绳针系牢的蓝色手帕。参加考试时，GUF 成员不得不穿上这身制服。但他们普遍不喜欢这套衣服。幸运的是，这时候拿政府开玩笑还是安全的。国家法西斯党的缩写 PNF，在班里变成了“家庭必需品”（Per Necessità Familiare）。（如果你不是一名付清党费的法西斯党人，那么你可能会失去你的工作。）

到这时，莱维仍然相当清瘦，个头不高，但他已经在很大程度上蜕去了少年时那如竹竿般的笨拙。他的头发又厚又密。在照片上呈现的是一个微笑的、健康的年轻人形象。而且，随着在身体发育上赶上了他的同龄人，他对于自身的不自信也渐渐消退了。他并不关心他的朋友们信仰何种宗教，但他见到女孩子时仍然很紧张。伊迪丝·薇兹是一个黑眼睛、高个子，如雕像般秀美的女性。在她的记忆里，莱维是藏在实验室角落的那个“羞涩的小男生”[5]，总是更适于一对一的交流。据薇兹说，蓬齐奥班上的另一名女生——乔瓦娜·巴尔扎雷蒂（Giovanna Balzaretti），是一个“衣着时尚，美丽动人”的姑娘。她发现，站在光彩照人的乔瓦娜身边时，莱维总是显得很尴尬。大多数化学系学生都会轻笑着偷偷议论一些关于性的问题，但莱维仍然显得过分拘谨。然而，女生们却因为这一点而喜欢莱维。

莱维迷上了伊迪丝·薇兹。她是一位热心而聪明的姑娘，而且不那么关心 GUF 的宣传。他第一次见到她是在大学一年级的数学口试时。工程师莱维来看儿子考试，而普里莫以“优异的成绩”通过了考试。考试之后，莱维在讲堂后面向伊迪丝介绍了他的父亲。伊迪丝注意到莱维对于切萨雷的热爱。尽管工程师莱维的身体每况愈下，但他仍然很有女人缘。但对于仍然羞涩的莱维来说，看着自己的父亲与一个新朋友调情想必不是那么舒服的事情。

## 4

不管莱维喜欢与否，他都是蓬齐奥教授最得意的少数弟子之一。他有着聪颖的头脑、旺盛的求知欲和独立思考的习惯。根据他的成绩单，在他大学一年级的考试中，各科的得分均高于 28 分（满分 30 分）。莱维的科学理想主义，他在科学世界中求索的认真态度，让他显得与众不同。即使在学校，他也在研读一些关于人类生化反应的艰深书籍，像阿历克斯·卡雷尔（Alexis Carrel）的《人类的奥秘》（*Man the Unknown*）。据皮亚琴察回忆，莱维也读世界著名的微生物学家保罗·德·克鲁伊夫（Paul De Kruif）的传记《微生物猎人》（*Microbe Hunters*）。这部书在 1927 年首度出版时，全球科学界还很小，小到足以让每个学生都怀着成为科学家的梦想。路易斯·巴斯德[6]的丰功伟绩鼓励着莱维，发现肺结核的致病杆菌的柏林科学家罗伯特·科赫（Robert Koch）的事迹也激励着他。化学似乎必将带来荣耀以及追逐的快感。

到 30 年代中期，人们已经知道一种实质——DNA（脱氧核糖核酸）——在我们的生理中发挥着举足轻重的作用。莱维了解这些发现，并乐于抓住一切机会讨论它。然而，许多学习化学的学生只是想在将来找个好工作。这种名利心被莱维视作“异端”。在30年代都灵的年轻知识分子中，莱维高度的道德感并非那么少见，尽管这道德感中亦有笨拙与自负之处。虽然不能说莱维天生是个不友善的人，但他在实验室里还是显得有些冷淡和傲慢。撒丁岛人维托利奥·萨塔（Vittorio Satta）在实验室里与莱维组成二人小组。他后来宣称：“你都不能问他现在几点了！”[7] 化学系的另一位同班同学利沃雷奥·卡萨莱（Liborio Casale）回忆说，尽管莱维“彬彬有礼、热情友好，并且具有许多诸如此类的品质，但他绝对不是一个谦逊的人”[8]。恰恰相反，卡萨莱暗示，莱维是个假正经。有一次，学生们把波切蒂诺教授的物理学讲义私自整理成提纲，并做成小纸条（用于考试抄袭）在班级中出售。而莱维并不赞成这种做法。“他说我影响了波切蒂诺教授讲义的销售。”[9] 当时的“罪犯”，西德尼·卡尔维（Sidney Calvi）回忆道。

大学一年级的学生中，只有莱维知道如何对玻璃进行吹制、弯曲和塑形。而他的手艺赢得了人们的称赞。他也作为一个爱钻图书馆的小书虫而闻名。当大多数学生在午休急着回家时，他却赶忙拿着一袋三明治上楼来到学院的图书馆。他喜欢这个图书馆，喜欢这里带玻璃门的书架，也喜爱这座理科院校的风景（60年前，他的祖父正是从这里毕业）。像通晓多国语言的父亲一样，莱维并没有被外语吓倒，而是试着去阅读艰深的《化学要览》（*Chemisches Zentralblatt*），因为这份德文期刊中介绍了世界上新近的最重要的化学实验。在“二战”之前，由于所有显著的化学成就都是由德国化学家取得的，所以当时大多数化学文献都是德文的。如果学生们认为化学是一门属于德国的学科（事实上，的确有一些学生是这么认为的），那么他们的想法往往被视为可以理解的。他们使用F.W.卡斯特（F. W. Küster）那赫赫有名的对数表。还有一个广为传播的流言——只要在德国书籍中找到一个错误的小数点，就能在德国出版商那里得到巨额赏金。这就是日耳曼人那关于精确性的名声。

尽管一年级新生的无机化学教材——鲁斯图博士（Dr. Rüst）的《无机化学入门》（*Anorganischer Präparate*）——有意大利文版本，但莱维还是给自己买了一本德文原版的教材，因为他说他想学习德文。就这样，从一本出版于35年前（1903年）斯图加特（Stuttgart）的常用教材开始，莱维学会了犹太迫害者的语言。蓬齐奥教授为那些感兴趣的学生安排了德语课程。这些课程开始于大学二年级，每周一次课，上课时间在傍晚时分。授课的教师是亨克夫人（Frau Henke）。她来自柏林上层社会家庭，并喜欢学生们称她为“女士”。在第一次世界大战期间，她嫁给了一位意大利军官，但现在已经守寡并孀居克罗塞塔。只要看上一眼这位亨克女士用铅笔誊写的语法簿就会发现她是位极为认真负责的教师。像“炉灶”（Ofen）、“酸”（Säure）、“水”（Wasser）这些词汇，在后来的黑暗时期证明对莱维非常有用。

尽管满腔雄心壮志，并拥有智力上的天赋，但莱维并不认为自己在与同辈人竞争。恰恰相反，他乐于帮助他们完成家庭作业或补习化学基础知识，并为自己赢得了“小百科全书”的雅号。内雷奥·佩札（Nereo Pezza）是物理课程最差的学生之一，而莱维为他讲解了波切蒂诺教授那沉闷的讲义。“普里莫是一个了不起的教师——耐心、热情，有着计算机般的头脑，也宛如参考书库的化身。没有他的帮助，我永远也不能毕业。”[10] 佩札不是学校中常见的那些富家公子，而是来自专门收容孤儿的都灵圣约瑟夫神学院的一名穷孩子。比起黏度和表面张力来说，他更熟悉的是教义问答书上的问题。而莱维答应私下辅导他的功课。通常而言，他对于佩札的同情中包含着一种优越感和恩惠感，但佩札乐于充当被辅导者的角色，并让莱维作为他的辅导者。

不可避免地，莱维在化学系也有他的对手。毛里齐奥·帕内蒂（Maurizio Panetti）出身于传统的书香世家。他的父亲是一位著名的理工科教授。帕内蒂学习极为刻苦，甚至其他学生在GUF俱乐部玩牌的时候，他仍在坚持学习。正像意大利语所说，他是一个“用功的学生”（violino）。学生们会相互打赌：究竟谁最聪明？一些人说是帕内蒂，但大多数人都会说：“不，是莱维更‘有天赋’（estroso），更‘聪明’（geniale），更‘富灵感’（sparkling）。”人们认为莱维天生聪颖过人，而帕内蒂则靠刻苦换来优异成绩。

在1936年的法西斯滑雪队中，曾经有一位年轻人在回城的大客车中高唱山歌。他就是有着一副热心肠和天生幽默感的阿尔贝托・索莫尼（Alberto Salmoni）。而莱维对他颇有好感。当索莫尼成为化学系一年级新生时，莱维非常高兴有机会更好地结识他。他是蓬齐奥班上的八名犹太人之一。而相当有异国情调的是，他的犹太血统在一定程度上来自黎凡特[11]地区，与中东的市集有着某种联系。索莫尼的父亲，奥古斯托（Augusto），出生于埃及的亚历山大港。而他那浓密的小胡子，据说与基钦纳勋爵[12]相似。在莱维眼中，索莫尼在都灵的家就像是阿拉丁的山洞，有着精装的《古兰经》和成堆发黄的阿拉伯语报纸，与翁贝托国王大街 75 号那个充满资产阶级情调的整洁房间简直有着天壤之别。

阿尔贝托・索莫尼，三兄弟之中最小的弟弟，1918 年 8 月出生在国际性城市赫里奥波里斯（Heliopolis，位于今天的开罗机场附近）。他性格随和，敢于打破常规，也继承了父亲的自信和怪癖。第一次世界大战后，索莫尼一家从开罗搬到了那不勒斯。他们在那里经营一家木材场。除了猎鲨之外，奥古斯托喜欢带领他的三个儿子乘坐一艘叫作“尼罗河号”的大艇驶离那不勒斯的海岸。有一天，他们全身湿透了。奥古斯托把他的衣服翻过来穿以晒干里子，却被一家餐馆里的员工当成流浪汉而赶了出去。在波斯尼亚经历了一场鲁莽的木材生意冒险之后，奥古斯托那久经苦难的老婆朵拉（Dora）受够了：“这不是我想要的生活！”于是，1936 年，索莫尼全家来到了都灵，定居下来。在都灵，靠着对因吉尔泰拉街（Corso Inghiterra）市政屠场的牛羊血的垄断，奥古斯托开办了一份古怪的生意。他按照古希腊单词“血”（hæma）给自己的铺子命名为“EMA”。但没人明白这层暗示。在不锈钢的大锅里，血液被熬煮成胶状，然后加工成抛光剂、香肠，甚至小圆糖。在 EMA 的加工车间里滋生着大批体形巨大的老鼠。

年轻的阿尔贝托・索莫尼是一个高大英俊的意大利青年，有着沉着冷静的行事风格，与普里莫那紧张、孤僻的个性形成了鲜明的对比。莱维遇到他的时候，索莫尼已经在都灵生活了两年，说着一口带着明显那不勒斯口音的意大利语。就像莱维的许多好朋友一样，他们之间的友情建立在两个截然相反的人的相互吸引之上。索莫尼自信、马虎而外向，而莱维则优柔寡断、细心而孤僻。索莫尼在化学上有天赋，却没有接受过良好的训练，懒惰，并因常在山中迷路而闻名。尽管有如此多的差异，但他们之间的友情却注定持续终生。

## 5

1938 年年初，莱维在化学学院的生活是令人兴奋的。大学给予了他全新的知识分子的使命感，也给予了他新的理念。在他前面，似乎有无穷无尽的时间与自由。每一天，他都会在讲堂里，在实验室中，在瓦伦蒂诺公园遇到他的朋友们。他们会在栗树下野餐，或者在波河上荡舟游玩。莱维不可避免地结识其他院校的犹太学生，直到后来，共同的宗教信仰才成了他们之间重要的纽带。比耶拉（Biella）布商的女儿卢西亚娜·尼希姆（Luciana Nissim）是一名医学生，有着精灵仙女般的面孔以及冷静而好奇的气质。她与莱维一样，来自一个已经被民族同化的犹太家庭。1944 年冬天，她和莱维一起被投入奥斯维辛集中营。在都灵大学，莱维的人生还将与另一位犹太学生相交。万达·马埃斯特罗（Vanda Maestro）是一位脆弱的绿眼睛都灵女孩。她比莱维高一年级，攻读工业化学系。傍晚时分，她常常会在达阿塞里奥侯爵街的电车站等候莱维，而卢西亚娜·尼希姆则会和另一位医学生——佛朗哥·欧佩蒂（Franco Operti）——一起站在她的身后叽叽喳喳地聊着天。大学让熟人重聚，因为 12 年前，欧佩蒂和莱维曾经在同一所小学读书。这些学生中没有一个人预见到即将到来的灾难，或者想象到未来的战争。万达·马埃斯特罗也同莱维一起被投进了奥斯维辛集中营。

1938 年年初，许多意大利犹太人仍然相信法西斯党。欧佩蒂回忆起他和尼希姆之间因为希特勒而爆发的激烈争吵："德国犹太人像老鼠一样被抓起来，但卢西亚娜不想知道这件事。"[13] 当时她是一名执迷不悟的法西斯党人，并相信希特勒原本就该是墨索里尼的盟友。莱维在实验室里的另一位同学，埃玛·维塔-莱维（Emma Vita-Levi），是班级里最优秀的运动健将：她参加游泳、跳高和 100 米跑步，在 1938 年那不勒斯举行的"Littoriale"锦标赛的各项赛事中都取得了不俗的成绩。墨索里尼曾亲手送给她一枚金质的字母 M 奖章，从而让她感到无比的喜悦。然而，她的喜悦是短暂的。尽管她是一位将军的女儿，但很快她将被禁止参加所有赛事，并被疏离于意大利主流社会。在摧毁了自由、民主和人权之后，墨索里尼现在着手强化自己与希特勒之间的同盟关系，并成了一名公然的反犹分子。意大利犹太人即将成为二等公民，而且在几个月内，最高领袖将成功地毁灭他们在走出犹太人隔离区之后的 90 年中所取得的一切成就和财富。

## 6

法西斯党一直饶有兴趣地注视着纳粹主义的壮大。自从希特勒成为德国总理之后，仅仅五年，德国的政治气候就完全变了样。反犹主义已经成为纳粹政府不可分割的一部分。墨索里尼起初掩盖了希特勒迫害犹太人的消息，因为他并不想同纳粹的兽行联系起来，但是意大利人还是通过各种渠道渐渐了解了纳粹迫害犹太人的野蛮暴行。当时，墨索里尼还愤怒地谴责过希特勒和阿尔卑斯山北面的那些德国“野蛮人”。但随着两位独裁者联手镇压共产党人，介入西班牙内战，意大利的命运与这位德国元首已经紧紧地绑在了一起。现在，在这个致命的新同盟中，墨索里尼毫无争议地成了其中稍微逊色的那个角色。用意大利小说家艾尔莎·莫兰黛（Elsa Morante）的话讲，这位最高领袖已经“无可挽回地把他那辆凯旋战车与一辆送葬的灵车拴在了一起”[14]。莱维的父亲带着越来越绝望的心情关注着国际局势的发展。法西斯对于西班牙内战的介入一定让他们愈加凄凉地认识到在等待着他们的是什么样的命运。这种情况是无法挽回的，就像切萨雷的癌症，但他们习惯于忽视它。

1937 年 10 月在莱维进入都灵大学时，墨索里尼已经开始为反犹合法化做准备。同年年初，当一本煽动性的出版物《犹太人在意大利》（*Gli ebrei in Italia*）如洪水般涌入书店的时候，意大利犹太人开始受到猛烈的攻击。这本书的作者保罗·奥兰诺（Paolo Orano）是一名法西斯宣传家。他的书帮助法西斯党煽动起意大利公众对于犹太人的仇恨，并为最终迫害他们铺平道路。在这本书表面的学术讨论之下，潜藏的是对犹太人通常的偏见。奥兰诺号召所有的意大利犹太人，不管他们的政治倾向如何，都应该抛弃他们的文化遗产，并怀着感恩之心加入这个光荣的法西斯国家，因为这个国家已经给予他们太多的恩惠。这本书很快成了意大利各家报刊杂志的讨论对象，也成了各种各样讨论所谓犹太问题的媒介的基础。当时最恶毒的反犹宣传出现在向法西斯献媚的都灵《邮报》上。“如果法西斯国家是极权主义，”这家报纸谆谆教诲，“那它就不会允许意大利文化受到犹太教义的污染。”[15]其中“污染”这个字眼在意大利是一种全新而阴险的说法。

不过，早在1937年之前，反犹主义就已经在意大利深深地扎根。法西斯小说家乔瓦尼·帕皮尼（Giovanni Papini）曾经在1930年出版过一本广为流传的小册子，其中指责勋伯格[16]、弗洛伊德、爱因斯坦、马克思等等“可恶”的犹太名人“摧毁了西方的道德”。莱维带着震惊读完了这本充满了诽谤的小册子。因为天主教是文明的基石，所以犹太人不属于文明；犹太民族的身后留下了一道长长的黏液，从而在埃及和整个天主教世界中传播“十灾”。

在1938年年初，法西斯新闻媒体在谴责犹太人时变得越来越言辞激烈。它们辱骂所有意大利大学中的外国犹太人，并诋毁犹太人对于意大利文化和智力生活所做出的一切贡献。阿尔贝托·莫拉维亚因为在里程碑式的小说《冷漠的人们》中批判了资产阶级的法西斯社会，尤其受到了攻击。原名平凯尔莱（Pincherle）的莫拉维亚，仅仅父系血统属于犹太人。但法西斯报刊《特韦雷河边》仍然沾沾自喜地将他称为“犹太人平凯尔莱”[17]。

等到1938年3月至4月间，意大利的新闻媒体串通一气，对犹太人发起了种族歧视的总攻。墨索里尼知道，反犹政策会取悦希特勒，因为它标志着意大利进一步疏远了英国以及当时无能的国际联盟。于是，在那个多灾多难的春天，随着墨索里尼挥舞起反犹的鞭子，法西斯电台的公告占领了翁贝托国王大街75号的房间。莱维的妈妈、舅舅和姨妈都守在收音机边恐惧地听着电台对于“犹太问题”那无休止的讨论。同时，莱维的父亲因胃癌经历了第三次手术。随着健康状况的崩溃，这位60岁的工程师开始抱怨东欧的正统派犹太人，抱怨他们那固执的虔诚和过时的长袍让各处的犹太人都遭了殃。像大多数意大利犹太人，他只是希望墨索里尼的反犹宣传会“烟消云散”。他无法想象事态会恶化到什么地步。

## 7

1938年7月7日，莱维参加了期末考试。一周后，他和家人一起来到皮埃蒙特的度假胜地科涅（Cogne），邻近法国。尽管过去的几个月有过许多预警的信号，但在7月14日这个明媚的夏日清晨到来的新闻仍然让大多数意大利人震惊，不管他们是不是犹太人。意大利报纸首页的大字标题是《种族科学家宣言》。受墨索里尼的指使，罗马大众文化部的一批所谓的“种族专家”在宣言中声称发现了意大利种族。他们宣称，两千多年以来，意大利人一直属于“雅利安人”，因此犹太人并不属于意大利种族，他们也不是意大利国家的一部分。根据这份伪生理学报告，意大利犹太人是纳粹的“异端的”（Fremdkörper）肮脏近亲，是这个国家中的异己分子。

这份《种族宣言》起初带给莱维一家的是震惊。在大约一个世纪的时间里，意大利犹太人经历了民族同化，并相对被意大利社会所接纳。他们自豪于为这个统一的意大利国家所做出的贡献。而且他们实际上与占意大利人口大多数的天主教徒并没有什么区别。埃丝特尔·莱维的新女仆阿加塔·佩尔林（Agata Pèlerin）发现她的主人是犹太人时简直大吃一惊，“什么？你长得一点也不像犹太人！”[18]但一夜之间，意大利犹太人似乎已经被逐出了国民之列。他们中有一万多人——意大利成年犹太人的三分之一，仍然是法西斯党员。在充当了17年法西斯党魁之后，墨索里尼竟然背叛了他自己的党徒。纳粹所提倡的生理化反犹论调让莱维一家感到了深深的不安，让他们陷入了紧张的（也可能是尊严的）沉默。幸运的是，7月份到科涅度假的其他犹太家庭让他们感到些许安慰。他们只能寄希望于这份《种族宣言》标志着意大利政府对于犹太人迫害的结束。然而，它却在下半年带来了第二波更猛烈的媒体攻势。

1938年的整个夏季，随着法西斯政府宣称准备颁布法律“以保卫”所谓的意大利种族，犹太人所面临的压力也在与日俱增。首先，在都灵《邮报》和其他报纸上开始出现了一些文章，谴责“虔敬主义”（也就是同情犹太人的“罪行”）。这些文章是卑劣的反犹记者康希托·佩蒂纳托（Concetto

Pettinato）的作品。它们让莱维一家非常苦恼。在那个反犹迫害步步升级的年代，莱维的表妹朱莉娅·科隆博和亲戚们正住在都灵附近的乌尔克斯（Oulx）。科隆博家是镇上唯一的犹太家庭。朱莉娅知道“虔敬主义”的罪名也许会让她的天主教朋友们身陷囹圄，所以不敢像往常一样约他们一起去打网球。不过，尽管法西斯及其控制的新闻媒体日渐加强反犹宣传，但大部分意大利人并不把这些宣传当回事——在大多数意大利人眼中，这份《种族宣言》就像是一篇生硬的日尔曼舶来品。所以，朱莉娅的天主教朋友们纷纷来找她，让她跟他们一起去网球场。他们说为自己身为意大利人而感到“恶心”。在都灵，莱维原来的语文老师，阿齐莉娅·阿里希对她的一个学生说：“意大利真可耻！”[19] 大多数都灵人不愿意参与迫害的具体任务。所以，德国驻都灵总领事，迪尔克·冯·朗根博士（Dr. Dirk von Langen）煽动更严厉的反犹措施。他的总部就位于克罗塞塔中心地区的加利莱奥·费拉里斯街（Corso Galileo Ferraris）77 号。

## 8

1938 年 7 月 31 日，普里莫·莱维庆祝（也许这个字眼并不准确）了他的 19 岁生日。他父亲的病情已经危重。一桩桩迫害事件让他的家人萌生了对过去犹太人隔离区的恐惧。莱维仍然在用功苦读，希望能取得化学学位，并在某间实验室里谋到一个职位。但法西斯政府却让他的人生变得日渐艰难。非犹太裔的化学系同学们都注意到莱维变得越来越沉默寡言。“在迫害之前，我们甚至都不知道班里哪些同学是犹太人。”[20] 乔瓦娜·巴尔扎雷蒂回忆。现在，在蓬齐奥教授的班级里究竟谁是犹太人已经非常明显了。伊迪丝·薇兹据说祖籍在东欧某地，但现在她显然是一个“以色列人”（israelita）。虽然并没有强迫犹太人佩戴黄星，但法西斯政府有办法让那些差别显而易见。在参加考试时，天主教学生必须身着法西斯组织那身花哨的制服（缝制有专门用来装手雷的衣袋），而犹太学生只能穿便装。在考场上，那些穿着撒丁岛式黑色粗花呢制服，热得受不了的天主教女生们不由得羡慕身穿艳丽丝绸长裙的埃玛·维塔-莱维。

莱维生日后没过几天，人口及种族保卫局就在罗马成立了。它的当务之急是对意大利境内的所有犹太人进行普查。不过，在此之前，一篇流毒甚广的法西斯社论《种族的保卫》（*La Difesa della Razza*）开始于 8 月 5 日见诸各大报端。这篇社论鼓吹意大利人是地中海地区优等民族的后裔。但这些种族主义反犹论调常常漏洞百出。有一家报纸附上了一幅蓝眼睛的男婴照片，并冠以“雅利安种族的典型人种”的标题[21]，结果这名男婴却是一个犹太人。在另一份报纸上，一张更令人厌恶的照片里，有犹太艺术家雅各布·爱泼斯坦（Jacob Epstein）的一件雕塑作品，呈现的是一个长得像猴子的女人。根据这篇“博学的”社论的解释，这就是“犹太人猿类退化”[22]的证据。

尽管 1938 年的人口普查是在理性的基础上进行的，像所有正式的官方调查一样，但其中还是牵涉到了法西斯警察不可见人的暴行。每个生活在意大利的犹太人的相关数据都会被收集整理——姓名、地址、职业——并以官方文书式的冷酷被记录下来。那年秋季格外晴朗而炎热。当户籍官员们在都灵着手普查之时，莱维一家还在科涅度假。他们带着橡皮印章和调查表，审问翁贝托国王大街 75 号的看门人：在这栋公寓里住着多少犹太人？他们都是干什么的？这种羞辱性的讯问不止一次。普查的结果被送到罗马的内务部。在 7 月初，根据对所谓犹太姓氏的草率统计，都灵的犹太人口达到了 24637 人。但通过普查，现居住在皮埃蒙特地区首府的犹太人共有 4057 人。与前者相比，这一结果显然更加准确。即使在官方普查结束后，警方的卷宗仍然在不断增加，从而让整座城市陷入一片猜疑的气氛中。因为担心受到牵连，那些被卷入种族调查的“雅利安人”都与他们的犹太朋友彻底划清了界限。

这场普查仅仅是一个开始。9 月初，首次反犹合法化登场了。意大利国立学校和大学不再接收“犹太种族人口”入学。禁止犹太教师在公共教育机构授课。此外，犹太学生无法继续他们在大学的学业。现在，墨索里尼对意大利犹太人的用心已经昭然若揭。而这对莱维生活的影响是直接且巨大的。19 岁的莱维即将被赶出化学学院。伊迪丝·薇兹的哥哥鲁道夫则考虑去布拉格大学以完成他医学系的学业。幸运的是，他留在了都灵——纳粹很快入侵了捷克斯洛伐克。莱维仍然同父母留在科涅，同样选择等待机会。

一周后，9月7日，法西斯政府颁布了第二部法案，要求所有外国出生的犹太人，包括在1919年1月1日后取得意大利国籍的犹太人，在六个月内离开意大利领土。在这部法律中，莱维被定义为具有犹太父母的人，“即便信仰犹太教之外的其他宗教”，也仍然属于犹太人。这条阴险的法律条款仿效了希特勒的《纽伦堡法案》。而它的用意是向那些考虑改变宗教的犹太人传递一个强烈的信号。

两个月后，11月17日，法西斯政府又向反犹主义合法化迈进了一大步。之前颁布的一部法案得到了司法解释，从而禁止被确定为“犹太种族”的所有公民与“雅利安人”通婚。一系列其他严格的禁令确保意大利犹太人被降格为贱民。犹太人不得担任公务员，不得加入法西斯党或参军，有时还要被迫拍卖他们的财产。然而，法西斯政府做出了一个重要的让步：所有在大学二年级以上的犹太学生可以完成他们的学业。现在莱维有足够的理由去感谢以前的家庭教师玛丽莎·兹尼。九年前，她对他的教育让他得以在12个月内完成原本为期两年的初中学业。如果没有兹尼，那么莱维现在应该正在攻读大学一年级的课程，并因此无缘学位。大学档案记录表明，普里莫·莱维在1938年10月31日更新了他的注册信息，但他的妹妹安娜·玛丽亚就没那么走运。她只能在战争结束后再回到大学，而在意大利迫害犹太人的这五年中她无法进入大学读书。

## 9

让人难以置信的是，法西斯政府对犹太人的首次官方迫害却给莱维的生活带来了改善。在整个大学一年级，每个周六下午，他都不得不参加法西斯大学国民军的训练，以此作为对他无视海军征兵令的一种惩罚。他并不喜欢在密集的行军队形中走正步。而实际上他所接受的训练也毫无用处。大多数时候，他的子弹袋里都装满了零食、面包、蒜味腊肠，而不是子弹。他从来没学会怎么给步枪上子弹——他的骨子里并不是一个士兵。而他的那些新兵战友们也同样缺乏经验和热情。无聊之中，他们互相给对方起了傻乎乎的绰号——“我也是个坏蛋”[23]“浑蛋克拉维罗”“恶棍西莫内利”。而且他们给各种步枪零件也起了快活而下流的称号："卵头把手""尖头管子"。莱维全身心地参与到这种玩笑之中。为了帮助打发操练时的无聊，西德尼·卡尔维在他的 MVSN 制服上衣口袋里藏了一枚托洛茨基[24]的圆形像章，并因为这枚被禁止携带的像章而紧张得微微发抖。大多数时候，这些新兵只是默默立正，听着他们的军官皮皮诺少校（Major Pipino）在他们头顶上胡乱咆哮。莱维在法西斯大学国民军的当差是荒唐的，同样也是短暂的。1938 年秋季，他毫不在乎地上交了他的装备。

法西斯官僚机构无所不在的混乱和腐败意味着一部反犹法案的出台要用上几个月，甚至几年的时间。尽管莱维立刻离开了法西斯大学国民军，但一些官方的文牍来往让他要再等上一年，即 1939 年 9 月 2 日才能正式脱离 MVSN。这段时期他的征兵记录中充满了删改和延期立法所导致的混乱。唯一可以清楚辨读的字眼是"犹太种族兵员"（APPARTIENE ALLA RAZZA EBRAICA）[25]。这个盖在征兵文书上的橡皮印章，就这样将一个人分门别类，从此便注定了他今后的命运。

## 10

1938 年秋天，莱维的妹妹（以及所有犹太学生）被学校开除。犹太史教师阿图罗·塞格雷（Arturo Segre）和垃圾一起被"隆重地"扔出校外。后来，人们立起一块大理石碑来纪念这件事。与他一起被"清除"的，还有各种遭禁的犹太教材，如保罗·达安科纳（Paolo D'Ancona）的三卷本《意大利艺术》（*L'Arte Italiana*，莱维就是从这本书里获取了他仅有的意大利艺术知识）。但意大利犹太人并没有屈服，各地的犹太人社区建立起他们自己的学校，来教育他们的子女。11 月初，都灵建起了一所犹太学校。这所学校坐落在圣安塞尔莫街（Via Sant' Anselmo）的犹太教堂附近。它的教员们是优秀的：其中许多人是在种族法案出台后失业的大学教授。安娜·玛丽亚·莱维在这里找到了一个"高度文明的环境"。她的古文老师是伟大的阿纳尔多·莫米利亚诺（Arnaldo Momigliano）。这位老师后来成了伦敦大学的古代史教授。著名的语文老师约瑟夫·莫尔普戈（Giuseppe Morpurgo）

被任命为校长。而他的女儿露西娅是安娜·玛丽亚的同班同学。战后，露西娅成了安娜·玛丽亚的嫂子。教室当然不会悬挂墨索里尼的照片。而这所学校为自己是一所犹太学校而感到自豪。当问到他的家族在意大利生活了多长时间时，一名犹太学生回答："从 1516 年起。"[26] 事实上，公元 70 年，犹太神庙第二次被毁的年代，就有犹太人在意大利生活。

虽然纳粹欢迎墨索里尼的《种族宣言》，但他们对意大利实际出台的种族法案并没有感到百分之百的满意。而希特勒的宣传家们更把这些法案嗤笑为"犹太认证的法西斯主义"。墨索里尼并没有剥夺意大利犹太人的公民权利。相反，为了解决"犹太问题"，他只是建立了一种新的归类法："犹太族的意大利人"，并且有时将其礼貌地称为"追随摩西的意大利人"。而在德国，只要祖父母中有一人是犹太人，那么这个人就被确定为犹太人，从而被剥夺所有的公民权利。就在莱维攻读了一年半的化学课程的时候，1938 年 11 月 9 日晚到 11 月 10 日，在德国有 191 座犹太教堂被焚毁。许多犹太人被杀害，成千上万的犹太人被送进集中营，他们的房子、商店和其他产业都被摧毁。纳粹党人将那个毁灭的夜晚称为"水晶之夜"（Kristallnacht）。他们蓄意选择这样的字眼以淡化他们所导致的破坏，也作为对受害者的一种嘲笑。《邮报》对这一事件几乎只字未提。它只是告知皮埃蒙特地区的读者，德国人对于"国际性的犹太罪行"给出了"榜样般的示范"。欧洲犹太人的命运转折点就要来临了。

## 11

莱维的妹妹在临时学校读书。国外传来一个个坏消息。切萨雷病情危重。莱维家不得不考虑他们的出路。种族法案让全家人措手不及。对于全意大利的犹太人都是一样。社会关系已经被反犹措施所撕裂，同时全国各地似乎都开始重建犹太人隔离区。也许，民族同化终究没能清除种族歧视。也许，民族同化让莱维一家在即将到来的种族迫害面前更加脆弱。多年以来，他们一直相信对犹太人的仇恨与他们没关系。但现在无法想象的事情已经变成了现实。

当然，全家人并没有意识到墨索里尼的德国盟友将给他们带来的致命危险。他们首先想到的是出国，等待事态平稳下来。11 月 19 日，“水晶之夜”的一周后，莱维的姨父奥雷斯特·科隆博来到了法国驻都灵领事馆，希望移民到一个仍然处在文明之中的国家。不过，仅一天之前，法国领事馆已经停止向犹太人发放签证。无论如何，就算一纸签证也帮不了奥雷斯特：再过一年半，纳粹就会进军巴黎。在圣诞节，病危的切萨雷·莱维和他的弟弟恩里科召开了一次家庭会议。参加会议的还有一位富有的天主教徒——准备卖掉巴西农场的贾科内太太（Signora Giaccone）。贾科内太太的妹妹，也就是莱维家族的水果供应商安排了这次会议。莱维并没有参加这次会议，而是与他的表妹朱莉娅·科隆博一起去看了路易丝·赖纳（Luise Rainer）主演的电影《大地》（*The Good Earth*）——在墨索里尼即将发动的抵制好莱坞运动之前，这是在意大利放映的最后几部美国电影之一。在那个可怕的圣诞节，都灵的电影院还放映了迪士尼的新动画片《白雪公主》（*Snow White*）。

在长时间的家庭会议之后，莱维三兄弟（切萨雷、马里奥、恩里科）和奥雷斯特·科隆博共同出资买下了贾科内太太位于巴西的农场。所以，有一段时间，如果国内的局势继续恶化，普里莫似乎就可能搬到巴西去。位于圣卡塔琳娜省（Santa Catarina）的这处农场紧邻乌拉圭边境，占地辽阔，有牛羊，也有森林。墨索里尼的种族迫害已经迫使莱维家考虑移民，但法西斯财政部规定他们不得携带超过 2500 里拉离境。这些少得可怜的钱仅够应付几周的生活。莱维家族用现金买下了农场。而现在，贾科内太太、恩里科·莱维的两个儿子保罗（Paolo）和佛朗哥（Franco）用手提箱把现金非法偷运出境。然而，到了巴西之后，莱维家族发现这份合同并不可靠。这个农场牵涉到犯罪集团的既得利益。“二战”之后，莱维家族转手卖出了“拉姆多”农场（El Ramundo）。而莱维从来没有去过那儿。

在种族法案颁布后的 18 个月中，大约有 5500 名犹太人离开了意大利——超过意大利犹太人总数的十分之一。其中包括莱维母亲的表妹埃尔达·卡尔德罗尼。她和她那信仰新教的丈夫乔瓦尼·都灵逃到了布宜诺斯艾利斯（Buenos Aires）。慢慢地，莱维家族分崩离析。1939 年 1 月，卢扎蒂四姐妹之一内拉在她的两个孩子的陪伴下离开了都灵，前往圣保罗。全家人直到战后才回到都灵。内拉的丈夫凭借一张假的工作合同独自前往巴西，否则他无法获得签证。在法西斯官僚机构中腐败横行。官员们纷纷靠伪造护照和“雅利安”证书来贪污受贿。事实上，贿赂很快成为取得非犹太身份的主要决定因素。只要肯花钱，公证员大笔一挥就可以改变你的宗教信仰。一些申请人通过的原因甚至是因为他们的父母曾经和“雅利安人”发生过性关系。这十足就是法西斯机会主义的症状。对于犹太人政策的转变，墨索里尼从未真正尝试过给出合理的解释。

## 12

在都灵，警察继续调查可能具有犹太血统的公民。切萨雷·莱维的两位外科医生之一，克里斯托费罗·科隆博（Cristofero Colombo），是莱维家族的亲戚。但法西斯政府会不会认为他是一名犹太人？科隆博的母亲是“雅利安人”。但种族办公室的官员们无法确定这一点。都灵市政厅的一位官僚主张在都灵市公墓进行调查“以确定卡罗拉·斯帕尼奥利（Carola Spagnoli，克里斯托费罗·科隆博的母亲）是否被安葬在犹太区”[27]。这是官僚机构的疯狂：最高领袖的那些无名走狗真的前往当地的墓园进行调查。如果科隆博被证明是犹太人，那么他将失去工作。

奥雷斯特·科隆博姨父，由于无法偕妻子、女儿一起移民到法国，所以只能尝试最后一个官僚漏洞，以保护自己和家人。11月份颁布的法令中承诺，曾经对国家做出过“重大贡献”的意大利犹太人，可以获得豁免。如果他们曾经在第一次世界大战中，在利比亚、埃塞俄比亚或西班牙为国战斗过，那么他们可以豁免于种族歧视法案。奥雷斯特曾经在最前线的战壕里战斗了三年，抗击奥地利人，差一点伤重不治而亡。他肯定能顺利获得豁免吗？主管部门需要证据，来证明奥雷斯特在“一战”中曾经是一名中尉，但他已经弄丢了自己的服役档案。那么，他的勋章在哪呢？几个月来，莱维的姨父紧张地等待着都灵人口与种族办公室对他的申请的审批结果。他贿赂官员——却只等来了拒绝豁免的结果。哪怕他成功获得了“豁免”，成为一个“幸运的被歧视者”，种族法案也已经毁掉了他的职业生涯：他曾经是都灵银行的一名经理，在银行里忠心耿耿地工作了 20 年，却被赶出了银行。之后他变得郁郁寡欢，并在家族中得到了一个绰号“阴沉脸”（L’Uomo Nero）。意大利就要打仗了，奥雷斯特用他的塔罗牌预测，直到 1945 年春天，大破坏才会停止。

有一段时间，莱维的父亲考虑过通过洗礼获救的可能性。有人建议他为孩子们谋取（比实际日期提前的）洗礼证书。在意大利，有一个悠久的皈依传统（指抛弃原有宗教而皈依天主教。在大多数犹太人眼中，这个传统是肮脏的）。洗礼意味着抛弃家人和犹太信仰而皈依天主教。莱维和他的妹妹决定最好还是完全不要考虑洗礼这件事。但有些犹太人却有不同的选择。莱维的大学同学埃玛·维塔-莱维在 1938 年 11 月 29 日匆匆接受了洗礼。她的母亲范妮·戈多格莉娅（Fanny Gaudoglia）是一名天主教徒。不幸的是，对于犹太人与天主教徒通婚家庭的孩子而言，只有在 1938 年 10 月 1 日前接受洗礼才能获得“雅利安”身份。于是，就这样，只差了一个月，曾从墨索里尼手里接过金质 M 奖章的埃玛·维塔-莱维却失去了获救的机会。她的姐姐奥尔加（Olga）原本是一名自豪的“法西斯妇女”（dama del fascio），现在却被开除了党籍。讽刺的是，埃玛和奥尔加连犹太究竟是什么都不知道。正是墨索里尼的种族法案给这两位姑娘无可挽回地打上了“犹太人”的烙印。

莱维的父亲把他的不幸归咎于想象中的“敌人”，并断绝了与他人的一切交往。幸运的是，冈茨公司给了他一份退职金，以及足够多的养老金，所以全家在经济上仍能维持乐观。在离开冈茨公司之后，切萨雷也被法西斯党开除党籍，而他并不在乎。随着对犹太人的仇恨如毒药般慢慢渗入希特勒占领下的欧洲，切萨雷像在这个艰难时世中的许多意大利犹太人一样，尝试把自己最深层的恐惧隐藏在如今已经毫无意义的陈词滥调上。“啊，但我们在意大利，”切萨雷会充满希望地说，“教会和梵蒂冈就在这儿——他们不敢拿我们怎么样。”[28]

多年之后，普里莫·莱维将在遭受迫害的意大利犹太人中盛行的屈从感比喻成大地震前夜的一位农民——“大灾难必将来临，但我们希望在它来临的那一刻能救自己活命”。[29] 切萨雷的岳父，日渐忧郁并且糖尿病不断加重的卢扎蒂先生，同样抱着宿命论的态度。在种族法案之后，他的纺织品店已经开始走下坡路。这是因为很多天主教顾客，都害怕惹上“虔敬主义”的罪状，谨慎地不再光顾这家店铺。卢扎蒂一家接受了贫穷的状态，却从来不肯承认这个字眼。有时，卢扎蒂那两个讲究玩乐的公子哥，古斯塔沃和科拉多会被要求到店里帮忙。但他们俩都缺乏商业头脑，把店里的账目搞得一团糟，以致前银行家奥雷斯特不得不赶来，把账目整理清楚。普里莫崇拜的科拉多舅舅那一年刚刚 38 岁，却沉浸在绝望之中。由于法西斯政府禁止犹太人拥有收音机，所以警察已经没收了他心爱的设备。那一夜的肆意破坏摧毁了他一生的热爱。

种族迫害的形势越来越严峻，犹太人雇用“雅利安人”做家仆已经成为一桩重罪。尽管如此，阿加塔·佩尔林总会在夜幕的掩护下来到翁贝托国王大街 75 号，帮忙干些力所能及的家务活。许多仆人为了不得不离开他们忠心服务多年的犹太家庭而哭泣。出于“同情考虑”[30]，马里奥·莱维叔叔可以留下他的女仆玛里亚·里纳尔迪（Maria Rinaldi）。因为，根据一份警方报告，她“几乎什么都看不见”，而且没有其他地方可以落脚。

不过，尽管遭受着各种各样的压迫，都灵的犹太人却紧密团结在一起。城里一家布店店名的开头字母——S.A.N.E.T——成了一串密码，意为“我们仍然是都灵犹太人”（Siamo Ancora Noi Ebrei Torinesi）。种族主义合法化已经让莱维家的日子变得越来越艰难，但这些是意大利式的法律，而意大利人以漠视法律而闻名。未来仍然不确定，但普里莫逐渐适应了他那强制性的新身份：他现在不再是一名意大利人，而是一名犹太人。在民族同化的道路上走得越远，就越难以适应。1938 年 11 月 29 日，犹太出版商安吉洛·福米格吉尼（Angelo Formiggini），詹姆斯·乔伊斯[31]的合作伙伴之一，从摩德纳大教堂的钟楼上一跃而下，结束了自己的生命。他是想让全世界关注意大利的种族迫害。他自杀的消息被掩盖了（在法西斯执政时代，所有的自杀事件都被认为是对抗国家的一种罪行——是耻辱的污点——因此不会见诸报端）。但福米格吉尼自杀的消息却沿着犹太人的关系网迅速传播，并让他们感到震惊。

## 13

成了社会底层的“贱民”，被赶出 GUF，莱维还能保持心理平衡简直是一个奇迹。天主教同学们开始谈论“从来不生气的普里莫·莱维”[32]。偶尔，有人指责他对于法西斯的种族法案缺乏激烈的反应。法西斯埃塞俄比亚战役的一名犹太老兵布鲁诺·杰西（Bruno Jesi），愤怒地在都灵城里四处捣毁贴有反犹海报的店面橱窗。犹太人一定要有这样的反应才对吗？莱维的冷静让许多人相信他在讨好甚至原谅了法西斯政府。事实上，他心中极为气愤和愤懑。在这个一夜之间反犹（在司法上，而不是在实践中）的国家里，莱维是一个显眼的犹太人。少数天主教熟人已经开始与他保持距离。一位校友在街上试图避开莱维。“我想我们不要见面了。”[33]他说。13 年后，这个人又希望与莱维重修旧谊，莱维告诉他：“不，和你不行。”

在大学，必要的情况下，犹太人仍然与非犹太人合作。但莱维现在给天主教熟人打电话之前都要思忖再三，因为他可能会给他们带来“虔敬主义”的罪名。法西斯认为犹太人低人一等。但一个天主教徒瓦娜·拉娃（Vanna Rava）说：“哪怕是短短的一瞬间，我们都没相信过就因为莱维是一个犹太人，他就是‘肮脏的’‘恶心的’，哪怕政府想让我们这样去想。”[34]许多法西斯党人在迫害他们的犹太朋友和邻居时并不积极。如果说德国人已经被人类文明所抛弃，那么意大利人还保留着一丝人性。哪怕是莱维班上最积极的法西斯党人埃米利奥·拉格斯提纳（Emilio Lagostena），也试着去帮助伊迪丝·薇兹——政府已经宣称后者是一名“没有国民身份”的斯洛伐克犹太人。拉格斯提纳有着温柔的灵魂。他是最高领袖真正虔诚的门徒，在蓬齐奥教授的班级里因法西斯理想主义而闻名。他把自己仅有的一点钱用来给自己和在托雷佩利切（Torre Pellice，他和母亲还有两个妹妹住在那里）的法西斯伙伴们购买黑衫军制服。但他为种族法案感到羞耻。而且，似乎想为种族迫害做出补偿，他不怕麻烦，特地为伊迪丝找来了一张“下班通行证”（tessera del dopolavoro）。凭借这张证件，她可以买到打折的电影票或戏票，而作为一名犹太人，她原本不再能买到这些东西了。

自然，也有一些政府走狗和“法西斯官员”（gerarchi）不遗余力地迫害犹太人。法西斯警察野蛮地强迫阿尔贝托·索莫尼的父亲关闭他在都灵的血液制品店。当他拒绝时，他们给他安上了叛国的罪名：犹太人索莫尼曾经侮辱过国王和国家。索莫尼不是那些易于屈服的人。（在塞得港，他曾保护一名犹太人免于希腊暴徒的袭击。事后，有传言称，那个天主教暴徒的鲜血被用来制作逾越节的面包。）但是，当法西斯警察卷土重来，并威胁要把他送进劳改营的时候，他放弃了，失去了他的生意。奥古斯托·索莫尼甚至不认为自己是一名犹太人。他根据比利时当时的艾伯特一世国王（King Albert I）给自己的儿子起名为阿尔贝托。现在，整个索莫尼家族被迫承认他们种族血统上的污点，以及他们与其他意大利人之间那鲜明的“不同”。他们认识到，犹太人受到不公正的待遇，不仅仅因为他们是犹太人，更因为他们不是雅利安人。那么究竟什么是雅利安人？在意大利似乎没人知道。与此同时，都灵罗马大街的一家咖啡馆贴出一纸公告：“犹太人不得入内。”

## 注释

1 “化学就像是盖房子……”：我是根据利沃雷奥·卡萨莱和乔瓦娜·巴尔扎雷蒂的回忆描述蓬齐奥教授的。

2 “如果什么事情能用三个字说清楚……”：1994 年 3 月 10 日，伯纳德·德尔梅告诉作者（信件）。

3 “……物理远比化学深刻得多”：1992 年 3 月 14 日，我从卡罗拉·盖瑞力教授那里得知了佩希科的话。

4 “他所提供的服务已……”：化学学院档案，1935 年 5 月 6 日，蓬齐奥给雷克托（Rector）的信。

5 “羞涩的小男生”：1994 年 3 月 24 日，伊迪丝·薇兹告诉作者。

6 路易斯·巴斯德（Louis Pasteur，1822 年 12 月 27 日—1895 年 9 月 28 日）：法国化学家、微生物学家，奠定了工业微生物学和医学微生物学的基础，并开创了微生物生理学。循此前进，在战胜狂犬病、鸡霍乱、炭疽病、蚕病等方面都取得了成果。——译者注

7 “你都不能问他现在几点了！”：1995 年 3 月 30 日，维托利奥·萨塔告诉作者。

8 “彬彬有礼、热情友好……”：1995 年 5 月 11 日，利沃雷奥·卡萨莱告诉作者。

9 “他说我影响了……”：1993 年 6 月 17 日，西德尼·卡尔维告诉作者。

10 “普里莫是一个了不起的教师……”：1993 年 7 月 29 日，内雷奥·佩札告诉作者。

11 黎凡特（Levant）：一个不精确的历史上的地理名称，相当于现代所说的东地中海区。——译者注

12 霍雷肖·赫伯特·基钦纳（Horatio Herbert Kitchener，1850 年 6 月 24 日—1916 年 6 月 5 日）：第一代基钦纳勋爵，英国陆军元帅。——译者注

13 “德国犹太人像老鼠一样被抓起来……”：1993 年 8 月 1 日，佛朗哥·欧佩蒂告诉作者。
14 “……灵车拴在了一起”：艾尔莎·莫兰黛，《历史》（*History*）。
15 “如果法西斯国家……”：引用自伦佐·德·菲利斯（Renzo De Felice）的《法西斯铁蹄之下的意大利犹太人故事》（*Storia degli ebrei italiani sotto il fascismo*），p.215。
16 阿诺尔德·勋伯格（Arnold Schoenberg，1874 年 9 月 13 日—1951 年 7 月 13 日）：奥地利作曲家、画家。——译者注
17 “犹太人平凯尔莱”：1984 年 11 月 14 日，阿尔贝托·莫拉维亚（Alberto Moravia）告诉作者。
18 “什么？……”：普里莫·莱维告诉作者。
19 “意大利真可耻！”：1995 年 3 月 29 日，作者从古列尔莫·兰扎口中得知阿齐莉娅·阿里希的话。
20 “在迫害之前……”：1993 年 4 月 15 日，乔瓦娜·巴尔扎雷蒂告诉作者。
21 “雅利安种族的典型人种”：1992 年 10 月 13 日，安娜·拜希斯·维塔尔告诉作者。
22 “犹太人猿类退化”：1993 年 3 月 20 日，安娜·玛丽亚·莱维告诉作者。
23 “我也是个坏蛋”：普里莫·莱维，《波河上的佛拉第亚沃洛》，发表于《邮报》，1986 年 12 月 14 日。
24 列夫·达维多维奇·托洛茨基（Leon Trotsky，1879 年 10 月 26 日—1940 年 8 月 20 日）：俄国无产阶级革命家、十月革命直接领导人之一。——译者注
25 “犹太种族兵员”：军队档案。
26 “从 1516 年起”：1992 年 6 月 9 日，切萨雷·卡瑟斯告诉作者。
27 “以确定……”：在意大利国家档案馆，“犹太人口普查”（1938 年统计）中可以找到克里斯托费罗·科隆博有关的警方信息。
28 “啊，但我们在意大利……”：1986 年 7 月 10 日，作者从普里莫·莱维口中得知切萨雷的话。
29 “大灾难……”：1982 年 11 月 10 日，普里莫·莱维，《不懈斗争》（*Lotta Continua*）。
30 “同情考虑”：意大利国家档案馆，《有雅利安仆人的犹太人明细表》。
31 詹姆斯·乔伊斯（James Joyce，1882 年 2 月 2 日—1941 年 1 月 13 日）：爱尔兰作家、诗人。——译者注
32 “从来不生气的普里莫·莱维”：参见《记忆之声》，p.145。
33 “我想我们不要见面了”：莱维在《1940—1945 年战争中的意大利和犹太人》（*Gli ebrei e l'Italia durante la guerra* 1940-1945）中接受采访，p.137。
34 “哪怕是短短的一瞬间……”：1993 年 3 月 18 日，瓦娜·拉娃告诉作者。

# 七

# 大学与战争

（1939—1941）

## 1

1939年1月11日，在法西斯颁布种族法案的六个月之后，蓬齐奥教授的一名学生自杀了。没人知道阿戈斯蒂诺·内里（Agostino Neri）为什么会趁没人的时候偷偷溜进实验室，吞下氢氰酸。他不是犹太人。对于那些了解他的人来说，内里是一个脾气温和、喜爱梦想的年轻人。他的父亲是杰出的文学批评家费迪南多·内里（Ferdinando Neri）。于是，《邮报》用大幅标题报道了这次自杀事件。在出事两天后，1月13日，星期五，蓬齐奥教授化学系的全体师生在都灵莫里奈提医院（Molinette Hospital）列队缓缓送别了内里的遗体。普里莫·莱维像其他所有人一样，为内里的死，为这样一个不合逻辑的独特事件，感到深深的不安。

## 2

那一年，都灵的冬天非常寒冷（报纸称气温降到了零摄氏度以下）。在那冰天雪地的几个月中，法西斯官员仍在调查那些所谓的“犹太嫌疑”家庭。那些之前没有意识到自己具有犹太血统的家庭不得不面对这令人苦恼的揭露。玛丽莎·兹尼，莱维小时候的家庭教师，收到了都灵法西斯市长的一纸传票，要求她证明自己的“雅利安”血统[1]（他们发现她母亲在出嫁之前姓“泰拉齐尼”，而这是一个犹太人的姓氏）。曾经教过普里莫艺术史的黛安娜·雷杜西被要求解释为什么她妈妈的名字叫尤金妮亚·莱维（Eugenia Levi）。

在都灵，所有“非雅利安”居民都必须将自己登记为犹太人。而且他们不得不在3月3日前完成登记，否则就会面临牢狱之灾。大规模登记是更新前一年夏季政府普查数据的最快方法。只要领导人的一则“通告”就足够了。每名犹太人会得到一个“犹太档案”号码。莱维家消极地服从了。对于犹太人来说，不得不在城市人口登记簿上确定自己的“贱民”身份是一种耻辱。莱维的叔叔马里奥已经在 1939 年 2 月 7 日为他的家庭办理了“报告”（denunciato）[2]。九天后，距离最后期限仅剩两周时间，莱维的父亲将他的家庭登记在册。在严寒之中，他走向贝列萨的市政办公室，身上携带着自己、妻子、孩子和父母（阿黛尔·塞尼加利亚和米歇尔·莱维，幸亏他们已经去世，不用再见证这耻辱的一幕）的出生证明。

## 3

大约在这段时期，莱维对一位清瘦而严肃的化学系学生产生了兴趣，这种感觉让他呼吸困难。克拉拉·莫斯基诺（Clara Moschino）皮肤白皙、面容清秀，有着吸引莱维的忧郁气质。莫斯基诺与他的世界里那些来自克罗塞塔的中产阶级学生截然不同。她积极上进，头脑聪颖。她说，在发现化学能够让她赚更多的钱之后，她就从数学系转到了化学系。她的继父是一个书籍装订匠，在都灵的犹太教堂附近有一间工坊。她家是贫穷的天主教家庭。莫斯基诺意识到自己正冒着触犯“虔敬主义”罪名的风险与莱维交往。很快，她和莱维之间有了一种不可言喻的“感觉”（正如她的说法）。这是一种羞涩的柏拉图式的爱情（在那个时代，这被称为“相互熟悉”），也是莱维与女性之间形成的多次无性恋爱关系中的第一次。

一旦他克服了自己的羞涩，他那充满活力的行为和辛辣的幽默就让莫斯基诺大吃一惊。她比大多数人更了解莱维，而她认为他没有明显的先天优势，是个“易受伤害”的“忧郁者”。“普里莫在寻找一个肩膀来依靠，而我也许给了他强壮的印象。”[3] 莫斯基诺在实验室里以从不打破玻璃器皿而出名（打破东西是埃玛·维塔-莱维的强项），这让她给人们留下了小心谨慎、恪尽职守的印象。莱维在短篇小说集《元素周期表》（*The Periodic Table*）中为她创造了一个对应的文学形象“丽塔”（“小人物的朋友”）。但在现实之中，她远比“丽塔”更喜爱交际。每逢周末，她和妹妹琪琪（Gigi）就会去波河边跳舞。化学系下课后，莱维会带她去听古典音乐会，然后送她回家。

我们难以揣测爱情上的这些挫折究竟让莱维感到多么难过。反犹法案并不能使他克服他的尴尬感。不过，就算没有种族迫害的负担，大学对于莱维而言也是极为痛苦的一段时期。而且，尽管他还不能明确地理解和表达自己的痛苦，但莱维有时会情绪低落，甚至陷入深深的沮丧。在大学二年级时，莱维告诉阿尔贝托·索莫尼他曾经考虑过自杀。这让索莫尼非常震惊。今天，索莫尼无法想起，莱维说他想自杀时是正处于短暂的绝望情绪之中，还是由于实际上长期低落情绪的积累与爆发。读者也许会注意到莱维从青少年时期就开始的长期抑郁倾向。他告诉索莫尼的话让我们得以一窥他的抑郁情绪的严重程度。而最后正是抑郁杀死了他。

## 4

登山让莱维可以暂时忘却这些烦恼。像许多都灵人一样，他享受着紧张的山地远足所带来的疲劳感（la grande fatica）。在他 19 岁生日时，他的妹妹送给他用于攀岩的一对弹簧钩、三枚岩钉和一把锤子。凭借这些装备，莱维想证明自己与他的迫害者是完全平等的——种族法案已经将他归类为“劣等种族”，而他要证明自己是用更坚韧的材料制成的。现在他有了一位盟友。桑德罗·德尔玛斯特罗（Sandro Delmastro）是一个宛如岩石般结实的男人，有着智慧的黑色眼睛。1939 年，他闪耀着光芒出现在莱维的人生中。德尔玛斯特罗带领他攀上了令人目眩的高度，教他如何忍受体力劳动，以及如何挑战自己的极限。

德尔玛斯特罗出生于 1917 年。当时，莱维 20 岁，而德尔玛斯特罗 22 岁。他是班级里年纪最大的学生之一，有着散漫的个性。懒得梳头的时候，他就会把他那浓密的黑发分向一侧。这给了他一副倔强的外表。他酷爱冒险，不厌其烦地挑战原始的冰崖，热切地攀登兰佐谷（Val di Lanzo）周边高大的群峰。“桑德罗对在夕阳下温柔地散步不感兴趣，”他的未婚妻埃斯特尔·瓦拉布雷加（Ester Valabrega）说：“他是一个野蛮人。”[4] 尤金·拉莫尔（Eugen Lammer）的《青春泉》（*The Fountain of Youth*）是他的圣经。这部献给群山的尼采式圣歌首次出版于 1933 年。它赞美了不使用地图和向导的攀岩运动。每到周五晚上，德尔玛斯特罗就会带着一大块面包和一些洋蓟消失，并在两天后重新出现，而不对任何人说一个字。在“那上面”越疲劳、越饥饿，他就越高兴。德尔玛斯特罗怀着厌恶的心情在满是法西斯党人的意大利高山俱乐部（CAI）注册了，尽管他对于登山的热爱相当符合法西斯对于“阿蒂提精神”（arditismo）的推崇。“阿蒂提精神”是对裸露胸膛的强悍男性的赞美。当他在隆冬时节海拔 3000 米高度的山顶上冷漠地吃着三明治的时候，他的胸膛就暴露在寒风之中，但他从来没有想过这就是法西斯所推崇的行为。

德尔玛斯特罗出生于都灵一个中产阶级的天主教家庭，他的父亲是石匠会长，但他们家的财富来自布匹生意。他们在生意中获利颇丰，从而有足够的钱可以在福斯科洛街的拐角处盖起一栋精致的现代式住宅（现在仍然屹立在那里），也让他们成为都灵城里那些衣着考究的资本家中的一分子。他的未婚妻，埃斯特尔·瓦拉布雷加有一半犹太血统，种族法案让他们无法成婚。德尔玛斯特罗的愤怒战胜了他那天主教的宽恕精神。他告诉莱维，意大利犹太人被迟钝而胆怯的和平主义捆住了手脚。现在是时候去直面未来了。希特勒已经入侵捷克斯洛伐克，并占领了布拉格，正对波兰虎视眈眈。他的下一个目标会是哪里？德尔玛斯特罗不喜欢莱维的天真。在他的影响之下，莱维渐渐摆脱了他的幼稚。德尔玛斯特罗是一头独狼。当危险逼近时，他会像狼一样低声怒吼。

德尔玛斯特罗那特立独行的性格，他的勇敢，他的政治信念都深深地吸引着莱维。他养着一只叫作弗勒希的可卡犬。这狗的名字来自弗吉尼亚·伍尔夫[5]笔下的犬中英雄。弗勒希不仅能靠着一根绳索攀上岩壁，还会跳上德尔玛斯特罗的马桶小便。德尔玛斯特罗喜欢嬉戏和搞怪。他成了大学里的知名人物，因为他让实验室里暴发了一场小小的硝酸洪水，而他的母亲则要面对一张金额巨大的期末账单。阿尔贝托·索莫尼也极为崇拜德尔玛斯特罗。他们曾是中学的校友，但索莫尼有着完全不同的个性，头脑更加混乱，尽管他也同样笨拙，但他在女性面前却颇有魅力。据埃玛·维塔-莱维回忆，这三个朋友结成了一个紧密的小党派，而且“差不多都是厌恶女人的家伙”。德尔玛斯特罗以他那老派的方式，认为大山对于女人过于危险。群山是男人独处的地方。在群山之中，男人可以重新发现他们的精神价值。而在城市里，这种精神价值却被尘垢和烟雾所遮蔽了。用这种浪漫的视角去看，登山不仅是一种运动，更是一种生活方式，而且比法西斯主义的政治私利和正统说教要诚实得多。德尔玛斯特罗写道："在那上面，当一块石头掉下来想要砸中你的时候，至少它会先用它所制造出的噪声来警告你。"[6]

群山的神圣是最重要的。在德尔玛斯特罗的推荐下，莱维开始阅读无畏的英国登山家爱德华·温珀（Edward Whymper）和阿尔弗雷德·马默里（Alfred Mummery）的书。这些书属于意大利的杰出的"冰镐与笔"系列。温珀的《攀登在阿尔卑斯群峰之间》（*Scrambles Amongst the Alps*）似乎让莱维领悟到了这位维多利亚时代登山家的开拓精神，并促使他对都灵附近的多座高山发起了危险的挑战。马默里只在帆布背包里装了一瓶香槟就攀上了皮埃蒙特地区最险峻的高峰。为了向马默里的大香槟酒瓶致敬，莱维也随身带上了一支破旧的铝制保温水瓶。它里面装的可不是香槟，而是蛋黄和牛奶。加上一匙高山上的冰雪，再来上一枚卵石，就成了一份原始却风味独特的"萨白利昂"（意大利特有饮料）。莱维把他的调酒器叫作"蛋小子"（Lo Sbatti-Uovo）[7]。

在把莱维和索莫尼带上危险的高度之前，德尔玛斯特罗在都灵附近的一个岩场训练他们。斯巴卢亚岩场就是一个让人头晕眼花的花岗岩堆，而它的名字来自皮埃蒙特语"sbarüé"，意为"吓坏了"。为了到达那里，三个人乘公共汽车到皮内罗洛（Pinerolo），然后从那里上山到梅拉诺小屋（Melano Shelter）。莱维准备了60米的绳索、鞋底钉和吊索以防坠落。在巴多内基亚的惨败之后，他不想再打无准备之仗。悬挂在绳索之上，与这些男性朋友团结合作，让他有了一种相互依赖的奇特感觉。"从任何意义上来说，我们都紧密团结在一起——一个三人组——而这让我们形成了非常强大的友谊。"[8]索莫尼解释。三个人，一个接一个地慢慢攀上"斯巴卢亚"的峭壁。法国就在塞斯特雷谷对面，距离不到50公里。法国如此之近——在那里，犹太人仍然拥有公民权，这让莱维感觉到了希望。实际上，登山对他而言，成了"自由"的同义词。它是一种形式上的"反法西斯登山运动"（antifascismo alpinistico）。在屏息的沉默之后，德尔玛斯特罗向他的队友们宣布："看看你们周围的风景！"几天后，莱维已经将自己提升为"领攀者"（capocordata）。在接下来的几年中，在雪峰上接受的这些早期训练被证明对莱维而言是极其重要的。因为身体变得越坚强，他就越能忍受即将到来的苦难。“也许，以某种难以理解的方式，我们觉得需要为未来的事件做好准备。”[9]他后来说。在那个时刻，他为征服“斯巴卢亚”而自豪，并在攀登它的过程中变得愈加勇敢。

整个春天，莱维坚持着他那顽强的登山生涯。他身处阿尔卑斯群山的怀抱，沉浸在训练之中。1939 年 4 月 7 日，一个晴朗的星期五，墨索里尼入侵了阿尔巴尼亚。通过这场如橱窗抢劫般的袭击，这位最高领袖再次践踏了神圣不可侵犯的国际法，但后面还有更糟的。5 月 22 日，墨索里尼和希特勒达成了“钢铁条约”。意大利与纳粹德国形成了军事同盟。希特勒与墨索里尼之前所达成的条约同时失效。但这意味着一场全面的欧洲大战一触即发。而且，它规定了当这场战争开始时，意大利有义务帮助德国。

德尔玛斯特罗加强了对莱维和索莫尼的训练。这次他计划横穿海拔 3000 米的达奥斯塔山谷（Valle d’Aosta），再带着他的门徒们穿过冰川进入大天堂山（Gran Paradiso）。当他们从中世纪的森林小镇巴德启程，向闪闪发光的冰川高度进发时，他们都用海豹皮制成的皮带绑住滑雪板，以预防滑雪板滑向后方。他们迷路了，爬错了山，在另一座高峰上饿着肚子，在风中用光了力气。下山的道路是危险的——只要有一个人滑跌，三个人都可能会坠下山去——因此他们在一个突出的悬崖下面的露营地过夜。“我们怎么下山？”[10]莱维问德尔玛斯特罗。“等时机成熟的时候，我们就会考虑下山。我们可能发生的最糟情况是不得不吃熊肉。”一个不安的夜晚就这样过去了，三个人不得不紧紧挤在一起御寒。他们带着三天的胡茬回到了山脚下，明亮的积雪映花了他们的眼睛。为了纪念这次冒险，莱维后来撰写了短篇小说《熊肉》，其中还汇编了他的登山经验。在这篇小说里，他颤抖着躺在德尔玛斯特罗的身边，而这时他的手表却莫明其妙地停止了：“似乎连时间都被冻住了。”

## 5

莱维在理工学院的 10 位老师中，据我们所知只有一位是法西斯的忠实党徒。那就是他的矿物学教授马西莫·费诺利奥（Massimo Fenoglio）。

他是一名自豪的“一战”老兵。头骨里至今还镶嵌着一枚炮弹弹片。多年之后，莱维对费诺利奥的评价是：“我发现他令人厌恶，而且他的授课也愚蠢不堪，我无法专心听课。”[11] 在这个评语之后有着一段不愉快的回忆。1939 年 6 月 30 日，前一天莱维刚刚庆祝了母亲的 44 岁生日，却在这一天的口试中遭受了羞辱。共有三名犹太学生准备接受费诺利奥教授的口试，除了莱维之外，另两位学生是埃玛·维塔-莱维和吉多·邦菲廖利。和平时参加考试时一样，他们和其他 20 多名学生一起按姓名字母顺序排队。当轮到邦菲廖利的时候，费诺利奥告诉他犹太人必须等在队伍的最后面。这是新的规定。维塔-莱维流出了眼泪。而莱维仍然一动不动，默默无语。邦菲廖利开始对费诺利奥大喊大叫，告诉他这个所谓“规定”不过是想以另一种方法侮辱意大利犹太人。教授的脸上满是尴尬的表情，脸色变成了深红色。莱维为种族歧视而气愤，在矿物学考试中发挥失常，在满分 30 分中仅仅得到了 26 分（这对于他而言就是低分了）。半个世纪之后，邦菲廖利承认费诺利奥教授很可能“也为犹太人必须在队尾等待这件事而感到生气。这是对他的职业的侮辱”[12]。

莱维专心学习，以应对大学二年级其他学科的考试。物理学科的复习是在瓦娜·拉娃位于西尔维奥·佩利科街（Via Silvio Pellico）的家中进行的。莱维、拉娃和维塔-莱维常常会复习到很晚。拉娃回忆莱维常常提起要转到物理系。“化学是肤浅的，”他对她说，“它仅限于物质转换的问题，却不会像物理那样探究原子。”[13] 莱维越来越意识到物理，而不是化学，才是他的终身职业。令他失望的是，化学并没有给予他所渴求的破解人生谜团的钥匙：在他看来，化学似乎只是一门充斥着刺鼻气味和爆炸，而且脏兮兮的杂牌科学，哪怕化学以物理永远无法实现的方式满足了他的实践爱好。

## 6

虽然法西斯政府颁布了种族法案，犹太人仍然感到意大利是一个安全的国家。事实上，来自被纳粹占领区的欧洲犹太难民像洪水一样源源不断地涌进这个国家。到达都灵之后，他们常常会在火车站遇到乔治奥·塞格雷（Giorgio Segre）——因同情犹太人而出名的一名医学生。尽管从严格意义上来说塞格雷并不是一名犹太人（他的母亲是一名天主教徒），但他会把身上仅有的钱或犹太食品送给难民。他是虔诚的上帝信徒（要比莱维虔诚得多）。他对于希伯来语的熟悉就能证明这一点。他甚至为希望移民到巴勒斯坦的意大利犹太人编写了一部希伯来语字典。莱维对帮助这些东欧的过客毫无兴趣。事实上，他总是有意和他们保持距离。塞格雷解释："对于大多数已经接受民族同化的犹太人来说，这些衣裳破烂的低贱的犹太难民是令人厌恶的——再没有比犹太人的反犹倾向更具破坏力的了。"[14] 莱维不愿相信他们对纳粹暴行的叙述：皮埃蒙特有他真正的家，而且从他所处的角度来看，事情还没变得那么糟。

但那个漫长的夏日终于走到了1939年8月的最后一天，纳粹当夜对波兰发起了入侵，以及所谓的"虚假战争"——对于莱维而言，这一天将作为一种渐进式的政治觉醒而被牢记在心。在这段时期，圣安塞尔莫街的都灵犹太学校在他的生活中占据了越来越重要的位置。因为一个犹太研修小组在这里每周集会两次，讨论文化和政治问题。这些会议的背后是恩尼奥·阿尔托姆（Ennio Artom）和埃马努埃莱·阿尔托姆（Emanuele Artom）兄弟俩。这对杰出的兄弟不仅将犹太教旨视为一种宗教，也把它当作抗击压迫的道德观和武器。当希特勒挥军波兰，欧洲岌岌可危之时，犹太文化为即将面对战争的人类指出了一条更文明的道路，而且很快就要面临纳粹大屠杀的考验。

难以想象20世纪30年代末的都灵已经成了怎样一片文化荒原。这座城市那短命的反法西斯杂志《自由的革命》的充满灵感的编辑皮耶罗·科贝蒂，在30年前就去世了。大多数反对党也同他一起销声匿迹。"公平与自由"组织已经缄默不语。整个都灵都处于法西斯那无趣的"体面"而"得体"的控制之下。在这种文化真空之中，阿尔托姆兄弟来了，于是在接下来的两年中，莱维按时参加他们的研讨会，急切地从中学习。对莱维而言，正像对于大多数意大利犹太人一样，种族法案已经激起了他们对犹太文化空前的兴趣。因此他研读了《律法书》《摩西五经》和《犹太法典》。成人礼之后，他就再没有读过这些圣贤之书。而现在，他要从这些经书中找到犹太民族是一个热爱和平、虔诚敬礼、高尚守礼的民族的象征。《圣经·旧约》对于20世纪30

年代的欧洲犹太人来说有着相当重要的象征意义。即使不用直截了当的对比，人们也容易发现墨索里尼和想要杀死所有犹太人的哈曼王之间的相似之处。恩尼奥·阿尔托姆，两兄弟中更年轻也更有天赋的一个，在莱维的学校中因他有名的四角短裤而被人称为“短裤斗士”。莱维将他视为托马斯·曼的《魔山》（*Magic Mountain*）中的耶稣会教士里奥·纳夫塔（Leo Naphta）：就像纳夫塔一样，恩尼奥总是不知疲倦地在寻求良知（“身为犹太人意味着什么呢？”）并与朋友们探讨他那高深的文化命题。而埃马努埃莱是一个 24 岁的文弱青年，有着恬静、虔诚的风度举止。他能看到墨索里尼已经通过司法系统建立了一个无形的犹太人隔离区。而意大利犹太人早已身陷其中。

除了这个研讨小组之外，位于萨基街（Via Sacchi）58 号的阿尔托姆家也为城里许多不安分的灵魂和自由思想家们提供了一个教育的环境。尽管他们并不是犹太人，齐诺·兹尼、翁贝托·科兹摩，以及其他“科贝蒂式”的知识分子都是这家的常客。他们将墨索里尼的种族迫害与旧有的反动力量联系在一起——在历史上，正是这些反动力量对抗着意大利统一运动，镇压着 1861 年建国的意大利王国所基于的自由精神。莱维经常拜访萨基街 58 号，也经常去阿尔托姆家位于库马约尔（Courmayeur）的勃朗峰（Mont Blanc）脚下的乡村别墅。克罗塞塔的知识分子们和意大利复兴运动成员在这里一起探讨文学、科学以及时事要闻。经常来这里的人中还有利维奥·诺尔兹（Livio Norzi）。莱维第一次遇到诺尔兹是在 1935 年。他是一个清瘦而聪颖的小伙子，反应极快，并且同样热爱登山。“你就是普里莫·莱维？久仰。”[15] 诺尔兹问。而莱维早已伸出手：“你就是利维奥·诺尔兹？久仰大名。”在克罗塞塔那个紧密的犹太人圈子里，每个人都听说过彼此。莱维与阿尔托姆兄弟私交甚密。1939 年，阿尔托姆家搬到了莱维家附近的翁贝托国王大街 36 号。

兄弟俩的父亲，埃米利奥·阿尔托姆，是一名数学家，一位犹太拉比的儿子。他是意大利极少数敢于宣布退出法西斯党的大学教授之一。只有拥有过人的勇气才敢如此公然抵制法西斯党的执政。莱维并非自发地产生抵抗精神，在 1938 年的种族法案之前，他一直顺其自然地接受法西斯主义，但现在他改变了。犹太学校的阿尔托姆集会受到了一名法西斯警察的监视。但集会上那些高深的讨论很快就让这名警察备感无聊，在教室的后面呼呼大睡，嘴里还叼着一根烟斗。多年之后，莱维称阿尔托姆集会对于当时在都灵刚刚萌芽的抵抗运动是极为重要的。在那个法西斯重重镇压的年代，哪怕一点点不同的声音都是至关重要的。而在当时，这是都灵唯一允许集会的反政府组织。

任何适当的犹太话题都可以在集会上进行讨论。1939 年 7 月，莱维 20 岁生日前两周的时候，阿尔托姆小组要求莱维上交一篇关于“近十年的反犹主义已经进入了一个低谷”[16] 的论文。他极其认真地准备了这篇论文，与他的妹妹一起逐条讨论其中的论点。其后，他在犹太学校的图书馆宣读了他的论文。屋里挤满了听众。许多人都不是犹太人（他们认为重要的是让那些非犹太人看到犹太文化中充满了自由、高尚和公正的元素）。当莱维开始高声朗读时，听众们变得鸦雀无声。但他那断断续续的朗读让他备感紧张和尴尬。这并不是一次出色的讲演，并且让莱维的自尊心大受打击。他发誓以后再也不当众演讲。而在此后的 16 年里，他遵守了自己的诺言。

## 7

1939 年 9 月 1 日，德国军队入侵波兰。两天后，英法向希特勒宣战。由于牵涉盟友德国，意大利不可能保持“中立”的状态，但它暂时不会参战。在德国入侵的前 55 天里，据估计在波兰战线后有 5000 名犹太人遭到杀害。就像某种瘟疫的公告似的，莱维一家慢慢地开始感受到大屠杀的恐惧。意大利报纸开始用只言片语含糊其辞地报道犹太人如何被“转移”（übertragen）到特定的“区域”。同时，波兰犹太人陆续抵达都灵，讲述他们的亲戚朋友如何从他们的家中和藏身地被纳粹抓走。在这段时期，莱维就像大多数意大利犹太人一样，不确定该相信些什么。这是一个充斥着政治谣言的时代。人们无法判断发生在波兰的可怕事件的真实性。

在 1939 年的犹太新年，9 月 14 日，星期四，莱维家和卢扎蒂家像往年一样团聚在一起举办家宴。但未来是黯淡的。当全家人将蜂蜜滴在面包和苹果上以祝福新年时，第二次世界大战爆发了。如果墨索里尼决定同希特勒在波兰并肩作战，那么莱维一家会变成什么样子呢？斯大林统治下的苏联，现在正投机般与希特勒的德国联手。在苏联的犹太人同样不安全。在 1919 年发动匈牙利革命的库恩·贝拉，就是被共产国际革职并处决的。

在都灵的犹太家庭开始让他们的孩子为将来的变故做好准备。一些人带孩子去学习拳击。他们的拳击教练是来自美国的基德·安德森（Kid Anderson）。他有着花椰菜般的耳朵和一个被打断的鼻子。他在煤气厂附近开办了一个健身馆，专门教授拳击。还有一些人带孩子去学英语。英语是同盟国的语言，而莱维在学校里没有学过这种语言。现在希特勒让日耳曼人主宰波兰的目标实际上已经实现了。莱维不知道战争结束时他们会在哪里——也许会在英国。

家里给莱维找了一位英语老师，格拉迪斯·梅尔罗斯（Gladys Melrose）。她是一位出生于1901年的伦敦人，母亲是一位音乐剧演员，父亲是驻印度英军的一位中士。她有着猫一般的绿眼睛，并且极为威严。在欧洲大战前的几个月中，格拉迪斯对莱维形成了十分重要的影响。数名杰出的女教师——伊米莉亚·格劳德、玛丽莎·兹尼、安娜·博尔戈尼奥、阿齐莉娅·阿里希，还有格拉迪斯·梅尔罗斯——她们在智力上塑造了莱维。格拉迪斯有三个孩子要供养，还有一个意大利酒鬼丈夫。她最小的孩子是意大利影星玛琳娜·伯蒂（Marina Berti），她和罗伯特·泰勒（Robert Taylor）一起出演了电影《暴君焚城录》（*Quo Vadis*）。梅尔罗斯没能拥有一个幸福的家庭。1936年之前，格拉迪斯和丈夫安心地生活在伦敦。但随着墨索里尼入侵埃塞俄比亚，英国对意大利施加了严厉的制裁，以惩罚它对非洲的侵略。伦敦街头的小混混们会对意大利人和英裔意大利人喊“意大利佬”。后来，英国将一些意大利侨民送进了马恩岛（Isle of Man）、加拿大或澳大利亚的中转营。格拉迪斯和她的家人逃到了都灵。她在都灵的贝立兹语言学校教书。生活很拮据。人们经常看到她趁鱼店快要关门的时候去买一些便宜的鱼。莱维喜欢叫她“打鼾的格拉迪斯”[17]，因为她看起总是无精打采的样子。虽然有着糟糕的生活环境，只能靠着少量的津贴过日子，但格拉迪斯仍然保持着爱德华时代的分寸感。

尽管她不是犹太人，但她的大多数学生来自阿尔托姆的圈子。她鼓励莱维去读她最喜欢的英国作家的著作，并引领他去阅读阿道斯·赫胥黎的书。在她眼中，赫胥黎在二十世纪二三十年代所创作的小说正是法西斯谎言与混乱的解毒剂。赫胥黎比所有的独裁者都更了解隐性劝喻的威力和大众宣传的技术。而且，他那在显微镜下剖析人性的习惯——他的人类学剖析——正对了莱维那爱好科学的胃口，并在后来对莱维的著作《这是不是个人》造成了巨大的影响。格拉迪斯于20世纪80年代去世，她几乎见证了莱维的整个文学生涯。

1939年11月，纳粹征服了波兰——沦陷的华沙城中的犹太人已经面临饥馑——而意大利犹太人的地位也趋于恶化。在妄想症发作时，都灵的法西斯党徒甚至开始调查自己的党员。10月6日，法西斯党徒要求阿道斯·赫胥黎未来的岳父，菲利斯·阿彻拉（Felice Archera，他家曾经是莱维家的邻居）交出"族谱明细"。多年以来，阿彻拉先生一直像一个"雅利安人"一样生活在克罗塞塔。在极少数的场合，他出示过他的户籍文件（比如，在他工作的都灵证券交易所），但没有人注意到他母亲的姓名。但他的母亲叫琳娜·塞格雷，而塞格雷是一个犹太姓氏。对于阿彻拉的调查是非常随意的。一篇公告中列出的家庭地址是温扎格里奥街（Corso Vinzaglio）71号，在另一篇公告上则是阿布鲁兹公爵街（Corso Duca degli Abruzzi）71号。（实际上，阿彻拉家已经搬到了阿布鲁兹公爵街31号。）在纳粹德国，反犹官僚体系是"守时"（pünktlich）而"高效"（akkurat）的，人们无法想象这样的马马虎虎。等到菲利斯·阿彻拉的名字出现在法西斯政府的"无须考虑是否属于犹太种族"[18]名单上的时候，他的女儿劳拉已经逃到了美国，成了洛杉矶交响乐团的小提琴手，后来嫁给了阿道斯·赫胥黎。

现在意大利人收到了小心空袭的警告，同时收到了防毒面具和灯火管制材料。都灵仍然毫无战争迹象，这则警告似乎有些荒谬。"虚假战争"已经进行了几个月，都灵却什么都没有发生，人们仍旧继续着各自的日常生活。但是，当1939年11月9日都灵市政厅开始为空袭做准备时，对莱维和他的家人而言，不得不"与炸弹相伴"的未来成了可怕的现实。在前一天，莱维还在参加制药化学的考试。市政厅订购了尸体袋、棺材、成桶的灭火沙、备用发电机和饮用水净化装置，都灵为迎接如H.G.威尔斯[19]笔下的末日大决战而做着准备。自行车灯必须刷成蓝色，从而在夜空中更难以发现。路灯，甚至墓地的蜡烛都被命令熄灭。在第一次灯火管制演习中，天空的颜色呈现出不真实的深蓝色。同时，在翁贝托国王大街 75 号，守门人把沙袋和一桶桶饮用水搬进地下室。莱维就快要从冷漠的旁观者变成这场欧洲大战中的主要人物了。

## 8

在多洛米堤山区（Dolomites），那座横跨意大利和奥地利边境的山脉中，莱维在雪中度过了 1940 年的新年。一个青年犹太复国组织提供了价格优惠的冬令营度假，地点在马尔莫拉达山（Marmolada）的山脚下，而莱维很想参加。犹太人被禁止参加法西斯的青年运动。于是他们有机会结交其他受到迫害的意大利人。在宗教上，莱维对犹太复国主义并不感兴趣。在很多方面，犹太复国主义是一种自觉世俗化的运动。早期的犹太复国主义分子以喜欢在野餐时吃火腿三明治而闻名，可见他们对于犹太教旨的漠视。只有在极端情况下，莱维才会考虑放弃都灵而搬去巴勒斯坦。尽管受到种族迫害，但他已经深深地融入了意大利社会，并不想生活在中东的沙丘和棕榈树之间。而在理性上，犹太复国主义深深地吸引着莱维。而他对这个运动的参与程度之深要远远超过他在晚年所承认的。很可能是按照格拉迪斯·梅尔罗斯的建议，他翻译了英国政府颇受争议的 1939 年白皮书。犹太复国主义分子把它称为“黑皮书”，因为它严格限制了每年进入巴勒斯坦的犹太移民的数量。

在犹太学校，莱维也参与了对犹太复国主义思想家西奥多·赫茨尔（Theodor Herzl）的讨论。赫茨尔原本是一个匈牙利人，他在 1896 年出版了新书《犹太国》（*The Jewish State*），从而建立了犹太复国运动的基础。赫茨尔说，犹太人不仅是一个宗教群体，也是一群等待重生的国民。在都灵定居的一些外国犹太复国主义者充满激情地讨论了赫茨尔在英属巴勒斯坦建立犹太国家的梦想。莱维的妹妹记得其中一个人很特别——马克斯·瓦拉迪（Max Varady）。他是一名年轻的匈牙利报纸编辑，来到都灵犹太学校避难。他逃过了盖世太保的追捕，也逃过了越来越多支持希特勒的匈牙利人。他把巴勒斯坦看作犹太人唯一的希望。据安娜·玛丽亚回忆，瓦拉迪将犹太复国主义勾画成一幅相当浪漫的场景，那是一种天真的耕种式的社会主义。但人们无法说服莱维一家离开都灵：我们是 95% 的意大利人，莱维一家说，只有 5% 是犹太人。

从都灵乘火车用 6 个小时就能到达多洛米堤山区。与莱维同行的，大都是阿尔托姆小组中的熟人，但也有一张陌生的面孔。尤金尼奥 · 真蒂利（Eugenio Gentili）是一个非常迷人的男人，一个喜爱欢笑、好脾气的建筑系大学生。正是通过真蒂利，莱维第一次了解了对法西斯的抗争，知道了其他政党的存在，尤其是社会主义党和共产党。真蒂利出生于 1916 年，比莱维年长三岁，比莱维更精于世故，也具有远超过莱维的政治成熟性。通过他过去的历史老师，皮耶罗 · 欧佩蒂（Piero Operti），他在都灵结识了老一辈反法西斯斗士。欧佩蒂是名"一战"伤残老兵。他的言谈中有着荡涤纳粹主义邪恶的正义。莱维在学校里从来没有见过这些持异见人士。法西斯政府的淫威吓住了他的老师们。尽管真蒂利也是一名犹太人，但他的社交圈子要比莱维广阔得多。他的朋友包括传奇性的反法西斯学生伦佐 · 朱亚（Renzo Giua）。朱亚曾在西班牙内战中为共和国而战，并在 1938 年被杀害。

从马尔莫拉达山下的菲达利亚小屋（Fedaia Shelter）出发，在 10 天假期里，这些犹太复国主义者在那些冰雪覆盖的群峰上滑雪和远足。大多数人心里都清楚一场全面战争已经迫在眉睫。但几乎每个人，哪怕是马尔莫拉达山下最悲惨的难民们，也假装充满希望。他们高唱犹太复国主义的颂歌《希望之歌》（*Hattikvà*），旋转着身子跳起了塔朗泰拉舞。在回到都灵之前，莱维坐在一辆马拉雪橇上前往马尔莫拉达山的冰川。当阳光照耀着上阿迪杰地区（Alto Adige）时，满山的冷杉仿佛飘浮在云雾之间。人们都同意这就像是《魔山》中的情景。这本书后来在克罗塞塔的犹太人中间风靡一时。

## 9

1940 年 4 月 9 日，希特勒占领了丹麦，以及挪威的主要港口。一个月后，5 月 10 日，对低地国家的侵略开始了。在短短几周之内，德国军队就占领了荷兰和比利时，迫使英国进行了敦刻尔克大撤退。之后，德国人进军法国。皮埃蒙特地区犹太人最后的退路被切断了。希特勒在法国的成功让墨索里尼大吃一惊。这位意大利的独裁者相信他必须马上加入战争，抢在德国取得战争的最终胜利之前，因为最高领袖也想分得一点战利品。

在埃丝特尔·莱维45岁生日的两周之前，不可避免的事情终于发生了。1940年6月10日傍晚6点，在希特勒的压力之下，墨索里尼向英法宣战。无线电波把最高领袖的演讲传送到全国，也送进了莱维家在都灵附近的兰佐租用的度假小屋。“意大利的人民，武装起来，展现你们的坚韧、你们的胆量、你们的勇猛！”墨索里尼在罗马的阳台上嘶声呐喊着，用力拍打着自己的额头。全家人决定立刻离开兰佐去都灵寻找亲戚朋友。普里莫没有等待回家的下一列火车，而是一路骑车回到了翁贝托国王大街75号。骑着自行车冲下山坡，他感到“地球马上就要坠落了”[20]。距离墨索里尼宣战还不到一周的时间，纳粹军队已经开进了香榭丽舍街。为了表示与元首团结一致，墨索里尼命令所有犹太式的意大利街名都要更改。都灵的切萨雷·龙勃罗梭街变成了雷吉纳尔多·朱利亚尼神父街（Via Padre Reginaldo Giuliani）。雷吉纳尔多·朱利亚尼到底是谁？没有人知道，但他不是犹太人。

莱维家唯一的希望是这场战争真的能像墨索里尼所承诺的那样短暂。“我们终将获胜！”《邮报》鼓吹着。英国空袭立刻开始了：6月12日凌晨，就在墨索里尼发表战争狂言的两天之后，莱维被空袭警报声惊醒了。对都灵的轰炸持续了两个小时，直到清晨3点30分才结束。等到汽笛发出解除警报的哀叹时，皮埃蒙特之都已经遭到了30枚炸弹的袭击。在普廖卡街（Via Priocca）有14人在空袭中丧生，还有许多人受伤。第二天，莱维参加了工业化学的考试。在早晨去往学院的路上，他看到了残垣断壁和露宿街头、无家可归的家庭：到处是碎石瓦砾，人们满心恐惧。

在整个夏天，轰炸持续着。空袭警报声像烟尘般滚过城市。莱维的父亲已经因癌症而卧床不起，躲避空袭的时候不得不把他留在楼上，因为他太重而无法被抬下地下室的楼梯。全家人只希望炸弹不要击中翁贝托国王大街75号。在轰炸的间歇，安娜·玛丽亚回忆，她会和哥哥溜到附近的地下室去找犹太朋友们。在不通风的地下室里，乙炔灯的光芒营造了亲切的氛围。莱维和妹妹难以隐藏他们在轰炸中的欣喜：炸弹越大，意大利犹太人就越快从墨索里尼和希特勒的统治中被解放出来。克罗塞塔的每个地下室里都有一个楼长负责监视，并随时报告反法西斯活动的情况。这些楼长的权力足以让一个人的生活变成一场悲剧，因此莱维一家在交谈时不得不万分小心。

随着空袭的继续，留在城里变得越来越危险。7 月 13 日，莱维妹妹为之工作的艺术工作室被炸弹直接击中了。她却并没有被吓倒，而是继续经常去位于丰达勒斯广场（Piazza Fontanesi）的工作室。在种族法案颁布之前，人们只把雕塑看作中产阶级犹太女孩的一种无聊消遣，但种族迫害迫使她们不得不在其他领域寻找就业机会。安娜·玛丽亚是为犹太雕塑家罗伯托·泰拉齐尼（Roberto Terracini）工作的四名助手之一。这位雕塑家被称为“悲伤和死亡”的艺术大师，却因为是一名犹太人，而被禁止在意大利展出他的作品（今天，在意大利的大多数市政公墓和纪念堂都会有一座泰拉齐尼的雕塑作品：在维罗那，他雕刻的切萨雷·龙勃罗梭仍然伫立在那里）。在莱维的妹妹认识他时，他是一位 40 岁的羞涩男子。普里莫未来的妻子露西娅·莫尔普戈也是他的助手。安娜·玛丽亚回忆，露西娅在工作室里绝对“技惊四座”，是一位“极优秀的”[21] 雕塑家。附近的一处吉卜赛露营地为这些女孩提供马匹作为她们的模特。关于莱维这时候是否认识露西娅还有一些争议。但他的表妹清楚地记得他们曾经见过一面。人们只能猜测他当时是否被露西娅所吸引。她是一位优雅的女孩，似乎与泰拉齐尼关于柔弱女性的传统理想相符。

为了逃避夏天的空袭，莱维和阿尔贝托·索莫尼一起踏上了 800 公里的骑行之旅。他们的目标是到达斯洛文尼亚的波斯杜米娅小镇［Postumia，今天的波斯托伊纳镇（Postojna）］，并沿途游览意大利的大小湖泊。这对好友在清晨四点带着露营用品离开了都灵，挂在他们车把上的平底锅咣当作响。阿尔贝托骑行了两个小时后才发现自己的锅已经掉了。他们骑行穿过布雷西亚（Brescia），法国那冰雪覆盖的阿尔卑斯群峰在他们身后闪闪发光。他们向着东北方向，来到了赌镇马焦雷（Maggiore），还有它那湖边的茶室，再北上去往科尔蒂纳丹佩佐（Cortina d'Ampezzo）的多洛米堤山区度假胜地。阿尔贝托的女友和她的姑妈在那里度假。于是这两个小伙子停下脚步去看望她们。比安卡·乔德蒂·塞拉（Bianca Guidetti Serra）是一位精力充沛、兴致勃勃的见习律师，也是一个“堕落”的天主教徒。在1938年种族法案之后，她对阿尔贝托的爱更深了。在那之前，她原本并不关心墨索里尼的政策，但种族迫害让她看清了法西斯主义的专制面孔。而比安卡的选择已经很清楚了：她要反抗。

到1940年，比安卡已经不再隐藏她对法西斯主义的厌恶。在法西斯的众多禁令中，她最反对的是用伪古罗马单词“voi”作为一种尊称来替代“lei”（你）。都灵的法西斯店员们在公告里通知他们的顾客：“本店仅使用尊称‘voi’。”还有许多荒谬的禁令，比如法西斯主义禁止女人穿裤子，因为穿裤子被认为不够女性化。比安卡仍然喜欢穿短裤。（“如果这就是法西斯主义，”她想，“那就让他们自己留着吧。”）她将成为莱维一生的挚友。“比安卡是一位优秀的女性。”他告诉我。比安卡所欣赏的，是莱维那富于感染力的好奇心，以及他那渴望将自己对于世界的了解与他人分享的热情。“普里莫有着观察的天赋，以及对于这个世界几近虔诚的探究热情。”[22]那个夏天在科尔蒂纳丹佩佐，他们谈了很多，最主要的是希望终结轴心国协约，或者至少是墨索里尼的倒台。墨索里尼那广泛的群众支持已经显露出第一丝裂痕。西班牙内战本该给法西斯党带来荣耀，但这场原本期待速胜的战争却被拖进了旷日持久的泥潭。

等到莱维和索莫尼在8月初到达波斯杜米娅镇时，普里莫已经度过了他的21岁生日。在他们离开都灵的这段时间里，发生了一场不幸的事件。7月29日，恩尼奥·阿尔托姆在库马约尔登山时不慎跌下山涧而殒命。年仅20岁的阿尔托姆，是莱维一生中因登山而失去的多位好友中的第一个。当年年初，当纳粹标志刚刚在都灵大学中盛行的时候，恩尼奥激愤地向他们大喊：“我们是在意大利，不是在德国！”[23]

## 10

到了1940年11月，当莱维在大学里完成他的第四个也是最后一个学年的学业时，墨索里尼正在将意大利引向毁灭。1940 年 10 月，最高领袖错误地入侵希腊，原本宣称是“一场轻松的行军”，却以意大利军队横跨伊庇鲁斯山脉（Epirus）的溃败收场。这位独裁者不仅在希腊遭受挫折，他在北非的境遇甚至更加悲惨。英国沙漠部队在图卜鲁格（Tobruk）和班加西（Benghazi）附近重创了意大利军队，从而对意大利的国家士气也造成了沉重一击。同时，随着英国持续的空袭，都灵的夜空中充满了轰炸机马达的轰鸣声。化学学院一楼的窗户已经被挡上了沙袋。无家可归的人们为了取暖而睡在空荡荡的教室里。每个月，人们都要靠配给券来领取生活必需品。到处张贴着越来越歇斯底里的法西斯口号。为了养活战争中的人们，瓦伦蒂诺公园里种上了玉米和土豆。法西斯党徒残忍地禁止给犹太人发放配给券。犹太人不得不以各种东西充饥。阿尔贝托·索莫尼试图让他的母亲相信一只老鼠是可以食用的豚鼠。“它吃起来味道不错。”[24] 他低叹着回忆。

同时，在化学学院，莱维正忙于众多研究项目。在大学二年级时，他发现了拉脱维亚裔化学家保罗·瓦尔登（Paul Walden）的著作，以及他在 1892 年所创立的理论“瓦尔登转化”（Walden’s Inversion）——依据此理论可以立体地观察一个分子。瓦尔登已经彻底改变了经典的有机化学，并且在 1939 年仍然在世，其时莱维正将他的“转化理论”应用在肥皂的分子（准确地说，不饱和油脂分子）上以作为他大学二年级的学位课程的一部分。实验是在物理学院那间冰冷的实验室里进行的。学生们都把这间实验室叫作“西伯利亚”。那几天，莱维的工作台上充满了白色的肥皂泡沫。“我们或许可以用它刮胡子。”[25] 和莱维一起实验的物理系学生吉多·邦菲廖利回忆道。对于瓦尔登理论的探究让莱维进一步坚信物理才是最纯粹、更高尚的科学。这个拉脱维亚人已经侵入了物理的领域。后来人们将其称之为量子化学——化学的终点，也是物理的起点。

莱维选择“瓦尔登转化”作为他的主要毕业论文的主题。对于一个化学系学生来说，这是一个非常罕见的选择。这也足以说明莱维那热爱冒险和探究的性格。在他的毕业论文中，他提出瓦尔登应当属于这个时代的科学思想家之一。因为瓦尔登已经证明了化学中最常见的非对称形式是碳原子。由此可以推论生物世界中的一切都是非对称的，因为碳是构成生命的基本元素。半个世纪之后，在他于 1984 年撰写的文章《不对称与生命》（*Asymmetry and Life*）中，莱维再一次回顾了年轻时的论文主题，并质问为什么在生命中所有关键的单细胞元素（DNA、蛋白质、纤维素）都是非对称的。这篇文章清楚地阐明了他的观点，将生物学诸多问题归结为一个非对称问题。

但现在莱维面临着他的学术生涯中一个新的进退两难的困境。虽然法西斯种族法案允许他完成他的学术课程，却不允许他在学术的道路上继续深造。他想成为一名“大学助教”（interno），就像所有最优秀的学生一样，但这需要其他人的帮助。如果说有人有权力帮助他越过法西斯禁令并成为一名助教的话，那么就只有蓬齐奥教授了。莱维相信蓬齐奥教授会支持他的请求，因为他是一名“臭名昭著的反法西斯分子”[26]。但莱维错了。蓬齐奥教授不敢表现出对于犹太人的偏袒，拒绝让莱维成为一名助教。但莱维并不是在化学学院的“大酋长”（gran capo）那唯一受到冷遇的犹太学生。蓬齐奥也拒绝了埃玛·维塔-莱维的助教申请。“对我而言，这清楚地说明了他并不是一位伟大的反法西斯斗士，哪怕他希望给我们这样的印象。1941 年，蓬齐奥正在他事业的顶峰，选择一个犹太学生担任助教并不会让他有任何损失。”[27]显然，蓬齐奥并没有阿尔托姆教授那样的持异见的勇气。有两次，1926 年和 1931 年，他曾发誓效忠于法西斯政府。他也出席了在纳粹德国召开的化学会议，包括在法兰克福（Frankfurt）举办的“高等文化周”[28]（其间他一定为他的犹太同事的缺席而感到奇怪）。在莱维所尝试做的解释中，蓬齐奥是一个有着反法西斯表象的所谓“自由主义者”。但莱维总是原谅那些给予他良好教育的人。他也给予阿齐莉娅·阿里希同样的宽容。

失望的莱维试着敲开其他的门。蓬齐奥的副手吉多·塔皮同样拒绝了他。（塔皮是一个胆怯的顺从者。）但另一位导师并没有这样的恐惧。尼科伦·达拉波塔博士（Dr. Nicolò Dallaporta）是一位平易近人的高大而苍白的天体物理学家。他 1910 年出生于的里雅斯特市（这座城市后来成为意大利的港口），曾经在都灵实验物理学院工作过四年。的里雅斯特，作为中欧的一座城市，生活着意大利人、斯洛文尼亚人、克罗地亚人、希腊人、塞尔维亚人以及其他少数民族。这种多民族融合的氛围让达拉波塔博士成为一个世界主义者，一个宽容大度的人。博学多才（在理工学院里只有他读过乔伊斯的原版的《尤利西斯》），他为莱维提供了一个与众不同的榜样。他坚定地相信个人的自由，他既不是法西斯党徒，也不是共产主义者。达拉波塔反对任何狭隘的民族主义。他漠视将教授和学生隔离开来的传统，而喜欢邀请学生一起享用茶点。而他的妻子加布里埃拉·梅林（Gabriella Merlin）则会用小型钢琴演奏科尔·波特[29]的旋律。他有着别致的英俊外表。他名字中的“尼科”（正如莱维对他的称呼）来自他那希腊血统的母亲。事实上，他的全名是尼科伦·卢恰诺·达拉波塔-埃克西迪亚斯（Nicolò Luciano Dallaporta-Xydias）。也许因为他本身也是一个少数民族（希腊血统的的里雅斯特人），让他对犹太人莱维感同身受。所以他毫不犹豫地将莱维委任为他的助教，哪怕这样做会对他的职业生涯带来巨大的风险。“哪怕普里莫是犹太人或印度教徒，我也不能轻看他，我很高兴有这样第一流的学生。”[30]他用他那古旧的英语告诉我。

我在1993年9月见到了达拉波塔。他已经83岁高龄，而40年代初，一场肾结核差一点要了他的命。我们在帕多瓦（Padua）见面。退休后，他生活在这里。他将毕生的时间用于探究物理世界的奥秘。这让他带有一丝神秘的气质。尼科是第一批研究大爆炸理论的意大利物理学家之一，曾经兴奋地向莱维介绍过阿尔法粒子的碰撞以及太阳能量的产生。“我也试着向普里莫解释过我如何调和天主教教义和印度教教义——但我想普里莫认为这些都是完全没有意义的！”［达拉波塔为他的宗教理论找到了一名更好的听众——伊格纳奇奥·德·保利尼教授（Ignazio De Paolini），一位情绪不稳定的分析化学的顶级研究者——大多数时候，他都陷入与宗教问题的斗争之中。在“二战”之后不久，保利尼教授就去世了，显然，他死于自杀。而这令莱维深感震惊。］尽管他们在宗教问题上有着分歧，但莱维不仅钦佩和尊敬达拉波塔教授，而且在一生中都与他保持着联系。登山也成了他们之间的纽带，因为达拉波塔那无畏的兄弟斯皮罗·埃克西迪亚斯喜爱攀岩，并撰写了多部关于登山的书籍。

那年夏天，都灵实验物理学院的达拉波塔教授共聘用了两名犹太助教，另一名是吉多·邦菲廖利。五年前，莱维曾经和他一起在废弃的体育馆里练习过准奥运项目。达拉波塔要求他们去评估挪威科学家拉斯·翁萨格（Lars Onsager）近期所做出的关于静电能量的研究。他们可以把他们的收获记录下来。由于除主要的毕业论文之外，学生们还需要上交两篇小论文，所以他们可以把这篇论文作为其中之一交上去。莱维围绕翁萨格的研究撰写了一篇极有见地的论文，受到了达拉波塔的好评。出于一些原因（只有在纳粹的集中营中，这些原因才会变得显而易见），翁萨格才是莱维“真正的研究课题”，而不是“瓦尔登转化”。在达拉波塔的带动之下，助教兼实习生莱维和邦菲廖利讨论了艰深的相对论以及其他物理前沿问题。达拉波塔的那些天体物理学的抽象概念，正如它们曾经激起莱维的求知欲一样，最终激怒了他。在后来他那低迷的岁月里，他才对达拉波塔的黑洞以及其他前沿物理概念感兴趣。而在当时，他的导师坚信这个世界最终将趋于神秘并超出我们的理解能力；面对达拉波塔的信仰，莱维退缩了。

尽管如此，莱维从达拉波塔的反法西斯主义的勇气中汲取了力量。在这位物理学家位于彼得罗·朱丽娅街（Via Pietro Giulia）的狭小实验室中有一台极为灵敏的无线电接收装置——外差式接收机。在 1940 年，达拉波塔用这台外差式接收机收听英国战地广播的新闻。伦敦电台宣布多架德国战机被击落——哈罗德·史蒂文斯（Harold Stevens）上校字正腔圆地用意大利语宣读了这则新闻，并在 1940 年 1 月在意大利进行了非法广播。莱维和达拉波塔一起收听了这则新闻，但他不得不小心提防物理系主任乔瓦尼·贾科萨（Giovanni Giacosa）。这位官员总是装作在走廊浇花，却支起耳朵偷听实验室里的动静。

## 11

期末考试随着夏天一起到来了。当他忙着完成毕业论文之时，学业压力骤然加大。除了对拉斯·翁萨格的研究之外，莱维还要准备另一篇小论文，《电子射线》，由马里奥·米洛恩（Mario Milone）教授负责指导。这位教授曾经在剑桥大学向威廉·布拉格（William Bragg）爵士学习过 X 射线。也许是《魔山》激发了莱维对这个课题的兴趣，因为这本书详细描述了治疗肺痨的 X 射线和放疗诊室。

1941 年 6 月 12 日，星期四，法西斯纪元的第 19 年，莱维参加了大学毕业考试。11 位教授作为考官对莱维进行了口试。考试内容涉及莱维的三篇毕业论文（瓦尔登、翁萨格、X 射线）以及他作为一名化学系学生在大学四年中所学习的知识。每位考官都身着法西斯黑色制服，以纪念一年前（1940 年 6 月 12 日）同盟国军队对都灵的首次轰炸。在莱维对面，坐着都灵理工学院的院长，阿尔西斯特（Alceste）教授，一位傲慢而威严的大人物。面孔如粉笔般苍白，胡髯纷乱的伊格纳奇奥·德·保利尼教授向莱维提出关于分析化学的问题。一位考官的一时兴起，就能够成就或毁灭一位犹太考生，但这些考官并没有刁难莱维，而是大大地表彰了他。

普里莫·马歇尔·莱维（“犹太人，入学编号 808”）获得了一级荣誉学位及表彰：成绩优异。11 位考官全都大方地把手中的 10 票投给了他：110 票，满分，还有表彰。吉亚科莫·蓬齐奥教授作为学院院长在化学学院工作的 25 年中，仅仅授予过两名学生一级荣誉学位，其中之一就是莱维。现在莱维成了一名博士，这个令人羡慕的头衔原本只有那些获得学位的意大利人才能获得。但他不能进入化学学院，因为法西斯禁止犹太人拥有这样的职业前景。普里莫·莱维博士不得不面对校园外更加广阔的世界。

## 注释

1 “‘雅利安’血统”：意大利国家档案馆中玛丽莎·兹尼的个人档案，《种族调查》卷宗。黛安娜·雷杜西的档案也在国家档案馆（档案柜编号：37）。

2 “报告”：在意大利国家档案馆可以找到马里奥·莱维发表“报告”的记录（档案柜编号：34）。切萨雷·莱维的档案也是一样。

3 “普里莫在寻找一个肩膀来依靠……”：1993 年 5 月 19 日，克拉拉·莫斯基诺告诉作者。

4 “桑德罗对在夕阳下温柔地散步……”：1992 年 7 月 22 日，埃斯特尔·瓦拉布雷加告诉作者。

5 弗吉尼亚·伍尔夫（Virginia Woolf，1882 年 1 月 25 日—1941 年 3 月 28 日）：英国女作家、文学批评家和文学理论家，意识流文学代表人物。——译者注

6 “在那上面……”：1941 年夏天，桑德罗·德尔玛斯特罗给佛朗哥·莫米利亚诺的信中；都灵，皮埃蒙特抵抗运动纪念馆。

7 “蛋小子”：1992 年 6 月 11 日，朱莉娅・科隆博・迪娜告诉作者。

8 “从任何意义来说……”：1992 年 8 月 14 日，阿尔贝托・索莫尼告诉作者。

9 “也许，以某种难以理解的方式……”：1984 年 3 月，普里莫・莱维接收阿尔贝托・帕普兹的采访，《登山杂志》（*Rivista della montagna*）。

10 “我们怎么下山？”：同上。

11 “我发现他令人厌恶……”：1984年7月5日，普里莫・莱维给埃玛・维塔-莱维的信中。

12 “……这是对他的职业的侮辱”：1993 年 3 月 13 日，吉多・邦菲廖利告诉作者。

13 “化学是肤浅的……”：1993 年 3 月 27 日，瓦娜・拉娃告诉作者关于普里莫・莱维的话。

14 “对于大多数已经接受民族同化的犹太人……”：1993 年 4 月 5 日，乔治奥・塞格雷告诉作者。

15 “你就是普里莫・莱维？……”：1987 年 7 月 30 日，根据 BBC（英国广播公司）第三电台关于普里莫・莱维的纪录片脚本。

16 “近十年的反犹主义……”：1981 年 6 月 8 日，葛罗瑞亚・阿尔贝勃对普里莫・莱维的采访，采访内容未发表。

17 “打鼾的格拉迪斯”：我是根据马里纳・贝尔提、利维奥・诺尔兹和安娜・玛丽亚・莱维的回忆描写格拉迪斯・梅尔罗斯的。

18 “无须考虑是否属于犹太种族”：意大利国家档案馆，菲利斯・阿彻拉的个人档案。

19 赫伯特・乔治・威尔斯（Herbert George Wells，1866 年 9 月 21 日—1946 年 8 月 13 日）：英国著名小说家，尤以科幻小说创作闻名于世。——译者注

20 “地球马上就要坠落了”：普里莫・莱维告诉作者。

21 “极优秀的”：1993 年 4 月 7 日，安娜・玛丽亚・莱维告诉作者。

22 “普里莫有着观察的天赋”：比安卡・乔德蒂・塞拉告诉作者，《周日时报》。

23 “我们是在意大利……”：奥古斯托・塞格雷，《三段人生》，发表于《以色列每月评论》，1954 年 6 月，p.228。

24 “它吃起来味道不错……”：1992 年 8 月 12 日，阿尔贝托・索莫尼告诉作者。

25 “我们或许可以用它刮胡子”：1993 年 3 月 11 日，吉多・邦菲廖利告诉作者。

26 “臭名昭著的反法西斯分子”：《普里莫・莱维与图利奥・雷吉：对话》，p.21。

27 “对我而言……”：1995 年 5 月 8 日，埃玛・维塔-莱维告诉作者。

28 “高等文化周”：化学学院档案。

29 科尔・波特（Cole Porter，1891 年 6 月 9 日—1964 年 10 月 15 日）：美国著名音乐家。——译者注

30 “哪怕普里莫是犹太人或印度教徒……”：1993 年 9 月 22 日，尼科伦・达拉波塔博士告诉作者。

# 八

# 战争中的生活

（1941—1943）

## 1

到 1941 年夏天，四分之三（42000 人）的意大利犹太人失去了工作。种族法案毁掉了他们的职业生涯。普里莫的毕业证书上，盖有“犹太种族成员”的印章，因而没有人敢雇他。不过，他怀疑他的一级荣誉学位是教授们对于国家种族迫害的一种抗议，因此其真正的价值是可疑的。但他理所当然应该凭借这份证书找到一份工作。而且，要立刻找到，因为他的父亲（这个家庭里唯一的收入来源）已经病危。切萨雷从布达佩斯领取一点微薄的退休金，但胃癌已经转移到了肝上，他时日无多了。莱维给他认识的所有人写信：他们能否给予他“某种小小的工作”，“每天几个里拉以维持生计”？没有人雇他。他想在大学里找工作，并向蓬齐奥教授询问成为研究生的可能性。蓬齐奥没有回答。6 月 26 日，卢扎蒂姥爷意外去世，享年 62 岁，留下了穷困的一家人。

工作，或者没有工作，不是眼前唯一的困难。莱维想逃出翁贝托国王大街 75 号那病房般的肃静，但他那快要咽气的父亲让他不得不留在那里。在悲伤之中，他也为未来感到恐惧。在整个夏天他唯一能常常见到的朋友是他在化学系的梦中情人克拉拉·莫斯基诺。让她惊讶的是，每次他们见面的时候莱维都会哭泣。在家的时候，莱维不想让妈妈和妹妹看出他的忧伤，但一到了莫斯基诺身边，他就又会开始哭泣。莱维总是一个人灰心丧气，而且他的心绪并没有改善。

在整个 1941 年，他一直在努力寻找一份工作。而东部前线不断传来可怕的消息。6 月 22 日，希特勒向他那毫无疑心的盟友斯大林发动了袭击。这是第二次世界大战中决定性的一刻。苏联人和德国人，曾经短暂享受过互不侵犯条约，现在却重新成为意识形态上的敌人。到 7 月初，德国军队已经越过了斯大林防线。而在罗马教皇的祝福之下，23 万名意大利士兵与德国人一起，加入了对苏联的闪电战。因为莱维是一名犹太人，他不能应征入伍，只能绝望地看着化学系的同窗们响应号召加入军队。6 月 26 日，内雷奥·佩札被派到了苏联。两天后，西德尼·卡尔维加入了黑山（Montenegro）附近的战斗。8 月份，桑德罗·德尔玛斯特罗在拉斯佩齐亚（La Spezia，里窝那市附近一个海边小镇）加入了海军。

意大利士兵在苏联处境极为艰难。气温降到了零下 50 摄氏度。苏联前线上充满了针对犹太人的兽行。纳粹的最终解决方案在苏联的土地上表现得清清楚楚。第一个在东部目睹反犹暴行的意大利人是努托·雷韦利中尉（Nuto Revelli）。他是一名皮埃蒙特人，后来成为莱维的好友。在 1942 年夏季，雷韦利的军列停在布列斯特-利陶夫斯克（Brest-Litovsk）附近等待装载食物。从列车的窗户向外望去，雷韦利看到佩戴着黄星、衣衫褴褛的人们在枪口的威逼下清理铁路上的垃圾。向更远处望去，他难以置信地看到党卫军在向清理铁道的犹太儿童扔石头。空气中弥漫着一股臭味。“那时候，我就明白了我为之战斗的这场战争的真正本质。”[1]

到 1941 年 6 月末，意大利警察已经开始逮捕在都灵的外国犹太人。这些围捕的目的据称并不是迫害犹太人，而是将他们作为反轴心国的难民拘禁起来。这其中有许多人是莱维在大学里结识的。雅内克·特拉赫曼（Janek Trachman，被一个无知的法西斯间谍错写成“Jakub Trackan”[2]）是一名波兰学士工程师。鲁道夫·薇兹（Rodolfo Weisz）是一位斯洛伐克出生的医学生，也是伊迪丝·薇兹的哥哥。6 月 27 日，薇兹、特拉赫曼和谋杀犯及其他罪犯一起被关进了都灵市的“卡琴利·诺弗”（Carceri Nuove）监狱。狱中环境之差骇人听闻，实际上没有厕所，到处都是便溺秽物。在被拘禁的非意大利犹太人中，还有贝佩·罗森塔尔（Beppe Rosenthal），罗兹市（Lodz）来的一名建筑系学生；以及萨拉莫内·鲍尔（Salamone Brawer），一名物理学家（不知道来自哪里）。这些人中的大多数被戴上了手铐，后来被用火车转运到意大利中部和南部的收容营。罗森塔尔和薇兹活了下来。其他人的命运则不确定。

意大利现在不过是纳粹德国的一个卫星国。9 月 30 日，赎罪日前夜，德国驻都灵领事馆播放了反犹宣传影片《犹太人苏斯》（*Jud Süss*）。这部电影受到了意大利电影导演米开朗琪罗·安东尼奥尼（Michelangelo Antonioni）的极大赞誉（也许这以后会成为他的耻辱）。接下来还有更多的暴行。10 月 15 日清晨，有人在都灵犹太教堂的台阶上泼洒汽油。火焰被扑灭了，但犹太团体当然一片恐慌。第二天，人们发现犹太学校的墙壁上贴满了反犹海报。尽管海报是意大利语的，但海报中充斥着纳粹造谣诽谤的典型特征，很可能是德国领事馆的杰作。事实上，人们看到意大利当局撕下了这些海报。这也许说明大多数法西斯党徒并不赞成作为纳粹主义核心的生理性反犹运动。正如莱维后来所说："制造一场都灵的'水晶之夜'显然并不现实。"[3] 尽管如此，作为一种预防措施，犹太团体在犹太教堂周边设置了岗哨。莱维至少自愿站过一次岗——这是他即将加入抵抗运动的序幕。

在这段动乱时期，莱维家开始转移翁贝托国王大街 75 号的一些贵重物品，并把它们放进保险柜。在一个遭受轰炸的城市里，没有任何东西是安全的。绘画、地毯、银质大烛台被装上一辆牛车，运到了山区一幢 18 世纪建的被称为"萨卡雷洛"（The Saccarello）的别墅。卢扎蒂姥爷在 1935 年买下了这处房产。从别墅的顶楼窗户可以俯瞰山下城市的全貌，以及附近被称为"苏佩加"（Superga）的萨伏依陵墓的两座高塔。佃农耕种着别墅后面的土地，并给莱维家提供一些宝贵的蔬菜。地窖里养了一头公牛，而邻居们都嫉妒地谣传莱维家养了一头奶牛。

## 2

1941 年 12 月，在当了六个月无业游民之后，莱维得到了一份工作。一座石棉矿需要一名化学家帮助他们从矿场的石棉废渣中提取镍。恩尼奥·马里奥蒂（Ennio Mariotti）中尉是一名化学家，也是一名炸弹处理专家，正在寻找一个人来接替他在矿上的岗位，因为军队需要他处理炸弹预警方面的工作。马里奥蒂是一位留着小胡子、个子高大的佛罗伦萨人，27 岁，对于书籍和科学有着翠鸟般大胆的好奇心。他在莱维的新岗位上指导他。而普里莫慢慢地喜欢上了这个人。1937 年从生物化学专业毕业之后，马里奥蒂曾经在罗马的水生生物研究院工作。在那里，他对虹鳟鱼的生殖周期进行深入的生物学研究。（这项研究由罗马教廷资助。罗马教廷认为这些鱼是精美的生物。）除了生物化学之外，马里奥蒂非常喜欢烹饪。在他都灵的实验室里，他在炽热的煤气火焰上烤制塔斯干风格的T骨牛排，并合成人造柠檬汁以弥补战时物资的短缺。不做菜的时候，马里奥蒂则处理炸弹。有一次，他设法拆除了一枚英国炸弹。这枚炸弹砸穿了拉格朗日街（Via Lagrange）的一家文具店的屋顶，却意外没有爆炸。店主恳求道："别让我的店炸掉，马里奥蒂博士。"[4]

莱维只能在矿上非法打工，并伪造了一个非犹太的姓氏。但马里奥蒂，这个塔斯干社会主义党人的儿子，非常乐于帮助"法西斯主义的敌人"。他为来自佛罗伦萨的一个犹太家庭提供食物和金钱。这家人就住在他位于圣塞孔多街（Via San Secondo）的实验室下面。他的母亲是小塔斯干诗人玛格丽塔·罗利奥（Margherita Lollio）。而马里奥蒂继承了她对于暴政的厌恶以及对被压迫者的同情。莱维从12月7日起在这座石棉矿工作。这时传来了日本空袭珍珠港的消息。日本人袭击了美国海军基地，并炸沉了部分船只。随着美国参战，战争的范围扩展到全球，第二次世界大战戏剧化地改变了路线。

这座被称为"圣维托雷"（San vittore）的石棉矿，坐落在阴郁的山区，位于巴兰杰罗镇（Balangero）之上800米。它是欧洲最大的石棉矿之一。震耳欲聋的爆炸每天产生500吨利润颇丰的石棉。有时候，产生的尘雾太浓。矿工们都能够在家具上写出自己的名字。其中的一些人后来患上了石棉肺病。莱维在圣维托雷矿住上一周，每逢周末可以回家。克罗塞塔，以及它那中产阶级的沉静，都距离圣维托雷如此遥远。这里充满了逃兵役者、小气的葡萄园业主、三流的法西斯党徒和其他冒险家。他们的工作是令人羡慕的，不然就是参军入伍，很可能战死在东部前线。

这个小小的社区欢迎新来的工友。莱维很快在矿工中间找到了自己的位置。如今，只有一名矿工仍然在世了，他是利贝罗·弗诺里（Libero Vernoli），以前的工头。他记得莱维是一名"完美的绅士，丝毫没有架子"[5]。似乎没有人在乎莱维是犹太人。对于法西斯政府的普遍不敬让违抗规定成为许多意大利人的自豪之处。莱维和马特雷尔斯（Matrells）同住一个房间。他在圣维托雷领一份员工津贴。马特雷尔斯的室友还有安吉洛·巴迪斯顿（Angelo Battiston，《元素周期表》里的巴托拉索）。巴迪斯顿喜欢用忧郁、哀伤的眼神去勾引女性。他那在人事部门的妻子似乎决心不让他碰一个手指。而他为了发泄过剩的精力，只能用他的长号高声演奏法西斯的颂歌。巴迪斯顿先生显然与圣维托雷的其他18个家庭有着不一样的性观念。“我们都彼此熟悉，我们经常睡一张床。”[6]弗诺里承认。

矿上年轻的主任，工程师乔治奥·马奇奥利（Giorgio Marchioli）是来自基辅的俄罗斯-意大利贵族的儿子。他和他那来自圣彼得堡的母亲奥尔加·库米洛维斯基（Olga Kumilowski）一同生活在圣维托雷。莱维听到奥尔加用她的钢琴演奏拉赫玛尼诺夫（Rachmaninov）的协奏曲，这便是他对俄罗斯和俄国文化的长期热爱的开端。矿山的奇景激励着莱维。每天早晨，穿着黑色靴子、戴着巴拉克拉瓦盔式帽的矿工们就像杰克·伦敦笔下的毛皮猎人，在灯笼的照耀下，沿着两旁堆满积雪的道路，蹒跚着去上班。副工头路易吉·马卡里奥（Luigi Macario）在1939年成了一位英雄人物。当时，突发的暴雨形成了山洪。洪水原本会将矿坑中的机械、工棚和蒸汽机车全部冲走。幸亏他炸垮了一处崖壁从而形成了堤坝，挡住了洪水。这正是莱维所热爱的英雄故事。多年之后，他将其渲染为《元素周期表》里的《镍》这一章。在那篇故事里，马卡里奥成了“虎背熊腰”的安泰俄斯。

圣诞节期间，莱维在都灵度过了一个礼拜。在那之后，他回到了圣维托雷。可能他是从那个时候起开始写作的。多年之后，他宣称《元素周期表》中那具有讽喻意味的故事《铅》和《汞》正是他在巴兰杰罗镇构思出来的。那时，他正在阅读约瑟夫-亨利·罗尼（Joseph-Henri Rosny）在1916年撰写的石器时代狂想曲《求火记》（*Quest for Fire*）。这部小说显然对《铅》留下了深刻的影响。（正如罗尼笔下的原始人类被困在达尔文式的弱肉强食的困境之中，莱维笔下的部落成员同样在寻找珍贵金属的过程中被野狗及其他原始威胁所包围。）

同时，都灵出现了更多的反犹海报。这次是在热闹的罗马大街上。莱维的一些朋友决定在白天走上街头，撕下这些海报。在这些破坏者中有吉多·福阿、尤金尼奥·真蒂利、阿尔贝托·索莫尼和他的兄弟布鲁诺，布鲁诺的妻子莉拉和比安卡·乔德蒂·塞拉。这两位女性都是“雅利安人”。在众目睽睽之下，这个行动持续了几个傍晚。大多数过路人都对这些“破坏者”表达了他们的担心。“你们不知道这样做是危险的吗？”当警察终于出现时，两米高的福阿（他有着“极有魅力的微笑”[7]）装作便衣警察，要求查看这些人的“宪兵”（carabinieri）证件，从而引起了一片混乱。（福阿后来死于纳粹集中营。）由于莱维在矿上工作，所以无法参加这次破坏行动，但这次行动给他留下了深刻的印象：这是他的朋友圈中发生的第一次反纳粹行动。

## 3

那年冬天莱维很忙。作为一名受雇用的化学家，他急于做好自己的第一份工作。有时，在5点下班的汽笛鸣响后，他还留在实验室里工作到很晚。他的助手是诺韦拉·马费伊（Novella Maffei，《元素周期表》里绿眼睛的“阿莉达”），一个轻浮的女孩，让他感到相当害怕。诺韦拉已经和几个矿工发生过关系，被人们称为“每个人的朋友诺韦拉”。她有着沙哑刺耳的笑声，她的媚眼让莱维脸红。诺韦拉让莱维感到心虚：她的父亲是一位自负的塔斯干商人，是巴兰杰罗镇上的法西斯权贵人物。她那善妒的男友格里米格尼先生，在矿上的技术办公室工作。

莱维起初会犯错误，做了许多无用功，但他的手指终于找到了感觉，在实验室里的工作日趋稳定。他成功地在石棉废渣中提取出一些镍，尽管因为数量过少而毫无用处。但马里奥蒂中尉还是祝贺了他所取得的这个非常鼓舞人心（尽管付出了极大的代价）的胜利。那些镍会有什么用处，没人知道；莱维（正确地）猜测，这些镍会被用于法西斯的飞机制造业。

1942年3月23日，星期一，清晨，莱维接到了电话。他的父亲快不行了。那是一个下着雨的悲惨日子。他匆忙赶回都灵。那列小火车慢得令人痛苦。而莱维心中充满了无助的恐惧——他怕切萨雷会在他赶回家之前去世。在都灵的苏萨门火车站，他遇到了“大乔治”，乔治奥·拉特斯。法西斯的旗帜被遗弃在街上，浸满了雨水。“绵绵不断的灰色雨水”[8]浇灭了法西斯建党23周年的庆祝活动。拉特斯陪着莱维一起赶回了家。他看到母亲和妹妹都沉浸在极度的悲痛之中。切萨雷去世了。莱维默默无语，无比悲伤，几乎被悲痛所淹没。在最后的几个星期中，他的父亲遭受了巨大的痛苦。他的主治医生约瑟夫·迪那，已经在1月初因反法西斯的罪名被关进了监狱。从那之后，切萨雷就再也得不到足够的医疗护理。他已经得不到吗啡，全家人不得不无助地看着他被巨痛折磨。

虽然法西斯禁止意大利犹太人在报纸上刊登讣告，但《邮报》仍然在社会版面上刊登了如下消息："贝内瓦杰恩纳镇的莱维·切萨雷，逝世于翁贝托国王大街75号的家中，享年63岁。"[9] 3月25日，星期三，都灵的迪塞格尼拉比（Rabbi Disegni），一位留着大胡子的阴郁的人，主持了他的葬礼。普里莫作为家中的长子，不得不在墓坑边为死者背诵犹太祷文。在未来的几年中，他会说父亲在纳粹占领意大利之前死去是幸运的。切萨雷的葬礼后的第二天，第一批列车到达了奥斯维辛。欧洲犹太人的毁灭已经正式开始了。在切萨雷的坟墓上用希伯来语刻着："愿他的灵魂蒙神的庇护。"

今天，在这块墓碑上，切萨雷名字中的字母"A"早已剥落。现在看起来成了"CES RE"（希斯国王）。每次当父亲可以对他们的子女大发雷霆时，切萨雷却温和地教导普里莫和安娜·玛丽亚，在他们面前展现出他那天生亲切而温暖的性情。充满活力、好奇心，为高度人文关怀、有趣或费解的事情而感到兴奋，切萨雷在很多方面影响了莱维，鼓励他养成经验主义的思维习惯。但是，现在他去了，莱维强烈意识到作为家长的全新责任。他和母亲的关系已经改变了。反犹的欧洲让埃丝特尔面临危险，而莱维有责任去保护她。

一个月后，亲戚们聚集在翁贝托国王大街75号缅怀切萨雷。切萨雷的弟弟马里奥和恩里科，卢扎蒂家的舅舅古斯塔沃和科拉多，都站在餐厅的墙边，头上戴着礼帽，手里拿着祈祷书。墙边的沙发上坐着阿德利娜·卢扎蒂。她自己也成了寡妇。切萨雷死去了，但他并没有被人们忘记。在后半生，莱维一直负责支付他父亲墓碑的维护费用。

## 4

在切萨雷去世六周后，1942年5月6日，法西斯出台了一部法案，要求动员所有意大利犹太人作为劳动力。通过这部法案，希特勒的战争距离莱维的家园更近了一步：在纳粹盘踞的维也纳，犹太人已经被迫擦洗人行道。所有具有劳动能力的犹太人必须在6月15日前到都灵各区行政长官处登记，否则就会被送上军事法庭。在都灵市的一份包括476名犹太男性的登记簿上写着："253号，莱维·普里莫，从业员工"[10]。尽管莱维仍然在石棉矿工作，但他也符合在周末服劳役的条件，并被指派到索非亚广场（Piazza Sofia）干修路的苦工。大客车把他载到工作地点，途中不许交谈。工作从上午8点开始，到下午6点结束，中间有两个小时的午餐休息时间。安娜·玛丽亚·莱维的艺术家男友，佛朗哥·泰代斯基（Franco Tedeschi），还有埃马努埃莱·阿尔托姆和阿尔贝托·索莫尼也在那里。受过良好教育的中产阶级犹太人并不习惯搬水泥袋的工作。而法西斯工头们毫不掩饰对他们的轻蔑之情。索莫尼送给他们一个绰号叫"bastipi"：从市政厅来的杂种。他们为资产阶级犹太人那所谓高人一等的智力和特权而心怀怨恨，并乐于让他们干那些单调的苦工。莱维的表妹朱莉娅每天骑车到索非亚广场，给犹太人送三明治和饮料。正像法西斯主义统治之下的一切，这个强制劳役法案不乏荒谬之处。在星期六，莱维被迫在苏萨门火车站搬运木材，但那些木头由于不明原因起火，他们的工作不得不停下来。并非所有适合"强制劳役"（lavori forzati）的犹太人都被登记在册。而且这个法案的执行过程也充满了法西斯党徒常见的马虎敷衍。因此，在法西斯档案中，莱维的同窗好友万达·马埃斯特罗被登记为"埃克桑达·梅斯特罗"[11]，而普里莫的妹妹显然是一名"女雕塑家"（scuttrice），常见的意大利错别字。

## 5

莱维在石棉矿工作了五个月，在此期间，都灵已经成了一座令人难以忍受的幽闭而可厌的城市：食物和布料要配给供应，饮料和酒类短缺。面包是用土豆皮或掺着木屑的高粱面制作的。咖啡来自菊苣（吃起来像胆汁）或黄芪类等替代作物。而肥皂则是用磨碎的马栗制作的。"不可能留在都灵。"莱维说。1942年6月，他决定离开石棉矿。米兰的一家瑞士制药公司，

A. 万德有限公司（A. Wander Ltd）为一个糖尿病制药项目寻找一名化学家，并慷慨地提供每个月 2000 里拉（按汇率约等于今天的 500 英镑）的工资。莱维在蓬齐奥教授班上的一位同窗好友，盖比瑞拉・加尔达已经在这个项目中工作了一段时间，却一筹莫展。于是她想起了莱维。“我告诉老板，我在都灵认识一名天才，他一定能够攻克这个糖尿病项目。”[12] 加尔达是一位天主教徒。她了解在都灵这座小城市中，犹太人的生活多么艰难。而米兰作为一座繁荣的国际化大都市，情况则截然相反。强制劳役法案在那里执行得很不顺利。（另一座商业城市汉堡也有着类似的情况，反犹计划难以推行。）而且，意大利种族法案并不能约束瑞士企业。在米兰，莱维能成为一个没有过去的全新年轻人。

米兰公司的总裁，忧心忡忡的米兰人马里奥・莫利纳博士（Dr. Mario Molina，《元素周期表》里的“马丁尼博士”）同意聘用加尔达的朋友，只要他能够隐藏自己的犹太身份。在米兰的实验室里雇用一名犹太人可能会损害这家瑞士企业在法西斯意大利的良好信誉。莫利纳博士是一个敏锐、自主的男人，有着米兰人那对于财富特有的热情，渴望作为糖尿病疗法的发现者而名垂史册。A. 万德公司的记录表明莱维化名“普里莫博士”得到了公司的雇用。他从 1942 年 7 月 1 日开始工作，再过四周，就是他 23 岁的生日。

## 6

米兰是一个外向、友好而开放的城市，而都灵则是固执、内向而小心翼翼的。在这个贸易和资本的大都市里，一切都是快活的、友好的、忙碌的。人们的言谈中有着夸张的豪爽。在拥挤的电车上，莱维感到被米兰人所压抑，甚至无法与他的朋友交谈。这种羞涩一半是都灵资产阶级犹太人的特征，一半是他恃才傲物的结果。米兰以其丰足的商人阶级，成了一座名副其实的“店主”之城。赚钱和企业成了它的标志，就像萨伏依宫殿和知识分子生活是都灵的标志一样。莱维并不喜欢这个地方喧闹的商业生活。但这个地方永远不会缺少的一样东西就是钱。没多长时间，莱维就赚到了足以应付自己和家里花销的钱。

他去斯卡拉歌剧院（La Scala）听被禁止的路易斯·阿姆斯特朗[13]的唱片，看罗杰斯[14]和阿斯泰尔[15]经典的《礼帽》（*Top Hat*）。在米兰，大量在法西斯意大利被禁止的美国影片得以上映。而西部片最受欢迎。（在莱维看来，那些在夕阳下骑行的沉默牛仔象征着粗犷的自由：他们不会像最高领袖那样在高高的阳台上演讲，而是备鞍上马。）战争期间，米兰的另一次轰动是爱尔兰裔美国剧作家尤金·奥尼尔（Eugene O'Neill）引起的。他的戏剧为意大利人打开了一扇窗，让他们得以一窥那未被法西斯主义的道德停滞所沾染的世界。在诺沃剧场（Teatro Nuovo），莱维看了三次奥尼尔的剧作《天边外》（*Beyond the Horizon*）。奥尼尔的剧作看得越多，他对美国文化的胃口就越大。当时两位伟大的演员，雷纳托·恰伦特（Renato Cialente）和艾尔莎·梅利尼（Elsa Merlini），出演了桑顿·怀尔德（Thornton Wilder）的作品《我们的小镇》（*Our Town*），莱维也很喜欢这部电影。《我们的小镇》之所以能通过法西斯和反犹派的审查，那是因为他们并不理解这部剧作中那肆无忌惮的美国前卫派。与都灵相比，米兰有另一个巨大的优势：这里并不缺少食物。黑市商人趁夜骑车前往富饶的伦巴第平原，回来时就会带着鸡蛋、家禽和蓝纹奶酪。实际上，大米在意大利全境都很短缺，但在米兰，人们总能找到一份上好的意大利烩饭或其他配有饭的菜肴。

莱维在亲戚艾达·黛拉·托雷（Ada Della Torre）那里找到了一间漂亮的房间。艾达是一位优雅的女性，沉静而聪明，比莱维大五岁，在米兰大学获得了法律和文学两个学位。她是科拉多·卢扎蒂舅舅的妻子艾琳（Irene）的妹妹，莱维叫她阿姨。但还有另一层家族联系：艾达的父亲，一位富裕的工厂主，在1935年把"萨卡雷洛"别墅卖给了卢扎蒂姥爷。

艾达的一楼公寓位于圣马蒂诺街7号（Via San Martino），米兰一处植物葱郁的角落。在守门人小屋的上面有一块石匾，上面用拉丁文刻着令人陶醉的铭文："庭院深深，足迹几许？"敞开的铸铁大门之后，是一座迷宫般的花园。草木之间，有着大理石的壁龛、喷泉。在杜鹃花的掩映下，一座壁龛中伫立着古希腊哲人第欧根尼（Diogenes）的雕像。这处房产的贵族拥有者——米兰强大的佩莱格里尼-西斯拉吉家族（Pellegrini-

Cislaghi)——仅仅向艾达收取了一点象征性的租金。因为她的公寓宽敞而舒适，其他都灵犹太人都喜欢到这里来聚餐和聊天。尤金尼奥·真蒂利(莱维1940年在多洛米堤山区与他结识)，曾为米兰的传奇建筑师吉奥·庞蒂(Giò Ponti，后来*Domus*杂志的奠基者)工作。艾达的男友西尔维奥·奥尔托纳(Silvio Ortona)是一个瘦高的小伙子，在米兰船运企业阿利安萨公司(Allianza)工作。奥尔托纳出生于1916年，比莱维大三岁。在这个历史剧变的年代，奥尔托纳多出的这三年可以算作一笔好生意。他能说流利的英语，并被人们称为“执拗的家伙”，总是自豪而暴躁地与法西斯当局对着干。事实上，奥尔托纳的名字正在都灵逃避强制劳役的犹太人通缉名单上。莱维在都灵的朋友中，只有万达·马埃斯特罗在米兰没有工作。为了谋生，她和她的犹太男友乔治奥·塞格雷翻译了德国人伯恩哈德·巴文克(Bernhard Bavink)的一本自然科学书籍。但因为法西斯当局并不承认犹太译者，埃诺迪(Einaudi)出版公司的目录中有意忽略了他们的名字(现在他们仍然被忽略)。艾达的另一位客人是都灵的工程师埃米利奥·迪那(Emilio Diena)。他因为能搞到走私香烟而受到人们的交口称赞。迪那从童年起就是莱维的朋友。而且像普里莫一样，他出生在翁贝托国王大街75号。

尽管法西斯当局禁止犹太人在出版机构工作，但艾达·黛拉·托雷还是被米兰反法西斯出版社科巴希奥(Corbaccio，意为“恶乌鸦”)秘密聘请。艾达在米兰的朋友圈的社交生活几乎与意大利其他各地犹太人的典型社交生活截然不同。他们不仅躲开了强制劳役，还违法地在非犹太企业中工作。在这群快活的年轻人中，有天主教和新教朋友，包括漂亮的卡拉·孔索尼(Carla Consonni)。富于魅力、大方和聪颖的她受到了朋友们的爱戴。卡拉与尤金尼奥·真蒂利同居并在米兰博尔戈·诺沃街(Via Borgo Nuovo)的“弗洛蒂”艺术画廊工作。在战争时代，绘画是一种好的投资，既易于转移又便于藏匿。艾达的客人中还有一位撒丁岛艺术家，阿贝莱·萨巴(Abele Saba)。朋友们都认为他长得很像约瑟夫·斯大林。他以用水淹了艾达的浴室和喝了她的格拉巴白兰地而出名。艾达的公寓是开放的，而且在她那些富有趣味的朋友的感染之下，莱维的生活也变得多姿多彩起来。

## 7

到7月的时候，莱维住在A.万德有限公司。他的工作是用牛蒡汁合成一种能够治愈糖尿病的物质。在这个项目中潜藏着一种格外扭曲的逻辑：牛蒡能刺激胰腺产生胰岛素，而糖尿病是因为缺乏胰岛素引起的。连着三个月，盖比瑞拉·加尔达一直徒劳地在兔子身上试验这种紫色的汁液。她很快看出她的研究必将徒劳无功，并向莱维抱怨说这个项目就像是“从一个萝卜中抽血”[16]。莱维也知道这份工作是毫无意义的，并且注定会失败。但他并不在乎。他领取着丰厚的薪金，终日忙忙碌碌而心满意足。这家瑞士公司坐落于米兰北部临河的克雷森扎戈（Crescenzago）产业区。那里的电车“克雷森扎戈快线”因教士般的缓慢而闻名：用上足足一个小时才能到达萧条的兰布罗河（River Lambro）。位于梅乌奇街39号（Via Meucci）的工厂建造于20年代，生产“奥活玛尔蒂纳”麦芽精以及右美沙芬之类的喉药。（“明智的吸烟者永远不会忘记右美沙芬”。）莱维会为艾达偷取粉状的奈斯托根婴儿食品。艾达会把它们连同牛奶、碎冰混合在一起，做成无比美味的冰激凌。

盖比瑞拉比莱维大七个月，有着黑色的鬈发，表情丰富的眼睛和善解人意的微笑。由于脊髓灰质炎，她戴着金属的腿部支架。有些人希望加尔达能嫁给莱维：她了解他那内向、羞涩的性情。现在已经80岁高龄的盖比瑞拉·加尔达·阿莱沃蒂承认她对莱维有些“恶搞”[17]——从而让他误会。在午间休息时，她会坐在他的自行车横梁上，随着他在克雷森扎戈四处乱逛。他们一起去参观河边的罗马式教堂，一起路过周六晚上人们云雨偷欢的沟渠。莱维被她征服了，深深地爱上了她。然而，娶她为妻必然会为莱维招致许多危险。盖比瑞拉是一名天主教徒，而普里莫不是。不过，她也已经订婚了。在《元素周期表》里，加尔达化身为妖艳和淫荡的“朱莉娅·维纳斯”，而莱维冒渎地将自己比喻成单相思的希腊大力神赫拉克勒斯（随便说一句，加尔达在现实生活中的未婚夫就叫作艾科尔-赫拉克勒斯）。当时，莱维为她写诗（未出版）。诗中表达了当爱慕者预见自己的失败时悲伤难过的忧郁之情。像《第一次》和《这一切都是为了爱》这些诗作的含糖量极高，可以算作贺卡诗人的杰作。

不过，这两位朋友在实验室里倒是自得其乐。盖比瑞拉喜欢带巧克力和其他小吃。一天，她拿来了一袋豌豆（在那个限制配给的年代，这简直是一种奢侈品）并用化学烧杯烹煮它们。它们的口味糟透了。加尔达说她要到嫁给赫拉克勒斯之后才会去学习烹饪。还有一次，在莱维的提议下，她用没烧开的水煮意大利面，结果做出来的面条同样让人难以下咽。（“你算是个化学家吗，普里莫？”）在午餐时间，实验室里充满了偷偷做的意大利炒饭的诱人香气。而这两个家伙吃光了蒸发皿上的每一颗饭粒。他们用派热克斯耐热烧杯痛饮白葡萄酒。战后，尽管维持在“眉目之情而非情色之爱”的程度，正如意大利人所说，莱维和加尔达之间的友谊发展成了一种奇特的爱。

## 8

同时，在1942年的整个夏季，纳粹在占领区加快了驱逐和屠杀犹太人的速度。在7月22日到9月12日之间，共有26.5万名华沙犹太人在特雷布林卡集中营被送进了毒气室。这是“二战”期间对于单一群体（犹太或非犹太人）的最大规模的屠杀。除了被占领的丹麦，在轴心国中，只有意大利没把犹太人送进集中营。很少有法西斯官员想要超越反犹法案给予他们的职责。但也有例外，正如莱维在7月的一个周六就发现了一个。

他和西尔维奥·奥尔托纳一起出发去攀登位于布雷加利亚山脉（Bregaglia）南部，海拔3680米的迪斯格拉次亚峰（Monte della Disgrazia）。他们携带着装备，乘火车横穿伦巴第平原，到达桑德里奥车站（Sondrio）。中途他们还顺路游览了科莫湖（Como），连同它的绿廊和爱德华时代风格的农舍。他们从桑德里奥车站步行上山，到达基耶萨（Chiesa），他们的起点。看到穿着白色登山短裤的莱维和奥尔托纳，伦巴第农民便用方言叫起来：“看那裤衩！”到达基耶萨之后，他们把证件留在了教区教堂对面的阿米尔卡旅馆。麻烦很快就找上门了。晚饭后，大约在晚上10点，一个女孩敲门，告诉他们一名法西斯官员正等在楼下。这位法西斯党徒傲慢地向他们解释边境附近地区禁止犹太人逗留：他们难道不知道从基耶萨穿过边境就到了瑞士吗？他们必须马上回家。“怎么回家？”[18]奥尔托纳合理地拒绝：现在已经是深夜，除了监狱哪儿都去不了。最终双方达成了妥协。犹太人可以在旅馆过夜，但必须被软禁在房间里。软禁立刻被执行了。而第二天早晨他们被塞上了开往米兰的第一辆公共汽车。他们的登山计划泡汤了。

## 9

10 月 20 日，法西斯党徒抓住了艾达·黛拉·托雷，要求她参加强制劳役计划。而她不得不放弃她在出版社的工作。她的公寓遭到了监视吗？莱维担心盖比瑞拉·加尔达也会被抓去强制劳役，因为她也有着不寻常的犹太姓氏。他请求她别再来艾达的公寓。这可能是法西斯党徒的一次“大扫荡”——在圣马蒂诺街 7 号，接下来呢？艾达遭受的严酷迫害让她坚定了对法西斯主义的看法。每天清晨，她都要在寒冷的小屋里给意大利非洲军团缝制帆布水壶罩。在她所遭受的长达四个月的奴役中，她的双手变得粗糙起来，冻疮让她连针都拿不住。她们的看守加利亚诺·韦基（Galliano Vecchi，但等他一转过头，她们就叫他“Gallina Vecchia”——“老母鸡”）是个愚蠢的家伙。他的妻子把艾达叫作“自大的犹太人”[19]。艾达永远无法习惯那肮脏的工厂。每天黎明，疲倦的她乘 5 点 30 分的电车，把装着火鸡杂碎的饭盒放在膝盖上。法西斯雇了一名恶棍来加快水壶罩子的生产速度。他会对犹太人高喊：“滚到集中营里去！”[20]一天，艾达用一块尖利的水瓶碎片指着他：他闭嘴了。

同时，米兰的夜空中充满了英国轰炸机的轰鸣声、防空警报声和求救声。意大利人民渐渐从法西斯主义的蒙蔽下醒悟了。而莱维的反法西斯思想也变得越来越坚决。他在 10 里拉的钞票上写下口号：“和平万岁！”然后再把它们花出去。这至少是一个开始。艾达和她的朋友们在他们的习作册中写满了反法西斯的诗歌和讽刺文章，并在熟人中传抄。这些措辞大胆的文字，被称为“秘密书籍”，是在圣马蒂诺街 7 号的醇酒和美食的熏陶之下，以恶作剧的心态写就的。如果法西斯当局发现了这些文章，那么作者就可能遭致酷刑。接受过建筑设计训练的尤金尼奥·真蒂利提供插图，而普里莫、奥尔托纳和艾达则负责文字。结果，他们创作出的“秘密书籍”向法西斯发起大胆的挑战，甚至具有煽动性，并可能因言获罪。墨索里尼被画成了一个戴着羽毛装饰的骷髅头、开斋节上的小丑或者这位意大利之王坐在婴儿车里，由一位肥胖的奶妈推动着，而希特勒则垂头丧气地跟在后面。不管它们的艺术价值如何，这些“秘密书籍”成了那个时代的一份独特的编年史，带有诸多瑟伯（Thurber，美国漫画家）式的漫画形象，如蒋介石、罗斯福，还有“二战”期间支持德国的庇护七世教皇，在圣彼得教堂的阳台上咆哮着主教的欢迎辞。

1942 年 10 月 24 日早上 6 点，米兰在半个小时内受到了 19 枚炸弹的袭击。这是意大利北部城市第一次在白天遭受轰炸。救火车高声鸣叫着，掠过艾达家的公寓。从晚上 9 点到早上 5 点 30 分进行灯火管制，从而为迎接更多的空袭做好准备。现在街上挤满了无家可归的人，他们把值钱的东西都堆在自行车（或其他任何有轮子的东西）上。在诺沃剧场，正在观看《冰侠降临》（*The Iceman Cometh*）的观众们被假空袭警报吓得尖叫着跑出了剧院。随着冬天步步逼近，空袭的次数翻了番，并且变得猛烈起来。一天晚上，莱维、万达·马埃斯特罗、卡拉·孔索尼发现自己正身处米兰圣乔瓦尼工业区（Sesto San Giovanni）。这里正是空袭必不可少的目标。在三个人疯狂地骑车赶回家的路上，他们可以听到头上同盟国轰炸机那低沉的嗡嗡声。第二天，米兰报纸上刊登了长长的当夜空袭死难者名单。

三周之后，轮到了都灵。11 月 18 日夜，三次连续的轰炸切断了这座城市的电力和用水供应。英国皇家空军投下用糟糕的意大利语写就的传单，告诉市民在 20 日晚上还会有更可怕的空袭。莱维立刻赶回家，在这场即将到来的烈火风暴中陪伴母亲。他乘坐索道缆车来到“萨卡雷洛”别墅。他的母亲和其他五位亲人带着他们的行李都疏散到了这里。到了那里后，他看到别墅那原本固定在混凝土里的天窗已经塌了下来：要是埃丝特尔或阿德利娜姥姥当时就站在天窗下面，那么碎玻璃早已把她们割成了碎片。别墅附近的工厂是空袭的目标。有时，在空袭的时候，别墅里的空气似乎都发出了哨音。都灵已经遭受了 14 次轰炸，而更猛烈的轰炸还在后面。

11 月 20 日，伴随着闪光和爆炸，传来了同盟国飞机编队的轰鸣声。在都灵的人们急忙拖着手提箱跑进地下室。从“萨卡雷洛”上方的林子里，莱维能够看到这场轰炸。这些飞机先是用闪光弹照亮目标区域。然后是像打雷般的一声巨响，一道红焰闪过，黑色的尘土慢慢升腾起来。“萨卡雷洛”地下室里的埃丝特尔能够听到这“雷”声。那是巨大的四引擎兰开斯特式轰炸机，250 架，构成了一场盛大的烟花表演。这是迄今为止意大利城市遭受的最猛烈的空袭：1000 枚燃烧弹（皇家空军把这叫作“地毯式轰炸”）落在皮埃蒙特的首府。火借风势，熊熊烈火吞没了犹太教堂的双重穹顶，将一百年来犹太人的出生和死亡证书付之一炬。

对于法西斯主义的仇恨在意大利人民中已经相当普遍。一些意大利人已经转而支持由王室来领导意大利。在 11 月 20 日都灵的空袭之夜，有人在一位萨伏依国王的骑马雕像上涂写了一条标语：“当黎明的曙光来到之时，最高领袖将不复存在。”[21] 在法西斯战争的这个可怕的夜晚，萨伏依王朝的河畔之都被烧成了一片废墟。从托马斯王子街（Via Principe Tommaso）的瓦砾之下，消防员们拖出了一位珠光宝气的音乐厅舞蹈演员，她还有呼吸，头发因沾满了灰浆而变成了白色。在工人阶级的圣保罗区，蓝旗亚和菲亚特汽车厂被夷为平地。位于拉马尔莫拉街（Via Lamarmora）的莱维表妹朱莉娅·科隆博的家被炸毁了。比安卡·乔德蒂·塞拉也已经无家可归。在 10 天之内，3 万人离开了都灵。在那个时代，每天都有无辜的人死去，每天都会传来坏消息。

莱维设法庆祝了 1943 年的新年——在“萨卡雷洛”。这座别墅那宽敞的 20 间房间可以为他的米兰朋友们提供住宿。阿尔贝托·索莫尼带着可疑的比萨饼及（来源不明的）肉和奶酪出现了。他从哪里找到了这些在当时极为短缺的食物是一个谜，但那场新年晚会的客人们对结果非常满意。

## 10

2 月 2 日，苏联红军重新占领了斯大林格勒。希特勒的失败仅仅是一个时间问题。他的胜仗结束了。他的败仗刚刚开始。意大利士兵们，群龙无首地被困在苏联的土地上，开始在这场混乱的大撤退中死去，尸首留在那冰天雪地的草原上，无人埋葬。等到这场撤退结束时，据估计有 43580 名意大利人阵亡：整个皮埃蒙特所有的村镇失去了男性。当莱维因故回到都灵时，他发现那里已经变成了一座无人愿意居住的鬼城。车站空空荡荡，显得诡异万分。店铺里早已没有了货物和顾客。不过，在这个可怕而迷茫的冬季，莱维开始写诗。《克雷森扎戈》描写了他在米兰的工厂区看到那些喷射着浓烟的高大烟囱，写作日期是“1943 年 2 月”。就在两个月前，盖比瑞拉·加尔达已经离开了这座瑞士工厂，嫁给了她的赫拉克勒斯。这是一首孤独而失恋的诗。而在 35 年后，《元素周期表》中的《磷》成为它的回响。在这部长篇小说里，加尔达（“朱莉娅·维纳斯”）一边等待着下班，一边在织袜子。1942 年，莱维也同样选择了一个无聊缝补者作为他诗歌中不知姓名的描写对象：

在克雷森扎戈，有扇窗
它的后面坐着一位憔悴姑娘，
她右手拿着针线，
缝缝补补，从不停下去看钟。
当下班的钟声敲响
她叹着气，低声哭泣；
这就是她生活的样子。

1943 年春天，意大利北部是危险而动荡的。每天早晨，意大利人起床时都会变得更加疲倦和低落。3 月 5 日，当菲亚特的工人抗议轰炸的破坏和暴涨的物价时，他们举行的大罢工令都灵陷入了一片混乱。这是法西斯欧洲爆发的第一次大罢工。他们坚定地反对墨索里尼，并支持共产主义政治家安东尼奥·葛兰西（Antonio Gramsci，1937 年被法西斯杀害）的主张。都灵大罢工标志着最高领袖倒台的开始。到 3 月末，产业大罢工行动已经蔓延到了皮埃蒙特地区的阿斯蒂（Asti）、比耶拉（Biella）、韦尔切利（Vercelli）和奥斯塔（Aosta）等城镇。等到它到达米兰时，圣马蒂诺街 7 号公寓里的情绪是阴郁的。

在这场大劫难中，莱维的一些朋友加入了共产党。如果不是因为 1939 年的《苏德互不侵犯条约》，莱维本人原本也会加入共产党。他无法接受斯大林同志，英勇的新苏维埃社会主义共和国联盟的缔造者，曾经与一个纳粹握手言欢，甚至似乎对希特勒的冷酷颇为欣赏。有一段时间，莱维并不听共产党的宣传。人称“老刀子嘴”的卡米洛·特雷韦斯（Camillo Treves）是一名犹太共产党员，一名化学家，常常从都灵赶到艾达的公寓做客。他会口若悬河地论述无产阶级的困境，一说就是几个小时。莱维觉得他是一个极为无聊、啰唆无趣、只会夸夸其谈的家伙。而莱维所渴望的是行动。

艾达与意大利地下反法西斯行动党（这个名字取自意大利复兴时期爱国人士朱塞佩·马志尼的行动党）有联系。这个党成立于 1942 年 7 月。它并不属于共产党。但其成员立志成立一个社会主义的民主社会，奉行 1796 年拿破仑解放意大利犹太人隔离区时所提出的“自由、平等、博爱”的口号。许多行动党员原是“公平与自由”组织的成员。法西斯早已宣布“公平与自由”是一个违法组织，并在 1937 年杀害了它的组织者卡罗·罗塞利（Carlo Rosselli）和内洛·罗塞利（Nello Rosseli）。

随着这场大罢工进一步向意大利北部蔓延，艾达与行动党的联系也愈加频繁。行动党要求党员们对工人阶级开展反法西斯宣传，并听取工人阶级的不满。她变了，正像她后来所承认的，身上少了一些“小资”的味道——只有这样，以后才能拿起枪，成为一名合格的抵抗分子。米兰的行动党负责人迪诺·卢扎托（Dino Luzzatto）找到了艾达，要求她印刷一批反法西斯宣言。这些宣言是由里卡尔多·莱维起草的。他是《基督来到恩波利》的作者卡罗·莱维的兄弟。这样一个偶然的机会，成了她地下工作的开端。卢扎托是一个清瘦而严肃的人，曾经在 1931 年因抗议法西斯殴打社会主义领导人阿图罗·托斯卡尼尼（Arturo Toscanini）而被关进监狱。在法西斯颁布种族法案之后，他因为他的犹太身份失去了律师工作。他比莱维大 10 岁。而艾达将他介绍给普里莫。行动党所具有的知识分子的正直感，以及谨慎的自由社会主义思想都吸引着莱维，而他请求卢扎托发展他入党。

莱维的第一个任务是偷运秘密宣传物——报纸、传单——到位于伦巴第首府郊区的行动党总部。借着一次乘火车去东部130公里之外的克雷莫纳（Cremona）的机会，他在夜幕的掩护下执行任务。这是一项危险的任务。他的神经绷得紧紧的。警察随机抽查市民。黑市商人会受到严厉的惩罚。而携带反政府宣传物则要严重得多。在这个阶段，莱维的反法西斯主义更多的是寻求刺激，而非爱国。

## 11

1943年的春天是多雨的。据莱维的表妹朱莉娅回忆，他这时患上了感冒和肺炎。他仍然不得不在那家瑞士工厂里进行他的糖尿病研究，并幻想这场战争能够在7月他的24岁生日前结束。同时，西尔维奥·奥尔托纳发现了一家叫"皮耶塔妮达"（Piantanida）的黑市饭店，在莫斯科街（Via Moscova），《晚间邮报》报社对面。在意大利，肉类只能凭票供应。但在"皮耶塔妮达"饭店，小牛腿以及其他非法的肉类制品被巧妙地藏在米饭和豌豆下面。莱维坐在一张长餐桌旁吃晚饭，坐在他对面的，常常是在《晚间邮报》发表矫揉造作的戏剧评论的评论家埃利希奥·波森蒂（Eligio Possenti），他会戴着他那红宝石领带别针；或是这家报社的电影评论家菲利波·萨基（Filippo Sacchi）。对于法西斯电影《白色电话》，以及影片中穿着貂皮的女伯爵和熊皮地毯，这位评论家给出了轻蔑的评论，并因此而名声大振。这家报社的苏联裔记者，库尔西奥·马拉帕尔特（Cuzio Malaparte）已经在1942年冬天参观了华沙的犹太人隔离区，并目睹了雪地上狼藉的尸体和惊恐而拥挤的人群。虽然他的这篇报道因无法通过审查而只能在战后发表（在他那部阴森的著作《被毁坏的》中），但马拉帕尔特在米兰的朋友们非常清楚正在发生着什么。在"皮耶塔妮达"，真相被他们漫不经心地泄露出来。"大屠杀"这个字眼徘徊在每个人的唇边，但没有人敢把它说出来。莱维从多种渠道得知东部大屠杀的传闻。

在瑞士工厂中，他接触到一份瑞士报纸《洛桑公报》（*Gazzette de Lausanne*），其中翔实地报道了德国人屠杀犹太人的新闻。此外，莱维收听了同盟国的无线广播，主要是伦敦电台。1942 年 11 月，这家电台报道了德国人将华沙犹太人隔离区里的居民运送到集中营，并把“成群的孩子”[22] 送进毒气室。莱维也有机会和意大利退伍老兵聊天。这些老兵目睹了德国人在苏联、克罗地亚和希腊对犹太人的虐待、屠杀和放逐。还有，在“克雷森扎戈快线”上，他遇到了来自德国占领的波希米亚（Bohemia，原为捷克斯洛伐克的领土）的一位青年犹太难民。他们成了朋友。有两个月时间，莱维从他那里学习德语。他的波希米亚老师向他提到了发生在他的祖国的大屠杀。从 1939 年起，成千上万的犹太人被从波希米亚驱赶到了特莱西恩施塔特（Theresienstadt）犹太人隔离区。德国人蓄意将他们饿死在隔离区里。这场近代史上最大规模的大屠杀日复一日地进行着，但莱维并不想知道，也装作不知道。他后来对这段时期评论道：“我们的无知让我们得以活下去。”[23]

1943 年 4 月 19 日，犹太人的逾越节到了。在“戈培尔日程”上，这是一个特别的日子，因为在这一天晚上，纳粹分子将清空华沙犹太人隔离区。艾达的朋友们大多来到圣马蒂诺街的公寓庆祝节日，其中有桑德罗・德尔玛斯特罗的未婚妻埃斯特尔・瓦拉布雷加。兴高采烈的艾达准备了无酵饼、蜜饯果皮和奶油干酪。按照风俗，在逾越节，犹太人应该吃苦草以纪念犹太人在埃及遭受奴役的苦难。艾达没有为客人们准备苦草，而是用醋酿的牛至来代替。艾达在分发了从米兰黑市买来的亮橘色的棍状胶冻胡萝卜、汤团和胶鱼冻之后，就端上来热腾腾的金色肉汤。就在此时，华沙犹太人隔离区里充满了枪声和火焰。到处都是孩子和妇女的尸体。这些遗体的头发被烧焦，身上布满了弹孔。当幸存者们英勇地开始抵抗时，党卫军慌乱地溃退了。这场不对等的战斗持续了一个月，直到 5 月 16 日，犹太人抵抗组织投降。这时，纳粹已经将整片地区夷为平地，如果全世界当时能够了解这场战斗，那所有人都会为犹太人的反抗而震惊。

## 12

到 6 月初，意大利已经陷入了瘫痪。在米兰，电车停止了运行，也几乎没有任何火车——国民生活似乎已经崩溃了。在这场混乱之中，总有一群醉鬼厮混在圣马蒂诺街 7 号公寓，哪怕艾达总是以她那坚定而巧妙的手段试图维持秩序。6 月 16 日，莱维给都灵的阿尔贝托·索莫尼写信："现在是凌晨 1 点 20 分，我们仍然在喝酒。"他平时那工整的笔迹，在这封信里却变得潦草而歪歪扭扭。"西尔维奥这个家伙已经瘫倒在他的床上。他想让你给他买一个大号的帆布登山背包。"莱维推荐了翁贝托国王大街的一家运动品商店："如果你凑巧去拉韦利运动品商店，你能问问他们有没有 12 码的鞋底钉？在米兰，他们居然卖 700（！）里拉。"这张明信片表明了莱维在面对不确定的未来时，如何决心继续享受生活。

7 月 9 日晚上，莱维在艾达的公寓里睡熟了。美国和英国军队已经在西西里岛登陆，并开始稳步向意大利半岛推进。恐慌之中的法西斯党徒们焚烧了他们的党员证。三天后，7 月 13 日，都灵受到了美国空军的轰炸。792 人被炸死，914 人受伤。"空中堡垒"飞到了"萨卡雷洛"别墅附近，并轰炸了波河之畔的一座座青色山峦。接着，最后一根稻草来了。7 月 19 日，星期一，罗马第一次遭受了轰炸。装满士兵和棺材的救火车在意大利首都的废墟间奔忙。成千的罗马人现在同样遭受了他们北方同胞的噩运。教皇庇护七世表达了对于被炸平的圣洛伦佐区的家庭的同情，但他从他那辆黑色奔驰轿车里分发 1000 里拉的钞票让这件事变了味。群众向这位教皇的豪华轿车投掷垃圾。

此刻，墨索里尼在意大利成了人人痛恨的对象。他输掉了战争。而维托里奥·伊曼纽尔三世国王正密谋革除他的职务。一周之内，国王的命令就被执行了。7 月 25 日晚 10 点 45 分，一个闷热的晚上，"最高领袖"被免职。当广播电台向全国通告这则令人难以置信的消息时，莱维正在睡觉。第二天早晨，他醒来时发现意大利已经有了一个全新的非法西斯政府。72 岁的酷爱香槟的陆军元帅巴多格里奥（Badoglio）就任意大利首相。在 1922 年进军罗马的 21 年后，意大利国王将贝尼托·墨索里尼推下了台。当初也是这位国王亲手将他送上了权力的宝座。

## 注释

1 “那时候，我就明白了……”：1992年7月1日，努托·雷韦利告诉作者。
2 “Jakub Trackan”：意大利国家中央档案馆文件，第561卷。
3 “制造一场都灵的‘水晶之夜’……”：《莱维全集》第一卷，p.1235。
4 “别让我的店炸掉……”：玛丽亚·马里奥蒂告诉作者，采访日期不详。
5 “完美的绅士……”：1992年9月11日，利贝罗·弗诺里告诉作者。
6 “我们都彼此熟悉……”：同上。
7 “极有魅力的微笑”：1981年6月8日，葛罗瑞亚·阿尔贝勃（Gloria Arbib）对普里莫·莱维的采访记录。这些采访内容之前未发表过。
8 “绵绵不断的灰色雨水”：1942年3月24日，《邮报》，p.2。
9 “贝内瓦杰恩纳镇的莱维·切萨雷……”：1942年3月25日，《邮报》，p.2。
10 “253号，莱维·普里莫……”：意大利国家档案馆文件，第561卷。莱维的叔叔马里奥·莱维（“外科医生”）和舅舅科拉多·卢扎蒂（“商人”）也在名单中。
11 “埃克桑达·梅斯特罗”：意大利国家档案馆。（普里莫·莱维未来的妻子，露西娅·莫尔普戈被荒唐地记录为“家庭主妇”。）
12 “我告诉老板……”：1992年11月3日，盖比瑞拉·加尔达告诉作者。
13 路易斯·阿姆斯特朗（Louis Armstrong，1901年8月4日—1971年7月6日）：美国小号演奏家。——译者注
14 琴吉·罗杰斯（Ginger Rogers，1911年7月16日—1995年4月25日）：美国演员。——译者注
15 弗雷德·阿斯泰尔（Fred Astaire，1899年5月10日—1987年6月22日）：美国演员，制片人。——译者注
16 “从一个萝卜中抽血”：1992年11月3日，盖比瑞拉·加尔达告诉作者。
17 “恶搞”：同上。
18 “怎么回家？”：《周日时报》（*Sunday Times*），西尔维奥·奥尔托纳告诉作者。
19 “自大的犹太人”：艾达·黛拉·托雷，《往事集》，1977年6月，p.6。
20 “滚到集中营里去！”：艾达·黛拉·托雷，《特别的讯息》，p.15。
21 “当黎明的曙光来到之时……”：1993年2月2日，朱莉娅·科隆博·迪娜告诉作者。
22 “成群的孩子”：1971年5月3日，莱维在对弗里德里希·博斯哈默尔的审判中作证时提到了这些情节。在米兰当代犹太文献中心（AG. Ⅱ .PPFB Ⅰ，Berlin）可以找到莱维证言的副本。
23 “我们的无知让我们得以活下去”：《莱维全集》第一卷，p.851。

# 九

# 反抗与背叛

（1943）

# 1

1943年7月26日，星期一，欢呼的人群冲上米兰的大街庆祝："意大利万岁！巴多格里奥万岁！"一位屠夫贴出了令人毛骨悚然的广告："领袖的肠子！"[1]西西里的情景在北意大利再次上演：法西斯党徒们表现出疯狂的反法西斯热情，相互揭发检举，扔掉他们的法西斯党徽。法西斯党的所有机关部门都受到了凿子、烈火和唾沫的攻击。建筑物正面的法西斯标志遭到了机枪的扫射。在都灵，法西斯总部被人们纵火焚毁。愤怒的群众阻止消防队员们抵达熊熊燃烧的火场。一名不知悔改的法西斯党徒被人们扔出了窗户，很多法西斯党徒被私刑处死。那些罪大恶极的法西斯罪犯都藏了起来：现在轮到他们尝尝被追捕的滋味了。

在一定程度上，普里莫·莱维希望同盟国摧毁意大利——既然意大利社会已经抛弃了犹太人，那就让意大利去死吧。但他仍然为墨索里尼的倒台而欣喜，在黎明时醉倒在尤金尼奥·真蒂利的沙发上。意大利人相信战争就要结束了。他们被狂喜之情所淹没。莱维，像大多数犹太人一样，愿意耐心等待陆军元帅巴多格里奥结束种族迫害。带着狂喜和期待，全意大利的犹太教堂纷纷悬挂起巴多格里奥的肖像，并用意大利国旗装饰在肖像上方。对于一个新社会的期望如此强烈。

但莱维的欢乐是短暂的。低谷中的现代意大利的悲剧刚刚开始。在意大利向同盟国投降之前那令人困惑而又越来越戏剧化的45天里（著名的"45天执政"），国王和巴多格里奥不可避免地犹豫了。他们想要和平，但他们又因为害怕德国而不敢轻举妄动。希特勒一定会毫不在乎地摧毁一个背弃轴心国、加入同盟国的国家。巴多格里奥为了争取时间，一边和同盟国秘密展开谈判，一边向希特勒保证意大利绝不会抛弃他。还没等墨索里尼被投入监狱，希特勒就已经派大军越过勃伦纳山口，进入意大利北部。有人在都灵街头看到了几名德国士兵。他们的钢盔上挑衅地涂写着“领袖万岁”。莱维的妈妈吓坏了，因为她看到德军的一门高射炮就被安置在“萨卡雷洛”别墅下方。意大利仍然会变成一个战场。同时，利古里亚海边的一个海军基地里，桑德罗·德尔玛斯特罗正准备武装自己以迎战敌军。

巴多格里奥的45天政府成了意大利犹太人的一场灾难。在他担任首相期间，强制劳役法案并没有正式停止，人口与种族办公室也没有解散。只会盲目效忠王室，忠于王室的传统价值，巴多格里奥不过是一个傀儡：他空有军官的堂堂外表，内在却仍然是一个皮埃蒙特农民——粗俗、原始、残酷。一些意大利犹太人看清了即将到来的命运。在物理学院曾与莱维并肩工作的吉多·邦菲廖利发誓，要是德国人来了，他就逃到达奥斯塔山谷的雪山中去。莱维并没有这样的应急计划。他想留在米兰，至少在8月假期之前不离开米兰。等到8月，他就为行动党发“自由意大利”传单。考虑到去都灵的困难（因罢工和故障，火车经常晚点），这并非一个不切实际的计划。

8月10日，莱维接到行动党领导人迪诺·卢扎托的命令，去撕毁在文森佐·蒙蒂街（Via Vincenzo Monti）的法西斯标语。这些标语用于欢迎最近从苏联回国的意大利部队。同他一起执行这次任务的还有尤金尼奥·真蒂利、西尔维奥·奥尔托纳和卡米洛·特雷韦斯。莱维并没有想过这些回国士兵也肯定厌倦了战争，并需要安慰。多年之后，他非常后悔参与了这次行动。（“那并不是一件好事。那些远征的士兵在回国时只剩下半条命，士气低落。可怜的灵魂——他们是我们的同胞。”[2]）结果，一名便衣警察阻止了这四个颠覆分子的行动。“傻瓜，滚回床上去吧！”他们喊道。这件事原本很可能导致严重的后果。

## 2

只要巴多格里奥陆军元帅还没有表现出投降的迹象，同盟国军队就继续对意大利城市进行轰炸。8月12日夜，米兰遭受了迄今为止最严重的一次空袭。第二天，成为一片废墟的公园中，到处是被弹片拦腰折断的树干和被炸得底朝天的花床。猴子从动物园里逃了出来，在被烧焦的树上吱吱乱叫。大教堂广场上，一座座大理石雕像也从大教堂的壁龛中被炸了出来。唯一的生命迹象是在瓦砾中蹒跚前进的妓女们：“万能的主啊，还有男人吗？”一份报纸如此报道。米兰在燃烧，莱维却在享受战争时期的最后一个假期。他和一群朋友来到了皮埃蒙特的度假胜地科涅的米拉蒙特旅馆。他们中有莱维的妹妹、她的未婚夫佛朗哥·泰代斯基、表妹朱莉娅·科隆博、西尔维奥·奥尔托纳、比安卡·乔德蒂·塞拉。五年前在科涅，莱维曾读过可怕的《种族宣言》。而现在，想到意大利仍然是纳粹的正式盟友，这真是一件令人尴尬的事。

一天夜里，这些朋友们在山上一栋废弃的棚屋里过了夜。天亮时，他们听到有人敲门。德国人？他们不敢出声，但敲门声越来越响。原来是一个放牛人牵着一头奶牛来卖新鲜的牛奶。于是，他们都不用起床就有早餐享用了。就在他们喝牛奶的时候，英国飞机的引擎声在群山间回响。它们离得那么近，卡拉·孔索尼记得，你都能在夏日的空气中闻到飞机燃料的味道。慢慢地，这些飞机越过了都灵方向的大天堂山。用不了几分钟，防空炮弹将在“萨卡雷洛”别墅上空爆炸。

这次短暂的假期差一点就以灾难收场。西尔维奥·奥尔托纳在瓦洛内莫尼山（Vallone di Money）的一处雪坡滑倒了。他沿着雪坡滑了下去。要不是他在悬崖边稳住了身体（他的两条腿已经滑出了悬崖边缘），他就会像铅坠一样笔直地坠入冰川。他的门牙被磕掉了，还咬伤了舌头。莱维在试图营救朋友的过程中也留下了几处青肿。

一周后，大约在8月20日，莱维回到米兰时发现圣马蒂诺街7号的公寓已经被炸弹炸毁。幸运的是，艾达·黛拉·托雷已经在几周前离开米兰去皮埃蒙特地区的伊弗雷亚小镇（Ivrea）为奥利维蒂公司（Olivetti）工作。在房子外面，两辆被炸毁的意大利军车仍然在燃烧。莱维现在无家可归。在接下来的两周中，他只好在朋友家的地板上过夜。安娜·卡瑟斯（Anna Cases）在她父母位于皮萨卡尼街12号（Via Pisacane）的家中为他提供了一张床。在都灵时，她就认识莱维。而现在，她发现随着意大利一步步走向不确定的未来，他也变得越来越忧心忡忡。9月8日，星期三，莱维和尤金尼奥·真蒂利、万达·马埃斯特罗，还有（没有门牙的）西尔维奥·奥尔托纳一起在“皮耶塔妮达”饭店吃午饭。像往常一样，他们在那张长长的餐桌上吃饭，传递着葡萄酒和长面包：那一天和往常毫无区别。真蒂利回忆：“两点钟的时候，我们说‘明天见’，但直到战后我才再次见到莱维。”[3]

当天晚上7点45分，巴多格里奥陆军元帅宣布与同盟国停战。至少，希特勒的战争结束了。意大利被从纳粹-法西斯的战争机器上解放出来。从这一刻起，将不再有轰炸，不再有对犹太人的羞辱。意大利的投降让莱维心中充满了“愚蠢的喜悦”[4]，他回忆道。空气中有着某种重大事件已经发生的感觉。不管此刻发生什么，生活都不会像过去一样了。法西斯主义显然完蛋了。但和平带来的喜悦并不长久。尽管英美联军抓紧时间调兵遣将，但他们还是慢了一步。德国人以无情的速度占领了意大利北部的战略要地。在两天内，9月10日—11日，意大利被迅速分成两半：那不勒斯以南被同盟国军队占领；那不勒斯以北则在德军的占领之下。

莱维首先想到的是在“萨卡雷洛”别墅的母亲和妹妹。在停战日（9月8日），他连工资都来不及领就离开了A.万德公司，急匆匆赶往都灵。他发现整座城市令人惊奇地平静。几个德国兵绕着九月二十日大街（Via XX Settembre）的阿斯托里亚旅馆（Astoria）巡逻着。那里是纳粹高级军官的驻扎地。丝毫没有“愤怒的日耳曼人”的迹象。

### 3

在停战的混乱之中，莱维的朋友纷纷投亲靠友，逃避战乱。迪诺·卢扎托跑到了瑞士，投靠了米兰《邮报》的前电影评论家菲利波·萨基。莱维其他的犹太熟人则马上进入了都灵附近由新教徒占据的峡谷之间。那里的新教徒们将犹太人视为“《圣经》的子民”，并有着同情犹太人的传统。桑德罗·德尔玛斯特罗希望能够赶上意大利南部的同盟国军队，从而离开了位于阿奎泰尔梅（Acqui Terme）的海军基地。但太晚了：同盟国的舰队已经开往西西里岛。没有时间可以浪费，他立刻进入山区准备抗击侵略者。对于有着铸铁般坚定道德观的德尔玛斯特罗而言，做出迎战纳粹侵略者的决定并不难。比安卡·乔德蒂·塞拉（当时已经成了一名共产党员），和她的男朋友阿尔贝托·索莫尼在瓦勒度教派的山谷中与德尔玛斯特罗会合。

共产党军队“加里波第旅”(Garibaldi Brigades),在当时有着最强大的反法西斯号召力。西尔维奥·奥尔托纳在都灵附近的比耶拉(他的叔叔在那里经营木材生意)加入了“加里波第旅”。他原本就是意大利军队的一名预备役军官,知道如何拆卸一支步枪。但莱维没受过这样的军事训练。离开米兰时,他并没有武装抗争的明确想法,也绝对没有想过要拿起枪去抗击德国人。“我是一个年轻的资产阶级和平主义者。我宁愿死也不愿意对其他人开枪。”[5]当时,莱维感到他能做的只有暂时等待,并幻想着同盟国的解放。这种观望态度是在停战阶段大多数意大利犹太人的想法。

莱维最关心的是将自己,还有母亲和妹妹拯救出纳粹的魔掌。在9月8日—9日,他一见到她们就要她们整理好自己的行李,前往达奥斯塔山谷的温泉小镇圣文森特镇(St Vincent)。一个犹太家族——塞格雷家族——在那里租下了一栋房子。他们也许能收留莱维一家。塞格雷家曾经是翁贝托国王大街75号的邻居。他们家境富裕,想去瑞士躲避战火。莱维以为圣文森特镇会是一个安全的藏身之处,足以躲过纳粹的搜捕。他昼夜兼程,在1943年9月9日傍晚到达那里,身边只带了少量现金和一些随身衣物。圣文森特镇位于都灵以北大约100公里处,距离马特洪峰不远。那里的温泉和极为整洁的瑞士风格旅馆给人低调而奢华的感觉。在与塞格雷一家碰面之后,莱维不安地等待妈妈和妹妹赶来。安娜·玛丽亚后来回忆起这段艰难的时光:“对于我们意大利犹太人,那个9月是充满了计划、谋略和巨大危险的一个月。当我哥哥动身赶往圣文森特小镇时,我正疯狂地跑遍都灵,联系朋友并寻找另一个藏身之所,以防圣文森特镇的计划失败——那场混乱是令人难以置信的。”[6]

没有任何事情是确定的,没有任何人是可靠的:莱维只知道半个意大利被德国人占领,而另一半则在英美的控制之下。在陆军元帅巴多格里奥宣布停战之后的那些日子里,犹太人越来越清楚地认识到,要是让德国人抓住,那么将会面临生命危险。并不仅仅是犹太人。在“萨卡雷洛”周围的群山之间,挤满了从法国和利吉里亚地区溃退下来的逃兵。他们衣衫褴褛,污秽不堪,没有领导和纪律,逃避着一场失败的战争带来的屠杀和绝望。“我们尽其所能给他们提供平民衣服和食物，”朱莉娅·科隆博回忆，“他们中大多数都是从德国军队中逃出来的，不知道要去哪里。”[7]

德军对都灵的占领宛如慢动作般展开了。9月10日早上6点30分，党卫军征用了罗马大街的国家旅馆。装甲车，然后是骑兵师，从北方涌进城里。新门火车站（Porta Nuova）的混战让两名德国士兵受了伤。除此之外，德军对都灵的占领都是在阴森的沉默中进行的。各处立刻张贴出号召青年打击“叛徒巴多格里奥”的标语。街道被封锁。而电话交换总机、汽车站和报社立刻被占领。拒绝为希特勒战斗的意大利士兵有的被当作逃兵枪毙了，有的戴上了日耳曼式讽刺般的“志愿者”标签，被遣送到德国做苦工。卡车满载着戴着手铐的男人驶过都灵的街道。朱莉娅的父亲奥雷斯特·科隆博在晚上9点跑到了“萨卡雷洛”别墅：“德国人占领了火车站。”[8]他的声音里充满了恐惧和厌恶。

城市的新主人非常认真。时钟被拨快一个小时，以对应德意志帝国的时间，于是黑暗比往常早了一个小时降临都灵。一批精神错乱般的禁令被下达了。从晚上9点起实行宵禁。全天任何时候都禁止三人以上同行。早已被盟军炸得瘫痪的公共交通，被要求在晚上6点停止运行。在9月12日晚上10点（上交武器的最后期限）以后被发现拥有武器的公民将被处以死刑。

莱维的母亲和妹妹，在拥挤的列车上经过漫长而缓慢的旅行之后，终于在9月12日星期五，抵达圣文森特镇。吉多·邦菲廖利也在同一天离开了都灵，希望能赶到他在菲厄利村（Fiery）的藏身之地。他还随身带着他的滑雪板、冰镐和登山绳索。在新门火车站外面，他遇到了安娜·玛丽亚的男朋友佛朗哥·泰代斯基，以及他的父亲瓜尔蒂耶罗（Gualtiero）。他们说他们不打算离开都灵。邦菲廖利告诫说：“你们难道不知道你们处于危险之中吗？”[9]泰代斯基一家不是唯一留在都灵的犹太人。朱莉娅·科隆博，她的父母艾达和奥雷斯特，姥姥阿德利娜·卢扎蒂，埃丝特尔的妹妹约莱和她的两个小男孩卢恰诺和布鲁诺，他们在“萨卡雷洛”别墅又住了四周。直到一位行动党活动家冲他们大喊：“你们疯了吗？”之后，他们才离开了这栋别墅。在离开前，他们收好了房间里的银器，并用布把家具蒙了起来。农民后来搬走了“萨卡雷洛”里所有能搬走的东西。电线被抽出来以剥取铜线。墙壁被砸开，因为他们希望能找到藏起来的宝藏。朱莉娅表妹的钢琴，因为太重，被这些农民扔在了花园里。它就一直留在那里长霉，直到战后。

9月13日，传来了消息。德国伞兵已经从亚平宁山脉（Apennines）中救出了墨索里尼。而这位独裁者正准备成为全新的意大利纳粹-法西斯共和国的头子。从此以后直到战争结束，这位“领袖”一直是元首的宠物犬。而在萨罗（Salò），加尔达湖（Lake Garda）畔，一个无情的“意大利”新政府成立了。

## 4

半个意大利已经向西方的同盟国投降了。而希特勒控制着另外半个意大利。墨索里尼的重新掌权让莱维面临严酷的抉择：要么屈从于法西斯，要么反抗法西斯。“在萨罗共和国成立之后，任何有良知的人都不可能不去同纳粹战斗。”[10] 比安卡·乔德蒂·塞拉回忆。莱维选择去战斗。也许，他对武装斗争的必要性有过一些疑虑。但是，自犹太人隔离区之后，意大利的第一次大屠杀的消息传来，让他的犹豫烟消云散了。9月15日，党卫军（阿道夫·希特勒近卫军，“Leibstandarte Adolf Hitler”）装甲师抵达奥塔湖（Lake Orta）边靠近瑞士的圣朱利奥小镇（San Giulio）。普里莫的叔叔马里奥·莱维和他的妻子埃古斯蒂娜·艾玛·科恩，以及他们的儿子罗伯托和儿媳埃琳娜·巴赫（Elena Bachi）躲藏在这里。一定有某个人，很可能是一个意大利人，向党卫军告发了莱维一家。因为党卫军抓住了23岁的罗伯托，以及他62岁的父亲马里奥·莱维，并把他们押上卡车，运到附近的马吉奥莱湖（Lake Maggiore）边，同其他犹太人一起扔进水里溺死了。难以理解的是，在那个周三，党卫军饶过了埃琳娜和埃古斯蒂娜。三天后，发生了更多的暴行。在马吉奥莱湖边的梅伊纳村（Meina），迪亚兹家（Diaz）的三个不到15岁的孩子被用电线捆在一起，同木桨一起扔进水里，溺死了。

9月18日，莱维和他的母亲、妹妹的藏身之地——圣文森特镇上张贴出了一张布告。要求所有的“外国人”（换句话说，犹太人）在当天（那真是个充满死亡痛苦的日子）晚上6点前向党卫军报到。任何人只要能向党卫军提供线索，并帮助纳粹逮捕意大利犹太人，就可以从纳粹那里得到5000里拉（大约相当于现在的2000英镑）的赏金。对于任何出于贪婪、嫉妒或单纯恶毒之心的意大利人，这笔赏金都颇有诱惑力。已经离开了“萨卡雷洛”别墅的朱莉娅·科隆博一家，在他们位于都灵附近的藏身地收到了一封匿名敲诈信。那华而不实的措辞和错误百出的意大利语让它成为一封格外恶毒的信。致“萨卡雷洛的占有者”[11]，这封信很可能是那些已经洗劫了别墅的佃农们的杰作。“在这片土地上的许多重要人物都知道你们属于犹太种族，而你们将被剥夺一切，并在集中营里死去。但如果你们同意我们的要求，这些就不会发生。”对方要求将5万里拉在指定的时间放在指定的地点。“否则，我们将尽我们作为法西斯党员的职责，告发你们这些囤积资产的犹太人。调查将会展开，而你们将被毁灭。我相信你们不会拒绝这份要求，否则我们将履行身为法西斯党员的责任，着手适度清除你们的种族。”最后一句话——“适度清除你们的种族”——透露出纳粹对于意大利占领区的强大影响。幸运的是，当朱莉娅的父亲勇敢地决定无视这封信之后，什么也没有发生。

随着德军从都灵向峡谷的快速推进，继续留在圣文森特小镇的莱维一家已经变得越来越危险。9月17日，他们启程上山，前往迪乔克斯山（Colle di Joux）的阿迈村（Amay）。这似乎是明智之举。经营小旅店的夫妇据说仇恨纳粹入侵者。德国人还没有认真对待山区的“叛乱”活动，而是在村镇里集中搜捕。拥有众多中世纪城堡，隐藏在欧洲最高的群山之间，这些峡谷极为适合游击作战。阿迈村周围都是幽深昏暗、错综复杂的骡道，路边有着生满青苔的神龛和茂密的栗树林。如果纳粹-法西斯来抢劫牲口、家宅或庄稼，那么这些村民会跟他们拼命。

里斯托罗旅店（Ristoro）看起来更像是一座阿尔卑斯山区的谷仓，而不是一家客栈。在房子外面，有着成堆的稻草，一个柴垛，一条水槽。埃莱乌特里奥·帕杰（Eleuterio Page）和他的妻子蒂娜·帕杰（Tina Page）是这里的老板。在莱维一家赶到时，他们刚刚堆完最后一垛干草。帕杰夫妻俩在床下面放了一支猎枪，并为这些旅客提供粗劣的餐酒、干酪、面包、鸡蛋和杂米粥。他们收取很低的租金。而且如果房客们愿意，也可以用珠宝来支付房间订金。时年 48 岁的埃丝特尔·莱维在这里感到很舒服。旅店很干净，而且有自来水。从顶楼的窗户，莱维一家能够认出丁尼生[12]所赞美的罗莎峰（Monte Rosa）那“积雪的小山谷”。圣文森特镇在相距 1500 米的山脚下。从山上可以清清楚楚地看到敌人的动静。一条森林小径通向布鲁松镇。停战协定之后，万达·马埃斯特罗和卢西亚娜·尼希姆藏身在那里，惊恐而困惑。

阿迈村是个偏僻的村子，有着简陋的农舍、牛棚和唯一的一座石头小教堂。不到一百名村民生活在这里。这座面对着一片蒲公英田的小村子处于两座山谷——达阿亚斯谷（Val d'Ayas）和图尔南奇谷（Val Tournanche）之间的山脊上。理论上，只要逃进这两座山谷中的任意一座，就能逃脱纳粹-法西斯的追捕。或者说莱维是这样认为的。事实上，从圣文森特村有两条路显然能够到达阿迈村。一条路是上山穿过莫龙特吕埃尔（Moron Trueil）。另一条路是直接穿过沼泽和溪流到达佩蒂特-卢恩村（Petit-Rhun）。不管选择哪条路，阿迈村都会在袭击面前门户大开。

到 9 月初，吉多·邦菲廖利已经到了阿迈村以北 13 公里的菲厄利村。与阿迈村不同的是，从圣文森特镇难以抵达菲厄利村。最后三公里的路程必须沿着一条雨水侵蚀的沟渠前行。“阿迈村是一个陷阱，”邦菲廖利在 15 年后判定，“直到今天，我也无法理解普里莫为什么要冒被发现的危险。”[13]莱维的妹妹承认阿迈村很可能在圣文森特镇的危险范围之内，但在停战协定之后的困惑中，他们犯了错误。

很快，成群的同盟国战俘、犹太难民和从德国军队逃出来的意大利士兵破坏了阿迈村的宁静。每一天，他们都试图穿过边境的铁丝网前往瑞士。其中一些衣衫褴褛的家伙会在里斯托罗旅店歇脚，讨要一碗杂米粥（莱维回忆道：“就像没有牧羊人的羊群。”[14]），再继续向着希望中那安全而中立的欧洲前进。对于莱维，衣衫不整的意大利军队络绎不绝地穿过山区是悲惨又让人难忘的景象：一些士兵准备徒步跋涉320公里的山路，到达东部的贝加莫市（Bergamo），以寻找一个安身之所。他们不惜一切代价避开谷底平原上的铁路和公路。因为这些道路是由穿着德军制服的意大利法西斯控制的。这些法西斯党徒往往比他们的光荣时期还要疯狂。

在9月末，三名逃兵来到阿迈村，寻找藏身之地。他们中的一个恰巧在学校里认识莱维的妹妹。奥尔多·皮亚琴察（Aldo Piacenza）原本是一名法律系学生，也是墨索里尼苏联战役的幸存者。他的同伴是他的西西里指挥官洛·布埃（Lo Bue）上尉，以及另一个人，罗塔中尉。洛·布埃已经听说在阿迈村有一个小旅店可以为他们补充给养，提供掩护。在圣文森特镇，一队德国兵走过他们身边。幸运的是，这些纳粹并没有盘问他们。即使这三个人不是犹太人，但他们也对纳粹的残忍不抱任何幻想。皮亚琴察曾经同德国人一起在苏联战斗，并且知道他们能干出多么残暴的兽行。

起初，安娜·玛丽亚并没有认出眼前这个消瘦、衣衫褴褛的士兵就是皮亚琴察。妹妹在学校里结识了皮亚琴察。这对于莱维是意义重大的。在一场充满了背叛风险的内战中，信任感和战友情谊是非常关键的。皮亚琴察也像普里莫和安娜·玛丽亚一样，并没有为即将到来的抵抗做好心理上的准备。他是一个性情温和、爱好和平的人。尽管如此，皮亚琴察的军事经验对阿迈村中这个缓慢壮大的群体而言是一笔宝贵的财富。当时，这个群体中有逃兵，也有缺少资金、武器和关系的犹太人。而皮亚琴察的军饷还剩下5000里拉。这些钱虽然不够买下一座军械库，却足以买下两个人一个月的食物储备。皮亚琴察提供的纳粹在苏联的暴行的第一手资料让莱维进一步坚信武装抵抗的正确性。1941年夏天，在第聂伯罗彼得罗夫斯克（Dnepropetrovsk），他看到党卫军看押着长长一列犹太人。“机枪声连续响了三天，”他回忆，“我们听说他们把犹太人扔进石灰坑里。”[15]

很快，莱维便拥有足够的自信去侦察整片地区了。他已经得知吉多·邦菲廖利就躲在菲厄利村附近。和他一起躲起来的还有都灵物理学家维托里奥·芬齐（Vittorio Finzi），以及他的三个表兄弟奥尔多（Aldo）、阿奇尔（Archille）和阿尔贝托（Alberto），还有一个年轻的南斯拉夫人，名叫比尔（Bier）。

芬齐家没人对武装反抗感兴趣。他们打算翻过罗莎峰冰川逃到瑞士。但他们已经没有时间了：不只是犹太人躲藏在山区。德军正进入山区扫荡“匪徒”（他们就这样称呼抵抗分子），并焚烧敌人的房子和村庄。9月中旬，维托里奥·芬齐在他的日记里写道：“今晚我们的情绪更加低落。邦菲廖利和比尔在谈论纳粹的报复，结果让所有人都陷入了愁闷的氛围之中。接下来该怎么办呢？”

芬齐的日记让我们清楚地了解了莱维那年秋天在达奥斯塔山谷的活动。9月19日（当天德军在皮埃蒙特地区的波弗斯镇烧死了22个人），莱维来到菲厄利村参加“十二人委员会”。但这个响亮的名号只是虚张声势。这是芬齐为了紧急事务而召集犹太亲戚朋友召开的会议。他们无法决定接下来采取什么行动。一些人想逃到瑞士去。另一些人，像莱维，打算抵抗。在日记里，芬齐写道：“普里莫·莱维，使用‘米歇尔博士’的化名，从迪乔克斯山下山来帮助我们决定下一步该怎么做。”莱维的化名“米歇尔”（他的中名，也是他那不幸的祖父的名字）显然表示他现在已经加入了游击队，因为一个假身份是地下活动的先决条件。在这次会议上，莱维宣布他坚决反对逃到瑞士去，甚至说这样做是“懦弱的表现”。事实上，芬齐也没能到达瑞士。瑞士边境的哨兵收取了他的贿赂，然后就把他赶走了。之后，他化名“维托里奥·罗希”，参加了“叛军”（法西斯对游击队员的称呼），直到1947年才再次见到莱维。

根据战后的军事档案，普里莫·莱维在1943年10月1日加入了意大利抵抗组织。他被指派到归属于行动党的“自由意大利”[16]连队。实际上“连队”这个字眼只是对莱维这些平民的一种虚张声势的军事称谓，让它听起来更富于军队的体制感。“抵抗”这个字眼在意大利还不存在。没有人清楚地知道这些游击队的立场是什么。那些游击队员往往满口脏话，不修边幅，穿挂着勋章的肮脏的意大利或德军制服，士气消沉。还有一些游击队员穿着登山靴，戴着绿色的阿尔卑斯帽，帽子上还插着羽毛。在这个早期阶段，意大利抵抗运动极为混乱和缺乏组织。莱维回忆道：“在某种程度上，我们不得不去发明‘抵抗运动’。”[17]

随着纳粹慢慢地控制了意大利北部，地下反德运动也在城镇里扎下了根。广大的教士、工人、公务员、农夫、家庭主妇和知识分子纷纷参与其中。意大利犹太人有着足够的理由参加抵抗运动。到战争结束时，大约有 1000 名游击队员是犹太人，几乎是占领区犹太人口的三十分之一。他们中的许多人将抵抗运动称为“意大利的二次复兴”，并且，就像 1861 年意大利统一之前的第一次复兴运动一样，争取将外国势力赶出意大利国土。

在阿迈村，“自由意大利”连队缺乏装备和资金。传统的军事命令和等级观念现在只会激起对洛·布埃上尉、罗塔中尉和皮亚琴察少尉的蔑视。而在 10 月初，洛·布埃离开了阿迈村去投靠他在佛罗伦萨的兄弟。而这件事早已在大家的意料之中。罗塔中尉也很快离开了。多年之后，莱维承认他作为游击队员的日子是他人生中“最阴暗的日子”[18]，并且“最好忘记”。现如今，我对一位当年阿迈村的游击队员进行采访时，他的印象是难以抑制的懊悔。他们都痛苦地记得他们曾经多么天真地信任那些告密者，信任他们那伪装的忠诚。奥尔多·皮亚琴察现在成了都灵的一位律师，叹息着说：“我们都是愚蠢的孩子。我们的想法是好的，没错，但我们仍然是孩子。”[19] 卡拉·孔索尼则更不愿意原谅过去：“我能怎么说呢？普里莫和他的同志们在玩游击队员的游戏。噢，他们有过一些勇敢的举动，但他们是那么缺乏经验。事后来看，现在说这些很容易，但他们真是太孩子气了。”[20] 莱维不幸地在一个缺乏中央组织和军事体制的时代参加了一场地下战斗。后来，尽管德军对于意大利的占领日趋牢固，但抵抗运动也逐渐有了一些成效。尽管如此，孔索尼的话代表了许多意大利人对在抵抗运动早期阶段参与其中的年轻人的看法。孔索尼在游击战中失去了一个弟妹。

如果说阿迈村是危险的，那么布鲁松镇（万达·马埃斯特罗和卢西亚娜·尼希姆试着在那里打游击战）则更加危险。在这座只有 2000 个居民的小镇里，密布着法西斯的密探。尤金尼奥·真蒂利，曾经离开他那靠近法国的莫尔杰克斯（Morgex）的秘密藏身地，对布鲁松镇进行了简短的拜访，并警告马埃斯特罗所面临的危险。“离开布鲁松。告诉普里莫离开阿迈。换个地方，尽量不要与当地人接触。”[21] 万达没有听从他的劝告。她说布鲁松镇的镇长是她的“朋友”，而他的妻子是“一个善良的女人”。

## 5

万达是一位身材纤细的女子，有着细长美丽的深色眉毛和白皙的面孔。有些人说她长得像年轻时的伊迪斯·琵雅芙[22]。她比莱维大两个月，但看起来要成熟得多。爽朗直率的她给人以能干而自信的年轻女人的印象。万达曾在都灵学习过一年化学，毕业于热那亚大学。她属于罕见的“倒转”体质——她的心脏在右边，肝脏在左边，很可能还有其他一些先天性的器质病变（如心脏病），从而极大地缩短了她的预期寿命。这也许能够解释她给别人留下的弱不禁风的印象。作为切萨雷·马埃斯特罗（Cesare Maestro）和克莱利亚·科隆博（Clelia Colombo）的长女，她从小生活在克罗塞塔那小资情调的舒适之中。马埃斯特罗家在拉格朗日街拥有一家生意兴隆的布店。万达的母亲在她年幼时去世。而由独裁主义的父亲把她养大。莱维被万达所吸引，哪怕她已经有了男朋友，她的男友乔治奥·塞格雷是犹太人的同情者。

今天，那些幸存的游击队员对万达的印象并不统一。皮亚琴察说她承担过一项“危险的”侦察任务，去德军架着机枪的水坝上收集情报。而与万达熟识的卢西亚娜·尼希姆则对皮亚琴察的观点感到非常惊讶。“万达聪明而亲切，但勇敢？很难说。我们都用皮埃蒙特语叫她‘流浪儿’（frisinin）。她就像是一只麻雀。她在抵抗运动中是温顺的追随者，就像我们所有人一样。”[23]

莱维并没有炸毁任何桥梁，让火车出轨或杀死德军。他的大多数时间都忙着逃命，常常饿肚子。他能吃下客栈老板给他提供的任何食品：热栗子，羔羊肉（如果运气好的话）。阿迈游击队的人数不到八个（如果我们算上莱维的母亲，那就是九个人），而且意外频发。一天，在他们到 24 公里之外的一个村子收集弹药时，皮亚琴察算错了时间。结果天黑时，他们还在半路。“我们不得不用帆布背包裹住自己的脚，睡在玉米叶子铺成的床上，相互紧紧抱在一起取暖。”[24]在这次长途跋涉中，莱维对阿尔卑斯山上的任何现象都表现出强烈的兴趣，从冰川到土拨鼠。看到奥尔多的俄制左轮手枪，他吓了一跳。“普里莫一直问我，人为什么要相互残杀。似乎这个世界的恶意把他吓坏了。”[25]皮亚琴察回忆。

在阿迈村那些寒冷的深秋之夜，总是不断有车辆在圣文森特镇进进出出。10 月 23 日，莱维不顾危险，下山来到小镇旅馆见证他的朋友莉亚·塞格雷（Lia Segre）的婚礼。犹太朋友和亲属，其中包括利维奥·诺尔兹，出席了这场在上午 10 点举行的庆典。莱维在结婚证书上的签名有意写得潦草，难以辨认。当新婚夫妇即将宣布完婚之时，一辆党卫军的卡车停在了外面，但党卫军似乎并不想打扰这场婚礼。“只要有一个婚姻登记员揭发我们的犹太身份，我今天就不能在这里跟你讲话了。”[26] 莉亚·塞格雷说。她和丈夫，一位奥利维蒂（Olivetti）的工程师，一起逃到了瑞士。

## 6

随着冬天的到来，安娜·玛丽亚·莱维决定离开阿迈村去参加都灵的抵抗组织。游击队现在极度缺乏士气和团结。已故的吉多·巴赫（Guido Bachi）是这支队伍的犹太领导人，化名“朱利奥·巴尔托利”（Giulio Bartoli）。他和弟弟埃米利奥（Emilio）住在迪乔克斯山的另一面山坡上。他出生于都灵，比莱维大 10 岁，是一个内敛缄默、有条不紊的人，1939 年曾在挪威和法国外籍兵团打过仗。巴赫那理性的、善于分析的头脑让他成为一名理想的“游击队长”。而他着手将阿迈村的队伍打造成一支战斗力量，并把他们重新命名为“公平与自由第七师，第一旅”。巴赫命令莱维去都灵搞一个假身份。而莱维完成了任务。“它几乎能以假乱真。”[27] 莱维编造的出生地是在意大利南部埃博利（Eboli）或巴蒂帕利亚（Battipaglia，战后莱维也记不清到底在哪里）。德国人难以核实在梅佐乔诺（Mezzogiorno）地区的出生证明，因为那里处于同盟国的控制之下。

莱维现在有理由为他的母亲担心。1943 年 12 月 1 日，充当纳粹傀儡的萨罗共和国的法西斯们颁布了一项法案，要求所有的犹太人，“无论国籍”，都要被逮捕并没收一切财产。通过这项法案，墨索里尼实际上批准了意大利的“最终解决方案”。犹太人将被关进“特殊装备的”集中营。现在，对于他们这些公开生活在意大利的犹太人来说，不仅危险，而且可能致命。没有哪个明智的犹太人会想在这个新的纳粹-法西斯国家被发现。他们没有别的出路，只能躲藏起来。安娜·玛丽亚的第一反应是把妈妈藏到一个大城市里。虽然埃丝特尔还在为去哪而犹豫不决，但安娜·玛丽亚为她做出了决定。她不顾哥哥把母亲留在客栈里的要求，在12月1日找了一位犹太复国主义者（“母亲并不认识他”）送母亲回到了都灵。我们可以想象普里莫的沮丧：他深深地依赖埃丝特尔，但从现在起他的母亲不再处于他的保护之下了。但如果埃丝特尔继续留在阿迈村，很可能被法西斯党徒抓住并被送进集中营。莱维的妹妹开始在都灵一间房子一间房子地为他们的妈妈寻找一处适当的藏身地。这真是一趟让人伤脑筋的旅程。

在12月1日法案颁布之后，当天夜里，所有躲藏在圣文森特小镇的犹太人都绝望地开始上山前往阿迈村。伊塔洛·迪那（Italo Diena）和他那怀孕的妻子皮娅·埃丝特罗洛戈（Pia Astrologo）在米兰就已经通过艾达·黛拉·托雷认识了莱维。靠着提灯的光线，这对夫妇蹒跚着穿过积雪的森林。“我们都能听见黑暗中其他犹太人（南斯拉夫人？法国人？）的说话声和脚步声——他们都是为了这法案而出逃的。”[28]皮娅·埃丝特罗洛戈回忆。到了布鲁松镇之后，她和万达·马埃斯特罗会合，并且为她那弱不禁风的外表而吃惊。万达脸色苍白，面容消瘦而且惊恐不安。在布鲁松镇躲藏了11个月后，白天变得越来越短，而他们的情绪也在日渐低落。在12月中旬，党卫军将第十四党卫旅派驻到奥斯塔。他们听从新上任的奥斯塔省行政长官切萨雷·奥古斯托·卡纳兹（Cesare Augusto Carnazzi）的指挥。卡纳兹在投靠纳粹之前是一名律师，在距离米兰不远的贝加莫市为人打过官司。

卡纳兹的密探发现阿迈村游客数量反常。为什么里斯托罗旅店冬天还在营业？在12月10日或11日，卡纳兹命令一名密探渗透到这片地区。他想要摧毁驻扎在阿迈村的两支自封的共产党游击队。尽管他们号称是革命性的队伍，却纵容游击队员抢劫、强奸和报复。后来，莱维将这两支游击队描述为“抵抗运动的‘污点’之一，并且极为可疑”[29]。他不幸地赶上了卡纳兹报复性的间谍战。“否则我很可能不会被送进集中营。”[30]接下来，让我们根据战后对间谍的审判记录（保存在奥斯塔法庭档案中），对当时的事件进行一次回顾。

## 7

卡纳兹派出的间谍埃迪里奥·卡格尼（Edilio Cagni）化名为“雷纳托·雷迪”（Renato Redi）中尉。他1917年6月29日出生于热那亚。他原本是建筑系的大学生，而并非未受过教育的暴徒。寡廉鲜耻、狡猾谨慎，（据他的警察档案，）他是“盖世太保手段的重要门徒和效仿者”[31]。他的主要乐趣是用锤子拷打犯人，逼供真相。一名戴着手铐的犯人（约瑟夫·巴贝西诺）被带到卡纳兹长官办公室楼下的一间屋子。在那里卡格尼和“另外两名同伴”用锤子打烂了他的双脚。他充满军队的荣誉感，曾经随意大利“帕斯忒瑞亚”第五山地师在法国英勇作战。但他也是一名虐待狂。那支小游击队的队长吉多·巴赫，在战后这名间谍受审的法庭上，将卡格尼称为“萨罗法西斯共和国最危险的分子”[32]之一，是“罪大恶极”的罪犯。

卡格尼的两名助手分别是多米尼克·德塞格利（Domenico De Ceglie）和阿尔贝托·比安奇（Alberto Bianchi）。他们总是在不停地争吵。而利用他们之间的不和，卡格尼能够让他们服从于他的意愿（卡格尼的办法是分而治之）。以他们那摇尾乞怜般的，令人厌恶的密谋家式的做派，这三个人代表着意大利堕落的最终阶段：他们的忠诚，就像所有意大利党卫军一样，是献给阿道夫·希特勒的。

12月5日傍晚，渗透开始了。卡格尼伪装成一名反法西斯分子，在韦雷斯（Verrès）的斯波特咖啡馆里与女侍者聊天。他相信这家咖啡馆是那两支无法无天的共产党游击队中一支的基地。女侍者告诉他：“要是你想加入游击队，去布鲁松镇，就会有人告诉你该怎么做。”[33]布鲁森镇是卢西亚娜·尼希姆和万达·马埃斯特罗的藏身地。卡格尼急忙赶回去向卡纳兹长官报告他收集的情报。同时，他那野蛮的手下，多米尼克·德塞格利开着一辆小得可怜的菲亚特“小老鼠”（Topolino）载着成堆的武器弹药和“布尔什维克性质的传单”[34]来到了韦雷斯。所有这些都是为了赢得游击队的信任和更大的好感。卸下了这批红色宣传物之后，德塞格利开车前往中世纪的城堡小镇阿尔塞兹（Arcesaz）。据称有70名共产党游击队员和23名逃跑的同盟国军队的战俘躲藏在那里。在阿尔塞兹，卡格尼正等着他。当时是 12 月 9 日下午。

一开始，德塞格利并没有认出他的顶头上司卡格尼。因为卡格尼当时已经设法成了阿尔塞兹游击队的领导人。德塞格利当众交给“雷迪同志”（卡格尼）一包枪支和一捆共产党宣传物。这场戏骗过了所有人，包括从阿迈村下山来的奥尔多·皮亚琴察。接着卡格尼开始滔滔不绝地讲演。那些游击队员听信了他的话，把手榴弹扔进了河里。通过这种方法，他毁掉了阿尔塞兹游击队的弹药。同时，德塞格利准备渗透进莱维的队伍。而这个时候，莱维的队伍毫无防范之心。因为前一天晚上发生在弗鲁米村（Frumy）的事情让莱维和他的同志们还处于不知所措的混乱之中。那前一天晚上又发生了什么呢？

12 月 8 日夜，两名弗鲁米村的游击队员，在喝醉后下山去了文森特镇。他们受到了贝尔托（Berto）军士长的惩罚。贝尔托让他们到门外，站在雪里，然后“从距离 100—150 米的地方用一支贝雷塔机枪打死了他们”[35]。贝尔托从遗体上搜走了他们的证件（其中之一是个复员军人，乔瓦尼·贝托里诺），以便寄给他们的亲人。当天，人们显然不愿意讨论这件难以说清的纠纷，而它又如此强烈地配合了卡格尼那动摇军心的讲演。“看，现在是战争时期——极端的环境迫使人们采取极端的行动，”奥尔多·皮亚琴察说，“那两个小伙子擅自违反军纪。我们无法再信任他们。”[36] 游击队的执法毫无疑问是严厉的。而皮亚琴察对“必要的杀害”的辩解也常常能在今天幸存的老游击队员中间听到。

这正是游击战的阴暗面。莱维读过的所有关于荣耀的意大利复兴时期的书籍，他头脑中的美好梦想，在这件令人震惊的事件面前都变得毫无意义。两名游击队员被他们的战友处决了。这其中的荣耀在哪里？这场杀戮剥去了抵抗运动那纤薄的浪漫主义诱惑力。

## 8

12 月 10 日，星期五，埃迪里奥·卡格尼和他的手下多米尼克·德塞格利在布鲁松镇出席了一场重要的游击队会议。这是吉多·巴赫第一次见到这两个披着伪装的密探。卡格尼看起来平常无奇，个子不高，有着“相当亲密的表情”[37]，巴赫回忆。卡格尼的行为举止颇有教养而且相当严肃——“可以鼓舞周围人们自信心的那种人”。德塞格利有着亲切、特别讨人喜欢的外表，金发碧眼、干净利索。“我被德塞格利这样愚弄，甚至把我那双崭新的登山靴都送给了他！”[38]不仅如此。在之前两名游击队员受到枪决而引起的一种震惊状态之下，巴赫亲自请求德塞格利接替他作为阿迈游击队的领导人。今天巴赫一想起自己竟然受到法西斯间谍如此的愚弄，就感到懊悔之情“噬咬着他的内心”。“也许我们被俘是因我的过失。我们并不是真正的游击队员。我们只是一些逃亡中的犹太难民。”到现在为止，卡纳兹的密探已经拥有了他们所需要的摧毁阿尔塞兹、韦雷斯和阿迈游击队的全部信息。卡格尼和他的手下的渗透如此迅速、高效，直到今天，奥尔多·皮亚琴察也承认对他们的暗自钦佩之情。“他们极有能力地渗透到我们之中，有着相当的勇气。”[39]

由丝毫没有疑心的皮亚琴察带路，德塞格利在下午 2 点到达阿迈村。当天傍晚，这个间谍向驻扎在奥斯塔的卡纳兹长官报告：“皮亚琴察把我介绍给尼希姆先生（犹太人）、马埃斯特罗（犹太人）和莱维先生（犹太人）。”[40]他注意到游击队那少得可怜的弹药储备，里斯托罗旅店的准确地点以及客栈中的另外两名犹太人：斯卡瓦达（Scavarda）先生和另一位犹太人，“应该是巴赫的堂弟”（实际上是他的兄弟埃米利奥）。其实，斯卡瓦达才是都灵和阿迈之间的行动党联系人。不用说，德塞格利也有一个假身份：马里奥·迈奥利（Mario Meoli）。

德塞格利没有在阿迈村逗留太长时间，只住了两三天就赶在计划中的收网行动之前离开了。他像一阵风般开车回到了奥斯塔镇卡纳兹长官的驻地。并向他“递交了我那份内容丰富而翔实的报告”[41]。同时，在附近的一个游击队基地，在一场巧妙安排的夜间狂欢中，德塞格利的同伙阿尔贝托·比安奇让“叛军”们喝下了大量的格拉巴酒，以致这些游击队员连路都走不了，更不用说抵抗了。12 月 11 日，在皮埃蒙特的另一个地区，普里莫的叔叔恩里科·莱维度过了他的 64 岁生日。他是贝内瓦杰恩纳镇三兄弟中仅存的一人。他和家人在教士们的保护之下躲藏在亚历山德里亚（Alessandria）。莱维的舅舅古斯塔沃和科拉多，在意大利警察即将抓捕他们的时候，收到了同情者的预警，而带着家人逃进了都灵附近的蒙费拉托山（Monferrato）。他们一直躲藏在那里，直到战后。

星期天，12月12日的傍晚，万达·马埃斯特罗停在皮娅·埃丝特罗洛戈的棚屋前聊天，顺便拿上一些烤栗子。因为天快要黑了，“而万达看起来那么疲倦而苍白”，皮娅坚持让她留在那里过夜。但卢西亚娜·尼希姆凑巧在阿迈村，于是万达就去找她。“如果万达和我一起留下来，也许她就不会被捕。”[42]（这个悲伤而复杂的故事里充满了“如果”。）等万达到达里斯托罗旅店时，她发现莱维、尼希姆和奥尔多·皮亚琴察都围坐在火边。而火边还坐着一个她不认识的男人。那个人说他刚刚从一次前往瑞士的“令人惊悚的”的游击任务中回来。在战后的审判期间，人们才知道他是菲亚特总裁、行动党活动家奥雷利奥·佩西（Aurelio Peccei，后来成为世界闻名的环境保护主义者）。“但是，作为一个明智的人，佩西并没有和我们坐太久。”[43]莱维回忆。他匆忙离开了客栈，甚至连他的包都忘了拿。

在莱维作为自由人的最后一个夜晚，他对卢西亚娜·尼希姆讲述了一个他非常欣赏的生动而广泛的话题。这个话题就是维也纳著名的“会讲话的利比扎马”。这种马据说能用它们的蹄子拼写单词或“阅读”数字。“普里莫对一切都感兴趣。”[44]夜深了，而他仍然讲个不停。

星期一，12月13日早4点，共297名法西斯党徒，全副武装，从奥斯塔镇出发，去抓捕80多名游击队员。为确保万无一失，卡纳兹行政长官派遣了一支真正的战争机器，其中包括“比安科山”共和国第十二军团、黑衫党第十九旅以及几个百人队和德军作战单位，其中包括施密特上校。这些部队兵分几路，其中较大的一支队伍直奔阿尔塞兹镇，其余的部队则扑向阿迈村。天空中仍然下着小雪。但远处自动枪支的嗒嗒声打破了里斯托罗旅店的黎明：阿尔塞兹受到了攻击。

大约在清晨5点30分至6点，阿迈村的这家小客栈被包围了。50名法西斯士兵用布包住靴子以确保不会在雪地里发出一点点声响。他们悄悄爬上山，再陡然叫喊起来：“都不许动！”奥尔多·皮亚琴察跌下了床，睡眼蒙眬地从后窗向外望去，看到一支机枪正对着他。法西斯士兵从前后两面夹击客栈。15 名法西斯党徒进入客栈，搜捕“叛党”。他们可不是开玩笑。莱维在这场混战中被一拳击中面部。“你们也配叫意大利人！”[45] 他们的指挥官嗤笑着，“是我们解放了意大利。是我们在埃塞俄比亚浴血奋战！”房间中一片混乱。士兵们在浴室里抓到了卢西亚娜·尼希姆，她的身边到处都是被撕毁的反法西斯传单。莱维匆忙把自己和奥尔多·皮亚琴察的左轮手枪扔进炉子。危险的是，奥尔多的手枪里还有六发子弹。（“我只希望那个该死的东西不要在余烬里走火。”[46]）客栈老板埃莱乌特里奥·帕杰拒绝下床，声称一头骡子昨晚踢了他。法西斯士兵们用枪口戳他。而他的妻子蒂娜哭叫着与他们撕扯。

莱维的假身份文件证明他是从意大利南部来的“费列罗先生”。他并不走运：来自梅佐乔诺地区的一个民兵足以戳穿他的伪装。这里藏了多少叛军？角落里是谁的行李？莱维声称那些包是他的。他并不想让奥雷利奥·佩西牵连进来。后来，莱维说佩西肯定事先知道这场抓捕，但佩西也许只是运气好。

## 注释

1 “领袖的肠子！”：1993 年 5 月 15 日，卡米洛·特雷韦斯告诉作者。

2 “那并不是一件好事……”：1981 年 6 月 8 日，葛罗瑞亚·阿尔贝勃对莱维的采访，该采访内容之前未发表过。

3 “两点钟的时候……”：1992 年 9 月 17 日，尤金尼奥·真蒂利告诉作者。

4 “愚蠢的喜悦”：普里莫·莱维告诉作者。

5 “我是一个年轻的资产阶级和平主义者……”：同上。

6 “……9 月是充满了……”：1992 年 10 月 21 日，安娜·玛丽亚·莱维告诉作者。

7 “我们尽其所能……”：1993 年 9 月 8 日，朱莉娅·科隆博·迪娜告诉作者。

8 “德国人占领了火车站。”：同上。

9 “你们难道不知道你们处于危险之中吗？”：1993 年 3 月 12 日，吉多·邦菲廖利告诉作者。

10 “在萨罗共和国成立之后……”：1992 年 7 月 3 日，比安卡·乔德蒂·塞拉告诉作者。

11 “萨卡雷洛的占有者”：朱莉娅·科隆博·迪娜保存着这封信。

12 阿尔弗雷德·丁尼生：（Alfred Tennyson，1809 年 8 月 6 日—1892 年 10 月 6 日）：英国维多利亚时代最受欢迎及最具特色的诗人。他的诗歌准确地反映了他那个时代占主导地位的看法及兴趣，这是任何时代的英国诗人都无法比拟的。代表作品为组诗《悼念》。——译者注

13 “阿迈村是一个陷阱……”：1993 年 3 月 12 日，吉多·邦菲廖利告诉作者。

14 “就像没有牧羊人的羊群”：普里莫·莱维告诉作者。

15 “机枪声连续响了三天……”：1992 年 6 月 19 日，奥尔多·皮亚琴察告诉作者。

16 “自由意大利”：普里莫·莱维（新兵，N.12999）服役档案。

17 “……我们不得不……”：普里莫·莱维引自《天主教家庭》(*La Famiglia Cristiana*)，1975年7月20日，p.43。
18 “最阴暗的日子”：1980年6月26日，普里莫·莱维给保罗·莫米利亚诺（Paolo Momigliano）的信。
19 “我们都是愚蠢的孩子……”：1992年6月15日，奥尔多·皮亚琴察告诉作者。
20 “我能怎么说呢？……”：1992年9月18日，卡拉·孔索尼告诉作者。
21 “离开布鲁松……”：1993年7月9日，尤金尼奥·真蒂利告诉作者。
22 伊迪斯·琵雅芙(Edith Piaf,1915年12月19日—1963年10月11日)：法国最著名，也是最受爱戴的女歌手之一。——译者注
23 “万达聪明而亲切……”：1992年9月21日，卢西亚娜·尼希姆告诉作者。
24 “……相互紧紧抱在一起取暖”：1992年11月19日，奥尔多·皮亚琴察告诉作者。
25 “普里莫一直问我……”：1992年9月21日，卢西亚娜·尼希姆告诉作者。
26 “只要有一个婚姻登记员……”：1995年3月30日，莉亚·塞格雷告诉作者。（在文森特小镇的市政厅档案中仍然可以找到这场婚礼的相关记录。其婚姻证明上，利维奥·诺尔兹的名字仍然清晰可辨。）
27 “它几乎能以假乱真”：普里莫·莱维告诉作者。
28 “我们都能听见黑暗中……”：1995年5月9日，皮娅·埃丝特罗洛戈告诉作者。
29 “抵抗运动的……”：1981年6月8日，葛罗瑞亚·阿尔贝勃对莱维的采访，该采访内容之前未发表过。
30 “否则我很可能不会被送进集中营”：同上。
31 “盖世太保手段的重要门徒和效仿者”：奥斯塔特别法庭关于埃迪里奥·卡格尼的警方资料；1945年7月28日，由警察部长T. 理奇亚蒂签署。
32 “萨罗法西斯共和国最危险的分子”：1945年7月13日，吉多·巴赫对卡格尼的当庭作证（口头形式）细节。
33 “要是你想加入游击队……”：1946年1月18日，奥斯塔特别法庭对卡格尼的审讯记录。
34 “布尔什维克性质的传单”：摘自1944年3月7日，德塞格利给奥斯塔法西斯省政府的报告。
35 “从距离100—150米的地方……”：1944年1月11日，法西斯警察在奥斯塔对奥尔多·皮亚琴察的审讯记录。
36 “看，现在是战争时期……”：1992年6月15日，奥尔多·皮亚琴察告诉作者。
37 “相当亲密的表情”：1992年6月14日，吉多·巴赫告诉作者。
38 “我被德塞格利这样愚弄……”：同上。
39 “他们极有能力地渗透……”：1992年6月14日，奥尔多·皮亚琴察告诉作者。
40 “皮亚琴察把我介绍给……”：摘自1944年3月7日，德塞格利给奥斯塔法西斯省政府的报告。
41 “……我那份内容丰富而翔实的报告”：同上。
42 “如果万达和我一起留下来……”：1995年5月9日，皮娅·埃丝特罗洛戈告诉作者。
43 “……作为一个明智的人……”：1981年6月8日，葛罗瑞亚·阿尔贝勃对莱维的采访，该采访内容之前未发表过。
44 “普里莫对一切都感兴趣”：1992年9月21日，卢西亚娜·尼希姆告诉作者。
45 “你们也配叫意大利人！”：同上。
46 “我只希望……”：1992年6月14日，奥尔多·皮亚琴察告诉作者。

# 十

# 监禁岁月

（1943—1944）

## 1

在雪中蹒跚着，这些俘虏在法西斯士兵的押送下走出里斯托罗客栈，下山前往布鲁松。佩西沉甸甸的包压负在莱维的背上，让他毫无逃走的希望。在下山途中，万达·马埃斯特罗考虑过逃走，但以前当过兵的奥尔多·皮亚琴察警告她："在这雪里还没等跑出10尺，就会有10颗子弹打进你的后背。"[1]莱维想起自己身上的通讯录中还记着许多游击队员的姓名和地址，便设法把笔记本藏进了雪里。在布鲁松镇，这些戴着手铐的"叛党"被押到目瞪口呆的村民面前示众，然后被推上了一辆卡车，送往32公里外的奥斯塔镇。在阿尔塞兹抓获的俘虏也已经被押上了另一队卡车。虚张声势，这些法西斯党徒一边高唱着法西斯的颂歌，一边把手雷高高地抛出快速行驶的卡车。他们的战果真是有些令人悲哀：两个脆弱的姑娘、一个皮包骨的化学家和一个孤儿——奥尔多·皮亚琴察——他唯一的愿望就是和他的姑姑一起过圣诞节。驻扎在奥斯塔镇的切萨雷·卡纳兹行政长官，过高地估计了莱维所属的游击队的力量。

客栈老板埃莱乌特里奥·帕杰和他的妻子蒂娜·帕杰被允许继续经营他们的里斯托罗旅店。但在游击队的暗语中，这家旅店已经"被烧毁了"[2]——意思是它不再安全了。这片地区所有的犹太人都尽快离开了他们的藏身之处。已经怀孕六个月的皮娅·埃丝特罗洛戈苦苦等到了天黑，才跟随她的丈夫逃向都灵。卢西亚娜·尼希姆的父母戴维达（Davida）和切西拉（Cesira）在当地教士朱塞佩·佩亚坎（Giuseppe Péaquin）的帮助下逃到了瑞士。

## 2

间谍埃迪里奥·卡格尼足以为他在战争时期的工作而自豪。这是在意大利德军占领区对反法西斯分子的第一次大规模抓捕。而且这是一次成功的行动。一个月后，1944年1月11日，卡纳兹行政长官给墨索里尼的秘书乔瓦尼·多尔芬发去了一封自吹自擂的报告：阿迈村已经被“夷为平地”，“六名叛军”被杀，还有两名“叛军”掉下了（实际上不存在的）山涧。这份报告中还有其他许多言过其实的谎言。“我们从根本上消灭了皮埃蒙特地区的有组织的政治颠覆活动。”在两个月的搜捕和严刑拷问之后，卡纳兹行政长官能够向纳粹占领军再交出45名“反意大利罪”的罪犯。同时，卡格尼在都灵渗入了一个庞大的反法西斯网络。他伪装成一名游击队员，试图诱捕行动党领导人卡米尔·雷诺（Camille Reynaud），但雷诺翻过结冰的屋顶逃走了。

## 3

奥斯塔是一座灰色的城镇。它建成于罗马时代，有着凯旋门和圆形竞技场。位于考尔良圣马丁街（Corso San Martin de Corléans）的“切萨雷·巴蒂斯提”兵营入口处，两只石鹰怒目而视。莱维（以他的假名“费列罗先生”[3]）被关押在这里。被关进单人牢房的他打算声称对抵抗运动毫不知情。按照新成立的萨罗共和国的命令，所有战俘都要被枪决。莱维在一间简陋的牢房里等待着他的命运。在这间牢房里，只有一张简易木床和草垫子，一个马桶和一张床头桌。在被关押的24小时内，审讯就开始了。一名盖世太保军官逐个审问犯人，而一名意大利党卫军则作为他的翻译。这名德国人在寻找犹太人和其他所谓的“帝国敌人”[4]。随着一扇扇门被打开又锁紧，莱维被推搡着带进了审讯室。在这里，这名盖世太保向声称自己无罪的莱维提出一个又一个问题：你在偏僻的阿迈村干什么？你肯定不仅仅是逃避轰炸！莱维坚持否认与游击队有任何联系。他说他在阿迈村是为了和朋友们一起滑雪和狩猎。

在第二天早晨，法西斯再次开始审讯犯人，迅速而卓有成效。这次的审讯官是围捕客栈的指挥官、百人队长费罗（Ferro）。费罗并不接受莱维的否认，而是开始与他讨价还价：“如果你是一名叛军，我们会让你站在墙边挨枪子。如果你是一个犹太人，我们只会把你送进意大利的集中营。”[5]他试图安慰莱维：“你什么事都不会有。”据说费罗是一个宽厚的人，有着良好的信仰。过了几天，“费列罗先生”退让了，宣称自己是叫作普里莫·莱维的犹太人。对于莱维，骄傲地承认自己是犹太人也许让他想起了先知约拿的启示：“我是一名希伯来人。”卢西亚娜·尼希姆和万达·马埃斯特罗也早已筋疲力尽，无法面对接下来的审讯，纷纷承认了自己的犹太血统。

只有在一个小时的早操时间中，这些同志才能相互见上一面。5点之后，任何人不得离开自己的牢房。笔墨是被禁止的。两天之后，奥尔多·皮亚琴察设法用一把剃刀拧掉了牢房门锁上的螺丝。通过一个密码本（用铅笔在特定的字母下面画线，以形成关键词），或者用勺子敲打铁管，他把他的进展告诉了莱维。莱维曾经考虑过用指甲挫锯断铁栅来逃跑——一个男孩的逃亡梦想。在早操的一个小时中，莱维遇到了逃避萨罗共和国征兵令的逃兵，以及因为违反战争时期戒严令而入狱的犯人。许多人受到了拷打。一些人因为严刑拷打而满身伤痕。

现在莱维更愿意承认自己是一名犹太人，而不愿作为一名游击队员去冒被枪毙的风险。接下来的审讯由纳粹密探埃迪里奥·卡格尼（就住在奥斯塔军营）负责。在审讯室，“雷迪中尉”告诉莱维他其实是一名间谍。这让卡格尼占据了优势，并让恐惧控制了莱维。他只比普里莫大两岁。他用时髦的拷打术——一根橡胶棍来恐吓莱维。然后，他把一支手枪放在桌子上，开始以展示武力的恫吓手段绕着莱维转圈子。有时，卡格尼在冲着犯人大喊大叫之后，又会突然使用温和的语气，理智地对他讲话。他热心地模仿着盖世太保的手段。卡格尼知道从莱维身上得不到什么情报。他也知道莱维的游击队多么缺乏人员和武器装备——他只是喜欢权力的滋味。

莱维将被送到意大利北部的一个叫作福索里（Fossoli）的集中营。在里斯托罗旅店，和他一起被捕的两名犹太人，卢西亚娜·尼希姆和万达·马埃斯特罗也将被押送到那里。奥尔多·皮亚琴察（非犹太人）和游击队长吉多·巴赫（犹太人）则被起诉犯有“政治颠覆罪”。巴赫和莱维一样，当天早晨在弗鲁米村被捕。因为当天有七名“叛军”设法逃离了弗鲁米村，愤怒的法西斯士兵把巴赫推到墙边装作要枪毙他。那天早晨巴赫并不走运，因为法西斯在他身上搜到了一把枪。携带自动武器将遭致死刑。在都灵的国防部特别法庭上，巴赫和皮亚琴察已经准备去面对行刑队。结果，他们通过有势力的朋友贿赂了法官，得以作为狱吏在奥斯塔度过剩下的战争岁月。

莱维的朋友们通过各种渠道收到了他被捕的消息。万达·马埃斯特罗的兄弟奥尔多在米兰收听法西斯电台，听到法西斯党徒在奥斯塔峡谷围剿了一批“犹太反意大利分子”。虽然电台并没有提到姓名，但广播里提到在其中一名犯人身上搜出了一些英镑。而奥尔多最近给了他的妹妹一些英镑。该怎么办？他在一个假身份的掩护下到“切萨雷·巴蒂斯提”兵营去探视她。为了让万达不要露出马脚，他抢先对她说：“早安，小姐，是您哥哥让我来的。”[6]奥尔多发现事情比他预想的要简单得多，却也严重得多——他的妹妹将被转移到一座集中营。自从被关进监狱之后，万达的健康状况已经受到了严重影响。疲劳、营养不良和腹泻摧毁了她的身体，她的体重大大减轻了。在一名狱卒的监视之下，这对兄妹在走廊里谈了一个小时：没有任何办法能让万达免除牢狱之灾。

莱维被捕的时候，安娜·玛丽亚·莱维正在都灵。她联系了传奇般的反法西斯活动家皮耶罗·科贝蒂的遗孀阿达·科贝蒂（Ada Gobetti）。她也许有办法营救莱维。纳粹-法西斯党徒从来没想到阿达在都灵的住处（现在著名的法布罗街 6 号）就是行动党的神经中枢。在那里，这位英勇的女性为需要庇护的反法西斯战士们经营着一张由安全屋组成的网络。她为安娜·玛丽亚提供了一张舒适的床铺，但营救她的哥哥却是不可能的。安娜·玛丽亚以为普里莫必死无疑了。她后来成了一名非常英勇的游击队员，常常将秘密文件偷运过德军的检查站。

莱维的表亲，艾达·黛拉·托雷得知莱维被捕的消息时，她正在伊弗雷亚镇的奥利维蒂公司总部工作。她立刻联系她的未婚夫西尔维奥·奥尔托纳。他当时正在附近的比耶拉的一支加里波第游击队中。奥尔托纳也帮不上什么忙。他的建议是绑架当地一名法西斯要人，并提出与莱维交换。这个计划只会带来更大的麻烦。

当卢西亚娜·尼希姆那还未成年的妹妹汀蒂（Dindi）试图到奥斯塔镇的兵营里探视她的姐姐时，百人队长费罗向她大喊：“滚出去！”原本，费罗应该把身为犹太人的汀蒂抓起来，并查出她的父母的藏身之处。但他正在保护卢西亚娜——他爱上了她。早在从布鲁松开往奥斯塔的卡车上，他就建议她，对于那些在里斯托罗旅店没收的反法西斯宣传物不要说真话："就说它们是药房的传单。"[7]后来，在一场热情的告白中，费罗请求尼希姆和他一起从兵营中私奔。"和一个法西斯？永远别想！"尼希姆再没有听到过他的消息，直到战后才知道费罗已经被游击队处决了。

1944年1月17日，莱维、马埃斯特罗、尼希姆被捕的第36天，他们被转移到一座较小的兵营——"玛蒂娜"（The Mottina），紧挨着奥斯塔的大兵营。他们在那里被关押了三天，等待被送往福索里。所有的犯人都是犹太人：在莱维的人生里，这是第一次在肉体上与"雅利安"社会隔离。尼希姆在那里第一次听说了纳粹的种族灭绝。一群南斯拉夫妇女告诉她在德军占领下的克罗地亚，德国人如何把犹太人关进密闭的车厢里，再用一氧化碳使他们窒息而死。尼希姆回忆，她和莱维都不相信这个消息："那样的暴行令人难以置信，我们把它当作笑谈而抛在脑后。"[8]在这些被监禁的南斯拉夫人中，有斯拉瓦·劳施（Slava Lausch）和古里耶摩·劳施（Gugliemo Lausch）夫妇，以及他们那30岁的女儿奥尔加（Olga）。他们后来都被送进了毒气室。

在"玛蒂娜"关押了三天之后，1月20日，莱维和难友们被移交给警察。这些警察对他们非常客气，把他们送到了奥斯塔车站。在那里，一列普通的三级普尔曼列车正等待着他们。他们即将踏上漫漫旅程，前往东方的福索里。到下午，列车到达了基瓦索（Chivasso）。这里距离都灵只有几公里，天空阴沉，狂风怒号。在1月的黄昏中，莱维能远远认出安托内利尖塔那针尖状的塔尖。这个场景永远铭记在他的心中："就在那时，我与自己的过去永远告别了。"[9]从基瓦索到福索里还有400公里。好几次，当列车减速的时候，莱维和尼希姆都想趁机跳下车去：在他们与自由之间只隔着一道不堪一击的格栅。但他们不能抛下万达。她现在无论在情感上还是身体上都已经非常脆弱。尼希姆向我解释了他们的决定："在纳粹的统治之下，情况是不同的。在我们要去的地方，并没有乐善好施的道德的容身之地。在那下面，对于被蹂躏者的同情并不存在。但在火车上，我们仍然是人类，而且似乎相当自由：所以我们不能抛下万达。"[10]

## 4

福索里是位于意大利繁荣的摩德纳省（Modena）中心地区的一个名不见经传的小村子。在 1944 年，它是纳粹-法西斯关押犹太人的主要中转营。对于德国人而言，福索里是一处理想的铁路中转站，从这里可以方便地经勃伦纳山口北上到达位于波兰的屠场。最近的镇子是卡尔皮镇（Carpi），一座文艺复兴时期建立的小镇，距离集中营的铁丝网只有五公里。1955 年，在福索里建立起一座纪念碑，以纪念那些被送往死亡营的犹太人。但今天那些木屋早已破败荒废，一座座石制建筑也变成了满地的碎石瓦砾。法西斯建立这座集中营原本是为了关押在北非俘虏的盟军作战人员。等到莱维到达时，大多数英国和新西兰的盟军人员都已经被转移到德国干苦工。而福索里已经成了关押犹太人的集中营。到 1944 年 7 月，它仍然在正常运转。从这里送走的最后一名犹太人是弗朗茨·卡夫卡[11]的德国爱人玛格丽特·布洛赫（Margarethe Bloch，“格蕾特”）。她在 1938 年从柏林逃到了意大利，寄希望于墨索里尼的反犹主义一直维持在“意大利式”的混乱状态。布洛赫小姐后来在奥斯维辛遇害。

集中营里的犹太人绝大多数都是意大利人。在德军占领区被捕后，他们从米兰或都灵监狱被转移到福索里。一开始，28 座营房里有八座营房用于关押犹太人。然而，在莱维被拘留期间，这个数字已经随着纳粹对犹太人的大肆逮捕而急剧增加。其余的营房用于关押意大利政治犯和普通罪犯。一块写着“危险区”的牌子提醒当地人福索里受到严密的封锁。在官方文件中，这里是由意大利人监管。但在实际上，这是德国纳粹的集中营。从这里，犹太人走向他们的死亡。

福索里的指挥官，多米尼克·阿维塔比莱（Domenico Avitabile）委员出生于那不勒斯，以前是一名警察。他和集中营里的犯人关系不错。他那亲切热情的举止让他们对自己的处境感到安心。在单人牢房里度过了一个半月的监禁生涯，万达·马埃斯特罗很高兴来到这里。集中营里为数不多的英国战俘和非犹太裔的南斯拉夫人成了她的密友。万达很快胖了起来，并重新开始吸烟。晚上，她会玩牌或读书。莱维对她的爱慕现在似乎开始有了回报，尽管并非是在肉体上，但他们之间的爱意正浓。2月4日，她给在米兰的表妹内拉·“贝内代托”（Nella “Benedetto”，真实的姓氏是“德·贝内代蒂”）发去了她将给她发去的多张明信片中的第一张。

> 亲爱的内拉：
>
> 这里的氛围真的不错……犹太群体大多无聊透顶，那些雅利安群体，棒极了。如果你能给我寄一个邮包，我希望（如果可能的话）能有一两双鞋子和两套衣服。那些旧的，也就是，你不再穿的那些——它们会非常合身，因为我现在开始胖起来了。还有，一条毛巾和一条桌布……你千万不要为我担心。我等了一个多月才到了这里。我可以向你保证，到这里的时候，我真是大大地松了一口气。如果你见到安娜·玛丽亚（她是普里莫的妹妹），告诉她普里莫很好，请她给我写信……急需：好的香皂和洗衣皂！

这里允许探视。在假身份的掩护下，万达的哥哥奥尔多能够把精致的新运动鞋透过电网送给他的妹妹。此后，他再也没有见过她。

尼希姆回忆，尽管阿维塔比莱委员有着腐败而暧昧的个性，但他那松懈的管理让集中营具有“古怪的人性”[12]。“只要我在这，”他告诉那些他看管的犹太人，“你们就都会安然无恙。”如果犯人有钱，他们可以从他那里获得香烟或信纸。作为性交易的回报，他看管之下的一些犹太女孩可以去卡尔皮镇看牙医或洗澡。一些女孩甚至可以去摩德纳做头发。莱维非常喜欢阿维塔比莱。在战后，他试图和他见面，却没有成功。

集中营鼓励八座营房中的每一座都选出一名发言人，以确保新来的犯人受到欢迎并安心适应环境。卢西亚娜·尼希姆当选为她所在的女监的代表，负责安慰那些焦虑的母亲和哭闹的孩子。在白天，男女之间并没有隔离。家庭有各自的私人空间。他们可以在其中存放他们的私人物品。每个犯人每天都能领到定额的意大利面、米饭、油和猪油，并在一个巨大的中央食堂里共同用餐。大家会把钱财聚积起来以购买急需的额外食品：有钱的犯人每天会从卡尔皮镇来的小贩那里购买美食。在其他许多方面，这种邻里相助的精神都得到了加强。当阿维塔比莱向莱维的一位“结实的年轻朋友”提出举行一场拳击赛的挑战时，这件事被称为“一场友好的体育赛事”[13]，而不会像在党卫军的监管之下被当作一场当众的羞辱。人们靠着临时拼凑的桌椅和成绩单成立了一座学校。犯人有特殊需要时可以给朋友写信。卢西亚娜·尼希姆就高兴地收到了一个箱子，里面装满了她所要求的衣物和其他生活必需品。

犯人们试图维持一种表面上的正常生活。在家人和朋友的围绕之中，日子像往常一样进行下去。尼希姆甚至在集中营里参加了医学系的毕业考试（通过通信回答考试问题）。而莱维还给他过去的物理学教授尼科伦·达拉波塔博士寄去了几张明信片。虽然宿舍中装备了暖气，但 1944 年的冬天非常温暖。因此万达在给表妹内拉的信中写道：“很少有不舒适的时候。”但阿维塔比莱表面上的亲切近人，以及他的营房里那轻松自在的氛围，都是一个陷阱。事实上，福索里是德军占领之下的意大利法西斯政策的一个缩影——意大利犹太人都被墨索里尼所营造的安全假象所蒙蔽。“最高领袖”并没有坚持他那对于犹太种族的歧视——直到最后时刻来临之前，意大利犹太人都抱着这样的幻想。但现在他们已经来不及离开了。

在福索里的许多犹太人都是在试图穿过危险的山区进入瑞士时被捕的。来自都灵的医生李奥纳多·德·贝内代蒂（Leonardo De Benedetti）比莱维早一个月被投入集中营。在 12 月初，他在亲友的陪伴之下，随着一群南斯拉夫难民离开都灵，并到达了卢加诺湖（Lake Lugano）畔高山上的瑞士边境。“我们剪开铁丝网，下山进到林子里，”他们中的一个，西蒙·富比尼（Simone Fubini，当时 13 岁）回忆道，“情况很糟。李奥纳多的母亲自肩膀以下失去了知觉，奄奄一息。”[14] 瑞士哨兵毫无同情之心。他们声称只有 65 岁以上的难民、孕妇、病人，以及带着 12 岁以下儿童的父母可以进入中立的瑞士。其他人只能沿原路返回被德军占领的意大利。多年之后，李奥纳多·德·贝内代蒂一直后悔没有骗瑞士哨兵说他的妻子怀孕了。他被迫把他那 80 高龄的母亲福尔图娜塔·德·贝内代蒂（Fortunata De Benedetti）留在了瑞士。而她再也没有见过她的儿子。他和妻子约兰达回到了意大利。还没等他们在兰佐丁泰尔维（Lanzo d'Intelvi）的旅馆里打开行李，就被意大利法西斯逮捕了。

李奥纳多·德·贝内代蒂，40多岁，传统、热心、缺乏幽默感。他的妻子约兰达来自都灵附近一个有钱的地主家庭，是第一位在公共事务中取得杰出成就的意大利犹太人艾萨克·阿尔托姆（Isaac Artom）的远亲。她的名字来自意大利萨伏依王朝的约兰达女公爵。这位贵族允许犹太人居住在他们想居住的地方。我们现在仍可以找到德·贝内代蒂从福索里寄出的信件。通过褪色的红褐色墨水，这些信件对集中营里的生活以及其神秘的骗术做出了深刻的刻画。大多数信件是寄给约兰达的妹妹艾尔莎（Elsa）的。她当时正带着她那尚在襁褓中的小儿子躲藏在亚历山德里亚省（皮埃蒙特地区）的一家旅馆中。偶尔，带着格外的小心谨慎，约兰达会使用希伯来密语（比如用"manordi"代指金钱）来表达紧迫的需要。通过这种方式，她收到了现金、贵重的羊毛衫、全新的布料、罐头。

作为一名高雅的女士，约兰达在集中营里一直努力维护自己的尊严，并让生活具有意义。"我们几乎习惯了这种非常简朴的生活。只要有机会，我们都会相互帮助。日子都还过得去。因为那个时候，我们并不想要任何东西。"在闷热的、充满蒸汽的厨房里，她每天为60名犯人做饭。而她的医生丈夫李奥纳多则在营里收集木柴。在给可信任的天主教中间人阿洛科（Alocco）先生的信中，李奥纳多写道："这里并不缺少好朋友，日子过得飞快而且非常平静。"集中营里邻里相助的亲密关系带来了虚假的安全感。

友情和亲情是集中营里的命脉。约兰达被捕后不久就遇到了两个威尼斯人。她发现他们恰好是她姑妈的表亲（姻亲关系）。这次相遇让她非常高兴。她在给妹妹的信中写道："我们在这里并不感到孤独。几乎每个人都是朋友或认识我们的某位亲戚。"普里莫·莱维也在集中营里与他的旧识佛朗哥·萨切尔多蒂（Franco Sacerdoti）重逢。萨切尔多蒂是一位年轻的那不勒斯人。他在1938年种族法案颁布后不久从那不勒斯来到了都灵。佛朗哥在都灵帮他的叔叔打理布料生意。在1942年的强制劳役期间，他认识了莱维。萨切尔多蒂的故事同福索里集中营里所有的犹太人一样不幸。没有人确切知道他是如何被捕的。今天，亲戚们说他冒险离开了藏身之地，去都灵取他妻子的皮草大衣，但因为有人告密而被守在那里的党卫军逮个正着。他的10个兄弟姐妹都安然无恙地住在同盟国控制之下的那不勒斯。他们到战后才得知他的消息。他在1941年刚刚新婚。在一张他和16岁的新娘努奇·特雷韦斯（Nucci Treves）共度蜜月的照片上，他戴着时髦的软呢帽，穿着卷腿裤，而努奇穿着花裙，戴着配面纱的软帽。现在佛朗哥已经身陷囹圄。他不敢写信把这件事告诉努奇。

集中营里大量儿童的存在让犹太人相信对他们的囚禁仅仅是善意的。大多数犹太人希望在战争期间，他们能一直被囚禁在这里，直到同盟国取得最终的胜利。这个地方并非那么糟糕：在电网和看守塔的那边是辽阔而美丽的农田。约兰达喜欢逗五岁的伊米莉亚·莱维（Emilia Levi）玩。伊米莉亚的家庭显然在瑞士边境被人出卖了。在福索里的伊米莉亚的快乐更促使约兰达在信中告诉她的妹妹一切都平安无事，真的“完全没有什么好担心的”。

## 5

即使阿维塔比莱委员在表面上也许是一个善良的管理者，但福索里却是一座集中营，专门用于关押那些试图逃离纳粹魔掌的欧洲犹太人。到2月初（普里莫·莱维已经在集中营度过了两周时间），在福索里几乎有四分之一的犹太人是外籍犹太人。其中一些人来自的黎波里（Tripoli）——纳粹征服的利比亚。没有为意大利的冬天做好准备的他们在单薄的衣服下瑟瑟发抖。德国、奥地利或南斯拉夫难民，从他们的家里被带走已经长达三年，甚至四年之久，仍然穿着被捕时的衣服。他们无法获得布料或洗漱用品，并且几乎不会说意大利语。在那些更富有的意大利犹太人眼中，这些外国人所展现的是一幕悲惨而绝望的景象。他们宛如不祥的预兆，警示着即将到来的噩运。

整个2月，新犯人不断到来。他们的人数太多，让福索里集中营几乎无法完全容纳他们。设计用来关押一百名犯人的牢房中，人数很快达到了这个数字的两倍。不安开始在犯人间蔓延。理论上，意大利警察掌控着这座集中营，因为阿维塔比莱委员只接受摩德纳省行政长官的命令，而不是德国党卫军的指派。但阿维塔比莱所接到的关于他治下的这些犹太人的命令却有些含糊。即使他并没有直接参与纳粹的围捕计划，他也一定知道福索里集中营会在某个阶段被清空。从 2 月 1 日起，在纳粹文件中就将福索里集中营称为监管与中转营。这意味着这些犹太人正处在走向死亡的中转站。

1944 年 2 月 17 日清晨，一位来自萨拉热窝（Sarajevo）的年轻数学家西尔维奥·巴拉巴斯（Silvio Barabas）随着新的一批犹太人到达福索里。他被带到了阿维塔比莱委员的办公室，同其他新来的犹太人一起进行了登记。气氛相当友好。阿维塔比莱轻松地对巴拉巴斯说："欢迎来到福索里，虽然我不能说很高兴在这里看到你。"[15] 就在这时，新上任的集中营德军司令官走进了房间，而阿维塔比莱的动作变得僵硬，仿佛变成了另外一个人。党卫军军士长汉斯·哈格（Hans Haage）礼貌地站在一边观看登记过程。随着犹太犯人的队伍缓慢地向前移动，巴拉巴斯听到一名犹太女人哀求阿维塔比莱说她有一半"雅利安"血统。这时，那名德国人大声驳斥道："光说你的母亲是雅利安人可不行！你得向我证明这一点！"[16] 巴拉巴斯和其他犹太人现在明白了到底是谁说了算。

德国人马上就要接管福索里的消息很快传遍了整个福索里。而万达·马埃斯特罗的信也蒙上了一层阴郁的色彩。其中的一封信，写于 2 月 15 日，像往常一样寄给在米兰的表妹内拉：

最亲爱的内拉：

也许我不该在这时候给你写信，因为我的心情正变得越来越糟。我所挚爱的亲人们都离我那么遥远。谁知道我还能不能再见到他们？这个想法让我非常伤心。我总是梦见他们，也总是在思念他们。人们给我带来的都是坏消息……我求你不要厌烦我。我不知道以后还会不会打扰你。

万达之前的信件中总是充满着乐观的态度。但随着监禁生活的压力和不确定感与日俱增，她也渐渐失去了心理平衡。

2月20日，到达福索里四个星期之后，莱维第一次看到了德国人。四五名党卫军士兵在集中营里巡视。有人听到一名党卫军用糟糕的意大利语评论道：营地挺大，却没有木柴！[17] 莱维将此理解为德国人将给犹太人分配更多的木柴。在党卫军的巡视过程中，阿维塔比莱一直大声抱怨着厨房的恶劣状态以及营区的缺医少药。这一切都只是虚张声势：根据德国人的命令，营区的条件越来越差，几近于中世纪的状态。哈格军士长，是一个"披着人皮的狼"[18]，莱维回忆。他一来到营地，就关闭了犹太人的临时学校。家庭不再能够团聚。信件也被截取。同情犹太人的阿维塔比莱，也被有效地挤出了营区的管理层。新的集中营司令部听命于弗里德里希·博斯哈默尔（Friedrich Bosshammer）——党卫军在意大利负责犹太人事务的长官。博斯哈默尔原本是莱茵兰-威斯特法利亚地区（Rhineland-Westphalia）的伍珀塔尔市（Wuppertal）的一名律师。他的命令总是非常准确。坐镇于维罗那市的大司令部，他是所谓的"桌面杀手"之一——靠着笔头就决定了成千上万人的生死。

在1944年的冬季，博斯哈默尔加紧了对北意大利犹太人的控制。当莱维在1月20日来到福索里时，营区只关押了不到200名犹太人。到2月初，这个数字迅速上升，以致新来的犯人不得不睡在地板上。在理想的情况下，如果要让一次转移符合"经济可行性"，那么就要求被转移的犹太人数量达到千人以上。因此到2月中旬，福索里的犹太人数量已经从最初的200人上升到700人。博斯哈默尔毫不浪费时间，立刻要求哈格军士长准备一份福索里集中营的"转移名单"，并在文件上标上"紧急"字样以发给他。今时今日，党卫军与意大利国家铁路部门的那次冲突早已无迹可寻，但哈格一定曾经要求意大利铁路部门的负责人为这次即将到来的"转移"准备适当数量的货车车厢。反过来，法西斯行政部门也不得不确保直到奥地利前线的所有铁道路岔、道口和信号都保持在适当的工作序列。

## 6

2月21日早晨，哈格向犯人们宣布，他们将在明天清晨离开福索里，去往“帝国的领土”。他没有给他们留下任何时间用于恐慌或计划逃跑。党卫军建议犯人们准备毛衫、毛毯和皮毛大衣，因为他们将去往“一个寒冷的目的地”。在给出这个建议的时候，党卫军的态度是公正的，甚至友好的（李奥纳多·德·贝内代蒂回忆，“还眨了一下眼睛”[19]）。犯人们也应该带上他们的现金和珠宝，因为这些东西也许会在他们派去“工作”的地方用得着。对于他之前管辖的犹太人，阿维塔比莱只能重复德国人的谎言，告诉犯人们将在德国干苦役。“我们中没人想过我们全部（或者大多数）将要死去。”[20]意大利犯人奥尔多·莫斯卡蒂医生（Dr. Aldo Moscati）回忆。2月21日晚，营区加派了岗哨并进一步严明纪律：每有一名犹太人试图逃跑，将枪毙10人作为惩罚。

随着马上就要“转移”的消息传出营地，人们试图最后一次联系在集中营里的亲友。佛朗哥·萨切尔多蒂的一名天主教亲戚亚拉·马内尔巴（Ala Manerba）带着给养品在大雾天里骑行了50公里。集中营里的一名犹太诗人阿图罗·福阿的姐姐阿梅莉亚·福阿（Amelia Foà）在一个“雅利安”假身份的掩护之下，带着食品赶到了索福里。万达给米兰的表妹寄出了最后一封信：

> 最亲爱的内拉：
>
> 我没有收到你的来信，所以颇有些不安。也许你的一些来信寄丢了。如果你在信中提到过一些重要的事情，请再对我说一遍。你能不能把艾达姨妈常吃的安眠药（你可以把它放在两瓶“凡拉蒙”里）寄给我。这个药挺不好找，但我会永远感激你……真的没什么好说的了。

那种安眠药实际上是一种巴比妥类药物。万达的姨妈在一次可怕的交通事故后就用这种药结束了自己的生命。这种药可以放在无害的“凡拉蒙”

阿司匹林药瓶里。万达永远没有收到巴比妥。她的最后一封信在 2 月 23 日通过了集中营的审查。但在那时候，她已经登上了原本用于装运牲畜的列车车厢。

随着 2 月 21 日的太阳落下，恐惧在福索里集中营里蔓延。当女人们为孩子洗晾衣物时，营区里响起了低沉的唱圣歌声和哀叹声。吉多·达拉·沃尔特（Guido Dalla Volta），这位 50 岁的药店老板，也是一名犯人队长。仍然穿着竖条纹商人西服的他把同营房的犯人们召集在一起。“作为犯人队长，我也许该说些振奋人心的话，但我更想跟你们直说：我很绝望。”[21] 在这个可怕的日子，至少有四名犯人度过了他们的生日。1894 年 2 月 21 日出生于热那亚的阿图罗·沃拉布利加（Arturo Valabrega）在意大利-瑞士边境被捕。法西斯警察逮捕了在威尼斯土生土长的 57 岁的艾玛·维塔（Emma Vitta）。阿尔贝托·里卡多·斯皮茨（Alberto Riccardo Spitz）在科莫湖边被捕，同样也度过了他的 57 岁生日。埃洛伊莎·拉娃（Eloisa Ravà）在那一天正好 66 岁。她就出生在索福里附近的摩德纳。同其他三位犯人一样，她的生命只剩下五天了。

奥尔多·莫斯卡蒂，那名犹太医生，为那个“毫无希望”的夜晚，那个带着某种兽性的夜晚发出了一声哀叹：“女人们通常摆在男人面前的壁垒崩塌了。人们之间现在可能发生任何事情。”[22] 卢西亚娜·尼希姆在佛朗哥·萨切尔多蒂的胳臂间睡着了，哪怕他是一个已婚的男人。佛朗哥是一个“英俊的男人”[23]，她记得，有着蓝眼睛和温柔的动作。尽管尼希姆已经和另一位佛朗哥（行动党活动家佛朗哥·莫米利亚诺）订婚了，但她仍然被这个高高的那不勒斯人所吸引。在许多方面，他们之间的爱情都是不可能的（一个是来自那不勒斯的裁缝学徒，一个是来自都灵的中产阶级的医学生），但与中产阶级圈子里的矫揉造作相比，卢西亚娜更喜欢佛朗哥的率直和大度。后来，尼希姆不愿意提起这次“转移”。直到今天，她才把一些隐藏在心里的事情说出口。“我以前从来没说过，”她在 1992 年告诉我，“但在 2 月 21 日，还有其他男女之间的亲密行为。我是说普里莫对万达的爱。”她补充道，莱维对万达的爱要远远胜于万达对他的爱。他们并没发生性关系，但尼希姆坚持："那晚在福索里，普里莫'爱了'万达。"于是，我们毫不惊讶于那个冬日的夜晚后来会让莱维如此刻骨铭心。死亡的迫近加强了他与万达之间的亲密关系。面对着未知的未来，他们在相互的陪伴中寻求慰藉。今天，在都灵有许多人认为万达是莱维的未婚妻，并深情地爱着他。在福索里，没有人想独自度过那一夜。他们与伙伴，甚至陌生人，相伴相依以寻求安慰。

为了保证这次"转移"的犹太人人数达到要求的人数定额，党卫军对犹太人的护理之家展开了袭击。在这次被运往死亡营的犯人中，至少有 80 人来自威尼斯老人院。早在两个月前的 1943 年 12 月，那里就被法西斯洗劫一空。这些来自威尼斯的老人中包括 89 岁的安娜·约纳（Anna Jona）。两位 90 岁高龄的老妇人不得不被抬出福索里的医疗室等死。一位老人发生了脑溢血。其他老人也老病缠身，又怎么能在帝国的土地上"工作"。然而，对于党卫军哈格而言，这些老人都是可鄙的敌人（犹太人）中的一分子，并且活该死去。只有两个月的婴儿里奥·马里亚尼（Leo Mariani）也许是党卫军哈格的名单上年纪最小的犯人。他出生于威尼斯的一间教室里，因为他的妈妈和其他犹太人就被监禁在那里。清除这些犹太婴儿是尤其必要的，因为他们以后会成长为千年帝国的敌人。在这份被运往死亡营的名单中，至少有 31 人年龄在 13 岁及以下。

整个 2 月在纳粹疯狂搜捕犹太人的同时，更多的东欧犹太人也被关进了福索里。32 岁的摩西·莱科·伊斯雷尔（Moshe Liko Israel）曾经是纳粹占领之下的克罗地亚的一名游击队员，很可能知道"转移"的真实含意。至少有 30 名犯人祖籍在黎凡特地区（Levant），大多来自萨洛尼卡（Salonika）。在 500 年中，萨洛尼卡一直是希腊的犹太人之都。但在 1943 年，纳粹仅仅用了几个月就摧毁了它。莫伊兹·萨尔蒂埃尔（Moise Saltiel）和他那 59 岁的妻子奥尔加（Olga）原本已经横渡爱琴海，逃出了纳粹控制的萨洛尼卡，来到了中立而安全的土耳其，从那里又来到了米兰。而现在，他们正等待着从福索里被运往死亡营。纳粹已经送入毒气室的 37386 名萨洛尼卡犹太人的人数很快就要再次增加。

## 7

2月22日，星期二，在黎明寒冷的晨雾中，大喇叭中咆哮着纳粹的吼叫，命令犯人集中在营区的操场上，准备点名。带着打包好的行李，犯人们推搡着排成两排。机枪瞄准了他们。“刚刚度过的夜晚让我们感到肮脏不堪，”奥尔多·莫斯卡蒂回忆，“我们做错了什么？”[24]点名用了整整一个小时。牵着大人的手或胳膊，每个孩子都尽量回答得清晰响亮。至少有37个莱维：叔叔、姑姨、兄弟、姐妹。点名结束后，一名党卫军下士大步走向哈格军士长，向他报告：“共650件。”[25]莱维对这个数字的准确记忆只能让我们知道，在这次福索里集中营的转运名单上共有650名犹太人。在这些人类货品（“件”）中，只有489人已经通过姓名或国籍确定了具体身份。其余的人则被官方认定为“无名氏”，在历史长河之中了无踪迹：没人知道他们是谁或来自哪里。[26]

在枪口的威逼之下，这些被流放者带着他们的行李登上了等在集中营外的大客车。在摩托骑警的押送下，载满犹太人的大客车花了10分钟到达卡尔皮车站。莱维所乘坐的大客车是第一批离开福索里的，并在10点稍过时到达月台。一名党卫军爬上车顶装卸行李。莱维一开始没明白他的意思，便挨了这名警卫重重的一拳。这名警卫咆哮着重复他的命令。听不懂德语是危险的。

12节原本用于装载牛马的货车车厢，以及一节党卫军士兵乘坐的押运车厢，正等在车站之中。货车车厢的大门早已敞开，车厢地板上堆满了干草。“帝国保安总局”的缩写——RSHA——喷印在每节闷罐车的车厢上。随着大客车源源不断地把犹太人从福索里运到卡尔皮车站，月台上的人数激增。不断增加的人群随时可能暴发骚乱。这促使党卫军士兵愈加狂躁。军士长哈格坚持让犯人按姓氏字母顺序上车。这又进一步加重了现场的紧张状态。亲朋好友害怕会被分开，紧紧聚拢在一起。军犬对人们狺狺狂吠。孩子们被吓坏了，沿着月台奔跑着寻找他们的父母。莱维被枪托砸了一下，又被踢了几脚。他的一位伙伴被推得猛撞在闷罐车厢上，在前额上留下了一道又深又长的伤口。据说，这次罕见的混乱应该归咎于军士长哈格对于“运输组织”的毫无经验。之后福索里运出的几批犹太人都未要求按姓氏字母顺序登车。

一名意大利警察显然被前一晚人们祈祷和绝望的景象所震撼。他在月台上和莱维尴尬地说了几句话。莱维愤怒地告诉他：“记住你看到的景象。也记住你是这其中的同谋，同样会遭到报应。”[27]那名警察惭愧地走开，用月台上的饮水器给莱维接了一些水。“但我能做什么呢？”他辩解说。莱维则反唇相讥：“当个小偷吧——那会诚实得多。”（直到80年代中期，莱维去世不久前，他才记起这个片断。）

到下午2点，距离莱维到达卡尔皮车站，已经度过了漫长的四个小时。12节闷罐车厢挤得满满的。党卫军警卫们关上了车厢的大门，并在外面把门锁紧。被流放的犹太人在黑暗中等待着引擎发动。他们的等待将极为漫长。虽然有按姓氏字母顺序登车的命令，但普里莫·莱维、万达·马埃斯特罗、卢西亚娜·尼希姆、佛朗哥·萨切尔多蒂还是设法聚在一起。这节车厢里悲惨地挤进了45个人。透过这节车厢那又小又高的窗户，有人看到列车的另一边钉着一块牌子，上面写着他们的目的地：奥斯维辛（Auschwitz）。哪怕是来自波兰的犹太人，也不可能知道“Auschwitz”是对波兰小镇“Oswiecim”的德语称谓。伊斯雷尔·格林鲍姆61年前出生于奥斯维辛。而现在，他就要踏上这致命的最后一次旅程，返回他的故乡。许多意大利人还以为他们的目的地是奥斯特利茨（Austerlitz）。“那我们是去波希米亚。”

经过四个小时痛苦的等待之后，下午6点，火车慢慢驶出车站。它就停在摩德纳城外，经历另一次漫长的等待，连续几个小时无法前进。天空飘下零星雪花（尼希姆回忆）。火车终于开动了。意大利火车司机，这列火车的车组中唯一的非德国成员，将火车维持在迟缓的每小时50公里的速度。

2月22日，星期二。当天傍晚，大约刚过晚上6点，亚拉·马内尔巴赶到了福索里，却发现营区已经空空荡荡。她的那不勒斯亲戚佛朗哥·萨切尔多蒂，早已在几个小时之前登上了闷罐车厢。只有少数犯人留了下来。他们中一些是准备送往贝尔根-贝尔森集中营的利比亚犹太人，还有一些是带有一半“雅利安”血统的犯人。总之，还剩下74名犯人。这些来自欧洲各地的犹太人将作为集中营的行政人员留下来，为今后的转运工作做好准备。

皮埃蒙特诗人阿图罗·福阿的姐姐阿梅莉亚·福阿也失望地回到家中。两周后，亲友们得知了李奥纳多·德·贝内代蒂和约兰达夫妇离开福索里集中营的消息。那位天主教的同情者，阿洛科先生，在给约兰达的妹妹艾尔莎的信中写道："我不得不悲伤地通知您，他们被转移到了未知的地点。我们只知道那里非常遥远。"在阿洛科先生寄出的下一封信中，日期是1944年3月11日，提到约兰达一定会设法传出消息，但"前景非常不乐观"。那时，约兰达已经被送进了毒气室。

## 8

从一开始，那些牲畜车厢里就充满了腐臭味。很快，紧紧挤在一起的人体所发出的臭味就让人无法忍受。"如果说在我们乘车的过程中有着团结的话，"卢西亚娜·尼希姆回忆说，"那是在亲人之间。而其他犯人总是不停地争吵、厮打以争夺额外几厘米的空间。"[28]这些犯人在几个小时之前相互表现出的宽容和温情早已荡然无存。现在，没有人会为老妇人或小孩子让出一点空间。纳粹集中营的基本法则"先照顾好自己"已经在人群中建立起来了。车厢里有那么多的行李——毯子、箱子、包裹，人们在睡觉时也无法伸展开腿脚。"那地方很冷，把你的东西都带上。"党卫军哈格是这样建议的。莱维紧紧地靠坐在奥雷利奥·佩西的手提箱边。万达和卢西亚娜把她们的大部分行李都留在了福索里。"我们非常肯定我们就要死了，"尼希姆回忆，"但在闷罐车厢里的其他人却并不这样想。"[29]在同一张毛毯下，尼希姆和佛朗哥·萨切尔多蒂躺在一起。"要是没有我们之间的甜蜜，这次旅程将会残酷得多。"尽管尼希姆为远在都灵的未婚夫感到罪恶感，但被人抚慰的需要征服了她。万达·马埃斯特罗紧挨莱维坐着。在12节闷罐车厢的阴影中，老人已经近似于尸体。安娜·约纳毫无生命迹象地躺在她女儿安吉奥莉娜的臂弯里。刚刚两个月大的婴儿，里奥·马里亚尼不住地啼哭着，因为他母亲的乳汁已经干涸。他的尖声啼哭加剧了闷罐车厢里的紧张气氛，那些囚犯都巴不得这个婴儿早点死去或闭嘴。这正是纳粹想要达到的目的——这些犹太人活该遭受干渴和困乏的慢性折磨。

“干渴是最折磨我们的痛苦。”[30] 莱维回忆道。在沿线的一个车站，邻近车厢的犹太人纷纷乞求着要水喝，但一名党卫军士兵却隔着车厢的木门向他们开枪。几乎没有囚犯想到要带水：水几乎没有成本。人们天真地以为德国人会不限量地供应饮水。清晨，寒气会通过木门的裂缝渗入车厢，并在螺栓上结成霜露。五天里，这些囚徒只能拼命刮下这些霜露来解渴。温度降到了零摄氏度以下，冰冷的金属冻伤了人们的舌头。

由于身体需要，男人和女人们不得不在众目睽睽之下方便，而且没有额外的稻草来掩盖屎尿。前犯人队长吉多·达拉·沃尔特并没有想到要准备卫生设备。现在，他只能和儿子阿尔贝托一起可怜地站在牲畜车厢的角落。法西斯诗人阿图罗·福阿只能灰心丧气地凝视着黑暗。他那拿破仑三世式的大胡子仍然高雅而整齐。囚犯们都讨厌而不信任他。他有着不幸的“魔鬼之眼”[31] 的名声。当提到他的名字时，莱维的家人曾经做出魔鬼之角的手势。福阿在 1944 年 2 月 4 日被捕。直到最后，他一直坚信墨索里尼是个好人。在今天人们的记忆里，他只是一位不出名的意大利文学家。他的作品《葛兰西》( *Gramsci* ) 作为一篇准色情的“奶油布丁”而被人们遗忘。在 20 世纪初，他的情诗曾经是皮埃蒙特沙龙上交口传颂的作品。他甚至把自己在巅峰时期创作的带有东方神秘色彩的狂想曲《从恒河到波河》( *From the Ganges to the Po* ) 作为礼物送给了墨索里尼。但福阿在这次旅程中死去了。今天，他在都灵的亲戚相信他是在闷罐车厢里被活活打死的。40 年后，在一次采访中，人们看到莱维在想起福阿时流下了泪水。莱维从未证实这位诗人究竟是不是被其他犯人杀害的。

一位母亲为她的幼子带了一个尿盆。而在莱维的车厢里，所有人都使用这个尿盆来方便，再把排泄之物从车厢那高高的钉有铁条的窗口倒出去。在这些囚徒即将去往的地方，这种失去人类尊严的感觉还会加剧。火车经过特兰托（Trento)，进入上阿迪杰地区。1940 年，莱维曾经在这里度过了一个犹太人的假期。透过闷罐车厢的一条裂缝，他看到意大利人骑着自行车，在阳光中，在白雪上。有时，这些平民停下来看着驶过的火车，却不知道这车上载着多么“可怕”的货物。卢西亚娜·尼希姆回忆说：“在那时，我们已经在生活之外。正常的事物——汽车、土地、田野，在我们看来宛如另外一个国度。那就像一个人得了癌症。身体内部正在死去，而在身体之外生活还在照常进行。看到那些自由人在享受他们的日常生活，这让我们格外烦恼。在帕多瓦（Padua）附近，我们看到骑在自行车上的女孩子。世界就在火车之外——但它不再属于我们。”[32]

火车慢下来的时候，莱维在紧锁的门后愤怒地高喊：“这列火车！它满载着孩子，满载着妇女、病人和老人。这些就是纳粹正在放逐的人！”[33]在接近奥地利边境的博尔扎诺（Bolzano），火车再次减速时，莱维设法把一张纸条扔出窗外。这张纸条是写给他的天主教朋友，比安卡·乔德蒂·塞拉的。远在都灵的她，几乎不可能收到这张没有邮票的便笺。在一张皱巴巴的纸上，莱维用大大的字母写下一句充满信心的法西斯口号：“我们终将胜利”。他知道通过这种方法，这张纸才更有可能到达它的目的地。在这口号的旁边，他写下“请寄至”。日期是2月23日，他们踏上行程的第二天。这封“信”的内容如下：

> 亲爱的比安卡，我们正在以传统的方式前行。请向大家转达我们的致敬。愿你将这火炬传递下去。想念你，比安卡——我们祝你幸福。普里莫、万达、卢西亚娜。

让人难以置信的是，比安卡收到了这张纸条。还有更多的纸条被扔出车厢。尼希姆的纸条是写给她在都灵的一位新教徒医生朋友，佛朗哥·欧佩蒂。肯定是有一位铁路工人发现了尼希姆的字条，并亲手誊写了其中的内容，将它寄给欧佩蒂。

> 卢西亚娜希望通知你，她正被送往德国。随她一起前往德国的还有万达和普里莫，以及其他500人——让人们知道这件事。
>
> 博尔扎诺，1944年2月23日

非常巧合，都灵医院的欧佩蒂收到这封短信时，他正在给尼希姆的未婚夫佛朗哥·莫米利亚诺动手术。（莫米利亚诺为了逃脱法西斯的追捕，从阳台坠下而摔断了一条腿。）莱维的妹妹安娜·玛丽亚也恰好在佛朗哥的身边。这封短信带来的可怕消息——莱维正被送往大德意志帝国——让安娜·玛丽亚第一次知道了哥哥的下落。然而，火车一通过奥地利边境，莱维就彻底与他所挚爱的人们断了联系：这些纸条成了让她确认他还活着的最后证据。

一天一次，在人迹罕至之处，火车会停在空旷的野外。党卫军会从每节车厢挑选三名犯人到餐车取面包、橘皮酱和咸乳酪，但没有水。所有犯人被允许下车吃饭。每当分发食物之后，车厢的木门重新关闭的时候，当囚徒们再一次努力留在亲人或朋友身边的时候，旅程就再一次陷入混乱与恐惧之中。一些人试着吃铁轨边的残雪以缓解自己的干渴。另一些人则在党卫军那鄙夷的目光之下满脸羞惭地蹲在铁轨边。而党卫军则忙着拍摄这些大便的囚徒。

经过两天的行程，2 月 23 日，在莱维的车厢里，人们用钉子、绳子和毛毯制成了一个原始的十字架。这个行为有着重要的象征意义——我们还不是牲畜。那列火车继续穿过勃伦纳山口，稳稳地爬向因斯布鲁克（Innsbruck）。在那里，一名德国火车司机接替了那名意大利司机。纳粹惯常的作风是保留途中死去囚犯的尸体，因为到达终点的人数必须与出发时的人数完全相符。不过，纳粹为 76 岁的马克斯先生开了一个特例。马克斯先生是马克斯与维塔莱罐头食品公司（Max & Vitale）[34] 的总裁。在维也纳，党卫军把马克斯的遗体拉出闷罐车厢，抛在了月台上。马克斯先生出生于维也纳：就让他落叶归根吧。在另一节牲畜车厢里，玛丽安娜·约纳（Marianna Jona）和丽贾娜·约纳（Regina Jona）姐妹，年龄分别是 68 岁和 67 岁，也死了。在维也纳，纳粹第一次（也是仅有的一次）给了车上的犯人们一点水。

到 2 月 25 日，星期五，旅程的第四天，火车到达了捷克斯洛伐克。森林中的橡树和椴树上积满了白雪——这正是舒伯特在《冬之旅》（*Winterreise*）中所表现的冬季美景。在周五的黄昏中，火车载着这些犹太人穿过了最后一道边境，进入了波兰。冬季黑色的大地呈现出一派田园风光：一匹马拖着一张犁，船只停泊在冰封的维斯瓦河（Wista）上。犹太民族的安息日已经开始了。第二天，2 月 26 日，星期六，是其中一名囚犯的 13 岁生日，也本该是他的成人礼。沃尔夫冈·霍克伯格（Wolfgang Hochberger）1931 年 2 月 26 日出生于德国东部的德累斯顿（Dresden）。到现在为止，闷罐车厢里的每样东西上都沾上了橘皮酱：手上、毯子上、行李上。快天黑时，火车最后一次停在旷野上，然后火车重新启动，以行走般缓慢的速度向前移动。

大约在 2 月 26 日（星期六）晚上 9 点到 10 点 30 分之间，经过五天五夜的旅程，火车到达了目的地。透过铁栅，卢西亚娜·尼希姆看到了铁丝网环绕之下的一大片营地的灯光和反光。这是奥斯维辛的平民车站。一长串卡车在火车几米远的地方等待着，引擎没有熄火。其中一些车上还带有红十字的标志。尼希姆和莱维重新鼓起了勇气：也许并没有那么糟。在闷罐车厢里，一些孩子睡着了。万达，把头枕在莱维的肩头，用皮亚琴察的刀片割破了自己的手腕。鲜血渗透了她的滑雪衫。莱维打算声称自己是万达的亲人。而卢西亚娜和佛朗哥也准备声称是亲属关系。犯人们都等待着。

一阵枪托砸门的声音过后，党卫军的骷髅头们尖声叫喊起来："全都下车！"随着车厢门打开，一只只杜宾犬吠叫着，把颈上的皮带拉扯得紧紧的。陌生的面孔咒骂着这些头晕目眩的新来者，把拳脚棍棒施加其上。"滚出来！把你们的行李留下！"被探照灯光照得睁不开眼睛，这些流放者滚落车厢，互相踩踏着，找不着亲人和朋友。衣物、刮胡刷、儿童玩具散落在月台上。没到几分钟，那些闷罐车厢就空了。空气中弥漫着一股浓厚的味道。安娜·约纳和她女儿安吉奥莉娜都死去了。她们的遗体被放在她们的行李上。没有人说话。孩子们紧紧地依偎在父母身边。更多的猛犬扑向这些刚刚到达的人们。棍棒如雨点般落下。士兵们用听不懂的语言喊叫着。"离火车远些！"随着一声令下，十几名党卫军走进人群里，质问这些犹太人，把他们分成两组：男人一组，女人和孩子一组。"你，多大了？有没有病？"很快，那些能够干活的人与那些无法工作的人被区分开来。

莱维这群人紧紧地挤在一起。党卫军用老练的眼光从中挑选着：此刻，能够活命的唯一标准就是一副健康的外表。莱维与他身边一位上了年岁的意大利人，帕多瓦的保罗·莱维（Paolo Levi），飞快地商量着。"我要说我能干活。”[35] 但这名帕多瓦人已经放弃了希望。“你愿意说什么就说什么吧——反正对我都一样。”年龄在 20 岁到 45 岁之间的健康男子被编成一组。而其他人则将走向死亡。一些健康人，想投机取巧，告诉党卫军：“我身体不好。”这句话便注定了他们的命运，与那些老人和没有利用价值的犹太人（他们被视为“破布”）一同在当晚就丧了命。

这场大筛选是疯狂的。在一秒钟内，你便失去了你所拥有的一切。失去了妈妈的陪伴，五岁的米尔娜·格拉希尼（Mirna Grassini）受到了一条狗鞭的毒打。李奥纳多·德·贝内代蒂伸出手，想拉住妻子约兰达。但党卫军却把她拖走了。从此，他们再没有相见过。父母来不及和他们的孩子道别，来不及抚摸他们的小脑袋，因为警卫们一直在喊：“赶快！赶快！”万达和卢西亚娜也同普里莫和佛朗哥分开了。

纳粹的种族灭绝（Vernichtungswissenschaft）现在已经非常纯熟，让那些犹太人直到伪装成澡堂的毒气室的大门关上之后才恍然大悟。大约在半个小时内，齐克隆 B 晶体就让这些孕妇、婴儿、老人和病人窒息而死。卢西亚娜·尼希姆催促万达·马埃斯特罗登上一辆带有红十字的卡车，因为她的手腕还在流血。但万达说：“我们必须待在一起。”她用刀片划伤的伤口很浅，但如果让党卫军看到了血迹，也足以把她送进毒气室。在党卫军的指挥下，母亲和孩子、老人和病弱者，登上了那些带着虚假红十字的卡车。一场大筛选之后，车站的月台被清扫干净。很快，那里就没有了犹太人的身影，没有遗留的行李。五天前从福索里出发的这次“转移”在车站上没有留下任何痕迹。冰冷的火车哧哧地喷出蒸汽。它的任务完成了。

普里莫·莱维，和其他 29 个男人一起，乘坐一辆卡车前往 8 公里外的一处营地。这次旅程用了 20 分钟。一名德国警卫彬彬有礼地问，有没有人可以把表、金子或珠宝送给他。他的问题引发了一阵紧张的笑声：对于意大利犹太人，这种贪婪的表现让他们大吃一惊。在福索里，党卫军是刻板而残忍的。也许这里的党卫军并没有那么缺乏人性。

在一栋棚屋里，党卫军命令他们脱掉衣服。衣物、信件、钱币、亲人的照片，与他们的过去相联系的一切都被拿走了。要小心，别让人偷了你们的鞋子，一名党卫军军官告诉他们。“偷？”这些意大利人纷纷嘀咕着。谁会偷鞋子呢？一个孤零零的水龙头上面挂着一块牌子，用大字写着“禁止饮用”。不顾这警告，莱维把嘴凑近水龙头，但很快吐出了肮脏的咸水。四名穿着条纹衫的波兰理发师走了进来。在两个小时之内，全部30名流放者都被剃光了头发、胡子和体毛。这些赤裸的男人被推进了邻近的一间浴室。他们不得不在五厘米的水中度过这个夜晚剩余的时间。被打得鼻青脸肿，又被剃得干干净净，他们几乎都认不出自己。西尔维奥·巴拉巴斯，那名萨拉热窝的数学家，向我描述着他看到之前的狱头吉多·达拉·沃尔特时的震惊：“他胡子拉碴，缺乏睡眠让他的眼睛下面有着无法掩饰的阴影。他用难以置信的眼神注视着其他意大利人。我为他感到无比痛心。”[36]

寒冷、精疲力竭、满身伤痕，这些男人甚至都无法坐下休息。他们在冷水中不断跳动着取暖，从左脚换到右脚，再从右脚换到左脚。莱维无法掩饰看到那些赤身裸体的老男人时的厌恶之情。“衣服是人性的标志。”[37]他后来说道。每个人都在讲话，但没有人在听。米兰的奥尔多·莱维一直在打听他的妻子和孩子的下落。他不再是一个有家的男人。约兰达·德·贝内代蒂已经在焚尸炉里化为灰烬。也许，只有她的头发留了下来。她的丈夫李奥纳多正站在浴室里发抖。

在距离奥斯维辛平民车站800米的一处营地里，纳粹刚刚在万达和卢西亚娜的左臂上文上了囚犯号码。“这对我们而言，已经是一种死亡——我们第一次死去的时刻。”[38]尼希姆后来说道。这两位姑娘唯一的财产是从火车上带来的一方手帕、一支牙刷、一些棉絮和最后一片面包。幸运的是，莱维教会了尼希姆用德语说：“我是一名医生。”——医生是在奥斯维辛唯一重要的职业（教师和律师则毫无用处）。鉴于尼希姆的特权地位，她的头发仅仅被剃短，而没有被剃光。万达的秀发则被剃得一干二净。两位姑娘不得不从扔在她们面前地板上的一堆不合身的衣服里挑出两套粗布衣裤。万达的新登山靴（正是她哥哥在福索里送给她的那双）很快就被一个老手偷走了。

在冰冷刺骨的浴室里度过了五个钟头之后，莱维接受了来沙尔消毒剂的洗礼。接着有人给了他一套破旧的缀满补丁的条纹囚服。只能用一根绳子或电线皮当作腰带。不合脚的木底鞋，鞋面是用皮料或塑料制成的，提供了“对抗泥浆和寒冷的周到保护”[39]，正如莱维的回忆。这些木底鞋是用于折磨囚犯的工具，常常磨破犯人的脚，引起病变。集中营让莱维那白净的双脚终生都带有溃疡留下的伤疤。在奥斯维辛，哪怕脚上最微小的伤口也可能因破伤风或败血症而导致死亡。他那带条纹的贝雷帽，同样破旧不堪，并且对于他的脑袋而言有些太大了。没有套衫或背心。内裤常常是用犹太人的晨祷披巾制成的，或者用女人的破衣服。

现在莱维失去了过去，也没有现在。在实际意义上，他不再属于一个人类。在他左胸之上几厘米的位置，有一个红色的长方形与一个黄色的大卫星相重叠。在他的左裤腿上（“腰带下四指。”[40]莱维后来回忆道。）也缝着同样的标记。按姓氏字母顺序，这些犯人被用电文上了囚犯编码。胳臂上那蓝灰色的数字表明了莱维的身份：编号为 174517 的囚犯。在犹太律法中，文身是一种亵渎神明的罪行，被明文禁止。因此，这是对犹太宗教信仰的又一次侮辱。他的姓名——人类独特性的重要标志——就这样被剥夺了。过去的莱维死去了。距离周六抵达奥斯维辛还不到 24 小时，这一切改变就发生了。

星期天傍晚，他待在一个空荡荡的棚屋里，每一分钟他都变得更加迷茫和惊恐。这些来自意大利的新犯人本能地聚在一个角落里，紧靠着墙壁，害怕不知不觉中被人抓去，或无缘无故地遭到一顿毒打。莱维现在对于自己身在何处仅有一点模糊的概念。他在奥斯维辛的四号营，一个关押着 1 万到 1.2 万名犹太人的集中营。它是死亡营和劳动营的混杂体。奥斯维辛并非单一的营地。39 个集中营组成了这片致命的天地。奥斯维辛的主营，一号营，是行政中心。奥斯维辛二号营是装备着毒气室和焚尸炉的灭绝中心——比尔克瑙集中营（Birkenau）。奥斯维辛的卫星营，三号营，因其未建成的合成橡胶（丁钠橡胶）车间及其他原油化工项目而为人们所熟悉——布纳-莫诺维茨集中营（Buna-Monovitz）。莱维所在的集中营，是奥斯维辛的四号营，为布纳-莫诺维茨集中营提供奴工。

在他们进入奥斯维辛四号营的时候，纳粹就已经对这些充当奴工的犯人进行了一次普查（年龄、职业、毕业院校）。而莱维自称是一名化学家。这在其后为他带来了好处。不过，在接下来的九个月中，他只是成千上万没有劳动技能的普通犯人中的一个无名小卒。拥有劳动技能的犹太人（管子工、焊工）能够多活几个月，但之后也会在工作流程中消失，而被送进奥斯维辛二号营的灭绝中心。

在日落时，莱维看到大量犯人从“布纳”（丁钠橡胶）车间回到他们的营房。他们五人一排，迈着杂乱的军队步伐。一支穿着宽松衣裤的管弦乐队演奏着《罗莎蒙达》(*Rosamunda*)。这是一支在全欧洲舞厅里流行的波尔卡舞曲。但在这里，乐队把它的节奏表现得快速而准确，活像在游乐场里播放的一曲让人毛骨悚然的华尔兹。每天早晨和傍晚，当犯人们去上工和下工的时候，这支奥斯维辛乐队演奏啤酒屋歌曲、悲伤的抒情曲、狐步舞曲、军队风格的华尔兹，但大多数时候他们演奏《罗莎蒙达》。毕竟，这些犹太人是一支奴隶大军，“但像所有的军队一样，他们需要一支军乐队来保证他们上工时的行进快速而整齐”[41]，莱维后来说道。在那些套着条纹囚服的瘦弱而残破的躯体上，莱维一定看到了自己的未来。那个周日的晚上，他被分配到了30号营房，奥斯维辛四号营“犹太人营”所属的60座营房中的一座。这些营房都是用涂着焦油的木材制成的。它们看起来都一模一样，并排列得整整齐齐。

## 9

从第一天起，这些奴工就开始接受压榨，并注定走向死亡。纳粹总是不断送来新的囚犯以替代那些被送进毒气室的或垂死的犯人。他们被迫以致命的快节奏干活。这种节奏又被人们称为“党卫军式的小跑”。每天早晨5点，就会响起那厉声的波兰语起床令，“起床！”接下来是整理床铺的常规。莱维的床垫要叠得方方正正，棱角分明，毯子也是一样，稻草枕头要放在正中心。做不到这一点就要挨一顿毒打。早餐的配额是一勺人造黄油和一片腊肠，凝乳或橘皮酱。然后是早晨点名的折磨。如果点名的人数与集中营登记的人数不符，那么所有犯人都不得不在操场上立正等候，直到那名缺席的犯人（常常是一具尸体）被找到。莱维的脊椎和双腿都感到剧痛。他只有咬牙坚持才不至于跌倒。

整个白天都是工作时间：冬天是 8 个小时，夏天是 12 个小时。在寒风冻雨之中，莱维挖过土方，背过石头，铺过枕木，扛过钢管、梁木、铁轨，挖过铺装电话线的沟渠，也拖拽过铁轨。他干过为了在奥斯维辛三号营建设合成橡胶化工厂所必需的所有重体力劳动。犯人们在这样的苦工之下苦苦强撑，直到他们的心脏都要爆裂一般。一旦他们停止工作，“卡波”（“Kapo”意为狱头，囚犯队长）就会用一柄铁锹劈头盖脸地打过去。这个地方专门用来摧毁人类的意志和人性。集中营不给新来的犯人发放勺子。他们只能在黑市中换到勺子。这并非是细节上的疏漏——没有勺子，犯人就只能像狗一样吃粥，或者用手去抓饭。

中午的汽笛带来了短暂的休息。犯人们排起长队，领取他们那唯一的一勺子稀稀的土豆粥。莱维总是那么饿，以致觉得那粥是“那么美味”[42]，哪怕其中既缺少提供营养的脂肪，也没有任何动物蛋白质。12 点 30 分，苦工又开始了。在冬天一直要干到下午 4 点 30 分。然后，犯人们排好队伍，在军乐队的伴奏下，回到他们的营房。在凶险的夜间点名之后，每个人可以领到一升用奥斯维辛的萝卜（它们被称为“Rutabaga”，莱维在意大利没见过这种萝卜）做的汤，以及半升咖啡替代品。在周日，作为一种特殊优待，还会给犯人发放代糖。这一天的苦难并没有结束。每天晚上，莱维不得不脱得赤条条，以接受“虱子监控”：要是在一名犯人的身上发现了虱子，那所有人都要去接受来沙尔消毒剂的消毒。当然，在这样的集中营里不可能彻底消灭虱子。尤其是不断有新犯人进入营地。

从他进入集中营的第一天起，莱维就一直担心受到惩罚。他害怕因为早晨床铺整理得不够整齐而遭到毒打（或者更糟，不准吃饭）。他的上衣必须要有五枚扣子。（要是掉了一枚扣子，他不得不花费几个小时去寻找针线，甚至一枚新扣子。）他的木底鞋必须光亮，但营里没有鞋油，所以莱维不得不在集中营的黑市里寻找焦油、油脂、机油或其他替代的油类。但并非仅此而已。他的胡子必须刮得干干净净，但营里不许拥有剃刀或剪子。集中营那无数毫无意义的禁令和义务（它那纯粹不合理的秩序）确保了这些低等的犯人们只能想着日常琐事，而没有精力考虑暴乱。

到了白天，莱维那清洁的本能就消失殆尽。实际上，他不可能清洗自己的衣物。内衣在穿了三四十天之后才能更换。他的条纹囚服，沾满了血、脓、油和油漆，因为接受了太多次的蒸汽消毒而碎成了布条。当每一点精力都用来保证这一天能够活下去的时候，清洁在莱维看来便是浪费精力——一种多余的奢侈。格吕克斯曼·欧金尼奥（Gluecksmann Eugenio）原本是匈牙利陆军的一名中士。他早就因为莱维那邋遢的外表而训斥过他："你必须要有一件干净的上衣和鞋子。"格吕克斯曼出生于 1890 年，比莱维年长 30 岁，身上带有犹太民族的高贵感以及军人的坚毅气质。即使在集中营里，这种气质也没有被纳粹所摧毁。"人该与猩猩有所区别，"这个匈牙利人告诉莱维，"但人与猩猩的区别，并不在于干净的衣服和鞋子。"[43] 莱维不顾他的劝告。他很快就适应了在过度拥挤的营房里上百个没有盥洗的躯体所发出的臭味。

## 10

普里莫·莱维能够挺过进入奥斯维辛的头几天真是一个奇迹。在集中营里，没有人会去体谅那些听不懂命令的新犯人。而在这个危险的阶段，死亡最可能到来。在这个极端而极权的地方，暴力是经常的、随意的。集中营里的牢头狱霸是无情的。莱维回忆道："一旦给出一条命令，叫喊着，就要立即服从，否则就是一顿毒打。"[44] 违反集中营数量众多的规矩的新犯人常常被杀死。随莱维一起从福索里来到奥斯维辛的犹太人，如果没有立刻被送进毒气室，那么大多会在第一周死去。一名 46 岁的码头工人，伊利亚·巴鲁克（Elia Baruch），被三名老犯人活活打死。因为他犯了一个致命的错误——用拳头回击了他所挨受的第一下打击。在奥斯维辛的一切都是充满敌意的。而暴力更多是来自例行公事的习惯，而不是仇恨，就像一个人打他的狗。暴力是这个地方让人们快速牢记一件事情的通用方法，所有人都能听懂的语言。

地位较高的老犯人看不起像莱维这样笨拙的新犯人。他们可以通过莱维的编号"174517"，一眼看穿他是一个初来乍到的新手，并且将他置于集中营那弱肉强食的社会等级的最底端。在进入奥斯维辛的第一周，他天真地相信了一个说意第绪语的犯人。这个犯人告诉他："你不喜欢你的活计？那就去削土豆皮吧。"[45] 当莱维问卡波他能不能加入"削土豆工作组"时，他的无知立刻让他遭到了卡波的一顿痛打。而其他人则站在一旁，笑着看热闹。莱维知道自己在这里会受苦，但他并没有把这种缺乏团结归咎于德国人。新犯人不得不孤身战斗——不仅要和集中营极端残酷的环境战斗，也要和狱友们战斗。"没有什么比被狱友偷走面包更让人灰心丧气的了。"[46] 莱维回忆。

卡波们在侮辱和损害属下的犯人时享有无限的自由。而在身处奥斯维辛的 11 个月中，莱维不得不面对四位不同的卡波。他的第一个卡波叫奥斯卡。他并不是一名犹太人，而是德国人。他从不放过任何机会，去毒打那些曾经比他"过得好"的犯人们——商人、律师、法官。奥斯卡的阶级仇恨也蔓延到像莱维这样在大学里取得学位的犹太人。174517 号是化学博士，不是吗？幸运的是，莱维不戴眼镜，因为眼镜是知识分子的致命标志，并自动招来暴力。来自马赛的化学家克莱斯米克博士可以说被奥斯卡蹂躏至死。这个卡波那绿色的三角形标志着他原本是一名罪犯，在德国因谋杀入狱。奥斯卡在 20 多岁时就进入了奥斯维辛。

莱维认为，这些意大利人尤其没有为奥斯维辛的残酷环境做好准备。"我们就像没有壳的鸡蛋。"[47] 作为被意大利民族同化的中产阶级犹太人，他们无法形成坚韧的保护壳来对抗集中营的掠夺。在奥斯维辛，大多数犯人都是顽强的阿什肯纳兹人（主要是来自东欧的贫苦犹太人）。他们说意大利人听不懂的意第绪语。被语言障碍所隔绝，这些意大利人受到阿什肯纳兹人的鄙视。在他们眼中，这些意大利人是笨拙的"花花公子"，没有在犹太人隔离区里遭过罪。纳粹几乎在波兰的每个城镇都建立了犹太人隔离区。这些东欧的正统派犹太人让自己相信被送进奥斯维辛是对人类的一种考验（难以忍受，却显示了神的意志的神秘）。而莱维却相信他是被毫无理由地送进奥斯维辛。"我能理解为什么把政治反对派送进集中营——但仅仅因为一个人的宗教信仰不同就惩罚他，这在我看来已经达到了邪恶和非理性的高度。"[48] 尽管如此，这些正统派犹太人仍然为莱维树立了重要的榜样和样板：并非所有人都在集中营非人的环境中沉沦。从加利西亚（Galicia）来的一名瘦小的犹太人，姓沃奇曼（Waschmann，名字未知），能够用一些宗教式的语言来劝慰莱维："现在我们要行军半个小时，但之后我们将身处屋顶之下，这很好；而后，在晚上 8 点，他们会给我们发汤，这也很好；即使我们明天必定死去，这也很好。"[49] 如果这些遭受长期监禁的东欧犹太人能活下来，那么普里莫·莱维也能。他需要去观察他们，并向他们学习。

尽管在奥斯维辛的四号集中营中，意大利人的人数不到十分之一，但值得信赖的同胞情谊可以延缓死亡，因为合作带来团结、更多的食物和希望。当意大利医生奥尔多·莫斯卡蒂在工地上因为过度疲劳而崩溃时，莱维试图在工厂办公室为他找到一份轻松些的工作。"在你们眼中，集中营里的这种团结也许有些奇怪，但普里莫和我都是意大利人——我们不会屈服。"[50] 这些意大利人约定每个星期都在点名的大操场的一个角落见面。他们中有佛朗哥·萨切尔多蒂、吉多·达拉·沃尔特、他的儿子阿尔贝托，还有医生奥尔多·莫斯卡蒂和李奥纳多·德·贝内代蒂。但在收工之后，他们是那么饥饿和疲劳，这场周日的聚会很快就变成了不可能的行为。无论如何，被迫面对不断减少的人数，以及越来越憔悴的同伴，这些都让人沮丧。

## 11

普里莫·莱维是在我们时代最极端的邪恶中漂泊的一个年轻的中产阶级。在 24 小时之内，他已经了解了在自我保护的同时，他的身体和思想可以去做什么。在他的新生活里，最主要的动机是寻找食物。莱维每天 500 克的面包配额并不足以让他活下去。能否获取"第二资源"决定了一个人的生死。莱维的长期饥饿是常人难以想象的。后来，他提到了寻找食物的痛苦："你体内留存的力量的每次搏动都是去寻找吃的——以任何方法，任何可能的手段——找到某些东西去吃，找到更多的东西去吃。"[51] 晚上，他总是梦到享用多汁的肉食和美味的大餐。在进入奥斯维辛时，莱维体重仅有 49 公斤，因此，与一个更胖的人相比，他只需要更少的卡路里就能活下去。但这并不能平息饥饿对他的噬咬。每一天，在丁钠橡胶工厂建筑工地路过的平民列车上都嘲弄般地带有克诺尔公司粥品的广告："克诺尔的粥是最好的粥"

（BESTE SUPPE KNORR SUPPE）。似乎莱维还能从两种品牌中选择其一似的。这些列车更让他深切地感到自己距离文明、距离家的温暖有多么遥远。在他所属的集中营，犯人的平均存活时间是三个月。

莱维如果要活下去，他就必须抛弃对道德的信仰，而把道德留在自由世界之中。为了活着，他必须偷窃。“从德国人那里偷窃——毯子、油料、任何东西——被当作一种骄傲，尤其是犯人如果没被抓到。”[52]之后，莱维可以用这些东西换取更多的食物。希腊犹太人因为高超的偷盗技术（他们大多数是来自萨洛尼卡的强壮的码头工人），而被称为“三只手”（Klepsi- Klepsi）。如果莱维是一个自由人，那么他们的偷盗原本会让他感到惊恐。但在这里，他们赢得了他的钦佩。去偷什么是一个问题。一些绝望的犯人从厨房的垃圾堆里偷烂萝卜。但半夜，他们会在板床上突发腹泻。长霉的面包所导致的肠道感染不断侵蚀着莱维的健康，但他不会吃腐烂的食物而让自己身处危险之中。很快，他就学会区分在奥斯维辛找到的各种植物、动物和蔬菜中，哪些可以吃，哪些不可以吃。（根据这种分类法，一条毛毛虫就像一块鸡肉一样富有营养。）

在进入奥斯维辛的早期阶段，莱维原本可能因各种各样的原因死去，但其中最可能的原因是人性的丧失。害怕沉沦到集中营社会中非人的阶层（反社会者、失败者）是让莱维坚持活下来的最强大的动机。莱维经历的最艰难的一课是不去同情那些处于“Mussulman”[53]状态的犯人。无法经受进入集中营后的第一轮打击，这些人没有活下去的希望。帮助他们是一种纵容，也是浪费精力。莱维仇恨这些毫无价值的人：与他们结盟是危险的，因为他们携带疾病，而且他们的虚无妄想具有传染性。而且，莱维害怕他们所代表的东西。17岁的久洛·多伊奇（Gyula Deutsch）来自特兰西瓦尼亚（Transylvania）附近的一个偏僻村落。饥饿让他处于半疯狂状态。纳粹的殴打让他满身伤痕。莱维不惜一切代价避开奥斯维辛四号营的这些行尸走肉。

奥斯维辛四号营关押着大约30万名外籍非犹太人，犹太人数量几乎是他们的三倍。他们中大多数是被迫在建筑工地干苦工的英国军人。每天黄昏时，300—400名英军战俘在收工时会路过莱维的营区。莱维注意到英国兵那结实的卡其色军装，刮得干干净净的面颊，以及油光锃亮的头发。骄傲地挺直脊梁，他们用口哨吹着《去蒂珀雷里的漫漫长路》的曲调，并做出象征胜利的V字手势。81岁的阿尔弗雷德·巴特姆斯（Alfred Battams）是一位东伦敦人。他曾经在哈克尼区住过。他在北非被德军俘虏，并作为一名战俘被送往奥斯维辛集中营。他可以直接观察到纳粹的罪行，哪怕是在远距离。他回忆起莱维的营区那些犹太人的悲惨境遇：

> 我们超过无尽的犹太人的队列[54]。他们五人一排，穿着宽松的衣裤。只是他们并不是真正的行军，而更像是在拖着脚慢慢移动。他们中的一些人似乎抱着小小的粥碗。他们看起来并不像人类。那真是让人难以置信，他们只能用破布包裹鞋子上被磨穿的地方——走动的骨架。我看到党卫军用马鞭抽打孩子，那孩子就那么高。他们有长长的抽牛鞭。他们用那些鞭子抽打孩子。他们还有德国狼狗。我不想说那件事（哭泣）。真是难以置信，人可以堕落成那个样子。

这些犹太人过于虚弱，无法组织反抗。奥斯维辛不是抵抗运动的适宜土壤。即使犯人设法避开那些观察塔，他们也无法逃过两层铁丝网之间的狼狗。那些犯人笨拙的鞋子让他们难以快速而无声地移动。

如果他们要活下去，这些犯人需要坚守某种事物——一种宗教信仰，一份友情或希望。“那些只想着下一碗粥的人成批地死去。”[55]莱维解释。好运气能帮助许多意大利人挺过进入奥斯维辛的第一个月，其中就有李奥纳多·德·贝内代蒂。一名非犹太裔的政治犯（他们囚服上的红三角表明了他们的身份）的帮助让莱维免于进入毒气室。这名政治犯能够接触到灭绝名单，并更换名单上的犯人号码。莱维认为，纵然是幸运让他得以活下来，但最重要的是他那观察和理解集中营权力体系的强烈愿望帮助了他。他那敏锐的信息感知（他曾经将这个习惯称之为“超然的好奇心”[56]）是对抗死亡的堡垒，而且，在这样一个“极易在精神上死亡”[57]的地方，它也构成了道德上的盔甲。正因为莱维那坚持活下去的强烈愿望，才让他得以运用他的好奇心。他还年轻，还有大好的岁月在等待着他，他也没有正在受苦的子女；因此，他必须找到某种信念，让他能够坚持到战争的结束。

在1944年2月22日被从福索里“转移”到奥斯维辛的那些犹太人中，在今天仍然在世的几位幸存者都知道，他们当时很可能在几周内死去，而不是像正常人那样再活上20年或50年。对他们至关重要的是在集中营杀死他们之前，在集中营内找到某种支撑。虽然莱维还不完全清楚奥斯维辛三号营和四号营的地理位置和具体目的，但很快他就弄清了哪里是集中营的衣物仓库、禁闭室、英军战俘营地、厨房、党卫军和法西斯的宿舍。他对自己所在的集中营的性质了解得越多，他生存下来的机会就越大。他用一套坐标系统来帮助自己定位：在心中记录、分析和归类。这就是他在一个夺取人们自信的世界中建立自信的方法。尽管莱维学习的速度很快，但他也经常在学习的过程中犯错误。在第一周（也是最危险的一周）里，他无意中闯入了党卫军的慰安所（29号营房），一名党卫军哨兵狠狠地打了他的脸。他尽快记住了集中营的建筑布局。

他很快学会了在集中营里生存的必要法则。千万别排在前面去领粥，因为有营养的东西都沉在大锅的下面。千万别喝集中营的水，那水里有伤寒杆菌。千万别喝在建筑工地蒸馏而来的甲醇，那些苏联战俘喝了太多甲醇，结果慢慢瞎了、死了。此外，莱维还学会了如何在工作中休息，而不会因为偷懒被卡波毒打一顿。他学会了如何平衡自己从匮乏的食物中汲取的能量和所需负责的工作总量。他学会了在把他那珍贵的勺子借给别人之前先把它舔得干干净净，就像孩子们在舔他们的餐刀一样。他学会了把从工地垃圾堆里找到的废纸塞进鞋里给脚保暖。他学会了在睡觉时，把上衣枕在头下，而上衣中包裹着他的所有家当，包括他的勺子（买回一把被偷走的勺子要耗费整整一份拯救生命的定额面包）。莱维能够活到现在的另一个原因是他有办法让自己避开他人的注意。保持不被注意是犯人最好的求生方法，因为他被卡波盯上并毒打一顿的可能性更小。

在奥斯维辛度过了两个月后，当早春的暖意融化了冰雪的时候，正在工地干活的莱维被一根铁轨砸中了脚面，这让他感到了钻心的疼痛。于是他不得不进入集中营的医务所（23号营房）。纳粹格外慷慨地给予在那里的病人最多两个月的假期。但如果病人在两个月内不能康复，那么就会被送进毒气室：一个不能走路的犹太人就是一个不能干活的犹太人。医务所是大规模腐败的中心。医生和男护士会偷窃死亡病人（或者即将被“选上”送进毒气室的病人）的勺子，再到黑市上卖掉。莱维不得不尤其小心萨洛尼卡的科恩卡（Coenka）大夫和雅典的萨穆埃利迪斯（Samuelidis）大夫，因为他们纠集起一群犹太医生，专门出卖病人以换取恩惠和特权。在奥斯维辛，几乎所有的工作人员都和党卫军串通一气（并在一定程度上模仿纳粹）。而这些医生要活下去的决心让他们成了所有人的敌人。与他们形成鲜明对照的是，病人们相互帮助。莱维旁边的病床上躺着的是来自荷兰的中年商人沃尔特·博恩（Walter Bonn）。1943 年 9 月他从荷兰德伦特省的韦斯特伯克集中营（Westerbork）被转移至奥斯维辛。尽管博恩是一名老犯人，但他仍然慷慨地把他的勺子送给了莱维。（根据集中营的记载，他在不久后的 1944 年 4 月 20 日去世。）

在病房里，可以看到德文或波兰文的报纸，如《西里西亚观察家》（*Silesian Observer*）和《克拉科夫杂志》（*Cracow Journal*）。这些可能是莱维在四个月中看到的第一批报纸——他第一次接触到了外部世界。通过这些报纸，他可以大致了解意大利发生的一些事件。游击队员已经杀死了法西斯哲学家乔瓦尼·秦梯利。同盟国军队逼近罗马。希特勒德国还没有被推翻。而这个叫奥斯维辛的地方，“世界肛门”（anus mundi），要被解放了。

## 注释

1　“在这雪里还没等跑出 10 尺……”：1992 年 6 月 14 日，奥尔多·皮亚琴察告诉作者。
2　“被烧毁了”：位于奥斯塔山谷的抵抗运动纪念馆保存着这封信。
3　“费列罗先生”：普里莫·莱维告诉作者。
4　“帝国敌人”：摘自 1965 年 1 月 24 日，加拿大广播公司的《这是不是个人》播音稿。
5　“如果你是一名叛军……”：达洛·达尔洛代表泰晤士电视台系列纪录片《战争中的世界》（*World of War*）对普里莫·莱维的采访记录（1972 年 12 月 9 日）。保存在帝国战争博物馆。
6　“早安……”：1992 年 9 月 18 日，作者从奥尔多·马埃斯特罗（Aldo Maestro）的遗孀口中得知了他的话。
7　“就说它们是药房的传单”：1992 年 9 月 21 日，卢西亚娜·尼希姆告诉了作者关于费罗的话。

8 “那样的暴行令人难以置信……”：1995 年 5 月 15 日，卢西亚娜·尼希姆告诉作者。

9 “就在那时……”：1980 年 3 月，普里莫·莱维接受乔瓦尼·泰西奥的采访，《新社会》（*Nuovasocietà*），p.167。

10 “在纳粹的统治之下……”：1992 年 9 月 21 日，卢西亚娜·尼希姆告诉作者。

11 弗朗茨·卡夫卡（Franz Kafka，1883 年 7 月 3 日—1924 年 6 月 3 日）：奥地利小说家，现代派文学大师。——译者注

12 “古怪的人性”：1992 年 9 月 21 日，卢西亚娜·尼希姆告诉作者。

13 “一场友好的体育赛事”：1988 年 5 月—6 月，普里莫·莱维接受丽莎·索迪的采访，《现在时》（*Present Tense*）。

14 “我们剪开铁丝网……”：1995 年 5 月 12 日，西蒙·富比尼告诉作者。

15 “欢迎来到福索里……”：1994 年 3 月 7 日，西尔维奥·巴拉巴斯通过信件告诉作者关于阿维塔比莱的话。

16 “光说你的母亲……”：同上。

17 “营地挺大，却没有木柴！”：1971 年 5 月 3 日，普里莫·莱维在审判党卫军弗里德里希·博斯哈默尔的法庭上的证言。复本保存在米兰当代犹太文献中心。

18 “披着人皮的狼”：1988 年 3 月—4 月，普里莫·莱维接收《肉食》（*Karnenu*）杂志的尼科拉·加勒巴的采访。

19 “还眨了一下眼睛”：《莱维全集》第一卷，p.1340，《关于莫诺维茨犹太人集中营的医疗保健设施和机构的报告》，普里莫·莱维和李奥纳多·德·贝内代蒂。

20 “我们中没人想过……”：1995 年 10 月 30 日，奥尔多·莫斯卡蒂告诉作者。

21 “作为犯人队长……”：1994 年 3 月 7 日，西尔维奥·巴拉巴斯通过信件告诉作者关于吉多·达拉·沃尔特的话。

22 “女人们通常……”：1995 年 10 月 30 日，奥尔多·莫斯卡蒂告诉作者。

23 “英俊的男人”：1992 年 9 月 21 日，卢西亚娜·尼希姆告诉作者。

24 “刚刚度过的夜晚……”：1995 年 10 月 30 日，奥尔多·莫斯卡蒂告诉作者。

25 “共 650 件”：普里莫·莱维在审判党卫军弗里德里希·博斯哈默尔的法庭上的证言（同上）。

26 据莉莉亚娜·皮乔托·法吉昂（Liliana Picciotto Fargion）的重要记录《回忆录：在意大利被投入集中营的犹太人（1943—1945）》［*Il libro della memoria*：*Gli ebrei deportati dall'Italia*（1943–1945）］中，在与普里莫·莱维一起被投入奥斯维辛的 489 名有据可查的犹太人中，估计有 296 人活着进入了奥斯维辛的各个分营（即 151 名男子和 145 名妇女）。其他人，共 193 人，直接被送入毒气室。在通过第一次筛选的 296 人中，大多数人其后死于劳累和饥饿。最后，我们只知道有 16 名男子和 8 名妇女活着回到了意大利：共 24 名意大利幸存者。

27 “记住你看到的景象……”：1984 年，普里莫·莱维接受马西莫·迪尼的采访。未经发表的采访内容。

28 “如果说在我们……”：1992 年 9 月 21 日，卢西亚娜·尼希姆告诉作者。

29 “我们非常肯定……”：同上。

30 “干渴是最折磨我们的……”：1983 年 4 月，意大利电视台（RAI）《生命之源》（*Sorgente di vita*）节目中对莱维进行电视采访的相关记录（《记忆之声》，p.208）。

31 “魔鬼之眼”：朱莉娅·科隆博·迪娜告诉作者。莱维在接受安吉洛·德奥斯的采访时（1983 年 5 月）哭了。

32 “在那时……”：1992 年 9 月 21 日，卢西亚娜・尼希姆告诉作者。
33 “这列火车！”：《魔掌下的女人》（*Donne contro il mostro*），p.21。
34 “Max & Vitale”：李奥纳多・德・贝内代蒂在 1982 年 9 月 30 日接受安娜・布拉沃和丹尼尔・杰拉的采访。部分采访内容发表在《生命之罪》（*La vita offesa*）上。
35 “我要说我能干活”：普里莫・莱维告诉作者。
36 “他胡子拉碴……”：1994 年 3 月 7 日，西尔维奥・巴拉巴斯通过信件告诉作者。
37 “衣服是人性的标志”：普里莫・莱维告诉作者。
38 “这对我们而言……”：1995 年 5 月 15 日，卢西亚娜・尼希姆告诉作者。
39 “对抗泥浆和寒冷的周到保护”：1966 年 8 月 16 日，普里莫・莱维给布景设计师吉亚尼・波里多利的信。保存在史塔波歌剧院的档案中。
40 “腰带下四指”：同上。
41 “……奴隶大军……”：普里莫・莱维告诉作者。
42 “那么美味”：同上。
43 “人该与猩猩有所区别”：1973 年 10 月 25 日，普里莫・莱维在给安娜・约纳的信中提到：“我在《这是不是个人》的《开篇》一章中将格吕克斯曼化名为‘斯坦罗夫’。”
44 “一旦给出一条命令……”：普里莫・莱维告诉作者。
45 “你不喜欢……”：同上
46 “……被狱友偷走……”：同上。
47 “我们就像没有壳的鸡蛋”：1987 年 5 月—12 月，普里莫・莱维接受安娜・布拉沃和丹尼尔・杰拉的采访，《以色列每月评论》，n.2—3。
48 “我能理解为什么……”：普里莫・莱维告诉作者。
49 “现在我们要行军……”：普里莫・莱维接受丹妮拉・阿姆沙勒姆的采访，《普里莫・莱维》。
50 “在你们眼中……”：1995 年 11 月 6 日，奥尔多・莫斯卡蒂告诉作者。
51 “你体内留存的力量……”：泰晤士电视台系列纪录片《战争中的世界》的相关记录（1972 年 12 月 9 日）。
52 “从德国人那里偷窃……”：普里莫・莱维告诉作者。
53 这个名称是指集中营里那些笨拙而虚弱的犯人，也许是因为他们那永远弯曲的脊背就像穆斯林的祈祷者（Muselmann，在德语中意为穆斯林）。
54 “我们超过无尽的……”：1992 年 5 月 13 日，阿尔弗雷德・巴特姆斯告诉作者。
55 “那些只想着……”：普里莫・莱维告诉作者。
56 “超然的好奇心”：同上。
57 “极易在精神上死亡”：同上。

# 十一

# 奥斯维辛：实验室

（1944—1945）

# 1

莱维的直系亲属都还活着。他的妹妹安娜·玛丽亚并没有放弃游击队的战斗：她代表莱维在战斗着，也代表着她那被投入集中营的男友。今时今日，她在谈到自己在抵抗运动中发挥的重要作用时故意轻描淡写。但她的任务是危险而重要的。作为行动党的联络员，她构成了皮埃蒙特地区游击队的命令链条上不可缺少的一环。她去大多数地方时都步行。在都灵，她冷静地走过盖世太保盘踞的国家饭店（Hotel Nazionale），而她的绿包里装满了地下宣传物。直到战争结束，安娜·玛丽亚一直非常关心母亲的安危。借助艾达·科贝蒂的关系，她设法为母亲埃丝特尔安排了一个“兰扎太太”的假身份。但埃丝特尔该去哪儿呢？都灵非常危险。随着“mutini”支队（腐败的法西斯党秘书埃托雷·穆蒂组建的年轻民兵队伍）的抢掠，都灵城内掀起了一股犯罪潮。在1940年为莱维的父亲动过手术的外科大夫，路易吉·斯特罗佩尼在遭到几名执枪匪徒的毒打后，被抛在路边等死。

到1944年3月初，埃丝特尔来到了塞拉山区深处的小山村托拉佐（Torrazzo）。她的表妹伊尔玛·黛拉·托雷（Irma Della Torre）和她的家人躲藏在这里。起初，他们的假身份是“克利瓦伊”[Clevi，艾尔玛的丈夫里卡尔多是作家卡罗·莱维（Carlo Levi）的兄弟]。但这个假身份太容易被人识破，所以他们后来改为“卡多尼”（Cardone）。当地教士据说是反纳粹的。而共产党游击队牢牢地控制着这片地区。艾达·黛拉·托雷的未婚夫西尔维奥·奥尔托纳，是一位统率着四支游击队的指挥官。埃丝特尔乐于帮助托拉佐的村民——拾柴做饭和照顾受伤的游击队员。但她不能在托拉佐村住太长时间。意大利犹太人一直受到纳粹的追捕，不得不东躲西藏，不断转移。于是，安娜·玛丽亚把她的妈妈安置在附近的佛朗哥村（Borgo Franco）。埃丝特尔一直住在那里，直到盟军在1945年解放意大利。莱维其他的亲人都分散在整个皮埃蒙特地区。外祖母阿德利娜·卢扎蒂藏在都灵附近桑蒂亚（Santhià）的一栋四面漏风的房子里。每次安娜·玛丽亚来看她的时候，后者总是故意避而不谈普里莫被捕的事情，就像集中营是一个禁忌。在其余的时间里，安娜·玛丽亚在佛朗哥村和都灵的科贝蒂居所之间来回往返。艾达·科贝蒂在都灵的居所奇迹般地逃过了纳粹-法西斯的耳目。

在意大利，早春季节的天气是美妙的。3月25日，意大利党卫军抓住了埃马努埃莱·阿尔托姆。当时，他正与其他游击队员一起在雾中攀登瓦勒度峡谷中的一处山坡。远远地，他在石头之间看到了一群士兵。敌人？意大利党卫军立刻开始追赶游击队。埃马努埃莱因为连续三晚服用安非他命（抗疲劳药——为了查哨，他需要在晚上保持清醒），虚弱得几乎站不住。“你们先走。”法西斯把他带到了位于卢塞尔纳圣焦万尼（Luserna San Giovanni）的一处军营。随他一起被捕的还有17岁的游击队员鲁杰罗·莱维（Ruggero Levi，与普里莫并没有亲戚关系）。但鲁杰罗一直没有暴露他的犹太人身份，因为他有着日耳曼人的金发和蓝眼睛。但阿尔托姆的苦难刚刚开始。

一周后，桑德罗·德尔玛斯特罗也被捕了。4月4日，他去都灵附近的库内奥（Cuneo）执行收集情报的任务（或者可能是取炸药）。他在都灵的行动党主要接头人，保罗·布拉奇尼（Paolo Braccini）曾建议他离开城市。而他似乎在库内奥搭上了一列开往法国方向的火车。这列火车一直开到了圣达尔马佐村（Borgo San Dalmazzo），然后法西斯警察开始搜查乘客。他们把他押上了一辆卡车，准备把他送到法西斯青年军位于库内奥的总部接受审问。有那么一会儿，他设法跳车逃走了。游击队领导人努托·雷韦利的妻子安娜·雷韦利（Anna Revelli，已故）目睹了德尔玛斯特罗的最后时刻。“那是一个可爱的春日早晨——我还没有起床，突然听到枪声。”[1] 从卧室的窗户，她看到一个年轻人沿着十一月四日街飞奔。一阵机枪扫射。“然后那个人慢慢地用脚尖旋转，然后倒在地上。”一个拿着枪的少年走过来检查趴在路上的尸体。一群年纪更大的黑衫军围在他的身边，夸奖他的枪法。这是一场冷血的谋杀。20分钟后，一辆垃圾车开过来，载走了德尔玛斯特罗的遗体。“只有游击队员的尸体才会用垃圾车来装运，这表明一种轻蔑的态度。”[2] 安娜·雷韦利判断。在战争结束后，人们发现杀害德尔玛斯特罗的凶手隶属于臭名昭著的穆蒂青年军。那些年仅十六七岁的少年荒唐地急于证明自己。德尔玛斯特罗的结局并不光彩。然而，正如艾达·科贝蒂在日记中所写的，这种牺牲也许恰好适合“谦虚而纯朴”的桑德罗。今天，在库内奥的十一月四日街上，树立着一块纪念碑，纪念在1944年4月4日为“公平和自由而慷慨就义的海军军官和游击队长”亚历山大·（桑德罗·）德尔玛斯特罗。

意大利党卫军强迫埃马努埃莱·阿尔托姆喝下大量的烈酒，然后对他严刑拷打了五天。战后，在对他的主要拷打者——意大利党卫军上尉阿尔图罗·达尔·多索（Arturo Dal Dosso）的审判中，人们得知这些法西斯党徒曾经使用橡胶水管抽打他，用匕首刺他。“把针插进他的手指甲下面。他的一只耳朵被割掉。他的头发和牙齿被拔光。”[3] 在意大利北部广泛发行的德国周刊《鹰》，刊登了一幅题为“抓获犹太匪徒”的照片。照片中，几乎让人辨认不出的阿尔托姆骑坐在一头骡子上，用一根扫帚柄支撑着自己。当法西斯把赤身裸体的阿尔托姆扔到卢塞尔纳圣焦万尼兵营外面的街道上时，阿尔托姆仍然活着。3月31日，部分肢体“被狗吃掉”[4] 的阿尔托姆被转移到都灵的一处监狱。一周后，大约正是德尔玛斯特罗牺牲的时候，他死去了。人们从未能找到他的遗体。今天，在30岁生日前夕牺牲的阿尔托姆那非凡的精神仍然为人们所怀念。

## 2

5月中旬，在医务所里住了20天之后，莱维被撵了出来。于是，他被指派到一座新的营房（45号营房）。在那里，一段痛苦而复杂的重新调整期开始了。他不得不面对新的卡波、新的营房、新的等级秩序。无法与说德语的享有特权的犯人交流是导致许多意大利囚犯死亡的最重要原因之一。排队领粥时，奥尔多·莫斯卡蒂听不懂用德语喊他的囚犯号码，结果等他去领粥时，发粥人一脸坏笑地告诉他：“太晚了！”与之形成鲜明对比的是，会说德语的犹太犯人约瑟夫·霍兰德（Jeseph Hollander）却受到了营区指挥官的关照，就因为霍兰德和他来自同一个城镇（布雷斯劳），并且知道他最喜欢的啤酒馆。如果莱维能找到一位可信赖的会说德语的犯人，并用面包作为交换，请他教授自己学习集中营里那粗野的德语，那么他生存的机会就会增加。

非常巧合的是，在45号营房就有一位流利地掌握德语的意大利人。阿尔贝托·达拉·沃尔特（Alberto Dalla Volta）和莱维一道从福索里来到奥斯维辛。22岁的他来自米兰附近的布雷西亚，性格谨慎，不爱说话，并且，像莱维一样是一名化学家。在意大利的家中他和母亲说德语。而他的母亲爱看海涅和席勒的书。会说德语让他在奥斯维辛有了一个顺利的开端，并鼓励了莱维去接近他。阿尔贝托还有着出色的“组织能力”（奥斯维辛的黑话，意指获取非法食物和其他物资的能力）。在伤后初愈的危险时期，莱维需要从他的同胞的“生意”中受益。这两位意大利人变得密不可分，而且很快约定两人分享任何额外获得的食物。这种关系几乎在奥斯维辛前所未有。而事实证明它比纳粹的枪弹和铁丝网更加牢固。阿尔贝托的骄傲和决心并没有被敌人所摧毁，也没有被集中营那腐败的污泥所污染。在45号营房，他作为一个保持了自己的尊严和人性的人，受到了其他犯人的敬佩。

如果没遇到阿尔贝托，莱维很可能会在集中营里死去。但他简直想不明白，阿尔贝托为什么能容忍自己拖他的后腿。“因为你是幸运的。”阿尔贝托告诉他。他照顾莱维，正如他照顾他那远在意大利的弟弟。仅仅因为侥幸，才让保罗·达拉·沃尔特没有和阿尔贝托一起被投入奥斯维辛。1943年12月2日，意大利警察突然闯入阿尔贝托的家中。他们发现保罗因斑疹伤寒而卧床不起。警察不愿意逮捕一个垂死的人（他们害怕染上伤寒），并以为保罗反正难逃一死。其实，他们并不想逮捕阿尔贝托家的任何人。因为他们家族在布雷西亚颇受人们爱戴和尊敬。保罗和他的妈妈受到了软禁，而阿尔贝托和他的父亲则被彬彬有礼地送进监狱。阿尔贝托家的各个出入口都有民兵把守，但保罗和他的母亲设法通过一个电梯井进入了邻近的另一栋公寓楼。从那里，保罗被送进了医院。在假身份“马里奥·罗西”的掩护之下，他在医院里度过了15天。他活了下来，之后参加了游击队。

从童年起，莱维对友情和人际交往所带来的安全感的需求就格外强烈，而如今更是难以克制。在那个春天，他和让·萨米埃尔（Jean Samuel）成了好朋友。萨米埃尔是一位圆脸的好脾气的法国人，来自说德语的阿尔萨斯地区。但他对莱维讲法语。萨米埃尔是45号营房所谓的“Pikolo”（取自于意大利语“il piccolo”，意为“小家伙”，而在此引申为“年纪最小的”）。每座营房都有自己的“Pikolo”：他们既是信差，也是吉祥物，更经常成为卡波的性玩具。不过，快活、安静而机灵的萨米埃尔受到了人们的喜爱。1944年3月，萨米埃尔被人出卖而遭到了盖世太保的逮捕。当时，萨米埃尔正在图卢兹大学研习药理学。在奥斯维辛，他靠给自己出代数题来保持头脑的灵活。萨米埃尔会用面包去交换一本奇迹般进入集中营的微积分书。这在莱维看来真是“愚蠢透顶”[5]。到了晚上，在其他犯人争吵或缝衣服的时候，萨米埃尔却喜欢与人讨论数学。他的辩论对手是32岁的法国-波兰数学家阿尔伯特·茹尔蒂（Albert Joulty）。这位数学家已经在奥斯维辛惊人地生存了10个月。在后来，莱维才会感到这种相似的需要——找回过去的自我。正是这种需要，驱使他向萨米埃尔背诵但丁《地狱》里的诗篇。萨米埃尔运用他的头脑作为一种防御手段，通过持续的头脑锻炼来对抗堕落。纳粹可以强迫他的身体去推水泥，但并不能强迫他的精神。

相对于22岁的年纪显得早熟的萨米埃尔立刻喜欢上了莱维。在1944年的5月底或6月初，在一次躲避盟军轰炸时，莱维和这个阿尔萨斯人躲藏在一个地堡内。在那个天空湛蓝的夏日，这个地堡里只有他们两个人，没有党卫军，没有卡波，也没有恶毒的波兰-德国人。在20分钟里，他们谈起他们的家人，他们的共同兴趣，以及作为自由人时的生活。在奥斯维辛，如果有机会，交谈会变成奢侈的自由。今天，萨米埃尔提起那些在阳光中分享人性的简短而罕见的时刻，说它们是“希望的闪光时刻”[6]。

不过，在奥斯维辛的朋友太多（多于一个）是危险的。“你披上一层保护壳，过滤掉任何无益于你个人生存的事情。”[7]萨米埃尔说。但在1944年晚春，莱维、萨米埃尔和达拉·沃尔特结成了坚固的三人同盟。莱维向通晓两种语言的萨米埃尔学习德语，而萨米埃尔向达拉·沃尔特学习意大利语。在集中营里，这三个人并不总在一起，但他们每个人都知道有两个朋友正在身边。很大程度上，这有助于维持他们的士气。

### 3

卢西亚娜·尼希姆和万达·马埃斯特罗在奥斯维辛二号营，比尔克瑙，距离莱维所在的营地六公里。在那里的生活是残酷的：在每批到达比尔克瑙的犯人中，高达90%的犯人被直接送入毒气室。不过，作为比尔克瑙集中营里的一名医生，尼希姆颇有一些地位，有自己的床铺和更好的食物。那些老犯人对她相当尊敬，因为她可能会对她们有用。尼希姆工作所在的比尔克瑙医务所，被犯人们称为“掠夺处”，是营里最黑暗、可怕的地方。那里定期“筛选”出将被送入毒气室的病人，而门格勒大夫的红发助手康尼锡医生会拿着笔记板参与其中。即使不被送进毒气室，这些女犯可能以“科学”的名义被用于医学实验，被注射苯酚、汽油、氯仿或空气。

比尔克瑙的焚尸炉从未停止燃烧。从她的医生办公室里，尼希姆可以看到那些高高的烟囱上面的天空被映成了黑红色。为了屠杀匈牙利的80万犹太人，奥斯维辛的铁路甚至专门修建了一条支线，让那些闷罐车厢直接开往焚尸炉。在历史时代的这个极为短暂的瞬间，整个民族的文明就要被抹去了。尼希姆能听到哭喊声：“妈妈！妈妈！”那是纳粹正把孩子们和他们的父母分开。焚尸炉的热量让集中营的空气变得浓稠而扭曲。每一次，当从意大利的列车到达集中营的时候，尼希姆都会担心车上有她认识的人。有一天，一名意大利流放者给她带来了一个奇迹般的好消息——她的父母都在瑞士，很安全。这是她的一个转折点，那时她就对自己说：“我也要努力活下去。”[8]大多数夜晚，她都会去看望万达·马埃斯特罗。在奥斯维辛失去尊严和恐惧对于女人是更恐怖的。饥饿让她们的胸部和臀部都干瘪下去，她们的月经周期也停止了。进入比尔克瑙四个月后，万达的生命力被榨干了，她的美丽和优雅都消失了。卡波的橡皮棍让她的脸上布满了青肿。任何人只要骂她一句，就能让她大哭起来。有一天，她注视着尼希姆说：“要是我死了，答应我，给你的孩子起名叫万达。”[9]尼希姆履行了她的承诺。

1944年春天，大批匈牙利人涌入莱维营区的各个营房和劳动小队。于是匈牙利语取代了意第绪语，成了集中营里的第二语言。许多匈牙利犹太人是中产阶级专业人员、产业家、银行家，正像“一战”之前莱维的父亲在布达佩斯所结识的那些人。作为新来的犯人，他们成了嘲笑和排挤的对象。莱维大骂匈牙利药剂师安德烈·桑托（Endre Szanto），因为他被指定为他的工友，而他完全不知道如何偷窃、说谎、偷懒或结交一个有势力的朋友。他告诉这个匈牙利人少干些活，少搬些砖头，连过多的呼吸和运动都不要做。桑托最终明白了他的意思，还教给莱维一支匈牙利民歌。哪怕在半个世纪之后，他仍然能一个字不差地背出它的歌词。

随着营区里的匈牙利人日渐增多，卡波奥斯卡宣布要成立一个化工小队。这个小队被称为98连，但在实验室的意义上，这个小队与化学没有任何关系。它只是附属于一个镁-氯化合物仓库的装卸队。在它的50名队员中甚至没有几个化学家。这些队员仿佛是被随意挑选出来的，包括律师、铁路工人、补锅匠和药剂师。在队中的6名化学家中，有贝拉·费舍尔（Béla Fischer）。他在1937年帮助诺贝尔奖得主阿尔伯特·森特-哲尔吉（Albert Szent-Györgyi）在红辣椒里发现了维生素C。费舍尔是一位35岁的匈牙利人，他和莱维的相处相当融洽，但他不得不当心98连里的其他人。在那些活下来的人中很少有人的人性未受到集中营的摧残。大多数人在感情上变得麻木不仁，或者在一定程度上参与对其他犯人的迫害。其中之一就是保罗·斯坦伯格（Paul Steinberg），一个出生于柏林、有着一半俄罗斯血统的年轻犹太人。不像莱维，斯坦伯格加入了一个奉承者、保护者和寄生者组成的圈子——“保护伞”，并从中受益。他就是《这是不是个人》中的“亨利”。他设法找到了一名德国人的弱点（也就是说，同性恋），勾引他，并让他得到他想要的。队里的其他人则在重体力劳动之下随遇而安。力大无比的波兰矮子伊莱亚斯·林德津（Elias Lindzin）是从卢布林（Lublin）的迈丹尼克集中营转移到奥斯维辛的，老派作风，结实而强硬，强壮的前臂上的号码“12812”证明他已经在奥斯维辛生存了七个月，这足以让人印象深刻。林德津不断而自发地偷窃，甚至偷窃室友的东西，莱维认为他“很可能是临床上的精神病，某个精神病院里的患者”[10]。

从早到晚，在党卫军及其波兰-德国血统的监工的殴打和咒骂之中，莱维都要用肩膀扛运成袋具有腐蚀性的苯酚 β-萘酚。细小的酚粉散落在他脸上，让脸部变得粗糙并易于感染。但至少98连在出售偷来的货品上非常方便，因为仓库邻近英军战俘营（以及它那兴旺的黑市）。从这些英国大兵那里，莱维能够骗来零散的肥皂块。那些弗吉尼亚牌雪茄的烟蒂可以为集中营里的简陋烟卷提供烟草，是值钱的商品。有些英国兵会把雀巢巧克力板从电网上面扔给犹太人，或把士兵的一份蛋粉定额悄悄地塞给他们。这些战俘信任他们的狱友，而这种信任是在处境残酷的犹太人中无法实现的。莱维嫉妒他们的同袍情谊。

## 4

在这一年的夏天发生了两件重要的事件。大约在1944年6月6日，传来了盟军在诺曼底登陆的消息。第二战线的开辟终将压垮德国。在那个月快结束的时候，莱维被派到了一个建筑队，其中有两名主要的泥瓦匠都是意大利人。但还有更多的好消息。两位泥瓦匠中的一位出生在莱维祖籍贝内瓦杰恩纳镇附近的福萨诺。他叫作洛伦佐·佩罗内（Lorenzo Perrone），他那浓重的皮埃蒙特口音让莱维感到同胞的亲切感。佩罗内为贝奥蒂&科公司（Beotti & Co）工作。它是参与建设奥斯维辛三号营的合成橡胶和油料加工车间的40家公司（德国和外国的）中的一家。今天，在奥斯维辛展览馆的档案中仍然记载着在1943年2月15日举办的德国产业家大会的细节：“罗马。经决定，意大利斯托尔克公司、科隆博公司和贝奥蒂公司将与德国皮特罗夫公司和沃特里特公司合并。意大利人说他们能为我们提供1100名专业人员，其中包括推土机司机、焊工、火车司机和泥瓦工。”[11]

洛伦佐·佩罗内是那些“泥瓦工”中的一个。在官方文件中，他属于第三帝国的一名志愿劳工。凭借这样的身份，他可以收到从意大利寄来的食物包裹，住在舒适的意大利兵舍里，并且有着充足的德国士兵口粮供应。但像在奥斯维辛的许多意大利平民一样，他粗鲁地拒绝德国人提供的香烟及其他奢侈品。因为他厌恶他们的纪律和残忍。中年的他，微微驼背，头发灰白，是一个“天生的沮丧者”[12]（据他的弟弟塞孔多），有着火暴脾气——如果一个德国工头胆敢批评他在工地的手艺的话。佩罗内在奥斯维辛目睹了许多触动他的良知的事情。在他的故乡，皮埃蒙特，有着可怕的贫穷，人们靠吃泡在酒里的面包来驱散饥饿。然而，在奥斯维辛这个暴力而堕落的环境里，人们因饥饿而死。

在接下来的六个月中，佩罗内每天都会悄悄留给莱维一份汤。他一言不发地把肮脏的罐头盒留在未建成的墙边。这份汤里也许会有一只麻雀翅膀、西梅核、腊肠皮，甚至煮成纸浆的《邮报》碎片。这份杂汤每天能为莱维额外地提供500卡路里。没有这份汤莱维肯定无法活下来。莱维不断提醒这位好心的泥瓦匠帮助一名犹太人的危险——但佩罗内只是耸耸肩。他把帮助莱维当作一种道德上的义务。只要莱维是为他递砖的助手，这份食物就会安全地到达莱维的手中。一天，在可能被纳粹突然发现的情况下，这份汤被转移到了一个新地方——930楼边的H路拐角处。从那时起，甚至是佩罗内也不得不小心翼翼，因为附近就是“意大利劳工办公室”（Italienisches Syndikats-Büro），那里充满了奸细。而且，那里还有被其他人偷走汤的危险。

佩罗内还通过另一种重要的途径帮助莱维。实际上，在奥斯维辛没有犹太人能够把信件偷寄出去，更不用说接到信件了。每周，当“红三角”（政治犯）阅读他们的信件时，是莱维最伤心的时候。每当这个时刻，莱维就会痛苦地感到被家乡所疏离。对囚犯而言，信件比任何事情都重要：它们让他们的生活有了一点点意义，让他们与自己已失去的世界有了一份联系。多亏佩罗内，莱维能够把信寄出集中营，甚至还能收到家人的回信。他们的计划是佩罗内用他那半文盲的手把莱维的信重新誊写一遍，签上他自己的名字，把它们邮给都灵的比安卡·乔德蒂·塞拉，一名非犹太人。可以靠她把信转交给莱维的母亲。

在写信给家人的时候，莱维没想过能收到他们的回信。他的母亲并非住在中立的瑞士，而是住在被纳粹占领的意大利。盖世太保的间谍能轻而易举地发现他的通信。“我是完全地不负责任。我不知道往家写信有多么危险。”[13]莱维当前的问题是要精心构思信中的内容，既要让家人明白，又不能引起奥斯维辛信件审查官的怀疑。在6月中旬，他把他的第一封信寄往外部世界。这张明信片在6月25日通过审查，在7月19日抵达都灵。它贴着一枚希特勒肖像邮票，寄信人的署名是洛伦佐·佩罗内，“意大利专业工人”。它在比安卡位于蒙特贝洛大街15号的住宅门口的地垫上躺了两天而无人问津。莱维的母亲躲在佛朗哥村，已经七个月没有儿子的音讯，正担心他已经不在人世。

很巧，当这张明信片到达都灵时，艾达·黛拉·托雷就在莱维母亲身边。7月21日晚上，她做了一个特别的梦。在梦里，她仰望着米兰的星空，莱维开始以学究式的派头，给她讲解各个星座的名字。她还记得，梦中的莱维穿着条纹睡衣裤。7月22日，星期六，艾达离开佛朗哥村去都灵执行游击队的任务。试图暗杀希特勒的消息（一枚炸弹在他位于东普鲁士的总司令部爆炸了）让德国人陷入气急败坏之中。在艾达看来，都灵的一切都虎视眈眈，满是敌意。在新门火车站，她给比安卡打电话看她在没在家。接电话的女仆却回答：“快来！快！”[14]艾达赶到了比安卡家。在那里，比安卡递给她一张明信片。在震惊中，艾达想起了她昨夜的梦：

> 亲爱的比安卡小姐：
>
> 我昨天看到了普里莫。他很好，而且他正在干活。也许他会写信给你。他瘦了一点，并盼望再次见到你，或者至少得到你的消息。这里没什么可说的……我是你的朋友洛伦佐·佩罗内。我希望你能给我写信，再见。[15]

一个月后，莱维收到了“兰扎太太”（他的母亲）寄出的两张明信片中的一张。为了避开营里的“间谍系统”，他在工地那恶臭扑鼻的储水箱里读她的明信片。在那个兴奋的瞬间，莱维仿佛灵魂出窍，鲜活的童年记忆重新浮现在眼前：房子、气味、一条条克罗塞塔的街道。莱维给母亲写了回信。洛伦佐·佩罗内用他那未受过教育的手重新誊写了一遍，再次寄给比安卡·乔德蒂·塞拉，并在8月21日通过了奥斯维辛的审查：

> 我现在非常健康。事实上，在天气好的时候，我感到比以前身

体还要好。现在，我在德国非常适应，这让我干起活来也得心应手。不久前，我得知卢西亚娜（尼希姆）在离这儿不远的地方干活。我没有佛朗哥（泰代斯基：安娜·玛丽亚的男友）的消息。

接下来是些空洞的客套话：

别担心我。告诉我大家的消息。要有巨大的勇气和希望。接受我最好的祝福以及一个永远爱你的人的衷心拥抱，你的洛伦佐。

六周后（1944 年 9 月中旬）比安卡收到了这张明信片，并在都灵把它转交给了莱维的母亲。“我永远忘不了当埃丝特尔意识到她的儿子还活着时的表情。”[16] 然而，在狂喜之后，埃丝特尔指出这封信是在整整一个半月前寄出的，而在这段时间内任何事情都有可能发生。尽管埃丝特尔为她的“小普里莫”日夜担心，但在接下去的 13 个月中，这对母子仍然无法相见。

诺曼底登陆的消息让集中营里的气氛急剧恶化。卡波们开始在集中营里搜查非法电台，并报复性地殴打犯人。一名党卫军哨兵开枪打死了一名英军战俘：“这没有《日内瓦公约》——这就是我的条约！”[17] 然后，他掏出了鲁格手枪。希特勒青年军里的少年士兵来到奥斯维辛，围观合成橡胶工地上的犹太人。党卫军在铁丝网外大声地向他们讲解着犹太人的堕落。他们难道不是连禽兽都不如吗？没错，就该这么处置犹太人。同时，第 98 化工连的奴工们生活在一个充满了小道消息、各种谣言和花边新闻的世界里。希特勒死了。第三帝国完蛋了。但是，不管盟军诺曼底登陆的压力，法国犹太人还是源源不断地被送到奥斯维辛。焚尸炉里的火越烧越旺，连防火砖都被烧裂了。纳粹挖掘了更多的焚尸坑。那些火焰，一旦点燃，燃烧的匈牙利犹太人流下的尸油就成了它们的燃料。

7 月初，莱维听说了一个消息，在集中营已经建成的合成橡胶和油料车间需要“专家”。这些车间非常巨大。它们所消耗的电力相当于整个柏林所耗费的电力。它们所设计的年产值是每年生产 2 万吨丁钠橡胶，以用于制作轮胎和坦克履带。现在，莱维看到了逃脱建筑队和化工连队的机会。如果他成为一名在合成橡胶车间工作的专家，他也许就能活下去，并摆脱工地上随时可能出现的暴力事件。奥斯维辛三号营是德国化工巨头 I.G. 法本公司的资产。哪怕按现代的标准来看，法本公司都是一个格外庞大的组织：在纳粹占领的欧洲土地上，它的 334 家工厂推动着战略原材料（原油、合成橡胶和硝酸盐）的流动。而这些物资是德国战争机器运转的必需品。I.G. 法本公司与希特勒签订的魔鬼条约催生了前所未有的军事-商业合作模式。它包括对被占领国家的全面掠夺和奴役，还有屠杀。仅参与奥斯维辛三号营建设的 I.G. 法本企业就包括巴斯夫（BASF）、西门子、拜耳、爱克发、赫斯特、德国通用电力和百利金（为囚犯编号文身提供墨水）等子公司。在过去的五年中，这些子公司都忙着剥削奥斯维辛及其他纳粹集中营里的犹太奴工。

在 7 月 21 日或 22 日，莱维参加了一场“化学考试”以检验他是否为一名合格的化学家。于是 174517 号犯人被党卫军押解到“聚合反应部”（P-M-Abteilung）参加考试。在 80 名满怀希望的应试者中，只有三人将获取进入合成橡胶实验室的资格。在大学里，莱维知道“丁钠橡胶”（Buna）是“丁二烯”（Butadiene）及“钠”（Natrium）的缩写形式。而且，他在大学四年级时的德文化学教材，路德维希·加特曼（Ludwig Gattermann）的《有机化学家之实践》（*Die Praxis des organischen Chemikers*）中已经给出了合成丁钠橡胶的公式，并解释“Buna”这个德文单词泛指合成橡胶。莱维的主考官威廉·潘维茨（Wilhelm Pannwitz）博士是巴斯夫公司的一名高级化学家。据巴斯夫公司现存于路德维希市的档案，他出生于 1907 年，时年 37 岁。在这名德国人一尘不染的办公室里，莱维更感到自己那卑下的地位；他那被汗水层层浸透的衣服一定散发出汗臭并且肮脏无比。高高在上地坐在办公桌后的潘维茨，在专业上却与莱维不相上下。他抿着嘴唇，用冷冰冰的礼貌对待莱维。一种本能的厌恶，单纯且强大，渗透于他的灵魂：犹太人。

后来，莱维才发现潘维茨统领着奥斯维辛三号营的卫戍部队——一支由老人、希特勒青年军和其他亡命徒组成的战斗部队。他一定是反犹的。在希特勒掌权的时候，I.G. 法本的首席执行官卡尔·博世（Carl Bosch）就因为同情犹太人而遭到排挤，而整个企业无情地清洗非雅利安血统的员工。如果潘维茨想保住自己的工作，他就不得不与之前的犹太“同事”划清界限，并成为希特勒的走狗。

潘维茨想要了解莱维的博士论文的课题。“介电常数的测量。”他回答潘维茨，尽管事实上这只是他关于化学物理的两篇子论文之一的课题。不过，它其中仍然囊括了对苯的测试——而苯是生产丁钠橡胶的关键原料之一。莱维的物理知识，或者说物理化学的知识，似乎给潘维茨留下了深刻的印象：物理，正像化学一样，在奥斯维辛救了莱维的性命。在敷衍地盘问了几句来评估他的能力之后，这场面试就草草结束了。按照潘维茨的命令，174517 号犯人被押回到卡波奥斯卡面前。当莱维出现在劳工办公室的时候，奥斯卡轻蔑地在莱维的肩头擦掉他手上的机油，仿佛把他当作了一块抹布。40 年后，莱维说这是他一生中受到的“最大的侮辱”[18]。作家莱维常常像这样从一件显而易见的小事中引申出巨大的恶意。莱维不得不再痛苦地等待四个月，才能知道考试的结果。在那之前，他仍然只是 I.G. 法本公司的一名“一次性”奴工。

莱维并不知道，在 I.G. 法本公司与党卫军之间有一份邪恶的合同。党卫军每提供一名犹太奴工，I.G. 法本公司就支付给他们四到八德国马克。莱维显然没有工资：正如他后来酸楚地评价——那就像“给耕牛发工资”[19]。但在这两个德国组织之间也存在着利益摩擦。极度狂热的党卫军，拥护“最终解决方案”，主要关心的是灭绝犹太人；I.G. 法本公司，尽管他们可能并不在乎犹太人的死活，但他们必须在合成橡胶工厂保留足够的奴工。这就解释了党卫军为什么会命令莱维营地里的每个犹太人从 I.G. 法本公司的建筑工地上偷四块砖头，从而致使这家德国公司损失了宝贵的 4 万块砖头。而 I.G. 法本公司，则对莱维从营房中偷来在工地黑市上出售的毯子视而不见。反过来，党卫军鼓励莱维从工厂偷取灯泡，拿到营区来卖。在这两个对立的组织需求（一个是政治的，另一个是商业的）之间的滑稽对抗中，莱维只是一个数字：174517。

莱维现在已经在奥斯维辛生活了五个月——比犯人平均生存周期多出了两个月。他活的时间越长，幸存的机会就越大。7 月 31 日是他的 25 岁生日。

那一天工地上雨流如注，莱维和一名波兰犹太人负责擦洗一个地下储水箱。在奥斯维辛，把食物当作礼物是极度慷慨的行为（有人也会说这是愚蠢），但那名波兰人仍然送给莱维半个苹果——这是第一次，也是唯一一次，他在奥斯维辛吃到了水果。

1944 年 8 月来了，莱维的生存又要面临新的阻碍。一名新的卡波接替了原来的奥斯卡。这位新卡波是一名来自荷兰的犹太人，但他比原来的卡波要危险得多。约瑟夫·莱辛（Josef Lessing）原来是阿姆斯特丹咖啡馆里的一名小提琴手。现在他在奥斯维辛的管弦乐队里工作——一个极有特权的岗位——而权力使他堕落。莱维试图和莱辛（编号 150724）搞好关系，但他的恶意总是在出人意料的时候爆发出来，哪怕是他看起来最平静的时候。莱辛的橡皮棍总是往犯人的腰上打，而他打犯人时带着一种残忍的满不在乎。在奥斯维辛这个善恶颠倒的世界里，像莱辛这样在进入集中营前从未杀过人的卡波，会比像奥斯卡那样已被定罪的杀人犯可怕两倍。他会毫不犹豫地置人死地：犹太卡波特别急于向党卫军证明他们的价值。

夏天的酷热笼罩着奥斯维辛。对于许多犯人来说，这是最后一根稻草。一些人耐不住干渴，冒险喝了集中营那被伤寒杆菌污染了的自来水，死去了。在 8 月底，党卫军准备把卢西亚娜·尼希姆从奥斯维辛转移到另一个集中营。她最后一次去看万达。万达已经病倒在比尔克瑙的医务所里。“走吧。”万达对她说。只有此刻，在尼希姆经历过奥斯维辛的种种磨难之后，她才能够留下万达而去，而不会感到良心不安。在德国的黑希施利希特瑙集中营（Hessich Lichtenau），尼希姆继续从事她那作为一名医生的可怕工作。她在集中营负责编写因病重无法工作而将被送入毒气室的女犯名单。“从那时起，我就知道我的余生将充满惭愧。”[20] 尼希姆回忆。

1944 年那个残酷的夏天，在莱维所在的集中营里的生活是极为危险的。8 月 20 日，盟军轰炸了合成橡胶和油料车间。莱维当时正在一间仓库里搬运成袋的化学品。一枚 227 公斤的炸弹从天而降，砸穿了屋顶。幸运，或者是炸弹的某种故障，救了他的命：它没爆炸。整个夏天，空袭不断打击着奥斯维辛三号营，毁灭了 I.G. 法本公司早已落后的生产时间表。红军逼近德国防线，为生产丁钠橡胶带来了更大的压力。坦克履带，卡车和吉普车的轮胎都极度缺乏，但工厂的生产效率却悲惨地一降再降。苏联军队已经到达奥斯维辛附近的维斯瓦河东岸。但每前进一步，他们又会退回原地。在“雅利安”的华沙，经过 63 天的战斗，16 万波兰人被杀之后，反纳粹的抵抗运动被无情地镇压下去。莱维的波兰校友安东尼娜·科扎恩（Antonina Kozaryn，昵称“尼娜”），因在 1944 年 8 月参加波兰起义而被关进了拉姆斯多夫（Lamsdorf）集中营。她今天生活在佛罗里达州。

1944 年秋天，法西斯党徒征用了莱维家在都灵的公寓。9 月 2 日，一名叫作纳塔莱·罗维阿（Natale Rovea）的会计，拿着笔记板和卷尺闯进了翁贝托国王大街 75 号。他的工作是列出这间公寓的住客名单，确保没有犹太人躲藏在这里。罗维阿是法西斯的 EGELI 局（实业与不动产管理局，Ente di Gestione e Liquidazione Immobiliare）的雇员。这个政府部门专门负责清算犹太人的房产。作为高度组织化的征收程序中的一环，EGELI 与占领区德国人的金融和财政部门合作，意大利银行和保险机构，公寓楼的地主和保管人也与其同流合污。在莱维家门口的地垫上，罗维阿发现了未交款的煤气账单。一些家具被送到了都灵的盖世太保总部等待拍卖，空荡荡的房间里到处都是轰炸的痕迹。在倒塌的隔离墙中间布满了碎玻璃和灰泥。一幅镀金画框的“女士肖像”[21] 失踪了（罗维阿提到），其他精美饰品的痕迹显示一幅 19 世纪的“佛罗伦萨印刷画”也不见了。在客厅里，一架带玻璃灯罩的铸铁吊灯完好无损地挂在一个笨重的大衣橱上面。轰炸让每件东西上都覆盖着一层灰土。值钱的东西没剩下什么。一个浴缸堵在门口，看来有人曾经想搬走它。罗维阿走过走廊，停下脚步，在一个“木制和压花玻璃”壁橱、一套瓷盘和一幅“英国式骑马”的画作上做标记。在仆人的房间里，他注意到胡乱堆放的儿童玩具、一个购物藤篮和两个“没有球拍线”的网球拍。

在书房的墙上，挂着一幅照片。照片上是 1901 年仍在大学读书的工程师。切萨雷·莱维的胡桃木书桌里仍然有装着橡皮图章的匣子，“两个墨水瓶”和“一个烟灰缸”。一次炸弹爆炸让工程师的药橱在地板上摔坏了。药橱的旁边还躺着一个残破的小青铜雕像。踩着嘎吱作响的碎玻璃，会计罗维阿走进了镶嵌着白色瓷砖的厨房，并以记账般的精确，写道：“一个长霉的蛋糕，一个菜刨”。他将这间公寓中残存的家具估价为4000里拉（约合今天的160英镑）。他的工作结束了。他用铁链锁住大门，再用蜡封住门缝（显然是为了预防偷窃）。（在一家都灵银行的档案中找到纳塔莱·罗维阿的报告后，我把它送给了安娜·玛丽亚·莱维。她说：“我以前从来没见过这个。”显然这份报告让她气愤。法西斯的大量历史资料仍然埋没在意大利。）其他被EGELI查封了住宅的犹太人，常常为了取生活必需品而“闯入”自己家中。比安卡·乔德蒂·塞拉为了取一些衣服，沿着下水管爬进了她的犹太男友阿尔贝托·索莫尼的家中。

在那年冬天，犹太人在都灵乱逛是一种疯狂的行为。莱维鲁莽的表妹朱莉娅·科隆博却前往圣保罗银行。因为这家银行代表EGELI出售被没收的犹太人资产。银行经理桑纳先生曾经是切萨雷·莱维的棋友。他绝对不是一个反犹的人。当他听到朱莉娅要求给“萨卡雷洛”别墅贴上封条时，惊讶得下巴差一点掉下来。什么时候听说过犹太人要求查封他们自己的家？朱莉娅解释，没有封条，那栋别墅容易遭入室盗窃（她还不知道那里已经遭到了洗劫）。桑纳答应尽可能帮助她，并紧张地护送这位姑娘从银行后门离开。“萨卡雷洛”从未遭到查封。

## 5

面对稳步推进的苏联红军，德国人疯狂地急着灭绝犹太人。在莱维所在的集中营，囚犯们在恐慌地传播一个消息：一场“大筛选”（Selekcja），就要来了。事实上，纳粹要消灭那些最虚弱的奴工，以便给新近从波兹南（Poznan）来的大量犹太人腾出位置。1944年10月15日，星期天，一大早，奥斯维辛四号营的所有犯人就被锁在他们的营房里。在45号营房，纳粹命令所有犯人脱光衣服，并给每名犯人发放一张卡片。卡片上记载着他们的囚犯编号、姓名、年龄、职业和国籍。就这样，莱维混杂在这200个无名无姓的可怜虫中，不知道自己会活着还是死去。在嘈杂声和命令的叫喊声中，一名党卫军副官走了进来。他甚至不是一名医生，但他只要看上一眼就能决定一个人该不该被送进毒气室。犯人们绝望地试图隐瞒他们的身体状态。一些人试图用一捆衣服挡住手术疤痕，或者卡波留下的淤肿；一些人干脆用手摩擦脸部，让脸上有一些血色。

对于让·萨米埃尔而言，这场大筛选完全是一个恐怖的时刻，哪怕在半个世纪后仍然记忆犹新——“我一生中最可怕的日子，审判日。”[22]那些看起来相对健康的犯人——像大块头的特兰西瓦尼亚农夫扎特勒——也被选中送进毒气室。难道扎特勒忘记刮胡子了吗？在奥斯维辛四号营，共有850名犯人在那个秋日被选中送进毒气室。在发粥的时候，这些注定死亡的犯人领到了双份的定额。48小时之后，卡车把赤身裸体的他们接走了。我们得知，在45号营房，有8名意大利人被送进了毒气室。其中包括阿尔贝托·达拉·沃尔特的父亲吉多。按奥斯维辛的标准，出生于1894年，时年50岁的吉多已经算是一个老人了。父亲的突然离去让阿尔贝托备受打击。在此之前，他并没有用任何关于奥斯维辛的幻想来自欺欺人：在这里的生活是对精神的考验，只有最坚强的人才能生存下来。但面对父亲的死，他却开始逃避现实。“爸爸去了一个疗养营。他病了，不是吗？”[23]奥斯维辛附近的确有一个“疗养营”，在亚沃日诺的煤田地区，但吉多·达拉·沃尔特并没有去那里。当阿尔贝托（用现代的话来说）处于拒绝接受现实的状态中，莱维不再像过去那样信任他：他变成了一个不可信赖的盟友。只用了短短几天，原本沉稳而乐观的阿尔贝托就变得沮丧而不爱说话：他们之间的友谊也开始出现重大的裂痕。

## 6

两周后，10月29日，比尔克瑙集中营的一群意大利女犯精疲力尽地从筑路工地返回营地。当她们挤在一个室外水龙头边抢着喝水的时候，波兰哨兵讥笑她们：“犹太猪！犹太猪！”艾瑞卡·约娜（Enrica Jona）正把脑袋探到水龙头下面，眼角余光却看到医务所的台阶上站着一个“幽灵”。一个像幽灵般脆弱的女人紧裹着白被单从医务所里走出来。“她一定听到了我们讲意大利语，因为她问我们来自意大利的哪个地区。我说我来自皮埃蒙特，而那个幽灵回答她来自都灵。”[24] 之后，不寻常的事情发生了。那个女人说：“我的名字叫万达·马埃斯特罗。”约娜的身体僵住了。她从哥哥里诺那里听说了很多关于万达的故事。因为她的哥哥与在都灵的阿尔托姆兄弟俩曾经是好朋友。在波兰哨兵那敌意的目光下，这两个女人匆忙交换着消息。“那时候，我站在那里，注视着万达。我向上帝发誓，她像粉笔一样苍白。接着，她对我说了那些可怕的话语，让我永远无法忘记：‘我不能回家了。’她对我说那些话时有着绝对肯定的语气。事实上，我相信万达很快就要死了。”1944年10月30日，星期一，万达·马埃斯特罗被送进了毒气室。据说朋友们给了她一剂镇静剂，让她在无意识的状态下走向死亡。战后，艾瑞卡·约娜从未告诉莱维她曾经见过生前的万达。

在万达被“消毒”之后的第二天，比尔克瑙的毒气室，以及那些被灭绝的囚犯名单，都被销毁了。不仅那些文件，还有那些建筑的遗址都消失了。随着红军一步步把德国人赶出波兰东部和匈牙利大部分地区，纳粹急忙销毁他们罪行的所有证据。

## 7

冬天快要到了，铁丝网外堆起了高高的雪堆，阻隔了奥斯维辛四号营的活动和声音。距离7月份的考试，差不多已经过去了4个月，但莱维仍然对考试结果一无所知。这是他被俘之后度过的第二个冬天，而黎明前去工地的行军似乎分外寒冷刺骨。只有一个念头给了莱维希望：他在劳工办公室的外面看到了一份名单，上面有他的号码（174517）。他不知道那是什么名单，但相信它与I.G.法本公司的实验室有关。莱维的猜想是对的。他现在已经是一名“专家”，跻身于特权阶级，注定会比其他犯人多活几个月。

同时，他能够活下来，凭借的是纯粹的意志力，以及佩罗内的那份汤，再没有别的东西。洛伦佐·佩罗内收到了一个来自意大利的食品邮包，寄件人仍然是“兰扎太太”。莱维和阿尔贝托·达拉·沃尔特分享那些风车形状的饼干、代巧克力和奶粉，然后再次通过佩罗内寄出了第三封信。这一次，他不再过度隐藏他的希望和恐惧：

至亲之人：

我们终于收到了我们长久所盼望的——您能想象我们的快乐。虽然冬天已近，但我还算健康。我的精神头也不错。我恳请您联系布雷西亚的达拉沃尔特（dellavolta，原文如此）家族。我时时刻刻恳求您。我整夜梦到您，梦到我们的房子，梦到当初的生活。我多希望还能回到过去。愿上帝保佑我们不久之后便能团聚。我恳求您。尽您所能，采取任何举措，因为我深深地相信您。祝万事顺利，永远记得您，您最亲爱的洛伦佐，再见。

这封信——莱维最后的家书——在11月1日通过了奥斯维辛的审查。然而，在那时候，达拉·沃尔特家族早已在他们土生土长的布雷西亚销声匿迹。吉多的妻子艾玛（当时，她还不知道自己的丈夫已死）已经消失在曼托凡（Mantovan）的丘陵之间。而她的儿子保罗则参加了共产党抵抗组织。吉多的五个兄弟都分散隐藏在意大利德军占领区各地。他们还不知道他们的亲人倒在了德国人的屠刀之下。他们的一个堂兄，82岁高龄的里卡尔多·达拉·沃尔特（Riccardo Dalla Volta）在奥斯维辛被送进了毒气室。他之前是比萨大学的院长。

11月中旬，莱维收到了一个绝妙的消息——他已经入选奥斯维辛实验室。在80名候选人中，只有3人入选：除了莱维，还有让·坎德尔（Jean Kandel）和帕尔普蒂尔·布拉基厄（Palptil Brackier）被选中作为化学家在实验室工作。坎德尔38岁，是一名罗马尼亚裔的法国犹太人。今天在奥斯维辛的档案里找不到布拉基厄的资料，只知道他是一名出生于波兰的比利时人。在九个月中，莱维一直是名犹太奴工——奥斯维辛最低贱的生命形式——但现在他已经在通向更高特权的阶梯上迈出了一大步。他的口粮份额、衣物和鞋子都不会改变。他仍然穿着同一件未经清洗的条纹囚衣。在晚上，他仍然作为一名普通囚犯遭受虐待。但在白天，在房间里工作，让他逃过了波兰冬天的严寒。所以，他对食物的需求不再那么急迫。而且，在实验室里，他可以接触到平民身份的工作人员，并且可以方便地偷到化学玻璃器皿、肥皂、汽油、酒精，再把这些东西拿到集中营黑市上去出售。除了洛伦佐·佩罗内每天送的那份汤之外，可以入口的还有氧化石腊、烤脱脂棉（包含纤维素，只有化学家才知道）或脂肪酸。既然莱维有了特权，集中营里的“上层阶级”也对他优待有加。而受到优待的犯人有着更多的自尊和希望。

莱维在11月底进入聚合反应部。这个巨大的部门有6部电话，以及从德国化工部门的精英中招募的30名平民员工。3名化学家组成了聚合反应部的领导层。他们是潘维茨博士、哈根博士和奥托·普罗布斯特（Otto Probst）博士。在奥斯维辛四号营幸存者的证词中常常会出现他们的名字。普罗布斯特34岁，是一个胸部壮实的人。他像潘维茨和哈根一样，为I.G.法本公司的子公司巴斯夫公司工作。这个部门总是笼罩着肮脏的烟雾，空气中弥漫着煤焦油的臭气。

在九个月中，莱维第一次获得了女性的陪伴。尽管他渐渐习惯了在星期天看到波兰妓女陪着党卫军军官在集中营的妓院外面散步，但在他看来，这些女人似乎是不真实的，如橱窗里面孔模糊的塑胶女模特。而在实验室里，莱维每天都要接触波兰的、德国的和乌克兰的女性，还有佩戴纳粹十字党章的漂亮女仆。这些女人会凑在一起，低声谈论那个奴隶-化学家莱维是一个“臭犹太人”（Stinkjuden），并叽叽喳喳地讨论怎么过圣诞节。只有一个姑娘，希娜·拉辛科（Sina Rasinko）同情莱维。她是“聚合反应部”的15名乌克兰女性之一。为了让她们在奥斯维辛工作，巴斯夫公司在路德维希对她们进行了生产合成橡胶的培训。这些妇女都是从路德维希乘火车千里迢迢向东来到奥斯维辛。莱维记得希娜是那些姑娘中“最亲切”和“最能干的”。而其他姑娘都“看不起我们并不愿意靠近我们（犹太人）”[25]。

## 8

加入实验室让莱维活过了那年冬天。室外的气温是零下15摄氏度，但在实验室里，本生灯喷射着橘色的火焰，还有一台赫普勒恒温计在瓷砖上沸腾着。苯乙烯那琥珀般的香味一定让莱维回到了有机化学的课堂上。（蓬齐奥教授曾经讲过："我们可以在小亚细亚的树脂中找到苯乙烯。"）在越来越频繁的空袭中，莱维的大多数时间用于拆卸仪器，然后再在解除警报后把它们组装起来。参与德国战争机器的运转让他颇感不安。于是，他开始通过弄乱试管和污染样品的方式来破坏生产。暗中的"罪行"让他充满了小小的快乐。其他破坏者也有着同样的快乐。李奥纳多·德·贝内代蒂曾经在园艺小队短暂地干过一阵子。而他乐于把党卫军的花椰菜连根拔掉。"我想我为了让第三帝国挨饿出过一点力。"[26] 他回忆道。英军战俘们每天进行着更严重的破坏。"我们在工地安装的巨大的屋顶桁架总会倒塌下来，摔得粉碎，这是因为我们从来不会拧紧螺丝，"阿尔弗雷德·巴特姆斯记得，"你一定会开怀大笑——那是你会铭记在心的开心时光。"[27]

在实验室里，莱维重新有了恐惧感。而在室外工地时，他并没有这种感觉。因为在工地上，他过于脆弱，只能考虑眼前的生存。当你临近死亡时，你不会去考虑死亡。但温暖的实验室为莱维提供了情感上的"缓刑时刻"，让他能够回味和反思室外的恐怖。很多次，他考虑过用致命的化学药剂自杀。自杀好过死在纳粹的手里。（有趣的是，在奥斯维辛很少有人自杀——自杀是理性的人类行为——"牲口不会自杀。"[28] 莱维说过。）

他没有认真地考虑过自杀，是因为他知道他必须讲述自己的故事——如果他能活下去的话。于是，他悄悄地开始记录下偶然的观察：姓名、面孔、事件。纳粹发给他一个笔记本，以用于化学分析，"但书写这件事情恰恰是非常可疑和高度危险的"[29]，莱维回忆。但德国的战败似乎已经指日可待，所以他敢于冒更大的风险努力活下去。他必须要活下去——多活一分钟、一天、一个星期——因为他要书写他所目睹的。因为莱维现在是记忆的传承者、见证者。然而，他所记录的笔记随时都有被发现的危险。事实上，这份笔记始终不到"二十行"。没过多久，他就毁掉了这份笔记，开始努力记住那些事实。《这是不是个人》就这样诞生于奥斯维辛的实验室。

离 1944 年圣诞节仅剩下几个星期，化学玻璃器皿和吸尘罩上都结了冰。

原定于1945年2月1日开工的合成橡胶生产由于同盟国的空袭而一再推迟。德国人的每件事都遇到了麻烦。一天，有人发现在一个小包里的脱脂棉都不见了（莱维把它们吃掉了），从而引发了一场骚乱。莱维非常紧张，失手打破了一些玻璃器皿。一位莱维不认识的，个头高大而表情严肃的德国人走进来维持秩序。他名叫费迪南德·迈尔（Ferdinand Meyer）。他相当好奇地看着莱维，却并没有因莱维打碎玻璃而责骂他，而是试着让他冷静下来。迈尔甚至问莱维他为什么看起来“那么惊恐”。他令莱维既困惑又尴尬。但莱维仍然担心遭到报复。他蓬头垢面，满身疥癣，但这个德国人仍然像对正常人一样对他讲话。“你的双眼似乎充满了恳求”——半个世纪后迈尔告诉莱维——“而我无法忘记你那绝望的沮丧……从那天起，我就很喜欢你。”[30]后来，迈尔送给莱维一张证件，让他每周可以去理发两次，还发给他一双皮鞋以换下他那双木底鞋。莱维问自己：这是一个什么人？使用礼貌的“您”，这个德国人问起了莱维的生活情况。

今天，在奥斯维辛的档案中早已没有了费迪南德·迈尔的资料。他的名字没有出现在集中营的大名单上，也没有出现在基于幸存者证言所整理的索引上。甚至在奥斯维辛博物馆里所保存的关于I.G.法本公司的400份档案中也没有他的名字。似乎，迈尔已经从他的耻辱之地蒸发了。我们只能通过他的女儿寇朵拉（Cordula）以及现存的信件了解到一点关于他的情况。迈尔是一名虔诚的天主教徒，毕业于科隆大学。他从路德维希的巴斯夫公司调到奥斯维辛时是36岁，已经结婚五年。一到集中营，他就被安排在舒适的员工宿舍，并见到了I.G.法本公司的技术主任，马克斯·弗斯特（Max Faust）博士。弗斯特告诉他集中营的规矩：“只把那些最卑贱的工作交给犹太人，对他们要毫不手软。”[31]不过，如果我们相信他自己的记录，迈尔曾经指示一名德国工头给一群犹太人发放羊皮夹克来御寒（但这个命令似乎不可能得到执行）。虽然莱维遇到迈尔的时候不多，但他在迈尔身上发现了令人尴尬的人性。他注意到迈尔会纵容实验室里的乌克兰姑娘（迈尔说他喜欢她们那“动人而感伤的歌曲”[32]）。据说迈尔和希娜·拉辛科有过一段恋情。

同时，苏联红军胜利的希望感染了犯人们。尽管有巨大的生命危险，但佩罗内仍然每天带给莱维半升土豆皮汤。但这份慷慨也不会持续太长时间了。佩罗内害怕苏联人，也许对纳粹关于亚洲游牧部族的宣传半信半疑。12月底，他逃离了奥斯维辛。和一个意大利人一起，他准备靠双脚走回皮埃蒙特。他们白天睡在干草堆里，晚上向西前进，靠着星星辨认方向。

现在盟军的飞机常常轰炸集中营。希特勒就要失败了。而且，面对苏联红军的步步紧逼，纳粹那一丝不苟的秩序开始混乱。一名德国化学家要求莱维帮她补自行车车胎。而她甚至说了“请”。尽管禁止犹太人进入防空掩体，但技术员斯塔维诺加（Stawinoga）先生却在一次轰炸中违反命令将莱维带入地堡。斯塔维诺加的行为严重违反了规定了犹太人与德国人之间关系的“雅利安”准则。但是，随着集中营里红、绿、黄三角组成的金字塔结构的崩溃，这些平民渐渐顾不得党卫军的规定。荷兰化学家迈斯特·格罗纳（Meister Gröner）偷偷将面包带进集中营，送给犹太人。但之后格罗纳就失踪了。莱维听说纳粹为了惩罚他，把他送上了东部前线。

1944 年圣诞节，聚合反应部关闭了。费迪南德·迈尔乘坐当夜的火车回到德国。在短短的四个小时内，他到达了海尔布隆（Heilbronn）。现在他终于能看清希特勒的德意志的真面目：一片精神和物质的废墟。海尔布隆，“内卡河谷的珠宝”，仅仅经历了一场空袭就被夷为平地。迈尔和他那怀孕的妻子克里斯蒂娜在他们四岁女儿安吉莉卡的陪伴下穿过城市的瓦砾。一个个带着孩子的家庭露宿街头，与老鼠抢食物和庇护所。在海尔布隆度过这样一个凄惨的圣诞节之后，迈尔绝望了：“这世界上再没有我们的落脚之地。”[33] 在圣诞节之后的第一天，他乘最后一列火车回到波兰。他所乘坐的火车遭到了同盟国军队飞机的扫射，但他仍然于 27 日安然无恙地抵达奥斯维辛。在平民车站，他停下脚步买了一瓶红酒来庆祝新年。

1945 年 1 月 1 日，德国人解散了关押英军战俘和意大利人的奥斯维辛四号营，将这些囚犯向西疏散。苏联红军的前锋已经很近了，也许只有 65 公里远。大约 200 名希特勒青年军被动员起来接受威廉·潘维茨博士的指挥，负隅顽抗。纳粹期待这支乌合之众能够拖住苏军，并隐藏住奥斯维辛的秘密。

与此同时，都灵迎来了有史以来最寒冷的冬天。在克罗塞塔，墙边积起了厚厚的雪堆。法西斯党徒在大街和广场上抢夺任何与犹太人、萨伏依王朝或外国有关的财物。（萨伏依王朝早已改旗易帜，投靠到同盟国一方。）法兰西亚街变成了盖比瑞拉·邓南遮街。翁贝托国王大街现在则成了独立街。在96号，莱维的妹妹和她的游击队同志艾达·黛拉·托雷住在一个狭小的地窖中。这处藏身之地是一个冰窖。在那个漫长的冬天，艾达只能用自己的内衣制成帽子，哪怕这被安娜·玛丽亚·莱维视为一种不得体的权宜之计。未来的几个月中，必将迎来饥荒和瘟疫。据记载，在1月5日下雪后，克罗塞塔街边那高大美丽的橡树被人们砍倒用作木柴。人们为了争夺锯断的树枝而大声争吵。

## 注释

1 “那是一个可爱的春日早晨……”：1992年7月1日，安娜·雷韦利告诉作者。
2 “只有游击队员……”：同上。
3 “把针插进他的手指甲……”：比安卡·乔德蒂·塞拉在《公正、不公与监禁的故事》（*Storie di giustizia*，*ingiustiziae galera*，p.20）中引用的证言。
4 “被狗吃掉”：1995年4月8日，皮埃尔·保罗·（“波鲁西奥”）·费沃特告诉作者。
5 “愚蠢透顶”：普里莫·莱维告诉作者。
6 “希望的闪光时刻”：1993年1月25日，让·萨米埃尔告诉作者。
7 “你披上一层保护壳……”：同上。
8 “我也要努力活下去”：1997年2月26日—3月4日，卢西亚娜·尼希姆接受安娜玛利亚·瓜达尼的采访，《支队》杂志。
9 “要是我死了……”：《魔掌下的女人》，p.48。
10 “很可能是临床上的……”：普里莫·莱维告诉作者。
11 “罗马。经决定……”：奥斯维辛博物馆档案（D-Aus.III-4/2/Nr inw.151234）。
12 “天生的沮丧者”：1992年10月7日，塞孔多·佩罗内告诉作者。
13 “我是完全地不负责任……”：普里莫·莱维告诉作者。
14 “快来！快！”：艾达·黛拉·托雷，“一个梦”（*Un sogno*），收录于《往事集》（*Ha Keillah*），1978年12月，p.9。
15 “亲爱的比安卡小姐……”：米兰当代犹太文献中心保存着洛伦佐·佩罗内从奥斯维辛寄出的明信片的复制品。
16 “我永远忘不了……”：1993年7月27日，比安卡·乔德蒂·塞拉告诉作者。
17 “这没有《日内瓦公约》……”：1992年5月13日，阿尔弗雷德·巴特姆斯告诉作者。
18 “最大的侮辱”：普里莫·莱维告诉作者。
19 “给耕牛发工资”：同上。
20 “从那时起……”：1992年9月21日，卢西亚娜·尼希姆告诉作者。

21 “女士肖像”：都灵圣保罗金融学院保存着 EGELI 的文件资料。
22 “我一生中最可怕……”：1993 年 1 月 26 日，让·萨米埃尔告诉作者。
23 “爸爸去了……”：普里莫·莱维在 1974 年接受荷兰电视台记者罗尔夫·奥德尔的采访。未经发表的采访内容。
24 “她一定听到了……”：1995 年 4 月 24 日，艾瑞卡·约娜告诉作者。
25 “最亲切……”：1967 年 5 月 13 日，普里莫·莱维给费迪南德·迈尔的信。
26 “我想我为了……”：李奥纳多·德·贝内代蒂在 1982 年 9 月 30 日接受安娜·布拉沃和丹尼尔·杰拉的采访。
27 “我们在工地……”：1992 年 5 月 13 日，阿尔弗雷德·巴特姆斯告诉作者。
28 “牲口不会自杀”：普里莫·莱维告诉作者。
29 “但书写这件事情……”：同上。
30 “你的双眼……”：1967 年 4 月 5 日，费迪南德·迈尔给普里莫·莱维的信。
31 “只把那些最卑贱的……”：同上。
32 “动人而感伤的歌曲”：同上。
33 “这世界上再没……”：“这世界没有我们的容身之地”（*Für uns war kein Platz mehr in dieser Welt*）。摘自费迪南德·迈尔从 1960 年起为女儿寇朵拉写的《人生指南》（*Lebensbuch*）。

# 十二

# 等待苏联人

（1945）

# 1

奥斯维辛的末日就要到了。运气再次救了莱维。1945 年 1 月 11 日，他因猩红热被送进了传染病房。结果，莱维逃过了即将到来的大疏散。而在这次疏散中，大多数犯人都因饥寒而死。小小的隔离病房很干净，有 10 张三层床、一个衣柜、几个小凳和一个马桶。所有这些都挤在一个三乘五米的空间内。莱维现在的体重不到 38 公斤。他的四肢和身体上布满了深红色的疹子。他不时陷入昏迷。“我从来没想到莱维能活下来。”[1] 当时负责治疗他的意大利医生奥尔多·莫斯卡蒂回忆。“他发着高烧，舌头像草莓一样红。”莱维是传染病房里的第 13 位病人。两个斑疹伤寒病人，三个患白喉，还有一个面部丹毒。其余的是猩红热病人，或者同时患上多种传染病。

病房之外，营区陷入了一片混乱。装甲车、涂有白色伪装的虎式坦克、骑马或骑自行车的德国人、背着背包的党卫军、无主的马匹、乌克兰哨兵和他们的狗、I.G. 法本公司的员工、慰安所里的波兰妇女：所有人都急着离开。1 月 17 日，莱维进入传染病房的第七天，一名希腊理发师走了进来，最后一次为病人理了发。33 岁的钱姆·阿什肯纳西（Chaim Aschkenasi）已经在奥斯维辛度过了漫长的三年。集中营要疏散了。这让他掩饰不住自己的兴奋。他用德语急匆匆地对莱维说，所有能走的病人最好赶紧起床，跟上队伍。柏林帝国政府下的命令是不要留下一个证人。两个患猩红热的匈牙利人从窗户爬了出去。人们再没有见过他们。病房里的病人总数，包括莱维，变成了 11 个。莱维感到自己没有一丝力气，在他后来写给让·萨米埃尔的信中写道：“发着 40 度的高烧，我连一公里也走不了。”他孤独地躺在病床上，等着党卫军来终结他的性命。

远处不时传来的闷响表明苏军几乎已经逼近到射程之内。红军已经占领了布达佩斯和华沙。一些犹太人，在得知疏散的命令后，怀疑这是他们大屠杀的借口。没有人知道究竟会发生什么——德国人周围的一切都在崩溃中。在冒着风雪步行离开营地前，同志们来向莱维告别。“来，和我一起住在瑙吉考尼饶（Nagykanizsa）吧。”[2] 匈牙利人约里·考夫曼（Juri Kaufmann）告诉他。但考夫曼在四天后就死去了。然后阿尔贝托·达拉·沃尔特来了。他们会以这种方式分开真是不可思议。要不是阿尔贝托小时候得过猩红热，那他现在一定会和莱维一起躺在病房里。他尴尬地向普里莫打招呼：“再见啦，祝你好运。”然后就踏上了他那凶多吉少的疏散之路。

德国人开始焚烧奥斯维辛的登记簿，并在奥斯维辛三号营和四号营扫荡最后的药品。他们拆毁了手术室，带走了手术台、电炉、阿司匹林、镊子。任何东西都不留给苏联人。希腊医生萨洛蒙·萨穆埃利迪斯（Salomon Samuelidis）1906 年出生于雅典。他为冬日的疏散做好了准备，穿着厚厚的裤子，戴着一顶巴拉克拉瓦盔式帽，还背着一个背包。他以为莱维就要死了，便嘲笑似的扔给他一本法国小说，罗杰·韦塞尔（Roger Vercel）在 1935 年创作的《拖轮》（*Tug-Boat*）。“留着它，读一读，等我们重逢时再还给我吧！”[3] 他带着满不在乎的快乐对莱维说。有人最后在德国东部的布痕瓦尔德集中营听说过萨穆埃利迪斯。

## 2

室外正下着大雪。莱维的下铺是一名来自阿姆斯特丹的年轻荷兰人，曼纽尔·拉克马克（Manuel Lakmaker）。上铺是查尔斯·孔勒尔（Charles Conreau），一个满面愁容的高个子法国人。32 岁的他原本是学校里的教师，后来参加了抵抗运动。他并不是犹太人。他的囚犯号码是200258，这表明他是一名新来的犯人，不具备有用的经验。而莱维发现他天真得令人不安。莱维把自己的饭盒藏在褥子里，再把一柄勺子塞在床框下。勺柄已经磨尖，可以用作刀子。

在病房里还有其他四名法国人——亚瑟·迪卡姆（Arthur Ducarme）、让·瑟泰里特（Jean Sertelet）、迪尔沃·卡格诺拉蒂（Dilvo Cagnolati）、伊夫·多尔热（Yves Dorget）。他们曾经是抵抗运动的战士，也都是天主教徒。迪卡姆，55岁，原本是一名收银员。卡格诺拉蒂，出生于1923年，是一名铁匠。多尔热，30出头，在奥斯维辛的档案里被注明为“工匠”。瑟泰里特，仅仅24岁，是一名农夫。这些身材结实的法国人都是囚犯编号在200000以上的新犯人。所以，他们并不十分瘦弱。病房里的两名法国犹太人，艾萨克·托沃罗斯基（Issac Towarowski）和杰克斯·艾尔凯莱（Jacques Alcalai）则瘦得不成人形。据记载，艾尔凯莱是来自法国图卢兹的一名商人。按奥斯维辛的标准，57岁的他已经算是一名老人。对于另外两名病人，除了知道他们是犹太人外，我们对他们一无所知。他们就是捷克斯洛伐克商人斯琴克和匈牙利化学家索莫格伊。与这10个人为伴，莱维不得不集中精神以坚持到苏军到来——如果党卫军没有提前杀死他们的话。

1月18日清晨，红军抵达的八天前，奥斯维辛四号营的疏散开始了。穿着大衣、背着背包的党卫军在雪地里跺脚取暖，等待着开拔的命令。他们的狗看起来非常紧张，不停地狂吠和跳跃。在铺天盖地的暴风雪中，布纳-莫诺维茨集中营的犯人以千人为基数排成长队。大约1万名奴工列队冒雪走出营地。这将是一次可怕的死亡行军，将犹太人转移到德国内地的集中营。在这些被疏散的犯人里，有莱维来自福索里的老伙伴佛朗哥·萨切尔多蒂，他与卢希亚娜·尼希姆的亲密关系让他也成了万达·马埃斯特罗的好朋友。莱维最后一次见到佛朗哥是在九天前，1月9日。虽然有一个大脚趾因骨痂而被截肢，但他看起来仍然相当健康，还能够走路。然而，事实证明在这次大规模转移中，佛朗哥的伤残是致命的——纳粹射杀了所有掉队的犯人。

这些人赶在苏军到来前连夜赶路。路边的雪堆在黑暗中微微发光。在长长的队伍两边，每隔15米就有一名党卫军用微型冲锋枪驱赶虚弱的人群。让·萨米埃尔害怕脑后也挨上一颗枪子，不敢离开队伍，只能在雪里拼命赶路。那些党卫军中，有一些士兵甚至还不到16岁。他们甚至枪毙那些停下来小便的犯人。格吕克斯曼·欧金尼奥死去了，他就是那位曾经建议莱维保持整洁的匈牙利前陆军上士，也是一名犹太人。成千人像他一样，躺在路边的沟渠里冻硬了。在此起彼伏的枪声中，让·萨米埃尔搀扶着他那蹒跚前进的叔叔雷内。来自图卢兹的数学家雅克·费尔德波（Jacques Feldbau）整夜都走在萨米埃尔的身边，一边走，一边疯狂地背诵着法国数学家费尔马最后的定理。费尔德波没能活下来：每个小时都在产生虚弱和死亡，这场“死亡行军”继续着纳粹灭绝计划的工作。

在1月19日星期五快要天亮的时候，这些被疏散者被驱赶到工业化城市格莱维茨（Gleiwitz）郊外的一处被废弃的砖厂里。在那里，萨米埃尔满怀感激地躺向地面，睡了四个小时——直到上午10点30分，传来了起床的命令。那些无法重新站起来的人都挨了一颗枪子。到当天傍晚，队伍到达了格莱维茨市。超过一半被疏散的犯人死在了路上。在格莱维茨，据估计有4000名幸存者被赶进了一处荒废的集中营。而这处营地原来设计只能容纳600人。

## 3

在大约100公里外的奥斯维辛，管理层已经崩溃，几乎没有党卫军留下来。在后来给让·萨米埃尔的信中，莱维写道：“在整个营里，只剩下800—900名犯人——病人和那些情况最糟的‘Mussulman’。”[4]实际上没有药物。党卫军胡乱任命了几名犯人担任护士。奥尔多·莫斯卡蒂医生就是其中之一。在他的营房里，他绝望地看着这些濒死的人们爬下（或者摇摇晃晃地走下）他们的板床，在地板上完成最后的旅程。他看护的200人一个接一个死去了。按党卫军的说法，他们是“填焚尸炉的”。据莱维所知，在这片废弃的营地中还有7名犯人来自第98化工连。其中包括匈牙利人罗莫、施内德和贝拉·费舍尔，29岁的罗马尼亚工程师扎尔曼·马特科维克（或马特科维特斯），还有施米尔·斯特恩（莱维在1968年和他在以色列重逢）。他不知道李奥纳多·德·贝内代蒂就在邻近的营房里，由于在工地受伤而无法走路。

莱维的猩红热已经退去，但现在死亡似乎终于要降临了。“德国人准备杀死我们，只是在等待执行的命令。1月19日，他们检查了医务所，并分别对犹太人和非犹太人进行了登记”[5]：犹太人在一边，雅利安人在另一边。

在奥斯维辛这从来不是一个好的信号。当德国人在屠杀和逃亡之间犹豫不决时，莱维读了《拖轮》，其中描写了一艘勇敢的驳船“旋风号”营救了一艘希腊汽轮。这是他在一年中读到的第一本书，这令他非常兴奋。在短短的几个小时里，他仿佛回到了翁贝托国王大街75号父亲的书房里，仿佛回到了书籍世界的文明之中。

1月19日夜，苏军对奥斯维辛展开了一轮猛烈轰炸。三枚炸弹落在了莱维的营地，“完全摧毁了1、4、7号营房，其他营房也受到严重破坏；所有木制建筑都燃起了大火”。莱维再次遇到了好运气：他所在的营房并没有被炸弹击中。不过，奥斯维辛的很多建筑都变成了一团火球。少数留守的党卫军四散逃生。以为营地已经被彻底夷为平地，所有的犹太人都被炸死了，最后这些党卫军脱掉制服，逃跑了。李奥纳多·德·贝内代蒂令人惊讶地活了下来，还发现了一堆党卫军的上衣和裤子。

莱维不得不强撑着身子，在德国人留下的瓦砾堆里抢救所需的生存物资。1月20日，他冒险走出营房，来到废墟之中，看到那里已经“没有一个德国佬”[6]。整个营地空荡荡的，没有东西活动，似乎也不会有任何事情发生。到处都横卧着尸体，粪便污染了雪地。犯人们砸碎、污损、焚毁、偷窃，以报复他们的压迫者。他们烧毁了卡波们的小屋，砸碎家具，比如一个被洗劫一空的衣柜。随着一群群犯人围坐在煮着卷心菜的大锅边，营地里形成了基于小小的部落领土的新社会等级秩序。“我们自由了，但我们没有东西吃。我们病了，但我们没有木柴，也没有衣物，”莱维在给让·萨米埃尔的信中继续写道，“那些波兰平民早已躲得无影无踪。我们没有鞋子（更不用说体力）去寻找食物。幸运的是，我们设法找到了党卫军在我们‘营’周围挖的那些巨大的土豆地窖。这些土豆让我们免于饿死。”用镐头从坚硬的冻土中挖出的土豆，真如雪中送炭。11名病人中最强壮的3个人，莱维、孔勒尔和迪卡姆战战兢兢地爬到了铁丝网外面，找到了一辆独轮车来运送土豆。

莱维用一块撕碎的毯子包裹着双脚，在雪地里跌跌撞撞地走着。此时，孔勒尔设法用法语和莱维交谈了几句。他知道莱维是一名化学家。此外莱维没有随便透露信息。全靠莱维和那两名法国人去寻找食物和木柴。他们不仅要拯救自己，也要拯救病房里的8位病友。在纳粹的统治之下经过一年毫无意义的重体力劳动之后，这简直是可怕的责任。他和孔勒尔、迪卡姆一起到那些闷烧的营房里寻找余烬来烘烤土豆。那些抢救出来的仍在燃烧的木头让莱维吃到了他重获自由之后的第一顿饭。他用勺子喂食过于虚弱而无法自己进食的8位病人。人性立刻开始恢复了。在纳粹的统治之下，这样的无私是不可想象的——那时莱维仅仅认可个人的生存。很久以后，在一部英国电视纪录片中，他描述了他刚刚获得的自由如何再次激起了他的个人责任感："突然之间，你的室友们不再是你求生时的对手，而成了一个个需要帮助的人。这对于我们而言的确是一种再次觉醒。在我们内心，在我们周围，帮助他们的良知和意愿重生了。"[7]

莱维现在有足够的食物活下去。但他没有顾及从邻近的痢疾病房传来的乞求食物的呼声。"你认为这是一种世故？"在1986年，他问我。"但实际上是这样：我们在煮粥——对于我们那真是美妙的时刻，因为我们第一次为自己创造了些什么：如何煮粥，如何搭建炉灶，如何取水。而那些粥足够8个人享用，但不是300人。于是我们关上了通往那些病房的门。如果我们把粥分给那些病人，那我们都会死掉；尽管如此，我们还是成功营救了痢疾病房里的几条性命。"其中一条性命就属于莱洛（·拉法埃洛）·佩鲁贾［Lello（Raffaello）Perugia］，一位来自罗马的老练的犹太人，有着兄弟兔（Brer Rabbit）般的生存本能。莱维听到了他的求救声，决定去帮助他：他们在集中营曾经短暂地打过交道。他给佩鲁贾带去了水，还有当天剩下的粥，但他并不知道，自己已经为一段长达一生的友谊打下了基础。

莱维的心灵手巧让孔勒尔既惊讶，又佩服。在几乎被炸毁的诊疗室里，莱维找到了一柜子化学烧瓶。他一个个地拔掉它们的塞子。"'嗯'——他闻了闻每种物质——'这个不好，这个好，这个不好。'用这种方法，普里莫为我们的土豆找到了一种盐！"[8] 营区没有电，在苏军的空袭中警戒塔上的探照灯已经熄灭了。但借助一个废弃的卡车电池和一个灯泡，莱维为病房带来了灯光。这份智慧，这种利用事物的能力，是他从爱好技术的科拉多舅舅那里学到的。

同时，奥斯维辛三号营的工地，以及它的合成橡胶和炼油车间，都处于技术上的废弃状态。虽然还没有生产一滴丁钠橡胶，但与纳粹沆瀣一气的I.G. 法本公司已经准备放弃这处工厂。1 月 21 日，星期天，最后一列火车带走了 I.G. 法本公司的女职员。留守的员工吃厨房剩下的食物，纵酒狂欢。费迪南德·迈尔害怕那些复仇心切的苏联人，在地堡里和威廉·潘维茨一起忧心忡忡地度过了最后几个小时。他问潘维茨，军方会不会给他们颁发合法的通行证。而潘维茨回答说不会。事实上，他已经为自己取得了安全回到德国的通行证。他在聚合反应部的同事哈根博士同样也取得了通行证。

中午时分，柏林发来了关闭布纳-莫诺维茨集中营并疏散工地的命令。当晚，迈尔趁黑夜骑自行车离开了工地。在深夜 11 点，他到达了奥斯维辛平民车站。他在那里忐忑不安地等待着，终于等到了一辆开往后方的列车。迈尔爬上车，熟睡了半个小时。但党卫军却突然截停了列车。在奥斯维辛附近一个偏僻的地方，党卫军士兵命令迈尔下车，去迎战红军。他愤怒地看着潘维茨和哈根飞快地掏出他们的红色特别通行证，然后溜之大吉。他们再次爬上火车，很快消失在旅客之中。

迈尔的处境非常危险：不远处，苏军的炮击把天空都映红了。不过，他设法摆脱了看押他的党卫军士兵，爬上了一辆向西的列车。在纵穿捷克斯洛伐克的 8 个小时旅程中，旅客们冷冷地充满敌意地盯着这个衣衫不整的德国人。透过车窗，迈尔看到苏军的坦克在雪地上快速挺进。一列货车驶过。货车的车厢是敞篷的，车上满载的犹太人都暴露在寒风冻雪之中。迈尔在想他们还能活多久。经过一周危险的火车颠簸之后，他在 1 月底到达了德国城市德累斯顿。冒着美国飞机不断的空袭，他涉水渡过易北河，北上去往拜耳公司位于威滕伯格的制氮厂。在战前，他曾经在那里工作过。他不惜一切代价，也要逃避被征募进纳粹最后的部队“狼人”。

在格莱维茨，党卫军犯下了可怕的暴行。1 月 21 日，“死亡行军”的所有幸存者都被押上了一列开往布痕瓦尔德的敞篷煤车。许多人试图尽可能地远离上车地点，寄希望于党卫军把他们遗忘，而苏军能解放他们。那些无法行走的犯人被赶到一片树林里，用火焰喷射器烧死。据说，其中就有阿尔贝托·达拉·沃尔特和佛朗哥·萨切尔多蒂。他们几乎无法抬起胳臂来保护自己。经过五天可怕的旅程之后，这列死亡列车到达了布痕瓦尔德。让·萨米埃尔是幸存者之一。但他的叔叔里内却死于过度疲劳。那些日子，让·萨米埃尔的情绪降到了最低点。

1月23日，正如莱维后来给让·萨米埃尔的信中写道："18名法国人住进了党卫军宿舍。但一支被打散的党卫军小分队进入宿舍，发现他们正在餐厅准备吃饭。党卫军把他们都杀害了，把尸体整整齐齐地摆放在道路的转弯处，就在我们指望逃出集中营的出口旁。大家没有体力去掩埋他们。他们一直躺在那里，直到苏联人到达。"在皮革冻硬之前，莱维脱掉了这些死去的法国人珍贵的鞋子。

第二天，14号营房的犯人袭击了空空如也的英军战俘营，找到了碳化的食品包和各种食品残渣的大杂烩，包括红十字会的巧克力、鲑鱼罐头和培根罐头、豆粉、带软土烟嘴的英国香烟和成瓶的丹凯尔牌甜啤酒。几个月以来在奥斯维辛的黑市交易已经把莱维锻炼成一个目光敏锐的商人。而他发明了一种货币去购买这些来自战俘营的战利品。他用蓄电池里的蜂蜡制成蜡烛，卖给没有电灯的14号营房。

到处都是尸体，在雪地中，在床上。"而在这令人难以忍受的污秽中，几乎每个人都染上了痢疾。厕所早就满溢了。大多数幸存者都直挺挺地躺着不动，似乎因饥饿和寒冷而瘫痪在床。"莱维告诉萨米埃尔。17岁的荷兰少年曼纽尔·拉克马克躺在自己的粪便中奄奄一息。来自孚日山脉的法国人让·瑟泰里特也挣扎在死亡的边缘。他的气管已经堵塞了：唯一能救他的办法是切开他的气管。莱维去找贝拉·费舍尔，但这位来自布达佩斯的医生听到"白喉"这个词时，开始惊恐地后退，并让莱维与他保持距离。接着索莫格伊死了。

1月27日中午，奥斯维辛疏散的九天后，莱维正在把索莫格伊的尸体搬到集中营的公共墓坑。这时，四名穿着白色伪装服的骑兵来到了营区边缘。那是一个星期六，明亮的冬日阳光和白雪皑皑的荒野似乎覆盖了整个上西里西亚。那些马背上的战士宣布："德国人被打败了！"（Germania kaputt!）[9]

他们下了马，让犯人们看他们帽子上的红星。“苏联人！苏联人！”很快他们所目睹的场景令他们尴尬，甚至厌恶。这些苏军士兵也许经历过饥荒。但眼前的这些人不仅仅忍受着饥饿：他们是兽行的受害者。他们有着躲闪的目光和如小动物般鬼鬼祟祟的动作。一些犹太人因为羞耻和哭泣而蒙住自己的脑袋。莱维怎么能庆祝这一时刻呢？去欢呼吗？被痛苦和不祥的预兆所撕裂，他蹒跚地走回他的病床。

1 月 28 日，安娜·玛丽亚·莱维 24 岁生日的第二天，红军动员起周边的波兰平民为集中营送来食物并清运尸体。现在，这些波兰人需要自己面对就在他们家门口发生的恐怖了。人们给这些饥饿的人们送来了一头母牛。它被当场大卸八块，鲜血染红了雪地。许多在德国人暴行中幸存了几个月的犯人却死于苏联人的恩惠。动物脂肪的味道让他们忘乎所以。他们在暴食了一顿之后死去了。他们的肝脏无法处理过量的糖分和陌生的蛋白质。李奥纳多·德·贝内代蒂无助地站在雪地里，看着他的奥地利朋友维克斯曼（原本是迪士尼公司在罗马的合法代理人）在饥饿的驱使下，把自己活活撑死。第六感告诉莱维要慢慢地吃：身体需要能量去消化食物，而将不合理的需求强加于脆弱的身体之上是危险的。于是他明智地吃了一顿用苏军袋装干粮和羊肉调配而成的大锅炖菜。

尽管身体情况有所好转，但莱维的猩红热却复发了。所以，他在苏联人在奥斯维辛中心营区建立的一家临时医院中度过了整整一个月。奥斯维辛一号营，还没有人意识到这个地方的真正恐怖之处。甚至连莱维也不知道就在附近的比尔克瑙集中营的屠杀程度。超过 50 万名儿童在那里被送进了毒气室。无论白天，还是黑夜，人类的骨灰就像下雪般纷纷落在附近的村落中。带领苏军部队进入比尔克瑙的瓦西里·彼得连科（Vasily Petrenko）上校吃惊地发现了数以吨计的女人头发和童鞋（那些小小的鞋子被整整齐齐地码放着，并编号）。还没有人知道，从立陶宛的村庄到维也纳的沙龙，整个犹太文化实际上已经从欧洲表面被清除了。连自己都想不到还能活着从这个地狱爬出来的查尔斯·孔勒尔来和莱维告别了。他们曾经共同经历隔离病房的绝境逢生，共同拯救过生命。对于孔勒尔而言，莱维是“一个杰出的同志”[10]。他们还将重逢。

在苏联人的医院里，莱维记录下凋萎人性的一个粗糙片段。善良而热心的劳拉·奥斯特利茨（Laura Austerlitz,《休战》里的维特太太）照顾着孩子们。有一半犹太血统的她，早在1944年3月就从的里雅斯特的圣萨巴镇（San Sabba）郊外那座改用作集中营的碾米厂（意大利境内唯一装备有毒气室的集中营）转移到奥斯维辛。奥斯特利茨已经在奥斯维辛生存了九个月。莱维看着她试着逗三岁大的孩子“赫比纳克”（取自于捷克的一个儿童木偶剧）说出一些词句。因为一个卡波收养了这孩子（作为宠物），他才免于被送入毒气室。这个幼童唯一能含糊说出的单词是“matisklo”，也许在捷克语中意为“肉”。莱维经常能在苏联解放奥斯维辛的纪录片里看到这个孩子：在他那如柴棍般瘦弱的前臂上也文刻着囚犯号码。通过劳拉·奥斯特利茨，他了解到“赫比纳克”后来的命运：“遭了一个月的罪，然后这个可怜的小家伙死了。他真名叫海因里希·伊万（Heinrich Iwan）。”[11]

在苏军解放奥斯维辛之前，在传染病房的11个病人中只有1人死去。现在幸存者的死亡率激增：由于暴露在封闭的集中营世界中不存在的病毒之下，莱维的五个病友相继死去。在冬天，法国人艾萨克·托沃罗斯基死了（2月12日），接着是伊夫·多尔热（3月3日或4日）。在1945年1月底，莱维不得不面对万达·马埃斯特罗已经在毒气室里窒息而死的消息。朋友们为她准备的安眠药并没有发挥作用。她在完全清醒的状态下死去。莱维还不能够，在心理上，去产生悲痛的情绪。他的第一反应是痛苦的惊讶而不是绝望的悲伤。“尽管如此，我非常清楚地知道，今后我会为她的死而哀痛。”[12]

在接下来漫长的几个星期里，莱维和李奥纳多·德·贝内代蒂结下了深厚的友谊。苏联人任命47岁的贝内代蒂主管奥斯维辛的另一处诊所。他为自己再次成为一名执业医师而感到自豪。但他无法相信自己还活着。生活变得不真实，就像动荡的梦境，而他把自己比喻成一个“脑袋挨了一记重拳后刚刚恢复意识的人”[13]。而且，集中营成了德·贝内代蒂生命中如此“独特的一个章节”，以至于让他对回归正常产生了怀疑。他的幸存无法轻易解释。出生于1898年的他，按奥斯维辛的标准，原本活不过入营的第一个星期。

不在诊所工作的时候，德·贝内代蒂给在都灵的家人写了几封信。尽管这些信件中充满了给侄子、侄女的亲密话语，但字里行间也流露出抑郁的第一丝痕迹。德·贝内代蒂开始害怕死亡。而这是他在集中营里从来没有过的。作为一名医生，他的工作是阻止死亡。但他周围的病人却在不断死去。第一次，他感到自身状态的悲惨。“我的神经比以前还要糟。这真奇怪。我现在自由了，也很安全，我真的应该感到非常快乐。巨大压力的消失是否会带来崩溃？”[14] 在幸存者中，很少有人能像德·贝内代蒂这样洞察自己的内心状态。很少有人像他一样意识到在解放后不久就会出现这种焦虑——神经后遗症。在1945年，根本没有人了解纳粹集中营对幸存者心理的影响。无论今后他如何幸运，这都将构成永不愈合的奥斯维辛之伤。“我就像乞丐，失去了一切——除了生命。”

## 4

莱维接受了苏联人的医护治疗，但他被遣送回国的时间仍不确定。3月6日，他离开了医务所，乘上了一辆去往卡托维兹的马车。苏联人在那里建立了一个中转营。马车上还有其他幸存者。其中之一就是老练世故的希腊人里昂·莱维（Leon Levi,《休战》里的莫多·内厄姆）。两个莱维一起度过了一个星期，寻找食物和住所。波兰的火车系统混乱不堪，刚刚重新恢复运营。旅客们在列车踏板上争抢着空间。在拥挤的货车车厢里，波兰人似乎并不友好。在希特勒的大战中，没有哪个国家像波兰这样遭受深切的灾难。波兰人没有心情去同情犹太人。穿着竖条纹囚服的莱维激起了波兰人的厌恶和恐惧。在切比尼亚（Trzebinia）车站，一些农夫站在月台上恶狠狠地瞪着他。一个会说法语的波兰人建议莱维隐瞒自己的犹太身份：“这是为你好。”（C’est mieux pour vous。）[15]

这列火车没能到达卡托维兹。两个莱维在小镇斯茨扎科瓦下了车。因为修女们在那里的圣伊丽沙白教堂开办了一个红十字会粥场。这个教堂阴暗潮湿却好客，提供香肠和德国泡菜。他们吃饱了肚子，接着向东步行了50英里寻找住处。满载着机器和成箱货物的列车隆隆驶过。有苏联士兵坐在敞篷的货车车厢上。冰封的原野上，德军的“潘策尔”坦克在燃烧。轰炸过后，建筑的废墟突兀地指向天际。到达克拉科夫后，两个莱维发现火车站充满了柴可夫斯基的《1812序曲》那高亢的音乐声。那是苏联人用高音喇叭在播放这首让肾上腺素加速分泌的奏鸣曲。柴可夫斯基创作这首音乐是为了纪念俄国人在1812年战胜了拿破仑。多年之后，每当听到这首浩大而深刻的序曲，莱维总会想起自己与那位勤劳的里昂·莱维一起度过的漂泊的一个星期。

在德国人仓皇溃逃时，他们炸毁了克拉科夫的德比茨基大桥，但城市的城堡和尖顶仍保存完好。斯兹罗卡大街上挤满了叫卖二手厨房用具和皮草围脖的小贩。在每扇大门前，每个避风的地方，都有人在出售家禽。在原先的阿道夫·希特勒广场上到处都是穿着苏军制服的军人。一名波兰教士用拉丁语为两人指出了去往克拉科夫大教堂的方向。在教堂里，教士们支起了大锅为穷人提供免费的饮食。从大教堂，两人又闲逛到了位于卡齐米日的老犹太人区。在那里，犹太教堂早已被糟蹋得不成样子。纳粹把墓碑挖走打碎用于建造路障。普热梅斯卡大街3号的犹太学生之家成了一家妓院。莱维不知道的是，奥尔多·莫斯卡蒂医生已经成了克拉科夫的加格罗林大学的医学系助理教授，并且得到了在镇上成立私人诊所的许可。莫斯卡蒂现在领到了新衣服，有了舒适的住处和一份薪水。“要是我知道你们在克拉科夫多好！”[16]他在后来给都灵的李奥纳多·德·贝内代蒂的信中写道。在战后的波兰，充满了难民、无家可归者和其他失落的灵魂。朋友极易分道扬镳。事实上，很快地，莱维就找不到里昂·莱维的踪影了。这个希腊人是一个好斗的同伴，喜欢对他的小伙伴使出各种高明的花招，强迫莱维为他跑腿和背包。莱维大度的表现让他吃惊。而反过来，莱维也从里昂的蝇营狗苟中学到了生存的技巧。

莱维现在身处苏联占领区，但回国仍然遥遥无期。他在卡托维兹郊外的苏联集中营里度过了四个月。莱维将会对卡托维兹变得非常熟悉。卡托维兹成了他生命中第三重要的城市，仅次于都灵和米兰。卡托维兹原来是纳粹侵略波兰和东斯拉夫的桥头堡。在1945年1月27日苏联红军解放这座城市（并很快改名为斯大林市）之前，戈林让它成了第三帝国处理犹太罚没资产的中心。而这些偷窃的财物让卡托维兹日益繁荣起来。在拥挤的人行道上，男男女女兜售着偷来的家具、银制品、香烟、旧书。城市里还有残余的德国人，不时会响起零星的枪声。因此卡托维兹并非完全安全。

这座集中营坐落于卡托维兹的正东方，位于破败的波古赛斯郊区。那里的一切（现在仍然）都覆盖着一层灰色的煤灰。在弗罗布莱夫斯基大街尽头耸立着这座集中营用于收容DP（无家可归者）的12栋营房。今天，这些营房中只有一栋保留了下来，房子周围布满了发黄的野草和锈迹斑斑的矿务机械。田地里的黑麦随风摇摆。附近有茂密的橡树和椴树林。这座集中营原本关押着第三帝国的波兰矿工。当莱维在1945年3月到达这里时，营房里满是无家可归的法国人、荷兰人、希腊人、捷克斯洛伐克人和匈牙利人，以及波兰-犹太社会主义班德党的党员。收容人员按国籍分开居住。在意大利营房中，包括来自米兰圣维托雷监狱的小偷和骗子（德国人把他们都送到了波兰），还有复员士兵和妓女。莱维就在这800名意大利人当中。所有人都急切地想要回国。

他小心翼翼地结交意大利营房里的“老油条”（furbi）。切萨雷·迪·孔西利奥（Cesare Di Consiglio）和贾科莫·帕翁切洛（Giacomo Pavoncello）是来自罗马无法无天的特拉斯泰韦雷区的犹太骗子，善于从苏联哨兵的手里骗取兹罗提（波兰货币）票子。他们自称“好汉”（ragazzi），并以他们的玩世不恭和恶作剧拿莱维取乐。迪·孔西利奥的文身足以覆盖一座马戏团帐篷。他就是《休战》中的“瓦列特拉诺”。

就在莱维投身于这漂泊的生活之时，越来越多的无家可归者到达波古赛斯寻求庇护和一个安全的暂居地。3月13日，李奥纳多·德·贝内代蒂来了。重逢让两人欣喜若狂。在德·贝内代蒂那过于宽大的囚服里塞满了袜子和奇怪的鞋子。他看起来有些落魄。他那唇上染着牙膏的小胡子（作为回归文明世界的标志，他留起了小胡子），蓬乱的眉毛和又尖又高的声音让他看起来颇像一名小丑。不过，德·贝内代蒂是一名乡村医生。很快，不仅意大利人，连苏联士兵和波兰人都来排队找他看病。他坚信他的妻子约兰达还活着，他在每一个病人的脸上仿佛都看到了她的脸庞，她的微笑。但在内心深处，他也知道这只是自己的一厢情愿。

## 5

在奥斯维辛，莱维已经认识到为自己树立地位和权力的重要性。所以，他问德·贝内代蒂能不能在诊所为他谋一份差事。医生满口答应下来，并在复活节委任莱维作为待诊病人的接待员。从此，他发现莱维“极为聪明，任劳任怨”[17]，因为莱维会温和地引导病人进入诊室，并为他们奉上一杯茶以及安慰的话语。德·贝内代蒂是一个严格遵照习惯和时间表的人。而他这老派的道德和对于生活的顽强追求让他成为混乱的苏联集中营里的一块礁石。一份独特的友谊正在形成（基于共同经历过灭绝营的特有的同志情谊），没过多久，莱维就开始称呼这位比他年长得多的人为“纳多”。1919年，针对布尔什维克的“恶意丑行”[18]（正如当时丘吉尔的评论），同盟国组织了一场愚蠢的极地探险。医务军士德·贝内代蒂作为这次探险的成员，驻守在俄罗斯的摩尔曼斯克港。六个月后，他横渡芬兰湾回到都灵。而他的队友却都因患上西班牙流感而奄奄一息。北极圈的经历给予他宝贵的洞察力，让他能深深地看透卡托维兹集中营的俄罗斯灵魂。

作为纳多的助手，莱维活得简直像个国王。他吃标准的苏联士兵口粮：粥、蔬菜浓汤、一大片肥肉和700克面包。他吃得很饱，重新恢复了体力和健康。3月25日——圣枝主日，集中营的一个意大利家庭邀请纳多和莱维共进家宴，意大利面条、烤鸡、裹奶油的炸马铃薯。莱维都忘了世界上还有这样的好东西。总体上，他发现卡托维兹新鲜而有趣。哪怕是每天早晨那可笑而有失体面的集体淋浴似乎也是可以忍受的：每次60人接受或滚烫或冰凉（取决于水暖设备）的浇灌。营里那嗜饮伏特加的苏联哨兵与奥斯维辛那严明的普鲁士风纪天差地别。在莱维看来，这些戴着皮帽子的哥萨克和阿塞拜疆战士能够打败希特勒那顽强而纪律严明的大军真是让人难以置信。

## 6

同时，归国的渴望也日益强烈。苏联人答应今天动身，却只是把它再推迟到明天。由于苏联人轰炸了铁路，让通向西欧的通行变得充满危险，意大利人的收容期很可能会进一步延长。都灵仍然是纳粹的据点。在一场游击队员的葬礼上，莱维的妹妹遭到了一名满腔仇恨的法西斯分子的枪击。当她寻找掩护时，子弹纷纷打中她身边的墓碑。据普里莫所知，他的妈妈也许已经被法西斯捉走了，没有吃的，没有喝的，没有医药，可能正等待着苏联人的解救。尽管如此，同盟国的飞机趁夜在她位于佛朗哥村的藏身之地的上空投下了军备物资。带着无线电设备和炸药的降落伞摇摇晃晃地落向地面。同盟国已经对德军防线展开了最新一轮进攻，并很快推进到米兰。意大利北部的解放已经指日可待了。

随着苏军从东部步步挤压第三帝国，费迪南德·迈尔只能不断逃命。在复活节的那个星期，他乘火车前往海德堡与家人会合。途中，他所乘坐的火车遭到了飞机的俯冲扫射。其后，他暂居在威滕伯格的拜耳公司。但随着红军对威滕伯格展开包围，向西逃亡成了他唯一的选择。4 月 15 日，当夜幕降临之时，他涉水渡过穆尔德河（River Muld），只为了向美国军人投降。美国人把他关押在莱比锡的一个学校操场上，与许多波兰士兵以及其他一些“低等生物”[19]（迈尔的原话）关在一起。同一天，英国部队进入了贝尔森集中营。现在帝国最可怕的秘密泄露了：成堆的赤身裸体、腐烂的尸体，丧失人性的证据。

4 月 26 日，游击队员们从德国人手里夺回了都灵。在菲亚特和蓝旗亚汽车工厂附近发生了激战。建筑物的屋顶上布满了法西斯的狙击手。都灵当地的国家解放委员会（CLN）最终占领了都灵。而莱维的妹妹正是这个委员会的秘书。两天后，28 日，游击队在科莫湖畔对墨索里尼执行了死刑。墨索里尼和他的情妇克拉拉·佩塔奇（Clara Petacci）的尸体被倒吊在米兰的一个广场上。接下来是全国范围内血腥的仇杀行为（黑手党称之为“账目平衡”）。人们四处捕杀法西斯分子。在都灵，一个高级党员被拖上卡车游街示众，然后找到一棵适宜的树把他吊死。在波罗尼亚街，一些妇女被绑在路灯柱上。她们的头发被剃光，脸上被涂上“法西斯间谍”的字样。莱维在大学化学系中的两名同班同学，一个是铁杆的法西斯分子，一个是坚定的反法西斯斗士。他们被面对面地带到了都灵郊外。那名法西斯分子埃米利奥·拉格斯提纳不肯放弃自己的信仰。于是，反法西斯斗士莫朗迪尼·科塔（Morandini Cotta）便冲着他的脑袋开了一枪。而在大学时，他们是最好的朋友。

4 月 30 日，第一名苏联红军战士冲进了已变为一片废墟的总理府。希特勒已经用一柄手枪自尽身亡（另有人说是他人所为）。整座城市变成了一片瓦砾。5 月 8 日，随着德国的无条件投降，欧洲战线上的枪声停止了。大战结束了，意大利北部解放了，但并不是所有的意大利人都能活着看到这解放。就在胜利日的四天前，莱维的外祖母阿德利娜·卢扎蒂于 5 月 4 日死于肺炎。她再也看不到她那心爱的小外孙普里莫的归来。她曾让他去中立的瑞士安全地度过这场战争。在都灵，美国大兵们驾驶着涂写着“战争老爹”或“幸运战车”字样的吉普车驶过林荫大街。在大多数意大利人眼中，他们的美国解放者的模样颇有些奇特。许多人第一次看到黑人。欢迎的人群向他们抛掷鲜花。

美国人把费迪南德·迈尔送上了一辆开往黑尔斯费尔德中转营的卡车。一位会说德语的美国军官（“我肯定他是一名犹太人”[20]）审问了他。在发现迈尔持有奥斯维辛的证件后，这名美国军官问他在集中营做什么，他是否负责制作肥皂或其他可怕的商品。“我在奥斯维辛干什么？”迈尔理直气壮地回答，“我可以随时在上帝和所有人面前证明自己是无罪的。”[21] 那美国人抛下迈尔的皮夹，让他走开。1945 年 6 月底，迈尔在海德堡与家人团聚。他第一次看到他那两个月大的女儿寇朵拉。他比普里莫·莱维早了整整 16 个月回到家中。

5 月中旬，洛伦佐·佩罗内到达都灵。他还记得莱维家的地址，便前往翁贝托国王大街 75 号看望莱维的母亲。埃丝特尔现在住在一个潮湿的单间里，因为轰炸的破坏让左侧的大多数房间都无法居住。她儿子的朋友的来访让她大吃一惊。这位来自波河河谷的手艺人给她带来了普里莫的消息。佩罗内尴尬而羞涩地告诉埃丝特尔，她的儿子不可能从奥斯维辛回来了。之后，他又去玛丽亚·维特多利亚街的 CLN 总部拜访莱维的妹妹。豪华的枝形吊灯和长毛红地毯吓坏了佩罗内，他在安娜·玛丽亚的办公室里备感紧张。“我绝对不是一个很高雅的姑娘，但佩罗内看起来却落魄得难以置信。我的外表让他万分紧张，甚至说不出话来。”[22] 他对安娜·玛丽亚不断重复他那不祥的预言——她的哥哥很可能已经死了。埃丝特尔从来没有告诉安娜·玛丽亚佩罗内先来看过她：要是她的儿子真的死了，她情愿不提起这件事，甚至对她的女儿也不行。

佩罗内从都灵出发，步行了大约 100 公里，回到了他的故乡福萨诺。但回归故乡并没有给他带来快乐。5 月 15 日，有人发现，疲劳和过多的白兰地让他奄奄一息地躺在田野里。这位泥瓦匠的兄弟塞孔多·佩罗内回忆：“当我向洛伦佐问起他去过的地狱，他拒绝回答，并和一个酒友溜走了。他不想向任何人谈起他在奥斯维辛的见闻。”[23] 对于大多数经历过德国死亡营的人来说，回归正常生活是一个痛苦的过程。不过，其他意大利人，却将战争的结束视为一个光明的新开始。法西斯种族法案已经被废除了。天主教徒又可以与犹太人通婚了。同一天，比安卡·乔德蒂·塞拉和阿尔贝托·索莫尼结婚了。新任的都灵市长，艾达·科贝蒂出席了他们的婚礼。

## 7

莱维努力从卡托维兹的波兰人手里骗来各种值钱的商品——鞋子、衬衫、配给的罐装食品。一个出身上流社会、受过良好教育的都灵人成了街头小贩，这有些不相称。不过，他发现罗马犹太人莱洛·佩鲁贾是一个非常棒的乡村贸易伙伴。在奥斯维辛解放前夕，两个人曾经在痢疾病房见过面。莱维给他送过食物。卡托维兹的大多数都灵人都把莱洛视为一个可笑的恶棍，一个满嘴脏话的投机分子。他的性格与都灵人简直截然相反。精通于“生存之道”（意大利南方人称之为“l’arte di arrangiarsi”）的佩鲁贾有着异想天开的天赋，并总有办法赚得一些吃食。为了逃避一个红军炮兵团的兵役，他把一团潮湿的烟草塞在自己腋下，伪造出发高烧的症状，从而让他免除了苦役。另一次，佩鲁贾把防火沙和粪便（他自己的）掺在一起，以模仿痢疾。

但莱洛的虚张声势之下藏着强烈的自尊。1944 年春天，盖世太保在阿布鲁佐山区逮捕了他。经过 10 天的审讯后，他被送进了奥斯维辛。在他四个失踪的兄弟中，只有安吉洛还活着，其他人都已被纳粹杀害了。今天，佩鲁贾生活在罗马郊外。和他一起生活的还有他那波兰-威尼斯裔的妻子，以及他们的狗乌戈。他对莱维的记忆并不十分可靠，即使他因为熟知罗马暗语和南欧常识而富有巨大的魅力。在卡托维兹，他给莱维取了一个绰号叫“兔子”（Lapè），因为莱维光头上新生的头发又短又软。（“而且兔子是一种善良的动物。”[24]）在《休战》中，莱维将他描写成了狡猾的罗马小贩“塞萨尔”，而在《这是不是个人》中，他则化名为“皮耶罗·松尼诺”（Piero Sonnino）。

没有人能像莱洛那样讨价还价。莱维很快就和他一起去卡托维兹倒卖衣服和食物了。像大多数罗马人一样，莱洛使用各种各样的手势来强调自己的观点、侮辱竞争者或招呼顾客。“‘兔子’喜欢看着我用手势和卖东西的妇女交谈，对姑娘们展现迷人的微笑！”[25] 在整整一个星期里，这个罗马人每天都从一个卖凝脂奶油的摊位来到另一个，带着专家般的态度，把勺子伸进奶油桶里，品尝“样品”。莱洛并不怎么在乎意大利营房里的那些都灵人：他们的商业感太差了。“‘兔子’并不是唯一讨厌的家伙。我不得不为营里 20 个都灵人做生意。”莱洛认识来自罗马夸德拉托区（Quadrato）的鱼贩和擦鞋小子，可以从他那里买到长袜、香烟以及其他紧俏货。他一直认为奥斯维辛四号营的粥（Bunasuppe）里掺有溴化物，这使得犯人虚弱无力。一个春日，他在卡托维兹遇到了一个卖东西的姑娘。那姑娘充满诱惑地问他：“通心粉？肉？”莱洛回忆，那通心粉煮得太烂了。但接着“我们上了床”。事后，他安慰性地拍了拍莱维：“你也要抓紧了，‘兔子’。”[26]

1945 年 6 月 6 日，在拖延了三个月之后，莱维给家里写了一封长信。他仍然不知道家人是否平安。收信人是比安卡·乔德蒂·塞拉：

我们在这里过得不坏，食物都吃不完（但消化苏联食物需要一个特制的胃）。我们睡得很香，不用干活，而且享受着有限的自由。耍些小花招，我们就能跑到城里去，大吃美食、看电影，或者在市里低价旅游一番。现在这里的意大利人数已经过千，其中有原战俘、政治犯，以及“被围捕者”（rastrellati，纳粹集中营里的非犹太裔受害者）。当地人对我们很好，就像对苏联人一样。[27]

接着，话锋一转：

不要相信从布纳-莫诺维茨集中营我能给你寄出的信件中的一个字。我在党卫军的集中营里度过了可怕的一年，忍受饥饿、寒冷，时常挨打，如果你不适宜去干活，那么随时有被“灭绝”的危险。等我回到意大利时（我希望），你能看到我左臂上文刻的入营登记号码，那是暴行的证据。

之后是精彩的附言：

也许我回家时会打赤脚，但作为这悲惨境遇的补偿，我已经学会了德语，还有一点俄语和波兰语。我也学会了在许多情形下如何自保而不至于发疯，学会了如何忍受精神和肉体的痛苦。为了节省下理发的钱，我蓄起了胡子。我学会了怎么做一碗萝卜汤或花菜汤，怎么用一百种不同的方法烹制土豆（都不用调味品）。我也学会了如何组装电灯或干净的炉灶。我干过各种各样的行当：泥瓦匠的助手、挖土工、保洁员、搬运工、挖墓人、翻译、自行车手、裁缝、小偷、护士、黑市商人、碎石工，我甚至还做过化学师！

莱维应该为自己感到骄傲。他通过一种特殊的方式，学会了忍受的哲学，并深刻认识到这个世界以及人性的许多方面：最终在都灵死去的那个普里莫·莱维并不是一个无助而无知的老人。他谈到洛伦佐·佩罗内：“没人知道我欠那个人多少情分，我永远无法报答他。”收到这封信后，莱维的妹妹前往驻都灵的波兰司令部希望能够得到关于她哥哥下落的进一步消息。安德斯将军属下的军官们，留着长长的金色胡须，军服上装饰着金色的军龄袖章。他们注意到她的犹太姓氏，不愿意帮助她。顽强的安娜·玛丽亚又去驻米兰的苏联司令部打听消息。那里的人们这样安慰她："亲爱的，苏维埃联盟的所有囚犯都会受到优待的！"[28]

## 8

夏天来了，莱维归国仍然遥遥无期。胸中奔涌着思乡的不安，他曾经决心离开卡托维兹。但在6月底，他突然病倒了。德·贝内代蒂诊断那是由于晚期肋膜炎的"摩擦"。一周之内，莱维的体重急剧下降，以致一名意大利室友把他错认成"一位60岁的憔悴老人"[29]。纳多不得不变身为商业代表，在卡托维兹城内四处求购钙剂、磺胺和青霉素。在一名皮肤科医生阿道夫·艾因霍恩（《休战》中神秘的犹太医生戈特列布）的帮助下，莱维的肋膜炎痊愈了。生病让他与纳多的关系更加密切了。他们之间形成了一种不可分割的互敬互爱的友谊。多年之后，莱维说纳多"救"了他的命。

6月30日，并非第一次，苏联人又开始嚷起来："回国啦！（Ripatriatsiya!）"这次他们显然是动真格的。意大利人将经奥德萨港（Odessa）回国。在令人热泪盈眶的告别仪式上，一名苏联医官颁发给莱维一张手写的表彰证书，表彰了莱维在收容营诊所的杰出工作。怀揣着苏联的这张官方证书，莱维随着一群喜洋洋的意大利人登上了一列开往奥德萨的列车。乘客中也包括纳多和莱洛。他们计划在奥德萨港乘船横渡黑海和爱琴海，到达意大利南部的巴里。但这只是理论上的计划。这列火车以龟速前进着，逢站必停。每当莱维向火车司机打听他们的目的地时，这司机都会火冒三丈地回答："我们去有站台的地方。"[30]经过六天的旅途颠簸，列车停在了距离奥德萨240公里的地方。消息传来，奥德萨的收容营已经无法容纳更多的难民了。对于许多人而言，这个消息就像压垮骆驼的最后一根稻草。7月8日，阿道夫·艾因霍恩离开列车，失踪了（16年后，他出现在罗马，并送给莱洛·佩鲁贾一个婚礼银盘)。后来，莱维怀疑苏联人计划在与美国的敌对事件中将这些意大利人作为人质。已经有人在谈论美国的原子弹，以及美苏之间的对峙。

这列火车没有继续向西南方向前进，而是隆隆地驶向北方，驶向大草原的深处，离黑海越来越远。去苏联的混乱和困惑开始噬咬莱维的内心。在明斯克停了五天之后，苏联人押送着这些意大利人步行了65公里，前往位于荒野之中的一处营地，施塔理耶达尔罗依(Starye Dorogi)。这处营地没有铁丝网，难民们可以自由进出。莱维和其他意大利人被困在这里，被不安和不适折磨着。莱维后悔没有以那些勇敢的同胞们为榜样，在几个月前就离开卡托维兹。他们中的一些人现在应该已经到了意大利。然而，多年之后，他对于施塔理耶达尔罗依的记忆却是美好的。在白夜里，他能听到远方红军战士们的喧闹。十几岁的苏联士兵正在从前线回归故土。其中一些正前往鞑靼人那广袤的冻土荒原。他们坐在从柏林缴获的公共汽车上面向莱维挥着手，高唱着《雪球花》(*Kalinka Kala*)。在附近的一处集体农庄里，莱维能够买到食物。机灵的佩鲁贾把老鲱鱼泡在肥皂水里以去除它们的腥味，并用它们换来鸡肉、奶酪和黄油。

## 9

7月31日是莱维的26岁生日。这也是他远离家乡后度过的第二个生日。他的健康状态仍然不容乐观，因为他突然患上了支气管炎。意大利的征兵处突然想起了莱维，并征召他入伍。8月9日，一名征兵官在莱维的征兵文件上盖下了“未登记”[31]的大印。莱维面临着逃避兵役的指控。他的妈妈在8月11日发来了一个好消息：经过漫长的官僚程序之后，意大利政府终于将她的公寓归还给她。

9月，莱维开始担心离开故土之后的第三个苦冬。这时，苏联国防委员，铁木辛哥元帅，承诺让他们立即回国。他要求意大利人为他唱《我的太阳》(*O Sole Mio*)[32]。他们眼含热泪地为他演唱了这首歌。9月15日，他们终于出发归国。天空呈现出令人心醉的湛蓝色，当火车穿过东欧广阔的平原时，莱维回想起那些思乡的夜晚，进入白俄罗斯的可笑之旅，以及苏联官僚那接连不断的混乱，还有他们那极好的无差别的慷慨。而现在，他身处于最漫长的旅程之中，如奥德赛般长达 35 天的铁路旅程。

一路向西，列车缓慢地爬过一座座活动便桥和布满弹壳的新铁轨。第一个映入眼帘的罗马尼亚商店招牌如意大利招牌一样对归乡的人们充满诱惑。那里是种植亚麻的田野，随处可见载满干草的大车。9 月 24 日，列车接近奥地利边境，却在罗马尼亚的库尔蒂奇停了车。“又怎么了？”急躁的莱洛・佩鲁贾火冒三丈，准备自己返回意大利。但他那布满胡须的粗野面孔、乱蓬蓬的头发让他难以赚到飞回罗马的机票。他最终给自己在飞机上弄到了一个座位，在 1945 年 12 月的最后一周回到了意大利。这架英国皇家空军的运输机降落在意大利南部的巴里港，最早的圣诞老人圣尼各老的葬身之地。

10 月初，经历了一次次绕道和延误之后，莱维乘坐的列车迅速穿过匈牙利。10 月 6 日，他到达布达佩斯。两天后，抵达维也纳郊外。在这座被摧毁的城市，莱维看到行人在盟军留下的碎石瓦砾中穿行。他们面黄肌瘦，行色匆匆。这不仅是战败，也是尊严的崩溃。火车渐渐加快了速度，向西穿过圣珀尔滕、卢斯多夫，最终到达位于圣瓦伦汀的收容营。在那里，美军用 DDT（杀虫剂滴滴涕）为这些意大利人消毒，并给他们提供了大量的卷心菜和土豆。

10 月 15 日，莱维进入了慕尼黑。这座城市如同被大灾难洗劫过一般。当莱维在那些行为怯懦、表情羞愧的德国人中走过时，他左臂上文刻的囚犯号码隐隐作痛。慕尼黑，纳粹主义的摇篮，现在随同整个德意志帝国一起被毁灭了。犹太难民们拥挤着坐在慕尼黑那失去屋顶的汉诺威车站中。在慕尼黑郊外，列车尾部又挂载上了一节车厢。那节车厢里载满了犹太复国主义者和其他欧洲犹太幸存者。如果莱维的家人在战争中死去了，那么他会考虑加入他们前往应许之地的队伍。

列车加速通过伤痕累累的德国南部，到处是烧焦的树林和炸毁的桥梁。在黄昏的日光下，莱维看到一伙伙德国劳工正在疲惫地向家走去。但这场景并没有让他不快。当火车穿过勃伦纳山口时，他知道这次旅程已经接近终点。

但莱维非常担心此刻的痛苦一定会带来更多的苦恼。1944 年 2 月 22 日随他一起离开福索里集中营的 650 名犹太人中，仅仅有 24 人（包括莱维）活着回来了。当他即将步入平民生活的时候，之前所经历的一切——苏联人的喧闹、黑市——似乎都变得无关紧要了。

10 月 17 日，莱维到达了维罗那（Verona）——他在 22 个月里见到的第一座意大利大城市。在第二天才有去都灵的车，因此他乘车去了米兰。在回家之前，他想知道家人（母亲和妹妹）是否还活着。他去了阿廖斯托街 31 号，他熟悉的一个米兰地址。皮娅·埃丝特罗洛戈住在那里。莱维在 1943 年被捕时，她和丈夫伊塔洛正躲藏在奥斯塔山的雪峰之上。门铃响起的时候，皮娅正在烧水冲咖啡，然后准备把她的小宝宝送上床去。她把熟睡的孩子小心地放在桌子上，去开了门。等看清是谁在按门铃时，她简直要晕倒了。她已经差不多两年没见过莱维了。莱维也没有说自己从哪里来。“我不记得我问过他。你知道，那时人们还不知道奥斯维辛——我不知道普里莫经历过什么，也不知道他的创伤有多么严重。”[33] 凭着本能，皮娅知道她需要和莱维谈些正常的事情。她要求他帮忙拨一拨壁炉里的煤火，因为屋子里有些冷。莱维蹲在火边，回过头，开始问皮娅问题。“他想知道我们中有谁还活着。我告诉他，他的妈妈和妹妹都活了下来，而卢西亚娜·尼希姆也得救了。”[34]

等屋子里暖和起来后，莱维轻轻抱起熟睡的西尔瓦娜。这是胜利日之后他抱起的第一个意大利婴儿。我们不知道接下来他和皮娅·埃丝特罗洛戈之间发生了什么。莱维从来没有对他的妈妈谈起这次短暂的米兰之行，没有在他的作品中描写过这个片段，也没有对任何亲人提到过这件事。也许他感到一丝悲哀或罪恶感，因为他没有直接回到都灵告诉妈妈他还活着。

1945 年 10 月 19 日早晨，莱维回到都灵。那天是星期五。穿过站台上打盹儿的旅客们，他走向克罗塞塔。没有人认出莱维。被奥斯维辛深深污染的他，在猜想到家时会受到怎样的接待。他颤抖着迈过翁贝托国王大街 75 号的门槛。第一个看到莱维的人是看门人玛丽娜·贝尔托内（Marina Bertone）。她从莱维十几岁时看着他长大。但她并没有认出这个满脸胡须的短发陌生人，直截了当地问他有什么事。一阵沉默过后，她开始从楼梯井向上喊道："莱维太太！莱维太太！"[35]

## 注释

1 "我从来没想到……"：1995 年 10 月 30 日，奥尔多・莫斯卡蒂告诉作者。
2 "来，和我一起……"：普里莫・莱维向作者描述了考夫曼的言论。
3 "留着它……"：普里莫・莱维告诉作者。
4 "在整个营里……"：1945 年 3 月 23 日，普里莫・莱维给让・萨米埃尔的信。除了明确出处的几处外，本文以下的所有引文都出自这封信中。
5 "德国人准备杀死……"：同上。
6 "没有一个德国佬"：同上。
7 "突然之间……"：摘自迈克尔・达洛代表泰晤士电视台系列片《战争中的世界》对普里莫・莱维的采访笔记（1972 年 12 月 9 日）。
8 "……'这个不好'……"：1995 年 10 月 23 日，查尔斯・孔勒尔告诉作者。
9 "德国人被打败了！"：1995 年 5 月 20 日，特蕾莎・阿扎利告诉作者。
10 "一个杰出的同志"：1995 年 10 月 23 日，查尔斯・孔勒尔告诉作者。
11 "遭了一个月的罪……"：劳拉・奥斯特利茨给莱维的信。1974 年，荷兰记者罗尔夫・奥德尔在采访莱维的记录中引用了这段话。
12 "尽管如此……"：摘自《休战》。《莱维全集》第一卷，p.1420。
13 "脑袋挨了……"：1945 年 2 月 24 日，李奥纳多・德・贝内代蒂在一封家信中如此写道。
14 "我的神经……"：同上，1945 年 3 月 7 日。
15 "这是为你好。"：摘自《休战》。《莱维全集》第一卷，p.245。
16 "要是我知道……"：奥尔多・莫斯卡蒂给李奥纳多・德・贝内代蒂的信，1945 年 10 月 24 日。
17 "极为聪明，任劳任怨"：原文为"molto intelligente e volonteroso"。1945 年 4 月 28 日，李奥纳多・德・贝内代蒂的家信。
18 "恶意丑行"：摘自马丁・吉尔伯特，《丘吉尔》（卷四）。
19 "低等生物"：摘自费迪南德・迈尔的《人生指南》。
20 "我肯定……"：同上。
21 "我在奥斯维辛……"：同上。
22 "我绝对不是……"：1992 年 10 月 19 日，安娜・玛丽亚・莱维告诉作者。
23 "当我向洛伦佐问起……"：1992 年 10 月 13 日，塞孔多・佩罗内告诉作者。
24 "而且兔子是……"：1992 年 8 月 7 日，莱洛・佩鲁贾告诉作者。
25 "'兔子'喜欢……"：同上。
26 "你也要……"：同上。
27 "我们在这里过得不坏……"：这封普里莫・莱维寄给比安卡・乔德蒂・塞拉的信保存在米兰当代犹太文献中心。
28 "亲爱的……"：1992 年 10 月 19 日，安娜・玛丽亚・莱维告诉作者。
29 "一位 60 岁的憔悴老人"：1995 年 5 月 20 日，特蕾莎・阿扎利告诉作者。

30 “我们去有站台的地方”：普里莫·莱维告诉作者。
31 “未登记”：国防部，《逃兵公示名单》。
32 《我的太阳》：1995年5月20日，特蕾莎·阿扎利告诉作者。
33 “我不记得我问过他……”：1995年5月20日，皮娅·埃丝特罗洛戈告诉作者。
34 “他想知道……”：同上。
35 “莱维太太……”：莱维的姨妈约莱·卢扎蒂描述了这段情节。BBC电视台1985年拍摄的关于普里莫·莱维的纪录片，《书签》。

# 十三

# 回家后

（1945—1946）

我曾死过，现在又活了……所以你要把所看见的都写出来。

（《启示录》1:18—1:19）

## 1

莱维童年时的一位朋友，里奥·埃维格德尔，在1945年10月的这个周五早晨来翁贝托国王大街75号做客。在种族迫害期间，埃维格德尔逃到了瑞士，现在刚刚回到都灵。他并不知道莱维在奥斯维辛的遭遇，只是想顺道拜访一下老朋友。在厨房里，他发现了一位弓着身体抱着一碗汤的“陌生人”。他有着杂草般的胡须，眼睛因流泪而变得通红。但最吓人的是他那肿胀的脸庞。莱维的脸因为营养不良性水肿而浮肿起来，这种水肿是由于低蛋白质饮食使体液滞留而引发的组织肿胀。莱维穿着一件红军的制服。他的妈妈给埃维格德尔端来了一杯早晨的咖啡，但他谢绝并迅速告辞了。这次见面不到五分钟，但埃维格德尔却急着去散布难民归家的消息。他是第一批见到莱维活着回来的人之一。

不到20分钟，公寓里就挤满了好心人。因为客人太多，莱维的妈妈不得不一直开着大门。莱维一开始只想躲起来。他无法把自己的情绪诉诸言语，只能对他的朋友比安卡说“你好”（Ciao）。他也只能用这样尴尬的方式与其他两年没有见过他的客人打招呼。但他渐渐放松下来。匆匆来访的利维奥·诺尔兹发现他令人难以置信地正在招待一大群朋友，其中包括乔治奥·拉特斯和阿尔贝托·索莫尼。“在我们都以为普里莫已经死了的时候，他的突然归来真是让我们大吃一惊。”[1]诺尔兹说。

在离开的两年中，莱维已经变了，让许多人认不出来。进入集中营前，他消瘦而苍白，有着波浪式的头发。而现在他的气色不错，胖了，而且难以解释地变成了直发。一天，在电车上，莱维的大学同学内雷奥·佩札完全没有认出他。“我不知道那就是普里莫——他的脸看起来像一个红色的大足球。”[2]但是，尽管他有些浮肿，朋友和家人们仍然不断地说：“多奇怪呀！

你其实并没有变。”事实上，光从他那胖胖的面孔判断，很多人会以为他在集中营里吃得又饱又好。比安卡·乔德蒂·塞拉像所有人一样意识到莱维外貌的改变，却没有发现他情绪的失调。如果说莱维有哪个方面变得更成熟了，那就是他的感官变得更加敏锐。

然而，几天之内，归家的快乐就烟消云散了。比安卡和朋友们似乎为他们的反法西斯战绩感到很自豪，而这激怒了莱维。抵抗运动成了他们最兴奋的冒险经历——一场不需要悲叹和审判的胜利——但奥斯维辛的奴工却毫无荣耀可言，那耻辱是不可磨灭的。莱维开始嫉妒朋友们那心满意足、条理分明的生活。他的身体状况不错，但他感到自己被疏远而心怀愤怒。

## 2

超过 6800 名意大利犹太人——全国犹太人口总数的五分之一——在纳粹集中营里死去。实际上意大利的每个犹太家庭都有亲戚或朋友在奥斯维辛死去。莱维的直系亲属都活了下来，至少，他的房子没有在战争中被摧毁。同样关键的是，莱维还年轻——只有 26 岁，不必承受丧妻或丧子之痛。年纪更大的幸存者李奥纳多·德·贝内代蒂则经历了一段最悲痛绝望的时期。纳多永远无法忘记遇难的妻子约兰达，总是逡巡在都灵车站希望能看到她回来。但他仍然决心活下去：自杀只会是希特勒的胜利。无论如何，纳多比许多人幸运得多。在他回国的列车驶进都灵的时候，他看到他堂兄位于索梅耶街（Via Sommeiller）的房子仍然完好无损。纳多在那里受到了欢迎，他的堂兄弟、侄子、外甥们把他当作父亲一样对待，并愿意引领他回到正常生活。所以，他那“无法言说的悲痛”[3]，正像他所说的，得到了缓解。

同时，莱维的妈妈和妹妹的生活也不好过。遭受过轰炸的翁贝托国王大街 75 号几乎不再适宜居住。家中的许多家具——五斗橱、波斯地毯——都还在罗马大街的国家旅馆（前盖世太保总部）的仓库里。（德国人征用了这家旅馆，并把它变成了拷问室，以及存储从都灵犹太人那里掠夺而来的战利品的仓库。）在都灵，30% 的房屋被炸毁或损坏。一半的街道、道路、桥梁和铁路都已经变为废墟。埃丝特尔·莱维非常担心明年的经济状况。但她的儿子，还不习惯一下子成为整个家庭的顶梁柱。他的心绪还未归于平静，无法去找一份差事。对于人们，他也失去了以往的热情和信任。他又能怎么样呢？桑德罗·德尔玛斯特罗被枪杀了，埃马努埃莱·阿尔托姆被折磨致死，马里奥叔叔和他的儿子罗伯托被扔进湖里淹死。这些人的死加剧了集中营的经历给莱维带来的失落感。他开始害怕死亡，即使他在奥斯维辛都从未害怕过。在"营"里，囚犯们把谈论死亡当作一件有失体面的事情——"就像在晚宴上提到癌症"[4]——但现在死亡却在莱维的脑海里挥之不去。

莱维是痛苦的。这是一种只有纳多能够理解的痛苦。在经历了死亡营的可怕梦魇之后，一切似乎都失去了色彩，变得没有意义而虚伪。"我感觉我还活着，"莱维在1986年告诉我，"却没有了生命。"遭受迫害的回忆总会意外地浮现脑海。在克罗塞塔公寓之外，火车经过时的尖啸声足以让莱维回想起奥斯维辛。他不太遵守文明的习惯。一天，一位朋友惊讶地看到他在散步时突然对一棵野生的柿子树发起了攻击，大嚼树上的果实。回家后的第一晚，莱维抱着从"营"里偷出来的一床党卫军的凫绒被入睡，并把一大块面包偷偷藏在枕头下面。在数月的监禁生涯和铁路颠簸之后，连他那松软的床铺似乎都成为一份不真实的舒适。

莱维不愿意通过医疗途径去解决他那连日的失眠。同他一起从波兰乘火车回国的米兰达·阿维格多（Miranda Avigdor）现在进了都灵的一家精神病院。不过，莱维知道在"营"里让他得以生存的素质也能帮助他回归正常生活。

在群山之上，那阴沉的情绪得以减轻。再次拿起那些陈旧的攀登用具，拜访熟悉的阿尔卑斯山的小屋和险路，让莱维重新找回了旧日的快乐。在某种意义上，他也是在追随死去的桑德罗·德尔玛斯特罗的脚步。这并非病态的多愁善感。德尔玛斯特罗教会了莱维如何忍受集中营里的寒冷与疲劳。通过冰镐和绳索，莱维需要证明自己仍然强壮精干。他和利维奥·诺尔兹一起登上了阿尔卑斯山。而后者也在高山之上追寻道德和精神的灵修。诺尔兹为莱维沉重的内心带来了一份久违的慰藉。他们一起参观法国边境蒙特贝戈（Montebego）的岩洞里的史前岩画。在那里，莱维将化学家比作石器时代的猎人：通过培养灵活的手工技能和敏锐的嗅觉，他说，化学让我们找回我们失去的哺乳动物本能。晚年时，莱维灵光一闪，涌现出化学家是史前猎人这个古怪的想法。

像所有的流放者一样，莱维感到自己回到了一个不同的世界。不管他去哪里，都能听到意大利人恐惧地谈起苏联的原子弹，并讨论罗马什么时候会出现一个红场。意大利战后社会最终的灾难性崩溃预示着新的阶级之战。但正是红军解放了集中营，拯救了莱维。他无法接受意大利社会的反共立场：苏联并不民主，他能理解这一点，但没有斯大林格勒的胜利，纳粹也许已经赢得战争，整个欧洲将是德国巨大的殖民地。莱维在本能上对苏维埃主义的同情只是加剧了他的孤独感和异化感。让事情更糟的是，似乎突然之间所有的意大利人都成了抵抗斗士。似乎“新”这个字眼就能洗去一家报纸那肮脏的法西斯历史，都灵的日报《邮报》改名为《新邮报》（*La Nuova Stampa*）。

## 3

随着意大利难民不断返回都灵，那些失踪者的照片开始出现在城市的墙壁上：你见过这些人吗？除难民外，还有378600名意大利战俘没有归国，吉凶未卜。随着1945年的秋天过去，冬天渐渐来临，莱维振作精神，承担起一项最可怕的工作：为那些死难者寻找亲属。他觉得自己在道德上有义务帮助这些人，尤其是当他们在为自己那破碎的人生绝望地寻找某种意义的时刻。那个冬天，他决定去拜访住在布雷西亚的阿尔贝托·达拉·沃尔特的母亲。她和儿子保罗住在那里。莱维确切地知道阿尔贝托在奥斯维辛的疏散过程中死去，而他的父亲被“选中”送入毒气室。怎么告诉埃玛·达拉·沃尔特这个事实呢？据官方记录，她的丈夫和儿子被假定死亡，或者按红十字会的说法，他们是“失踪人员”。

莱维穿着一件拖到地板的大衣来到达拉·沃尔特家。用低沉、平实的声音，他开始说起奥斯维辛。但达拉·沃尔特太太请他换个话题。没有任何相反的证据，她又怎能相信她的丈夫和儿子不在人世了呢？在第二次拜访中，她向莱维解释，阿尔贝托已经托人送给她一张纸条（用绿墨水），告诉她实际上他已经在一家苏联诊所康复，现在正作为一名原子化学家为苏联人工作。埃玛·达拉·沃尔特并不是唯一无法接受现实的人。莱维的婶婶埃古斯蒂娜·艾玛·科恩用了五年时间才接受丈夫和儿子被党卫军淹死在马焦雷湖中的事实。直到 40 年代末仍不断有当时被杀的犹太人尸体浮出湖面（一位警察称尸体超过 200 具），但莱维一直没能找到马里奥·莱维和罗伯托·莱维的尸体。

一个棘手的问题阻碍着莱维的康复：为什么他们都死了，而我活了下来？那么多人的死亡让莱维的幸存变成了他的耻辱。在 1945 年圣诞节的那个星期，莱维在福萨诺镇找到了老泥瓦匠的家。佩罗内悲哀地拒绝谈及奥斯维辛的话题，并带着一个酒鬼的斗狠劲，让莱维滚开。当地人已经用意大利语给他起了一个绰号叫“塔卡”（Tacà），意为“好斗的家伙”[5]。曾经，他是一个年轻的肌肉发达的运动员，在意大利最好的狙击兵团里服役。现在他成了一个酒鬼。莱维能在他的呼吸里闻到廉价的葡萄白兰地的味道。佩罗内把最后一个里拉也用来买白兰地。经常有人发现他醉倒在路边的灌木林中或冰冷的地沟里。莱维设法在都灵为他找到一份砖瓦匠的工作，但他的老行当现在也唾弃他。佩罗内唯一巴望的只有村子里的圣安娜节（7 月 26 日）。那是充满遗忘和免费酒水的一天。莱维相信，他的不断酗酒是一种自杀。严格意义上来说，佩罗内并不是一个幸存者，但他正逐渐死于“幸存者病”[6]。

## 4

随着 1945 年的冬天日益寒冷，人们面临着饥荒和瘟疫的威胁。而莱维不得不去找一份工作。他去了化学学院，希望能在那里谋到一份差事。当他走在学院的走廊里，擦肩而过的都是陌生人，他才突然意识到蓬齐奥教授已经在去年春天去世了，就在胜利日的前一周。在官方文件上，莱维一直是瑞士制药企业（米兰的 A. 万德有限公司）的员工。直到停战之日，这家公司一直在发放莱维的工资。离 1946 年新年还有几周时，莱维收到了这笔钱，从而给他的妈妈和妹妹帮上了一点小忙。既然在都灵没有好运气，他干脆去米兰找工作。像都灵一样，米兰是一个满目疮痍的城市，到处都是轰炸留下的废墟。但生活在恢复：报纸重新开始发行了，剧场重新开始营业了，电车和公共汽车重新开始运行了。就在这段时期，莱维说他开始强迫米兰–都灵快车上的乘客倾听他那痛苦的经历。很快他开始给公共汽车和电车上的人讲述他的故事，讲给任何愿意倾听的人。莱维回忆，这样做的冲动“像饥饿一样强烈”[7]。“但不像过去的水手，”安娜·玛丽亚说，“普里莫从来不会真的拦下街上的行人去倾诉。我的哥哥过于羞怯而谦逊，并不会那么做。”[8] 尽管如此，普里莫仍然将自己视为一个从文明边缘回来的讲述者，急切地想对听众们述说。（“我来自奥德萨。”[9] 他告诉一位目瞪口呆的朋友。）他并不为自己的饶舌感到抱歉。讲述让他找到了慰藉，也找回了自我：多年之后，莱维说这种方式让他感到“焕然一新”和“释放自我”。

在那时候，莱维迫切感到的是本能般地、无法抑制地讲述亲身经历的渴望，而不是作为奥斯维辛见证者的道德义务。在拥挤的火车上，令人惊讶的是，没有人让他放低自己的声音。一位听众甚至礼貌地请求莱维提高嗓门，因为他听不见。还有一名乘客请求莱维允许他“旁听”他的谈话，因为他所讲述的内容（按他的说法）是那么“令人难以置信”[10]。这些时刻一定让莱维大吃一惊，让他意识到有许许多多的听众（不仅是他的熟人）盼望倾听他的讲述。只有一次，一位过路人——一名教士，质问莱维为什么要向陌生人讲述如此耸人听闻的故事。莱维回答说他忍不住这样做。这也许是他正在摆脱深渊的一个迹象。

一开始，安娜·玛丽亚一听到她的哥哥说话就受不了。她的男友佛朗哥·泰代斯基死于毛特豪森集中营。但她渐渐开始倾听。莱维是一个天生的讲述者。卢西亚娜·尼希姆的嫂子米拉·莫米利亚诺为他那催眠般的天赋而感到吃惊。在 1945 年那寒冷的冬日里，整整一个星期，每一天莱维都会到迪吉奥纳街的她的床畔（当时她患上了支气管炎），为她详细讲述他幸存的经历。正像她告诉我的：“我出神地躺在床上，不动，也不说话。”等莱维告辞后，米拉不得不强迫自己去弹钢琴以驱除她所听到的那些可怕的故事。如果说他的倾诉让她震惊，那正是他想要的效果。他不得不讲述的故事是“可怕的”——这个字眼的古代含意（在当今的意大利语中仍然有效）是激起人们的敬畏之心。而且，在他讲述时，他希望听众们保持沉默，不要打断他的话。当一位朋友戏谑地问起奥斯维辛的慰安所时，莱维厌恶地走开了。

当莱维坐在米拉床边时，他一步步地构思起《这是不是个人》。通过不断的反复讲述，他越来越精于巧妙地运用悬疑，并掌握了如何用文字的节奏去保持读者的注意力。可以说，莱维的著作是说出来的。但许多人发现他叙事的方式客观得近乎古怪，甚至可怕。“他似乎在讲述别人的人生，而完全不是他自己的——他似乎是在宣读一篇官方声明。”[11] 莫米利亚诺奇怪他怎么能坐在那里以那么平静的心情讲述他的那些可怕的故事。但莱维在向她讲起万达·马埃斯特罗斯时哭了：他们的爱情，他说，曾经是那么纯洁。

## 5

在 1946 年的犹太新年，都灵的一场聚会上，莱维承认他不知道怎么跳舞。按照当时中产阶级青年的习惯，青年男女在年纪许可时就该去上舞蹈课。但法西斯种族法案让莱维无法步入舞蹈课堂。一位老师的女儿答应教他跳舞。莱维与露西娅·莫尔普戈在战争期间仅有一面之缘。那时她还是雕塑家的一名助手。随着华尔兹的旋律，这位犹太女孩与他紧紧相拥。舞蹈似乎是让青年男女坠入爱河的经典途径。随着时间推移，莱维开始用一种高雅的方式，向露西娅献殷勤。他喜欢把她的名字想成发音相似的“萤火虫”（lucciola）[12]。露西娅喜欢音乐、绘画，乐于背诵但丁的诗篇。她来自佩鲁贾省。许多人说她有一点过分正经的乡下气息。她也许有些刻薄和善妒。但如果说 26 岁的普里莫对于男女之事一窍不通，那么露西娅也是一样。“我是她的第一个男人（而她是我的第一个女人）。”[13] 有着尖挺的鼻梁和白皙修长的脖颈，露西娅是美丽的。而且，重要的是，每次莱维迫切地渴望倾诉时，她都愿意倾听。露西娅是他的顾问和知己。而且她倾听的时间能够比大多数人都长久，因为她没有直系家属死于集中营。露西娅出生于 1920 年 7 月，比莱维小一岁。

重要的是，这次相遇恰逢莱维诗意大发之时——莱维称之为诗歌的“进攻”[14]。到 1946 年 3 月，他已经写了 14 首诗，相当于他一生创作诗歌总量的五分之一。虽然莱维嘲笑等待写诗激情的无聊之举，但他却坚定地相信“守护神”（daimon）——古希腊人那“神圣的创作灵感”。在 1946 年年初的冬日里，“守护神”经常光顾莱维，让他写出了许多充满尖锐抨击性的阴暗而愤怒的诗篇。在他的诗里，“布纳集中营”将第 98 化学连队的奴工们变成了但丁地狱里的亡灵和死亡军团。由于莱维的语文老师阿齐莉娅·阿里希的教导，莱维的诗篇里随处可见但丁的影响。在阿里希卓有成效的教导下，但丁伟大的诗篇仿佛在课堂上活了过来。而莱维写的诗越多，他就越倾向于借鉴《神曲》来表达奥斯维辛这处精神上的无人之地。之后，1 月 9 日，他偷偷写了一首献给万达·马埃斯特罗的情诗：

我愿描述那强烈的
无法抑制的
渴望，在那些日子里
再一次，一起
自由地行走在阳光下。

这首诗暧昧地命名为《1944 年 2 月 25 日》。那是最后的一晚，莱维和万达并肩睡在开往奥斯维辛的闷罐列车里。在某种程度上，莱维感到自己应该替万达死去。而这是一首极为私密的情诗，有着悲观而亲昵的语气。莱维还试图从意大利抵抗运动的华丽辞藻中拯救万达，因为万达不是“游击队的圣女贞德”[15]，正像当时的一篇讣告中所说的；她在毒气室里悲惨地死去了。

在 1946 年到来之时，莱维一定曾经面对新的绝望的情绪，因为他写下了他最为阴郁和愤怒的诗歌《圣歌》（“Psalm”）。随后，这首诗改名为《施玛》（“Shemà”，《圣经·旧约》的《施玛篇》是犹太信仰的核心陈述），写作于纽伦堡审判开始之时，谴责了那些忘记或不愿意告诉下一代在德军占领区发生的暴行的人们。“我命令你们，”莱维以圣经般的权威吟诵道，“反复告诉你们的孩子这些事情，否则愿你们的房子崩坍。”当他祈求让遗忘者遭受耻辱和疾病时，这诅咒上升为一种愤慨。所有这些诗歌并不准备出版：它是私下的一种净化仪式。还没等莱维把他的受迫害史写成诗句，他的愤怒就已经在诗歌中表露无余。这首诗远不是撰写一篇冷静的分析文章之后的反思，而是莱维正在酝酿的书的重要部分。

## 6

1946年1月21日，在当了3个月的无业游民之后，莱维开始在都灵东北部的一家油漆厂上班。他人生中一个关键的新阶段开始了。他在杜邦·德·纳穆尔斯联合公司（DUCO）度过的16个月将为他带来持久的友谊。每个月7000里拉的工资（按今天的标准相当于130英镑）并不足以供养他的母亲和妹妹，但在战后百废待兴的意大利已经算是一份合理的薪水了。DUCO是总部位于米兰的诺贝尔-蒙特卡蒂尼油漆及工业炸药公司的一个子公司，也是意大利同行业中第二大的企业。

火车将莱维带到了阿维利亚纳村（Avigliana），DUCO工厂的所在地。路过这个村子的火车非常少，所以莱维只能整个星期住在厂里。公司在单身宿舍（Casa Scapoli）里给他分配了一个房间。由于这栋单身宿舍有着红色的墙壁，人们又叫它“红房子”（Casa Rossa）。晚上，诺贝尔食堂里会供应热腾腾的晚餐。食堂的大厨，德安布罗希斯先生个子很高，一本正经，有些像P.G.沃德豪斯的男管家吉夫斯。在莱维的房间里，可以俯瞰寂静的群山。在经历过奥斯维辛那充满尖叫和死亡的残酷环境之后，这景色一定让莱维眼前一亮。在战争期间，党卫军曾经征用了这栋宿舍楼。而现在，住进这栋楼，莱维感到，在某种程度上是他作为犹太人所遭受的苦难应得的补偿。德军撤离时炸毁了厂里的硝酸铵生产车间，而美国人的轰炸也让厂区一片狼藉。尽管如此，莱维认为他可以在这里写作。而这栋伫立在壮美山景之中的宿舍楼正适合他。冬日的黄昏，夕阳将天空染成绚烂的粉紫色。穹窿之下，可以望见整个苏萨山谷的美景。从窗户向外望去，莱维能够认出中世纪建成的圣米凯莱修道院。自从一百年前约翰·拉斯金（John Ruskin）将这幅美景描绘下来后，它便从未改变过。

由于工作和新的使命感，莱维的心情越发好起来。1946 年 1 月 28 日，在成为 DUCO 的实习生一周之后，他写下了一首惊人乐观的诗歌，《又一个星期一》。在每个星期一乘坐挤得“背靠背”的通勤列车到 DUCO 上班必然会让莱维想起另一次更可怕的旅程。但这个星期一与 1944 年 2 月 21 日那个星期一多么的不同啊。在那个星期一，福索里集中营的犹太人得知了那致命的“铁路转移”。而这次，莱维也撰写了一篇异想天开的科学幻想小说。在这篇小说里，一位研究者展示了他所调制的各种离奇的、可以激起记忆的气味。一个玻璃瓶里冒出的是如山顶碎石般的石头味，而另一个瓶子里则装的是充满灰尘的教室的味道。当莱维打算把他对于奥斯维辛的印象转化成文字的时候，毫不奇怪他会担心自己记忆的有效性。[ 这篇小说的题目，《记忆气体》（“The Mnemogogues”）恰好符合它的希腊语词根，意为“记忆的唤醒者”。] 莱维知道，如果他把自己脑海中构思的书写出来的话，他将完成一部惊人的回忆录。他只能凭借自己的记忆去奋斗——再没有别的途径。

## 7

这份工作似乎非常适合他。在最初的几个星期里，他什么都不用做，只需要研究油漆上的一些小问题。其中的一个问题非常奇怪。DUCO 的清漆多洛士（Dulox，模仿世界知名品牌多乐士，Dulux）在干燥的过程中总会产生针尖大的颗粒——在油漆生产的术语中叫作“结子”。1946 年的上半年，莱维一直在进行研究，在《现代有机油漆》（*Modern Organic Finishes*）这样晦涩的期刊中寻找“结子”的线索，或者在 DUCO 那通风而寒冷的实验室里，在显微镜前一坐就是几个钟头。无论是喷涂，还是刷涂，这个惹麻烦的多洛士漆都会“结子”。同时，意想不到的工厂噪声也让莱维心绪不宁。工厂的混凝土装卸站以及运送化学原料的火车，一定让莱维想起了奥斯维辛的有机橡胶工厂。据一位 DUCO 的员工回忆，莱维身上有着“丧家犬般”[16] 的气质。有趣的是，他也不愿意与 DUCO 的员工混在一起。这座工厂，充满了其自身的战争伤痛，而莱维小心翼翼地不去打扰这份情感——他不把自己的故事强加给他的同事们。那些工人，在前一年冬天从苏联仓皇回撤的过程中九死一生。因此他们相信，与普里莫·莱维相比，他们蒙受的损害要可怕得多。要经历许多年，人们才会认识到希特勒的种族灭绝那特有的恐怖之处。而在此时，人们只把莱维看作纳粹日常暴行的一个普通受害者。

在不能见到露西娅的日子里，他非常想念她。有时，下班后，他会骑行32公里回到都灵，只是为了见见他的“小萤火虫”。莱维现在已经确定露西娅就是他寻觅的女子。后来他说，她是一位“不寻常的人”[17]，“诚实”而“慷慨”，具有许多罕见的天赋，更不用说她“天生就能了解孩子的想法”。露西娅朴实、敏锐的道德感以及强烈的实用主义倾向让她成了这位情绪不太稳定的幸存者的福音。而露西娅也开始爱上了莱维。让这个男人重启人生——犹如让一个病人恢复健康——成了她个人的目标。他们决定结婚。但他们的爱恋从一开始就被另一个女人所影响。那就是万达·马埃斯特罗。在进入DUCO的第三周，莱维写了一首情诗《1946年2月11日》，表面上是送给他未来的妻子的。但是，不知有意还是无心，这首诗与一个月前写给万达的诗《1944年2月25日》相互呼应。两首诗都描写一对青年男女在阳光里散步，诗句中充满了凄切的相思之情。我们并不知道露西娅本人对莱维送给她的诗有何感觉，但1970年在私密朋友圈中流传的普里莫·莱维诗集中，这首诗却被直接略去了。在五年后出版的诗集中同样也没有收录这首诗。万达·马埃斯特罗死去了，但死亡远没有拆散他们。

## 8

在1946年年初那几个寒冷的月份中，莱维开始认同两位传奇般的流放者。一位是荷马史诗中思乡的水手奥德修斯（或称为尤利西斯，尤利西斯是奥德修斯的拉丁语形式）。奥德修斯渴望回归故土，讲述他经受的苦难。另一位是罗马诗人提布卢斯（Tibullus）的一首哀歌中那喋喋不休的步兵战士。他讲述自己的战争故事，并“倒出一杯酒，用酒在桌子上描画他的营帐”。莱维说，如果他不能在桌子上描画自己的“营帐”——奥斯维辛，那样他会极为痛苦。然而，他深知自己所见证的罪大恶极并不是三言两语就能讲清楚的。到2月中旬，莱维开始记录杂七杂八的想法和事件、谈话，以及在营里听到和目睹的事情。他把这些记录在火车票背面、碎纸、摊平的烟盒——任何他能找到的东西上。这种疯狂的记录是莱维个人的净化之旅的延续，也是一次非凡的创作过程的前期准备。“要是我没写书，那现在还是地下受罪的亡灵”[18]：这仍然来自但丁的篇章，死后亡灵的话语。

晚年时，莱维围绕着《这是不是个人》构建了一系列传奇故事。他声称这本书是在他即将回国前极其匆忙地完成的。事实上，直到回家后的第16个星期，他才正式开始动笔。作为一部逐渐成熟的作品，这本书包括许多不同的起草阶段，包括口述、诗歌、科学幻想小说，甚至在医学期刊上的一次尝试。

大约在1945年，李奥纳多·德·贝内代蒂请莱维帮助他润色一篇医学报告。这篇报告是应苏联政府的要求对布纳-莫诺维茨集中营里囚犯的“卫生及清洁条件”做出的报告。两人合作完成的报告刊登在1946年12月的《密涅瓦医生》（*Minerva Medica*，当时相当于意大利的《柳叶刀》）上。莱维可以轻而易举地想起这篇文章所需要的事实。他已经画了一张奥斯维辛工地的地图，包括地下油罐、衣物仓库、拷问室、党卫军宿舍。他凭借记忆画出了所有的街道和建筑。莱维甚至列出了他的狱友之前的职业和出生地，详细说明了他们的名字、年龄以及个别狱友的家庭情况。无论这篇报告的医学价值如何，我们都可以说，它就是《这是不是个人》第一章和最后几章的简略版。

## 9

后来成为《这是不是个人》的原稿的是一份14页的打字稿，题目叫《十天的遭遇》（“The Story of Ten Days”），日期标注为1946年2月。莱维按从后向前的顺序开始撰写这本书，从它的最后一章开始。这完全在情理之中，他对于奥斯维辛最近的记忆——德国人的溃逃与红军的到达——印象最深刻。所以，他从这里开始。据一位目击者称，他很少在诺贝尔食堂吃晚饭，而是满怀期盼地骑车返回单身宿舍。回到宿舍后，莱维并不睡觉，而是一头扎进写作之中。在接下来的10个月里，他一直专心致志地完成手稿。而他写得极为得心应手，文字从他的笔下喷涌而出，“就像被堵住的洪水突然一泻千里”[19]。在《这是不是个人》的写作过程中，莱维声称只有一次，当面对奥斯维辛那让人难以置信的罪恶时，他发现语言是无力去描述的。

莱维后来喜欢说，《这是不是个人》没有经过刻意的修饰与文字雕琢。但事实上，它是一部极为工巧、具有高度文学性的作品。它在咬文嚼字的程度上远远超过了莱维愿意承认的程度。当时在单身宿舍中徐徐展开的文章充满了意大利文学的典故——虽然莱维声称自己在学校里特别不愿意学习文学。亚历山德罗·曼佐尼在19世纪创作的描写饥荒与毁灭之地的小说《约婚夫妇》（*The Betrothed*）是意大利最重要的小说。不过，在学生莱维看来，它却是一部“难以忍受的无聊的”[20]通俗言情小说。事实上，曼佐尼是一位师承伏尔泰的道德学者，同伏尔泰一样，运用理性去审判和理解人性中所有的疯狂。这部小说最宏大的篇章——对于17世纪初遭受瘟疫之苦的米兰的生动描写——肯定对莱维产生了强有力的影响，因为《十天的遭遇》处处是对它的呼应。米兰在百年战争中被德国人所摧毁，已经成为一片废墟，连医生都离开了医院。而在莱维的《十天的遭遇》中，在他们被红军解放的前夜，奥斯维辛的活死人们即使“缠满了绷带”，也要为了获取食物而辛勤劳动，他们在地上艰难爬行，正像曼佐尼笔下“入侵的蠕虫”。

虽然有着可怕的主题，但《十天的遭遇》仍然有着幽默的闪光之处，而它对于人性的肯定也为读者带来了一丝快乐。莱维并没有困守大屠杀的题材，而是去描写集中营里人们的面孔。而他从来没有忘记越过奥斯维辛的铁丝网去眺望未来。在全书结束之处，并没有一个戛然而止的结论，而是暗示另一本书即将到来：“长长的书信成了我们之间的桥梁，而我希望有一天能再次见到他（查尔斯·孔勒尔）。”安德烈·纪德（André Gide）的小说《伪币制造者》（*Les Faux Monnayeurs*）中那著名的结尾——“我很好奇地想认识卡鲁”，一定对莱维产生了影响。莱维没有为自己的书写上“全书终”是因为他当时充满了向外界伸展的探索之心：他的书有开头，却没有结局。

莱维晚上的文学创作已经在 DUCO 引起了怀疑。有人听到他的打字机在凌晨 1 点还在嗒嗒作响。人们谣传他是一名间谍，与潜藏在阿维利亚纳山区的大批红军游击队串通一气。尽管没有人把这个谣言当真，但人们都把莱维视为一个孤僻者。“我是晚上写作的夜猫子。”[21] 他回忆道。当然，在 DUCO 没有人知道他恋爱了。“他不对任何人提起露西娅。”[22] 一名员工回忆。

## 10

2 月 14 日，星期四的下午，在完成了《十天的遭遇》一周之后，莱维把自己关在他那斯巴达式的小屋里，撰写了最伟大的人性圣歌之一。几乎仅利用一个午休的时间，从 12 点 30 分到下午 1 点，在半个小时文如潮涌、专心致志地写作后，他就完成了《尤利西斯之歌》（“The Canto of Ulysses”）。或者莱维是这么说的。那一天，人们看到莱维狼吞虎咽地吃完午饭后便急匆匆地赶去单身宿舍，身上还穿着实验室的白色大褂。无疑，莱维正在整理他回家后草草记录的杂乱笔记。不过，作为《这是不是个人》定稿的第十一章，它的完成速度还是惊人的。莱维描写的直接对象是法国囚犯让·萨米埃尔。他担心萨米埃尔已经在奥斯维辛的疏散过程中遇难。莱维回溯到 1944 年的夏天。那天，他和让一起去取营房的粥。当他们蹒跚地穿过布纳集中营时，莱维开始滔滔不绝地背诵起但丁《地狱》中的“尤利西斯篇”。他尽力将诗篇翻译成法语给让听，并解释它的重要意义。当尤利西斯即将开始最后一次航行时，他对船员们说道：

你们要考虑你们的起源，
你们生而为人，
并非就像禽兽般活着，
一无所成，
而是要追求知识与善行。

在奥斯维辛的地狱里，尤利西斯的话语以庄严的人性尊严闪耀着光芒：莱维和让·萨米埃尔并非禽兽，他们“生而为人”，要追求知识与善行。后来，很多人质疑莱维在奥斯维辛是否真的被但丁所征服：在人世间最邪恶的地方绽放的古典之美——这种强烈的对比，颇有些事后之明的做作。但是在莱维的意大利，人们并不像英语世界那样常常把但丁看成是中世纪神学的枯燥说教者。在维多利亚女王时代的英国，公务员、教士以及其他知识分子都尝试过翻译《神曲》。在翻译过程中，他们把但丁（最悲伤、最严肃的诗人）变成了道德说教的典范，把他那隽永、清新的诗篇变成了笨拙的空话。然而，在意大利并非如此。在代代相传的过程中，但丁变得更加充实、丰富。难怪但丁《地狱》的第26篇会深深地烙印在莱维的记忆里。在十几岁时，他曾参加过“但丁锦标赛”。在这场锦标赛里，克罗塞塔的少年们较量关于《地狱》的知识。一名选手背诵一段诗篇，如果他的对手能够接着背下去，那么就可以得一分。

从莱维完成《尤利西斯之歌》的那一刻起，他就开始成为战后意大利深受古典文学影响的作家之一了。“达阿塞里奥侯爵”皇家预科学校里繁重的文学课程锻炼了他的行文，同样还有那位杰出的但丁学者阿齐莉娅·阿里希。那个2月的下午，莱维常常在单身宿舍里想起她。多年之后，莱维告诉一名记者，要是他只能从一个起火的图书馆里抢救出两位作家的作品，那么他们会是“但丁和曼佐尼”[23]。只有经过长期人文主义教育的古典主义学生才会说出这样的话。

## 11

1946年3月中旬，随着复活节的临近，在DUCO上班的莱维收到了一个好消息，一个月前在《尤利西斯之歌》中提到的让·萨米埃尔竟然还活着。在奥斯维辛的最后10天里与莱维同住一个病房的法国狱友查尔斯·孔勒尔在阿尔萨斯的一个小镇上找到了让·萨米埃尔。萨米埃尔的经历是残酷的。他的父亲、三位叔叔、一个弟弟和一位堂兄都被纳粹杀害了。只有萨米埃尔和他的妈妈在奥斯维辛得以幸存。在集中营疏散后，纳粹强迫让·萨米埃尔在一座荒凉的铁矿中挖掘地下矿道。炸药那可怕的爆炸声、煤炭燃烧的烟雾渗进他每天的梦里，冲淡了他生存下去的希望：晚上，他睡在一个爬满虱子的纸袋里。作为整个家族唯一幸存下来的男性，让·萨米埃尔现在试着在瓦瑟洛讷（Wasselonne）重建自己的生活。他的父亲曾经在那里做过药剂师。在孔勒尔找到他之后，他给莱维写了一封信。而在3月23日星期六，用无懈可击的法文，莱维为萨米埃尔写了回信。这是莱维寄给让·萨米埃尔的第一封信：

> 我一直认为你很可能挺过来，因为你乐观、聪明，身体和精神都很坚强。结果正是如此：你的长信就在我的眼前。

莱维简短地讲述了他自己幸存下来的经历。接着，他问起了他在奥斯维辛的狱友安德烈·桑托和贝拉·费舍尔的下落。还有那个矮子伊莱亚斯·林德津、那个犯人头子、那个“红三角”，以及那些在死亡行军中与萨米埃尔同行的人的下落。莱维为他正在着手写作的书籍收集细节素材。他继续写道：

> 我仍然活着，相当健康，并且能与我的家人团聚。这真是一个奇迹。我发誓我永远无法忘记这一点。而我每天都像一个祈祷者般重复着这些话。但我并不感谢上天：如果真的有上帝的话，奥斯维辛和比尔克瑙将永远不该存在。

在他的最后一句话中蕴含着愤怒。在大学里帮助过莱维的物理学家尼科伦·达拉波塔博士，将他的得意弟子的幸存草率地归功于上帝的恩惠。“你能回来并不是偶然的，普里莫——上帝拯救你是为了让你去书写历史。”坚信莱维的幸存是至高无上的天神与智慧存在的证据，达拉波塔触碰了莱维一根敏感的神经。他断然否认了这位物理学家的天选论。奥斯维辛的残酷是对天神的咒骂，他说。签上他的囚犯编号“174517”，他把信寄往瓦瑟洛讷。

## 12

1946年3月底，莱维开始写作牵动人心的《化学考试》（“Chemical

Examination”）一章。那时，他那无情的德国考官威廉·潘维茨博士已经不在人世了，不到40岁，死于脑瘤。在这一章中，莱维的描写对象不仅仅是潘维茨领导下的聚合反应部，而是整个奥斯维辛。这座集中营就像一座巨大的实验室，专门用来转化人类的物质构成。莱维的写作受到了两个人的影响。一位是法国昆虫学家让-亨利·法布尔，另一位是阿道斯·赫胥黎。在莱维童年时最喜欢的书籍《昆虫记》中，法布尔描写了一个白蚁的社会。这个白蚁社会正如奥斯维辛一样残酷而丰富，由诚实的工蚁、凶悍的强盗蚁、生产蚁和寄生蚁组成。相应的，在这一章中的德国人就是一台台“灰色的机器”，正如法布尔的蚂蚁一样，按照愚蠢的数字阶级行进着。犯人是“蜘蛛”，犯人队长是“母鸡”，而潘维茨则是一个无名的“动物标本”。赫胥黎的早期小说中同样充满了实验室的想象。而且，当莱维着手为“营”里各式各样的“非人生物”分门别类时，这位英国作家在写作中运用的生物学方法极大地帮助了他。还是一个孩子时，莱维曾经不知疲倦地学习关于昆虫的小知识。而《化学考试》一章成了他关于这些小生命的兴趣的一个陈列柜。“细节至关重要。”

## 13

同时，在1946年的整个春天，莱维一直在努力寻找DUCO的第104号清漆“结子”的原因。一次次的失败让他灰心丧气。他开始在其他地方寻找回报更加丰厚的化学工作。他考虑过成为一名“醇酸树脂”[24]专家（但这并不让他兴奋），也想过与露西娅一起去巴黎。之后有一天，他取得了突破性的进展。DUCO坐落于苏萨山谷的山口。这里的气候环境极为多变。而这不仅影响了油漆的干燥时间、密度和黏度，也导致油漆易于“结子”。我们不知道DUCO根据莱维的发现采取了何种措施。但是，在加入DUCO的第10周，莱维为自己树立了一个勤奋工作、自律而可靠的化学家的形象。莱维给实验室的负责人朱尼奥·鲁斯皮诺（Giunio Ruspino）留下了好印象。因此，鲁斯皮诺让莱维负责翻译从德国油漆杂志《油漆与涂料》（*Farbe und Lacke*）中节选的文章。让莱维苦恼的是，德国人仍然在清漆的生产技术上遥遥领先。

莱维已经在 DUCO 上班两个月了。这时，他得到了一段不可能的友谊。油漆技术员费利切·凡蒂诺（Felice Fantino），一位个子高大、蓝眼睛的皮埃蒙特人，对文学毫无兴趣，而且比莱维大五岁：他那执拗而温厚的诙谐是对莱维的巨大安慰。凡蒂诺知道许多油漆的传闻、道听途说的故事和皮埃蒙特地区的传说。莱维今后的许多短篇小说都来源于他的故事。他告诉莱维，DUCO 的经理在失恋后如何试图杀死他的女秘书并自杀，但子弹却仅仅打中了一个沙发。莱维当时创作的一首诗，《女巫》，就是基于凡蒂诺的"settimin–a"（女巫）故事。曾经，在皮埃蒙特地区的每个村子里都能找到这样的女人。她既是接生婆，也兼任接骨医生和巫医。这激起了莱维对于那个咒语与魔法的世界的长期幻想。在很大程度上，正是因为凡蒂诺，莱维才能安心在 DUCO 工作下去。这位新朋友的劝慰让莱维得以放松心情。莱维最喜欢的一个恶作剧是用橘子酱代替油漆送给毫不怀疑的朱尼奥·鲁斯皮诺做实验室分析。在与 32 岁的凡蒂诺的友谊中，莱维不仅找到了忠实、挚爱与快乐，而且这对朋友在战争中经历过相似的痛苦。1940 年，凡蒂诺所在的团被围困在法国附近的阿尔卑斯冰峰上。凡蒂诺差一点冻死在山上。"如果每个意大利人都像我一样被冻僵在山顶上的话，我们立刻就会失败了。"[25]

直到那时，只有露西娅看过莱维还未完成的书稿。但是，在 1946 年冬春交际之时，莱维鼓起勇气给 DUCO 的一些同事展示了他的作品，其中包括驻厂的物理学家比诺托（Binotto）博士和加斯托内·孔帕纽奇（Gastone Compagnucci），后者是一位和莱维一起住在单身宿舍的小托斯卡纳贵族。莱维对于语言的熟练运用，以及他那深邃却易懂的行文给孔帕纽奇留下了深刻的印象。"你的句子读起来很朴实，普里莫，但我认为你为这朴实付出了巨大的努力，你一定费尽心思才写出这样的词句。"[26] 孔帕纽奇是对的。有时候，莱维只能写出"猪食"（porcheria），有时候，他对于自己所遭受的迫害的愤怒和仇恨爆发成难以理解的笔记。

当莱维在 1946 年的春天继续写作他的新书时，另一个人也给予了他巨大的鼓励。他一直与卢西亚娜·尼希姆保持着联系。1945 年 4 月底，美国人在莱比锡解放了尼希姆。她在 7 月 20 日回到意大利，比莱维早了 3 个月。在她的故乡比耶拉（位于都灵附近），她曾经尝试作为一名儿科医生重新开始她的生活，却被罪恶感和卑微感所折磨。后来，她成了一名杰出的心理分析学家。现在嫁为人妇的她曾经有过一个小女儿，万达，却在分娩时夭折了。尼希姆的奥斯维辛的回忆录《死亡之屋的记忆》（*Memoir from the House of the Dead*）在 1946 年 4 月出版于都灵。尼希姆并不想撰写这本书，而且在写作过程中面临着身体的崩溃。尽管如此，这本书成了意大利第一本记录奥斯维辛的书籍，而它的每一页上都充满了尼希姆对于死难者的责任感。在这部不成熟的、过度抒情的作品中，她并没有畏于描述恐怖。带着愤怒和厌恶，她描写了那些党卫军的兽行——在闷罐火车停车时，福索里集中营的被流放者们纷纷蹲在铁路两边解手，而党卫军则讥笑他们并拍照。（莱维，出于某种清教徒般的清规戒律，无法去描写这些耻辱的场景。他内在的“羞怯”[27]，正如他自己所说——对于“羞耻的敏感性”，让他无法去描写纳粹迫害中这些更残酷的方面。）尼希姆的回忆录中多次提到了万达·马埃斯特罗。而这一定在莱维的内心掀起了波涛。同时，她的书也激励他去完成自己的作品。在一定程度上，他感到自己在与尼希姆竞争。

那年春天的另一部文学启示录是一部关于纳粹主义的格言、片断和反思的结集，伟大的的里雅斯特诗人翁贝托·萨巴（Umberto Saba）的《片断与微型小说》（*Short Cuts and Very Short Stories*）。萨巴用了六个字概括了他听说纳粹死亡营之后的震惊：“迈丹尼克（迈丹尼克是波兰城市卢布林以东的一座臭名昭著的集中营）之后……”而萨巴并没有说完这个句子。这是面对纳粹兽行无言以对的最早的例子。一些评论家会说这是作家对于纳粹种族灭绝的正常反应。很少有意大利作家能像萨巴这样迅速了解纳粹死亡营的罪大恶极。而在后来写给他的一封信里，莱维向他表达了自己对于他敢于直面纳粹-法西斯历史的“勇气”[28]的深深敬佩。

凭借萨巴和尼希姆在文学上的激励，莱维回到了写字台前，开始撰写《这是不是个人》的《1944 年 10 月》这一章。这一章开始于 4 月 5 日，那天艾达·黛拉·托雷嫁给了西尔维奥·奥尔托纳。在3天后，4月8日（星期一），他完成了这一章。在此期间，莱维审视了纳粹最深重的罪行：用毒气杀害人类的流水线。他以但丁式的语言（“赤裸而惊恐”的囚犯）重现了那毫无意义的恐怖。但莱维笔下那现代化的地狱远比但丁中世纪神学的魔鬼和恶魔可怕。在奥斯维辛这个20世纪的地狱中，地狱不再是对罪人的一种恶性的外在惩罚——在奥斯维辛，无辜之人受到惩罚。而这种作恶的能力，以及重现人间炼狱的能力，就潜藏在我们每个人心中。

就像龙虾身体中的黑线一样，有一股无形的力量自始至终在影响着这一章节，那就是查尔斯·达尔文。这位维多利亚女王时代的进化论者已经非常准确地定义了感官的王国（视觉、听觉、味觉、触觉、嗅觉）。王国之外则是让达尔文迷途的邪恶之地。相对的，《1944年10月》是一篇严格意义上的第一手报告，一切都是莱维目睹或耳闻的。但是，当莱维回忆起一名犹太犯人在不用进毒气室之后，大声感谢上帝救了他的命时，当莱维回忆起库恩在床铺上前后摇晃，向犹太法典中歌颂的万能的主祈祷时，这一章小心翼翼地维持着的客观就瞬间崩塌了。莱维写道：他们是自私而盲目的信徒，“如果我是上帝，我会唾弃库恩的祈祷。”莱维很少提高声音，也从不使用威吓的语气，但他仍然为死难者感到愤怒。当狱友将在两天内死去时，自己却去歌颂上帝的恩德——在莱维看来，这真是对神明的亵渎。但莱维不愿承认的是，在1944年的“大筛选”中，他也曾经忍不住向上帝祈祷。但是，正如他在后来接受采访时所说的，当他知道自己不会死去时，他立刻感到深深的惭愧，并“隐瞒了这件事”[29]。

## 注释

1　“在我们都以为……”：1993年2月17日，利维奥·诺尔兹告诉作者。
2　“我不知道……”：1993年7月29日，内雷奥·佩札告诉作者。
3　“无法言说的悲痛”：原文为“indiscibile dolore”。1947年5月14日，李奥纳多·德·贝内代蒂写给亲戚的一封信。
4　“就像在晚宴上提到癌症”：摘自迈克尔·达洛代表泰晤士电视台系列片《战争中的世界》对普里莫·莱维的采访笔记（1972年12月9日）。
5　“好斗的家伙”：1992年10月13日，塞孔多·佩罗内告诉作者。
6　“幸存者病”：《莱维全集》第二卷，p.66。

7 “像饥饿一样强烈”：普里莫 · 莱维告诉作者。
8 “但不像……”：1993 年 3 月 30 日，安娜 · 玛丽亚 · 莱维告诉作者。
9 “我来自奥德萨。”：这位朋友是盖比瑞拉 · 加尔达。
10 “令人难以置信”：摘自荷兰电视记者罗尔夫 · 奥德尔在 1974 年对普里莫 · 莱维进行采访的未经发表的记录。
11 “他似乎在讲述……”：1995 年 3 月 29 日，米拉 · 莫米利亚诺告诉作者。
12 “萤火虫”：《莱维全集》第二卷，p.535。
13 “我是她的第一个……”：普里莫 · 莱维给海蒂 · 施密特-马斯的信，1967 年 11 月 2 日—8 日。
14 “进攻”：普里莫 · 莱维告诉作者。
15 “游击队的圣女贞德”：1993 年 7 月 29 日，卡拉 · 孔索尼告诉作者。
16 “丧家犬般”：1993 年 2 月 6 日，费利切 · 凡蒂诺告诉作者。
17 “不寻常的人”：普里莫 · 莱维给海蒂 · 施密特-马斯的信，1967 年 11 月 2 日—8 日。
18 “要是我没写书，……”：普里莫 · 莱维告诉作者。
19 “就像被堵住的洪水……”：同上。
20 “难以忍受的无聊的”：同上。
21 “我是晚上写作……”：同上。
22 “他不对任何人……”：1993 年 2 月 10 日，朱尼奥 · 鲁斯皮诺告诉作者。
23 “但丁和曼佐尼”：沃娜 · 诺瑟尼奥对普里莫 · 莱维的采访，《客人》（*L'Ospite*），1979 年，p.17。
24 “醇酸树脂”：普里莫 · 莱维给让 · 萨米埃尔的信，1946 年 5 月 24 日。
25 “如果每个意大利人……”：1993 年 2 月 6 日，费利切 · 凡蒂诺告诉作者。
26 “你的句子……”：1993 年 5 月 16 日，埃多拉多 · 卡穆希告诉作者孔帕纽奇的话。
27 “羞怯”：普里莫 · 莱维，摘自《声音》（*The Voice*），1986 年 3 月。
28 “勇气”：普里莫 · 莱维给翁贝托 · 萨巴的信（1949 年 1 月 10 日），该信发表于《共和报》，1989 年 5 月 27 日。
29 “隐瞒了这件事”：原文为“Mi sono censurato”。保拉 · 维拉布雷加对普里莫 · 莱维的采访，《普里莫 · 莱维》。

# 十四

# 重生与抛弃

（1946—1948）

# 1

在《这是不是个人》写作近半之时，莱维却卷入了一场法庭审判。1946年5月4日，星期六，法西斯密探，致使莱维在参加抵抗运动期间被捕的罪魁祸首——埃迪里奥·卡格尼，在奥斯塔受审。在德军占领时期，卡格尼是个令人恐惧的人物。前一年夏天，莱维的原游击队队长吉多·巴赫认出了他。巴赫发现他对间谍罪、盗抢罪和迫害罪的指控毫不在乎。而这些罪名中的任何一项都足以要了这个奸细的命。就像一位牧师般站在法庭的书记员面前，卡格尼滔滔不绝地把一切罪名都推到了他的同事多米尼克·德塞格利和阿尔贝托·比安奇，以及他的法西斯主子奥斯塔的行政长官卡纳兹身上。这是精彩的一幕：卡格尼无动于衷地站在被告席上，接受了死刑的判决。他的母亲安吉拉·卡格尼悲伤欲绝，恳求吉多·巴赫帮帮她的儿子。尽管巴赫为她感到遗憾（“母亲永远是母亲”[1]），但他毫不同情卡格尼。

要在卡格尼的审判中做证的责任，让莱维陷入了沉默寡言的状态。他痛苦地想起了自己在抵抗运动中笨拙的表现。在单身宿舍里，多少个无眠之夜，他总会忍不住想起，在他被捕的前一夜被处决的两名游击队员。他们的年纪还不到20岁。（他在1952年写了一首诗《墓志铭》来纪念他们。）在随之而来的6月，传来了令人沮丧的消息。卡格尼在所谓的“陶里亚蒂大赦”中得到了缓刑。在一次全国性的司法解释中，意大利的司法部长帕尔米罗·陶里亚蒂在“普通”迫害与“情节特别严重”的迫害之间做出了可笑的司法区分。因此，卡格尼用锤子砸烂约瑟夫·巴贝西诺双脚的罪行就这样得到了赦免，因为它是出于恐吓的目的，而不是出于“嗜血的麻木”。“陶里亚蒂大赦”在卡格尼30岁生日（1946年6月）前1周施行，成功地救了这个奸细的命。（残忍地折磨过埃马努埃莱·阿尔托姆的意大利党卫军上尉阿尔图罗·达尔·多索，也因这次“大赦”而被释放，并在巴西的圣保罗市安度晚年。我们后来得到的有关埃迪里奥·卡格尼的消息，是在

1946年11月的佩鲁贾巡回法庭上，他的死刑被减刑为30年有期徒刑。他并没有服满他的刑期。我们只知道，在20世纪50年代初，他曾经住在西西里岛首府巴勒莫省的迪维西街。但今天在这座城市里居住的唯一一位卡格尼却与莱维毫无关系。

## 2

就在卡格尼在奥斯塔受审期间，意大利发生了一件政治上的大事件。1946年5月9日，意大利国王，维托里奥·伊曼纽尔三世退位。意大利人不得不通过公民投票来决定他们要维持君主政体还是让意大利成为一个共和国。莱维对这次退位危机进行了大量的反思，既为它感到惊恐，又为它而欣喜。在给让·萨米埃尔的信中，他写道："在法西斯主义所导致的长期瘫痪之后，我们即将为政治而陶醉。"[2] 他希望这次危机以及它所引发的相应事件能够带来一次完整的社会变革。然而，4月23日至24日的夜里，前法西斯分子在米兰的公墓里盗走了墨索里尼的尸体，而这名独裁者的尸体成了独裁主义卷土重来的强大象征。莱维担心法西斯主义的复活，因为街上爆发了激烈的争论，保守派们摇着头，低声说着一些赞扬这名"领袖"的话语。同时，书籍、电影和报纸推动着意大利人加入民主世界。这是他们这20多年来第一次自由选举。

投票日在1946年6月2日，星期天。在独裁主义下成长起来的莱维，还是第一次看见投票箱。在意大利历史上，女性第一次拥有了投票权。莱维早早来到投票所，帮助清点选票。为了预防暴力事件，装甲车静静地停在投票所外。不过，那天一直平安无事。随着莱维亲手为共和国清点一张张选票，一个新世界似乎正在被建立起来。3天后，6月5日，星期三，公布了投票结果。有1000万到1200万意大利人投票赞成建立共和国。欧洲最古老的统治王朝，萨伏依王朝就此结束了。对于莱维和他的朋友们，这个共和国的建立是这个时代最美好的政治事件。比安卡·乔德蒂·塞拉称这一时刻定义了他们这一代人的荣耀。"老实说，在我们看来，这个世界似乎重新运转起来了，而这一次没人能阻止我们。”[3] 结束了萨伏依王朝对意大利的统治，意味着摆脱了法西斯主义的过去，摆脱了目光短浅的民族主义，摆脱了“领袖”及其追随者，让意大利走向新生。莱维对于新意大利有着无限的希望，正如他后来所回忆的，“几乎是难以解释的”[4]。

随着共和精神传遍整个意大利，在意大利的酒馆和咖啡馆里，人们也在谈论丽塔·海华斯（Rita Hayworth）在好坞大片《吉尔达》（*Gilda*）中演唱的粗俗的歌曲《我的爱人》。处处散发着大战之后性欲与繁荣的气息。这时，莱维对于露西娅的爱似乎也在随着海华斯的赞歌日渐清晰，而他对万达·马埃斯特罗的思念也渐渐淡去。这种欣喜感——就要发生了不得的事情的新鲜感——压倒了一切。在整个欧洲大陆，电影院都在放映查理·卓别林的《大独裁者》（*The Great Dictator*）。这部影片肆意嘲笑了希特勒和墨索里尼，赢得了一片喝彩。

## 3

在 6 月大选的兴奋之余，莱维又把他的注意力放在了写作上。他感到整个意大利正在迅速重生的乐观精神对于《这是不是个人》的写作产生了巨大的影响。这本书调和了时代的最强音，掺杂着莱维为自己的新生感到的快乐，以及即将与露西娅结合所带来的幸福感。这是两个截然不同的人格之间的亲密关系。这是足以打动双方所有亲友的爱情。而它将在《这是不是个人》中留下印记。在当时，露西娅不是莱维人生中唯一的快乐之源。与让·萨米埃尔的通信也带给他巨大的快乐。莱维也为他们能以通信的形式重温情谊而感到欣慰。在大选前夜，他在给萨米埃尔的信中写道：

> 我发现我们之间的友谊是非常惊人而独特的。我们相遇在一个特殊的环境里。在那种恶劣的条件下，一个人可以轻易死去。而我们却在对抗“营”的灭绝的奋斗中团结起来，不仅在物质上，而且在精神上。[5]

带着不够精确的遗憾和“足以让你震惊的文字”，莱维完成了他的三首诗以及《尤利西斯之歌》的打字稿。以一种错误的谦逊，他告诉萨米埃尔这一章并不是他最好的一章。“我写这一章时想不到你还活着，而我没有改动一个字。”萨米埃尔不理解，在奥斯维辛时，但丁为什么对莱维如此重要。可以说，当莱维试图用 600 年前的中世纪诗歌引起他的兴趣时，这位法国人多少感到一丝困惑。相反，萨米埃尔一直忘不了的是在同盟国军队空袭前与莱维共度的半个小时。当时，他们谈起了各自的母亲。

意大利共和国成立仅 10 天后，6 月 15 日星期六，莱维开始撰写《医务室》（“Ka-Be”，奥斯维辛医院）的一章。他用 5 天完成了这个章节，并且很可能是在他父亲的书房里完成了打字稿。这间书房现在仍保存于翁贝托国王大街 75 号。《医务室》这一章在很大程度上是对杰克·伦敦——一位爱尔兰占星家酗酒的儿子——的致敬。普里莫的父亲曾经敦促他向这位英国作家学习。杰克·伦敦崇拜提出“适者生存”的英国进化论学者赫伯特·斯宾塞（Herbert Spencer）。而他的克朗代克冒险故事《野性的呼唤》似乎与莱维本人对集中营进行的进化论分析神奇地不谋而合。这本书的主人公巴克从一条驯养的宠物狗成长为荒野中的猛犬。这个过程预示了在奥斯维辛生存的狼化之道。《医务室》中非人的奴隶们正如杰克·伦敦笔下的北极犬，“每一个都在与整个群体对抗”，直到最后一息都被奴役着，并“死在道路上”。6 月 20 日，莱维完成了这份长达 9 页的打字稿。9 天后，莱维的母亲度过了她的 51 岁生日。

现在莱维回家已经两年了，而且随着他的写作进展，他开始理解自己作为一个目击者所承担的责任。“无论我们情愿与否，”他在给让·萨米埃尔的信中写道（这封信已经遗失），“我们都是纳粹罪行的见证者。而我们必须承担这份重量。”《这是不是个人》不仅是一次自我净化，也是对于责任的呼唤。而且，在莱维写作这本书的过程中，他所面临的最大困难是克制自己的愤怒。如果他暴露出悲伤或道德上的愤怒，那将有损他作为一名目击证人的可信度。陀斯妥耶夫斯基（Dostoevsky）在《死屋手记》（与卢西亚娜·尼希姆的《死亡之屋的记忆》在标题上不谋而合）中描写了他在西伯利亚监狱里所遭受的折磨和羞辱。但他并不是为了让读者感到恐惧（尽管的确如此），而是为了去做证。“让读者成为法官”，这位俄国作家曾经说过。同样，莱维也打算让读者成为法官和陪审团，以审判他所描绘的罪行。

在写作了七个月之后，尽管这本书已经渐渐成为一本兼顾求实与文学之美的名作，但莱维仍没有给这本书确定书名。书中最具有讽刺意味的一章，《这里的善与恶》（“This Side of Good and Evil”），开始于9月1日，星期天。本章对囚犯的黑市交易——面包屑、烟草、金牙——进行了深刻的分析。党卫军公开默许这种交易，而这恰恰讽刺了他们自以为是的道德和种族优越性。本章的标题来自尼采的《善恶的彼岸》（*Beyond Good and Evil*）。这位哲学家批判西方的道德观，蔑视犹太-基督教对弱者的同情，这预示着20世纪40年代的奥斯维辛——人性死亡的时刻。尼采曾经住在都灵。而莱维知道希特勒利用他那激进的社会达尔文主义为欧洲犹太人的种族灭绝寻找正当理由。

这一章，有着公文般的行文风格。莱维在DUCO每周上交的生产报告成了它的模板。这些报告在工厂的员工之间传递。职位在实验室助手以上的所有员工都会读到这些报告。其中一篇报告，《瓷釉的泛滥》分析了混合涂料普鲁士蓝和铬黄，并刊载在当时的意大利涂料业期刊《油漆与涂料》上。这篇报告在表面上与《这里的善与恶》没有任何联系，除了它们都有着准确而朴素易懂的写作风格。莱维相信这是作家“极致的优雅”[6]。浅显易懂的语言显然是他应对奥斯维辛的语言混乱最有效的解药。这本书那清楚直白的文风在作者与读者之间建立了一种美妙的沟通与亲密感，并保证有一天来自不同背景的成千上万的意大利读者都会愿意阅读它。

## 4

到1946年12月，莱维实际上已经完成了全书的写作。虽然精疲力竭，但莱维感到大大地松了一口气。在给让·萨米埃尔的信中他再次写道：“我用爱和愤怒写就了这本书。”就这样，莱维讲述了他那可怕的经历，而净化的作用是显而易见的。在 DUCO 上了 11 个月班之后，他的脸已经不是病怏怏的浮肿样子了；胡子刮得干干净净，整个人的举止风度都焕然一新。在全书的最后一章《“那三个人去实验室”》（“Die drei Leute Vom Labor”）的手稿上，有着铅笔的标记：“1946 年 12 月 22 日”。这是莱维完成全书的日子，也是意大利文学史上的一个里程碑。

然而，这份草稿还有大量的工作要做。整体来看，这些章节缺少清晰的方向感，在时间上前后跳跃。总之，这本书在文字上还略显杂乱。但露西娅将批评与鼓励相结合，从而改变了这部作品，而她非常适合做这样的工作。她的父亲约瑟夫·莫尔普戈在战前已经撰写了两部小说，《赎罪日》（*Yom Ha-Kippurim*）和《福人善行》（*Beati misericordes*）。它们是意大利最早的犹太题材文学作品。它们那邓南遮式的华而不实的文字的可读性并不高，但它们有着有效而非常富于条理的叙述。莱维开始浪漫地把露西娅想象成他的缪斯女神。而她开始帮助他给各个章节重新排序，从而保证了全书的连贯性。露西娅也帮助莱维提升了手稿的节奏感。她要求莱维为她大声读出各个章节，而她则化身为一名严厉的批评家——每个字都要有出处、考虑周全。偶尔，她会修改手稿的个别字词，比如用直白的“没有时间限制”替代陈腐的拉丁词“无限期”（sine die）。其他拉丁词也被挑了出来，包括过于古老的“拐弯抹角”（tergiversare），因为它们并不符合全书的白话风格。这些修改让这本书的文风更加轻快、自然。

全书一定稿，莱维就迫不急待地想让其他人看到它。首先是他之前的语文老师阿齐莉娅·阿里希。在阿里希看来，只有古典文学的学生才是文明的传递者，而古希腊文和拉丁文的优越性更是毋庸置疑。尽管如此，阿里希还是为一个科学家能写得这么好而震惊。而她向莱维道歉，因为自己曾经那么“无礼地”把科学家都当作半文盲。阿里希的高度赞扬让莱维有些扬扬自得。他又把这份打字稿送给他过去的英语老师格拉迪斯·梅尔罗斯征求意见。在她仍然执教的都灵贝立兹语言学校，她认可了这部作品的质量并开始称赞那些质朴的散文诗。战争时期莱维在米兰结识的共产党员，卡米洛·特雷韦斯为莱维眼界的成熟而惊讶不已。仅仅相隔数年，这位他在1942年第一次相遇的“小伙子”已经在智力、政治和精神上日趋成熟。“如果全世界都应该读一本书的话，”特雷韦斯告诉我，“那就是这一本”[7]：在它那滚烫的书页上似乎写出了全部人生。尽管莱维声称他不知道这本书到底是“中庸、良好还是优秀”[8]，但其实他内心里知道自己写出了一部极为强有力的作品。而这些赞扬一定让他感觉好极了。《这是不是个人》是一本不得不写的书，而莱维渴望他人读到这本书。他需要找到一家出版社。

莱维在马萨诸塞州有一个堂妹，安娜·约纳，一位在当地受人尊敬的电台记者。寄希望于打入美国市场，他把书中的几个章节寄给了她。约纳将《尤利西斯之歌》译成了英语，并把它寄给了波士顿的小布朗出版社的一位初级编辑阿德琳·卢贝尔（Adeline Lubell）。在那个时代，卢贝尔是波士顿最才华满溢（但并不是在商业上最成功）的编辑之一。《尤利西斯之歌》给她留下了深刻的印象。因此她要求看到更多的材料。不过，她在小布朗出版社的上司却抱着怀疑的态度。在1946年，欧洲那可怕的近代史主题并不会吸引（事实上是被排斥）美国读者。于是卢贝尔在8月找到了一位犹太专家，约书亚·洛特·利布曼（Joshua Loth Liebman）拉比，征求他的意见。利布曼与文学界关系甚密，有足够的力量让莱维在美国打开市场。他是一位革新派的拉比，所撰写的自助手册《心的宁静》（*Peace of Mind*）成了1946年美国的畅销书。不过，这位拉比建议小布朗出版社不要出版莱维的书。很难说他是一位称职的评判家。他所撰写的畅销书，只是一堆夸张辞藻的拼凑之作，虽然呼吁“世界和平”，却只字未提奥斯维辛，甚至没有提到刚刚结束的纽伦堡审判。远离欧洲的利布曼拉比也许无法（或者不愿意）面对奥斯维辛的可怕。很可能他连读都没读就直接把莱维的《尤利西斯之歌》扔进了废纸篓。这位拉比不喜欢这本书，也许是因为在这本书里既找不到凶险的预言，又缺少绝望之情。在这篇冷静的文章里，希伯来式的痛苦呢？《圣经·旧约》般的惨烈呢？相对于全书的主题，莱维客观的分析和叙述显得过于平淡。他还需要再等上40年，才能让美国人注意到他。

## 5

从1947年新年起，莱维开始带着他的手稿拜访一家家意大利出版商。他首先选择的是都灵的埃诺迪出版公司（Einaudi）。在1933年起家的埃诺迪公司，当时已经成为意大利最当红、最赚钱的出版公司。（今天所有受过良好教育的意大利家庭都会收藏埃诺迪出版的一套白色书脊的平装书。它相当于英语世界中的斗牛士出版社。）这家出版公司的创立者朱利奥·埃诺迪（Giulio Einaudi）总是积极进取，并时刻寻找"最新潮"的文学作品——他称之为"新的"（novità）。他与意大利共产党有着密切而颇具争议的关系，也是反法西斯文化运动的重要成员。朋友把他称为"王子"。埃诺迪有着仪表堂堂的贵族气派，众人皆知他喜欢寻花问柳。但他的员工都是精选出来的，有着严格的道德操守。当时极负盛名的作家，切萨雷·帕韦塞是他的总经理。莱维希望他的稿件不会落在帕韦塞的废纸堆上：作为一个忧郁的人，他毙掉一篇稿子的速度比闪电还快。

莱维把他的希望放在帕韦塞的助手，小说家娜塔丽亚·金兹伯格身上。1944年，她用了一个非犹太的笔名，出版了她的第一部小说《去往城市的道路》。特立独行的金兹伯格，留着小伙子般的短发：这表明她那简明干练的鉴赏力。她出生于一个反法西斯模范家庭：她的父亲因参加"公平与自由"组织，1934年在都灵以颠覆政府罪被捕；而1944年德国人在罗马杀害了她的丈夫莱昂内·金兹伯格。（莱昂内是一位来自奥德萨市的苏联人。他是在全意大利范围内推动反法西斯抵抗运动的骨干力量之一。）毫无疑问，莱维从娜塔丽亚在战争期间遭受的痛苦中看到了他们的共同之处。他满怀希望地把他的稿件留在了她位于翁贝托国王大街5号的办公室桌子上。然而，一周后，却传来了退稿的决定。娜塔丽亚尽力减轻对莱维的打击。她说，这本书不"适合"埃诺迪的出版路线。莱维又受伤又愤怒：为什么拒绝出版他的书？他的书很不错，不是吗？由于娜塔丽亚是家族朋友，莱维并没有坚持让她做出解释。他默默地拿回了他的稿件。这恰恰有力地说明了他与金兹伯格之间的情谊。他们仍然是好朋友。"她是一个好人，一位优秀的作家，但她不是一个思想家。”[9]这是他的结论。

事实上，莱维挨受了重重一击。他的骄傲、年轻的野心被深深地挫伤了：金兹伯格的退稿就像文学故纸堆的一个暗示，但她不愿意出版莱维的书有着更深层面的原因，那就是绝大部分意大利人不愿意面对他们那可悲的过去。在1985年，我代表《伦敦》杂志采访金兹伯格时，她懊悔地承认自己犯了一个“错误”：“那段时期莱维一定不好过，但你知道，那时我很傻、很年轻，而且那次退稿也不是我一个人决定的。”[10]切萨雷·帕韦塞也做出了正确的判断，因为当时并不适合出版莱维的书。意大利人还有很多事情需要担心——找到一份工作、为他们的孩子建设一个更好的世界——而不是去读一本关于德国死亡营的书。意大利人要说：“都结束了。够了！我们受够了这些恐怖！”

莱维遭遇退稿也许还有另外一个原因。这本书那但丁式的古典语言风格，那韵律的美感与行文的优雅，让意大利人联想起法西斯主义以及法西斯政府对于罗马古风的追求。莱维那大理石般的句子流露出“美丽的言语艺术”的影响——而这正是法西斯学校教育的重要特征。而且，一些词句的表达方式有着拉丁语的渊源——维吉尔和西塞罗的优雅语言——让这本书具有古典文学的丰富底蕴。意大利的新生派作家想否定古典文学的影响，转而接受真实的“纪录片式”的现实主义，这种现实主义旨在达到一种未经润饰的直接性。在这些新生作家中最典型的可算是伊塔洛·卡尔维诺。尽管他的早期小说中有着壮丽的哥特式韵味，但其后他受到了海明威和抵抗运动的反修辞电影（如罗西里尼的《罗马，不设防的城市》）的影响。但莱维并不属于文学界或文学沙龙。在DUCO上班的他，孤独地处于文学主流的边缘，在属于自己的文学天地中默默耕耘。他向时髦唯一的让步是在著作前言里出现的“写实主义”。甚至这其中也有着讽刺的意味：“对我而言似乎不需要再加上一句：本书所述皆为事实，绝无虚构之处。”

另外五家出版社也拒绝出版莱维的书，其中包括埃迪兹奥尼·迪·科穆尼塔出版社。犹太新教徒控股的奥利维蒂公司拥有这家出版社。（这本书“很有趣”[11]，科穆尼塔出版社的编辑多里古齐说，但当时不适合出版这样的作品。）也许是势利让人们不愿意出版莱维的作品。有谁听过普里莫·莱维的名字呢？在意大利新文学天才的权威名单里——帕韦塞、卡尔维诺、埃利奥·维托里尼——并没有莱维的位置。

## 6

在被娜塔丽亚·金兹伯格退稿之后，莱维修订和润色了自己的手稿，以期提高稿件的质量。我们并不知道确切的修改之处，但每一次修改都成了最终出版的《这是不是个人》的一部分，具有重大的意义。如果说，在第一稿中，莱维被但丁笔下尤利西斯那如“一口甘醇的烈酒”般的热情所征服，那么在修订稿中，莱维便更倾向于“如上帝的声音”般的庄严。这些修改也透露出莱维一直担心这本书会招致其他幸存者的报复。犯人头子奥斯卡的名字被小心翼翼地改成了“阿利克斯”，而狡猾的法国犯人保罗·斯坦伯格则变成了“亨利”。（这些修改并非无关紧要、小事一桩。在《这是不是个人》的德语版中，莱维尽力用假名“戴维·卡拉姆”伪装了那好斗的矮子伊莱亚斯·林德津。要是林德津那如闪电般的快手拿到了一本《这是不是个人》可怎么办？最好给他改个假名。）在第一稿中，奥斯卡是一个“丑陋、残忍、嗜血、奸诈”的家伙，但这些充满仇恨的形容词现在都被删掉了。这样，在读者眼中，这个犯人头子看起来更像一个人类。莱维并不想去咒骂他的迫害者——“仇恨”是一种兽性的情感，必须得到控制。因为，“odio”这个意为“仇恨”的意大利语单词，在《这是不是个人》的出版稿中仅仅出现过一次。而即使是这一次，它也不是指向一个人，而是I.G. 法本公司那被人们憎恨的碳塔。

其他修改都是一些细节上的修修补补，但它们都将提升原文的质量。就像木匠刨木头一样，莱维仔细修整他的手稿。如果说他的稿子像一篇司法文书，那么他正如律师写状书般煞费苦心——不能有拼写错误，不能脱离事实。莱维向战争时期在实验室的同事伊迪丝·薇兹请教德语的正确用法、拼写和语法。“普里莫甚至想知道元音变音的正确位置。”[12] 薇兹回忆。她的父亲出生于威尼斯，由于奥匈帝国的某种领土情愫，她成了一个会说德语的斯洛伐克犹太人。

莱维希望他的书能够吸引所有人：它的主题是我们全人类，而不仅仅是犹太人。在第一稿中，莱维曾经把让·萨米埃尔比作《圣经·旧约》中“埃及的约瑟”，但在第二稿中他却删掉了这个出自犹太圣经的比喻，以加强此书世俗的、广泛的精神。在第一稿中，莱维曾把自己称为“一个犹太人”；这个称呼，同样，被删掉了，从而让此书展现出更广泛的人类悲剧。最先被纳粹迫害的是德国共产党人、社会民主党人、自由党人，而不是犹太人。正如莱维所说：“我了解痛苦，而痛苦对于我们所有人都是一样的。”[13]

## 7

1947 年年初，莱维的妹妹把修改后的书稿拿给了都灵的一位文职官员、前游击队员亚历山德罗·加兰特·加罗内（Alessandro Galante Garrone）。她向加罗内解释了哥哥屡次遭遇退稿之后的沮丧。加罗内以其惯有的慷慨，答应读读这篇打字稿。原本对这本书并不抱什么希望的他，却一口气把它读完了。“这不是一部回忆录，”他惊叹，“这是一部艺术品。”[14] 他急忙将它展示给他的朋友，一位反法西斯出版商，佛朗哥·安东尼切利（Franco Antonicelli）。45 岁的安东尼切利相貌英俊，仪表堂堂，据说喜欢在耳朵后面擦古龙香水（他的遗孀勒娜特是这么告诉我的）。然而，在他那轻佻、浮夸的外表之下，有着严肃的灵魂。作为皮埃蒙特地区国家解放委员会的领导人，他表现出惊人的勇气。即使在德国人威胁要把都灵变成第二个华沙时，他也没有退缩。不同寻常的是，作为一个热爱文学的人，他却并没有成为一名作家的野心。他的出版公司“弗朗西斯科·德·席尔瓦”（Francesco De Silva）是以 15 世纪没有名气的皮埃蒙特印刷师的名字命名的。它缺乏主要期刊、政党或文学流派的支持，只是凭借文学爱好者的热情开办起来的小本生意。莱维终于找到了他的伯乐。

这家公司坐落于圣卡洛广场旁一间废弃的商店里，阴冷潮湿。在战后频繁的停电中，编辑们只能靠着蜡烛的光亮工作。尽管如此，它出版了斯塔尔夫人（Madame de Staël）、歌德和狄更斯的许多精美书籍。娜塔丽亚·金兹伯格的丈夫莱昂内曾经是安东尼切利的好朋友。为了纪念他，安东尼切利在新的出版作品上都印上了“莱昂内·金兹伯格文库”的字样。讽刺的是，虽然娜塔丽亚拒绝出版《这是不是个人》，但普里莫·莱维的新书上仍然带有“金兹伯格”的标记。安东尼切利乐于出版一部被全能的埃诺迪（这两个人不和）拒绝的书稿。但是在初读此书时给他留下深刻印象的是这本书的道德观。安东尼切利正如许多传统的意大利人一样，对那些世俗的、有着教育意义的文学作品怀着深深的敬意，尤其是曼佐尼那高尚而雅致的文字。而莱维的文稿恰恰遵循着曼佐尼的传统，对人性进行深刻的剖析。他并非高高在上地站在讲坛上布道，而是向读者们倾诉。靠着“发掘”出这部名著，安东尼切利会赢得名誉，也许还有金钱上的利益。即使这本书卖不出去，他也不会有任何损失。因为“弗朗西斯科·德·席尔瓦”出版公司实际上已经破产了。安东尼切利答应出版莱维的书稿。

莱维全身心地投入到新书的出版中。而随着交出书稿，莱维与安东尼切利的接触也日益密切起来。在“文化总监”的办公室里，这位出版商会在与莱维讨论校样和印刷事宜时喝上一杯菲奈特酒。虽然安东尼切利有着不按时向作者支付稿费（或者干脆不给他们钱）的坏名声，但他按照合同约定把稿费一分不差地交给了莱维，以此作为对作者及其作品的致敬。莱维高兴地发现他认识安东尼切利的三位手下。玛丽莎·兹尼是他上中学前的家庭教师；阿妮塔·罗（Anita Rho，后来成为意大利最伟大的德语译者）是莱维妹妹的朋友；而“弗朗西斯科·德·席尔瓦”出版公司中唯一的犹太人玛丽亚·维多利亚·马尔瓦诺（Maria Vittoria Malvano）和莱维的未婚妻露西娅·莫尔普戈一起学习过艺术史。

## 8

安东尼切利对《这是不是个人》的支持让莱维的信心再次高涨。但这本书却以一种意想不到的方式提前面世。一家当地的共产党报纸，《人民之友》（*The People's Friend*），打算在此书出版前对它进行连载。当时，这本书被暂时命名为《身处深渊》（*Sul Fon do*，来自 H. G. 威尔斯的一部短篇小说的题目）。连载一共刊登了五期，第一期刊登于 1947 年 3 月 29 日。以常见的“以作者慷慨之许可”开头，从书中节选的文字遭到了无情的删减，以适应报纸专栏的篇幅。于是莱维的行文变得愈加简洁。莱维的老朋友西尔维奥·奥尔托纳是这家报纸的编辑之一（像大多数共产党人一样，他如原先的英国工党人一样有着右倾的思想）。《人民之友》的报社位于韦尔切利，都灵附近的一个水稻种植区，而且有着每周1万份的惊人发行量。所以，莱维的第一批读者并非大都市里的高级知识分子，而是皮埃蒙特乡下的老百姓。5月31日的第五次连载以“待续”结尾，不过，由于战后纸张的短缺，这次连载就此结束了。

## 9

1947年初春还发生了两件事：一件与司法有关，另一件则关系到事业。奥斯维辛的前指挥官鲁道夫·赫斯（Rudolf Höss）在波兰受审。在冰雪覆盖的华沙举行的这次审判成了国际新闻，而莱维被要求在法庭上做证。不幸的是，公司并不批准他的假。他本人非常希望能够出席对这个可鄙的、奴性的赫斯的审判。在同盟国执行绞刑（1947年4月7日）前的几个月里，赫斯在狱中写了一部回忆录，《奥斯维辛的指挥官》（*Kommandant in Auschwitz*），作为对自己的辩护。这是一部缺乏道德想象力的作品。然而莱维相信，它是理解这个世纪的暴行的钥匙。以令人不安的冷漠，赫斯把自己对纳粹唯命是从与他主持毒气室的顺利运转的巨大骄傲联系在一起。缺乏想象力（而不是虐待狂）让赫斯变得残忍。赫斯是对我们的警告——我们必须警惕盲目遵从意识形态的危险。在奥斯维辛最后一个见到万达·马埃斯特罗的意大利人艾瑞卡·约娜，出席了在华沙的审判。李奥纳多·德·贝内代蒂和维塔莱上校（米兰搜寻离散犹太人委员会的犹太主席）是她的同伴。在法庭之外，这三个人穿梭在华沙那遭受巨大破坏的楼宇之间，希望能找到离散亲朋的一些踪迹，却一无所获。

同时，莱维在DUCO又遇到了另一个职业上的挑战。公司最有价值的产品“克罗莫玛里纳”油漆在罐中结胶。120吨的产品变成了废品。为什么？

在档案卡片、交货单据和订单表格中搜寻了几天后，莱维发现这个问题是因为一张订单中的铅氧化物过量，形成了一种盐，导致油漆结胶。莱维找到了一个可以逆转这个过程的方法。这是他在DUCO上班的16个月中取得的最大的职业胜利。他为公司省下了一小笔钱。DUCO的经理，保罗·德·博韦（Paolo De Bove）将他从低微的助理晋升为实验室副主管。但在1947年6月30日，莱维突然离开了DUCO。他越来越厌恶DUCO作为巨大的诺贝尔-蒙特卡蒂尼化工集团的一家子公司所具有的企业政治。离开DUCO前，莱维写了一首押韵的讽刺诗，《实验室副主管的遗愿》，并在DUCO的同事中传播。似乎诺贝尔-蒙特卡蒂尼化工集团米兰总部的总经理扎纳尔迪（Zanardi）博士没有履行对莱维的某些承诺，因为在这首诗里，他的名字与意大利单词“说谎的人”（bugiardi）[15]押韵。这首打油诗以一句自信的言语结尾：“离开老路，我要踏上新的道路——迟了，但并不算太迟。”在DUCO工作了一年半之后，莱维自由了，却失去了工作。

## 10

莱维大学时的朋友阿尔贝托·索莫尼伸出了援手。战后阿尔贝托靠修补旧轮胎赚了一大笔钱。用赚来的钱，他给自己买了一辆菲亚特的“小老鼠”（当时意大利最小的汽车）。它花掉了他整整86万里拉，大约相当于今天的1万英镑。在所有的朋友中，只有他拥有一辆小汽车。与阿尔贝托一起自由从业似乎比在DUCO的工厂里上班有趣多了。他们在马塞纳街42号，阿尔贝托父母居住的房子里，临时拼凑起一间实验室。在这间被改造的卧室中，物品乱成一团，到处胡乱摆放着果酱罐、本生灯和芥末瓶。而莱维想要成为一名敏锐的化学家。他安装了电话，印刷了名片。又能出什么乱子呢？索莫尼就像约拿一样厄运连连。先是把盐酸洒在了邻居家的阳台上，把人家晾在外面的毯子烧出了一个大洞。接着，又把一瓶氰化物打破在楼梯上，让整座公寓都弥漫着苦杏仁味。阿尔贝托那坚忍的父亲对这些不幸报以宽容的微笑：他自己在埃及的生意也是这样鲁莽。

世界上没有任何事情能让莱维放弃——他自得其乐——而且佣金滚滚

而来。有一桩生意很特别。时尚设计师维托利奥·文图里诺（Vittorio Venturino）想设计出一种女士彩色牙齿夜妆。比如说，绿色的手包可以搭配绿色的牙齿，或者红色的牙齿搭配红鞋。要是他们能生产出这种牙齿染色剂，那莱维先生和索莫尼先生一定会大发横财。一开始他们对这件事充满了热情。运用他在 DUCO 的关系，莱维买到了折价的火棉炸药。在女士卸妆时，火棉炸药中的乙醇可以作为一种无毒的溶剂去除牙齿上的染料。（莱维可不想因为擦不掉的染料而招来官司。）一天他走进实验室，展示他那鲜绿色的牙齿。“这牙齿让我看起来如何？”[16] 大家一致同意那效果着实让人恶心。索莫尼在给文图里诺的信中抱歉地写道：“我真希望我们能给您带来更好的消息。现在的主要问题是如何找到一种味道可口而且无毒的溶剂。”[17]

要不是莱维和索莫尼没有忘记新门火车站后面的制镜匠马里奥·里瓦格利（Mario Revagli），他们的生意也许早就关门大吉了。里瓦格利愿意花大价钱购买氯化锡（制镜工艺中的一种必要成分）。用盐酸溶化罐头盒可以制出氯化锡。莱维在食品生产厂找到了空罐头盒。浸在盐酸中，这些罐头盒发出了刺鼻的恶臭。化学反应产生的黄烟飘出了马塞纳街的实验室，弥漫在索莫尼家的起居室里。墙壁，甚至索莫尼先生的满头银发都变成了黄色。生意又兴旺起来。莱维骑着车把塑料袋装的氯化锡晶体送给制镜匠。一颗狙击子弹让里瓦格利毁了容，他的面孔经过他制作的镜子的反射显得那么残酷。也许正是这位当过游击队员的里瓦格利给莱维后来撰写的科幻小说《制镜匠》提供了灵感。

很快，莱维就靠氯化锡赚到了足够的钱为自己买了一辆兰美达摩托车。那年夏天，他就骑着这辆轻便摩托车前往意大利的里维埃拉（Riviera）。在那里，他激动地与让·萨米埃尔重逢了。让几乎认不出那个拿着满袋的橘子和巧克力向他打招呼的人——莱维营养充足，满头的头发也早已长了出来。两位幸存者无法抑制发现彼此都还活着的快乐。在接下来的三个小时里，他们交换着记忆和经历的困苦。两周后，1947 年 7 月 16 日，在给让的第五封信里，莱维证实他的书已经进入印刷厂了。他告诉萨米埃尔他将在9月与露西娅·莫尔普戈结婚，并和她一起搬到翁贝托国王大街75号，与他的母亲和妹妹同住。（“我们现在是三个人，但很快就要变成四个了。”[18]）

## 11

在校对《这是不是个人》的校样期间，莱维也读完了法国哲学家朱利安·邦达（Julien Benda）的《知识分子的背叛》。（实际上，这一时期他所阅读的都是国外图书——这是对法西斯主义的闭关锁国和审查制度的必然反应。）莱维第一次读了约瑟夫·康拉德（Joseph Conrad）的书。这是他最重要的文学发现之一。康拉德对于人类孤独的恐惧在这位奥斯维辛幸存者的心里激起了某种共鸣。当《黑暗之心》里的那名残忍的象牙贩子宣布：“杀光这些畜生！”时，他所指的也许正是莱维这个年代的种族灭绝，而不是19世纪90年代的比属刚果。莱维也读康拉德写作的英王爱德华时代的航海剧本的英文原版，努力克服其中数不清的航海术语。他也打算写一部康拉德式的冒险故事，让桑德罗·德尔玛斯特罗成为其中的主人公。唯一的区别是，康拉德的作品以大海为背景，而他的冒险故事将发生在阿尔卑斯山中。正如康拉德向大海发起了挑战，德尔玛斯特罗将与群山一较高低。

就在这个时期，莱维将他的新书的题目由“身处深渊”改为“被淹没与被拯救的”，之后又改为“这是不是个人”。安东尼切利从莱维的诗《圣歌》（后改为《施玛》）中找到了这个标题。在描写奥斯维辛中人类的毁灭时，这首诗请求读者“想想如果这是一个人”。安东尼切利选择的是一个含意双关的标题，因为纳粹和他们的犯人一样，由于在集中营里的工作而由人蜕变为非人。而这个标题既指代了受害者，也指代了加害者，加强了此书的客观性和道德力量。这句诗也呼应了柯勒律治（Coleridge）对古代水手提出的那个惊人的问题：“尔等何以为人？”但也有人说这句诗来自于当时最流行的电影，让·科克托（Jean Cocteau）的《美女与野兽》。在电影中，野兽悲伤地自言自语：“要是我是一个人该多好。”

## 12

莱维很快结婚了。按照当时的风俗，露西娅和莱维已经订婚两年。他的求婚让露西娅·莫尔普戈非常高兴。她的父亲约瑟夫·莫尔普戈据说是一个传统而相当富有幽默感的人。在读了《这是不是个人》之后，他深受感动，而且对莱维有了一份敬佩之情。即使当时有人对未来忧心忡忡，也并没有表现出来。但莫尔普戈一家一定曾经质疑过他们的女儿嫁给一位集中营的幸存者是否明智。露西娅无法预见到莱维的神经崩溃，他的抑郁和自私的阶段，但她知道他是一个脆弱的人，奥斯维辛留给他的创伤还没有愈合。莱维在米兰的好友，安娜·卡瑟斯说过，在普里莫的内心有个没有人能了解（哪怕是露西娅也不行）的“阴暗区”[19]。“普里莫是一个有心理问题的个案，我们从一开始就能看到这一点。”就像莱维朋友圈里的很多人一样，安娜从一开始就对订婚的消息抱着保留的态度。私下里，她怀疑莱维是否真的准备好安定下来并养育子女。她也担心他和露西娅是否能合得来。莱维有着外向而温暖的个性，总是很讨人喜欢；而露西娅情感上的自足则表现为外表的冷漠。莱维的许多朋友从一开始就对露西娅抱有偏见，认为她在智力上逊于莱维。但对露西娅的这种看法到底有多可靠呢？由于无法得到露西娅本人或她的朋友们的评价，我们无从得知这个问题的答案。无论如何，莱维深深地爱着她。同时，对于他以及他的书的钦佩也加强了她对他的爱慕，露西娅也全心全意地驶入了婚姻的港湾。她匆忙地投入婚礼的筹备之中。

1947 年 9 月 8 日上午 11 点 10 分，普里莫·莱维和露西娅·莫尔普戈在都灵的市政厅举行了婚礼。夫妻二人都不喜欢大型婚礼的奢侈与混乱，所以这场婚礼规模较小，仅仅邀请了亲朋好友。露西娅的表兄阿尔伯托·芬齐专程从美国飞来参加婚礼。其他亲友最远也不过来自米兰。在婚礼宣誓之后，莱维仍然仅仅处于“上半身”[20]的婚姻状态，正如他对朋友里奥·加利科所说的。接下来的星期一，小夫妻在位于纳皮奥奈街（Via Napione）39 号的莫尔普戈家中接受了宗教祝福。之后没有蜜月。

露西娅的双胞胎妹妹加布里埃拉（Gabriella）在乔瓦尼·兰萨街（Via Giovanni Lanza，位于可以居高临下俯瞰都灵的绿色群山之中）有一套小公寓。这对小夫妻在那里自己过了几天。“那应该是独立生活的一种实验。”[21]莱维的表妹朱莉娅解释道。不过，普里莫和露西娅都不希望远离亲人，而且回到翁贝托国王大街75号真的让莱维非常高兴。作为一个过度依恋母亲、孝顺的儿子，他对母亲的关心是深刻而真诚的，而且他知道埃丝特尔会因为缺少他而不快乐。但这并不意味着他们将长期与母亲住在一起：莱维请求露西娅把他母亲的公寓当作一个临时居所，直到他们能找到一个更好的居住地点。许多已婚的意大利人都和他们的父母一起居住，直到他们能买得起自己的公寓。但是，随着时间推移，随着莱维的母亲年纪增长，越来越需要人照顾，情况变得已经不允许莱维离开埃丝特尔或为了露西娅搬出这套公寓。家庭紧张的第一个信号在所有人的意料之内。但是，当1947年就要过去的时候，莱维似乎并不关心由他所引起的家庭矛盾和争端。露西娅正处在年轻气盛、争强好胜的年纪，却发现自己陷入了无可奈何的情境之中。她不能按她喜欢的样式装修公寓，甚至不能装饰它。她的丈夫强加给她的环境让她难以忍受。普里莫的世界仍然围绕着埃丝特尔旋转，而不是露西娅。作为新过门的媳妇，露西娅感到了埃丝特尔的威胁。这一切都将在以后的家庭生活中引发痛苦的摩擦，正如莱维所说的“家庭三角关系”。

## 13

在莱维结婚一个月后，1947年10月11日，《这是不是个人》出版了。在灰白色的背景中，有着猩红色的大字标题“*Se questo è un uomo*”（意大利语“这是不是个人”）。在标题之下装饰着一幅蚀刻作品，描绘的是一个俯卧着死去的人，胳臂伸展在血泊之中。这是对戈雅（Goya）那著名的油画《五月三日》的临摹。在那个时代，很少有书籍的促销活动：没有作者访谈，没有杂志专栏推广，没有发布会。而且这本书所使用的廉价纸张实际上是报纸用纸。不过，安东尼切利还是用了心。各家书店张贴起这位28岁作者的大幅彩照。莱维的脸处在朦胧的半阴影中。为了激起全国读者的兴趣，安东尼切利的营销总监路易吉·文特雷（Luigi Ventre）在罗马、威内托、埃米利亚和伦巴第发动了为期两周的营销攻势。他的汽车行李箱里塞满了传单和评论样书。不幸的是，之前遭到都灵埃诺迪出版公司退稿的消息不胫而走，对此书的销售产生了负面影响。

从 1947 年 11 月到 1948 年春天，全意大利对《这是不是个人》的评论总数不到 12 篇。大多数文学评论家给予了中肯而传统的评价，称赞了莱维新书的"道德寓意"，尽管他们不确定他们所面对的是哪一类书籍。在一篇冗长而详尽的评论中，《桥》杂志淡淡地欢迎一位"新作家"的登场。但是意大利那些所谓的名人，如阿尔贝托·莫拉维亚或埃利奥·维托里尼都没有对此书做出评价。最让人难堪的是那些评论家把莱维当作一位"证人"。这个意大利语单词"testimone"将莱维定位成一只诉苦的信天翁。而他为这一点怨恨不已。在他看来，这似乎是最具挖苦意味的赞扬了：莱维认为自己首先是一名作家，然后才是一个见证者。

在这些无关痛痒的评论中，有两篇非常突出。一篇出自伟大的皮埃蒙特评论家阿里戈·卡尤米（Arrigo Cajumi），另一篇出自伊塔洛·卡尔维诺。只有像卡尤米这样的特立独行者才能认识到莱维的伟大之处。卡尤米最出名的是他对意大利文化名人尖酸刻薄的嘲讽。而他对于莱维新书的评论，刊登于 1947 年 11 月 26 日的《邮报》（不再是《新邮报》）的头版。这篇评论在一定意义上旨在批判那些依附于政党或教会的意大利文人。"没有党派的影响，莱维自然而然地达到了艺术的境界。"在这些评论家中，只有卡尤米注意到全书那独特的达尔文式的叙事风格。莱维就像一个"天生的作家"，书写了他人生中最重要的事件（也是 20 世纪最重要的事件）。没有其他评论家给予莱维如此高的评价。卡尤米挽救了莱维的文学自尊，并鼓励他成了他想要成为的那种作家。

卡尔维诺在为意大利共产党日报《支队》（*L'Unità*，1948 年 5 月 6 日）撰写的评论中，为"一本杰出的新书"高声喝彩。仅看莱维对潘维茨博士的描写就已经有力地证明了他刻画人物的超凡的天赋以及"真正的叙事能力"。比莱维年轻四岁的卡尔维诺已经出版了他的第一部小说《通向蜘蛛巢的小径》。这部小说直接源自他在阿尔卑斯山区打游击的经历。作为一部充满游击队员的必胜信念的小说，卡尔维诺的小说与莱维的回忆录截然不同。但评论家们常常把他与莱维相提并论，把他们俩都当作“大有前途”的意大利新生代作家。

尽管《这是不是个人》惨淡的销售局面让莱维有些灰心丧气，但此书的最终出版仍然让他非常兴奋。他在书中写上适当的赠言，再把书寄给朋友们。给玛丽莎·兹尼的赠言是：“送给我亲爱的老师，您教会了我读书写字。”也有一本书送给了罗马好汉莱洛·佩鲁贾，“赠友人莱洛”（All’amico Lello）。到年底时，莱维已经接受了这个可悲的事实——在都灵之外，几乎没有人读过《这是不是个人》。它的读者仅限于一小群中产阶级知识分子：医生、教师、行动党骨干分子。销售数字本身就能说明问题：卡尔维诺的书在出版首日就卖出了 6000 本，而莱维的书总共卖出了不到 1500 本。这令人失望的销量（绝不是灾难）还不到此书印量的一半。意大利人，在他们急匆匆寻找新的国家意识的道路上，更喜欢卡尔维诺那游击队员快活的白日梦，喜欢那胜利与征服的黑白世界，而不是莱维那令人不安的道德寓言。面对这惨淡的销量，莱维相信《这是不是个人》不会再有续集，不会再有第二版。至少，他已经履行了做证的公民义务，并感到自己已经尽力了。于是，在 1948 年年初，随着露西娅怀孕，他放弃了成为一名专业作家的梦想，重新成了一名全职化学家。

## 注释

1　“母亲永远是母亲”：1998 年 3 月 20 日，吉多·巴赫告诉作者。
2　“在法西斯主义……”：1946 年 5 月 25 日。
3　“老实说，……”：1995 年 4 月 7 日，比安卡·乔德蒂·塞拉告诉作者。
4　“几乎是难以解释的”：1986 年 6 月 2 日，普里莫·莱维接受《国家晚报》（*Paese Sera*）奈莉亚娜·特西格尼的采访。
5　“我发现……”：1946 年 5 月 24 日，普里莫·莱维给让·萨米埃尔的信。
6　“极致的优雅”：普里莫·莱维告诉作者。
7　“如果全世界……”：1993 年 5 月 15 日，卡米洛·特雷韦斯告诉作者。
8　“中庸、良好还是优秀”：1947 年 7 月 16 日，普里莫·莱维给让·萨米埃尔的信。
9　“她是一个好人，……”：《记忆之声》，p.32。
10　“那段时期……”：1985 年 1 月 12 日，娜塔丽亚·金兹伯格告诉作者。（我对金兹伯格采访的部分内容刊登在《伦敦》杂志上，题为《亲人与朋友》，1985 年 8 月—9 月。）

11 “很有趣”：1992 年 9 月 12 日，作者从乔治奥·迪那口中得知多里古齐的话。

12 “普里莫甚至想……”：1994 年 3 月 24 日，伊迪丝·薇兹告诉作者。

13 “我了解痛苦……”：《记忆之声》，p.257。

14 “这不是一部回忆录，……”：1993 年 6 月 13 日，亚历山德罗·加兰特·加罗内告诉作者。

15 “说谎的人”：《莱维全集》第一卷，p.366。

16 “这牙齿让我看起来如何？”：1992 年 11 月 6 日，作者从布鲁诺·索莫尼的口中得知了莱维的话。

17 “我真希望……”：1948 年 12 月 3 日，阿尔贝托·索莫尼给维托利奥·文图里诺的信。

18 “我们现在是三个人，……”：1947 年 7 月 16 日，普里莫·莱维给让·萨米埃尔的信。

19 “阴暗区”：1992 年 9 月 14 日，安娜·卡瑟斯告诉作者。

20 “上半身”：1994 年 7 月 6 日，里奥·加利科写给作者的信。

21 “那应该是……”：1993 年 6 月 22 日，朱莉娅·科隆博·迪娜告诉作者。

# 十五

# 工厂的职责

（1948—1953）

# 1

莱维的婚后生活，表面上还算稳定，并在 1948 年年初迎来了新的幸福。他和露西娅即将拥有第一个孩子。同时，莱维继续和阿尔贝托·索莫尼一起在临时实验室里工作。他在实验室里提纯丁香油以制造香草醛（一种人造香料），但报酬很低。之后，莱维决定用蛇粪合成口红。蛇粪中含有的一种化学物质，四氧嘧啶，受到了化妆品公司的青睐。当意大利的电视人物、业余动物学家安杰洛·隆巴尔迪（Angelo Lombardi，“动物之友”）来到都灵举办蛇类展览时，莱维看到了获得四氧嘧啶的机会。但隆巴尔迪不让莱维接近他用于展览的蛇，于是莱维的计划泡了汤。那年夏天，他骑着他的兰美达摩托车，载着妻子去比萨。奥斯维辛幸存者奥尔多·莫斯卡蒂住在比萨。在奥斯维辛解放之后，莱维就没有见过他。莱维和露西娅飞快地穿过田野。战争结束后，大地很快恢复了生机。田野中四处点缀着樱桃树。露西娅怀孕了，而莫斯卡蒂已经自豪地成了一个小女孩的父亲，这个世界似乎复活了。

群山仍然吸引着莱维离开都灵。娜塔丽亚·金兹伯格那嗜好香烟和威士忌的哥哥阿尔贝托·莱维成了普里莫新的登山搭档。阿尔贝托继承了家族习惯歪嘴微笑的传统。而他那快活的作风吸引着莱维。他那阳光的性格似乎让房间都“变得更亮堂了”[1]——正如莱维后来在一部短篇小说中写道。阿尔贝托的妻子米兰达的家人都在战争中被纳粹杀害。不过，以她那高雅的智慧，她谨慎地隐藏着自己的伤悲。莱维和阿尔贝托喜欢去皮埃蒙特北部的瓦尔图南什（Val Tournanche）远足。他们在那里向勃朗峰发起挑战。阿尔贝托是都灵的一名医生，现在也成了莱维家的家庭医生。

战后的岁月让莱维家族得以休养生息。家族的布料生意在德军占领期间被迫关门停业。而在科拉多和古斯塔沃舅舅的主持下，布店重新开张营业，并且生意兴隆。在卖掉了“萨卡雷洛”（现在这座山庄成了“波纳弗斯农业学院”）之后，卢扎蒂家族又富有起来。莱维的妹妹已经完成了关于莫迪里阿尼（Modigliani）的博士论文，现在成了都灵抵抗运动历史研究院的秘书。发生了几件令人不快的事情。那个经常卖给莱维家奶制品的女人，被称为“奶酪姑妈”（Magna Toma）的人，结果是纳粹的探子，专门靠出卖犹太人换取金钱。一天，莱维的妈妈看到自己的波斯地毯晾在邻居的阳台上。他们从“萨卡雷洛”山庄偷了这些地毯。

法西斯种族法案对犹太人的第一次迫害已经过去了10年。死亡营的恐怖凸显着法西斯的不义。意大利天主教徒们，理所当然地，希望自视为正派人，而将这场灾祸归咎于希特勒。然而，并没有证据表明希特勒曾经要求将反犹主义作为德国与意大利结盟的先决条件：墨索里尼将种族法案强加于自己的筹码之中。莱维的表兄欧卡迪奥·莫米利亚诺在1946年出版的历史书《法西斯种族主义那可悲而荒诞的传奇》中，提出墨索里尼并不像希特勒或斯大林那么罪大恶极，而“只是”想把犹太人赶出意大利的主流社会。

尽管有许多意大利人支持纳粹，但也有很多意大利人不愿意这样做。几乎所有在战争时期活下来的意大利犹太人都应该把他们的幸存归功于向他们提供庇护所的邻居（有时甚至是陌生人）。很少有意大利乡村和城市教区没有暗中保护过犹太人。如果没有天主教徒的保护，莱维的母亲不会活下来。卢西亚娜·尼希姆的双亲在一位教士的帮助下从布吕松镇（Brusson）偷渡到瑞士。布吕松镇的镇长塞拉菲诺·考特（Serafino Court）因保护犹太人而进了监狱。阿尔塞兹镇附近的一个旅店老板，埃梅里克·维拉尔明（Emerico Vuillaermin）因同样的“罪名”遭到枪杀。这些人的行为表现出了对法西斯规则的无畏蔑视。

## 2

随着露西娅的肚子越来越大，莱维找到一份稳定工作的需要变得紧迫起来。正如意大利人常说的，要“生活安稳”。没有一份长期而稳定的工作，供养全家人可不是一件简单的事情。与索莫尼合伙的化学顾问工作变得越来越困难了。于是，在1948年春天，这对朋友决定关闭他们的实验室。当建筑工人帮助他们拆除窗户外面的通风设施时，滑轮突然发生故障，那台巨大的玻璃装置摔落到下面的院子里。“真有趣，我还以为它的动静还能更大些呢。”[2] 索莫尼对着那些碎玻璃和瓷片评论道。莱维再一次失去了工作。

幸运的是，有钱的都灵企业家里科（弗德里科）·阿卡蒂（Rico Accati）正在寻找一位有头脑的年轻化学家。里科·阿卡蒂白手起家。他外表看起来非常热情，但实际上是精明的化身——而这正是意大利人非常重视的素质之一。在战争时期，他玩起了一个狡猾的双面游戏，一面向同盟国提供情报，一面又拉拢德国人。借着他的兄弟阿蒂洛和马里奥的援手，阿卡蒂在 1946 年快速扩展了家族的涂料和建筑生意，并牢牢把持着利润丰厚的政府采购订单。等到莱维遇到他的时候，阿卡蒂的涂料生意已经注册为“涂料及相关产品商业公司”（“Società Industriale Vernici e Affini”，缩写为 SIVA）。这家公司坐落于玛格丽特女王街 274 号。那可不是什么可爱的地方。现在那地方布满了色情剧院。

没有人想过莱维会在 SIVA 一直工作 30 年。莱维高兴地接受了阿卡蒂的工作职位。作为一名“技术员工”，他每月的薪水是 10 万里拉（今天的 950 英镑），在那个贫穷、萧条的年代，这可以算是一份相当丰厚的报酬。但另一方面，每天的工作时间很长，实验室的设备陈旧，而且工作内容（包括给实验室生炉子）并不那么吸引人。阿卡蒂这个老吝啬鬼不苟言笑：他来自都灵附近的织造小镇比耶拉。那里的居民以吝啬著称。公司根本没有食堂，工人也没有什么安全保护措施。

不过，莱维自 1948 年 4 月 8 日开始在 SIVA 工作起，他就表现出真正的工作能力，包括与国外客户建立重要联系，验证重要的产品制作法和在意大利各地签订合同。全公司的员工无一例外地喜欢和尊敬莱维，而他拥有他们的信任和共事情谊。这家公司的 10 名员工都与阿卡蒂家族有着紧密联系。营销经理佩罗利奥（Peroglio）原来是一名陆军上校。他是阿卡蒂的堂兄。而公司的秘书丽塔·佩雷特（Rita Perret）兼任会计，还负责接听电话和包装油漆。身强力壮的三兄弟——埃吉斯托（Egisto）、皮耶罗（Piero）、雷登托（Redento）——来自意大利北部贫穷的威内托地区。他们原本在阿卡蒂建筑公司干活。阿卡蒂称赞他们是能够信赖的“苦干者”。公司里的首席油漆调配师皮耶罗·西尔威斯特尔（Piero Selvestrel）是莱维最喜欢的同事。而他对这个顽固的人的评价是：“他宁愿吃面包和洋葱也不愿意承认失败。”[3]莱维在这个公司温暖的家庭氛围里感到舒心。工厂里忙碌的工作（卡片编码、复印订单、记账）转移了他的注意力，让他没有时间去烦心。

他成了生产助理彼得罗·卡瓦莱罗（Pietro Cavallero）的朋友。卡瓦莱罗是一个木匠的儿子，也是意大利共产党的积极分子。他是一个温和、朴实的家伙。经常在刚参加完示威后，就带着红旗去上班了。随着天主教民主党与共产党在1948年春天大选中展开争夺，意大利再一次陷入了政治动荡。由于担心共产党在选举中获胜，有钱人开始收拾行李，准备逃往瑞士。在卡瓦莱罗的记忆里，莱维是一个“亲切和蔼”[4]的上司，他对“红旗”（bandiera rossa）的街头斗争抱着谨慎的态度。莱维喜欢卡瓦莱罗，像父亲般对待他。莱维没想到，卡瓦莱罗在60年代会成为意大利最可怕、最无情的罪犯，因谋杀和抢银行而被人们称为“野兽”（La Belva）。

尽管SIVA是人际纠纷的一个避风港，但奥斯维辛的记忆仍然沉重地压着莱维。在午休时，他试着联系当年幸存下来的难友。为了找到那个曾经陪伴他横穿战后满目疮痍的波兰的难友——里昂·莱维，他给萨洛尼卡犹太人社区写了信。一个希腊拉比回信了，说也许有一千个“莱维”住在萨洛尼卡，其中至少有30个“里昂·莱维”。奥斯维辛也以其他方式影响着莱维。每遇到一位新客户，他都会想象这个人在集中营里会有怎样的遭遇。对陌生人的这种本能的评价是莱维与许多集中营幸存者所共有的习惯。他喜欢说他能在“一刹那”[5]对一个人做出评价。

## 3

4月18日，大选的结果出来了。天主教民主党获得了压倒性的胜利，从而导致意大利陷入长期的发展停滞状态，让意大利人难以摆脱徒劳无益的政治对抗，造成了现代意大利政坛的混乱局面。天主教民主党很快堕落为一个由暴徒、腐败政客和权力掮客组成的政党。而且，随着他们对意大利的掌控，意大利人民丧失了独一无二的改革契机。莱维痛苦地意识到抵抗运动的所谓价值（国家统一、自由主义）已经在这次选举中遭到践踏。直到多年之后，他的失望之情才得以平复。一个月后的5月14日，传来了令人振奋的好消息——新的以色列宣布建国。这个小小的国家点燃了莱维的浪漫主义热情。但犹太人与阿拉伯世界之间旋即出现的紧张局面也让他不安。这是世界命运的一个转折点，比所有人想象的还要可怕。

在进入SIVA的头两个月里，莱维并没有负责什么重要的生产工作。但之后倍耐力公司请求他研究一种叫作聚乙烯醇缩甲醛（化学术语为PVF）的粉末状样品。这些样品拥有美国专利，用于铜线的绝缘，外观有些像米色的粗面粉，摸起来发黏。当时，PVF在意大利还没有商业化。而阿卡蒂希望他的工厂能独立生产这种产品，把粉末转化为金钱。在大学时就与莱维结识的一位化学家，乔瓦娜·巴尔扎雷蒂被选派为莱维的助手。据巴尔扎雷蒂回忆，莱维"沉着掌控"[6]PVF的试验，哪怕有时候会有些专制。经过几周艰难的研究工作，莱维和巴尔扎雷蒂设法弄清了样品的分子构成。阿卡蒂开香槟庆祝，并宣布SIVA现在准备迈进PVF的生产领域。SIVA生产出来的最初几公斤PVF被作为电线的绝缘材料卖给了倍耐力公司。从此，莱维不仅是涂料方面的专家，也成了电线绝缘漆的高级技术专家。

PVF的生产一直处于令人绝望的效率低下状态，直到巴尔扎雷蒂设计出一种工业搅拌器，能够通过离心作用分离出PVF中的杂质（乙酸、苯基过氧化物）。巴尔扎雷蒂的发明节约了大量的生产时间，但莱维并不喜欢它。不知是出于一时的心血来潮，还是因为固执的性格，他抛弃了巴尔扎雷蒂的设计，亲自设计出一套极为复杂的装置，让料液流过一连串奇形怪状的木制阶梯。结果工业废渣堵塞了阶梯。PVF的生产实际上停止了。尽管阿卡蒂平时常常痛苦地压制住对莱维的脾气，但这一次他勃然大怒地命令他把这套装置拆毁，扔到炉子里去，重新使用巴尔扎雷蒂的搅拌器。直到今天，巴尔扎雷蒂仍然想不明白莱维为什么从一开始就不愿意使用她那台巨大的搅拌器。也许他不想被一个女人击败，也许她的聪明才智让他感到不舒服。

## 4

1948年10月31日，莱维的第一个孩子出生了。这个女孩有着漂亮的深棕色眼睛。她的妈妈给她起名丽莎，她的爸爸加上了洛伦扎，以纪念泥瓦匠洛伦佐·佩罗内。她是在马可波罗街28号出生的，当时那里是一家诊所。在经历了4月大选的失望之后，莱维的女儿让他重新充满了活力以及对未来的紧张期盼。他把孩子抱在怀中，轻轻地哼唱着瓦勒度人的摇篮曲，正像他的妈妈曾经做过的。不过，这个孩子的出生立刻引起了家庭中的裂痕：翁贝托国王大街75号已经没有更多的房间了。莱维的妹妹确认，普里莫时常暴躁易怒，而露西娅拖着虚弱的身子照顾孩子。

在婆婆监督的眼睛下生活让露西娅备感难过。埃丝特尔的存在让她感到威胁。只有面对莱维时，她才能发发牢骚。家里总是笼罩着紧张的气氛。哪怕与小姑子共处一室，对于露西娅都是困难的。

从小时候起，莱维就与他的妹妹亲密无间。正像意大利老话说的，这对兄妹是“两个身体，一个灵魂”。安娜·玛丽亚怨恨露西娅占有了她所崇拜的哥哥，经常把她当作一位不受欢迎的客人来对待。莱维不喜欢她妹妹的嫉妒，这贬低了她的人格。当莱维的妻子向安娜·玛丽亚倾泻自己的失意时，紧张与争吵便随之发生。“多年以来，她用一种非常糟糕的方式对待我的妹妹。”[7]莱维说过。各方之间存在着巨大的误解，但沟通的崩溃（三个女人都固执地拒绝与对方直接沟通）本身就说明了她们心中的怨恨。哪怕是莱维也不得不承认家中的气氛已经变得让人无法忍受。翁贝托国王大街75号此时成为让莱维异常烦心的地方。

莱维把文学当作了避风港。他虽然放弃了成为一名专业作家的梦想，却并没有完全停止写作。在SIVA工作的前四年中，他写出了几部短篇小说（大约六部）。厂里的各式员工成了他小说人物的原型。门房路易莎·弗拉卡斯（Luisa Fracas）和她的丈夫桑特（Sante）来自弗留利地区（Friuli），靠近南斯拉夫。他们那充满斯洛文尼亚变音的方言令莱维着迷。路易莎是一个强势而迷信的女人（她的小屋里挂着耶稣的流血之心，还有其他各种敬神的小玩意），而桑特则是一个严肃冷静的男人。人们常常看到他抱着一瓶酒坐在小酒馆里。他的工作是在 SIVA 后面的场院里负责夜间的漆料熬制环节。他常常把葡萄籽油以及其他植物原料，有时则是恶心的鱼骨扔进大锅里，再用一根长长的杆子搅动。如果加入了鱼肝油，大锅发出的恶臭则会遭到邻居们的抱怨。三个小时后，桑特会把洋葱片放在一个叉子上。如果这些洋葱片烤煳了，就表明漆料熬制完成。这个发出刺鼻气味的泥状物就是 SIVA 顶级家用油漆的基本成分。这种油漆叫作 SIVALUX。在 1948 年的意大利，这是一个家喻户晓的名字。

在莱维的小说《夜班》里，桑特·弗拉卡斯化身为阴郁的工人兰泽。而小说《宾客》则讲述了桑特那火暴脾气的妻子路易莎在战争时期如何把一群喝得醉醺醺的德国人赶出她的家门。另一篇小说，《玛丽与圆环》出自莱维在 DUCO 时听到的一则趣事。快活的费利切·凡蒂诺想装饰一下厨房，可他那三岁的女儿总是捣乱。于是他用粉笔在她周围画了一个魔环，并警告她迈出魔环是危险的。30 年后，这则故事成了《元素周期表》里《钛》的情节基础。莱维很可能把这个故事和他小时候最喜欢的书《微生物猎人》中的一则关于炼金术师的传说混合在了一起。那则传说讲述的是蜘蛛无论如何也逃不出用独角兽的角制成的粉画成的圆圈。

这些小说（真正的小作品）具有精彩之处却并不杰出。灵感已经离莱维而去。他需要再等待 15 年才能写出另一部经得起时间考验的文学作品。在忧郁的时候，他会猜想如果没有奥斯维辛的经历，自己是否还会成为一名作家。集中营为莱维写作的使命赋予了一种紧迫感，并始终是他的写作主题。作家莱维，是在集中营里诞生的。

## 5

40 年代走了，50 年代来了。而这是 SIVA 顺利发展、壮大的年代。涂料和 PVF 的产量是原先的三倍。当冰箱、电视和塑料制品从工厂里滚滚而出时，整个都灵已经为产业大发展做好了准备。由于第一批南方移民的涌入，这座城市的人口增加了42%。在高速发展的刺激下，里科·阿卡蒂在1950年成立了一家姐妹公司,SCET，专门提供铜线或铝线的PVF瓷漆封装。SIVA的员工数量翻了一番，达到了21人。厂里聘请了一名新的销售代表，弗朗西斯科·普罗托（Francesco Proto）。后来他成了莱维在工作中最亲密的朋友。

虽然普罗托在DUCO有着优秀的履历，但阿卡蒂一开始还是对他不放心，因为他是一个南方人。一切所谓的意大利南部式的诡计、腐败和暴力阴谋似乎都与普罗托出生的阿玛尔菲（Amalfi，正如剧作《玛尔菲的女公爵》所示）有着千丝万缕的关系。不过，普罗托的营销工作很快就见成效了，让阿卡蒂不得不改变了自己对“南方佬”的不良看法。他甚至让普罗托的阿玛尔菲亲戚坐上他的劳斯莱斯。作为公司里唯一的犹太人，莱维本能地靠近像普罗托这样的外来者。而普罗托那轻松、风趣的性格也同阿卡蒂那常常阴郁的沉默形成了鲜明的对比。他们很快成了一对好朋友。在50年代，莱维偶尔会同普罗托一起出行，踏上巡游皮埃蒙特各地的营销之旅。成罐的SIVALUX在他们的行李箱里叮当作响。他们把树脂和PVF卖给意大利电气工程公司。这些公司常常有着响亮的名号，诸如FEEL、ELVI和CERRUTI（不是那家时尚企业，这家企业制造冰箱发动机）。他们的行程远至韦尔切利或卡萨莱。不变的是，他们在午餐时间总会找一家乡下饭馆，喝上一瓶烈酒。莱维非常享受吃喝带来的乐趣。（“我不认为这是集中营对我的影响。”他对我说过。）他对于简单的食物有着巨大的热情，常常会为了找一家供应皮埃蒙特地区特制牛肚和炒豆的小酒馆而不惜绕远路。普罗托回忆，如果莱维找到了他想找的酒馆，他就成了“最快乐的大肚汉”[8]。这两个人的交往都很有分寸。而普罗托在莱维谦逊的外表下发现了深邃的智慧。“在谈起他那可怕的过去时，他知道如何打动人们的心灵。”但是，给普罗托留下最深刻印象的是，哪怕在对SIVA里地位最低下的工人说话时，莱维也会彬彬有礼。而阿卡蒂，恰恰相反，没有时间留意车间里的那些细枝末节。而这在将来会为莱维带来麻烦。

## 6

1950年8月，莱维与让·萨米埃尔重逢。他们在吉尔马那斯卡峡谷（Germanasca Valley）见面。这个风景如画的峡谷位于皮埃蒙特地区，在峡谷底部有13个波光粼粼的美丽湖泊。萨米埃尔很高兴见到莱维的妻子和他们那一岁大的女儿。他和他的法国新娘克劳迪一起来皮埃蒙特度蜜月。那个8月，莱维嬉笑着说个不停。在萨米埃尔看来，他简直像变了一个人。不过，与莱维的一次谈话让萨米埃尔格外难忘和不安。带着一丝冷酷的讽刺，莱维把奥斯维辛称为他的"大学"。那座集中营，他向萨米埃尔解释，教会了他在集中营之外无法学到的知识。奥斯维辛甚至是一场"冒险"，一场"成年仪式"。莱维在集中营里送走了他的懵懂青春。正因为如此，以及他在集中营里交的几位朋友，让莱维感到"怀念过去"。然而，对于萨米埃尔而言，奥斯维辛在情感上摧毁了他。在某种程度上那种痛苦能使人崇高的观点一定让他颇为不安。

那年夏末，当莱维和萨米埃尔一起共度假日之时，从都灵传来了消息。切萨雷·帕韦塞自杀了。1950年8月26日晚上，在孤独与绝望之中，帕韦塞在一家旅馆的房间里吞下了16包巴比妥盐。意大利当时最伟大的小说家死于42岁。莱维最后一次见到帕韦塞是在8月初，都灵一个朋友的家里。他发现他总是愁眉苦脸，但没有想到他即将走向死亡。

那年夏天，至少，莱维看起来绝对处于乐观向上的状态。他甚至能够劝阻一个集中营难友的自杀行为。马尔切洛·弗兰切斯基（Marcello Franceschi），非犹太人，在1943年9月因拒绝为希特勒而战遭到了德国人的逮捕。等到战争结束时，他已经经历过至少五座集中营。在其中最可怕的集中营，特尼奇-波考森集中营（Turnich-Bokausen）时，他在一座煤矿的地下挖煤，整整11个月没看到过天空。黑暗让他濒临疯狂，他变成了一头"满腔怒火的野兽"，差一点杀死了一个偷了他一口面包的难友。"我整天想的只有怎么安抚自己的饥饿，免得让它吞噬了我。"[9] 回到都灵后，弗兰切斯基继续他的学业，并在化学系顺利毕业。但是，在晚上他会因梦到德国卫兵而尖叫着醒来。一位同情他的朋友安排弗兰切斯基去见《这是不是个人》的作者。

这次会面安排在1950年9月的一个潮湿闷热的傍晚。安娜·玛丽亚为弗兰切斯基准备了茶点。莱维耐心地倾听他的讲述。等他讲到想要自杀时，莱维对他说："重新开始生活，鼓起勇气。"[10] 这些话语有着《圣经》般的语气。"没有任何东西，"莱维继续说道，"能代替人类的尊严。"我心匪石，不可转也——在拒绝为德国人去打仗时，弗兰切斯基已经证明了自己那超人的勇气。这是弗兰切斯基一生中最重要的一次会面。"就算普里莫是印度总督，我也不在乎。真正打动我的，是他能够感同身受地与我谈话，以及他那敏锐的道德感，知道什么才是正确的。我想这个人一定是个圣人。"[11] 在人生的这个阶段，莱维还是很愿意被人们以这种方式崇拜的，后来他才发现这是一种负担。直到凌晨1点，弗兰切斯基才离开翁贝托国王大街75号。莱维送给他一本《这是不是个人》，其中附有他的签名和赠言："赠马尔切洛，那个在纳粹的奴役下生存下来的矿工。"就这样，又一段长达30年的友谊开始了。不过，他们之间的友谊不仅是因为他们有着相似的痛苦，也有着职业上的原因：弗兰切斯基后来成为基瓦索（Chivasso）的一家合成橡胶（丁钠橡胶）工厂的经理。而且这家工厂与SIVA有着化学制品的贸易往来。

## 7

在1950年和1951年接下来的时间里，普里莫和露西娅仍然和埃丝特尔、小丽莎、安娜·玛丽亚一起生活在克罗塞塔的公寓里。莱维答应露西娅，只要他们的财务情况允许，他们就立刻搬出去。但他们的经济状态仍然相当窘困——莱维在SIVA的薪金并不足以供养全家人。1951年10月29日，莱维因"胸廓发育不全"[12] 而没有通过意大利陆军的征兵体检，但他对此并不在意。他是有些鸡胸。秋去冬来，他的注意力又被另一个痛苦的朋友吸引了。在从奥斯维辛回到家乡的6年里，洛伦佐·佩罗内已经成了一个走向自我毁灭的酒鬼。福萨诺的教区神父卡洛·伦察（Carlo Lenta）看到他在大雪中卖废铁，身上连一件大衣都没有，脸冻得发青。这位教士在1993年告诉我："说到底，洛伦佐是在自暴自弃，没有人能救他——连普里莫·莱维也不能。"[13]一天晚上，喝多了葡萄白兰地的洛伦佐偶然遇到了一个叫作阿拉格利亚的前警察。阿拉格利亚当时已经无家可归，而且患上了结核病。佩罗内邀请他回家喝酒。这名前警察就和佩罗内的五个兄弟姐妹一起睡在地板上。由于佩罗内酗酒，他不可避免地感染上了结核病。在几周之内，他就开始咯血。莱维设法在福萨诺附近的萨维利亚诺医院为他找到一个床位。他在那里认识一位大夫。他为这位泥瓦匠带来了羊毛衫、一条新棉裤，并坐在床边拉着他的手。佩罗内开始出现幻觉，看到老鼠、狮子，以及（据他的兄弟塞孔多回忆）"长翅膀的怪兽"[14]。很快，医院的治疗初见疗效。但佩罗内总是偷偷溜出医院找酒喝。经历了六个月反反复复的治疗之后，人们在一条水沟里找到了奄奄一息的佩罗内。他的肝已经停止工作了。1952年4月30日清晨，洛伦佐·佩罗内在萨维利亚诺医院去世。他的正式死因是"支气管肺炎伴肺结核"。在这位泥瓦匠出生的地方，福萨诺的麦溪街14号举行了一场守灵仪式。接着在圣乔治教堂举行了葬礼。镇上的半数老人都来参加了葬礼，以表达他们对死者的尊敬。佩罗内作为亲爱的亡者，安详地躺在棺材里。莱维告诉教堂会众："我相信，正是因为洛伦佐，我才能活到今天。"

在奥斯维辛，佩罗内也帮助过其他犯人，尽管他往往不告诉任何人。他的慷慨并不会因人而异：这毫无疑问是一种高尚的行为。这正是意大利长期缺失的一种永远审视自我的农民文化。"在洛伦佐的时代，福萨诺的泥瓦匠和渔夫们会放下手里的活计，去帮助身边最困难的人，"卡洛神父解释道，"尽管洛伦佐说他在从奥斯维辛回来后就不再相信上帝了，但他保留着一种宗教使命感，永远同情弱者。"[15]死者的五个兄弟姐妹，卡特琳娜、乔凡娜、乔瓦尼、米歇尔和塞孔多，默默肃立，注视着莱维把花放进那敞开的棺材。据福萨诺教区的登记簿记载，佩罗内出生于1904年9月12日。当莱维在奥斯维辛第一次遇到他时，他还不到40岁。在他去世之后的几个月中，莱维常常出神沉思、脸色苍白，为他的朋友感到悲伤。1952年11月28日，他热爱的恩里科叔叔在热那亚去世，享年73岁。来自贝内瓦杰恩纳镇的莱维三兄弟——切萨雷、马里奥、恩里科——现在都去世了。

大约在这段时期，埃诺迪出版公司的科学出版部主任，保罗·博林吉耶里（Paolo Boringhieri）打来电话问莱维是否愿意考虑为朱利奥·埃诺迪翻译一些科学文献。在出版公司里没有人具备莱维这样丰富的化学知识。莱维想都没想就答应先翻译亨利·吉尔曼（Henry Gilman）的大部头——《有机化学（高等论述）》的前两卷。莱维以为这会很有趣，结果却恰恰相反。这是费力不讨好的工作，占用了他几个月的业余时间，还惹得露西娅生气。不过，莱维现在已经有一只脚迈进了埃诺迪的沙龙。三年前，在《这是不是个人》绝版后，一位佛罗伦萨出版商于1949年买下了德·席尔瓦出版公司。那些没有售出的《这是不是个人》被运到了阿诺河边的一间仓库里。1952年7月16日，博林吉耶里提出由埃诺迪出版公司再次出版这本书。每个人都赞成《这是不是个人》的再版，只有朱利奥·埃诺迪反对。莱维也许写了一部"好的作品"，这位总裁说，但它并不"适合"他的出版路线。埃诺迪仍然把重点放在左翼书籍的出版上。他刚刚出版了比阿特丽丝·韦伯和悉尼·韦伯对30年代斯大林主义的天真的辩解：《苏联：新文明》。书中认为，如果75岁高龄的比阿特丽丝·韦伯能在莫斯科红场自由走动（实际上她也做到了）的话，那么意大利必将迎来光明的红色未来。

埃诺迪的决定让莱维大失所望。他的失望更多来自伊塔洛·卡尔维诺。1947年，他们俩还是并驾齐驱，但现在卡尔维诺已经成了一位非常成功的作家。1952年，他的超现实作品《分成两半的子爵》出版了。作为一本给成人写的童话，这本书与他早期描写抵抗运动的准现实主义小说《通向蜘蛛巢的小径》简直有着天壤之别。书中的主人公子爵在中世纪的波希米亚的某个地方被一颗弹炸削成了两半：一半善良，一半恶毒（喜欢集体绞刑和淫乱）。这两半子爵进行了决斗。之后一位医生把他们又缝在了一起。这不正是对冷战的分裂思维的影射吗？卡尔维诺的这部狂想曲立刻对莱维产生了巨大的影响。就在他还在担心灵感不会回来的时候，卡尔维诺的小说让他放下了奥斯维辛的包袱，并鼓起勇气去写科幻小说。

作为一名科学工作者，莱维对于撰写未来主义小说有着充分的知识储备。虽然他在 50 年代初的作品依赖于卡尔维诺的奇思妙想和那些巧妙的寓言式的幽默，但归根结底，它们出自莱维笔下，旁征博引且富有哲学幽默。投射在纳粹主义上的阴影，让他的小说颇具锋芒和特色，充满力量和原创性。《冰箱里的睡美人》（“The Sleeping Beauty in the Fridge”）撰写于 1952 年，讲述了一个可怕的故事。在太空时代的柏林，德国人每年会聚集在一起，参加一个存储在深度冷冻装置里的女人的解冻仪式。作为被选中的人类标本的克隆体，她被当作纳粹大量医学实验的对象。而柏林人毫不关心这些实验的不人道，在这个被冷冻的“睡美人”融化时，漫不经心地喝酒聊天。

一个个可怕的事件已经压倒了威尔斯式的技术信仰。不仅是奥斯维辛，对广岛的空中打击，以及斯大林技术专制下苏联的人性丧失都证明了人类在滥用技术上能产生多大的破坏效果。然而，莱维和威尔斯的共同点在于，他们都有着预言的天赋。他的《冰箱里的睡美人》预见到了低温冷冻技术在未来的发展。在这篇小说完成的四年后，《科学美国人》（莱维订阅了这份杂志）中的一篇题为《活体冷冻》的文章刊载了将一只仓鼠冷冻一个小时后再解冻，这只仓鼠仍然安然无恙的报道。莱维在 50 年代写作的另一篇科学幻想小说《全职》（“Full Employment”），预测了在微电子组装中对昆虫的利用。1986 年，莱维给我展示了一张卡尔维诺寄给他的照片。照片上，一只工蚁用它的下颚咬住了一块微小的磁铁。

## 8

第二年，1953 年 8 月，莱维晋升为 SIVA 的技术主任。这个岗位并不适合他，因为他更喜欢远离行政事务的实验室。但是，在 SIVA 工作了五年后，莱维已经成为一名受到阿卡蒂信赖的员工。无论如何，晋职为莱维带来了更高的工资、更好的工作时间以及宽敞的新办公室。一张他女儿丽莎（此时四岁了）和妻子的合照镶框后放在了办公桌上。在必不可少的 SIVA 日历之下，任何自爱的工业化学家必不可少的书籍和杂志摆放成排，其中包括专业杂志《化学与工业》。英国作家 J.G. 巴拉德很快会成为这家杂志社的助理编辑。

同时，SIVA 已经搬到了都灵的郊区塞蒂莫托里内塞（Settimo Torinese），它位于都灵东北部，距离市中心 16 公里。沿高速公路开车要用 40 分钟。SIVA 有专用的通勤车。通勤车的司机是斯卡索（Scasso，意为盗贼）先生，但他原本却是一名警察。但莱维更愿意乘火车。这样他可以得到安静的半个小时用于阅读或打盹儿。当时的火车有着老式的蒸汽车头和硬板车座。当火车驶入塞蒂莫时，远远能望见巨大的钢铁机器，空气中弥漫着刺鼻的硝酸味，还有水银的金属味。随着战后都灵经济的复苏，塞蒂莫受到了严重的污染，并且五分之一的土地上建起了混凝土建筑。塞蒂莫是一个有着 12000 人的住宅区。战前，这里以洗衣业闻名。那时候，这里漫山遍野都是等待晾干的白色亚麻衣物，空气中飘荡着薰衣草的味道。化工巨头（更不用说洗衣机）让这些洗衣妇们丢了工作。现在镇子里以制药企业和涂料企业为主。一些老人仍然在塞蒂莫的溪流中捕捞河虾和小龙虾。还有一些人在当地的骨制品工厂里上班（制作烟嘴和台球），但塑料产品已经夺走了他们的市场。方圆几英里之内，唯一怡人的香味是拉瓦扎工厂里的咖啡味。就在这样的工业区里，莱维将度过他未来的 22 年。

阿卡蒂明智地把 SIVA 的新地址选在米兰的高速公路出口边。这里非常便于商业往来。雷尼街（Via Leyni）84 号不是一座普通的建筑。用一种极为奢侈的方式，阿卡蒂拆除了他在都灵的一处房产，再把它一块砖、一块砖地搬到了塞蒂莫。重建的别墅有新艺术风格的楼梯、弧形铸铁围成的阳台和漆成绿色的木质百叶窗。它伫立在塞蒂莫，宛如一个旧世界的模型，优雅而美丽。一个新的员工食堂建起来了，它开启了美味的工厂午饭的悠久传统。路易莎·弗拉卡斯已经从 SIVA 的门房晋升为公司的大厨。她会做掺金合欢花瓣的意大利面，再辅以“狂欢节糖果”巧克力卷，有着她的家乡弗留利风味的美味菜肴。有着上佳味觉的莱维则负责挑选食堂的美酒。

午饭后，这些化学家会在扶手椅上打盹儿，直到下午 2 点上班的汽笛鸣响。他们会读读《邮报》或呷一小口威士忌（百龄坛威士忌是莱维的最爱），国产的“托斯卡纳”雪茄的烟雾在他们头顶缭绕。有时，他们会玩玩塔罗牌。莱维读牌的能力让他们惊讶。他享受着这两个小时的午休时间，与同事们谈笑风生。在冬天，员工们会打雪仗；在夏天，他们则会举行自行车锦标赛。

同事们都知道莱维是奥斯维辛的幸存者，因此会容忍他的怪脾气。他吃东西时，总会用一只手接在下巴底下，仿佛要接住所有的面包屑。而且，他总是在西服下面穿一件短袖衬衫，即使冬天也不变。于是，当他脱掉上衣时，人们就能看到他的囚犯文身。

## 9

1952 年，纳多·德·贝内代蒂搬到了翁贝托国王大街 61 号的一套公寓里，与莱维家只相隔几户人家。在奥斯维辛的共同经历为这两个男人之间的关爱和信赖打下了坚实的基础。所以这次搬家对于莱维有着重大的意义。61 号属于纳多的犹太学者朋友阿里戈·维塔。他和他未婚的妹妹劳拉和朱丽娅一起住在这套公寓里。这是一套巨大而阴暗的底层公寓，堆着厚重的软垫家具，散发着樟脑味还有旧东西发霉的味道。维塔三兄妹都有自己的房间。纳多的房间位于走廊尽头。他们的生活是亲密无间的。阿里戈·维塔是一位牙科医生，正忙着为埃诺迪出版公司翻译安妮·弗兰克的日记。作为一个不想独自生活的鳏夫，这似乎是一种理想的解决方案。纳多不需要付房租，而且受到了他的室友的热情接待。甚至有传言说他和劳拉·维塔之间发生了一些风流韵事（纳多喜欢用他的留声机为她播放一些维也纳华尔兹舞曲），但他们并没有结婚。在福索里，纳多和妻子约兰达发过誓，如果有一方先去世，另一方永远不会再婚。

大多数晚上，莱维都会来找纳多聊天。他们喝掺白兰地的意大利蛋酒，这是纳多的最爱。由于胃溃疡，纳多只能吃最好消化的食物，像烂炖鸡肉、煮西葫芦或鸡蛋面。而莱维觉得这些食物腻滑而无味。（“我亲爱的普里莫，我吃饭不是为了乐趣，而是为了生存。”[16] 纳多告诉他。）宾客的频繁登门和高声喧闹让翁贝托国王大街 61 号成了一个热闹的聚会地点。维塔兄妹为来自国外的朋友们敞开他们的大门，其中有莱科·伊斯雷尔和贡达·伊斯雷尔夫妇。他们定期从以色列飞回意大利。莱科曾经是一名南斯拉夫游击队员，被捕后关押在福索里集中营，后来转到了奥斯维辛。他的妻子试图将谈话引导到家庭和共同的熟人上（可悲的是，只有集中营里的那些熟人）。有趣的是，露西娅很少参加这些聚会。据匈牙利幸存者、作家伊迪丝·布鲁克（Edith Bruck）所言，她“独占着”莱维的痛苦。（“在她眼中，似乎只有普里莫被关进了奥斯维辛。其他所有人——包括我，都没被真正关进集中营，或者只是二等幸存者。”[17]）同样的，政治也常常成为61号的讨论话题。1919年，身为一名医官的纳多在明斯克亲眼见证了布尔什维克的暴政，而且他喜欢嘲笑他口中所谓的“傻乎乎的赤色分子”。其中之一就是都灵作家、画家卡罗·莱维（他是维塔兄妹的表亲）。卡罗是一个虚荣的人，友好、快活、嗓门响亮。莱维很讨厌他那刺耳的大嗓门，尽管他非常钦佩他的《基督来到恩波利》。

他们常常讨论的一个话题是I.G.法本公司的集体犯罪。在战后一场著名的审判之中，这家德国化工企业被指控利用囚犯进行细菌和毒气实验。（那种能引发囚犯窒息而死的粒状挥发性杀虫剂，齐克隆B，正是I.G.法本公司的产品。）到50年代初期，这个公司旗下大多数被定罪的子公司都恢复营业了。纳多为它们的迅速恢复而感到大失所望，因此禁止任何德国药品进入他诊所的药房。不过，到1953年，他又有了新的希望。位于波恩的联邦德国政府宣布纳粹集中营的犹太幸存者有权利要求I.G.法本公司的赔偿（法本公司当时已处于清算流程中）。莱维请了一位在都灵的德国律师，鲁道夫·勒文塔尔（Rudolf Loewenthal），开始了司法索赔流程。已经60岁的勒文塔尔专门受理幸存者的理赔官司。在他的家族中，只有一个侄子逃过了纳粹的毒手。他的叔叔、兄弟和嫂子都被纳粹杀害。他读过《这是不是个人》，对莱维有着深深的钦佩之情，乐于代表莱维和纳多打这场官司。这场官司旷日持久，法庭人员需要分别走访全欧洲的大约1万名受害者，以确认他们具有索赔资格。在漫长的6年后，莱维打赢了这场官司。德国法庭判给他122.70德国马克（按今天的汇率，相当于6000英镑）的赔偿。勒文塔尔拒绝收取律师费。为了感谢他的帮助，莱维和纳多送给他一本华丽的目录册，其中详细介绍了梵蒂冈博物馆展出的文艺复兴时期画作。

## 注释

1 “变得更亮堂了”:《莱维全集》第一卷，p.682。

2 “真有趣，……”：1992年8月14日，阿尔贝托·索莫尼告诉作者。
3 “他宁愿吃面包……”：1992年11月9日，作者从雷纳托·波尔泰西口中得知普里莫·莱维的话。
4 “亲切和蔼”：1995年9月7日，彼得罗·卡瓦莱罗写信告诉作者。
5 “一刹那”：普里莫·莱维告诉作者。
6 “沉着掌控”：1993年4月15日，乔瓦娜·巴尔扎雷蒂告诉作者。
7 “多年以来，……”：1967年11月2日—8日，普里莫·莱维写给海蒂·施密特-马斯的信。
8 “最快乐的大肚汉”：1993年4月13日，弗朗西斯科·普罗托告诉作者。
9 “我整天想的……”：1995年4月23日，马尔切洛·弗兰切斯基告诉作者。
10 “重新开始生活，……”：1995年4月23日，马尔切洛·弗兰切斯基告诉作者普里莫·莱维说过的这段话。
11 “就算普里莫……”：1995年4月23日，马尔切洛·弗兰切斯基告诉作者。
12 “胸廓发育不全”：原文为“torace insuff”，出自军事部记录。
13 “说到底，……”：1993年10月7日，卡洛·伦察神父告诉作者。
14 “长翅膀的怪兽”：1993年10月13日，塞孔多·佩罗内告诉作者。
15 “在洛伦佐的时代，……”：1993年10月7日，卡洛·伦察神父告诉作者。
16 “我亲爱的普里莫，……”：1995年5月21日，恩里科·赫希告诉作者关于李奥纳多·德·贝内代蒂说过的这段话。
17 “在她眼中，……”：1992年8月5日，伊迪丝·布鲁克告诉作者。

十六

# 德国之旅

（1954—1961）

## 1

1954年1月，欧洲在一场大雪中陷入瘫痪。都灵盖上了一条厚厚的白色毯子。在零下16摄氏度的维也纳，一列喷印着苏联红星的列车缓缓地驶入了它的目的地。18个男人走下列车。他们弓着背，翻起了大衣衣领。他们是意大利战俘，已经在苏联度过了12年，刚刚被遣送回国。当他们得知第二次世界大战真的已经结束时，不由得哽咽涕零。1954年一年里，意大利战俘陆续从苏联归国。而他们的故事让莱维再次想起自己战后在苏联的漂泊经历。其中一个归国的战俘、一个皮埃蒙特机械工的儿子卢多维科·斯卡廖蒂（Ludovico Scagliotti），告诉《邮报》他游历了大半个苏联，在红军中干过各种各样的差事，既在爱沙尼亚砌过墙，也在北极圈挖过沟。慢慢地，一本关于“列车”的书在莱维的脑海中构思成型。它将承载犹太民族漂泊历史的深刻寓意；它将延续尤利西斯的流放主题。莱维将它命名为《休战》——《这是不是个人》的续集。

在构思这本书的同时，莱维以一种更直接的方式面对他的过去。在50年代中期，利用一次因公出差的机会，他第一次在战后来到德国。在《这是不是个人》中，莱维说过试图理解德国人是毫无意义的。但是，归国的意大利战俘、这次德国之旅以及对新书的构思一同重新唤醒了他那尘封的记忆。莱维不得不改变了他对德国和德国人民的看法。意料之中的是，在一定程度上，莱维想向他的加害者报复（否则他就几乎不能算是一个人了）。在法兰克福，他目睹挖掘机从一栋廉价公寓的废墟之下挖出在战争中遇难的整家人的骸骨。莱维把他在满目疮痍的德国目睹的这些场景写进了他的科幻小说。《天使蝴蝶》中充满了弹坑和断裂的管道的景象——那是德国在其发动军事行动之后所面临的后果。（“德国的本质”，我们读到，就是“鲜血”“猫尿”“泡菜”“啤酒”的混合体。）然而，在一定程度上，莱维不得不与这片土地达成和解：如果他做不到这一点，就会对 SIVA 造成损失。

在他的第一次德国之旅中（在斯大林逝世后不久的 1953 年），莱维并没有表现出明显的怨恨。恰恰相反，他似乎迫切地想要与德国人交谈，在啤酒馆和酒店里自信地要求侍者和女仆的帮助。他甚至和德国人一起在库克斯港的沙滩上吃野餐。但是，他最喜欢的是乘坐他老板阿卡蒂的玛莎拉蒂在德国的高速公路上猛冲，几乎没有德国的车子能追上他们。莱维外表的平静让阿卡蒂惊讶。莱维告诉他："纳粹的时代一去不复返了。"[1] 然而并非如此。在 1942 年，莱维曾经反对一部把德国士兵活活放在火上烤的动画片："我们可不能把德国人放在火叉上。"[2] 但在战后，他改变了主意，并写道："普里莫不再有不同意见。"在另一本书里，他写道他乐于杀死每个在奥斯维辛的德国人。

## 2

1954 年 4 月 11 日，莱维再次来到德国。但这一次并非公务在身，而是来到魏玛市（苏联控制区）的布痕瓦尔德参加集中营解放 9 周年庆典。这列从都灵出发的专列载满了曾被关入集中营的意大利人。在餐车里，莱维遇到了意大利出生的化学家佛朗哥·施昂希特（Franco Schönheit）。他和他的父亲在 1944 年 8 月被关入布痕瓦尔德集中营。加布里埃拉·波利（Gabriella Poli）加入了他们的聊天。她是一位颇有能力的记者，负责为意大利社会主义报纸《前进！》（*Avant!*）报道这次纪念活动。波利并不是犹太人，但作为一名记者，她迫切地想要了解纳粹的种族灭绝，并梳理幸存者的故事。由于她不会德语，莱维答应做她的翻译。这并非出自利他主义的原因，而是因为她激起了他的好奇心。

布痕瓦尔德是一片旗帜的海洋：来自欧洲各地的 5000 名幸存者前来纪念这座集中营的死难者。在施昂希特的照片中，莱维穿着一件风衣，神情紧张而憔悴，两旁站着苏联卫兵和德国红十字会官员。在三天里，他与意大利代表团一起接受了民主德国政府的款待。波利记得莱维那不知疲倦的翻译和指导。而当她采访当地人时，她和莱维遇到的只有他们的冷漠、挑衅和自悲自怜。“一切都是因为希特勒，”她回忆道，“所有的罪责都归于他。这些德国人完全不觉得自己对这场战争有什么责任。”[3]就像法庭上的证人，莱维用毫无感情色彩的中性语气翻译着这些德国人怨恨的回答。这是在战后他第一次能够与德国平民畅所欲言。他们那怨恨的否认一定令他鄙视。

在《这是不是个人》中，充满了对“德国人那粗鲁、野蛮的吠叫”的注解。在书中有一处对德国人的感叹格外醒目：“你们这些德国人，你们的事成了。”而这是对全体德国人的谴责，充斥着作者的愤怒。书中，莱维对曾经在奥斯维辛帮助过他的那些德国人（的确有几个人）只字未提。那位在空袭中将莱维偷偷带进地下掩体的斯塔维诺加先生呢？他在哪？还有费迪南德·迈尔呢？在一定程度上，这种忽略是一种艺术取舍：正如在一场法庭质询中，德国人的小恩小惠只会分散陪审团的注意力。不过，事实上，在《这是不是个人》中，所有的德国人都是作恶的。只有到了莱维的后期作品中，他才会承认例外的存在：也有善良的德国人、好心的卡波。

1954 年 7 月，他的布痕瓦尔德之旅的 3 个月后，莱维第三次来到德国。他并不需要这么快回到德国，事实上他的匆忙让里科·阿卡蒂不安：“要是你不喜欢去德国，看在老天的分儿上告诉我。”[4]莱维此行的任务是到拜耳公司采购化工用品。而拜耳公司原本是 I.G. 法本集团的子公司。拜耳公司的总部坐落于莱沃库森（Leverkusen）的工业园区内，距离科隆行政区 18 公里。莱维处于敌对的情绪状态，想去会一会一名前纳粹党员。他后来把这种状态——渴望对抗和对话——称为“对质时刻”[5]。在拜耳公司，莱维不放过任何机会去刺激德国人那敏感的神经。他特意用一种特别的方式向前法本集团的产业家们介绍他自己，一字一顿地说：“我是莱维，你好。”特意把犹太姓氏放在开头。莱维知道，在这样一个实际上已经不存在犹太民族的国家里，纳粹对犹太仇恨的教育灌输仍然根深蒂固。不仅一次，莱维察觉到在战后德国那彬彬有礼的表面之下潜藏着一种令人厌恶的天性。当拜耳公司的某个主任说到一个意大利人会说德语“真是很不寻常”时，莱维反唇相讥：“我叫莱维。我是一名犹太人。我在奥斯维辛学会了你们的语言。”[6]这个主任只能结结巴巴地向莱维道歉，接着双方陷入了一阵沉默。作为一位奥斯维辛的幸存者，莱维很难装作他与德国人正处于正常的商业关系之中。

他最针锋相对的对话发生在拜耳公司位于莱沃库森的威廉皇帝大街的豪华宾馆中。在晚餐中，穿着衬衫的莱维正与人们闲聊。突如其来地，拜耳公司的电气绝缘专家，麦克巴赫（Meckhbach）博士问起他裸露的前臂上的那处文身。“那是奥斯维辛的纪念品。”莱维回答。人们陷入沉默。里科·阿卡蒂 11 岁的女儿路易莎为了提高德语水平，也随同父亲来到了德国。她回忆起当时的情景：“唯一能听到的声音只有叉子与盘子发出的叮当声，10 个德国人（当时在场的所有德国人）都在椅子上尴尬地挪动着身体。”[7] 给路易莎留下最深刻印象的（从她那孩子的视角），是莱维那冰冷的平静。“他那样面无表情地回答，使他的话语更具有毁灭性。我敢肯定莱维绝对在享受那个瞬间。”他那挑衅的言语，尽管是出于愤怒，但并不代表莱维试图“理解”德国人，他只是在羞辱他们。

但是，在 50 年代中期，莱维开始能够把德国人区别对待（把他们视为个人，而不是集体），也能够在他的思想里理智地把他们与纳粹区分开来。一个德国人尤其强化了他对战后德国及其人民的信任，那就是哥廷根大学的化学系毕业生、拜耳公司塑料技术研究部的负责人，比莱维年长七岁的卡尔-海因茨·米尔克（Karl-Heinz Mielke）博士。在战争中，他只是一名无名小卒——在特罗伊斯多夫做一名炸药技术员，他既不反对也不支持希特勒。总是笑眯眯的米尔克有着亲切、开朗的性格，与大多数人友好相处。而莱维也渐渐喜欢上了他。并没有辜负莱维的友情，他不辞辛苦地帮助他解决各种细小的技术难题。莱维意识到米尔克的完美主义与纳粹的服从命令的热情之间的镜像关系。事实上，他相信守纪、高效和组织性强是德国人固有的性格特征。但是只有像米尔克这样文明的德国人掌握了拜耳公司的领导权时，莱维才完全相信不会再出现第四帝国了。渐渐地，米尔克成了莱维心中“善良德国人”的典范。

因为阿卡蒂不会德语，莱维在采购“聚氨基甲酸酯”的谈判中充当了他的翻译。拜耳公司的产品散发出异氰酸甲脂的刺鼻气味，与 1984 年在印度博帕尔市引起灾难的化学品相似。但是，它是莱维为 SIVA 设计出的用于冰箱发动机的新型清漆“埃尔瓦 58”的基本成分。在德国人眼中，阿卡蒂是一个需要小心提防的精明人。他故意在米尔克面前装傻，相信这样会让他忽略那些合同细节。米尔克认为这些夸张的表演不符合德国人的正直。而莱维却被阿卡蒂那大吹大擂的劲头逗乐了。在赚钱的时候，莱维说，没有人能比阿卡蒂更“狡猾”。米尔克的副手威利·丁瓦尔德（Willi Dünwald）同意他的看法：“阿卡蒂！我们难以百分之百地信任他——一条狡猾的狗。”[8]

不过，尽管有着创业家的精明，阿卡蒂却是一个典型的神经质的人。他多疑而善于交际。莱维在 SIVA 工作了 15 年之后，阿卡蒂才用亲密的“你”来称呼他。像许多白手起家的人一样，阿卡蒂为自己缺乏文化而感到羞耻，并试图通过收集现代画作来弥补这一点。莱维同情这种尴尬的自我提升。他说，他和阿卡蒂之间构成了一种“残酷的友情”[9]，并学会了不会因他的老板那刺鼻的润肤露和现代派的衣着而感到尴尬。阿卡蒂的女儿路易莎把他的爸爸比喻成“一头野猪”[10]，而莱维则是“一只火烈鸟”。一天，在维修一台生产树脂的机器时，暴怒的阿卡蒂抓起一把锤子，给了机器狠狠一下子。机器恢复了正常运转。“以后记得打这里。”他告诉那些目瞪口呆的工人。莱维很喜欢这个故事。他和阿卡蒂的秉性完全相反，但他们却形成了一个高效的工作团队：阿卡蒂充当掌舵人，莱维则是率直的德语翻译。事实上，没有阿卡蒂的陪伴，莱维不会这么频繁地来到德国，而在德国也不会感到这样轻松自在。

## 3

1955 年标志着纳粹集中营解放 10 周年的到来。作为官方纪念活动之一，都灵的玛德玛宫（Palazzo Madama）举办了一场“纳粹集中营图片展”。莱维答应在 4 月的开幕式上发表演讲，但是却为这次演讲的效果而暗自担心。他缺乏充当一个优秀演讲家的自信。同时，他还有一个担心。那些讲述自己遭遇的幸存者会被指责为“自怜”或者“耸人听闻”[11]。更有甚者，还有人把他们当作“说谎者”和不合时宜的哗众取宠者。结果，莱维完全不需要担心。在玛德玛宫，他意外地受到了年轻听众的欢迎。这些年轻人想要了解纳粹集中营的热情是如此高涨，这让莱维的演讲得到了出乎意料的响应。这场演讲的效果好得不能再好了。莱维已经35岁了，以为自己就会以一个作家的身份终此一生。现在他似乎成了年轻人的偶像，当地媒体争相报道的焦点人物。

公众对于莱维和他的书的热情，也带来了他的文学事业的复兴。埃诺迪出版公司杰出的顾问、意大利出版业的资深活动家之一保罗·塞里尼（Paolo Serini）说把《这是不是个人》留在佛罗伦萨的库房里是一个丑闻。塞里尼（他是都灵大学的哲学教授）的观点对朱利奥·埃诺迪颇有影响力。而且，最终，埃诺迪愿意听从他的意见。娜塔丽亚·金兹伯格在埃诺迪出版公司的继任者卢恰诺·福阿（Luciano Foà）已经读过塞里尼关于《这是不是个人》的精彩报告，并不需要进一步说服他了。埃诺迪启用莱维的决定更是来自企业家的精明。1955年的意大利正处在一个转折点上，整个意大利社会的文化气候是躁动、不安而充满希望的。超越天主教文化和马克思主义文化的渴望主宰着当时的意大利出版界。人们希望去尝试新思想、新书。意大利人已经度过了战后紧巴巴的时代，日子变得好过起来。人们更愿意对他们的近代史进行反思。年轻一代在初尝富裕的滋味后，拓宽了他们的阅读范围。

在《这是不是个人》之后，在意大利也涌现出了其他许多关于纳粹集中营的书籍，并获得了热情的评论。罗伯特·安泰尔姆（Robert Anteleme）的《人族》，是最深刻地探讨集中营主题的法文书籍之一，由埃诺迪出版公司在1954年出版——和《安妮日记》出版于同一年。不过，给意大利人留下最深刻印象的是利物浦的拉塞尔爵士（与哲学家伯特兰·拉塞尔没关系）的《反十字之灾》（*The Scourge of the Swastika*）。这本描写纳粹战争罪恶的简史，在1954年被翻译成意大利文。拉塞尔曾经质问，这样一个曾经给予我们歌德、贝多芬、席勒和舒伯特的国家怎么也带给我们奥斯维辛、贝尔森、拉文斯布吕克和达豪。到1955年，人们对于集中营的兴趣已经变得非常强烈了。在都灵难以找到乐于忽视莱维的书的人。

在翁贝托国王大街61号的房间里，纳多·德·贝内代蒂开始偶尔谈起奥斯维辛。来听他讲述的人越来越多，于是他决定将聚会升级为每周一次的非正式研讨会。那些素未谋面的人会坐在那里，一边观看幻灯片，一边倾听纳多描述那个把人变成鬼的集中营世界。此前，觉得是自己亲手害死了妻子的悲痛击败了他需要承担的去做证的责任。但他现在感到要通过倾述去发泄，正如10年前的莱维一样。年轻人们鼓励纳多去倾述他的过去——就像卸掉一副重担。而亲眼看到自己的言语对听众产生的影响让他欣慰。这正是做证的方式：直接，面对下一代。

朱利奥·埃诺迪同意再版《这是不是个人》。1955年7月11日，莱维与埃诺迪出版公司签订了一份预付20万里拉（1700英镑）的合同。然而，他不知道，埃诺迪出版公司已经陷入了严重的财务危机。到底有多严重尚不清楚，但是埃诺迪（在巅峰时期挥霍无度）将不得不把他的书单卖给竞争对手——米兰的蒙达多利出版社（Mondadori）。由于沉重的债务，埃诺迪公司缺乏再版发行《这是不是个人》的资金。让莱维失望的是，他的书要等到1958年才能再版——还要再等3年。尽管非常令人失望，但他仍然支持他的新出版商，甚至把稿费的四分之一用于购买埃诺迪公司的股票。

## 4

莱维现在有时间去修订安东尼切利版的《这是不是个人》了。埃诺迪也许曾经要求他做出改进；而他的自尊也不允许他仅仅是再版安东尼切利的版本。距离莱维撰写《这是不是个人》已经过去了8年，所以他现在能以更冷静的方式去看待奥斯维辛。作为一位精雕细琢的手艺大师，他没有进行影响全书风格的修改。尽管如此，尽管莱维的本能是去削减而不是增加，但他还是补充了一些重要的新角色以及一个新的章节，《初始》。莱维在匆忙间做了这些修改，因为露西娅再次怀孕，并将在夏天临产。他的第一处修改是最明显的：一个新的开篇。在《这是不是个人》的原稿中，开篇相当直白：“在福索里，任何人只要说起我们将会被转移到别的集中营，都会被视作是极为粗鲁和没有礼貌的。”10年后，莱维插入了一个更戏剧化的开场白：“1943年12月13日，我被法西斯民兵逮捕。”这实际上是在模仿意大利复兴运动之前的爱国者西尔维奥·佩利科在他那精彩的回忆录《我的监狱》中的开篇：“1820年10月13日，星期五，我在米兰被捕。”显然，莱维的修改是要响应意大利文学的自由主义传统，从曼佐尼到佩利科，推崇的都是启蒙运动和人文价值。

由于莱维担心侵犯隐私，安东尼切利版本中的一些奥斯维辛的死者被删掉了，还有一些更改了姓名。其中之一，是同妈妈、爸爸、哥哥一同被送入奥斯维辛毒气室的五岁女孩伊米莉亚·莱维。在埃诺迪的版本中，莱维加入了这段温柔的细微描写："伊米莉亚，米兰的奥尔多·莱维的小女儿，一个好奇、快活、胸怀大志而头脑聪颖的孩子。"——四个仔细挑选的形容词敏锐地刻画出小女孩的情态。《这是不是个人》的修订本将是一本兼顾纪实和纪念的书籍：如果作家手中的笔不能荡涤纳粹的罪恶，至少它可以记录历史，让人们牢记过去。而且，讲述奥斯维辛的死者也是让他们重生的一种方式。

对于许多读者而言，在《这是不是个人》中最鲜明的形象莫过于曾经因莱维在奥斯维辛没有保持清洁的外表而斥责他的匈牙利陆军军士、犹太人斯坦罗夫。在安东尼切利版的《这是不是个人》中并没有斯坦罗夫。他的真名叫格吕克斯曼·欧金尼奥。而在埃诺迪版中，莱维选择德语单词"石头"（stein）来暗示这位军士那一丝不苟的普鲁士纪律。莱维很可能也将安妮·弗兰克的父亲奥托（他在奥斯维辛第一次见到奥托，其后在1952年或1953年，在纳多·德·贝内代蒂的家中又与他重逢）当作是斯坦罗夫的原型之一。和斯坦罗夫军士一样，弗兰克中尉是第一次世界大战中曾经在德国陆军中服过役的10万名犹太人中的一个。作为一名有尊严的士兵，他对德国的支持并没有让他的迫害者心慈手软。在现实生活中，格吕克斯曼在红军解放集中营的前夜死去。"Glück"，在那种情形下是一个多么残酷的绰号——它在德语中意为"好运"。

除了斯坦罗夫，莱维还增加了六页的篇幅来描写阿尔贝托·达拉·沃尔特。这是最重要的，也是最富有启示意义的增补。这些新的篇幅描述了这位朋友在集中营黑市上的讨价还价。在安东尼切利版中，莱维曾经提到阿尔贝托不会说德语（其实不然）。而在埃诺迪版中，莱维并没有尝试纠正这个谬误。莱维告诉读者，阿尔贝托仅仅能"通过手势"（或者意大利语）与他的施害者沟通。事实上，阿尔贝托能讲流利的德语。那么，莱维为什么这样来描写他呢？尽管莱维乐于承认洛伦佐·佩罗内救了他的性命，他却不愿对阿尔贝托做同样的事。在奥斯维辛不会说德语是致命的。难道是他的自尊让他不愿承认达拉 · 沃尔特在德语上高他一筹？或者是自己的幸存让他对阿尔贝托的遇难怀有一丝罪恶感？许多幸存者发现他们幸存之路的某些方面令人难以启齿。故而他们宁愿将自己幸存下来的必要因素深深地埋藏起来。在莱维的故事里，我们无法确定究竟是什么让他以这种方式去书写阿尔贝托 · 达拉 · 沃尔特。

## 5

莱维非常努力地进行埃诺迪版本的修订工作：接连几个月不闻窗外事。然而，在 9 月份，他又因与拜耳公司的商务事宜回到了莱沃库森。在接下来的 1956 年，分别在 2 月 1 日和 7 月 12 日，他又两次回到德国。11 月，在 SIVA 已经工作了 8 年之久的乔瓦娜 · 巴尔扎雷蒂离开了这家公司：莱维将非常想念她的能力和专业技术。在随之而来的 1957 年年初发生了一出悲剧，阿尔贝托 · 索莫尼的父亲奥古斯托（出生于埃及）去世了。莱维非常喜欢这个古怪而欢乐的老人，有人看到他在葬礼上失声痛哭。

到这时为止，他已经结婚差不多 10 年了，而他的婚姻和家庭生活的不如意开始显现出来。他经常逃离翁贝托国王大街的公寓去参加蒂娜 · 里泽（Tina Rieser）在法兰西亚街举办的沙龙。蒂娜，娘家姓皮扎尔多（Pizzardo），五十出头，黑发，时尚而无畏。在她仅仅 24 岁时，法西斯就把她当作共产党人投入监狱；但现在她仍然是一个激进的反传统者。莱维大约在 1937 年第一次遇见她。当时她是都灵的一个数学系毕业生。她有着皮埃蒙特上流社会的家庭背景，有一位叔叔是耶稣会的枢机主教。切萨雷 · 帕韦塞曾经爱上了她，但她拒绝了这位诗人，并在 1936 年嫁给了一位波兰犹太人，黑内克 · 里泽（Henek Rieser）。在嫉妒的驱使之下，帕韦塞向黑内克发起了决斗的挑战，但后者打了退堂鼓。

蒂娜 · 里泽的常客包括尼科莱塔 · 内里（Nicoletta Neri）。莱维在大学里认识她的弟弟，在蓬齐奥教授的实验室里用毒药自杀的阿戈斯蒂诺 · 内里。比莱维大五岁的尼科莱塔是一个见多识广的持异见者。她曾经在曼彻斯特和洛杉矶教英国文学，和英国作家 G. K. 切斯特顿相熟（并翻译他的作品），还在西西里为一家著名的反黑手党慈善机构工作过。总之，莱维和她都喜欢动物。莱维见过拉尔夫（她的西班牙长耳犬）之后，给她带来了几本关于犬类行为的书。在许多方面，他们的友谊并不和谐；这种友谊建立在犬类、素食主义的快乐（尽管莱维并非素食主义者），以及切斯特顿笔下的布朗神父的故事之上。

蒂娜沙龙里的两个朋友后来自杀了。一个是诗人吉廖拉·文图里（Gigliola Venturi，意大利最著名的启蒙运动史学家佛朗哥·文图里的妻子）。另一个是地方行政长官、前抵抗运动战士朱塞佩·曼弗雷迪尼（Giuseppe Manfredini）。不过，这个沙龙仍然多年保持开放。而莱维总会来看望蒂娜，来来去去，直到他死去的那天。她是一位天生的社交高手，总能让宾朋感到如沐春风。但是她的圈子相当势利。任何人，只要住在玛格丽特女王街（Corso Regina Margherita）以北或拉科尼吉街（Corso Racconigi）以西——在都灵的贫民区——就不会在这个沙龙中受到欢迎。露西娅·莱维本人在蒂娜的朋友中也感到底气不足，尤其是她们都是一群聪明的女人，而她把她们视为一种威胁。

在这段时期，露西娅在都灵的犹太学校中教授艺术史。她非常热爱这所学校。作为一个仍然充满魅力的女人，她投身孩子中间，并赢得了孩子们的喜爱。不过，露西娅是一位严厉的教师，常常在学生们朗读作文时打断他们，告诉他们要在这里去掉一个形容词，要在那里加上一个句号。（10 年前，露西娅也是用相似的严厉来修改她丈夫的手稿的。）在第二次怀孕期间，她一直坚持教学。但是在 1957 年的夏季学期中，她的阵痛开始了。7 月 2 日，星期二，据说是一个闷热的日子，她生下了一个男孩。像姐姐丽莎·洛伦扎一样，他被命名为伦佐以纪念已故的洛伦佐·佩罗内。这个男孩的中间名是切萨雷，以纪念莱维的父亲。出于巧合，在伦佐出生的这天，菲亚特公司推出了大众也能买得起的菲亚特 500 型小汽车，并作为意大利的“新生儿”受到媒体的纷纷祝福。意大利人被这辆小汽车那迷人的设计迷住了。意大利即将迈进民众广泛拥有汽车的新时代。

九年前，当露西娅带着她刚刚出生的小女儿第一次回到家中的时候，那栋公寓要拥挤得多。不过，四年后，安娜·玛丽亚离开了都灵，去罗马开始新的生活。在那里，她在出版和艺术的世界中工作。而且，由于莱维与他的妹妹已经不像以前那样亲密无间了，所以露西娅反而开始同情她，常常在电话中给予安娜·玛丽亚“亲切的居家建议”[12]。据莱维说，露西娅尽其所能地“帮助”她。

## 6

1957 年 8 月，莱维到瓦勒度人的峡谷中去度假。这对莱维而言是一次怀旧的回归——他想让他的小女儿见识一下新教徒的皮埃蒙特地区——他就是在这里度过他的童年的。他们在苏比亚科（Subiasco）租下了一座小屋。这座小屋的房东是一对态度冷淡的瓦勒度派农民夫妇——艾达·科尔丹和卡洛·科尔丹。科尔丹夫妇过着斯巴达人般的简朴生活，这让莱维颇为欣赏。在给奶牛挤奶和割干草的间隙，他们阅读《圣经·旧约》，以寻求对天主教信仰的净化。在接下来的四年中，他经常去看望科尔丹一家，并送给他们成罐的 SIVALUX 涂料来粉刷他们的农舍，但他们从未发现他是一名作家。苏比亚科为丽莎·莱维带来了快乐。刚刚割完干草的田野，整齐的梯田上的葡萄园，都是她的乐土。她是一个苗条的黑眼睛姑娘，热爱她身边的大自然。莱维一定非常欣赏丽莎那惊人的好奇心。他在四年前写了一篇小说《一场叛乱》，描写了一个无畏的女孩，“用手抓住蟋蟀和蜘蛛，既不厌恶，也不伤害它们”。在某种神秘感情的驱使下，这篇小说后来被献给了一位意大利作家（马里奥·里戈尼·斯特恩，Mario rigoni Stern）。但这篇小说闪烁蕴含着莱维对于丽莎的挚爱（小说中的“克洛蒂尔德”正是她的化身）。事实上，莱维正是为了纪念女儿的五岁生日才写作了这篇小说，但他从未告诉她[13]。

只要有机会，莱维就会带女儿去艾达·科贝蒂在都灵附近的小山上的家中去做客。（艾达是杰出的反法西斯人士皮耶罗·科贝蒂的遗孀。）在夏日的大多数周末，抵抗运动的老朋友们会带着他们的孩子到这里聚会。在这所宽敞的房子里，艾达是一位慷慨的主人，喜欢看着孩子们在她的花园里疯跑。他们常常穿着化装舞会的服饰，而他们的父母也会打扮成吟游诗人或东方的女王。比安卡·乔德蒂·塞拉打扮成了一个乘着魔毯的精灵公主。伊塔洛·卡尔维诺念诵着《意大利民间故事》(《格林兄弟》的意大利版本)的经典选集。这些成了莱维的宝贵时刻——他能看到老朋友，还能感到丽莎的亲昵。与此同时，露西娅则忙着照顾新生的伦佐。回到苏比亚科，丽莎的朋友艾丽卡·斯克罗波（Erica Scroppo）就住在附近的一间农舍里。活泼而喜欢讲话的艾丽卡并不是犹太人，但她有着纯粹的瓦勒度派的新教徒血统，而这正是犹太人所看重的。斯克罗波一家将自己视为在无处不在的天主教黑暗中的一股清流，并把艾丽卡送到都灵的犹太小学中与丽莎一起读书。她的父亲，画家、作家菲利波·斯克罗波（Philippo Scroppo）是卡尔维诺的朋友。他那热情洋溢的"和撒那"(赞美上帝之语)得益于他母亲的瓦勒度-犹太血统，以及刚刚公开发布的异教传统。《树上的男爵》(*The Baron in the Trees*)成了1957年意大利文化界的议论焦点。

在苏比亚科的日子已经形成了规律。上午看看书；中午小睡一会儿，在茶点前散散步或读书；早点吃晚饭，有时会有都灵的朋友来共进晚餐；晚饭后读更多的书。然而，法西斯主义抬头的消息，打破了这个夏天的平静。11年前被新法西斯党徒盗走的墨索里尼的遗体，已经被交出并下葬。他的葬礼是在全意大利推销法西斯阴谋、理念以及其他糟粕的借口。更让人担心的是，意大利报纸开始夸夸其谈，把法西斯历史说成是浪漫主义的冒险，而不是可耻的污点。莱维不确定这种修正主义是一小撮人的大肆宣扬，还是某种更广泛而邪恶的事物。最近，他大学的老朋友吉多·邦菲廖利携同妻子和两个女儿来拜访他。不过，在饭桌上，邦菲廖利与艾丽卡那左派的父亲菲利波·斯克罗波之间笼罩着令人不安的紧张气氛。邦菲廖利不喜欢意大利共产党的迂腐和严肃。而菲利波·斯克罗波却为意大利共产党的日报《支队》工作。前一年秋天苏联对于匈牙利起义的残酷镇压致使意大利共产党人面临着"糟糕的年头"。莱维，以及成千上万和他一样有着自由思想的意大利人放弃了原本对苏联尚存的一丝同情。伊塔洛·卡尔维诺厌恶地退出了意大利共产党。一个充斥着苏联幽灵、间谍审判和持异见人士会突然失踪的新时代开始了。

莱维喜欢孩子。他喜欢用聪明的小把戏和小玩意儿逗弄他们。他能让一个乒乓球浮在空中，能倒立，还会做鬼脸。在苏比亚科，他用一个损坏的锡箔托盘为女儿和艾丽卡做了一辆牵绳的玩具小汽车。绳子一头系在艾丽卡家的阳台上，一头系在丽莎的阳台上。莱维在绳子的两头系上小铃铛，这样两个小女孩就能收发信息，而不会打扰到婴儿伦佐和在树下打盹儿的奶奶。不过，莱维并不是完全惯着女孩子。“他在场的时候，有一些事情，我们不去做，或者不想去做，”艾丽卡·斯克罗波回忆，“他有着和蔼而无形的威严。”[14] 有一次，丽莎装出傻子的声音去讨盐，她的父亲生气地责骂了她：拿有缺陷的人取笑是不好的。莱维还预先禁止了一些游戏，比如折磨想象中的猴子。当然，莱维对于孩子们那些无心的游戏有些反应过度。不过，作为一个曾经在学校里饱受欺负的孩子，他知道人们多么喜欢欺凌弱小。他敏感于残暴行为的最细微表现，哪怕是孩子的行为。“嘲笑那些无法保护自己的弱者的时候，”莱维喜欢说，“就是纳粹主义诞生的时候。”[15]

假期快要结束时，艾丽卡·斯克罗波和家人以及莱维一家去苏比亚科的橡树林散步。像往常一样，莱维带着石膏、小刀以及其他应急用品。他永远没有失去童子军般的小心谨慎。当大家继续前进时，艾丽卡却突然被困在了一条溪流的另一边。她正打算跳到对岸，却发现莱维向她伸出了援手。这是改变她一生的时刻。当莱维向她伸出胳臂的时候，她注意到他前臂上的蓝灰色数字。“那是什么？”她问。带着痛苦的微笑，莱维解释那是另一个时代的“纪念品”。艾丽卡请求莱维认真解释。应该让这样一个小女孩了解真相吗？莱维把这件事告诉了艾丽卡的妈妈。经过认真的考虑，她决定为她的女儿朗读《这是不是个人》。否则，人们认为，艾丽卡会不停地刨根问底。尽管母亲的朗读经过了审慎的删减和省略，但她读的内容还是让艾丽卡极为不安。年纪尚幼的她已经了解了这个世界的残酷。人们也许会质疑让一个 8 岁的孩子面对这样的恐怖是否明智。但是，从那时起，艾丽卡开始对莱维心生敬畏之情。“直到现在，我才意识到，我所具备的许多观点并非来自学习的成果或政治的成熟，而是来自 1957 年让我失去天真无邪的那个夏日。”[16] 艾丽卡·斯克罗波有着迫切的好奇心，她代表了普里莫·莱维的下一代读者。

## 7

SIVA 搬到塞蒂莫托里内塞已经 5 年了。到 1958 年，这间工厂已经大大扩张，占据了雷尼街边的 3.3 万平方米的土地。机器吐吞着充满污染物的云雾。染料桶和水箱“哧哧”地冒着蒸汽。朝鲜战争中对化学武器的使用带来了大量的海外订单。拜耳公司的一桶桶“聚氨基甲酸酯”被用于生产现在急需的易燃产品。但是，由于没有采取应对静电及其他灾害的预防措施，在一个干燥而炎热的夏日午后，厂里的工人，西尔瓦诺·费切奥在从溶剂罐的龙头放出甲苯溶剂时，静电导致溶剂燃烧起来。费切奥惊恐地逃走了。从龙头里流出的甲苯越积越多，院子里形成了一个燃烧的甲苯池，眼看就要烧掉整个厂房了。幸运的是，工段长就在附近。他跳过一道矮墙，关掉了溶剂罐的龙头。院子里的甲苯自己烧光了，没有造成破坏。但这是一次警告。在这件事件之后，莱维定购了壳牌公司的“ASA-3”添加剂，从而大幅度地降低了静电。“感谢上帝创造了 ASA-3！”[17] 成了莱维在这些充满压力的日子里的口头禅。

20 世纪 50 年代末，里科·阿卡蒂在都灵成立了第三家公司 SICME，生产烤箱专用的漆包线。他为这家新公司的员工们设计了一套盾徽，“恶念之人必有余殃”，并将 SIVA 的员工数量从 21 人增加到 170 人。这段时期，莱维正同德国电气巨头西门子公司及赫斯特公司（两家公司都曾染指奥斯维辛的运营）谈判。他掌控着清漆生产的方方面面，每年能出口大约 400 吨 PVF 产品。到了晚上，他的衣服会散发出醋酸的味道，或者像烧焦的太妃糖般刺鼻的苯酚味。

已经在 SIVA 工作了 10 年的莱维猜想自己会在这家工厂度过余下的工作生涯。对于 39 岁的他，这个前景并不令他憧憬。设备或物资常常不能按期到达，有着大量乏味的书面工作，而且他开始厌倦每天在塞蒂莫托里内塞和都灵之间往返。相同的 40 分钟的车程，一天两次。早上 8 点他会驶上朱利奥·切萨雷大道，经过可口可乐的贮藏罐。只要过了多拉里帕里亚河——波河那条被污染的支流，他就加入了由卡车和油罐车组成的漫漫车流。他会在塞蒂莫的高速公路出口支付过路费。他的驾驶技术很糟。在公司的停车场里，他的车是唯一有着明显刮擦痕迹的车辆。然而，他在SIVA的振兴过程中看到了变革的步伐，而且他喜欢带领外国客商参观厂区。晋职之后，莱维享受着相当丰厚的薪水。他有了一辆崭新而精致的菲亚特“Giardinetta”旅行车。他开着这辆车去拜访扎努西公司、倍耐力公司以及其他任何有兴趣购买SIVA清漆产品的公司。每次营销之旅后，他都要撰写一篇详尽的商业报告。这些业务往来，让莱维的专业技能和谈判技能得到了锻炼，使他能够在SIVA的运营管理中游刃有余。这些商业报告使用外行难以理解的专业术语，分析了竞争对手的车间安全性、他们的空气污染政策和过滤系统。在SIVA，人们普遍认为莱维的商业报告是最好的，措辞谨慎、数据精准。

莱维看起来比他的年龄年轻得多。他那苍白的娃娃脸和灵动的蓝眼睛会让人们上当。他总是穿一身浅灰色的西服套装。人们从来没见过他不打领带。他能唤起女性身上的母性，但从没有过过分轻佻的言行。SIVA新聘用的清洁工欧索里娜·费雷罗（Orsolina Ferrero）是一位四十出头的寡妇。据说她能通灵，并在梦中预见到莱维的死亡。她用一张善辩的巧嘴和一颗温柔的芳心俘获了莱维。他喜欢在出差时为她带回礼物。在1958年圣诞节前的几周里，他甚至开着车带她去卡斯泰洛广场看展出的塑料冰柱和会眨眼的星星。圣诞节的艳俗征服了欧索里娜，让她投入了莱维的怀抱。她成了他生活中重要的一部分。同事们注意到，当她在身边时，他会变得多么快活。在实验室里，他用干冰为她制作了一场大雪，让一朵朵白色的雪花飘落在地板上。欧索里娜被莱维吸引了。她爱他那“神秘莫测的微笑”[18]。

阿卡蒂的秘书弗兰卡·坦比尼（Franca Tambini）声称自己也曾被莱维的魅力征服。一次午餐之后，她挑逗般地告诉莱维，她的桌子下面还有半瓶好酒，并问他是否愿意一试。让她大吃一惊的是，莱维回答：“多谢，乐意之至。”他接过酒瓶，灌下一大口烈酒。还有一次，在回办公室的路上，他轻轻地触摸她的脸，为她擦去睫毛膏的污渍。“弗兰吉娜，你的妆花了。”[19]弗兰卡·坦比尼说：“多奇怪，我们竟然没有擦出花火。”

## 8

1958 年 6 月，正值墨索里尼发布种族法案 20 周年，埃诺迪出版公司再版了《这是不是个人》。新书的封面设计在当时颇能抓住读者的眼球：抽象化的栅栏叠加在橘、红、蓝三色的垂直条纹之上。这本书将与陀斯妥耶夫斯基和纪德的著作一起组成“埃诺迪文丛”。这是对莱维的肯定。不过，这本书的促销预算几乎可以忽略不计——甚至在各分销书店分发的《埃诺迪最新书讯》的封面上都没有提起它。埃诺迪认为莱维不可能成为一名真正的作家：在奥斯维辛回忆录之后，他还能写些什么呢？莱维既非才气外露，也没有名门望族的出身。埃诺迪才不会花钱去包装他呢。但埃诺迪也让莱维不再是文坛上的一个无名之辈。莱维对此充满了感激。一个接一个评论家站出来。在为《邮报》撰写的评论中，佛朗哥·安东尼切利为他的“门徒”所获得的这太迟的认可而表达了自豪之情。共产党日报《支队》欢迎这次“伟大的回归”。而海明威的研究专家布鲁诺·丰齐则为莱维高声喝彩，称莱维作为一个“外行”却书写了一部比任何文学家都优秀的作品。大多数评论家都强调了文学界在 10 年中对莱维和他的作品的忽视是“巨大的不公平”，并为他运用精确的语句去描述这场暴行的能力而感到惊叹。

《这是不是个人》的再版不幸赶上了埃诺迪出版公司最受尊敬的外国作者，阿道斯·赫胥黎的都灵之行。赫胥黎这次来都灵是为了推广他的《那些贫瘠的叶子》（*Those Barren Leaves*）的意大利语译本。莱维出席了赫胥黎在 1958 年 11 月 21 日举办的售书讲座。亲眼见到年轻时的文学偶像让莱维备感欣喜。但他伤感地发现在洛杉矶定居之后的赫胥黎已经失去了原本锐利的才气。他对赫胥黎的狂想曲《知觉之门》（*The Doors of Perception*，当时欧洲避世派的新圣经）也没有什么好印象。赫胥黎的太太劳拉与莱维从小就认识，并在翁贝托国王大街 75 号一起长大。但劳拉在 1937 年去洛杉矶之后，莱维就一直没有见到过她。而这次没能再见到她也令他遗憾。第二天的《邮报》上登出一张赫胥黎的照片。劳拉就像一个美丽的小精灵一样依偎着瘦削的阿道斯·赫胥黎。

## 9

到圣诞节的时候，《这是不是个人》已经销售一空。莱维的大多数读者是意大利集中营幸存者和前战俘。其中之一，33 岁的天主教徒、教师利迪娅·罗尔菲（Lidia Rolfi），曾在 1944 年被盖世太保逮捕，并被送入柏林郊区的拉文斯布吕克集中营。在那里，她遭到了军犬的撕咬，忍饥挨饿，充当西门子的奴隶。等她回到皮埃蒙特时，没人愿意倾听她的遭遇。虽然他们彼此相识，但莱维和罗尔菲在那个圣诞节前并没有见过面。而在那个圣诞节，莱维陪同她在都灵出席了一次幸存者大会。天气阴霾而寒冷，罗尔菲记得莱维车里的空调也起不到任何作用。他们到了卡立亚洛剧场，并将在这场大会上进行演讲。在他演讲时，她注意到了他那客观、冷静的修辞风格。运用慎重衡量的言语，他解释了囚犯们每天的口粮定额为什么会是 1600 卡路里——仅够生存所需的一半，犯人因营养不良而慢慢死去。莱维没有刻意去渲染死亡，而是运用科学的语言栩栩如生地介绍了纳粹的种族灭绝计划。轮到罗尔菲演讲时，她选择像莱维一样小心地控制自己的语气和风格：她似乎终于找到了一种方式来述说她在拉文斯布吕克的悲惨遭遇。在 50 年代即将过去的时候，莱维成为意大利集中营幸存者的非官方代表，既包括犹太人，也包括非犹太人。

《这是不是个人》的再版是莱维命运的一个转折点。他在意大利变得越来越有名。而外国译者也开始对他的书产生兴趣。但莱维却对他们抱着谨慎的态度。1956 年，在布宜诺斯艾利斯出版的阿根廷版的《这是不是个人》就是一个令人失望的糟糕例子。莱维抱怨道："这个译者是个叛徒。"[20] 有着波兰犹太血统的牛津历史学家，年轻的斯图尔特·伍尔夫（Stuart Woolf）希望能够翻译莱维的书。他在都灵享有一份科研津贴，并在历史学家休·特雷弗-洛普（Hugh Trevor-Roper）的赞助下，研究意大利统一前的皮埃蒙特贵族。伍尔夫的学术背景给莱维留下了好印象。而且，他的未婚妻安娜·德·贝内代蒂是纳多的亲戚。这一点无疑也帮了他大忙。伍尔夫从 1956 年起在都灵定居。他满腔热忱地相信，《这是不是个人》会受到意大利之外的读者的欢迎。他一周给莱维打两次电话，向他汇报他的工作进展。莱维像大多数受过高等教育的意大利人一样，是一个亲英派。而他颇为喜欢伍尔夫的冷幽默以及他那英国式的严肃和含蓄。至于伍尔夫，他对莱维抱着一颗敬畏之心，而且发现莱维对于英国文学涉猎相当广泛。然而，最让伍尔夫惊奇的是，外表如此腼腆而谦逊的莱维，对于其他作家的评语却非常"刻薄而傲慢"[21]。有一次，他借给莱维一本托尔金的《指环王》第一卷，但第二天这本书被原封不动地还了回来。"我现在明白托尔金一定代表了普里莫所蔑视的一切：故意使用隐晦的文字，带有欺骗性的神秘主义。"[22]傍晚，从SIVA下班后，莱维失去了回到与伍尔夫的合作中的耐心。伍尔夫记得，莱维"像苏联人一样"喝光了威士忌，振作精神再投入到译稿之中。通过删改伍尔夫译稿中的文法错误和含糊不清之处，莱维教会了他权衡词语的价值，以及如何一丝不苟地遣词用字。同时，他尝试保留伍尔夫英语中那独特的风格和杰出的紧张节奏感。通过这种在现代翻译史上难得一见的合作，他们最终获得了一份极具创造性的译稿。

同时，一家美国出版社（俄里翁出版社）驻佛罗伦萨的分支机构，得到了伍尔夫的译稿。他们专门出版欧洲古典派的一流作品，制作带硬衬布装订的精装书，而莱维正是一个古典派的作家。俄里翁出版社的灵魂是霍华德·S. 格林菲尔德（Howard S. Greenfeld）。他原本是兰登书屋的一名编辑。还有尤金尼奥·卡森（Eugenio Cassin），原本就职于佛罗伦萨桑索尼出版社。发现《这是不是个人》让格林菲尔德兴奋不已，"如今那份荣耀仍然让我感到温暖"[23]。他慷慨地（按当时的标准）预先支付给莱维1000美元，并承诺在第一次印刷时，给英国和美国各印3000册。到第二年，1959年，清样已经校对完成了。

在这段时期，莱维在SIVA的工作量日渐繁重。清漆需要进行筛选和研发，有数不清的测试和实验，常常要出差去德国。1959年7月，就在他的40岁生日临近之际，他还在路德维希港旁的莱茵兰地区采购"乙烯异丁基醚与氯乙烯共聚物"（巴斯夫公司生产的一种塑料）。等他回到都灵时，他得知一家德国出版社正试图获得《这是不是个人》的翻译权。带着可以理解的不安，莱维给这家出版社写了一封“粗鲁”[24]的信，警告他们不要以任何方式篡改书里的一个字。但位于法兰克福的这家塞缪尔·费舍尔出版公司是一家值得尊敬的德国犹太公司，早在1897年就出版了托马斯·曼的作品。莱维知道这些后才放心。他提前给自己找了一位文学代理人，米兰的令人敬畏的埃里克·林德（Erich Linder），去与这家德国公司洽谈翻译合同。据莱维说，林德是一位“极为聪明”[25]的正经商人。他设法让莱维从费舍尔公司获得了145537里拉（稍低于1000英镑）的稿费。

1959年夏末，就在莱维还在忙着修改伍尔夫的译稿时，《邮报》将他列为潜在的撰稿人。这家报纸的拥有者是意大利最大的企业，都灵的菲亚特公司。它承诺向莱维提供一个平台，供他发表针对各种问题的观点，从对纳粹战犯的审判到空间探索。他在7月18日发表的第一篇文章，《奥斯维辛的纪念碑》，流露出一个即将在美、德、英三国出版新书的人那全新的自信。以预言家的语气，莱维警告人们，如果我们不能掌握过去，过去就会掌握我们。作为一篇富有启发性的文章，他还评论了奥斯维辛指挥官鲁道夫·赫斯那可鄙的回忆录《奥斯维辛的指挥官》。这本书刚刚由西西里作家朱塞平娜（·“普琪”）·潘齐耶里（Giuseppina “Pucci” Panzieri）翻译完成（在莱维的帮助下）。

## 10

8月份，莱维的德国译者海因茨·里特（Heinz Riedt）终于与莱维取得了联系。他们以前并没有过信件来往，但莱维读过里特的一些翻译作品。里特对意大利文学的熟悉程度给他留下了深刻的印象。里特精通意大利语。他运用完美（虽然略显正式）的意大利语给莱维写信。《这是不是个人》曾经深深地打动了他。莱维确定这位译者与他有着相似的观点：

> 在我看来，您的书在德国出版是极为重要和必要的。我全心全意地希望您的书在德国获得成功。这成功不仅表现在销售的数量

上，更重要的是它能渗入人类的灵魂，促使人们去反思。

然而，里特的一段话让莱维大吃一惊："当您在布纳-莫诺维茨集中营的时候，我却在帕多瓦打游击，而我的岳父也被投入了奥斯维辛。我相信这个巧合会让我们愈加亲密……"

兴奋的莱维在8月20日给里特写了回信：

> 您的信让我充满了快乐和感激之情。从您专业的翻译中，我已经得知您不是（正如事实所证明的）一个僵化的行尸走肉，而是一个活生生的人，热爱生命和生活，正如我对它们的热爱一样。而您的来信更让我确认了这一点。我非常高兴与您见面：事实上，您也许正是多年以来我渴望见到的那种人。

按照里特的嘱咐，莱维把信寄给了他住在西柏林的岳父。这样，民主德国的史塔西秘密警察就不太可能截住这封信了。里特本人住在东柏林（共产党控制区），而他肯定受到了监视。他们之间特殊的通信就这样开始了，在10个月中，总共有大约20封信。在通信中，莱维发现里特不仅在意大利抵抗运动中战斗过，而且同莱维一样，加入了"公平与自由"组织。里特甚至与莱维出生于同一年同一天：1919年7月31日。他的岳父萨尔先生是一名非犹太人，曾经是奥斯维辛的"红三角"——一名政治犯。

莱维急于全面掌控里特的翻译过程。他提出帮助解决里特在翻译中可能遇到的任何难题。"更好的是，这将是我练习我那糟糕德语的好机会。如果您能让我看到完整的译稿（分批寄来就好），我将不胜感激。"这时候，里特还没意识到莱维会多么细致地检查他的译稿。每一页译稿都要通过都灵的一位德国人（很可能是德国律师鲁道夫·勒文塔尔）的检查，才能获得莱维的同意。由于对里特本人的极度好奇，莱维很快拼凑出他那离奇的背景资料。在1933—1945年的纳粹时代中，他的父亲曾经是德国驻西西里首府巴勒莫省的领事。里特在那里度过了他的少年岁月，并用一张伪造的病假证明免除了德国国防军的兵役。之后，他进入帕多瓦大学，学习政治学，并在那里加入了意大利抵抗运动。大学的院长孔切托·马尔凯西（Concetto Marchesi，战后意大利宪法的作者之一），介绍里特加入帕多瓦的地下抵抗组织。在与德国占领军战斗时，里特并没有感到不安，因为他并不认为自己是一个真正的德国人。他的家族有荷兰和法兰克-莱茵血统。在白天里特是一名学生，到晚上则成为抵抗运动情报战线上的一名战士。

虽然1959年还没有柏林墙，但里特越来越担心秘密警察会诱捕他。在苏联控制区翻译莱维的书是违法的，因为东柏林人被禁止为像法兰克福的费舍尔出版公司这样的资本主义企业工作。有一次，里特给西柏林的一位犹太拉比打电话，想弄清《这是不是个人》中一处礼拜仪式的细节问题，却发现他的电话被窃听了。民主德国秘密警察掌握了关于里特的大量资料。里特曾经参加过意大利抵抗运动并没有给他们留下好印象。里特也许曾经与邪恶的纳粹作战过，但他拿起武器对抗德国人，就已经背叛了自己的国家。他的知识分子声誉让他在社会主义柏林颇受欢迎。剧作家贝尔托·布雷希特（Bertolt Brecht）、作家路易斯·林泽尔（Luise Rinser）和女演员罗特·莱尼亚（Lotte Lenya）都是他的朋友。他的德国太太是一名专业俄语译者。夫妻一起拍摄过情感真挚、激励人心的社会主义纪录片。他们有一个九岁的孩子。

尽管莱维过于挑剔，但他的严密周全也改善了里特的译文。在《这是不是个人》的最后一章中，匈牙利犯人索莫吉在死前发狂地咕哝着纳粹的命令。在这里莱维写道："他的生命完结了"；而里特则译为："他的生命不再延续"。莱维激烈地反对，并解释了原因："当我写道'他完蛋了'，我所指的是索莫吉那缓慢而可怕的死亡挣扎……作为一个永远顺从的人，他只允许自己在对'完结了'说'好的'之后才能死去！"对于即将在一个曾经羞辱过他的国家发行新书的作家来说，这样的一丝不苟是可以理解的。莱维不得不确定他的译本准确地向德国人表达出他想表达的内容。让里特非常生气的是，莱维固执地坚持要把他在奥斯维辛学会的那些粗俗的军旅黑话加在译本中。然而，里特不认为这些第三帝国的军队的野蛮脏话有助于他的译稿：它们意味着将失去德国的普通读者。最终莱维让步了。

1959年11月，当里特的译本进展过半的时候，俄里翁出版公司在英语世界出版了《这是不是个人》。美国人的评论相当油嘴滑舌。《纽约时报》称这本书“值得收藏”，而《纽约先驱论坛报》则更加慷慨地赞扬莱维是“具有极高道德感和勇气的人”（莱维非常看重这句评语，甚至把它从报上剪下来，并翻译成了意大利语）。《星期六评论》承认莱维具有“人性”以及“简练叙事的才干”，但对于他的文学天赋却只字未提。在英国，这本书先由安德烈·多伊奇出版公司（André Deutsch）出版，接着由安东尼·布朗德出版公司（Anthony Blond）再版，并且收到了更高的评价。《新政治家周刊》的戴维·科特（David Caute）称他从未读过比这本书“更精彩的文章”，而《泰晤士报文学增刊》则颂扬道：“这本书的伟大之处在于，人们在阅读它的时候会感到：这本书无法以第二种方式书写出来。这就是真实的艺术作品的不可回避性。”伦敦的《犹太纪事》却是一个例外（尽管承认莱维有着“一个成熟作家的巧妙笔触”），英国犹太人保持了沉默。在希特勒的风暴中幸存下来的英国犹太人并不希望去回忆那残酷的过去。因此，《这是不是个人》在英国并没有形成太大的影响，只获得了少数非犹太裔的热心读者，其中包括演员安东尼·魁尔（Anthony Quayle）。1961年，他在BBC（英国广播公司）家庭服务电台播出了这本书的广播版。

尽管《这是不是个人》在英美开始销售，但几个月后莱维仍没有收到他的样书。他有些生气，并且给他在米兰的经纪人埃里克·林德写了一封信：“我请您尽其所能催促此书的邮递。”林德向莱维保证，这些书已经在路上了——但是，两周之后，莱维仍然没有收到来自纽约的邮包。火冒三丈的莱维在给林德的信中写道：“请您好心告诉我，我的这些书究竟是在何时，以何种方式，邮给了谁？”等到莱维最终收到美国的样书时，他也并不满意：字太小，还有排印错误。

## 11

1960年的新年，莱维在给里特的信中提到了一个“经济奇迹”。这个“意大利奇迹”就是指在汽车生产和美国式消费的推动下极大发展的意大利经济。口香糖、牛仔裤、可口可乐源源不断地涌入意大利社会；先是《西区故事》（*West Side Story*）在都灵的轰动性上演，接着是安迪·沃霍尔（Andy Warhol）在丝质银幕上的亮相。再没有哪部意大利电影，能像费里尼（Fellini）的《甜蜜的生活》（*La dolce vita*）那样鲜明地反映出这个国家那善恶不分、无聊轻浮的酒会。这部电影在1960年红极一时。全意大利的心脏都随着演员马塞洛·马斯楚安尼（Marcello Mastroianni）的表演而悸动。欧莱雅又在SIVA的后面开了一家新厂。法国大使、一名红衣主教和500位鸡尾酒会嘉宾出席了新厂的开幕典礼。当里科·阿卡蒂开着他那崭新的向上开门的梅赛德斯300SL驶过街道时，塞蒂莫托里内塞镇当地的居民都会羡慕地张望。

然而，在南方，在意大利的其他地区，人们却在挨饿。意大利的“经济奇迹”并没有惠及他们。他们开始如潮水般涌向北方，以寻找一处消费者的美好田园。在电视里，都灵人全家乘着菲亚特小汽车或黄蜂牌轻便摩托，带着半导体便携收音机去郊游。这样的电视影像将移民大军引向了都灵。然而，当他们带着他们的硬纸板手提箱到达都灵时，却遭遇了排外主义的排挤和吝啬的接待。这些南方移民的悲惨境遇应该归咎于意大利大肆吹嘘的金融复兴。在对南方人的歧视中，莱维也并不能免俗，把他们看作只会耕地的乡巴佬。到了60年代中期，在都灵的西西里人和卡拉布里亚人的数量已经非常多了。莱维只要在街头听到皮埃蒙特乡音都会惊喜地转过头去。

在5月6日的一封信里，海因茨·里特邀请莱维去东柏林做客（“我的岳父也将非常高兴”）。这次邀请让莱维十分动心，但他说自己近日过于劳累而不适于旅行。在最近的几天里，他每天晚上8点才能到家，又饿又累。“我的全部时间都用在了油漆上了。”莱维已经取得了一种电线绝缘漆“Eposil”的专利。这种绝缘漆专门用于电梯和电动扶梯零件。他还需要为它制订生产计划。此外，在星期一晚上，他还开始在都灵的阿尔菲剧场出席一系列讲座。

从1960年5月11日到1960年6月13日，共有10场讲座，每个演讲者将主题聚焦于墨索里尼压迫的一个不同的方面。每周一晚 9 点举行的这些讲座将成为意大利战后政治论坛的一座里程碑，专注于让年轻一代更深刻地认识到法西斯主义那空洞的信仰和危险。第六位演讲人是作家、前游击队领导人努托·雷韦利。雷韦利身材高大、仪表堂堂。他拥有追求真相的坚定热情，也不缺少讲述真相的勇气。出人意料的是，他的演讲开始于一段自白："我曾经也是一个勇敢的青年法西斯党员。"但是，在苏联那严寒的环境中，法西斯军队的伟大神话就在雷韦利中尉眼前崩溃了。他亲眼见证了意大利军队的土崩瓦解。当雷韦利于 1943 年 9 月 8 日（停战日）回到他土生土长的皮埃蒙特时，那些法西斯将军仍然在大谈战争的荣耀。他的脸因冻伤而毁容。他烧掉了他的军官制服并加入了抵抗运动。雷韦利关于意大利在苏联战役的回忆录《永不回头》于 1946 年出版，是与《西线无战事》齐名的经典作品。莱维读过这本书，并在讲座之后走向雷韦利，以表达自己的敬仰之情。他们之前并没有见过面，却一见如故。他们俩都不是专业作家——环境迫使他们去写作——而且他们都对所谓的"佳作美文"有着本能的反感。他们成了一生的知己。

1960 年 5 月 13 日，莱维寄出了给里特的最重要的一封信。作为一篇发人深省的文章，它将成为德语版的《这是不是个人》的序言：

> 至此我们完工了：我很高兴，对结果感到满意，并感激你的工作。同时，我也感到一丝小小的悲哀。你明白，这是我唯一的一本书，而现在我们已经把它翻译成德语，我感到就像一个父亲看到儿子长大成人，到了离开家庭的时候，而不能再照顾他了。
>
> 但它不仅如此。也许你已经意识到，对我来说，集中营以及去记录集中营，是一种重要的经历并深刻地改变了我，让我成熟，并给予我生活的理由。可能这是一种自以为是：但就在今天，我，囚犯编号 174517，在你的帮助下，能向德国人民倾述，让他们想起当时的所作所为，并对他们说："我活着，而我愿意去理解你们，从而对你们做出评判。"

我并不相信人的一生必然存在明确的目的；但如果我思索我的生活和我直到现在才为自己树立的目标，我认为在它们中只有一个目标是明确而自觉的。而它就是：去做证，让德国人民听到我的声音，去“回应”那个在我的肩头擦手的卡波、潘维茨博士、以及那些绞死尤尔提姆（Ultimo，我在《这是不是个人》中讲述了他的故事）的人，以及他们的后代。

我肯定你并不曾误解我的意思。我从未对德国人民心怀仇恨。而且即使我曾经这样，与你相知也治愈了我的仇恨。我不理解，也不能容忍一个事实，那就是一个人并非因他所作所为而接受审判，而是因为自己所属的团体而受到牵连。我一直欣赏托马斯·曼的作品，并且学会了一点德语。(我是在集中营里学会的!)我知道，德国蕴藏着巨大的价值。德国，尽管当今在沉睡着，但仍然是一片沃土，一张张温床，是欧洲的危险和希望。

他接着写道：

但是，我不能说我理解德国人。现在一些无法理解的因素构成了一种令人痛苦的茫然、一个刺痕、一个永远需要弥补的伤口。我希望这本书能够在德国激起一些回声，不仅是出于个人的野心，也因为这些回声在本质上有可能让我更好地理解德国人……但我受够了这些残酷而含糊的想法。我全心全意地感谢你，感谢你的工作，感谢你在工作中投入的勤奋与热情。

他们那“完美的合作”[26]（正如里特所说），就这样结束了。而莱维会思念里特的来信所带来的精神激励。在《这是不是个人》的翻译中与莱维的合作，让里特充满了一种对其本国人民的“报复”[27]感（正如他后来所说）。莱维在50年代初开始的，对德国以及德国人民的调查研究为他与里特的通信中的转变奠定了基础。在这次通信之后，他不可能再把全体德国人视为道德上的贱民：在思想上对于人类的集体性偏见只属于纳粹的历史。

## 12

8 月，莱维来到了多洛米堤山中的科瓦拉村。当地那令人眩晕的悬崖激励他撰写一部挽歌式的夏日小说以纪念桑德罗·德尔玛斯特罗。以康拉德的中篇小说《青春》为样板，基于莱维本人在巴多内基亚山上差点丧命的经历，《熊肉》讲述了一群愚蠢的年轻人到高山上野营却快被冻死的故事。与这些年轻人形成鲜明对比的是"卡洛"（桑德罗·德尔玛斯特罗），一个食熊肉、战寒风的钢铁般的能干青年。（"熊肉"是德尔玛斯特罗想象出的一种登山应急食品。"比我们现在的遭遇更糟糕的是我们不得不吃熊肉。"他常在雪山之上对莱维这样说。）距离德尔玛斯特罗遇害已经过去四分之一个世纪了，但莱维的悲痛并没有停息。

莱维为了到意大利的海滨度假胜地与让·萨米埃尔第三次重聚而中断了《熊肉》的写作过程。《这是不是个人》的法语版《我是一个人》（*J'étais un homme*）将在 1961 年年初在法国出版。而莱维将一本样书预先送给了萨米埃尔。仅就此译本的题目而言，就已经与全书的主题背道而驰，而整个译本更是各种错误的大杂烩。莱维在送给萨米埃尔的书的赠言中也"为此书的翻译质量不佳而抱歉"。他曾经试图阻止法语译本的出版，并销毁所有已经印出的图书，却没能成功。当时的法国仍然是一个不愿意面对历史的国家——羞于承认自己曾经与纳粹同流合污，将 75000 名法国犹太人投入了灭绝营。在这样的一个国家里，莱维会遭受冷遇就毫不奇怪了。莱维在《尤利西斯之歌》中对让·萨米埃尔那半虚构的描写方式让萨米埃尔大吃一惊，却并没有令他生气。他从来没像莱维所写的去过意大利的利吉里亚地区，也没有"跨海扬帆"去过任何地方。大多数作家都会根据自身经历给现实素材植入新的灵魂。而莱维深知，将生活归纳成文字时会失去某些东西——所以他将萨米埃尔描写得比真实的他更鲜明生动。

1961 年 2 月，《这是不是个人》的德语版《这是不是个人？》（*Ist*

*das ein Mensch*?，莫名其妙地在标题之后加了问号）登上了德国各大书店的柜台。印量高达5万册——位于法兰克福的出版商希望此书能够热销一空。在封面上有着试探性的评语："给所有人的好书"（Das gute Buch für jedermann）。新书发布的时机是完美的。阿道夫·艾希曼即将在耶路撒冷受审。1960年的圣诞节前夜，奥斯维辛的指挥官理查德·贝尔（Richard Baer）也在巴伐利亚被捕。对这两个纳粹分子的审判让普里莫·莱维的新书变得广为人知。而且，尽管相关的书评数量不多，但也有19篇相当中肯的书评。其中一些开着神经兮兮的玩笑："这是一个人吗？没错。普里莫·莱维是一个人"（Ist das ein Mensch? Ja! Primo Levi ist ein Mensch）；还有一些则是泛泛的含糊之辞。一家奥地利女性杂志称赞了"普里莫·莱威（原文如此）"的"指控"。汉堡的开明刊物《时报周刊》（*Die Zeit*）给出了最精彩的评价，虽然有些啰唆，却总结得相当深刻："没有其他亲历者能像普里莫·莱维这样在德国如此一针见血地指出纳粹体系内在的令人难以想象的嗜血和残忍。"很快售出了两万多本书。德国作家、诺贝尔文学奖获得者君特·格拉斯（Günter Grass）回忆起莱维的书在1961年留给他的"痛苦印象"[28]。在里特翻译此书之前，德国人从未读到过对纳粹集中营如此生动而动人的叙述。《这是不是个人》在德国的出版是欧洲文化史上一个极为重要的时刻。

在60年代初的那段时间里，普里莫·莱维是与德国年轻一代最直接对话的作家。卡尔-海因茨·米尔克那十几岁的女儿布丽吉特（Brigitte）就是莱维的新读者中的典型。布丽吉特越想了解自己国家的过去，她的父母就越是漠视她那些难以回答的问题。最后，她的父亲承认他有一位意大利同事，普里莫·莱维，"他的脸上有着'Konzentrazionlager'（缩写为KZ，德语的意思是集中营）的痕迹"[29]。布丽吉特一开始并不明白父亲的意思，直到她读了莱维的书：从此，她把莱维称为"KZ人"。成百上千像她一样的德国青年，有时候是整个班级，给莱维写信，抱怨学校中那含糊其辞的历史课程。那是考验德国人良心的艰难时期。慕尼黑的一名学生给莱维写了一封"发人深省"[30]的信，向他介绍战后的德国。于是莱维给她回了信，提出了一些具体的问题。她寄出一张明信片作为回信，答应他"尽快"回答他的问题。

一个月后，莱维收到了这个女孩长达23页的详细回答，几乎是一篇论文。“我没有足够的时间把我想对您说的都写下来。”这其中有着德国人著名的“Gründlichkeit”（基本主义，深挖问题的根本原因）——莱维相信正是德国人的这种素质才让奥斯维辛得以存在，才让纳粹能够沿着苏联人的铁路线高效率地建立起一个又一个集中营。几乎所有德国的来信都表达了对《这是不是个人》的赞赏，只有一封来信试图为希特勒辩护。莱维为此写了一封“措辞严厉”的回信，却并没有寄出。他定期销毁一部分读者来信，以防止信件积压过多。但每一封德国人的来信都被他保留起来。他的想法是有一天能把它们结集出版成书。25年来，这些信被保存在书架上的一个个深绿色的文件夹中。之后，在莱维出版的最后一本书《被淹没与被拯救的》中的《德国人的来信》一章中囊括了部分信件的内容。

## 13

1961年8月20日，欧洲史上一个黑暗的日子。当时，莱维一家正作为海因茨·里特和他母亲的客人，来到联邦德国巴伐利亚的度假胜地埃塔尔（Ettal）做客。那一天，民主德国警察开始封锁柏林分界线，并开始在分界线上搭建铁丝网。数以千计的东柏林居民试图逃离苏联控制区，有些人甚至从楼上的窗户跳过铁丝网。正在巴伐利亚的里特，不得不立即决定他和家人们是留在联邦德国与母亲同住，还是回到东柏林的“新高压地区”[31]（他的原话）。他们最后选择留在联邦德国。尽管发生了这一令人痛心的事件，但里特仍然非常热情地欢迎了莱维一家。“太好了，”30年后他回忆道，“我们在相同的‘波段’，而且都兴致很高。”[32]在陪同莱维参观埃塔尔的古迹期间，里特大声宣布他不喜欢这个镇上那臭名昭著的充满反犹主义色彩的耶稣受难剧。莱维喜欢他那热情的陪同。不过，因为怕犯错误，他不愿意对他说德语（只说意大利语）。在这次情感的交流之后，他们没有再见过面。里特在那不勒斯海岸附近的普罗奇达岛（island of Procida）度过了晚年。“德国人过于轻易地服从命令，而意大利人有着人道的美德。”[33]他于1997年1月2日逝世，终年77岁。

回到都灵后，莱维给他的德国读者回了信，然后开始撰写更多的科幻小说。他的心情不错，他的新故事中掺杂着快乐、忧郁、还有一些讽刺。坚定的保守派内政部长马里奥·谢尔巴（Mario Scelba）是莱维的讽刺对象之一。1954 年莱维从布痕瓦尔德回到都灵时，谢尔巴的内政部就以他在没有合法文件的情况下进入苏联控制区的名义查扣了他的护照。莱维在如奥威尔式幻想的《比蒂尼亚省审查制度》中讽刺了谢尔巴的政府报复行为。（内政部那臭名远扬的机动部队，或称为机械化防暴警察，在这部小说中被改编为“比蒂尼亚省武装力量”。）到 1961 年年底，莱维已经准备好向埃诺迪出版公司提交六篇科幻小说了。

埃诺迪出版公司最得力的编辑伊塔洛·卡尔维诺同意审阅这些手稿，看看它们究竟能否出版。莱维也把自己向桑德罗·德尔玛斯特罗的康拉德式致敬之作《熊肉》，以及一批奥斯维辛短篇小说交给了卡尔维诺。这些五花八门的稿件表明莱维还没有决定自己作为一名作家的发展发向：是科幻小说？还是战争回忆录？人们常常会质疑，如果没有经历过奥斯维辛，莱维是否能成为一名作家。不过，在被投入集中营之前，他就撰写过大量的诗歌、两篇讽喻式小说（后分别成为《元素周期表》里的《铅》和《汞》），以及一篇“平庸的阿拉贝斯克式小说”（现已遗失——显然是一篇威尔斯式的时间旅行小说）。如果没有集中营的“刺激”，莱维到底会成为什么样的作家？对于这个问题，莱维自己的回答也是困惑而矛盾的。他也许会成为一位“极为平庸的作家”，甚至“失败的作家”，也许会成天撰写那些无聊的聚氟乙烯学术文章。奥斯维辛为他提供了“现成的”素材，他在 1986 年这样告诉我。

作为一位孤独的质疑者，卡尔维诺极为钦佩莱维。他是哈瓦那一位植物学家的儿子，曾经在都灵大学研究农学，后投身于文学创作。在 1984 年，我对卡尔维诺的一次采访中，他把莱维称为他的“同胞弟兄和灵魂伴侣”[34]。他说他嫉妒莱维的理科背景。尽管如此，他对于莱维送来的稿件的印象却并不好。在 1961 年 11 月 22 日他写给莱维的一封长信中，他提到这些短篇小说读起来过于粗糙，还需要进一步润色。与豪尔赫·路易斯·博尔赫斯（Jorge Luis Borges，其作品于 1955 年在意大利出版）的未来主义小说相比，莱维的作品只是苍白的阴影。不过，莱维的一两部小说还是给卡尔维诺留下了深刻的印象。“我非常喜欢你尝试用康拉德式史诗的手法来描写登山的故事。”[35] 还有一篇名为《人类之友》的寓言，讲述了人们看到肠道寄生虫在作诗的故事。卡尔维诺认为这篇三页的短篇小说是如伊索寓言般结构紧凑的奇文。但这些故事不能结集成书。“你愿意为我写一篇童话吗？”

在卡尔维诺的退稿的刺激下，莱维重新捡起了为《这是不是个人》写一部续篇的计划。在 1961 年一场作家集会上，他找到了完成这个计划的动力。都灵地方法官、民权运动领袖亚历山德罗·加兰特·加罗内邀请莱维参加圣诞酒会。在同一年早些时候，莱维发现当年为奥斯维辛建造焚尸炉的德国工程企业托夫父子公司（Topf & Sons）正在为一种用于民间殡仪的“全新的”“改进型”焚尸炉展开宣传攻势。（这家公司甚至都没有更改公司名称。）出于愤慨，莱维恳求加罗内在《邮报》上发表文章。而加罗内则通过一篇强有力的报道，将托夫公司的不义公之于众。从此之后，莱维与加罗内成了挚友。（不用说，托夫公司并没有回应加罗内的文章。他们只关心如何有效地处理尸体。）在酒会上，加罗内让莱维为全体来宾讲述他离奇的回国经历。在此之前，莱维已经将这段故事讲得烂熟——完美得近乎于虚构。在一个磕磕巴巴的开篇之后，他的讲述渐渐流利起来，充满了特别的冷笑话，宾客们很快都听得入了迷。有客人指出，《这是不是个人》结尾过于突然，让读者为作者接下来的遭遇感到好奇。莱维反驳说，作为文学界的一个规律，当作者的第一本书大卖时，他的第二本书往往会失败。无论如何，虽然他对第二本书已经胸有成竹，但他怀疑它能否像第一本书那样取得辉煌的成功。但加罗内的鼓励是决定性的（莱维的原话）——在那个冬夜，在加罗内位于都灵官邸对面的公寓里，莱维坚定了完成《休战》一书的决心。

## 注释

1 “纳粹的时代一去不复返了，”：1992 年 9 月 28 日，作者从欧索里娜·费雷罗口中得知阿卡蒂说过这段话。

2 “我们可不能把德国人放在火叉上。”：《神秘丛书》（*Libri segreti*）中的漫画。

3 “一切都是因为……”：1992 年 5 月 26 日，加布里埃拉·波利告诉作者。

4 “要是你不喜欢……”：1992 年 7 月 13 日，保拉·阿卡蒂向作者描述了里科·阿卡蒂的这段话。

5 “对质时刻”：《莱维全集》第二卷，p.1125。

6 “我叫莱维。……”：普里莫·莱维告诉作者。
7 “唯一能听到的……”：1995 年 5 月 6 日，路易莎·阿卡蒂告诉作者。
8 “阿卡蒂！……”：威利·丁瓦尔德告诉作者，采访日期不详。
9 “残酷的友情”：1967 年 9 月 24 日，普里莫·莱维写给海蒂·施密特-马斯的信。
10 “一头野猪”：1995 年 5 月 6 日，路易莎·阿卡蒂告诉作者。
11 “耸人听闻”：《莱维全集》第一卷，p.1113。
12 “亲切的居家建议”：1967 年 11 月 2 日—8 日，普里莫·莱维写给海蒂·施密特-马斯的信。
13 “……纪念女儿的五岁生日……”：普里莫·莱维告诉作者。
14 “他在场的时候，……”：1993 年 11 月 19 日，艾丽卡·斯克罗波告诉作者。
15 “嘲笑那些无法……”：1995 年 6 月 5 日，劳拉·费洎向作者描述了普里莫·莱维说过的这段话。
16 “直到现在，……”：1994 年 1 月 15 日，艾丽卡·斯克罗波告诉作者。
17 “感谢上帝创造了 ASA-3！”：1993 年 2 月 13 日，弗朗西斯科·科德罗向作者描述了普里莫·莱维的这段话。
18 “神秘莫测的微笑”：1992 年 9 月 28 日，欧索里娜·费雷罗告诉作者。
19 “弗兰吉娜，你的妆花了。”：1993 年 3 月 1 日，弗兰卡·坦比尼向作者描述了普里莫·莱维的这段话。
20 “这个译者是个叛徒。”：普里莫·莱维告诉作者。
21 “刻薄而傲慢”：1993 年 4 月 1 日，斯图尔特·伍尔夫告诉作者。
22 “我现在明白……”：同上。
23 “如今那份荣耀……”：1995 年 11 月 15 日，霍华德·S. 格林菲尔德在信中告诉作者。
24 “粗鲁”：《莱维全集》第二卷，p.1126。
25 “极为聪明”：1983 年 4 月 15 日，普里莫·莱维写给露丝·费尔德曼的信。
26 “完美的合作”：1992 年 7 月 31 日，海因茨·里特告诉作者。
27 “报复”：同上。
28 “……痛苦印象”：1995 年 4 月 27 日，君特·格拉斯告诉作者。
29 “他的脸上……”：1995 年 12 月 8 日，布丽吉特·米尔克向作者描述了卡尔-海因茨·米尔克博士的这段话。
30 “发人深省”：普里莫·莱维告诉作者。
31 “新高压地区”：1992 年 7 月 31 日，海因茨·里特告诉作者。
32 “太好了，……”：同上。
33 “德国人过于……”：同上。
34 “同胞弟兄和灵魂伴侣”：1984 年 4 月 4 日，伊塔洛·卡尔维诺告诉作者。
35 “我非常喜欢……”：卡尔维诺，《其他丛书》（*Ilibrideglialtri*），p.383。

# 十七

# 文坛成名

（1961—1966）

## 1

从 1947 年起，莱维就已经有了撰写《休战》的打算，但在第一部作品受到了巨大的质疑之后，他就放下了撰写此书的计划。直到 1961 年年初，他才拥有充足的自由时间和勇气开始写作。撰写《休战》一书时恰逢莱维一生最宁静的时期。虽然在家中常常会发生不快，但他身边簇拥着众多朋友和崇拜者，至少在都灵，他享有完美的名誉。莱维也开始在文学界结交大量的新朋友。他不喜欢那些自我意识强烈的“创作型”作家，而是选择那些从事其他职业的兼职作家。莱维喜欢将自己看作一个故事讲述者，正如一个手艺人，而不是“作家”或“文学家”——那些在意大利沙龙和媒体圈中飞舞的文学孔雀。

他在工厂的工作并非无趣。在 1961 年年初，米兰的一次关于环氧树脂的会议上，他遇到了意大利涂料业期刊《油漆与涂料》的编辑安娜·玛丽亚·赞布里尼（Anna Maria Zambrini）。他们成了朋友。在 11 月的一天中午，他们开着赞布里尼的菲亚特 500 型小汽车，穿过浓雾，来到米兰的一家餐馆。她取笑莱维：“跟我说实话——今天是不是奥斯维辛之后你最可怕的经历？”[1] 她的话并没有让莱维生气。他微笑着对赞布里尼说：“差不多。”赞布里尼回忆，当时他的心绪快乐而宁静，如商人般的高效。莱维仍然享受工业化学的挑战。一个客户要求订购一种油漆，用来涂在横渡大西洋的轮船的散热器上，以防海上那富含盐分的潮湿空气的侵蚀。莱维热爱任何处理“顽固物质”的难题和挑战。但同时，在 60 年代，他开始感到厂里的工作对他的文学野心的妨碍。他不满意在 SIVA 的生活，梦想早日退休——他希望拥有没有打扰、专心写作的日子。

莱维在一本橄榄绿色封面的学校练习册上开始了《休战》的写作。他没有预先确定完成各个章节的日期，以及它们的长度。这部续篇将与他的第一部作品拥有相同的长度：十七个章节。但是，在这部新书里，莱维不再描写那个肮脏、悲伤和恐怖的地狱，而是描写离开集中营之后的苦难遭遇。他描写自己的亲身经历，正如他在 14 年前撰写《这是不是个人》一样。但是，不管《休战》中的情节多么接近事实，这部书中仍然处处充满虚构的情节。在《这是不是个人》中已经有了一些虚构的成分，像“皮耶罗·松尼诺”就是根据罗马小贩莱洛·佩鲁贾虚构出来的形象（“松尼诺”在 1944 年 4 月出现在书中，比佩鲁贾进入奥斯维辛的真实时间早两个月），而真实生活中的格吕克斯曼变成了“斯坦罗夫中士”。但他的第二本书有着更为精巧的文学人物塑造：这是莱维第一次有意识地把他所经历的原始素材转变为文学。因此，《休战》是他写作生涯的一个里程碑。

这本书不仅仅是一部记叙性的回忆录。莱维将精妙的虚构情节，充满寓意的游历之路，欧洲大陆道德文章的传统，以及最重要的，荷马笔下《奥德赛》的模式，统统糅合进他的故事之中。从一开始，莱维就想描写一段离奇的归国之旅——如《奥德赛》这部英雄史诗一样，充满了种种厄运的旅程。荷马的《奥德赛》——它在一个充满着坷坎旅程和醇馥美酒的具体世界中展开故事的手法——让《休战》的每一页变得丰富多彩。

《休战》中的很多章节是在切萨雷·莱维的旧书房里写就的。在那里摆放着两千多本书籍。在写作时，莱维常常查阅这些书籍。其中一本书对《休战》产生了惊人的影响：拉约什·齐洛希的《两个囚徒》。在他幼年时读过的这部匈牙利小说中，莱维找到了嗜爱伏特加的哥萨克骑兵、犹太人和土耳其商贩以及集中营里德国和意大利囚犯的原型。这本书中那粉碎了国际人道主义精神的西伯利亚中转营，“悲惨之屋”，成了莱维在《休战》中描写的卡托维兹中转营的原型。

## 2

每天，莱维在工厂里要工作 10 个小时，他因为过于疲劳而无法写作了。他说自己需要长时间的休息，才能逐渐披上作家的“外衣”[2]，而把工厂抛在脑后。即使在那之后，他也不得不把自己与书桌“拴”在一起。伦佐，现在已经 4 岁了，而丽莎也已经 13 岁。他们抱怨在家里总是看不到父亲的身影。而他们想念他。写作让莱维有时感觉自己是家中的一个陌生人。他在周末和公共假期也坚持写作：这是作为一名作家、作为家中的经济支柱所不得不付出的代价。露西娅在最初搬进翁贝托国王大街75号时所感到的不快已经消退了，但她与婆婆之间的关系仍然很紧张。14年过去了，露西娅已经接受了要在埃丝特尔的房子里把子女抚养成人的命运。但她一定对丈夫心存怨恨——因为他似乎更在乎他的母亲，而不是她。莱维的这种显而易见的背叛无疑促使露西娅不断猜疑莱维的朋友们。

到1962年初秋，《休战》几乎已经完成。莱维说，这本书的写作大约占用了“三百到四百天”[3]。而他知道自己写出了一部不同凡响的作品。书中有着精彩的喜剧、闹剧、旅行、年轻人之间的爱情以及苏联那广阔无垠的大地。莱维喜欢说，如果说《这是不是个人》在一个黑白世界中，那么《休战》就放射着七彩的光芒，处在一个彩色电影的世界。（这工整的对比，最先出自于娜塔丽亚·金兹伯格的兄弟，阿尔贝托·莱维。）满怀着成就感，莱维把手稿交给了他在埃诺迪出版公司的新编辑达妮埃莱·蓬基罗里（Daniele Ponchiroli）。

蓬基罗里是一个严肃的人，忠于他的作者，并且在工作中怀着一颗爱书之心。他出身于曼图亚的一个农民家庭，现在已经成为埃诺迪出版公司中的铁腕人物。不过，他的举动明显异于常人，不惜绕路以避开都灵的各大广场——他是一个恐旷症患者。在伊塔洛·卡尔维诺的《如果在冬夜，一个旅人》（*If on a Winter's Night a Traveller*）中，将蓬基罗里塑造成专注的出版商“卡维达尼亚”先生。像莱维一样，蓬基罗里拒绝把文学仅仅视为沙龙中消遣的珠宝（这种观念在意大利仍然盛行）。在他的编辑工作中，接触到许多从事兼职写作的博士、工程师和生物学家。其中包括都灵的病理学家洛伦佐·托马蒂斯（Lorenzo Tomatis）。他撰写了日记体小说《实验室》（*The Laboratoy*），描写了一位肿瘤专家在芝加哥的胜利与失落。莱维说，托马蒂斯是一个“独一无二”[4]，甚至是“革命性”的作家，他的作品让许多所谓的“文学作品”羞愧。

蓬基罗里负责的另一位作家是无与伦比的纪实文学作者马里奥·里戈尼·斯特恩。他并不是一名专职作家，而是像莱维一样，有着亲身经历的故事要讲述。在“二战”中，他作为一名士兵在苏联作战。《雪中军士》是他对自己亲身经历的记述，成了现代意大利的经典名著。卡尔维诺将其与古典文史学家色诺芬的作品相提并论。他新出版的小说《松鸡森林》同样给莱维留下了深刻的印象：它那简洁的行文，猎人与野狗，如杰克·伦敦式的情节，让莱维急切地想要了解里戈尼·斯特恩生长的阿夏戈高原（Alto Asiago）——位于阿尔卑斯山与亚德里亚海之间的一片苦寒高原之地。1962年9月21日，莱维给里戈尼·斯特恩写了一封充满赞美之辞的信。他不知道里戈尼·斯特恩是否知道他的名字，但他将这位素未谋面的作家看作他的亲人：

> 您的新书为我带来了久违的快乐。我相信，它将作为一部重要作品，在意大利文坛占有一席之地。这个时代是这么缺乏充满生活气息的故事以及《野性的呼唤》的精神。我坚信，您有着最真诚、最严肃的写作风格，言简意赅，让文字更具有诗歌的效果。[5]

在回信中，里戈尼·斯特恩建议他们可以一起去阿夏戈的高山上露营。这个邀请让莱维非常高兴，并寄给里戈尼一篇《熊肉》作为答谢。他请他不要太快对这篇小说做出评判：“就像朋友们围坐在篝火边聊天一样接受它吧。”这是莱维最重要的文学友谊。它立刻扎下根去，并延续了四分之一个世纪，直到莱维逝世。莱维对里戈尼·斯特恩的钦佩之情也是因为里戈尼是一个远离文学沙龙和文学派系的特立独行者。他也钦佩里戈尼·斯特恩那实用主义的机谋：里戈尼的坚韧，让他能够在荒野中得以幸存。随着时间流逝，莱维的妹妹说，他渐渐“真的爱上了”[6]这个男人。最终，里戈尼成了另一个德尔玛斯特罗，在莱维人生中一个如岩石般可靠的形象。

## 3

完成《休战》之后，莱维开始给他的读者们回信。到1962年，他接到来自欧洲各个角落的来信，而他（像许多他的同辈人一样）一丝不苟地为他们回信。反纳粹先锋阿尔布雷希特·格斯（Albrecht Goes）把他的一本小说《燃烧的祭品》（*Das Brandopfer*，在德语中意味着“浩劫”或“大屠杀”）寄给了莱维。这本小说重申了莱维的观点——种族灭绝这样的滔天罪行，只能由“亲身经历”的人们来讲述。到当年年底，在鹿特丹的一位不出名的作家，埃兹拉·本格尔索姆博士（Dr. Ezra BenGershôm）把自己的书的初稿寄给了莱维。本格尔索姆是一位生物学家。在读了《这是不是个人》之后，他感到急需与莱维取得联系。他在柏林出生并长大。“二战”期间，他毁掉了自己的犹太身份证，穿上一套希特勒的青年军制服，并利用一个雅利安人的化名留在柏林。最终，他偷偷登上了一艘开往巴勒斯坦的土耳其船。这篇卓别林式的生存史诗打动了莱维。他为本格尔索姆写了一封鼓舞人心的信：“我请您写出您的故事：您必将取得成功。”[7] 莱维发现优秀的“非专业”作家的天赋是独一无二的，而本格尔索姆将是他发现的众多后起之秀中的第一个。

1962 年 11 月，在埃诺迪出版公司的编辑会议上，莱维的书受到了达妮埃莱·蓬基罗里的称赞：“哪怕它缺乏他第一部作品的感染力和紧张气氛，但它富于吸引力，并永远充满人性。”[8] 不过，为了说服同事们，蓬基罗里不得不解释“非专业作家”的意思。埃诺迪出版公司的大多数编辑认为莱维作为一个化学家，有些缺乏魅力。这本书的标题，“休战”，是由莱维的工程师朋友乔治奥·拉特斯（大乔治）起的。他在都灵郊区经营着一家镀铬厂。他故意为此书取了一个模棱两可的书名，暗示莱维充满欢乐的归国旅程只是一个短暂的间歇，一次不稳定的休战，生活的残酷很快又会接踵而至。此书于 1963 年 6 月出版，就在披头士乐队发行第一张专辑《请取悦我》（*Please Please Me*）的几个月之后。

一些精彩的书评将莱维置于当代意大利作家的前列。一些批评家称《休战》可以与埃诺迪出版公司刚刚出版的索尔仁尼琴的《伊凡·杰尼索维奇的一天》相媲美。另一些批评家则怀疑书中有巨大的虚构成分，而他们是对的。莱维把他最近在为 SIVA 工厂出差的途中听到的一个故事加进了书里。在法兰克福的一家老人院里住着一位老人，她在 1938 年给希特勒写了一封信，恳求他能停止战争。这个故事表现出了非凡的勇气。而莱维几乎原封不动地将它融入到《休战》之中。

伊塔洛·卡尔维诺将《休战》与普希金、果戈里的名著相提并论，而许多意大利批评家和作者则注意到俄国对这本书的影响，包括托尔斯泰和伊萨克·巴别尔。不过，尽管此书对“俄罗斯母亲”（Mother Russia）进行了美好的描写，但苏联却并不喜欢它。至今，它仍然未被翻译成俄语。一名莫斯科的批评家，在阅读了意大利语版的《休战》之后，抱怨莱维不过是描写了“陀思妥耶夫斯基笔下的那个古老的、一成不变的俄国”。他笔下所塑造的蒙古哨兵和穿着羊皮袄的西伯利亚人都显得傲慢而公式化：“莱维根本没有尝试去观察新的苏维埃俄罗斯，他甚至根本没有尝试去理解法西斯主义的惨败给予我们的历史教训。作者所描写的只是传统的俄罗斯形象——我们人民的俄罗斯性。”[9] 这位评论家说到了点子上。《休战》中的苏联人，生来就带着根深蒂固的懒散习气，正像冈察洛夫（Goncharov）的反英雄式小说《奥勃洛莫夫》中那懒散成性的主角奥勃洛莫夫。总之，莱维赋予他们的是暴躁的情感和傲慢的态度。同时，在社会主义的保加利亚，《休战》却受到了高度赞扬。总部位于保加利亚首都索菲亚（Sofia）的《犹太新闻》（*Yevreiski Vesti*）赞扬此书是一部“人性的”[10] 作品。

《休战》在意大利的销售超出了莱维的预期。在出版后的第一个月里就卖出了4万本。这是有原因的。莱维是第一个从内部描写战后苏联的欧洲人。意大利人对于描写混乱的“红熊”、苏联人民以及他们不屈不挠的精神的文字充满了巨大的好奇心。在当时的意大利，只有《休战》有助于治愈冷战的敌对主义，让意大利民众忘却黑暗的战后岁月的政治分裂。事实上，在《休战》出版的同时，喜欢微笑的约翰二十三世教皇也发表了他那著名的通谕《地上和平》（*Pacem in Terris*），打开了天主教世界与马克思主义世界之间的通话道路。欧洲正在改变，而莱维的书正赶上了人们的情绪。

## 4

在阿夏戈度假期间，马里奥·里戈尼·斯特恩一口气读完了《休战》。此书令人着迷的情节，与意大利其他同类书籍完全不同。这都给里戈尼·斯特恩留下了深刻的印象。大多数意大利战争回忆录都是指导这场浩劫的将军们所撰写的自我开脱之作。

这两个人没有去露营，而是在都灵见了面。温文尔雅的伊塔洛·卡尔维诺在埃诺迪出版公司位于彼安卡曼诺街的新办公室里为两人做了介绍。在一番客套之后，他们驱车前往普拉蒂咖啡馆小酌儿杯。在外表上，里戈尼·斯特恩让人想起普雷尔香烟盒子上的船长，一个头发斑白、留着络腮胡子的男人，清瘦、并不太高。他比莱维小两岁，已婚，没有孩子，羞涩而有些笨拙。他最愿意做的事是在阿夏戈砍木头或养蜜蜂。尽管他们之间有着许多不同之处，这位真挚的罗马天主教徒和这位有修养的犹太人发现他们之间也有许多相同之处，尤其是都不信任那些所谓的“全职作家”。

在莱维看来，里戈尼·斯特恩能活下来简直是个奇迹。他在法国、阿尔巴尼亚和苏联都上过前线，但都活了下来。1943 年，他从土生土长的阿夏戈被驱逐到西普鲁士。在那里，他受到了匈牙利党卫军的虐待。后来，他又被错当成法西斯间谍，差一点被英国人处死。在战争结束后，1945 年 5 月 9 日，里戈尼回到了意大利，身上满是冻疮，精神近乎崩溃，眼前总是浮现出苏联大地上阵亡的战友们的身影。莱维发现里戈尼·斯特恩是一个非常好的同伴，能够把自己在战争中遭受的苦难转换成有趣而生动的故事。不过，里戈尼·斯特恩却注意到，虽然莱维能栩栩如生地讲述奥斯维辛，却很少提起自己的妻子和儿女。这是因为莱维天生的含蓄，更因为他坚信（在他这一代人中，很多人有着同样的想法）不要在朋友面前谈论自己的妻子。

## 5

莱维，像大多数作家一样，让生活看起来比它实际上更有趣。在为自己辩解时，他引用了托斯卡纳人的谚语：“不加佐料，故事不美。”因此，在《休战》中，莱洛·佩鲁贾化身为高于生活的小贩“塞萨尔”。他那追求虚荣的寻花问柳与莱维自身一丝不苟的严谨和对异性的羞怯形成了鲜明的对比。在很多方面，莱洛是威廉·莫里斯（Winlliam Morris）笔下所描绘的“诡诈的”

尤利西斯：一个多智的主人公、靠头脑为生，同时也是一个善良的骗子。莱维怀疑，要是莱洛发现了他在书中虚构的形象会很生气，并为扰乱了朋友那刚刚建立起来的幸福生活而感到一丝内疚。在罗马，莱洛成了一名成功的会计，并且已经成家。1963 年 6 月 10 日，莱维鼓起勇气给他写了一封信：

> 说实话，我早就想寄给你一本书，但我有点犹豫，因为书中的一个形象与你有关。我担心你也许会生气。最后的评判完全取决于你。但请记得：（1）我描写塞萨尔的文字，赋予他的冒险经历是经过文学创作和修改的，并且，在一定程度上，是虚构的；（2）在与我交流过的所有读者中，以及迄今为止在报纸登载的全部书评中，这个塞萨尔（谁知道为什么呢？）都被认为是一个相当亲切的形象。[11]

正如莱维所预料的，《休战》让莱洛大为生气。两位好友从此断交多年。当然，“塞萨尔”是以轻松的喜剧精神来构思的——他的荒谬并非来自沉闷的现实主义，而是来自莱维自身富有创造精神的情节展开。但莱洛并不这样看。“他对我太过严厉，”莱维回忆，“他抱怨说，如果我敢于正视事实，《休战》会成为一本‘重要得多’的书。”[12] 在后来（1980）写给佩鲁贾的信中，莱维写道：“事实上，有一个作家朋友是危险的。”

如果说《休战》激怒了佩鲁贾，那么法国人保罗·斯坦伯格则受到了莱维文字的巨大侮辱。虽然斯坦伯格自己也承认，在集中营里，他完全不顾其他犯人的死活——只有这样做，他才能在集中营里活下来。但是，莱维把他转换成《这是不是个人》中那低贱的、只会阿谀奉承的小人“亨利”，还是让他大吃一惊。那“亨利”与斯坦伯格是同一个人吗？斯坦伯格在进入集中营时还不到 17 岁，而这个半虚构的“亨利”则为 28 岁。也许莱维认为把斯坦伯格那世故的玩世不恭放在一个更年长的人身上才显得更加可信。莱维还歪曲了这个法国人的性取向——他把他比喻成意大利画家乔万尼·“索多马”·巴齐（Giovanni‘Sodoma’Bazzi）在 1527 年创作的被箭刺穿的“圣塞巴斯蒂安”——塞巴斯蒂安，当然，是同性恋者钟爱的一个圣徒。

## 6

1963年上半年，莱维受到的文学赞誉日隆。7月，他刚回到SIVA日常的苦差事中，就传来了一个大大的好消息。《休战》入选了意大利斯特雷加文学奖（Strega Prize）的提名名单。这是被众多意大利作家觊觎的大奖，以往的获奖者包括切萨雷·帕韦塞和撰写了《豹》一书的西西里贵族作家朱塞佩·迪兰佩杜萨（Giuseppe di Lampedusa）。颁奖典礼将于7月4日在罗马举行。莱维前往罗马，住在他妹妹位于罗马鲜花广场（Campo dei Fiori）的公寓里。安娜·玛丽亚大约在15年前离开都灵，离开了翁贝托国王大街75号那拥挤的公寓，变成了一个世故而富于魅力的女人，喜欢在家中组织朋友和艺术家举办社交聚会。在妹妹的公寓里，莱维发现能够摆脱惯常的拘束，在热情的罗马人中保持轻松自在。安娜把她的哥哥介绍给罗伯托·瓦卡（Roberto Vacca），一位性格外向的罗马作家和信息技术专家。瓦卡是一个英俊的男人，声音洪亮（他会说流利的中文）。两个人相处非常融洽：瓦卡，像莱维一样，对新兴的大众传播工具为我们的生活构建的新秩序兴趣十足。

晚上，莱维来到罗马那豪华壮观的朱利亚别墅参加斯特雷加文学奖的颁奖典礼。在餐桌上，他身边坐着电影明星马塞罗·马斯托依安尼和他的导演米开朗琪罗·安东尼奥尼（Michelangelo Antonioni），以及罗马的各种名流贵胄。在一片珠光宝气之中，莱维承认感觉自己就像个“火星人”[13]。他是进入斯特雷加文学奖最终角逐的三位作家之一。另两位是恐怖幻想文学作家托马索·兰多尔菲（Tommaso Landolfi），以及莱维的老对头和朋友娜塔丽亚·金兹伯格。金兹伯格的半自传体小说《家庭絮语》（一本莱维极为钦佩的书）最终赢得了斯特雷加文学奖。以爱发牢骚闻名的罗马小说家阿尔贝托·莫拉维亚为莱维鸣不平。绚烂的焰火表演标志着盛大的招待会与自助宴会的开场。但莱维想回到妹妹的公寓。“我真受不了这些客套，”他悄悄对他的工会朋友维托利奥·福阿说，“我们溜走吧。”[14]尽管莱维不喜欢这些颁奖仪式，但《休战》那日渐高涨的文学声誉和销售数据标志着他在意大利的声名鹊起。而且，随着收到的赞誉越来越多，莱维也感到有足够的信心去尝试其他文学题材的写作了。这些题材已经在他心中酝酿了很长时间。莱维告诉记者，他已经完成了关于集中营题材的写作计划（“肯定不会有更多的文字了”），而他计划写一本关于科研和化学专业的书。“我们都了解妓女（指阿尔贝托·莫拉维亚的罗马题材小说）和流浪儿（指帕索里尼关于罗马下层社会的色情小说），但很少有人了解化学家。从来没人写过关于化学家的故事。”[15] 在《元素周期表》出版 11 年前，它就已经开始萌芽了。

## 7

8 月假期，莱维随家人去了丹麦。在哥本哈根，他们拜访了弗莱明·波尔特一家（朋友的朋友），随后去游览了这座城市的港口，远眺天边的桅杆。已经上学的小伦佐像莱维年幼时一样害羞（据波尔特先生说，“极为羞怯”[16]），但这次假期似乎相当成功。在哥本哈根，莱维得知《休战》不仅赢得了意大利的阿普阿内山奖（Alpi Apuane Prize），而且进入了举足轻重的坎皮耶罗文学奖（Campiello Prize）的提名名单。他担心接受前者的奖项会危及赢得后者的机会，于是拒绝接受阿普阿内山奖。坎皮耶罗文学奖已经渐渐成为浮华炫艳的斯特雷加文学奖的替代品，而且备受媒体关注。

到 8 月末，全家人都晒得黝黑而健康。他们回到家里。莱维成为当时人们谈论最多的意大利作家，文学界的“外来者”，有着作家和化学家的双重生活。8 月 23 日，埃兹拉·本格尔索姆博士从鹿特丹前来拜访，带来了他的自传手稿。意大利的里雅斯特地区著名的评论家克劳迪奥·马格里斯（Claudio Magris）之前已经看过手稿了，他与莱维一致同意这是一部“相当独特和迷人的作品”[17]。温和而具有学士风度的本格尔索姆博士发现翁贝托国王大街 75 号的气氛“轻松”而“有趣”[18]。莱维在家里用工业铜线制作的猫头鹰和蝴蝶的精美、巨大的塑像给他留下了深刻印象。

首先，这是属于普里莫·莱维的秋天。他的文学声誉已经今非昔比。9 月 3 日，他作为坎皮耶罗文学奖的热门人选启程前往威尼斯。从都灵启程的火车上，他遇到了埃诺迪出版公司的新闻官，埃内斯托·费雷罗（Ernesto

Ferrero)。莱维开玩笑说评审们不可能再给“叫普里莫的人”[19]奖项。他开始渐渐进入文坛“外来者”的角色中：在旅途中，他一直在读艾萨克·阿西莫夫的科幻小说，几支钢笔整整齐齐地夹在胸前的口袋里。他父亲那过时的金表为他蒙上一层独特的气质。他们在天快黑时到达威尼斯。晚上，在此起彼伏的闪光灯中，人会宣布普里莫·莱维赢得了坎皮耶罗文学奖。在起身领取那面金牌时，他无力地向那些忙着拍照的记者抗议：“让我们休战片刻，好吗？”

1963年本身就是意大利文坛大放异彩的一年。而这让莱维的成功更加杰出。卡尔维诺的《监票人的一天》(*The Watcher*)，加达(Gadda)的巴洛克式的实验作品《熟识悲伤》(*Acquainted with Grief*)，列昂纳多·夏夏(Leonardo Sciascia)的历史宗教作品《埃及议会》(*The Council of Egypt*)：所有这些书，现在都成了欧洲的经典名著，当年全部由埃诺迪出版公司出版发行。只是，唯有《休战》进入了公众的想象空间。一名意大利记者指出，如果历史学家想要研究20世纪扭曲的一面，那么他们最好去研究莱维，而不是“我们那些所谓的革新派文学家们”所生产的“后现代主义文学”[20]。这显然是对“63集团”(Group 63)的讥讽。“63集团”是当年秋天在西西里成立的一个文学组织，由先锋派作家和评论家组成，其中包括当时还默默无名的安伯托·艾柯。他们反对艺术创作中的“保守主义”。《休战》以其质朴的无产阶级形象，表现出强烈的新现实主义风格，使它相对于“63集团”的作品而言老派得无可救药。即使“63集团”认定莱维是“反传统主义”的落伍之人，但是他的作品对于意大利读者而言却是令人耳目一新的可读性强的好书。莱维深知，没有情节的小说不比废纸更值钱，而他发现许多“后现代主义文学”冗长乏味、老气横秋、任性而傲慢。

莱维并没有因获奖而扬扬自得。事实上，莱维加入了与先锋派作家组织相对的非专业作家组织，“星期天作家”(Sunday authors)。当年秋天，在威尼斯，他遇到了年轻的伊斯特拉小说家富尔维奥·托迈札(Fulvio Tomizza)。托迈札尽可能远离意大利所谓的“美丽的文学世界”。在1947年以前，伊斯特拉一直是意大利的一部分。但在1947年，它被割让给了南斯拉夫，而现在几乎已经完全并入了克罗地亚。托迈札在 1960 年完成的处女作，《玛特拉达》（这部小说受到了皮埃尔·保罗·帕索里尼的极大称赞。帕索里尼的兄弟吉多被铁托元帅的游击队员杀害了。）描写了在社会主义的南斯拉夫占领伊斯特拉之后，伊斯特拉难民纷纷逃往意大利的过程。尽管这部小说是用意大利语撰写的，但书中充满了作者故乡伊斯特拉的克罗地亚和斯拉夫方言。从文化上讲，信仰罗马天主教的托迈札是意大利人，但他有着斯拉夫血统。在 1963 年的坎皮耶罗文学奖颁奖仪式上遇到莱维时，他年仅 28 岁："让我大吃一惊的是他曾经听说过我，大多数所谓的作家都不知道我。"[21] 后来，莱维一直与托迈札和他的犹太妻子劳拉·莱维保持着联系。普里莫将他们各自的文坛"外来者"身份视为某种积极的事物。"这就像有一个备用轮胎或额外的齿轮。"他告诉我。

回到都灵之后，莱维发现 SIVA 早已为他安排了一场充满舞蹈和香槟的庆功宴。公司的新厨师阿德里安娜·布鲁诺（Adriana Bruno）特意准备了南方风味的火辣意大利面，这让莱维不得不去找水喝。

## 8

斯图尔特·伍尔夫从 1963 年秋天开始翻译《休战》。那时他已经离开都灵，在剑桥大学的彭布罗克学院教历史，从而失去了与莱维密切合作的机会。不幸的是，似乎没有英语出版商对伍尔夫的译稿感兴趣。俄里翁出版公司已经破产，并把《这是不是个人》的版权卖给了美国的科利尔平装出版公司（而科利尔出版公司将此书更名为"活在奥斯维辛"），所以不能购买伍尔夫的译稿。在伦敦，哈密什·汉密尔顿出版公司、安德烈·多伊奇出版公司和维克多·格兰兹出版公司都拒绝了这部译稿。到 1963 年年底，译稿来到了博德利出版公司的总部办公室里。11 月 19 日，一份《休战》的读者报告也递交给了博德利出版公司总部董事 J. B. 普里斯特利（J. B. Priestley）：

> 书中没有煽情的哭天抹泪，甚至没有抱怨牢骚，只有真正的温情、快乐而有趣的情节，以及荒诞的闹剧。在我看来，莱维也有着

巴斯特纳克（Pasternak）般的笔触，对于苏联风景的描写，只用寥寥几笔的勾勒，就让人觉得仿佛就生长在那片土地上。[22]

这篇报告总结道："《休战》是一本应该被出版的书，因为它已经优秀到不能不出版的程度了。"另一份报告来自意大利诗人卡米洛·彭纳蒂（Camillo Pennati），伦敦意大利文化研究院的首席书籍专家。虽然彭纳蒂认为这部德国集中营回忆录"在总体上并不完全符合英国意识形态"，尽管如此"我个人仍然强烈推荐此书"[23]。普里斯特利本人，作为一个阅读广泛而充满好奇心的读者，也急切地希望出版这部作品。而普里斯特利手下那温和的初级编辑吉多·瓦尔德曼（Guido Waldman），原美国陆军士兵，动用他在美国的关系，让《休战》得以跨过大西洋。

在大西洋月度发行公司（小布朗出版公司的一家下属企业）的彼得·戴维森（Peter Davison），已故的美国女诗人西尔维娅·普拉斯的原编辑，对《休战》抱有极大的好感。只有一个问题。戴维森坚持换一个新标题，"再度觉醒"（Reawakening）。而瓦尔德曼和莱维都不喜欢这个新书名。在写给戴维森的信中，瓦尔德曼写道："我们的感觉是，当莱维选择'休战'（La Tregua）而不是'再度觉醒'（Il Risveglio）时，他完全知道自己要的是什么。"[24] 莱维不情愿地接受了一本书同时有两个书名的状态：在英国用《休战》，在美国则用《再度觉醒》。很难想象，一个原本名不见经传的作家在这种情况下能说什么："所有的编辑和书（人）都一样——任何试图打破其神秘性的努力都是糟糕透顶的。"[25] 莱维气愤地说。

1964 年 6 月，《休战》在英国出版的七个月前，吉多·瓦尔德曼在给莱维的信中邀请他继续进行创作："像您这样曾经进入过死亡之门的人，又是怎样回到日常生活和愉悦的世界中来的呢？"[26] 瓦尔德曼的远见让莱维颇为赞许，三天后便给他回了信：

我当然还要讲述更多的故事，而它们正是你所想象的那些题材——回归日常生活，以及日常生活自身。也许，我会在今年夏天动笔。不过，您看，日常工作成了我写作的主要障碍：工作占据了我大量的时间，并且让我疲倦而紧张。[27]

工厂里的工作已经慢慢榨干了莱维的精力。

彼得·戴维森把《再度觉醒》的校样寄给了每一个他能想到的杰出的犹太评论家。时间一周周地过去了，但他没有从他们那里收到任何回音。阿尔弗雷德·卡津（Alfred Kazin），戴维森的朋友之一，保持沉默。汉娜·阿伦特（Hannah Arendt）和欧文·豪（Irving Howe）也是一样。事实上，《再度觉醒》在当时的美国并不受欢迎。在60年代中期美国的经济增长中，那场战争浩劫仍然是个不受欢迎的话题。结果，此书在美国的销售相当惨淡（少于2500本）。正如戴维森后来所说的："要想让美国人去理解莱维的快乐、他的讽刺、他把相对立的情绪和矛盾统一起来的能力，还为时尚早。"[28]在英国，《休战》于1965年年初出版，反响要好得多。《观察家报》的首席书评家菲利普·汤因比（Philip Toynbee）称赞此书宛如"一枚美妙的、悲喜交加的吊坠，装饰着莱维先生在他前一本书中所描绘的地狱"。住在伦敦东部犹太人聚居区的杰出的编年史学家伊曼纽尔·里特维诺夫（Emanuel Litvinoff）在《卫报》（*Guardian*）上称《休战》是"全然美丽的"。在英国的地区报刊上，莱维的作品同样也受到好评。"正像古时的但丁，"《格拉斯哥先驱报》（*Glasgrow Herald*）赞道，"莱维先生从地狱里带来了金子。"在浮夸的杂志《女王》（*Queen*）中，诗人伊丽莎白·斯马特（Elizabeth Smart）喝彩道，一个"奇妙的意大利人"，设法把集中营里的恐怖制成了一件艺术品："没有谎言，没有欺骗，美丽而客观。"在欧洲的其他地方，《休战》的销售却不甚理想。在德国，这本书被"一个甚至都不认识意大利语的翻译毁掉了"[29]，莱维向埃诺迪出版公司抱怨道。它仅仅卖出了可怜的1300本。

## 9

1963年年底，莱维突然被一场疾病击倒了。一周周过去，他发现自己渐渐失去了生活的热情，而且开始失眠。他那焦虑、内向的情绪吓坏了露西娅和家人。《休战》出版之后，他开始感到抑郁：他所深知的情绪。他的抑郁状态持续时间并不太长，但在莱维的余生中，它时常复发，并导致了越来越可怕的后果。许多作家（不仅是作家）在完成一部困难的作品之后都会变得意志消沉，但莱维要比大多数人严重得多。他担心自己在现实生活中所储备的故事已经穷尽了，从此他将再无灵感。通过《休战》，他相信自己已经探及了他那独特的、悲惨的、（对于他而言）宝贵的经历的极限。再没什么东西可说了，他想，自己在文坛的发展前景似乎也变得黯淡。六岁的小伦佐得了支气管炎，而十几岁的丽莎正处于叛逆期。"意大利奇迹"，意大利战后繁荣的"金色时代"，已经失去了它的光芒。在罗马，警察和学生间的冲突、社会抗议，成了这个时代的标志。

在一片阴郁之中传来了好消息，意大利导演弗朗西斯科·罗西（Francesco Rosi）想购买《休战》的改编权。罗西似乎是将莱维的归国经历搬上银幕的理想人选，因为他有着敏锐而纪实的眼睛。他已经与苏联方面进行了早期接触，因为罗西想在实地进行拍摄。"但这并不容易——繁文缛节、冷战的猜疑——到最后，我不得不放弃了。"[30] 罗西在1987年接受《独立报》的采访时如是说。莱维的健康状况依然不甚理想，但他仍然在接下来的两年中不断接触各种各样的拍摄计划。他在罗马与托斯卡纳导演马里奥·莫尼切利（Mario Monicelli）见了几次面。让莫尼切利惊讶的是，莱维与许多作家不同，给予他相当大的自由度对原书进行改编。莫尼切利的想法是拍摄一部宏大的史诗电影，但不损害原书那轻松的笔调。他请求莱维来撰写剧本。莱维发现这件事简单之极。"主要的问题只是把各个场景联系起来。"[31] 他说。很快，一部剧本初稿就准备好了。到1964年年初，这个拍摄计划开始产生"具体的成果"。但是，这时莫尼切利的美国投资人失踪了。而这个计划不得不被搁置起来。当罗西的《休战》在1997年终于登上银幕的时候，它的效果却差强人意。

莱维并没有放弃希望。罗马的弗兰卡电影公司花了25万里拉（相当于今天的1300英镑——一个可笑的数字）买下了《休战》的拍摄权。当时意大利最热门的喜剧演员阿尔贝托·索尔迪（Alberto Sordi）将要扮演街头浪子塞萨尔（莱维说他想让莱洛·佩鲁贾本人来演这个角色）。莱维很快根据早期提供给莫尼切利的脚本写出了一部新剧本。尽管弗兰卡电影公司满口答应，但这个拍摄计划很快就无疾而终了。等到索菲亚·罗兰（Sophia Loren）的丈夫，电影大亨卡罗·庞蒂（Carlo Ponti）考虑将莱维的三部科幻小说拍成电影时，莱维早已为失败做好了心理准备。庞蒂很快失去了兴趣。时至今日，人们早就把这个电影拍摄计划忘得一干二净了。（“谁是普里莫？”[32]）在电影事业上经历了这些失败之后，莱维开始理解电影工业的谨慎。“如果你让我给你一些建议的话，”他告诉埃兹拉·本格尔索姆博士（他的自传也即将被改编成电影剧本），“在谈这份合同时要非常小心。”[33]顺便提一句，本格尔索姆的《逃离纳粹罗网》，以笔名乔尔·考尼格（Joel König）出版，现在已经在全欧洲卖出了超过10万本，这都多亏了莱维。

在整个60时代中期，莱维需要关注各种各样的电台广播和舞台剧。它们带给他一些满足感，但更多的是沮丧，以及大量的艰难工作。1964年年初，他收到了一卷磁带，那是加拿大广播公司（CBC）录制的广播剧版《这是不是个人》。这是一种启示。奥斯维辛那充满叫喊和碰撞声的地狱被以令人不安的真实性再现了出来。录制人员甚至到多伦多的堆料厂去录制货车车厢大门开关的声音。16个人分别用意第绪语和匈牙利语来模仿集中营里混杂着各国语言的嘈杂声。《普里莫·莱维对于种族灭绝的亲身经历》，长达两小时二十分钟，仍然能有力地打动听众。其中的一些录制人员也是集中营的幸存者。而他们中的德国犹太人只能克服相当的困难去扮演纳粹。“他们能够栩栩如生地重现那场悲剧。如果没有他们的努力，我们大多数人甚至都无法想象这场悲剧的发生。”[34]CBC的制作人约翰·里弗斯说。这卷带子在1964年1月24日星期五的深夜播出。播出之后，打进CBC电台的电话如此之多，以致电台不得不重播了一次。

希望能重复加拿大人的成功，莱维询问都灵的意大利广播电视公司（RAI）是否愿意为国内电台制作《这是不是个人》的广播剧版。RAI电台的总监乔治奥·班迪尼（Giorgio Bandini）欣然接受了这个工作。班迪尼是英国剧作家阿诺德·韦斯克（Arnold Wesker）的朋友，并且仍然是意大利广播界的重要人物之一。正像CBC电台一样，录制的真实性是重中之重。一天夜里，莱维和班迪尼在都灵郊外的田野里点燃了一扇木门，以模仿纳粹放弃奥斯维辛时焚烧集中营的声音。在都灵以北的布劳佐洛村里，穿上木屐的农民们被组织起来以模仿犯人们行军的声音。（在意大利皮埃蒙特地区，布劳佐洛村是唯一的农民还穿木屐的地方。这次录音不时会被猎枪声打断，以确保鸟叫声不会干扰奥斯维辛的背景音。）以意大利新现实主义的方式，班迪尼从街上招募了大量非专业的艺术家，其中包括西里西亚的行乞修士和说意第绪语的波兰商人。让莱维吃惊的是，那个被选中扮演党卫军军官的德国演员居然让他产生了敌对情绪："他表演得那么真实，用粗鲁的党卫军黑话叫骂着……没有人敢于怀疑他的专业成就。"[35] 莱维后来得知这名德国演员曾经加入德国国防军，并在都灵郊外与意大利游击队作战过。有时，夺眶而出的泪水让莱维不得不暂时离开排练现场。班迪尼解释道："对奥斯维辛的再现耗光了莱维的耐力，这比我们任何人意识到的都要严重得多。"[36]《这是不是个人》广播版的录制对于莱维而言非常重要。后来他说自己在 RAI 电台的录音棚里度过的时光是他战后文学生涯中最幸福的几个小时。当这个节目在 1964 年 4 月的一个周五傍晚播出的时候，听众们的反响是热烈的。

不过，莱维仍然担心未来。"我完全不知道明年会为我带来什么。"[37] 他说。产业萧条席卷了整个都灵。人们都在谈论"大衰退"。在抗议工资过低及工作条件恶劣的罢工抗议中，南方来的移民工人们痛打了他们的老板。SIVA 的一名前化学研究员彼得罗·卡瓦莱罗开始带领着他的匪帮洗劫工业化的意大利北部。莱维说，他在厂里的工作也受到了"整体的意大利式危机"影响，随着时间流逝变得更加"无聊而令人疲倦"。莱维在 SIVA 已经工作 16 年了。他不得不承认少年时想在科学界出人头地的梦想已经破灭了。"我原本希望走得很远，"他悲伤地说，"去了解宇宙的奥秘、万物的机理。我现在知道我无法做到。"[38]40 多岁的年纪，莱维感到自己陷入了职业发展那刻板僵化的车辙中，但他不得不以此为生。正像意大利的老话说的：你不能在你吃饭的盘子里吐痰。

1964 年，莱维想过从 SIVA 辞职并全职写作，但这是有风险的。"我不知道我能不能同时做好两份工作（化学与写作）：但在 45 岁时要抛弃其中之一不是没有风险的。"[39] 朋友们注意到莱维越来越喜怒无常。一场不快常常以自伤自怜结束。他想从生活中得到什么？他已经出版了两本注定不朽的名著，并借此赢得了巨大的文学声誉。但莱维并不满足于此。“他有着真正作家的傲慢和自大，”都灵评论家洛伦佐·蒙多（Lorenzo Mondo）说，“他知道他关于集中营的作品的重要性，不仅因为它们讲述了什么，还因为它们的写作方式、它们的文学风格。”[40] 莱维不得不用其他的、更好的作品来证明自己。他想，还有比被归类为“一个独特的作家”（un autore univoco）更糟的命运吗？

## 10

1964 年的冬天是寒冷的。经济萧条导致了大量失业，在都灵发生了多次工人罢工。在市里庆祝圣诞节原本颇为有趣，但下起了大雨，而莱维仍然情绪低落。大致在这个时候，SIVA 迎来了一位重要的新客户，他想订购结构黏合剂。这是莱维的未知领域。而这个陌生的挑战令他兴奋。凯斯·巴恩斯（Keith Barnes）是一位高大的英国工程师，有着宽宽的肩膀。他的乐观与幽默赢得了莱维的好感。在巴恩斯的倡议下，莱维开始研究利用 PVF 黏接飞机机翼、滑雪板部件和汽车刹车，从而让 SIVA 得以进军航空、运动和汽车工业领域。

没过多长时间，多亏了巴恩斯，莱维就把 SIVA 转变为欧洲聚乙烯黏合剂市场上的一个重要的竞争者。为了感谢巴恩斯，莱维送给他一本附作者签名的《这是不是个人》：“赠巴恩斯，以真正的友谊，超强‘黏合’！”巴恩斯则无比钦佩莱维的文学天赋，并深深地同情他那可怕的过去。多年来，他一直都是莱维忠诚而慷慨的伙伴。（他曾经在英国通信部队中服过役，并参加了解放贝尔根-贝尔森集中营的战斗。）而且，在 1964 年，莱维让巴恩斯认识到了登山运动的乐趣。每到星期五的晚上，等巴恩斯一到都灵，他们就会出发前往白雪覆盖的罗萨峰。他们在那里住进一家旅馆，痛饮当地产的覆盆子酒。他们在一起相处了很长时间，这是一段长达 10 年的愉快友谊。

巴恩斯也承认自己在文化修养上比不上莱维。他喜欢听莱维谈论人生和宗教。不过，当莱维说起《圣经》是他最喜欢的书的时候，巴恩斯还是有一点小小的惊讶——“但是，凯斯，它是古时候的格林兄弟童话呀。”对于莱维而言，他们的友谊证明了他能多么出色地适应一段困难的关系，尽管也会发生一些有趣的误解。一次在餐馆吃饭时，莱维郑重地告诉巴恩斯他喜欢吃“老鼠”——“牛奶炖‘老鼠’”。看到巴恩斯满脸不相信的表情，莱维在一张餐巾上写下“玉米”这个单词（许多意大利人把英文“maize”说成“mice”）。莱维不仅喜欢玉米粥，还特别爱吃青蛙。“不光爱吃青蛙腿，普里莫还爱大嚼青蛙的脑袋。”[41] 青蛙不是巴恩斯和莱维之间唯一的龃龉。还有莱维开车的风格。“普里莫开车时要不就像一级方程式赛车手，要不就非常、非常慢。”[42]

1964 年年底，莱维着手写作一种新的文学体裁的作品。一名皮埃蒙特青年演员请求他把《这是不是个人》改编成适于舞台表演的剧本。不过，莱维有些犹豫。他担心有人会指责他靠奥斯维辛来赚钱：曾经让他沦为非人的集中营，现在成了他可以在剧场中叫卖的商品。但是那名演员，皮耶拉尔贝托·马尔谢（Pieralberto Marché），并没有那么容易放弃。《这是不是个人》在舞台上会产生强烈的效果，他向莱维保证，观众们都会“脚步蹒跚”地离开剧场。这个想法打动了莱维，同样它也强烈吸引着他。他最终让步了，并委任马尔谢作为这部剧本的合著者。改编工作从 11 月开始，并持续了一年。那是让马尔谢不时感到烦恼的一段经历。一天，莱维厉声对他说：“不，你并没有真的理解是不是？我很感激卡波把我打得半死。因为没挨那顿打的话，我还会犯同样的错误，直到有一天他肯定会杀了我。”[43]（在合作之后，马尔谢把莱维看成半神。“我认为他能够揭示真相。”）

## 11

1965 年 4 月 10 日，莱维回到了奥斯维辛。华沙政府安排了敬献花圈的庆典活动，以纪念红军解放奥斯维辛 20 周年。而莱维成了被邀请的嘉宾。自然，他对于再次看到奥斯维辛充满好奇心。根据波兰政府的法案，这座集中营已经变成了一座博物馆，人类历史上最大的墓园，配备有圣坛和自助餐厅。他的同伴有李奥纳多·德·贝内代蒂和朱利亚娜·泰代斯基（Giuliana Tedesch）。泰代斯基是奥斯维辛幸存者，她现居都灵，是一名古典文学教师。泰代斯基的回忆录《可怜的躯体》于1946年在意大利出版，记录了法西斯将犹太人投入集中营的罪行。从威尼斯出发，乘坐七小时的火车后，他们到达了卡托维兹，然后到达了克拉科夫。他们在一家"非常肮脏的旅馆"[44]过了夜。第二天，4月11日，星期天，他们来到了奥斯维辛。

集中营里挤满了4万名参观者。在莱维看来，这里更像一个"市集"[45]而不是一个悲伤的纪念之地。在这片土地上，曾经仔细计划并可怖地上演了欧洲犹太人的灭绝命运。但重新来到奥斯维辛却并没有让莱维感到任何情感——"绝对没有"。张贴的布告不断在提醒他："你正在走进一处格外恐怖和悲伤的土地"。而奥斯维辛一号营（主营）有着"阴森"的纪念氛围。在关押女犯的比尔克瑙集中营（奥斯维辛二号营），莱维的感觉却完全不同。他之前从未来过这座集中营。在这片布满了破败房屋和人类恶毒行为的废土上，莱维一定想起了之前在此遇难的万达·马埃斯特罗。他无法长时间地面对这幕场景，于是悄悄溜去参观他过去的集中营，奥斯维辛四号营，又称为布纳-莫诺维茨集中营。但他无法想象那里就是他曾经熟悉的那座集中营。战后，这片营房就被拆除改建为波兰工人的劣质宿舍了。莱维曾经住过的30号营房和48号营房，现在仅仅剩下一点地基。"那真的让我很悲伤。"[46]他在一次采访中说。

不过，由犹太奴工建成的合成橡胶车间和炼油车间仍然在运转。波兰人把它重新命名为"扎克姆化工厂"。它曾经（现在仍然）是欧洲最大的合成橡胶工厂。波兰哨兵不让莱维进去。但他告诉莱维在一座龙门架上可以很好地俯瞰整个厂区。同盟国炸弹的弹片在钢筋混凝土的空袭掩体上留下了斑斑伤痕。那些乙酸罐，那座碳化塔，那些存放丁二烯的球罐，一切都还和莱维记忆中的一模一样。一条铁道，正像莱维还在集中营的年代一样，连接着奥斯维辛平民车站和化工厂。那里甚至为7000名上班的工人修建了一座车站，"海乌梅克站"（Chelmek Fabr）。今天，参观者不得不与这些工人一道乘火车来到工厂，这让他们感到烦扰和嫌恶。

## 12

《这是不是个人》的舞台剧本是由书中的几幕场景拼凑而成的。剧本的几个地方——比如，皮耶拉尔贝托·马尔谢想要用希腊悲剧式的合唱——仍然让莱维有些担心。到1965年10月末，剧本完成了，而莱维说他对这个结果很满意。他用了整整一年的时间。“接下来的工作就是与导演、剧院和戏班的一轮紧张（而且令人筋疲力尽）地接触。”[47]他在给朱利奥·埃诺迪的信中写道。这封信中略显焦虑的笔调在一定程度上是因为莱维越来越糟糕的家庭生活。莱维的母亲，现在已经70岁了，前一年冬天她抱怨眼睛不舒服，后来做了手术，此时需要人照顾。埃丝特尔·莱维那数不清的头疼脑热让她儿子的生活变得日益艰难。

另一件事也占用了他的精力。埃诺迪出版公司计划出版一本他的科幻小说集。而莱维不得不在自己的作品中做出选择。在意大利，科幻小说一直等同于讲述机器人占领者或恐龙大闹曼哈顿的廉价平装小说（在烟摊和地铁售货亭里出售）。不过，在1959年，埃诺迪出版公司出版了一部选集，《可能的奇迹》（*Wonders of the Possible*），其中囊括了科幻大师雷·布莱德伯里（Ray Bradbury）、艾萨克·阿西莫夫（Isaac Asimov）和其他美国未来主义作家的最优秀的作品。在埃诺迪出版公司的推动下，意大利知识分子现在已经有能力去欣赏美国最好的硬科幻作品了。据说，这部选集的销售得益于它的一名编辑——卡洛·弗鲁泰罗（Carlo Fruttero）——长得像火星人。

莱维把他的书命名为《自然史》，一个故意带有讽刺意味的名字。埃诺迪出版公司的营销总监罗伯托·切拉蒂（Roberto Cerati）认为同时推销“莱维-停战系列”[48]和“莱维-科幻系列”是不可能的，于是建议普里莫用一个笔名来出版这部选集。莱维本人也不想用他的本名来出版科幻小说：把一整套的嬉游音乐送给他的那些严肃的朋友们似乎有些不敬。他轻而易举地找到了一个笔名。每天开车去SIVA的路上，他都会在朱里奥·恺撒大街经过玛拉拜拉电器修理行。于是，达米亚诺·玛拉拜拉（Damiano Malabaila）就成了莱维的笔名。在“玛拉拜拉”这个化名中，“玛拉”（male）在皮埃蒙特方言中意为“坏的”，“拜拉”（balia）意为“奶妈”。而精通心理分析的朋友们（包括卢西亚娜·尼希姆）发现莱维的笔名大有深意。他们认为，他一定在无意识的记忆里对自己幼年时不良的养育条件留下了深刻的印象。（有人鲁莽地对莱维的母亲提起了这件事，而这个想法让她大为生气。）但据莱维说，他只是喜欢这家店名的发音而已。

这本选集里的 15 篇故事广泛地涉及了化学、天体物理和微生物学：他们共同构成了对人类因滥用技术而走向毁灭的讽刺。莱维为此书构想了一个新形象——来自俄克拉荷马（Oklahoma）的快活的推销员和信息技术专家辛普森先生（Mr. Simpson）。集喜欢强行推销的里科·阿卡蒂和凯斯·巴恩斯的特点于一身，辛普森先生体现出了 50 年代末的科学发现和奇迹：以第一颗人造卫星、菲亚特 500S、各种科技新发明和“高尚生活”为标志的新时代。莱维订阅了计算机和信息技术杂志《机械文明》（*Civiltà delle macchine*），让自己跟上了 科学发展的脚步。

虽然《这是不是个人》的舞台剧本已经完成，但既没有导演，也没有制作人。随着一次又一次的延期，这部剧本在接下来的一年中并没能登上舞台。同时，经营着实验性的迪耶奇剧场的演员兼导演马西莫·斯卡廖内（Massimo Scaglione）开始接触莱维。斯卡廖内想了解莱维是否还有其他适合搬上舞台的作品，科幻小说也可以。在仔细考虑之后，莱维从他即将出版的《自然史》中为斯卡廖内挑选了三篇科幻小说——《第六日》《诗人》《冰箱里的睡美人》——“看看你能用它们做什么”。关于火星人官僚体系、计算机和冷冻学的三篇科幻小说似乎并没有登上舞台的潜力。但斯卡廖内却把它们改编成了独幕剧，并撰写了剧本。从 SIVA 下班之后，莱维就成了斯卡廖内的顾问。排练一直持续到 1966 年的冬天。莱维在面对演员时极为羞涩，于是他把注意力转向斯卡廖内指导时的技术术语：道具、录音、灯光、音效。“普里莫就像拿到了新玩具的孩子。”[49] 斯卡廖内回忆。人们经常谈论莱维幼稚的一面。但幼稚的莱维同样也有着独特的魅力。一件舞台道具，一台古旧的奥利维蒂打字机，吸引了莱维整整一个下午。

1966 年 2 月 16 日，由普里莫·莱维（而不是达米亚诺·玛拉拜拉）创作的《自然史》三部曲在罗马电影院进行了首次演出，比《自然史》一书的出版早了八个月。这也许是意大利首次把科幻题材的小说搬上舞台。舞台布景用巨大的建筑砖头营造出现代主义气氛，让人们不禁想起战争时期的防空工事。莱维紧张地坐在座位上，但他并不需要担心：他的首部舞台作品的戏票销售一空，而剧评家也为它喝彩。

## 13

到 1966 年春天，《这是不是个人》登上舞台还是遥遥无期，而莱维一直渴望解决导演和演员的人选问题。灰心的他与妻子一起离开都灵，去阿夏戈高原拜访马里奥·里戈尼·斯特恩。他们当晚住在廉价的欧罗巴旅馆，并在第二天一早与里戈尼·斯特恩及其妻子安娜在旅馆前台准时碰面。四个人乘车到作家位于高山牧场的山中小屋。这是一处遁世隐居之地，有着壮美的自然风景。300 年来，斯特恩的祖先就住在这里，一次次翻山越岭，去帕多瓦（Padua）出售黄油和奶酪。阿夏戈高原是一个乡村农业社会。这里没有贵族、城堡和高大的别墅。窗台上那古板的花盆箱和绿瓦的教堂都呈现出一派意大利巴伐利亚风情。电影导演埃曼诺·奥尔米［Ermanno Olmi，后来因电影《木屐树》（*The Tree of Woodern Clogs*）而扬名］是里戈尼·斯特恩的邻居。而莱维惊讶地看到野山羊在奥尔米家的花园里吃草。

莱维很喜欢这次旅行。午饭时，他们享用了两年熟成的阿夏戈奶酪和家酿的白兰地。吃完饭，里戈尼·斯特恩带他参观了他的蜂房。这促使莱维将人类社会与吃了掺酒蜂蜜的蜜蜂做了对比。他曾经听说过一个故事，吃了掺酒蜂蜜的蜜蜂会抛弃自己的蜂窝，并带着醉酒的疯狂劲去攻击其他蜂窝。“它们的行为很像人类。”[50] 他告诉里戈尼·斯特恩。在迪诺斯峡谷的森林中漫步时，里戈尼·斯特恩会指给莱维看那些银色的桦树和冷杉，以及埋葬着第一次世界大战中牺牲的英军将士的巨大公墓（英国政府直到今天仍在维护这处墓地），而露西娅和安娜则跟在他们身后。阿夏戈在古代曾被德国部落所占据。而阿夏戈文化的德国成分让莱维着迷，包括当地混杂着德语单词的辛布罗方言。莱维喜爱刨根问底，而斯特恩乐于展示自己对辛布罗方言的了解。

到 1966 年 7 月，《这是不是个人》的舞台剧终于找到了一位导演。詹弗兰科・德・博西奥（Gianfranco De Bosio）就住在翁贝托国王大街 51 号，而且与莱维达成了口头协定。他所指导的描写抵抗运动的电影《恐怖分子》成了 1964 年威尼斯电影节的大热门。德・博西奥是都灵著名的史塔波剧院的艺术指导。他在这家剧院处理困难剧本的能力是有目共睹的。他的太太，舞蹈演员玛塔・埃格里（Marta Egri）是一名匈牙利犹太人。她自告奋勇地担任了这部剧作的副导演。在排练中，她鼓励演员们在舞台上四处翻滚和嚎哭。这些狂热的场景让莱维有些轻微的反感。（“这是什么东西？印度爱经？”[51] 他问他的合著者皮耶拉尔贝托・马尔谢。）凯斯・巴恩斯旁观了一次排练，并对莱维极度的厌恶记忆犹新：“如果有什么事情能让莱维烦心，那它就是一个大问题。而那场排练，让我告诉你，就是一个要命的大问题。”[52]

从一开始，舞台剧的制作就陷入了一片混乱。该剧原定于秋天在佛罗伦萨上演，但到了 8 月演员还没有最后确定下来。开始排练已经 8 天了，而德・博西奥却一直没有露面。25 日，马尔谢的母亲去世了。这个坏消息彻底把他击倒了。莱维对玛塔・埃格里的原始体操忍无可忍，给 42 岁的德・博西奥写了一封冷冰冰的信：“鉴于《这是不是个人》所享有的国际声誉和影响，我想你肯定理解我的担心。”他继续表达他对戏剧排练的混乱状态的“极度担心”。私下里，莱维承认自己难以与演员相处（“我一直告诉普里莫，剧院就是一个狼窝。”[53] 马尔谢回忆），但他也担心自己作品的声誉。为了这场国际化的大制作，来自 7 个国家的 53 名演员接受了面试。他们中大多数人是新手，常常在排练中缺席。据马尔谢说，莱维与德・博西奥之间那“糟糕”而“可怕”的关系，让莱维忧心忡忡、疲劳不堪。

但莱维还是想在舞台剧的排练过程中出力。他认为戏服是相当重要的。因此，莱维给舞台设计吉亚尼・波里多利（Gianni Polidori）寄去了一系列极为详细的舞台角色服装说明。“亨利”（保罗・斯坦伯格）应该穿一套“一尘不染的条纹囚服，没有补丁”[54]。威廉・潘维茨博士必须在他的上衣口袋里放“一支铅笔和一把格尺”。等带妆彩排开始后，莱维又找到了伟大的先锋派作曲家路易吉・诺诺（Luigi Nono），请他为这部剧作谱写乐曲。莱维对音乐的品味是保守的，毫不夸张地说，没有人能想象他会对诺诺的作品感兴趣——那些作品通常是为了纪念牺牲的游击队员或被压迫的工人而创作的无调的剧场大合唱。但诺诺是犹太人（他娶了阿诺尔德·勋伯格的女儿），而莱维对他的合唱作品《记住你在奥斯维辛干了什么》也很熟悉。此外，这个时代也为诺诺宣传自己提供了机会：禁忌受到了挑战，裙摆越来越短，过去的政治规则被年轻一代付之一炬。

也许诺诺感觉到了迫近的灾难，他收回了自己的承诺。剧作的排练举步维艰。但就在《这是不是个人》就要失败的节骨眼上，德·博西奥却被一场自然灾难拯救了。1966 年 11 月 4 日，星期五，佛罗伦萨遭受了空前的洪水灾害。阿诺河冲垮了堤岸。佛罗伦萨的老桥维奇奥桥岌岌可危。当洪水肆意冲入托斯卡纳地区的首府时，人们不得不躲到屋顶上。洪水淹死了 18 人以及佛罗伦萨动物园里所有的动物。据莱维说，正在排练《这是不是个人》的匈牙利演员们失去了他们的行李和汽车。储存在仓库里的 600 本未售出的安东尼切利版的《这是不是个人》被洪水冲走了。被淹没的乌菲齐博物馆也损失了大量中世纪的古本和手稿。到 11 月 6 日，在几条大街的积水上能看到的车辆只有救护车和军队的吉普车。三分之二个佛罗伦萨被淹没了，莱维剧作的演出不得不延期。而排练地址也换到了都灵。这为德·博西奥争取了时间。

11 月 19 日，星期六晚上，《这是不是个人》终于在都灵进行了首场演出。莱维飞快地给扮演他的知己好友“奥尔多”的演员翁贝托·塞里亚尼写了一张幸运纸条：“在最近几天的混乱中，我没有机会与您好好坐下来聊一聊。我真心希望当这艘船扬帆远航之时，我们能弥补这一遗憾。”[55] 卡里尼亚诺剧场里挤满了观众，其中很多都是当年纳粹集中营的幸存者。门厅里还有很多年轻人。莱维带着妻子溜进楼厅的一个私人包间，试图藏在阴影之中。据说，他非常紧张，“蜷缩着身体，两手捂着耳朵”[56]。实际上，观众们喜欢这出有力而朴素的戏剧。最后一幕，演员们缓步走向观众，念诵着：“你们安全地生活在你们的房屋里……想想如果这是一个人。”之后，舞台的灯光渐渐变暗。在长时间的沉默之后，剧场里响起了雷鸣般的掌声，观众们纷纷起立喝彩。让莱维极为满意的是，

《这是不是个人》后来在意大利北部大多数地区进行了巡回演出，并且，在群众的强烈要求之下，又回到了都灵，表演从 12 月 13 日一直持续到 1967 年的 1 月 4 日。

在各家报刊上大约出现了 15 篇相关评论。大多数评论家的反应并不积极：在舞台上的《这是不是个人》只是书的一个影子，台词听起来太“做作”或太“恐怖”。但埃诺迪出版公司不顾这些评论，仍然出版了剧本。只有苏联对这部剧作略有赞誉之辞：莱维书写了一部真正的“纪实作品”[57]，它那国际性的演员阵容将提醒人们牢记“反法西斯主义的国际精神”（这是布尔什维克时代的典型评论）。

这部剧作并没有收获多少赞誉，莱维的第三本书也面临着同样的命运。大多数意大利评论家认为，《自然史》有些“不务正业”。他们都认为该书作者更适合撰写纪实文学而不是科幻小说。埃诺迪出版公司的一位编辑（卡洛·弗鲁泰罗）刻薄地评论道：“这就像莎士比亚在完成《麦克白》之后就去写作花边文学、言情小说以及其他取乐的小玩意一样。”[58] 尽管这些评论家也许努力过，但他们仍然无法调和莱维文学创作的两个方面——科幻小说家和战争回忆录作者——并且认为他一定具有双重人格。事实上，莱维一直在尽其所能推销自己具有双重人格的形象。在《自然史》中有一则科幻故事——《对半人马的正式调查》（“Quaestio de Centauris”）。在这则故事里，他想象自己是一头 260 岁的半人马。这个关于半人马的奇思妙想标志着莱维自身一段漫长的，甚至是痴迷的尝试的开始——那就是不断去展现自己的两个方面或两极。莱维不是意大利唯一身兼双职的文学家，但唯有他试图将这种分裂状态营造成一部伟大的个人神话。在数不清的采访中，他总是会谈到工厂生活与作家人生之间的冲突，写作与家庭之间的矛盾。（据我所知，当代其他将自己比喻成半人马的名人只有雅克·塔蒂，银幕喜剧《于洛先生》的创作者。）有趣的是，半人马本身也具有双重人格：既是智慧的导师，也是好色而嗜酒的花花公子。也许莱维希望自己符合半人马中人的那一面，而不是马的那一面。虽然《自然史》的销售不佳，但莱维可以为这本书而感到自豪。在 60 年代的意大利，大多数文学作品仍然厚颜无耻地执着于家长里短、国内风云，而莱维的生物学和进化论的极简主义幻想小说却绝非褊狭之作。在莱维撰写了这些作品之后，伊塔洛·卡尔维诺才创作了类似的关于地球行星起源的作品《宇宙奇趣全集》（*Cosmicomics*）。因此，卡尔维诺送给莱维一本《宇宙奇趣全集》，并在书上题道："致普里莫·莱维，他在这条路上启程要比我早得多。"[59]

## 注释

1 "跟我说实话……"：《忆普里莫·莱维》，安娜·玛丽亚·赞布里尼，《油漆与涂料》，p.17，1987年5月。
2 "外衣"：普里莫·莱维告诉作者。
3 "三百到四百天"：加布里埃拉·德安杰利对普里莫·莱维的采访，《天主教家庭》，p.28，1966年11月27日。
4 "独一无二"：《莱维全集》第一卷，p.1139。
5 "您的新书"：普里莫·莱维给马里奥·里戈尼·斯特恩的信，被引用在《普里莫·莱维：工作与人生》中，p.199。
6 "真的爱上了"：安娜·玛丽亚·莱维告诉作者，1992年10月26日。
7 "我请您……"：普里莫·莱维给埃兹拉·本格尔索姆的信，1962年2月5日。
8 "哪怕它缺乏……"：《莱维全集》第一卷，p.1423。
9 "莱维根本没有尝试……"：《现代外国小说》，n.8，莫斯科，1964年9月。
10 "人性的"：出自《犹太新闻》，1963年6月8日。
11 "说实话，我……"：该信发表于《平安》（*Shalom*），n.5，1988年4月。
12 "他对我太过严厉，……"：普里莫·莱维告诉作者。
13 "火星人"：普里莫·莱维接受阿道尔夫·基耶萨的采访，《国家晚报》，1963年7月12日。
14 "我真受不了……"：莱维的这段话由维托利奥·福阿告诉作者，1992年10月22日。
15 "我们都了解……"：普里莫·莱维接受阿道尔夫·基耶萨的采访，《国家晚报》，1963年7月12日。
16 "极为羞怯"：弗莱明·波尔特在信中告诉作者，1995年6月30日。
17 "相当独特……"：普里莫·莱维在写给埃兹拉·本格尔索姆的一封信中引用了克劳迪奥·马格里斯的话，1963年9月21日。
18 "轻松"而"有趣"：埃兹拉·本格尔索姆在信中告诉作者，1996年3月25日。
19 "叫普里莫的人"：埃内斯托·费雷罗告诉作者，1993年5月21日。
20 "后现代主义文学"：A. 托迪斯科，《晚间邮报》，1964年3月1日。
21 "让我大吃一惊……"：富尔维奥·托迈札告诉作者，1992年7月7日。
22 "书中没有……"：据查尔斯·博德报道，藏于雷丁大学博德利档案馆。
23 "在总体上……"：据卡米洛·彭纳蒂报道（1963年12月9日），藏于雷丁大学博德利档案馆。
24 "我们的感觉是，……"：吉多·瓦尔德曼写给彼得·戴维森的信，1964年7月3日，藏于雷丁大学博德利档案馆。
25 “所有的编辑……”：普里莫·莱维给埃兹拉·本格尔索姆的信，1964 年 7 月 31 日。
26 “像您这样……”：吉多·瓦尔德曼写给普里莫·莱维的信，1964 年 6 月 22 日，藏于雷丁大学博德利档案馆。
27 “我当然还要讲述……”：普里莫·莱维给吉多·瓦尔德曼的回信（1964 年 6 月 25 日），藏于雷丁大学博德利档案馆。
28 “要想让美国人……”：彼得·戴维森在信中告诉作者，1994 年 6 月 16 日。
29 “一个甚至都……”：普里莫·莱维给朱利奥·埃诺迪的信，1966 年 11 月 4 日，据埃诺迪公司关于普里莫·莱维的文件记载。
30 “但这并不容易……”：1987 年 6 月 10 日，弗朗西斯科·罗西告诉作者。（我对罗西的部分采访内容发表在《独立报》上，标题是《民族探索家》，1987 年 6 月 18 日。）
31 “主要的问题……”：普里莫·莱维给埃兹拉·本格尔索姆的信，1967 年 4 月。
32 “谁是普里莫？”：卡罗·庞蒂告诉作者，1994 年 5 月 23 日。
33 “如果你让我……”：普里莫·莱维给埃兹拉·本格尔索姆的信，1967 年 4 月 2 日。
34 “他们能够……”：约翰·里弗斯在信中告诉作者，1994 年 1 月 26 日。
35 “他表演得那么真实，……”：普里莫·莱维给埃兹拉·本格尔索姆的信，1979 年 1 月 27 日。
36 “对奥斯维辛的再现……”：乔治奥·班迪尼告诉作者，1995 年 5 月 23 日。
37 “我完全不知道……”：普里莫·莱维给埃兹拉·本格尔索姆的信，1964 年 7 月 31 日。
38 “我原本希望……”：《普里莫·莱维与图利奥·雷吉：对话》，p.13。
39 “我不知道……”：普里莫·莱维给埃兹拉·本格尔索姆的信，1964 年 7 月 31 日。
40 “他有着真正作家……”：洛伦佐·蒙多告诉作者，1992 年 6 月 1 日。
41 “不光爱吃青蛙腿，……”：凯斯·巴恩斯告诉作者，1992 年 5 月 1 日。
42 “普里莫开车时……”：同上。
43 “不，你并没有真的……”：普里莫·莱维说过的这段话由皮耶拉尔贝托·马尔谢告诉作者，1992 年 6 月 16 日。
44 “非常肮脏的旅馆”：朱利亚娜·泰代斯基告诉作者，1992 年 6 月 17 日。
45 “市集”：普里莫·莱维告诉作者。
46 “那真的让我很悲伤。”：普里莫·莱维接受《晨报》（*Il Mattino*）的安东尼奥·蒙达的采访，1988 年 3 月 29 日。
47 “接下来的工作……”：普里莫·莱维给朱利奥·埃诺迪的信，1965 年 11 月 23 日，据埃诺迪公司关于普里莫·莱维的文件记载。
48 “莱维-停战系列”：罗伯托·切拉蒂在一封信中告诉普里莫·莱维，1966 年 8 月 1 日，据埃诺迪公司关于普里莫·莱维的文件记载。
49 “普里莫就像……”：马西莫·斯卡廖内告诉作者，1992 年 6 月 8 日。
50 “它们的行为……”：普里莫·莱维的这段话由马里奥·里戈尼·斯特恩告诉作者，1992 年 10 月 24 日。
51 “这是什么东西？……”：普里莫·莱维的这段话由皮耶拉尔贝托·马尔谢告诉作者，1992 年 6 月 16 日。
52 “如果有什么事情……”：凯斯·巴恩斯告诉作者，1992 年 5 月 1 日。
53 “我一直告诉普里莫，……”：皮耶拉尔贝托·马尔谢告诉作者，1992 年 6 月 16 日。
54 “一尘不染……”：普里莫·莱维在信中告诉舞台设计师吉亚尼·波里多利，1966 年 8

月 16 日。史塔波剧院档案，都灵。
55 “在最近几天……”：普里莫·莱维在信中告诉翁贝托·塞里亚尼,1966 年 11 月 18 日。史塔波剧院档案，都灵。
56 “蜷缩着身体，……”：乔瓦娜·巴尔扎雷蒂告诉作者，1993 年 4 月 15 日。
57 “纪实作品”:《现代外国小说》，n.2，莫斯科，1968 年 5 月。
58 “这就像……”：卡洛·弗鲁泰罗告诉作者，1992 年 6 月 15 日。
59 “致普里莫·莱维，……”：《宇宙奇趣全集》，由普里莫·莱维展示给作者，1986 年 7 月 10 日。

# 十八

# “铁丝网的另一边”

（1966—1968）

# 1

到 1966 年年底，莱维遇到了一个他渴望已久的通信对象。海蒂·施密特-马斯（Hety Schmitt-Maas）是一位中年德国女人，生活和工作在威斯巴登。她的前夫是 I.G. 法本公司的一位化学家。施密特-马斯与莱维之间的通信是频繁的。大多数月份，她都会给他寄出十几封信函，其中一些很长。她以飞快的速度和巨大的热情敲打着每封信。从一开始，她告诉莱维她有"理解"纳粹历史的使命，以及她准备登上高山，向全德国高声念诵《这是不是个人》。她把这本书称为必修读物：每个德国家庭都应该买一本。许多德国人，通过他们过度的自我鞭笞，已经把国家罪行变成了一种美德，但施密特-马斯并不是这样。她在 1966 年 10 月 18 日寄给莱维的第一封信，散发着惊人的正直与智慧。"你永远无法真正理解德国人，甚至我们德国人自己也不能。"这封信标志着莱维的一个新时代——长达 16 年的非凡通信的开始，但他在 1966 年 11 月 5 日回信时完全没有预料到这一点：

> 没错，即使在今天我发现想要理解德国人仍然是困难的。《这是不是个人》在德国产生了我所希望的回响，但我更相信它来自那些最不需要读它的德国人。那些无辜之人，那些没有犯罪之人，却在忏悔：这真是荒唐，这就是人性。

莱维想用意大利语回信，但施密特-马斯看不懂意大利语。于是他换到德语，之后是英语（"一种极为灵活的语言"），再之后是法语，然后回到了德语。莱维把他们多国语言的通信称为"真是一团糟"，但实际上并非如此。施密特-马斯给莱维的第二封信将莱维称为"最尊敬的（Sehr geehrter——非常正式的称呼）莱维博士先生"。她似乎想卸下自己的负疚感："对于我们这些在铁丝网另一边的人，唯一的安慰是知道像您这样的人能够开始新的人生。"海蒂告诉莱维，她那永不停息地理解德国人的使命，是因为她前夫在 I.G. 法本公司的一位同事莱因哈德·海德布罗克（Reinhard Heidebroek）所做出的奇怪举动。海德布罗克做了什么“可怕”的事情吗？施密特-马斯想知道。在 1941 年，他被调往奥斯维辛（作为一名苯化合物专家），他并不知道那里是一座死亡营。“没有人知道在奥斯维辛发生了什么。”施密特-马斯向莱维解释。带着他的未婚妻蕾娜塔·明德尔（Renata Mündel），他动身去了波兰：他是达姆施塔特大学校长的儿子，她是康斯坦茨市市长的女儿。这对出身高贵的伴侣注定将被奥斯维辛所毁灭。等到他们在 1943 年夏天回到康斯坦茨时，海蒂·施密特-马斯发现他们变得异常沉默寡言。莱因哈德开始酗酒，并且常常用他那架莱比锡三角钢琴演奏舒伯特的奏鸣曲。蕾娜塔是红十字会的护士。她完全没有对施密特-马斯提起她在“那下面”看到了什么。战后，当施密特-马斯再次向莱因哈德工程师问起奥斯维辛时，他厉声回答：“奥斯维辛是一座集中营！”之后他归于沉默。在海德布罗克那无力的沉默中，莱维相信自己能找到战后德国的许多问题。战后，许多像莱因哈德这样一直对希特勒政府俯首帖耳的德国人无法将自己与纳粹时代分开。在意大利情况则有所不同。意大利人能够理直气壮地把墨索里尼的时代抛在脑后，因为有着广大的反法西斯抵抗运动。不过，只有 2% 的德国人在不同的程度上参与到反纳粹的斗争之中。12 月 10 日，莱维写信感谢施密特-马斯向他提供莱因哈德的信息：

> 你写道：“没有人知道在奥斯维辛发生了什么”。但那只是因为（或主要因为）在纳粹时期无数莱因哈德目睹、听闻和发现了纳粹的罪行却保持沉默。我们不能要求每个人都是英雄，但是，不告诉朋友自己在集中营里、在建筑工地上目睹的罪行（或不平之事），在我看来，只能用一种方式来解释：缺乏勇气去确信纳粹的罪大恶极，从而只能保持缄默。

莱维继续写道：

> 你说莱因哈德·海德布罗克仍然不愿意回答问题。在战后，我

> 在德国遇到过许多像他这样的德国人。我想这标志着在德国对于净化和摆脱纳粹余毒的渴望并不十分广泛。

莱维知道这位素未谋面的通信者是一个平凡而正直的德国人，有着她自己的道德斗争。但她一定与原I.G.法本公司的人员有着联系。通过她的帮助，他也许能找到那些在奥斯维辛工作过的化学家。多年以来，他一直梦想能够直面他们。于是他要求她：

> 是否可能从海德布罗克那里获知以下合成橡胶专家的下落，以及他们的近况：潘维茨博士、普罗布斯特博士、哈根博士、迈尔（或梅耶）工程博士？他们曾经是布纳-莫诺维茨集中营聚合反应部的雇员。上面提到的最后一个人（迈尔）对我们特别好，鉴于当时的环境。

这封短信后来成为莱维一生中最重要的信件之一。

## 2

同时，莱维在厂里也遇到了一些不如意的事。里科·阿卡蒂已经将莱维从SIVA的技术主任提拔为总经理。当莱维抗议说他对自己现在的岗位很满意时，阿卡蒂的秘书弗兰卡·坦比尼在桌子下面用脚轻轻提醒他。“大傻瓜！”[1]她想，“你的薪水不也提高了吗？”莱维不情愿地接受了新的职位，但他立刻明白了这件事并没有结束。他不得不日夜守在电话旁以防发生紧急事件。一天晚上，他正在都灵的电影院里。突然，电影放映员中止了放映，问道：“普里莫·莱维博士在吗？”[2]水已经淹没了SIVA的仓库和泵房，造成了漏电危机。现在莱维知道了权力的不便之处。他的责任沉甸甸地压负着他。他说感到自己“快要神经衰弱了”[3]。从离开奥斯维辛之后，他第一次有这样的感觉。他最不喜欢处理工人们的抱怨，尤其讨厌讨论加薪。只要有可能，他就会要求他的副手，弗朗西斯科·科德罗（Francesco Cordero，他也是一个温和的、谨小慎微的人）去处理这些麻烦事。莱维的漫不经心让他在员工中的口碑越来越差。正像一个中层管理人员对我说的：“莱维并非干劲十足，也没有任何进取心。他只关心他的写作——其他的一切对他而言都是诗歌。”[4] 在官僚行政体系的巨大折磨中度过的压力重重的 8 年就这样开始了。此外，莱维的儿子伦佐割掉了他的扁桃体。而扁桃体摘除手术让这个 9 岁大的孩子整夜哭泣。接着，莱维的太太露西娅收到了坏消息。1967 年 1 月 7 日，她的父亲约瑟夫·莫尔普戈去世了，就在他的八十大寿之前。

在一个月内，海蒂·施密特-马斯已经找到了莱维所需要的信息。1967 年 1 月 24 日，她从威斯巴登寄给莱维一封信：

> 潘维茨博士已故。普罗布斯特博士失踪（至少战后没有人听说过他）。哈根博士是一个可怕的纳粹分子（没有人了解他的近况）。如果您需要联系工程师迈尔博士，我能为您找到他的地址……

这个消息震动了莱维。那个人还活着。他从未将迈尔视为奥斯维辛屠夫的代表，因为他曾经为他提供过皮鞋，还在其他事情上帮助过他。但迈尔也是一名德国人，“那些德国人”中的一个。莱维应该去找他吗？他在回信中表达了联系迈尔的意愿。于是，到 2 月末，在海蒂的帮助下，迈尔得到了一本《这是不是个人》，还有莱维在都灵的地址。

同时，酗酒而爱哭的莱因哈德·海德布罗克读了《这是不是个人》，为莱维在《化学考试》一章中对潘维茨博士的轻蔑描写而感到不满并为其辩解。显然，曾经有人告诉 I.G. 法本公司的全体员工，奥斯维辛的囚犯（无论是不是犹太人）都有着“犯罪记录”。因此，潘维茨博士怎么可能尊敬莱维呢？听到这样的辩解，莱维勃然大怒。他写信给海蒂：

> 潘维茨既非毫无经验，也不是无知之人。他看到了我上衣前面的犹太星，也完全知道“莱维”这个姓氏意味着什么……而且我看起来也不像是一名罪犯（当然，除非潘维茨认为所有的犹太人都是有罪的）。

在 1967 年的头几个寒冷的月份里，莱维与海蒂·施密特-马斯之间的通信为莱维的人生带来一股特殊的能量。一直以来，他对战后德国的态度只有一个，他说，那就是“不信任的善意”。但随着他对海蒂那不同寻常的过去的了解，他对于战后德国的态度慢慢改变了。她是一个天主教徒，离异。她在 1918 年出生于一个典型反纳粹的家庭：在希特勒掌权之后，她那有着自由思想的父亲失去了教师的工作。在他那顽强榜样的示范下，海蒂也拒绝加入纳粹的 BDM（德意志少女联盟），被学校开除。她永远也无法忘记有一天，她家的家庭医生（犹太人），因戈培尔的迫害而陷入绝望，在“水晶之夜”后自杀身亡。她 1959 年起在威斯巴登定居，开始为文化部工作。从此，她开始认真调查纳粹主义的整个“复合体”。她首先与丈夫伯恩哈德·施密特离了婚。战争期间，她丈夫不让她给狱中的父亲送饭，因为他不想因此丢了自己在 I.G. 法本公司的饭碗。

从她位于威斯巴登的办公室，海蒂联络各地的幸存者，安排他们相互见面，在他们中建立起一个不断扩张的通信网络。她希望通过这种方式来批驳希姆莱的断言——欧洲犹太人的覆灭将成为“不能载入史册的荣耀”。她的信件混乱而冗长，却被那些接到这些信件的人（包括阿尔伯特·斯佩尔）视为珍宝。海蒂承认，她难以抑制自己写信的欲望。而她在写信时就像在大声地思考，语句自发地从她的笔尖源源而出。她意识到自己的关注可能会让收信人多么厌烦。从一开始，她就为她那“永远的通信”向莱维道歉。奥斯维辛幸存者、纳粹集中营史学家赫尔曼·朗拜因（Hermann Langbein），已经“忍受”海蒂的来信整整一年了。而“现在他仍然回信——我觉得这非常了不起”。海蒂说。

## 3

就在莱维不安地等待着费迪南德·迈尔的来信时，他的文学地位又得到了进一步的巩固——他的《自然史》，超出所有人的预料，赢得了万众瞩目的巴古塔文学奖（Bagutta Prize）。在米兰著名的巴古塔餐厅举行了盛大的颁奖仪式。在仪式上，莱维被热烈的喝彩声弄得有些晕头转向。因此，在来宾们挤到桌边抢着与他握手之前，他只能说出几句干巴巴的感谢之词。

在这一年中，一个又一个奖项接踵而来。40天后，在都灵的舞台上，《这是不是个人》荣获1966—1967年度圣文森特奖的“最佳剧作”奖。尽管自己的作品获得人们的认可让莱维很高兴，但他仍然保持低调和谦逊。SIVA新来的接线生卡门·弗兰基（Carmen Franchi）用了整整一年才了解到莱维是谁。每天，在工厂的食堂里，她就坐在他旁边，但“他从未透露出他就是普里莫·莱维”[5]。

不幸的是，厂里的一连串事故破坏了莱维作为总经理脆弱的自信。他合成偏苯三甲酸酐（美国阿莫科石油公司的一项专利）的试验发生了严重的错误。高压氧气炸飞了实验室的窗户。火苗舔舐着窗台。这场景吓得清洁工欧索里娜·费雷罗“像救护车一样”[6]尖叫起来。这时，莱维关上实验室的门，从钩子上摘下灭火器，他那冷静的举动给人们留下了深刻的印象。也许正是同样的冷静帮助他在集中营里活了下来。从那天起，莱维就成了实验室的一位编外安全员，尽管他也并非总是这么冷静。一次，新来的员工雷纳托·波尔泰西（Renato Portesi）无知地把阿司匹林放在一烧杯的水中进行溶解。莱维跑到他面前，大喊：“别这样做，波尔泰西！”[7]他相信这位随和的波尔泰西会把这杯毒药一饮而尽。

波尔泰西是经济学的研究生。他从1965年春天起开始为SIVA工作，并被莱维所征服。他钦佩他那充满讽刺色彩的冷幽默，并且热爱与他讨论文学。莱维认为，西西里小说《豹》里法布里齐奥王子的死是“意大利文学中对死亡最好的描写”。他们在工厂附近的“铲车餐厅”吃皮埃蒙特风味小吃（包括猪肚和蛙腿）。在吃东西时，波尔泰西注意到，当莱维谈起奥斯维辛时，他的手会“发抖”，而有时他会出神地盯着自己的盘子。刚刚三十出头的波尔泰西赢得了莱维的好感。而莱维常常嘲笑他那理想主义的社会主义。作为一个寡言少语的人，他对莱维关于苏联的批评报以沉默。波尔泰西与莱维之间的关系，在很多方面让人想起普里莫之前与那些崇拜他的校友之间的情谊，像他和马里奥·皮亚琴察——莱维是导师，而皮亚琴察则是无知的学生。波尔泰西最喜欢看莱维在实验室里工作。“普里莫总是自己制作各种玻璃仪器，在本生灯上把玻璃管弄弯。”[8]他回忆道。当时，大多数复杂的化学设备都能够通过工具箱里的现成部件进行组装。在这样一个时代，实验室里的这种手艺就显得有些古怪。

但莱维就是这样一个“怪鸭子”，波尔泰西说，并按他自己的方式做事。

一天，波尔泰西讲了一个关于德国人的笑话，让莱维觉得厌恶而又好笑。在死亡的门槛上，一个罪人不得不在两个地狱之间做出选择。这两个地狱，一个是意大利人经营的，另一个则由德国人经营。无论选择哪个地狱，他都将面对相同的惩罚——被魔鬼钉在十字架上，再扔进沸腾的油锅里。犹豫片刻，这个罪人选择了意大利人的地狱。为什么？“因为意大利魔鬼常常用光了钉子，或者丢失了钉子，而油也从来不会准时送到。”莱维说，这个笑话说明了意大利人的缺乏能力以及意大利的人性化，而这两件事并非总是“没有联系”的。莱维并不是欣赏波尔泰西所有的笑话。有一次波尔泰西在一个威士忌酒瓶里装满了茶水，然后让它在 SIVA 的董事会会议室里传来传去。莱维完全笑不出来。“他不喜欢取笑别人。”[9] 波尔泰西回忆道。

## 4

莱维收到费迪南德·迈尔的第一封信是在 1967 年 3 月 2 日。信上带着海德堡的精美信头，是用平实无华的德语写就的。迈尔在信的开头为莱维在漫长的 20 年后为了找到他而付出的“辛苦”表示感谢。“我读完了您的著作，书中很多地方让我感同身受。而且，当我知道您（与我）在实验室里共同度过的日子对您能有一点点帮助时，让我感到略微安慰。”他继续写道：

> 我非常高兴您能逃脱奥斯维辛这个地狱，并能够安然与您的家人团聚，这简直是一个奇迹。我相信，为了超越那恐怖的过去而与君一聚，是有益而必要的。我只想说，我经常想起您，还有您在那苦难的岁月中的那些同伴。实验室里的那些囚犯：布拉基厄先生、坎德尔先生、还有布雷斯劳（Breslau）的物理学家古德鲍姆先生，他们现在都在哪？

最让莱维吃惊的是迈尔还记得那些犯人的名字：他们对于他不仅仅是一

串号码。但同时他也是警惕的。联邦德国人耳熟能详的那些训诫，像“悼念和掌握历史”还有“深刻悲悼”，在莱维看来都是虚伪而空洞的。迈尔那所谓的“超越过去”只是老套的空话。莱维用意大利语给他写了一封回信（他之后的通信都是用法语）：

> 我与您的通信是重要的，也是令人欣慰的。首先是因为（我肯定海蒂·施密特-马斯太太已经在信中或口头告诉了您）我一直深深地记着您，尤其是在那样一个难以保持良好记忆的环境中。其次，因为我同样认为，一个文明的人必须学会“应对”（Bewältigung）——这是对过去的超越。但我不能假装我正以轻松的心情给您写信。这是第一次，我能够与“铁丝网的另一边”的人沟通，即使身处于铁丝网的那一边并不是他的意愿——而我相信您正是如此，而且我从您的来信中也能发现这一点。

莱维同意一次重聚是“必要的”，但在重聚之前，他想让迈尔在信中先回答三个特别的问题。第一，他在《这是不是个人》中对潘维茨博士的描写是否“真实可信”？（海蒂的前夫认为这段描写有着让人难以容忍的偏见：“而这些犹太人还抱怨我们歧视他们！”[10]）第二，迈尔是否知道奥斯维辛中的犹太奴工们是在何种条件下工作的？第三，迈尔对比尔克瑙焚尸炉有何了解？莱维认为，他们的“书信来往”是“命运送给他们的意外而非凡的礼物”，而且“只有善良之人”才能拥有这样的幸运。

3周后，5月5日，莱维收到了迈尔的回信。这封信长达8页，字里行间洋溢着真情实感。它一定令莱维既尴尬又感动。

> 您人生的目标，已经由奥斯维辛所决定，那就是去见证人类所能够犯下的罪行的恐怖。义愤填膺，你谴责他们内心的冷酷，他们盲从灵魂的狭隘，他们对其他人、其他民族和其他国家的邪恶假设。

这篇大话继续：

> 您的做证不仅是对那巨大牺牲的哀悼……您一直在向全世界宣告那处于黑暗边缘之人的存在。我想为这做证而向您表达诚挚的感谢。而我肯定还有许多人有着与我相同的感受。

这篇笨拙而牵强附会的溢美之词出自于一个非常褊狭、沉默寡言的人之手。迈尔的人生故事，正如他在这封信中对莱维所说，也是30年代许多德国年轻人的命运。“对德国政府的普遍热情从一开始就冲昏了我的头脑。在1933年希特勒上台时，我加入了民族社会主义学生联盟。”这个组织后来成为冲锋队（或称为SA，是SS的前身）的一部分，但迈尔设法通过某种遣散法案加入了德国国防军。在战争爆发时，他只是驻杜伊斯堡（Duisburg）的一支防空部队中的一个“普通列兵”。就在那里，战争那毫无意义的破坏让他第一次体会到了“羞耻与愤慨”。在1944年5月，他从一线作战部队转入后勤保障序列，被派往奥斯维辛协助巴斯夫公司工作。迈尔当时并不知道奥斯维辛在哪，也不知道那里发生的“可怕的事情”。不过，这是让人难以相信的无知（或不谙世故）。莱因哈德·海德布罗克的遗孀蕾娜塔·海德布罗克在1994年告诉我：“在我丈夫和我被第二次调往奥斯维辛时，也就是说，1943年时，所有德国人都知道那是东方的一个死亡营。”[11]

虽然莱维曾经征求他的意见，但迈尔并没有对潘维茨博士的描写片段做出评价，而是写了下面一番话：

> 我完全不想为他的罪行辩解。“罪恶昭彰之人”，潘维茨博士，不止一个，而是很多……还有很多无耻之徒，会冷酷地、无情地、毫不迟疑地执行迫害他们同胞的每个命令。

迈尔表示，他对潘维茨那残酷的“国家考试”（为了测试莱维的职业技能）一无所知。迈尔声称正是他选择了让犹太专家坎德尔、布拉基厄、古德鲍姆和莱维在温暖的实验室里工作，从而让他们得以活下来。结果迈尔和莱维之间才会存在“近乎平等的友谊关系”，这个德国人说。之后迈尔回忆起莱维不小心打破玻璃仪器的事情。

我无法忘记，您当时那绝望的沮丧。每当我与妻子、孩子说起自己在奥斯维辛的经历时，我常常会强调与您特别的相遇。从那天起，我就变得越来越钦佩您。我不再记得我为您带来了何种特权，却记得与您的相遇让我欣慰——我曾经遇到过一个人，他在绝望而悲惨的生活境遇里，仍有力量去升华自我。通过与您一次次讨论科学问题，让我意识到了，宝贵的人性价值被人类多么残忍、无情、冷血而毫无意义地毁灭了。

迈尔也没有回答莱维关于比尔克瑙集中营的问题。他只是自欺欺人地写道："众所周知，德国人在比尔克瑙提供医疗服务，甚至提供了一台 X 光机，以及其他所有的努力，以确保营中每一个还能工作的居民活下来。"迈尔令人厌恶地补充道："今天，我认为要求无情地对待犹太人的命令其实只是一种掩护。至少，在我为奥斯维辛工作期间，我没有发现任何以灭绝犹太人为目标的事情。"通过这种妄想，迈尔得以为纳粹死亡营的恐怖蒙上了一块面纱。而他将这块面纱称之为"没有发现"。

迈尔在信后又附上了一段话："您可以送给我一张您的照片吗？我想把它贴在《这是不是个人》的封底上。随信附上一张我的照片。我们在奥斯维辛相遇那年，我 36 岁。"在一张棚拍人像上，是一个高大而慈祥的人，故意摆出一副心事重重的模样。他比莱维年长 10 岁。（迈尔在科隆大学获得了哲学和化学学位。）他再次强调他多么"期盼"再次见到他，"今年秋天，在意大利或在德国"。奇怪的是，虽然他想要莱维的同情，他却没有提起他收养了一个孤儿。这个孩子的父亲在他两岁时就去世了，母亲在他 10 岁时也离开了他。

莱维不知道，而且永远不会知道的是，迈尔来信中的大段文字来自他在 1960 年开始为女儿寇朵拉撰写的《人生指南》。在 30 多页潦草的文字中，迈尔倾述了自己在战争期间忍饥挨饿、担惊受怕的困苦经历。整部《人生指南》中充满了康德和托马斯·阿奎纳的格言箴句，极为啰唆冗长。不过，迈尔的确为他所谓的犹太人"悲伤的命运"而感到不安。他作为一个化学家在奥斯维辛所充当的角色让他陷入了自我怀疑的消沉之中。从五岁起，寇朵拉就不得不倾听她父亲那折磨人的自责。在二十多岁时，她生了一场大病——结果，她相信了父亲的话。后来，她嫁给了一位德国犹太人——洛塔尔·布洛斯费尔德（Lothar Blossfeld），他是安妮·弗兰克的亲戚。寇朵拉证明她父亲对于莱维的高度关心："他总是对我说起莱维，在一生中，他一直希望他还活着。"[12]

通过迈尔的来信，莱维发现，迈尔对于《这是不是个人》有着某种误解。"在我看来，您，莱维博士，在《这是不是个人》中已经实现了信仰的跳跃。"什么意思？意味着莱维已经从犹太教徒转变为天主教徒。而天主教则教导人们要爱自己的敌人。迈尔不是唯一以这种方式误解莱维的人。在给海蒂·施密特-马斯的一封信里，奥地利哲学家、奥斯维辛幸存者让·埃默里（Jean Améry）厌恶地把莱维称为"原谅者"。埃默里解释自己的意思："不像莱维，我绝不会同情像迈尔这样的人，因为他们曾经是 I.G. 法本公司在奥斯维辛工作的员工中的一分子。"[13] 迈尔和埃默里都误解了莱维。虽然莱维追求公平和正义，追求罪行的审判，但他从来不会原谅那些已经犯下的罪行，也不会原谅那些犯罪的人。

## 5

海蒂·施密特-马斯自称被迈尔"奇怪地感动了"，因为他敢于直面过去，并背负自己的精神责任。她不知道他是德国天主教慈善组织"耶路撒冷圣墓骑士团"的成员，在以色列进行了大量的慈善活动。通过在这片应许之地上建立学校，他们希望能在道德上净化自我。"尽管这看起来有些奇怪，"海蒂以她那略显专横的方式告诉莱维，"你也许正是那个能帮助迈尔的人。"她建议莱维，在与迈尔见面前，先不要给他回信。"先见面谈一谈应该会更好些？"

莱维似乎同意她的看法。"理解和超越过去是一项极为困难而令人窒息的工作。通过口头交流，这项工作可以取得最佳的成果，"他在信中对海蒂说，"而且希望你能在场。事实上，我觉得在处理这类罕见的事务时，你是理想的翻译人选。"无疑，莱维对于迈尔抱有一丝同情。他并非"特别勇敢"，但同时，他也"并没有被纳粹瘟疫所感染"，因此可以进行人性的接触和对话。

尽管如此，莱维在五个星期之后才给他那满怀焦虑的监工回了信。而且，当他在1967年5月13日给迈尔回信时，他的口气并不十分温和。“我愿意帮助您去接受您的过去，但我怀疑自己是否有这个能力。”接着，莱维向迈尔指出，尽管非常委婉，在他的来信中看不到悔改的迹象。但是，由于他并不想伤害迈尔的感情，他补充道：

> 不，我并不知道在实验室里您负责监管我的岗位，因此，在一定程度上，救了我的命。我难以为此“感谢”您。这个词用在这个地方显得相当愚蠢而虚伪。

见面时间暂定为1967年秋天。“以口头的形式来进行我们的讨论必定会更加方便。”莱维说。但他并不想见迈尔：这次见面可能只会重新激起他过去那屈辱的自卑感。这个德国人也许会当众失态，因为莱维怀疑迈尔在寻求救赎，但把天主教的负担放在犹太人的肩头上是不合理的。事实上，任何人都没有这个责任去宽恕他。莱维并不想承担这份责任，并不感到自己有义务去宽恕迈尔。

6月份，海蒂第一次见到了迈尔。历史学家赫尔曼·朗拜因为了自己正在撰写的书稿《奥斯维辛的人类》而想要采访迈尔。而海蒂要求旁听他们的对话。迈尔给她留下了非常好的印象。他是“一个非常温柔的人，非常富有同情心（sympathischen und weichherzigen Menschen）”。但朗拜因认为他是一个没有骨气的灰色人物。海蒂把她的印象告诉了莱维，而6月17日莱维回信表示对她的感谢：

> 你对迈尔的描述非常准确而有趣，你也许可以成为一名优秀的作家。他诚实、热心、本质善良。而且，在经历了两次世界大战并面临着第三次大战之时，他仍然坚守着40年前的学术和道德准则。事实上，他写给我的两封信也给我完全一样的印象。不过，我认为朗拜因错了：我们不能期待这样一个人去积极反抗，或进行暗中破坏；毕竟，不是每个人都是天生的英雄。如果世界上所有人都像迈尔博士一样，那人生将是可以接受的，只是会有一点无聊。

在接下来的一封信中，迈尔试图引诱莱维去德国参观巴斯夫公司。他作为一名冷凝专家在这家公司的实验室里工作。就是在这间实验室里，著名的反纳粹主义者卡尔·博施因合成氨而声名远扬。迈尔以“友好的邀请以及真诚的责任感”结束了这封信，随后他却笨拙地试图讨好莱维：“并非只有我感受到了您的文学天赋。”

## 6

那个月底，莱维来到了位于皮埃蒙特郊野深处的一座古老的萨伏依王朝城堡。他从一开始就爱上了这里。这座城堡已被改造成一座酒店，有着美丽的花园，还有高大而蓬乱的树篱。这是一个聊天、喝酒的好地方。15 年来，好心而嗜烟的作家努托·雷韦利和他的朋友们经常光顾这座韦尔杜诺城堡，而那年夏天，他邀请了莱维加入他们。莱维非常喜欢韦尔杜诺城堡。在他的余生中，他每年 6 月都会来到这里。这座城堡帮助他摆脱了自己那阴郁的心情，让他暂时忘却家庭的烦恼。独臂的皮耶罗·费莫尔（Piero Femore）是位于都灵的卡洛·费利切广场上，一家名叫“校园”的书店的老板。另一位常客是高大、清瘦的酒商、前游击队员巴尔托洛·马斯卡雷洛（Bartolo Mascarello）。巴尔托洛仍然在酿造皮埃蒙特地区最好的巴罗洛红酒并把它们卖给菲亚特的吉亚尼·阿涅利、作家伊塔洛·卡尔维诺。现在他也把酒卖给莱维。而后者喜欢一边喝酒一边玩牌。虽然莱维面对不喜欢的事物是刻薄的，但在马斯卡雷洛的印象里，他是一个谦逊有礼并富有幽默感的人：“普里莫就像一只猫头鹰，你知道，极为聪明和健谈——但同时又相当低调。普里莫有一张慈祥的脸和一双会笑的眼睛。那是一双与众不同的眼睛，敏锐而犀利。他作为‘一个快乐的人’给我留下了深刻的印象。他是一个很谨慎的人，但并不是像贵族那样，而是以人性的方式。”[14]

6 月 5 日，莱维还在韦尔杜诺城堡的时候，以色列向阿拉伯世界宣战了，整个中东地区陷入了动荡之中。像在这个危急时刻的大多数犹太人一样，莱维心中充满了痛苦。他相信犹太人民在四分之一个世纪里第二次站在了毁灭的边缘。后来，在都灵的犹太会堂里，他为以色列辩护：“不准毁灭这片殉道者与幸存者的土地！”[15] 埃及总统纳赛尔，似乎是为了向以色列挑衅，在靠近以色列边界的西奈半岛集结起军队，而以色列也采取了报复行动。莱维在 SIVA 为以色列组织了一场募捐活动，并参加了《邮报》组织的献血活动。大多数有教养的意大利人（无论他们是否是犹太人）在这个时刻都站在以色列一边。纳赛尔总统公开表示，灭绝犹太人（以及天主教徒）属于他的信仰的一部分。

在六天中（众所周知的“六日战争”），以色列打败了三支阿拉伯大军，所控制的土地面积扩大了三倍，并占领了加沙地带。莱维不得不向海蒂承认，他与费迪南德·迈尔之间的恩怨只是“六月战争”之外一件无关紧要的小事。对于莱维和整个犹太民族而言，以色列的胜利都是一个振奋人心的好消息。但莱维也悲伤地看到这个犹太国家已经变得与其他国家没有区别，“善于战斗和争吵，倾向于民族自豪感”。无论以色列会有怎样的未来，它都不再是他原来以为的那个充满蜂蜜与和平的应许之地了：

> 也许在地球上并不存在这样的地方：除了以色列，从一开始，就创造着一个个奇迹，从而让我们巴望着，它能实现最伟大的，也是唯一的、真正的奇迹——成为与它的邻国永远和平共处的国家。[16]

随着时间一天天过去，以色列的侵略行径和自私自利让莱维越来越失望。6 月 10 日，他与都灵的其他 22 名犹太人一起，在左翼刊物《桥》上发表了一则声明，呼吁阿拉伯世界与犹太世界之间的紧急对话。这则声明严厉谴责了犹太族裔的右翼力量（无疑克里姆林宫在 6 月的战争中对阿拉伯人的支持惹恼了他们），并敦促犹太人维持他们与社会主义“久经考验”的联系。

6 月 17 日，一位出生于波兰，现居住在美国的犹太工程师、作家奥斯卡·平库斯（Oscar Pinkus）到都灵拜访莱维。在 1945 年 10 月的奥地利前线上，平库斯也登上了莱维在《休战》结尾处提到的那列遣返意大利难民的列车（平库斯核对了日期）。惊讶于他们“差一点就相遇了”，平库斯通过埃诺迪出版公司给莱维写了信。这个人在战后的游历过程与莱维本人的经历极为相似。而这一点令莱维着迷。现在，这两位幸存者终于见面了。他在翁贝托国王大街 75 号度过了一整天，讨论、回忆往事，并互赠书籍。当然，他们也谈起了刚刚结束的阿拉伯-以色列的冲突。莱维和平库斯一样，认为以色列的毁灭将是“可怕的悲剧”[17]，但他不同意平库斯支持以色列的胜利主义，也不迷信于以色列和美国的关系。为了表达友谊，他用 SIVA 的铜钱为平库斯编制了一片精美的叶子。

## 7

1967 年 7 月底，在成千上万的巴勒斯坦难民逃到约旦和黎巴嫩的同时，都灵遭受了一次严重的热浪袭击。波河岸边挤满了人，城市被汽油味的雾霾所笼罩。为了逃离这座令人窒息的城市，莱维携家人来到了凉爽的山区，但并不包括他的女儿丽莎。她留在了都灵，以庆祝自己通过了学校毕业考试。她和一群同学一起，为知识分子杂志《杂感录》（*Lo Zibaldone*，取自诗人莱奥帕尔迪的同名随笔集）出力。这家杂志主要倡导战争时期抵抗运动的革命精神和民主价值。距离 1968 年的学生运动还有不到一年的时间，作为前游击队员的孩子，丽莎拥有威信和声望。这年夏天，丽莎和朋友们组织活动以抗议美国对越南的轰炸。

随着天气越来越热，莱维一家来到了他们位于彼得拉-利古雷（Pietra Ligure）的新的度假公寓。这里地处意大利度假胜地里维埃拉，离摩纳哥不远。莱维买下这套公寓，与其说是为了自己，倒不如说是给孩子们的一笔投资。（他不喜欢 8 月的大众假期，那时候海滩挤满了游客。）为了打发时间，他用铜线制作各种塑像，包括一只巨大的蜘蛛。他把它系在了阳台上，显然是为了克服自己的蜘蛛恐惧症。两个邮包送达彼得拉-利古雷。而莱维早就在等着它们。其中之一来自奥斯卡·平库斯，是他那精彩的自传《面具的选择》的打字稿。莱维以极大的兴趣阅读了它的心。平库斯在 1947 年曾在都灵学习工程学。家住蒙卡利埃里大街的学生中，有他们共同的朋友。很可能，莱维曾经与平库斯在楼梯上擦肩而过。莱维总会收到不知名作家关于战争的第一手记录。这本自传中关于战后都灵的描写抓住了他的心。他写信“代表全体都灵人”[18]感谢他的工作，并提出愿意帮他把书稿提交给埃诺迪出版公司。

第二个邮包来自海蒂·施密特-马斯，其中有君特·格拉斯的平装书，还有一包德国杂志，以帮助莱维提高他的德语。他和海蒂已经通信 10 个月了。而莱维觉得她的信令人振奋。这些信让他感到自己深入战后德国的知识分子生活之中，并且成为由志趣相投的作家和幸存者组成的巨大团体中的一员。同时，这些信也成了他新书的灵感源泉。海蒂给莱维的第一封信是简练而谨慎的，但现在这些信常常长达五页，而且包括许多关于家人和个人生活的倾述。海蒂与她的孩子们爆发了激烈的争吵，因为他们不想听她总是在谈论纳粹。海蒂的女儿玛丽安娜·费尔斯切（Marianne Felsche）在回忆起这个“非常执拗而固执的女人”[19]时，说她会把关于特雷布林卡和奥斯维辛的书带到孩子们的聚会上，以免自己无聊。“有些东西对我妈妈过于重要，以至于她不能把精力放在养育儿女上。”[20]

莱维一直请求海蒂帮他找出他的德语中的错误之处（他把德语称之为“一种奇怪的北国语言”），但她却走得更远。她开始寄给莱维许多德语书籍。这些书的数量太多，以致其中很多本一直到莱维逝世都没有被阅读过。尤其是新闻剪报，并不总是受到欢迎：“你当然知道，”他在信中对海蒂说，“让一个外国人弄清楚它们真是太吃力了。土生土长的德国人也许很熟悉它们所包含的暗示和引文。但对于一个外国人来说，它们简直就是无法破解的谜语。”莱维给她的回信开始变得越来越敷衍了事，但他无法阻止海蒂的来信。一天，她寄给他一本圣埃克苏佩里（Saint-Exupéry）的《小王子》（*Le Petit Prince*）。出于礼貌，莱维说他很喜欢读这本书。（“我很高兴您喜欢它，但说实话，我是想把它送给您的女儿。”）当海蒂听说莱维的女儿丽莎正在学习德语时，她便邀请她来威斯巴登做客。

海蒂也许有些让人烦恼，但她的确填补了莱维人生中的空虚之处。从幼年起，莱维就非常看重友情。但近年来，出于各种各样的原因，他的社交生活却在萎缩。一些朋友，他告诉海蒂，不是被“姗姗来迟的情事”缠身（1964 年，伊塔洛·卡尔维诺娶了蓝眼睛的阿根廷姑娘埃丝特·辛格），就是离开了都灵，还有一些已经“退化”成了中年人。蒂娜·里泽那原本充满活力的沙龙，现在也结束了。许多当年的参与者都已经离开了人世。不过，在海蒂身上，莱维找到了一个潜在的灵魂伴侣。他们的通信为他提供了一个避难所，一个可以休息的安全场所，尤其是在他的家庭生活变得无法控制的时候。这其中也许有调情的因素，尽管是朴素而高雅的。

1967 年 9 月，与里科·阿卡蒂一起到德国出差时，莱维设法见到了海蒂。不过，他们先去拜访了埃米尔·达维多维奇（Emil Davidovic）——《这是不是个人》中的那个“现代主义的拉比”——曼德。达维多维奇在死亡行军中活了下来，现在与他的妻子查佳（Chaja），还有三个十几岁的孩子共同生活在多特蒙德。喝咖啡时，达维多维奇指出在莱维的书中关于他的“错误”。他不是斯洛伐克人，而是捷克人。他既不是游击队员，也不是律师，而是在捷克斯洛伐克的布吕恩（现在的布尔诺）学习哲学。之后，幸存者们追忆往事，聊起集中营里狱友们的境遇。告别达维多维奇之后，他们开车南下，驶向威斯巴登。当他们接近克劳伦塔的时候，莱维的期盼之情愈加强烈——海蒂和她的母亲就住在这里。当一辆意大利牌照的小汽车驶过来的时候，海蒂正从公寓的窗户向外张望。“晚上好！”莱维向她打招呼。在通信中，他们并没有交换过照片，而莱维原本期待海蒂会更热情。但实际上，她只是一个普普通通、脸色苍白、戴着眼镜的女人。这次会面极为成功。阿卡蒂彬彬有礼，而海蒂并没有发现他有任何“失礼”之处，因为莱维曾经警告过她，阿卡蒂可能会失礼。恰恰相反，海蒂认为，阿卡蒂是一个胸襟广阔、魅力四射的“魔术师”。她不明白莱维为什么要挖苦地把他比喻成唐老鸭那暴躁易怒的叔叔——麦克老鸭，一个红脸膛、总是挥舞着拐杖的家伙。麦克老鸭？海蒂的妈妈认为阿卡蒂更像德国英俊的电影明星 O.E. 哈塞。

真正让海蒂惊讶的是莱维。靠着《这是不是个人》上的照片，海蒂原以为会看到一个“深受折磨”“精疲力竭”[21] 的人。然而，莱维却是“豪爽的”“轻松的”，甚至“精力过人的”。而且，他看起来“风采动人”“魅力超凡”。海蒂并不是一个细致的人，她甚至有些专横。在接待客人时，她突然灵机一动，决定给费迪南德·迈尔打电话。莱维的不安一定都写在了他的脸上。那一天，他和迈尔在电话里说了什么，我们已经无从得知。但事后莱维向海蒂坦白了他的恐惧——他非常害怕再次见到他在奥斯维辛的监工：“我非常害怕。”海蒂圈子里的其他人不会为莱维的不情愿感到一丝一毫的惊讶。海蒂早已让他的朋友们阅读了莱维与迈尔之间的通信。这些朋友之一就是奥地利出生的哲学家让·埃默里。他认为，迈尔的信对于莱维而言，就是一场催人泪下的“灵魂脱衣舞”，以及满满一碗“形而上学的‘婴儿奶粥’（Schmus）”[22]。

莱维艰难地把迈尔抛在脑后。他在9月12日或13日回到了都灵。在电话里再次听到这个德国人的声音让他受惊不浅。这次，这声音听起来有些吃力而令人不安。迈尔没有告诉莱维自己快要死了，但这一次他没有尝试隐藏希望见到莱维的迫切愿望。经过片刻的迟疑之后，莱维说很遗憾，他还没有准备好见他，先要等到他们的通信“成熟了”才行。

1967年，莱维继续与海蒂·施密特－马斯通信，而露西娅却觉得自己越来越被排斥在外了。一开始，莱维还和她分享海蒂来信中带来的关于费迪南德·迈尔的消息。但他的回信是秘密的，而现在它更处于犯错的边缘。在10月2日—8日这6天里，莱维给海蒂写了一封长信，痛苦地向她述说了自己的烦恼。多年以来，他一直向外界隐瞒着他的婚姻的恶劣状态，但现在出于某种原因，他需要一吐为快。这封用英语书写的信件是莱维在SIVA的午休时间完成的。它是我们拥有的关于莱维家庭烦恼的最为详细的记录。不过，同时，它也反映出莱维对于露西娅那长久的爱。以一个受伤孩子的口气，他向海蒂抱怨露西娅“几乎从来不陪我去参加聚会或旅行，而是默默地阻止我投身其中”。他想要旅行并享受旅行——现在他是意大利的著名作家——但露西娅阻止了他。她不是吗？在写这封信时，莱维是意志消沉的。他对妻子的描述在很大程度上受到了自己情绪的影响。在他们刚结婚时，他继续写道，露西娅是一个天真而善良的年轻姑娘。但随着岁月流逝，她显然变成了一个过度保护、处处约束莱维的妻子，一个枷锁。而露西娅是可怕的：

> 她变得紧张、冷漠。遇到知识分子，尤其是女性时：她通常会把她们说成是自吹自擂的、伪善而自私的人。最典型的是，她干涉

我与她们的对话，用反常而粗野的举动（显然她也会为此感到羞耻）来打断对话，并带着一股天真的破坏劲头固执地反驳我。

露西娅害怕那些“杰出的家伙”，莱维的知识分子女性朋友：比安卡·乔德蒂·塞拉、艾达·黛拉·托雷、尼科莱塔·内里、蒂娜·里泽。这并不能让我们对露西娅有更多的了解：许多妻子讨厌这些“以知识分子自诩”的女性。莱维的妻子无论如何都会感到自己被排斥在外。作为一个幸存者的妻子，她不可避免地无法进入她丈夫那由反抗组织成员和集中营幸存者组成的社交圈。但莱维时时怀疑露西娅是否完全缺乏与人交好的能力。他从来没有试着“进入”她的“信任圈”。她唯一的贴心人是她的妈妈。露西娅甚至都不亲近她的双胞胎姐妹加布里埃拉。莱维承认，他的妻子对于这场僵局“只承担部分责任”。事实上，露西娅有理由感到怨恨。她参与、见证了《这是不是个人》的诞生，而且在一定程度上，也参与了《休战》的创作，但谁又承认过她的贡献呢？她在1947年嫁的那个缺乏自信的男人现在已经成为一位成功的作家：露西娅不再像过去那样对他有用了。她感到莱维把她囚禁在翁贝托国王大街75号里。这种感觉进一步加深了她的怨恨。到现在为止，这种不便的居住条件——婆婆、媳妇、孩子都挤在一个屋檐之下——已经持续了20年。而它所引发的压力常常是巨大的。经过20年的婚姻之后（有时是快乐的），莱维不得不承认他与露西娅之间的关系出了问题。但他承认她仍然是他“优秀而坚定的”盟友。她的常识是他的无价之宝——他需要它，而且他与她之间有许多相同的爱好与趣味。他们的相处相当愉快，但他们的日渐疏远为翁贝托国王大街75号带来了悲伤。

作为事后之明，莱维补充道：“我决定绝不改变与您的关系，而我请求您也要这么做。”换句话说，他决心继续与海蒂通信：这样做，便宣布了自己与露西娅之间的独立关系。这封信一旦寄出去，海蒂将在莱维与露西娅之间扮演一个有趣（对她来说则是微妙的）的角色。她宛如顾问一样，向莱维（有一次甚至不合时宜地向露西娅）提供建议，帮助他处理他那日渐频繁的情感危机。

露西娅也有她自己的问题。她是一家工人夜校的志愿教师，常常要在晚上10点以后才能精疲力尽地回到家中。在她的学生中，很多人都是南方来的农民工。虽然露西娅为他们热爱学习的精神所打动，但每当回到家里，莱维那沉浸于自我的、不易相处的行为总是让她灰心丧气。她不知道，在他那阴冷的沉默背后隐藏着什么。但在接下来的7年里，一直到1974年，莱维的精神健康状况一直都不稳定——总是喜怒无常。结果，这种阴郁的情绪状态并没有好转，而是变得更糟了。

## 8

在圣诞节前的几周里，莱维收到了令他不安的消息——费迪南德·迈尔去世了。12月13日，在他海德堡家中的花园里，迈尔遭遇了一次心脏病发作，距离他的60岁生日仅差了4天。他女儿寇朵拉在他的手里发现了一本托马斯·阿奎纳的《神学大全》(*summa theologica*)。他们将他葬在齐格尔豪森墓园里，棺材上覆盖着他的宗教慈善团体那红白相间的披风。在他的墓碑上铭刻着拉丁文的墓志铭：“上帝祝福它”。迈尔的遗孀寄给莱维一张坟墓的照片。莱维觉得那坟墓有着“相当阴郁的”[23]德国品味。迈尔的去世对于他而言完全是一场意想不到的打击。他为自己没有同意见他而充满了悔恨和自责。“现在太迟了，他走了，永远。”尽管迈尔曾经蒙蔽了自己的一部分良知，但我们不能说他完全没有良心。在奥斯维辛，他在莱维面前所表现出的人性曾经是尴尬的、不充分的、充满罪恶感的，但那仍然是人性。可以说，迈尔是一个典型的“有能力的德国人”，拥有一名专家的狭隘视角。因为他是通过他的专业视角去观察奥斯维辛（合成橡胶生产）的，所以他能够忽略他的工作的道德后果。对于真实的迈尔，我们只能说他不够深刻，却不能说他罪大恶极。

## 9

在迈尔突然去世之后，1967年的岁末又迎来了另一个戏剧化的音符。在12月31日清晨，SIVA的守门人给莱维打电话，说有一辆油罐车在路边翻了车。36吨汽油很可能流入厂区了。在给消防队打了电话之后，莱维开车飞速赶往塞蒂莫托里内塞。清晨5点的时候，都灵的街上还空无一人。等他到达厂区，发现先行赶到的救火队员们正试图使用钢丝绳和吊车扶正油罐车。只要一个火花，整个 SIVA 厂区将化为灰烬。莱维建议他们先通过油泵把油罐车里的汽油转移到一个水池里。这项工作顺利地完成了。到第二天，1968 年 1 月 1 日凌晨 3 点，情况被成功地控制住了。莱维把盛满意大利起泡酒的烧杯献给消防队员们。他在信中把这件事告诉了海蒂。

## 注释

1 “大傻瓜！”弗兰卡 · 坦比尼告诉作者，1993 年 3 月 8 日。
2 “普里莫 · 莱维博士在吗？”：普里莫 · 莱维告诉迈克尔 · 胡斯托，1986 年 4 月 18 日。
3 “快要神经衰弱了”：普里莫 · 莱维告诉作者。
4 “莱维并非干劲十足，……”：毛里利奥 · 坦比尼告诉作者，1993 年 4 月 18 日。
5 “他从未透露出他就是普里莫 · 莱维”：卡门 · 弗兰基告诉作者，1992 年 7 月 15 日。
6 “像救护车一样”：雷纳托 · 波尔泰西告诉作者，1992 年 11 月 9 日。
7 “别这样做，……”：普里莫 · 莱维的这段话是由卡门 · 弗兰基告诉作者的，1992 年 7 月 15 日。
8 “普里莫总是……”：雷纳托 · 波尔泰西告诉作者，1993 年 6 月 4 日。
9 “他不喜欢取笑别人。”：同上。
10 “而这些犹太人……”：海蒂 · 施密特-马斯给普里莫 · 莱维的信，1967 年 3 月 14 日。
11 “在我丈夫……”：蕾娜塔 · 海德布罗克告诉作者，1995 年 12 月 11 日。
12 “他总是对我说起……”：寇朵拉 · 布洛斯费尔德告诉作者，1995 年 12 月 13 日。
13 “不像莱维，……”：让 · 埃默里告诉海蒂 · 施密特-马斯，1967 年 9 月 28 日。
14 “普里莫就像……”：巴尔托洛 · 马斯卡雷洛告诉作者，1995 年 4 月 29 日。
15 “不准毁灭……”：普里莫 · 莱维的这段话被《抵抗运动》（*Resistenza*）引用，1967 年 7 月。
16 “也许在地球上……”：普里莫 · 莱维告诉海蒂 · 施密特-马斯，1967 年 6 月 17 日。
17 “可怕的悲剧”：普里莫 · 莱维告诉作者。
18 “代表全体都灵人”：普里莫 · 莱维告诉奥斯卡 · 平库斯，1967 年 8 月 5 日。
19 “非常执拗而固执的女人”：玛丽安娜 · 费尔斯切告诉作者，1995 年 5 月 16 日。
20 “有些东西对……”：玛丽安娜 · 费尔斯切告诉作者，1995 年 5 月 16 日。
21 “精疲力竭”：海蒂 · 施密特-马斯，日记。
22 “形而上学的‘婴儿奶粥’（Schmus）”：让 · 埃默里告诉海蒂 · 施密特-马斯，1967 年 9 月 28 日。
23 “相当阴郁”：普里莫 · 莱维告诉作者。

十九

# 以色列、苏联和抑郁症

（1968—1972）

## 1

1968 年的意大利革命在大学里燃烧。资产阶级的孩子们是它的战士。时年 19 岁的丽莎·莱维是都灵大学生物系的一名学生。她有着强烈的公民责任感，帮助建立了反对越南战争的“逆课程”，并组织系里的学生静坐抗议凝固汽油弹。在巴黎索邦神学院，学生也发起了同样的抗议，但在意大利，天主教民主党政府的腐败、墨守成规和专制进一步加强了革命的意愿。在丽莎卧室的书桌上方，除了必不可少的鲍勃·迪伦（Bob Dylan）的海报之外，还有一张镶框的毛主席的照片。她和莱维之间有着一种紧张的关系。很快，丽莎将离开家，去和她父亲讨厌的一名左派分子同居。而且，莱维不认为丽莎具有与警察对抗的身体条件，并担心她的安危。（她被警棍打得青一块紫一块让莱维惊慌失措。）但是，在许多问题上（比如，意大利那过时的离婚法案的改革），莱维就支持这些年轻人。而且在整体上，他尊重他们说“不”的权利。但他不支持学生们对家庭的排斥。家庭远非社会的祸根，而是社会的基础。然而，空气中充斥着巨大的兴奋感：披头士的《白色专辑》（*White Album*）、黑豹党、唱片店播放着施托克豪森的《颂歌》（*Hymnen*）。莱维也被这种氛围打动了。他在给海蒂的信中写道：“同样的问题在欧洲各地同时成熟，这真是令人惊讶。”

尽管莱维反法西斯的战斗精神让丽莎自豪，但是他对她那左派的愚蠢行为缺乏耐心，这不禁让丽莎有些气恼。在 1966 年，她参加的第一次游行，是为了抗议米兰政府对校刊《小蚊子》的镇压（它居然胆敢讨论计划生育）。在游行中，莱维在一辆路过的电车里向丽莎挥手致意。“那真是太糟了，”和丽莎一起游行的艾丽卡·斯克罗波回忆，“丽莎和我正举着那些牌子，我们必须看起来相当严肃，就像两个铁石心肠的切尔滕纳姆妇女，普里莫却说我们看起来‘相当温柔’。到 1968 年，我和丽莎已经准备好去‘战斗’了。”[1]

在欧洲沸腾的这几个月里，莱维第一次，也是唯一一次来到了以色列。他的中东之行为他提供了另一个机会，让他能够更深刻地理解他在纳粹集中营里的遭遇。（这时，他已经去过德国20次，这个国家已经渐渐摆脱了它过去的苦难。）要不是因为希特勒，以色列不会以这种方式（以及在这个时间）诞生。在“六月战争”之后，莱维对这片应许之地的浪漫主义看法已经破灭了，但以色列仍然是犹太人民的“生命之筏”[2]，他说，也实实在在地证明了犹太民族对于繁衍生息的渴望。

## 2

1968年3月17日，他从罗马飞到以色列。由意大利的反法西斯月刊《抵抗运动》（*Resistenza*）出资，莱维的这次以色列之行是在40位意大利前游击队员那充满活力和趣味的陪伴下进行的。他们中大多数不是犹太人，而是“公平与自由”抵抗运动昔日的反法西斯战士。像莱维一样，他们对这个在九个月之前对抗整个阿拉伯世界的国家充满了好奇。露西娅留在了家里。一开始，莱维非常高兴看到这片天主教福音起源的古老土地。从阿科（Acre）出发，这些意大利人乘大客车穿过沙漠，进入被以色列占领的叙利亚领土。他们在这里感到了第一丝不安的迹象。戈兰高地上戒备森严，一家家阿拉伯商店都门窗紧闭。犹太战士的形象让莱维有些不适应。他与其他意大利人在提比利亚海边的一个犹太人定居区过夜，在叙利亚人的射程之内，有很多自行车和婴儿车。

第二天，大客车沿着停火线一路向南，穿过靠近约旦的巴勒斯坦，带着他们来到了耶路撒冷。在他们穿过平原时，可以看到田野中零散分布着被击毁的约旦坦克。在耶路撒冷的阿拉伯人古城，意大利人下榻在洲际酒店。那天晚上，以色列政府的官员来和他们讨论和平这一议题，但气氛一直是紧张的。接待台前堆满了沙袋，还有惊恐的阿拉伯侍者。在餐厅，莱维遇到了出生在南斯拉夫的犹太人艾萨克·加尔蒂（Isaac Garti）。他已经开始翻译他的作品了。加尔蒂记得阿拉伯难民问题让莱维感到“非常困扰”[3]。以色列人缺乏对他的作品的兴趣也让莱维心情不佳。1963年，埃兹拉·本格尔索姆博士曾尝试在以色列为莱维的作品找一个出版商，但没有成功。在加尔蒂和以色列人民看来，莱维的作品是有问题的，因为他的书既没有推荐在以色列生活，也没有为面对种族灭绝的犹太民族提出拯救方案。等到希伯来语版的《这是不是个人》在 1988 年 11 月出版时，莱维已经去世 19 个月了。

第二天晚上，这些意大利人在以色列士兵的护送下穿过了内盖夫沙漠。以色列的装甲部队曾经在附近遭受过炮击。天空中不时飞过防空曳光弹。加沙和西岸那破败的房屋废墟表明那里在“六日战争”中经历了一场苦战。阿拉伯人变成了流离失所的难民，就在他们自己的土地上。在大客车上，当以色列人轻蔑地提起这些阿拉伯人时，气氛不由得变得紧张起来。意大利人不愿提出抗议，因为怕被当作反犹主义。在这些意大利人中，形成小团体是不可避免的。刚刚踏上旅程，莱维就被一位意大利女性迷住了。弗兰卡·穆萨·伊瓦尔迪（Franca Mussa Ivaldi）是一个有着亚麻色头发、蓝眼睛，冰雪聪明的女人。莱维在都灵就通过她的丈夫卡洛（Carlo，当地抵抗运动的一位英雄）认识了她。莱维自身的婚姻问题，以及对社交的渴望让他与弗兰卡逐渐熟悉起来。我们不知道他们之间是否有过肌肤之亲。但莱维的偏好似乎永远是与女人的无性关系。但是，弗兰卡和莱维的亲密关系惹恼了其他意大利人。“只要有弗兰卡在，我们就不可能靠近普里莫，”加斯托内·科蒂诺（Gastone Cottino）记得，“他们总是在客车的后面聊天。”[4]

在以色列度过一周之后，莱维不得不承认这里并非他所想象的那个国家。这里远不是远在中东的“小欧洲”，而是一片有着大胡子男人、蒙面纱的女人、阿拉伯音乐和巴克拉瓦千层酥的荒漠之地。总体来说，他发现以色列文化“相当贫瘠”[5]，并失望地发现在以色列完全找不到欧洲犹太人的多元文化的踪迹。以色列很难符合莱维心中犹太人的标准——真正的犹太人，哪怕散居在世界各地，也不会抛弃他们起源的自豪感，他们靠着爱的语言、音乐和辩论紧紧地团结在一起，他们在本质上是超越国籍的世界公民，而不是以色列公民。不过，尽管以色列有着新的尚武精神，但莱维发现这个国家也是知识分子思辨的希望沃土。

在他飞回意大利之前，他还有一个约会。即使在特拉维夫酒店大堂那拥挤的人流中，他还是一眼就认出了施米尔·斯特恩。自奥斯维辛解放之后，他已经25年没有见过这个匈牙利人了。施米尔现在是特拉维夫郊区的拉马干的一名成功商人。他的兴趣是种树和养育孩子。与他的交谈，让莱维得以明晰自己对于以色列的看法。他从来不怀疑离散的犹太人在经历了奥斯维辛之后需要建立一个家园。而施米尔已经在这片土地上扎下根去，并开创了辉煌的事业。在经历了希特勒的残暴行径之后，犹太民族迫切需要建立一个属于自己的家园。而真正的不幸在于，在犹太民族建立自己国家的冲动中，在这片圣土上保护阿拉伯人的民族主义就变得不那么重要了。

回到意大利之后，莱维立刻被倦怠的感觉吞没了——“一种全面的疲倦感”[6]。都灵似乎突然失去了色彩，而他的家庭生活甚至变得更加封闭。事实上，莱维有些心灰意冷。他尝试着通过写作来振奋精神，但一看到空白稿纸就让他“全身无力”，正如他在信中告诉海蒂的。这并不是唯一的问题。都灵的犹太社区已经建议他与弗兰卡·穆萨·伊瓦尔迪分手了，因为“这有损于他作为一个幸存者和已婚男人的形象”[7]。作为一个成年男子，被一群宗教长者训诫一定让他非常恼火。不过，莱维还是听从了他们的建议。这场婚外情就这样静悄悄地结束了。

他写信向海蒂·施密特-马斯倾述他那沮丧而阴郁的心情：“这会过去的，这一定会过去的。”他以巨大的努力，试图把它写进一部短篇小说里，那就是《创造性工作》（“Creative Work”）。在这部小说里，一位作家无法写作，因为他完全不知道该写什么。莱维陷入了恶性循环，但面对自己的情绪起伏，他抱着斯多葛学派的做法：默默忍受自己的痛苦。10月28日，他在家中接受了南斯拉夫诗人和评论家姆拉登·马基耶多（Mladen Machiedo）代表萨格勒布市文学杂志《共和》（*Republika*）进行的采访。马基耶多注意到莱维那“焦虑”的神情，但除此之外，他并没有发现其他明显的抑郁症症状：莱维变得善于隐藏他的情绪。

不过，那年冬天，一位刚愎自用的意大利电台导演擅自修改了莱维创作的剧本，并播放了出来。莱维无法压制自己的愤怒。他的反乌托邦电台剧本《工厂面试》(*Factory Interview*),于1968年11月在RAI电台播出,但那并非莱维创作的原稿。导演把原作改编为表现工人不满情绪的伪马克思主义作品。在都灵郊外的一家螺栓工厂录制的机器轰鸣声让听众们完全听不清莱维那长达30页的剧作。广播剧中还穿插着作曲家施托克豪森那刺耳的嘟嘟声以及路易吉·诺诺的音乐。这些音乐组成一道不和谐的火力网,进一步影响了播出的效果。演员马科·帕罗迪(Marco Parodi)记得,莱维与导演卡洛·夸尔图奇(Carlo Quartucci)之间爆发了"极为激烈的"[8]争吵。"在可怕的争吵之后,莱维拒绝承认这部剧和他有关系。"虽然莱维的确不喜欢他所谓的"无谓的经验主义"[9],但他那抑郁的情绪也让他对那些无心犯错之人大发雷霆。11月7日,曾经协助他起诉I.G.法本公司的犹太律师鲁道夫·勒文塔尔去世了。这件事让莱维伤透了心。

因为手里暂时没有其他写作项目,所以莱维无疑很高兴接受纳粹猎手西蒙·维森塔尔(Simon Wiesenthal)的邀请——为他正在编辑的书,《向日葵》撰稿。这部作品涵括了36名欧洲作家和思想家对于宽恕这个道德问题的思辨。每一个作家都必须对一个可怕的故事做出评论。一个波兰犹太人(维森塔尔本人)倾听了一个曾经活埋犹太人的党卫军的临终告白。这个党卫军乞求宽恕,但这名犹太人走开了,让他成了一个得不到宽恕的人。12月30日,莱维在给维森塔尔写回信时,费迪南德·迈尔的幽灵仿佛浮现在他眼前:

> 拒绝去宽恕那个垂死之人是正确的。你的宽恕对于这个德国人(或者对于您)会有什么意义呢?对于那个德国人,这宽恕的意义很可能是重大的(它将净化他的罪行,卸下他的宗教良心上所背负的重担,免除他对于永久惩罚的恐惧)。但对于您呢?我认为它将毫无意义——一个空洞的公式——而结果只会成为一个谎言。

这封简短的回信表明莱维并不愿意去宽恕——尤其是经历了奥斯维辛之后,而且很可能直到永远。

## 3

到1969年的新年，在长达10个月的时间里莱维都没有接受治疗，最终他出现了严重的抑郁症症状。1月25日，他给海蒂写信诉苦：“不幸的是，我对于这些症状并不陌生，无论是在经历奥斯维辛之前还是之后，而我们难以为它们找出一个明确的原因。”1969年的最初几个月是在大罢工和驻守工厂大门的学生纠察队之中徐徐拉开帷幕的。在都灵，人们指责资本家们压榨南方劳工。而针对资本家的斗争和批判，在这一年达到了顶峰。在这个动荡不安的年代，意大利的各个城市不时遭到恐怖炸弹袭击。无政府主义者？法西斯党徒？没人知道。除了医院，再没有其他安全的地方可以免除这些小炸弹的威胁（正如法西斯曾经的行径）。由于不稳定的政治形势，莱维不得不取消了各种写作计划。他原本打算去波兰，帮助一家加拿大电视台拍摄关于奥斯维辛的纪录片。但他的参与被延后了。海蒂原本答应到都灵做客，却也改了主意。她并不想在这个充满罢工和学生游行的时期来到意大利。当时的气氛极为紧张，一场灾难迫在眉睫，而人们都在担心会不会爆发一场军事政变，正如两年前在希腊发生的一样。

尽管意大利的天主教民主政府威胁要进入紧急状态，但在这一年的前六个月中，SIVA的工作秩序却一切照常。在3月份，莱维到剑桥大学去看望好心的凯斯·巴恩斯。他们讨论了黏合剂的价格、批量规模和桶的尺寸问题，以及PVF在汽车制动鼓上的应用。（凯斯推荐莱维阅读美国期刊《黏合时代》。）在夏天，他和露西娅来到了南斯拉夫的达尔马提亚和伊斯特拉海岸。在树林的环绕之中，“宛如身处非洲”[10]（莱维所说），这对夫妇似乎乐在其中。三天里，他们时而在海边散步，时而在乌玛格湾（Umag）游泳。莱维在这里再次遇到了伊斯特拉出生的作家富尔维奥·托迈札。他在海滩上喝酒，渐渐地，开始有了闲适的感觉。“一个人适应无所事事的速度真是惊人。”他告诉海蒂。

在8月的假期中，莱维全家回到了彼得拉-利古雷。他们在这里度过了两个星期的时光，而丽莎也加入了他们。为了参加期末考试，他们的女儿把革命暂时放在了一边。莱维发现她有了新的惆怅。“可怜的小东西——她不知道是该与这个体系斗争，还是该去适应它。”[11]学生运动现在已经在很大程度上失去了原有的锐气和怨恨，并且在生活实践中发现了一个新的严重问题——那就是意大利精神健康医疗体系的“可怕现状”（正如莱维所说）。因为自己的情绪失调（无疑他的许多集中营幸存者朋友也是一样），所以莱维鼓励女儿为改变这一现状而进行努力。意大利精神病院中所使用的头部限制器和约束衣吓坏了丽莎和她的伙伴们。他们投入斗争，以争取恢复精神病人的尊严。如果说，莱维一直不愿意为他最近的抑郁状态寻求医疗帮助，那么意大利那糟糕的精神健康医疗状态很可能就是其中的原因。

都灵的那个“炎热的秋天”始于8月末，在一系列罢工之后，菲亚特开除了大约3.5万名工人。劳资冲突已经蔓延到意大利北部了。但是到了12月，莱维在信中告诉海蒂，“情形似乎已经被控制住了”。他不赞成专横的警察逮捕和殴打“新左派”成员，而是支持那些“拒绝任何挑衅，并英勇地重建秩序”的工人们。学生抗议的风暴让莱维领略到参与公共事务的滋味。在1969年即将过去之际，意大利学生开始提出将纳粹主义的性质与越南战争以及当时的美国民权运动联系起来进行讨论。而这时的莱维热心地加入了许多学生小组，而且发现自己受到学生的热烈欢迎，这很可能是因为《休战》现在成了意大利学校的教科书之一。（如果说莱维有什么东西值得骄傲的话，那就是他的作品接触年轻一代的方式。他的书经过孩子，到达他们父母的手中，从而产生了“自下而上”[12]的新需求。）除了化学和写作之外，参与学生讨论很快成了莱维的“第三职业”。不过，卢西亚娜·尼希姆拒绝与他一起到学校去，这令他颇为失望。多年以来，她一直试着把奥斯维辛与自己的人生完全割裂开，甚至到了拒绝接受德国政府的赔偿的程度。自从1946年嫁给著名的意大利经济学家佛朗哥·莫米利亚诺之后，她就作为一名精神分析学家平静地在米兰生活。

于是，莱维去学校时，一名毛特豪森集中营的意大利幸存者费鲁乔·马鲁菲（Feruccio Maruffi）就成了他的陪同。马鲁菲记得在学校里的问答生动并常常是动人的，哪怕班级里最安静的同学都会加入与莱维的讨论。但是，让他印象最深刻的是莱维的谦逊。“要是一个学生想写一篇关于《这是不是个人》的作文，普里莫会邀请他来到自己家，与他进行讨论。现在，你到哪去找这样著名而平易近人的作家？”[13]

与少年们的对话并不总是一帆风顺。在宽恕的美德下培养起来的天主教学生们无法接受莱维拒绝“原谅”他的施害者。为什么这么固执？在成千上万的学校或教堂里，宽恕得到了无上的赞扬。然而莱维坚持，天主教把纳粹的罪行解释为善恶之间的一场战争，这种解释过度简化了纳粹的滔天罪行。一名学生冒失地请求莱维在黑板上画出奥斯维辛的地图，因为他想告诉莱维怎样逃走。在全班同学的注视下，莱维不得不用粉笔画出哨塔和铁丝网的位置。这个学生告诉他：“这，晚上，割断哨兵的喉咙，穿上他的衣服，然后跑到发电站，切断电源。”只有在惊险而奇幻的战俘电影中，逃走才是一种道德责任，莱维解释。“即使我们设法逃到了电网之外，我们的木鞋也让我们无法悄悄溜走。”[14]

## 4

革命结束了。而 70 年代的非彻底的改革正等待着意大利。意大利的 70 年代，将在卑劣的政治报复、燃烧瓶、使用短管霰弹枪的黑帮火并中展开。在这段时期，意大利深陷社会与政治危机（即所谓的紧张策略）之中——新法西斯分子与内阁部长、秘密警察头子串通一气，通过恐怖袭击与左派纠缠。由前伞兵、新黑衫党成员、“科萨诺斯特拉”黑手党组成的杂牌军策划实施了一系列恐怖炸弹袭击。在 1969 年的最后几天里，一枚炸弹在米兰的丰塔纳广场炸死了 16 名无辜的路人。这些恐怖袭击是为了制造恐惧和社会动荡，使意大利人再次感到需要一个专制的领导人。“幸运的是，在公众的视野里并没有合适的人选。”莱维告诉海蒂。1972 年 3 月 14 日左派出版商贾科莫·费尔特里内利（Giacomo Feltrinelli）那血肉模糊的尸体在米兰郊外的荒野上被发现了。费尔特里内利的死激起了各种各样的九头蛇阴谋理论。意大利的“背后老大”，坚称黑帮和派系是幕后黑手。莱维发现费尔特里内利事件过于黑暗，以致所有的“解释”[15] 都讲不通。

天主教民主党党魁朱利奥·安德烈奥蒂（Giulio Andreotti，黑手党政客，后来涉嫌谋杀了一名反对党记者）组建了一个新的内阁，此后意大利政府迅速右倾。随着70年代徐徐展开，这些前法西斯分子又变得自大起来，并提出“建设军队”的口号。黑手党开始渗入到国会以及秘密警察、军事情报的各级分支中。莱维感到与纳粹-法西斯战斗的时代再次来临了，不能再空谈误国。

压抑的国家气氛让他的心情更加抑郁，远远超越了他之前体验过的绝望，甚至到了濒于自杀的程度。这时唯一能理解他的人是忠诚的、永远睿智的李奥纳多·德·贝内代蒂。他在克罗塞塔的公寓成为莱维的安乐窝，也是他逃避夫妻矛盾的避风港。莱维勇敢地面对其他日渐严重的问题：在家庭和逐渐萎缩的朋友圈之间分裂的感情生活、在SIVA越来越大的压力、关于自己写作不断增加的不确定感。（“我写什么？毫无价值。”）在这个休耕季节，莱维只出版了一部科幻小说集。尽管如此，他的作品在日本的出版仍然让他很高兴。《休战》在1969年年底登上了东京书店的柜台。

令人意想不到的是，苏联为莱维的下一本书提供了素材。70年代初，苏联经济的解冻很快就让SIVA公司从中获利了。因此，在这几年中，莱维三次来到苏联。他发现战后这片土地的变化不大。苏联客户展现出莱维所熟悉“即兴守时”和“喧嚣的热情”[16]。里科·阿卡蒂虽然从骨子里讨厌社会主义，不过，当可以利用苏联的原材料和劳工来赚钱时，他便乐于与苏联人做生意了。阿卡蒂在他那奢华的别墅里（位于都灵附近的小山上，菲奥卡多路136号。莱维把它称为“俄式乡间大宅”）为苏联客户准备了丰盛的宴会。主宾之间推杯换盏。莱维无法匹敌苏联人畅饮伏特加的酒量，只能在自己的杯里倒上白水。阿卡蒂现在已经是一个百万富翁了，不再像以前那么吝啬。他为了宴请苏联人不惜花费重金。他慷慨地带着一群苏联工程师飞到米兰，把他们带进斯卡拉歌剧院的包厢，并献上SIVA的香槟。苏联客人被征服了。

阿卡蒂是从五年前（1965年）开始与苏联人做生意的。当时，阿卡蒂正在做一单生意，把漆包线烤箱卖到乌拉尔。苏联的电线工厂派专业工人到塞蒂莫托里内塞接受莱维的培训，学习漆包线的生产工艺。由于莱维不会说俄语，于是厂里雇用了一名翻译——图利娅·阿米（Tullia Ami），一位机灵、踏实的撒丁岛女性，她陪同莱维一起前往苏联。在莫斯科，他们总是住在昏暗的列宁格勒酒店：距离机场30公里，接待人员用算盘计算账单，厕所总被堵住，而食物常常让人难以下咽。莱维会随身带着满满一手提箱的都灵面包棒作为应急食品。他不停地抱怨那些"效率低下"的苏联公务员。在勃列日涅夫统治下的莫斯科，公共部门的腐败是猖獗的。即使在意大利，莱维也很厌恶被称为"小红包"的回扣和贿赂文化。在生意中，他是一个正直不阿的人，这让莫斯科联合出口公司（与SIVA做生意的外贸企业）的代表们大为失望，因为莱维拒绝接受他们的贿赂。

1970年4月，莱维在莫斯科逗留了六天。SIVA的一批"Acrilux"胶质漆［基于固特异（Goodyear）的一项专利发明］，并没有达到苏联客户的要求。在五桶中就有一桶出现质量问题。如果这是由于SIVA的过错，那么SIVA必须赔偿客户的损失。莱维在米克罗波普罗沃德研究所进行了漫长而痛苦的实验。距离他的签证到期仅剩下几天时间了。为了让自己冷静下来，他和图利娅·阿米一起在城中漫步。在他眼中，这个城市大部分都是丑陋、单调而悲伤的，只有克里姆林宫博物馆展出的瓷质捕蚤器引起了他的兴趣。他发现莫斯科人穿着得体，而公共交通则有着"值得称赞的高效"[17]。但在1967年的"六月战争"之后，当克里姆林宫可笑地把以色列称为一个"纳粹国家"时，苏联的犹太人则遭了殃。在各大媒体上，他们被冠上"世界主义者"和"寄生虫"的帽子。"所有的苏联人都是平等的，但苏联犹太人就比其他人少平等一些。"[18]莱维讽刺地说。

让莱维气愤的是，他的作品在苏联成了禁书。苏联文化部认为，要是让苏联人看了《休战》或《这是不是个人》，那么他们会把苏联的古拉格集中营与纳粹集中营相提并论。让莱维荣耀的是，他是少数几个能够比肩索尔仁尼琴的意大利作家之一。大多数意大利左倾知识分子把他看成一个斯拉夫保守派和神秘主义者。在1968年，当莱维读到索尔仁尼琴的《第一圈》（*First Circle*）时，他突然明白了1945年在卡托维兹中转营时，苏联军官曾经问他的那些问题。他们想知道奥斯维辛的食物配给制度，以及纳粹如何预防犯人暗中进行破坏活动。"我那时还天真地以为那些亲切的苏联审问者在收集历史数据，而不是如何经营斯大林集中营的相关信息。"[19]莱维离开了莫斯科。

他并没有解决“Acrilux”漆的问题。

## 5

回到都灵后，莱维再一次在工厂里遇到了难题。他参与了一个异想天开的计划——建造一座净水塔。像乐高积木一样，这座由预制件搭建而成的塔不费吹灰之力便耸立起来了。高达 25 米的塔身使它立刻成了当地的地标性建筑，即使在都灵至米兰的高速公路上都能望得见。之后，这座塔开始汩汩作响、烟气直冒、漏出硫酸。它无法耐受这么大的压力。愤怒的阿卡蒂威胁要起诉米兰的设计工程师，让他们赔偿他损失的数周生产时间。在寄出多封愤怒的信件之后，人们发现是安装在净水塔内部廉价的瓷环脱落了。这座塔不断吞噬着莱维的时间和精力，而工人们却已经开始用塔里酿造出的副产品制作醇烈的绿茴香口味鸡尾酒。“于是，我不得不一直留在现场，就像一个保姆（而婴儿却是一座 25 米高、耗资百万里拉的净水塔）。”莱维在给海蒂的信中开玩笑地说。

经过莫斯科的六天之旅后，莱维重新开始四处出差以及在学校里与学生们互动。1970 年 6 月，他有了一个不祥的预感，这是第一次，他感到自己的记忆力在衰退。在给海蒂的信中，他说他能感到“很多、很多的神经细胞在飞快地萎缩、死去”。他感到失去了对自己智力的信心。他那流利的德语也退化了。他害怕自己得了阿尔茨海默症（莱维那年 50 岁）。失忆将让莱维失去他的精神支柱——写作的技能。但他的恐惧是没有根据的，这只是对疾病的幻想。

莱维还有其他担心的事情。娜塔丽亚·金兹伯格的兄弟阿尔贝托·莱维得了腺体瘤，就要死去了。在 20 年中，他一直是普里莫的挚友、登山伙伴和家庭医生。阿尔贝托有着“惊人”的勇气，莱维说。他怀疑自己是否能够像阿尔贝托这样在生命的最后时刻仍然保持乐观。尽管他的脸已经肿得发胀，五官扭曲，但他仍然在马可尼大街上的行医诊所里为客人们端上威士忌，并希望自己在不久后就能再次去滑雪。“他一点也没有失去他的幽默感，仍然喜欢热闹的聚会和讨论。”[20] 但到夏天时，阿尔贝托突然无法动弹。他在1970年的最后一天死去。他是那样受人爱戴，甚至许多陌生人都来参加他的葬礼。在葬礼上，莱维遇到了娜塔丽亚·金兹伯格。她在这一年里已经失去了两位亲人：她的丈夫死于酒精中毒。54岁的娜塔丽亚还要照顾女儿。她的女儿身患脑积水，几乎不能走路、说话或吃东西。这些莱维称之为“非常痛苦”的事情进一步地加重了他的恐惧和低沉的情绪状态。在12月13日赠给马里奥·里戈尼·斯特恩的圣诞贺卡上，他写道，都灵的生活“悲哀，并笼罩在迷雾中”[21]。

1971年新年唯一的外出活动（除了与纳多在冬天的阳光下进行野餐）是开车带着75岁的埃丝特尔在都灵四处探望亲戚。用人们把房子打理得相当好。初夏，5月3日，一位调查法官从联邦德国来都灵找莱维。他要求莱维为党卫军军官弗里德里希·博斯哈默尔案件的审理做证。博斯哈默尔是阿道夫·艾希曼的得力干将。他用结结巴巴的德语告诉了迪特里希·霍尔兹纳（Dietrich Hölzner）法官，他还能记得的在那遥远的岁月里，在福索里集中营发生的事情。莱维无法肯定自己曾经见过博斯哈默尔，但他的确记得有一个党卫军军官用洋泾浜意大利语与他的法西斯同伴大声交谈。这次面谈结束后，莱维送给霍尔兹纳一本《这是不是个人》。这本书那时已经绝版了。

## 6

5月中旬，莱维又回到了文坛的聚光灯下。埃诺迪出版公司出版了他的第二部科幻小说集《结构缺陷》（*Structural Defect*）。它包括20篇短篇小说，其中大部分是在1968年至1970年之间的两年内完成的，一个情绪低落和充满家庭矛盾的时期。如果说这些作品显得有些草率，那是因为他急于出书。距离他使用笔名达米亚诺·玛拉拜拉出版第一部科幻小说集已经过去了六年。这部小说集可以说是莱维摆脱自己作为战争回忆录作者的固有印象的第二次尝试。总体来说，他的第四本书给人以非常阴郁的印象。这本书原名为

《非人》(*Disumanesimo*),宛如电影胶片,闪烁着种族骚乱、B–28 丛林任务以及成堆的森森白骨的景象。莱维受到他的朋友罗伯托·瓦卡的关于工业毁灭和核熔毁的小说的巨大影响。他说瓦卡是“奇迹般的”,并称赞了他所谓的朴素有力的“毁灭文学”。

莱维运用有力的充满金属味道的语言,探索 20 世纪生活的“不确定性”和“不稳定性”,并提供了城市崩溃的现代寓言。作为一名化学家,他比大多数人更了解这个世界巨大的变革是在实验室中诞生的:新式化学武器和生物武器、炭疽杆菌、神经毒气、新式的死亡设备。“我们生活在一个时刻准备发动战争的世界。”[22] 莱维在一次采访中说。在其所描写的技术灾难的情景之中,这本书让我们可以窥视莱维在 70 年代早期的恐惧和心理状态。在其中的一篇小说《前额广告牌》( “It is Written on the Forehead”) 中,一对夫妇同意用他们的前额打广告以换取收入,不仅他们前额的广告是不可擦除的,而且他们的孩子一出生就要在前额上文上文字,就像奥斯维辛的标记。在集中营的幸存者中,常常存在这样一种恐惧,那就是担心他们的经历会对他们的孩子产生某种形式的危害。正如这篇故事中莱维所流露出的恐惧。但是,在《结构缺陷》一书中最深刻的故事是《向西》( “Westward”)。在这篇让人恐惧的小说里,莱维将自杀描写成逃脱苦难的出路。一些科学家向一个南美洲的部落提供了一种预防自杀的化学解药,但这个部落却礼貌地拒绝了这种神奇的药品,因为(而我们可以假设莱维也这样认为)他们“更喜欢拥有服毒的自由和对死亡的信仰”。在这篇故事中没有任何形而上学的观念(没有对来世的信仰,甚至没有提到人生的目的),它成了莱维最阴郁的作品之一。

《结构缺陷》那绝望的印象令一些评论家感到惊讶。在纳粹主义终结了四分之一个世纪之后,莱维似乎正在为最后的清算做准备——以摧毁广岛的原子弹爆炸开场的第三次世界大战。但在整体上,读者和评论家们对这本书的反应是冷淡的。而这已经在莱维的意料之中。在他写给波士顿的堂妹安娜·约纳的信中,他写道,自己写了一本令读者“幻灭而清醒”[23] 的作品。因此,当安娜表示有兴趣将这些故事改编为儿童文学时,莱维感到颇为困惑。“它们其实可能对他们有害”。在此书之后,莱维几乎再没出版过科幻文学作品。在晚年，他实际上放弃了自己的科幻小说，声称它们“有着所有科幻小说的命运——经历了太快的衰老过程”[24]。

## 7

正如渐渐延长的阴影，抑郁症又一次牢牢地抓住了莱维。他现在已经熟悉抑郁症发作的规律——每次他出版一部新书之后，就会情绪低落。《结构缺陷》让他的病情急转直下。莱维感受到的心理痛苦更多了——“如死亡般的寒冷”[25]，正如他的描述——而且这一次发作让他有了自杀的念头。到1971年夏天，他的健康情况已经全面崩溃，在四个月里，他缩在自己的世界里，只活动在翁贝托国王大街75号和SIVA之间。“船沉了，”他告诉海蒂。

莱维不想让任何人看到他病弱的一面，并为此深感羞耻。但海蒂·施密特-马斯要来了，而莱维现在几乎没有办法劝她放弃这次旅行。一开始，海蒂并没有认出到车站接她的那个苍白而羞涩的莱维。四年前，在威斯巴登，莱维曾经是“轻松乐观的”，有着“棕色的健康肤色”，海蒂写道。现在，似乎一块“乌云”已经笼罩在他们6月的相遇之上。当莱维向她介绍自己的妻子、孩子时，他的德语突然变得结结巴巴。他的“语言障碍”[26]（正如海蒂所说），可能是因为他感到了一丝罪恶——他向她倾述了自己的婚姻问题。他因抑郁而导致的口齿不清非常明显。作为礼物（可能也是一个和平的信号），海蒂送给露西娅一条羊绒长披巾。当两个女人相互客套时，莱维只能尴尬地站在一旁。之后，三个人（莱维、露西娅、海蒂）一起出门吃晚饭。海蒂原以为露西娅是一个内敛而多疑的人，她称之为“羞涩木讷”，但她的伙伴却是一个散发着“自信”的女人。但是，在吃饭时，海蒂却尴尬地发现，露西娅似乎“畏缩”于莱维从桌子对面投来的目光中。最后，她几乎被排斥在饭桌上的谈话之外。露西娅不会说德语，而莱维已经放弃让她加入到对话中。

第二天甚至令海蒂更加苦恼。“缄默而郁闷的”莱维，烦躁地开车带着她四处欣赏都灵的风景。中午，他把她送到车站，唐突地与她道别。“我们彼此都成了陌生人，而我不知道是为什么。”海蒂在日记中写道。一周后，莱维的情绪状态略有改善。他写信给海蒂，称自己“非常高兴”她来到都灵。

她看起来沉静安详、与世无争，有着令人羡慕的气质。莱维用糟糕的英语补充道："这并不是我第一次体会到这种'船沉了'的感觉，但每次（有这种感觉时），那感觉都是明确而具体的，仿佛到了世界末日……下一次会更好，我保证。"

但情况并没有好转。在8月的假期中，在彼得拉-利古雷的海滩上看到那些营养良好的躯体让莱维满腹恶心。早晨的报纸也成了对他的折磨——那上面都是新法西斯分子进行炸弹袭击或盲目的产业罢工的消息。他的日子并不开心：早上8点30分起床，帮助露西娅打扫房间。11点去海滩。午饭后小睡两个钟头（"噩梦"折磨着莱维）。下午3点起床，心惊肉跳，昏昏沉沉。虽然常常陷入抑郁，但在日落后，莱维的心情会稍稍放松下来，这时他就能写些古怪的文章。至少，他终于吃了镇静剂。夜幕降临。黑夜如麻醉剂一般，舒缓了他的痛苦。在他的暑假中，每一天都重复着这样的节奏。尽管这了无生气的日子为莱维带来了一丝舒适，但他的情绪低落也令整个家庭染上了一种紧张的气氛。

8月13日，莱维打起精神，为远在都灵的纳多写了一封信。"我迫不急待想再次见到你。你那智慧、平静的言语是我巨大的慰藉。我觉得你我之间可以无话不说，而很多话，我甚至不能对露西娅说，也不能对其他朋友说。"随后，莱维补充了一句关于奥斯维辛的近乎无礼的陈述："对我而言，海边的日子并不比集中营里更好。"正常的莱维从来不会这样贬低自己的苦难经历，但他正处于心理失常的状态，而并非平常的自我："我不再认识我自己。我多想变回那个正常的普里莫·莱维（primolevi）。"这个用小写字母书写的名字本身似乎就说明了一切。莱维的自尊已经荡然无存，哪怕看到自己的名字都会让他不安。是该寻找切实的治疗方案的时候了。借助纳多的帮助，莱维也许能找到他所谓的"明智而谨慎的康复方案"。就在同一天，莱维给海蒂·施密特-马斯写了一封充满真情的长信。这封用英语写就的长信分析了他自己的情况，并勇敢地把自己的人生放在显微镜下。"此时，我身处于一大群喧闹混乱的游泳者中，孤独而绝望……我需要治疗。"这些"游泳者"因生命而"喧闹"，而莱维却感到自己如死了一般：

> 我失去了所有的“生活的快乐”。无论是与人交谈，还是写作或读书，都不会令我感到愉快。我的心里总是想着厂里的工作。而那些工作并不顺利。而且我极为厌恶那些工作。我失去了在未来作为一个作家的全部希望，所以我的人生还有什么可期盼的呢？

他补充道，露西娅并不真正理解（事实上，低估了）他的病情，以为他只是被“惯坏了”“过于任性”，或妄想自己患上了重病。

> 我所需要的是找到病根。而这病肯定是有来由的。奥斯维辛？也许？不，我不这样认为，那座集中营属于太遥远的过去，而且我的书已经除去了它的祸害。我的病症的真正缘由是一种返祖现象，我属于——无论我愿意不愿意——犹太人民。而犹太人总是担心未来。

“返祖现象”这个字眼有着龙勃罗梭式轮回的意味。在 19 世纪 80 年代，都灵的实证主义者提出“犹太心理问题”（Psychosis Judaica），即犹太人比其他人更易于抑郁和自杀。莱维的话并不完全是无中生有。在解放后的欧洲，犹太人自杀率大幅攀升。（之前，犹太信仰约束着自杀的行为，但在更为世俗的时代，这种“约束”被解除了，从而带来了明显的后果。）莱维试图痛苦地向海蒂描述的就是他如何一步步走过这痛苦的经历，直到现在：

> 从 KZ（奥斯维辛）回国之后，我很快在阿卡蒂先生的羽翼之下找到了一个庇护所，以及在他的工厂里或多或少的安静生活。以这种方式，在飞逝的文学成功的支持之下，我活了 24 年。但现在潮水退去了，我已经 52 岁了（太老，无法从事任何新的职业；又太年轻，没到退休的年纪），而那庇护所已经渐渐消失不见了。我的（孩子们）看我的时候，总是带着惊讶、恐惧以及嘲弄的微笑，却从来不曾理解我。

莱维感到自己正处于文学成就的退潮期。他的书，曾经让他自豪，现在却似乎毫无价值。他没有理由去相信：《这是不是个人》每年能卖出两万到三万本，并已经被翻译成六种语言，包括荷兰语和日语。意大利人，从知识分子到中学生，都在读莱维的书。（歌德说过，只有当一本书被大众广泛接受起被知识分子们追从时，才能说它是一本"经典名著"。这句话真是再中肯不过了。）莱维仍然不满意（他的妻子会说"宠坏了"）他的成功。他在给海蒂的信的结尾处写道：

> 我并不总是喜欢这样，而我一定且能够恢复正常的生活状态：但是，为了做到这一点，我必须通过口头或文字的形式向某人倾述。给我写信——你深深地了解这个世界和人民！

回到都灵后，莱维的母亲非常担心自己的儿子，因此在给他在波士顿的堂妹安娜·约纳的信中写道："我看普里莫的精神有些低落；幸运的是，他的身体还好。"[27] 埃丝特尔把他的情绪低落归咎于许多原因，其中包括意大利的"黑暗现状"，新法西斯分子的重新抬头，他在 SIVA 的工作负担。莱维的睡眠稍有改善，但伦佐却在惹祸。遵循姐姐的榜样，他放弃了集邮，投入到抗争的人生中，并模仿切·格瓦拉（Che Guevara），留了乱蓬蓬的长发。"有一天，我们设法让他去理了发——我们不得不为这些小胜利而感到愉快。"莱维的妈妈告诉安娜·约纳。伦佐·莱维 14 岁了。

## 8

随着 1971 年秋天到来，莱维看起来渐渐有了起色。而且，在 10 月 19 日时，他的精神状态已经好到可以庆祝他从纳粹集中营回家的 26 周年纪念日了。他的妈妈永远记得这个日子。摆脱了低落的情绪，莱维开始在谈话、书籍和公共事务中找到乐趣。但是，在威斯巴登，海蒂·施密特-马斯却急得发疯。自莱维 8 月假期之后，他就再没给她写过信。到 12 月时，海蒂已经有四封寄给莱维的信没有收到回信了。她无法再忍受这种等待，于是给露西娅写了一封焦急的信。"我已经等了好几个月，却得不到你丈夫的消息。

我觉得有些不对劲。”而且，相当喧宾夺主地，海蒂为莱维的病分析出许多原因，包括集中营、天气和压力。她随信寄来了一些关于抑郁的德语文章，并乞求露西娅至少给她回封短信，让她能够了解莱维的近况。露西娅回信说她丈夫现在“完全康复了”[28]，并且事实上正准备出国进行商务旅行。

就在圣诞节前，在 SIVA 的营销经理毛里利奥·坦比尼（Maurilio Tambini）的陪同下，莱维出发前往利物浦。坦比尼之前从未坐过飞机，飞机安全着陆让他大大地松了一口气，从而想去亲吻飞机跑道。而莱维阻止了他。他们此行的目的是从默西塞德郡的 BICC 康诺利电气公司采购漆包线。尽管城市里充满了圣诞节的欢乐气氛，但英国仍然是一个阴郁的地方。《利物浦每日邮报》（*Livepool Daily Post*）报道了爱尔兰共和军在节前发动的炸弹袭击（《幼儿殒命恐怖爆炸》），以及约翰·列侬宣布支持爱尔兰新芬党。莱维惊讶地看到利物浦仍然保留着一些在“二战”中毁于轰炸的建筑，“既不拆除，也不重建”。不过，对于 12 月而言，这里的天气很暖和，而且不合季节的灿烂阳光让莱维感到精神振奋。默西塞德郡人正排着队去欣赏诺曼·威廉德姆主演的电影《鲁滨孙漂流记》，而莱维则参观了披头士乐队首场演出的洞窟酒吧。在格拉德斯通码头上（据坦比尼回忆），他看着这座城市的最后一艘横渡大西洋的邮轮“加拿大女皇”号启航前往伦敦蒂尔伯里码头。这是这艘邮轮的最后一次航行。在默西河上的大小船只鸣起低沉的汽笛，向这艘即将进入拆船厂的邮轮致敬。莱维突然为长时间没给海蒂写信而感到深深的内疚。在爱德华时代建成的、富丽堂皇的阿德菲酒店，莱维寄给她一张明信片（“以最热情的敬意！”）并答应尽快给她写一封长信。

莱维在家中度过了一个“并不十分愉快”[29]的圣诞节，而莱维那腿部骨折的母亲也康复了。她已经 77 岁了，被翁贝托国王大街路边的石头绊倒，跌折了“她的踝尖”，莱维向海蒂准确地解释道。无论如何，莱维感到更快乐了。而从罗马尼亚传来的好消息更让他心情大好。住在布加勒斯特的意大利语学者多依娜·孔德雷亚·德雷（Doina Condrea Derer）正在把《这是不是个人》翻译成罗马尼亚语。莱维在 12 月 23 日高兴地给她写信：“我认为我的书能在您的国家出版是非常重要的。”他并没有费心去解释为什么。罗马尼亚属于德语地区。在那里，前纳粹分子仍然为希特勒的失败而遗憾，为雅利安人那遗失的田园乐土而愤愤不平。但莱维有时会过于敏感。他为了“确认”德雷译作的准确性和质量，要求她把译稿副本寄给他，还要寄来一本意大利语 - 罗马尼亚语词典（他可以轻而易举地在都灵买到这种词典）。德雷很生气。直到后来，她才明白莱维是想确保自己的证言能够传递到更广阔的世界。

在圣诞节后的第一个工作日，莱维履行了自己的承诺，给海蒂写了一封长信。它是由歉意、罪恶感和谦卑组成的奇怪混合体：莱维重读了自己在 8 月 13 日（其时他正处于抑郁的深谷）寄给她的“呼喊”（cri de coeur），并后悔地希望自己当时能有更强的自我控制力。“我告诉你的一切在我现在看来几乎都太傻了。没有虚伪，只有愚蠢和傻气。”经过了接连两次抑郁症发作之后（第一次在 1968 年从以色列回国后），莱维现在对于自己的情绪失调有了一定的了解。而他认为自己的抑郁症到现在只是中等程度的发作。他试着向海蒂描述在“发作”期间抑郁所带来的无力感：

> 我们无法主宰自身的情绪、反应或个性：只要一个人的激素平衡有一点轻微的波动，他就立刻变成了另一个人；而你能够一次又一次地陷入这令人厌恶的境地。而每一次，你都会固执地怀疑，这是你真正的、最终的情形，你不再有未来……无可奈何，只能枯坐而泣。

1972 年 4 月，莱维当选为皮埃蒙特化学家联盟的成员。他的朋友恩尼奥·马里奥蒂（他是联盟主席）是他的提名人。他在联盟中位列次席，都灵大学的吉多·塔皮教授是他的附议提名人。然而，一场职场上的悲剧让他的康复蒙上了阴影。在 8 月初，SIVA 的一名名叫乔瓦尼·托里恩（Giovanni Torrione）的经理在为父母装修房子时，从梯子上不慎跌落，摔死了。他逝世时 43 岁，在 SIVA 工厂负责涂料制造机械的维护和采购。在确定接班人选之前，莱维不得不接替他的工作。而这给他带来了大量“令人非常不快”的额外工作。还有出版商费尔特里内利横死的消息，以及更多新法西斯分子的炸弹袭击，这些激起了莱维另一次长达四个月的抑郁症发作，直到年底才渐渐康复。

在这个忧郁的夏天，让生活多了一丝色彩的事情是莱维与集中营幸存者赫尔曼·朗拜因之间的通信。朗拜因用20年时间撰写他的作品《奥斯维辛的人类》。这是一部倾注了心血和学识的非凡作品。作为一名奥地利人，朗拜因在奥斯维辛被一名党卫军医生任命为书记员。这是一个拥有特权的职位，让他能够观察到集中营的恐怖机制。通过采访数百名曾在奥斯维辛工作过的普通德国人，他想证明这座集中营并非魔鬼的工厂，而是普通德国人（就像迈尔和海德布罗克）的工作场所。在1972年秋天，莱维带着“轻微的不适”[30]阅读了朗拜因的书的德语版。在莱维看来，在当今这个饱受炸弹袭击和政治动荡困扰的意大利，这位奥地利人对于奥斯维辛那极为细致的分析有些不合时宜（甚至是无关紧要）。鉴于莱维立志一生都要做奥斯维辛的见证人，许多人会为此感到意外。不过，在当时的意大利，对于极右翼分子的恐惧才是最紧迫的。

## 9

1972年10月，莱维飞到苏联的陶里亚蒂格勒（Togliattigrad），这座苏联风格的工业之城位于伏尔加河畔。陶里亚蒂是在菲亚特的帮助下建成的，并以“二战”后意大利社会主义领袖帕尔米罗·陶里亚蒂（Palmiro Togliatti，苏联的盟友）的名字命名。从它在1962年开始运转的那一天起，这个工业复合体就是一场失败。莱维说，菲亚特的“高效、技术和资本主义的残酷”[31]在这个“懒惰的、农民式的、经历革命后的神圣俄国的躯体”上的嫁接并不成功。厂房已经破旧不堪。原设计生产能力达到每天3000辆菲亚特日古利汽车的组装生产线（据菲亚特大事表）结果每周只能生产不到1000辆汽车。大约400名意大利人，大多数是皮埃蒙特人，作为讲师、经理和机器装配工在菲亚特-陶里亚蒂工作。他们说他们自己公司的语言，菲亚特语——一种混合着机械术语和皮埃蒙特方言的语言。许多人娶了苏联姑娘，并患上了思乡病。每周都会有一列菲亚特专列从都灵出发，给陶里亚蒂运来意大利面、葡萄酒，以及最重要的，避孕套。（莱维听一个工人说，感觉苏联避孕套像“卡车帆布”。）

莱维此行的目的是把 SIVA 生产的一种用于汽车刹车的黏合剂卖给苏联人。莱维在凯斯·巴恩斯的帮助下，已经对这种黏合剂进行了改良。这种黏合剂有着科技感十足的名字，“Prioflex”。而莱维希望它能打破竞争对手菲亚特黏合剂“Permafuse”的垄断。他并不乐观：陶里亚蒂效率太低，并且充满腐败。（在伏尔加旅馆，他看到一张荒唐的告示：“严禁穿着靴子上床或在客房内饲养动物。”[32]）但莱维在陶里亚蒂困难重重的商务之旅却为他正在构思的一部书，一部关于工作的快乐和严肃的书，带来了素材——趣事、苏联人的生活故事还有图像。在这个时期完成的两篇章节概要在六年后将成为《扳手》（*The Wrench*）的一部分。不用说，莱维没有卖出任何刹车黏合剂。

回到都灵后，莱维的抑郁症又加重了一些。离开翁贝托国王大街 75 号似乎总能令他更快乐。不过，两个月后，在 1972 年 12 月 28 日写给海蒂的一封信中，莱维说他的抑郁“突然之间（几个小时之内！这不奇怪吗？）”就结束了。这种情绪的突然好转，被心理医生称为“快速周期”，在特定的病人中相当普遍，没有明显的原因，阴郁的情绪就消失了。

莱维的精神状态好到足以参加英国新古典主义电视纪录片《战争中的世界》（*The World at War*）的录制工作。该片制片人，迈克尔·达洛（Michael Darlow）为第 6 集《种族灭绝》专程来到都灵采访莱维。达洛为莱维所倾倒。在他的制片生涯里，他说，从未遇到过像莱维这样“卓越的人”。虽然莱维“令人愉快，富有魅力而含蓄”[33]，但他一丝不苟地回答了达洛的问题。

达洛对于莱维的反应，是许多第一次见到莱维的人的典型反应。那是 12 月 9 日，一个干燥而寒冷的冬日。午后，莱维穿着白衬衫，打着领带。阳光射进翁贝托国王大街 75 号。不仅莱维的面孔（相对 53 岁的年纪而言，显得非常年轻），还有他的谈吐和机敏的智慧都俘获了达洛。在拍摄之余，莱维充满童心地谈起化学。“就像一个正把标本放进果酱瓶的男孩子”，达洛说。这场谈话不可避免地转向了纳粹战犯，阿道夫·艾希曼在意大利最重要的犹太人猎手弗里德里希·博斯哈默尔，他因在意大利的暴行而在当年年初（1972 年 4 月 12 日）被判处终身监禁。莱维说他已经“受到了公正的审判——但他不应该被枪毙”。无论如何，这两种方式都不会有任何差别了：就在《战争中的世界》采访莱维的九天后，博斯哈默尔在西柏林的一家医院因自然原因去世。

## 10

那一年，莱维不得不履行令他尴尬的家庭职责。1972 年 7 月 2 日，他的儿子伦佐满 15 岁了。正像当初女儿满 15 岁时一样，莱维选择与他谈一谈奥斯维辛。在那之前，伦佐一直对那所集中营的所有话题充耳不闻。3 岁时，他曾经向父亲问起他前臂上那串灰蓝色的数字，174517，并问：“为什么他们要在你的身上写字？”[34] 犹豫了一下之后，莱维回答：“我曾经是一个犯人——那就是他们对我做的事。”从那天起，伦佐不再向他的父亲提问题：他情愿不去知道那场战争在他的人生中为什么如此重要。当莱维尝试向丽莎说起他的苦难经历时，她一边大哭，一边跑出了房间。一道误解的深渊横亘于他和他的孩子之间。他怀疑丽莎曾经读过《这是不是个人》，因为她曾经请求他为她在书上签名，以送给她的老师和朋友。但如果莱维问起她对那本书的看法，她就会突然改变话题。在 30 年的写作之后，莱维不得不承认，尽管随处都有他的读者，但他的孩子们却是例外。现在，让他郁闷的是，伦佐的反应与他的姐姐在 9 年前一模一样：他哭着跑出了房间。

露西娅埋怨她的丈夫：翁贝托国王大街 75 号中到处是关于纳粹迫害的文章，连孩子们呼吸的空气中都充满了奥斯维辛的味道。他们想要一个正常的父亲，而不是一个幸存者父亲——更不需要一个抑郁的父亲。“幸存者也许是讨厌而沉闷的，”莱维承认，“我们想解脱我们的苦痛，让别人去遭罪吧。”[35] 莱维反思，他虽然和孩子们住在同一个屋檐之下，但他们之间并没有亲情之爱。而这让他非常悲伤。

## 注释

1 “那真是太糟了，……”：艾丽卡·斯克罗波告诉作者，1993 年 11 月 19 日。

2 “生命之筏”：普里莫·莱维，这段话被《犹太电讯》引用，1990 年 11 月 16 日。
3 “非常困扰”：艾萨克·加尔蒂写信告诉作者，1995 年 11 月 12 日。
4 “只要有弗兰卡在，……”：加斯托内·科蒂诺告诉作者，1993 年 2 月 24 日。
5 “相当贫瘠”：普里莫·莱维告诉作者。
6 “一种全面的疲倦感”：普里莫·莱维写给海蒂·施密特-马斯的信，1968 年 7 月 4 日。
7 “这有损于……”：乔治奥·瓦卡里诺告诉作者，1993 年 2 月 1 日。
8 “极为激烈的”：马科·帕罗迪告诉作者，1995 年 6 月 13 日。
9 “无谓的经验主义”：普里莫·莱维告诉作者。
10 “宛如身处非洲”：普里莫·莱维写给海蒂·施密特-马斯的信，1969 年 8 月 17 日。
11 “可怜的小东西……”：普里莫·莱维写给海蒂·施密特-马斯的信，1968 年 7 月 14 日。
12 “自下而上”：《记忆之声》，p.165。
13 “要是一个学生……”：费鲁乔·马鲁菲告诉作者，1992 年 6 月 13 日。
14 “即使我们……”：普里莫·莱维告诉作者。
15 “解释”：普里莫·莱维写给海蒂·施密特-马斯的信，1972 年 12 月 28 日。
16 “喧嚣的热情”：普里莫·莱维写给查尔斯·孔勒尔的信，1972 年 6 月 22 日。
17 “值得称赞的高效”：普里莫·莱维告诉海蒂·施密特-马斯，1970 年 6 月 13 日。
18 “所有的苏联人都是平等的，……”：普里莫·莱维告诉卡洛·帕拉蒂尼，1986 年 5 月 5 日，罗西尼剧院，佩萨罗。
19 “我那时还天真……”：普里莫·莱维的这段话是由派皮诺·奥托莱瓦写信告诉作者的，1995 年 7 月 10 日。
20 “他一点也没有……”：普里莫·莱维写给海蒂·施密特-马斯的信，1970 年 12 月 13 日。
21 “悲哀，并笼罩在迷雾中”：普里莫·莱维告诉马里奥·里戈尼·斯特恩，1970 年 12 月 13 日。
22 “我们生活在……”：《记忆之声》，p.70。
23 “幻灭而清醒”：普里莫·莱维告诉安娜·约纳，1971 年 9 月 7 日。
24 “有着所有科幻……”：普里莫·莱维告诉作者。
25 “如死亡般的寒冷”：普里莫·莱维的这段话是由卢西亚娜·尼希姆告诉作者的，1993 年 2 月 17 日。
26 “语言障碍”：海蒂·施密特-马斯，日记。
27 “我看普里莫……”：1971 年 9 月 7 日。
28 “完全康复了”：1971 年 11 月 21 日。
29 “并不十分愉快”：普里莫·莱维写给海蒂·施密特-马斯的信，1972 年 12 月 28 日。
30 “轻微的不适”：同上。
31 “高效、技术……”：普里莫·莱维写给海蒂·施密特-马斯的信，1971 年 12 月 26 日（莱维在 1972 年再次回到陶里亚蒂）。
32 “严禁穿着靴子……”：弗朗西斯科·科德罗告诉作者，1993 年 2 月 13 日。
33 “令人愉快，富有魅力而含蓄”：迈克尔·达洛告诉作者，1994 年 11 月 2 日。
34 “为什么他们……”：普里莫·莱维告诉米尔维亚·斯帕迪，1986 年 9 月，联邦德国广播电台记录。
35 “幸存者也许……”：普里莫·莱维的这段话被《不懈斗争》引用，1979 年 6 月 17 日—18 日。

# 二十

# 退休的梦想

（1973—1976）

## 1

在 1973 年，莱维的外貌改变了。在 53 岁时，他想留一脸像古代水手般的大胡子，结果朋友们都说他那雪白的胡须更像列宁。有一次，在接受电台采访时，莱维说他的胡子是与儿子伦佐竞争的结果。因为伦佐曾经尝试留起像切·格瓦拉式的胡子，却失败了。随着越来越受到媒体的关注，莱维也越来越注重自己的形象。在许多人看来，他突然变得时髦起来。凯斯·巴恩斯在 SIVA 惊讶地看到他穿着一件华丽的开领衫和一条喇叭裤。"普里莫已经有点时髦了。"[1] 他开一辆银灰色的蓝旗亚"富尔维娅"敞篷车，而且似乎有些过于介意年纪。"我警告你，露西娅的头发是灰的，而我的胡子是白的！"[2] 他在给朋友的信中写道。他的女儿，彼时已经 24 岁了，在塞蒂莫托里内塞教数学，不再与家人同住。伦佐迷上了篮球、列宁主义和摄影。莱维带着一丝喜爱（也许带着竞争者的温柔）看着他的儿子。伦佐现在 16 岁了，个子比他还高。

在 SIVA 工作了 25 年，莱维现在已经打心底里厌倦了工厂里的日常事务，并渴望专职写作。办公室里的职责沉甸甸地压负着他，而他怀念过去在化学实验室中那"染脏双手"的旧时光。在 60 年代，这座工厂已经极大地扩张了，而新员工并非总能与莱维意气相投。帕潘德雷亚（Papandrea）先生是新上岗的保安。莱维给他取了一个绰号，"霰弹枪"。这绰号取自意大利黑帮所使用的霰弹猎枪。在晚上，这个极为警觉的人就拿着一柄步枪在 SIVA 厂区四处巡逻。人们相信他是一名死硬的法西斯党徒。70 年代意大利法西斯党的重新抬头让他欢欣鼓舞。

尽管有着种种不如意，但在 1973 年年初，莱维仍然投入到一本新书的创作中。这本书标志着他作家生涯的一个转折点，并让他成为我们时代在意大利国内（以及多年之后在国际上）最受读者爱戴的作家之一。《元素周期表》是为了纪念化学家这个职业的烟雾、气味、爆炸、失败以及成功而创作的。莱维没有写一本传统的回忆录，而是用元素周期表里的各种元素来构建他的书。元素周期表是化学家们最熟悉不过的事物了。而莱维在其中能够发现对称的美。表中的某些元素（比如说，铁或钒），似乎激起了他对过去生活的回忆。他能使用这些元素作为记忆辅助，比如，用钾或金牵出一条编织着他的生活历史的怀旧之线。而他的成果则是一部不同寻常的经典作品，有大胆的概念和独特的行文结构。莱维把他一生最重要的经历都纳入此书，从他在克罗塞塔实验室里第一次危险的实验，到他被捕以及进入奥斯维辛，再到他作为一名作家在战后的康复过程。这段跨度为 32 年的个人经历，从 1935 年到 1967 年，《元素周期表》将成为莱维赋予自己人生以意义和理由的一次尝试。

莱维第一次有创作《元素周期表》的想法是在 1963 年。在一次采访中，他提出，化学完全不是“乏味的”文学题材。（“那是彻头彻尾的胡说！”[3]）这部化学自传的素材早在 1948 年，就以另一种形式发表在一本杂志上了——《钛》的那一章。而且，随着这些老素材得以扩展和恢复，《元素周期表》也成了一部更富野心之作。这本书收纳的题材广泛到不同寻常的程度，从侦探小说，到史诗般的战争描写，再到深刻的科学论文。在紧凑、简练而优雅的行文中，莱维的种种观点和受到的文学影响成功地得到了吸收和调和。这本书也非常有趣——比如在《氮》这一章中，作者讨论了蛇粪在唇膏生产中的应用。“普里莫的幽默并不是意大利式的幽默（正如我们许多可悲的、糟透了的意大利喜剧电影），而是一种朴素的盎格鲁-撒克逊式的幽默。”[4]一位作家朋友评论道。

《碳》的一章，关于物质无限性的诗意散文，可以追溯到 1943 年，莱维称。在奥斯塔监狱中，面对很可能被法西斯党徒处决的危险，莱维却在酝酿一篇小说（正如它后来的形式）。那是一部碳原子的《奥德赛》。尤其惊人的是，他在自己的生命很可能终结的情况下，却去思考碳元素孕育生命的奇迹。事实上，这篇小说植根于他的学生时代。他的科学课本，拉莎-科恩（Lassar-Cohn）博士的《我们日常生活中的化学》（*Chemistry in Our Daily Life*，1913）已经论证了碳元素在每一种与生命相关的物质中存在的事实，“它构成了苹果的种子，也构成了动物的头骨”。影响《碳》的另一篇小学课文是罗马诗人卢克莱修（Lucretius）的《物性论》（*On the Nature of the Universe*）。卢克莱修书写了河流、枝叶和牧草如何转变为牛羊，而这些牛羊又如何被人类吸收，而人类又成了掠食者的身体物质："大自然就这样把所有的食物转换成活生生的躯体。"卢克莱修并不知道碳，但他正在描写的恰恰就是这种组成生命的必要元素。

切萨雷·帕韦塞在他的日记《人生之务》（*This Business of Living*）中写道，成功和失败是"成人生活中的双重体验"。化学似乎也让莱维有着类似的感触。它让人们学会从错误中去学习，从尝试和错误中去积累知识。所以说，用意大利语的动词"自省"（misurarsi）和"尝试"（provarsi）来强调叙事绝不是一个巧合。

## 2

到7月初，莱维已经完成了这本书的第10章，《硫》。但他对这部未完成的化学故事连载的绝望评价，"有些沉闷，有些有趣，没有一个是值得纪念的"[5]，并不是一个好的预兆。如果莱维想要摆脱自己的抑郁，那么继续完成这本书就成了关键：写作是莱维称之为"个人稳定化"的一个途径。7月在撒丁岛（Sardinia）的一次短假帮助他振作起精神。远离都灵，莱维和露西娅总能相处得更好。而撒丁岛独有的古老的寂寞感更集中了他们的爱情。莱维喜欢它那"孤独的地平线"，以及那些被风侵蚀、宛如亨利·摩尔的雕塑作品的"古老岩石"。

7月31日，莱维54岁了。他充满了生日的愉悦。大约在这个时期，他决定为他的《元素周期表》写一部续篇。可以说，是有机化学给予了他灵感。除了《碳》这章之外，全书都在探讨无机化学领域。而现在莱维想去纪念碳氢化合物的有机世界。这两部书原本可能是为了纪念他的大学导师吉亚科莫·蓬齐奥教授，它们分别代表了他那两本关于"有机化学"和"无机化学"的大学讲义。在这个夏天，在构思《元素周期表》期间，莱维常常参阅蓬齐奥教授的讲义，有时甚至摘抄其中的段落。这并非剽窃。恰恰相反，这是对导师蓬齐奥的无形褒扬，因为正是他奠定了莱维坚实的化学知识基础。有人也许会说，这种做法有悖于莱维作为一个原创作家的主张，但这也证明了他兼收并蓄、博采众长的天赋。

## 3

1973 年夏天，都灵爆发了新法西斯党徒的恶性暴力事件。暴徒们拿着铁链和指节铜环在学校大门口威胁学生。犹太教堂的墙上被人涂上了纳粹万字符号。左翼教师遭到殴打和口头凌辱。莱维的儿子伦佐在他上学的“达阿塞里奥侯爵”皇家预科学校外面遭到推搡。在一封寄给南斯拉夫的熟人的信中，莱维将 1973 年的意大利描述为“遍体恶疾，朽迈不堪，也许已经死于衰老和多种恶习，甚至已经腐烂了”[6]。这是莱维很少说出口的轻蔑话语。为了能在与新法西斯暴徒的战斗中出一份力，莱维和一些朋友成立了家长联盟 COGIDAS，负责监视暴力事件，并随时与警方（或者说，那些还没有和法西斯串通一气的警察）保持联络。莱维对这种守夜的职责并不陌生——1940 年，他曾经在都灵的犹太学校外站岗。但他无法与意大利社会运动组织（MSI）的流氓面对面地对抗。在“二战”之后，铁杆法西斯分子迅速成立了这个组织。他急匆匆地赶到位于圣塞孔多街的学校。在那里，学生们遭到了手拿石块的法西斯党徒的威胁。在阿尔贝托·索莫尼和艾达·黛拉·托雷的陪伴下，莱维幸运地逃出了混乱的人群，毫发无损。“当我们说，我们是 COGIDAS 的人时，他们用刀子和警棍威胁我们。”[7] 莱维说。那些年轻人挺直胳臂，致以罗马式的敬礼（纳粹礼），高举墨索里尼的照片，并高唱法西斯赞歌。10 月 26 日，莱维差一点就又要遭到法西斯暴徒的毒手。那天，他去位于布雷西亚街的“L. 布尔戈”技术学院演讲。手拿铁条和碎酒瓶的六名法西斯暴徒从一辆小汽车里窜出来，试图阻止活动。在警察赶到前，这些暴徒把一名教师摔在地上，并将一名学生打成重伤，以致这名学生在医院里躺了整整两个星期。人们再次担心发生军事政变。意大利所谓“沉默的大多数”想要一个极权政府的回归，而杰出的左翼活动家们被警告不要睡在家中，并最好准备一个“安全的”地址。

在 SIVA，同时，莱维的麻烦也与日俱增。工厂正在使用有毒的原材料。工人们冒着化学中毒的危险，甚至有可能失去生命。阿卡蒂最早的雇员之一，圣弗拉卡斯（Sante Fracas）在 60 年代初就是因为吸入了有毒气体，引起了肺部并发症而去世了。如果莱维置之不理，他会因玩忽职守而被关进监狱。工人们已经开始抱怨眼睛痛和心悸。他们无数次报告情绪失控和没有胃口。他们用没戴手套的手去舀取二氨基二苯基甲醇。而那是一种致癌粉末。莱维从德国的巴斯夫公司订购了大量的 B250（因为这种化学制品是被人们所熟知的）。很快，车间里就发生了第一起意外伤亡事故。两名工人在清洁一个铝制容器的内部时，突然一个火花点燃了蓄积的甲烷，随之而来的爆炸将他们炸飞了。幸运的是，他们两人都活了下来。但莱维本应该为他们的安全负责。他们本该穿的是橡胶靴，而不是带有鞋钉、能激起火花的普通皮鞋。一个月后，苯酚泄漏。喷射到空中的腐蚀性水柱高达 6 米。而工人们只能四散逃命。一名消防队员试图关闭罐体的检修门。但溶液流进了他的手套，灼伤了他的皮肤。整个下午，空气中弥漫着溶液微滴形成的浓雾。从高速公路上经过的汽车据说都失去了车漆（苯酚是高效的油漆清除剂）。到傍晚时，SIVA 的建筑物和停车场上覆盖了 130 吨凝固的苯酚。损失是巨大的。而普里莫对这场事故负有责任。

在夏天最初的那些日子里，工厂里那压力重重、令人紧张的生活猛烈地袭击了莱维。他过着一种疯狂的日子。晚上，为《元素周期表》而奋笔疾书，到了早晨不是去处理 SIVA 的事故，就是在担心下一次事故的发生。他再也无法隐藏自己的精神状态：在车间里储存有毒化学制品的地方，有人听到他对工人们大发雷霆："老天！你们的手套呢？"他不得不投入大量时间以预防事故的发生。他坚持让工人们戴上保护性面罩、穿上罩衫，并分配给他们每人一个柜子用于存放装备，同时定期检查以确保这些保护性装备没有遗失或故障。莱维研究了各种溶液的毒性、静电对化学制品存储的危害以及化学自燃的可能性；从美国定购了事故预防的专用教科书；仔细研读了"导电鞋类"的目录。

莱维感到自己不再适合每天巡视车间。他似乎无法约束工人（哪怕是为了他们好），或在雇用或解聘他们时坚持坚定的立场。如果一名工人违反了安全规定，莱维得给他一封警告信，同时让他暂时停职。如果屡教不改便要开除。但他一条也没做到，而阿卡蒂开始说莱维的性格过于“软弱”，不适合担任管理职位。他的职业储备已经耗尽了，而莱维知道这一点。他处于困境之中：他给 SIVA 带来越多的订单，他就越觉得不安，越觉得自己就像奥斯维辛里的卡波。

莱维想早一点退休。如果他不能尽快退休，他就无法完成《元素周期表》。这本书的每一页都带着“困难而痛苦创作”[8] 的痕迹。起初顺利的写作工作断断续续地进行着。写作变成了一场与疲劳对抗的“可怕战斗”。在与他的妻子进行了长时间的讨论之后，莱维决定，现在是离开 SIVA 的时候了，因为厂里的工作开始一点点损害他的精神健康。阿卡蒂知道莱维在 SIVA 是多么消沉，并正在考虑接受莱维提出的一项建议。里科·阿卡蒂的女儿保拉，嫁给了一名英国化学家——迈克尔·廷克（Michael Tinker）。这对夫妇住在伦敦郊外的巴内特区（Barnet）。让他们搬到都灵如何？廷克在经过适当的训练之后，可以成为莱维的接任者。阿卡蒂同意了这个计划。1973 年 8 月，迈克尔·廷克来到了 SIVA。莱维热情地欢迎他的到来。他快乐地写道，廷克是一个“理性、热爱学习、聪明而充满善意”[9] 的人。1943 年出生于英国切斯特（Chester）的廷克比莱维年轻 24 岁。廷克尊敬他的导师，而莱维，相应的，对他的学徒保持着伯父般的慈祥，用意大利语教导他，带着他在塞蒂莫托里内塞四处参观，并在午餐时间一起到韦尔切利街（Corso Vercelli）的“奥斯图·巴库”餐馆去吃青蛙和玉米粥。

## 4

1973 年年底，莱维在 SIVA 面临着最严峻的挑战：世界性的原油危机。以原油为原材料的化学制品，如苯酚和二甲苯，是生产 PVF 的必要原料。但是，随着全球原油储备量的降低，SIVA 只能从石油输出国组织（OPEC）买到这些原料，而且价格极为高昂。在这个伤脑筋的时刻，莱维为里科·阿卡蒂承担起所有成本决策的重担。如果原油紧张的情况得不到缓解，莱维手下的 80 名工人将面临失业。“1945 年以来，我还是第一次处于这样一个决定性的情境中。”[10] 他说。在他努力保持 SIVA 这艘大船不至于倾覆时，自我怀疑的攻击替代了原本微弱的情绪低落。凯斯·巴恩斯从来没见过他如此消沉。“普里莫是一个天生的忧虑者”，他说，不得不“为所有事忧虑”的人[11]。在都灵一起吃饭时，莱维向巴恩斯解释，石油是这颗星球的“生命之血”，西方社会的末日临近了。但巴恩斯似乎不为所动。“我多么希望我能像你一样，凯斯，这样单纯。”（这句话是用英语说的。意大利语的“semplice”还意味着“直率”，而这大概才是莱维的原意。）无疑莱维羡慕巴恩斯那率直的天性。正如他在一篇科幻小说中写道：“英国人是务实的人。”[12]

莱维那一年的寒假是在罗马与那不勒斯之间的斯佩隆加（Sperlonga）的海边度过的。这个假期让莱维的情绪稍有好转，而且平静下来，并去探索了罗马皇帝提比略的山庄遗址。但是，他并没有恢复真正的健康，《元素周期表》也没有大的进展。在这个富于闲情逸致的时期，莱维担心自己的情绪状态恶化，所以同意参与两部电视纪录片的拍摄。一部是荷兰的，另一部是意大利的。

“非常彬彬有礼的”[13] 罗尔夫·奥塞尔（Rolf Orthel）正在录制一部关于奥斯维辛党卫军医生爱德华·维尔茨（Eduard Wirths）的纪录片。维尔茨医生曾经负责“挑选”被送入毒气室的犯人，但他也尝试过拯救生命（并最后在狱中上吊自杀）。无法调和自己行医天职和杀戮使命的维尔茨医生，让莱维想起天主教的福音“不要论断人”。但是，莱维想知道，“一个人活着要怎么做才能不去‘论断’？”任何经历过奥斯维辛的人都不可能摒弃“论断”：那是难以实现的领悟。奥塞尔对莱维的采访，有整整 17 页打印纸的记录。这份采访记录，让我们可以洞察纳粹集中营中的腐败与道德模糊性。莱维将在他最后一本出版的书《被淹没与被拯救的》中探讨这些主题，尤其是被迫与纳粹合作以换取活命的那些“灰色地带”的囚犯。

意大利纪录片《讲故事的职业》，是针对《这是不是个人》的纪录片。兴奋的莱维邀请法国幸存者让·萨米埃尔和查尔斯·孔勒尔与他一起参与拍摄。萨米埃尔同意了，但羞涩的孔勒尔却拒绝了。莱维试图说服他："但我们不得不为我们自己辩护——去讲述我们的故事，将法西斯主义对我们的暴行告诉世人。"[14]孔勒尔仍然拒绝。只要没有摄像机，莱维随时可以来他家做客。

1974年3月初，在一个意大利电影剧组的陪同下，莱维踏上了多年以来最令他兴奋的冒险之旅。他乘火车前往斯特拉斯堡（Strasbourg）。他和萨米埃尔将在那里一起参与拍摄工作。电影导演詹弗兰科·阿尔巴诺（Gianfranco Albano）坐在他的对面，专心地抽着一根香烟。对着摄像机，莱维用飞快的意大利语问阿尔巴诺："《这是不是个人》里的事情真的发生了吗？有时我觉得我当初一定是写了一部小说。"[15]只有通过与让·萨米埃尔的交谈，他补充道，他才能够"确认"和"重新获取"他对自己苦难经历的记忆。到达斯特拉斯堡之后，莱维感到自己的自信和幽默感恢复了。他已经八年没见过萨米埃尔了。剧组拍摄到他们俩漫步在城市的运河边，还有它那德国式的咖啡馆。让面色红润、神情轻松。剧组在斯特拉斯堡犹太教堂对面给他租了一套公寓。他在那里与莱维热情地聊起了天，而他的妻子克劳德则坐在一边。在一次拍摄时，莱维将自己和让比喻成但丁笔下的尤利西斯。但丁让这个古希腊航海家下了地狱，因为他胆敢去探索那被封禁的海域。被奴役的莱维和萨米埃尔也有着类似的境遇，因为他们"胆敢"去尝试理解他们的囚禁之所奥斯维辛的恐怖。"在我看来（让·萨米埃尔也许有着同样的看法），纳粹对我们的惩罚并非全然毫无理由，"莱维说，"我们遭受惩罚，是因为我们胆敢去挑战纳粹主义这头怪兽——而且不仅仅是我们，还有整个反纳粹的欧洲。"他自己也承认，萨米埃尔并不赞成这种文学夸张。与莱维相比，萨米埃尔是一个更简单、率直的人。

第二天，在没有剧组的陪同下，莱维前往孚日山脉。他在那里发现孔勒尔正享受着小学教师的退休生活。在互敬法国苹果白兰地之后，他们到飘散着松树清香的树林里散步。像在第一次世界大战那恐怖的战壕中生存下来的战士一样，他们诗意地谈起他们在奥斯维辛的最后10天，那充满同志情谊的日子："我们最好的时光"——莱维将它们称为。这次法国之旅结束后，随着OPEC降低价格，世界原油危机渐渐消退了，莱维的心中充满了宁静。

## 5

虽然莱维已经确定在 1974 年圣诞节退休，但阿卡蒂设法说服他作为一名兼职顾问留下来。莱维帮助他建立起了这座漆包线帝国，并让他大发横财。在莱维刚刚建立起的幸福生活中，唯一的不愉快是他不得不费力完成的繁琐文书——只有完成了这些复杂的表格，他才能获得养老金。他抱怨着，以意大利“低效的工作准则”[16]，要用整整 18 个月才能完成这次申报。

《元素周期表》的一些章节——《氢》《金》《砷》——现在已经为出版做好了准备。莱维利用暑假完成了这本书。在整个炎热的 8 月，他都独自留在彼得拉 - 利古雷的度假公寓里：伦佐在意大利南部；丽莎和她的新男朋友（莱维不满地称呼他为“准老公”）去了布拉格；埃丝特尔、露西娅，还有其他亲戚都在奥斯塔山谷的一家旅馆。既然大家都“安定下来了”，莱维有希望获得三周宁静的写作时间。没用多长时间，他就完成了 22 个章节，在元素周期表里从“氩”一直到“碳”。有几个傍晚，当他完成写作时，随着里维埃拉的太阳渐渐落下，他梦到了退休之后要去的地方。

伊塔洛·卡尔维诺是第一个读到莱维手稿的人。10 月 12 日，他从巴黎给他写信以表达自己的喜悦。这本书写得“非常好”，卡尔维诺说。事实上，整个“装置”现在看起来已经“结实”到可以出版了。卡尔维诺的赞扬让莱维扬扬得意。在卡尔维诺褒奖的鼓励下，莱维开始尝试其他文学体裁，其中包括埃里克·安布勒（Eric Ambler）式的工业恐怖小说。（但并没有取得任何成果。）得知自己将很快退休，莱维为 SIVA 的生意踏上了最后一次前往德国的商务之旅。10 月 28 日，他向拜耳公司的卡尔-海因茨·米尔克博士道别。他们已经合作了 18 年。

11 月底，莱维在位于塞蒂莫托里内塞的 SIVA 办公总部举行了退休宴会。那天下着雪。同事们在宴会现场布置了打碎的试管以象征实验室的意外爆炸，还有一捆捆铜线来纪念莱维那无数的漆包线产品。里科·阿卡蒂提出为莱维，以及他那即将出版的新书《元素周期表》敬上一杯酒。这让莱维大为感动。之后，员工们送给他一块带有全体员工签名的金牌。但是，当大家齐声高喊："讲话！讲话！"时，莱维却显得畏缩而尴尬。他的讲话内容大致如下："我相信我总是试着不要招惹任何人。"雷纳托·波尔泰西，喝得酩酊大醉，高声朗读了他为这次宴会专门撰写的离别诗。舞会一直持续到午夜。后来，阿卡蒂送给莱维一块镌刻着他退休日期的金表："1974 年 12 月 1 日"。那年，莱维 55 岁。

## 6

"重生""宁静""自由"：莱维甚至想说，就目前而论，他在半退休的生活中偶尔会感到"快乐"。并且，在这样的心境之下，他给海蒂·施密特-马斯写信：

> 一些医生朋友已经提醒过我过早退休的危险。显然，许多像我这样的人患上了消化不良和其他疾病。不过，我必须承认，恰恰相反，这种缓慢的生活节奏是怡人而健康的，而且，到目前为止，并没有任何糟糕的副作用！

不过，莱维还没有完全摆脱阿卡蒂：在接下来的三年中，正如他们之间的协定，他将作为 SIVA 的兼职顾问和档案员，为厂中混乱的专利文件（可一直追溯到 1955 年）建立目录，以及整理合同。（擅长制表的莱维喜欢做这些工作。）随着时间推移，他渐渐减少自己在 SIVA 的上班时间。起初，他每天仅仅工作半天，到中午就下班。之后，他每周只来 SIVA 一次，然后是每个月一次，直到最后，他切断了与这家公司的联系。在他半退休的最初阶段，也是最快乐的阶段，莱维基本没有大的压力。意大利国家煤气公司，依达尔煤气公司（Italgas）邀请他加入他们的董事会。而他礼貌地谢绝了。

在下午，莱维阅读大量的书籍，并尝试在位于都灵特拉帕尼街的美洲俱乐部里上游泳课，以保持体形。（他在学校里没学过游泳。）他把自己的一些自由时间用于在化学学院里寻找校友。维托利奥·萨塔（他的兄弟为著名的阿尔法·罗密欧汽车设计底盘）非常高兴再次见到莱维。他也刚刚退休，但另一个巧合更令他高兴。“你知道一切，普里莫，但有一件事你不知道”：萨塔与莱维是同年同月同日生——1919 年 7 月 31 日。萨塔天性热情，富于幽默感。作为莱维众多朋友中的一个，他能够帮助莱维走出 SIVA 的紧张，并恢复自己原本热爱交际的性格。

莱维在退休后经常见面的另一位大学同窗是内雷奥·佩札。莱维口味的朴素让佩札为之吃惊（而其他许多朋友已经多年未见到莱维）。他经常带着佩札去铺着鹅卵石的都灵市中心的一家皮埃蒙特风味餐馆，“三只母鸡餐厅”（Tre Galline）。他们在那里吃满是膻味的山羊芝士和鹰嘴豆馅饼。退休后的莱维有些怀念家乡。而且，随着他舒服地滑进他的新生活，他也充满热情地重新投入到因在 SIVA 工作而无暇顾及的实验室化学之中。在极为古怪的“别洛乌索夫-扎伯廷斯基”反应中，一种无色的溶液从鲜绿色变为紫色，再从红色变成蓝色，最后再次变回到绿色，像一块瑞士手表般准时地进行自身循环（不下 20 次）。莱维请求一名化学家朋友为他演示这个实验，并用一块秒表为这彩虹般的变化计时。他现在有闲情逸致来放纵自己的好奇心了。退休后的莱维还经常去看望一位在克罗塞塔的老朋友——利维奥·诺尔兹，一个热情洋溢的健谈者（他夸大与虚构的天赋与莱维相对谨慎的叙事形成了鲜明的对比）。诺尔兹喜欢讨论各种各样的化学难题。一天，莱维向他展示了一个钢铁滚珠轴承。由于在 SIVA 调漆车间里的长期使用，这个轴承已经变成了完美对称的十二边体。为什么？每当这样的时刻，莱维就处在他最好的状态，诺尔兹回忆，“在乍看上去毫无关系的观念之间搭建最大胆的桥梁”[17]。他和诺尔兹是同一个犹太-克罗塞塔豆荚里的“豆子”。而他们现在更加亲密无间了。

为了避免无聊和无所事事，也为了额外赚一点小钱，莱维打听有没有他能够胜任的翻译工作。在埃诺迪出版公司的英国编辑马尔科姆·斯基（Malcolm Skey）建议他去翻译英国人类学家玛丽·道格拉斯（Mary Douglas）的作品《自然象征》（*Natural Symbols*）。莱维熟悉道格拉斯关于文化禁忌的文章。这些文章在自炫博学的埃诺迪圈子里为她建立了一定的口碑。“莱维翻译的道格拉斯相当糟糕——他的英语翻译并未达标。”[18] 斯基回忆。埃诺迪公司找到弗朗西斯科·雷莫蒂（Francesco Remotti），一名具有鲜明的知识分子气质的意大利人类学家，来帮助莱维处理书中的专业术语。在雷莫蒂看来，莱维自己就是一位“死亡集中营的人类学家”[19]。在翻译道格拉斯的同时，莱维也与《邮报》保持着联系。像大多数意大利报纸一样，《邮报》有着专门的文化版面。而莱维开始为这个版面撰写一些轻松的文章。这些文章涉及的主题非常广泛，从蝴蝶和语源学到翻译技巧。

他也新结交了一些重要的幸存者朋友。其中最重要的一个朋友是伊迪丝·布鲁克，娘家姓斯坦恩施莱博（Steinschreiber）。她是一个贫穷的匈牙利犹太人的女儿，出生在奥斯维辛的孩子。布鲁克的经历与莱维完全不同。由于战后一连串的悲惨遭遇，她在 20 岁之前结了三次婚。她有着红褐色头发、绿眼睛，容貌妩媚动人。到莱维遇到她时，她已经做过希腊的芭蕾舞演员、布达佩斯的助理裁缝、模特、餐馆大厨和美容沙龙的经理了，之后她于 1955 年在罗马定居。她比莱维小 13 岁，是几本自传体小说的作者。布鲁克冰雪聪明，有着迅速让人难堪的能力和卖弄风情的天赋，这让莱维又喜又怕。“最重要的是，普里莫最喜欢的是被触动，感到自己还活着。如果要说起一个被压制了的皮埃蒙特中产者，那最先想到的就是普里莫。”[20] 布鲁克说。在她面前，普里莫似乎有些畏缩，甚至无法与她肩并肩地行走。“他总是拖沓地跟在我的身后，像站在单列纵队中的奥斯维辛囚犯。”要是布鲁克试着用她的手臂拥抱莱维（她有着母亲般的温柔），他总是红着脸躲避。很可能，布鲁克吓退了很多男人，除了莱维——永远严格坚守与女人的无性关系的莱维。这主要是，异性相吸：匈牙利无产者布鲁克与意大利最深刻的灵魂之间的同盟——他们之间的差异却构成了更亲密的联盟。而莱维与布鲁克的友谊一直持续到他去世为止。

即使在退休的第一波幸福浪潮中，莱维也在探索一些黑暗主题。爱德华·维尔茨医生这个道德模糊者的案例已经点燃了他对纳粹集中营里的堕落和合作的兴趣。莱维在寻找某种方式，他说，去打破残酷的压迫者与受害的被压迫者、统治者与被统治者的刻板形象。纳粹主义并没有净化它的受害者，它腐蚀和吞没他们，将他们转变为它的傀儡。哈伊姆·罗姆科夫斯基（Chaim Rumkowski），另一个与纳粹合作的普通人，多年以来，莱维一直想书写他的故事，但直到现在他才有时间去仔细构思。罗姆科夫斯基是一个波兰犹太企业家。他在纳粹的扶持下，成了罗兹犹太人隔离区的元老，剥削和虐待犹太人同胞，最后却在毒气室里结束了自己的统治。

荷兰电视导演罗尔夫·奥塞尔送给莱维一本荷兰历史学家、作家雅各布·普雷瑟（Jacob Presser）的《吉伦特党之夜》。而这本书进一步激发了莱维对于“犹太合作这个令人忧虑的命题”[21]那坚定的兴趣。这本书以半虚构的形式记录了纳粹占领之下荷兰的道德崩溃。它给莱维留下了如此深刻的印象，以致他决定把它翻译成意大利语（并非是异想天开，荷兰语类似于德语）。要是我们想理解人性，并在“类似的审判”中保护自己，莱维说，我们必须认识到这个世界中那些卑鄙的罗姆科夫斯基们。

1975年10月25日，莱维到罗马参加“少数民族在自由斗争中做出的贡献”展览的开幕式。这场展览展现了犹太民族在意大利反抗运动中发挥的作用。它吸引了大量媒体的关注并获得了巨大的反响。在来宾中，有罗马的拉比埃里奥·托夫（Elio Toaff），来自罗马各个犹太团体的代表，还有莱维在罗马的老朋友莱洛·佩鲁贾。莱维进行了关于集中营的心理后果的演讲，并简要介绍了自己充当游击队员的坎坷经历。莱洛像一个老朋友般拥抱莱维。他现在是一个发福的公务员，有了老婆和好几个孩子。之后，在秋天，莱维就反犹主义的性质为瓦勒度教派的小学生进行了演讲。他们的老师朱塞佩·普拉托内（Giuseppe Platone）牧师是意大利新教报纸《圣光》（*La Luce*）的编辑。莱维偶尔会接受这家报纸的采访。普拉托内惊讶地听到莱维将自己定义为“一个寻找信仰的人”（una persona in ricerca）[22]，因为他还以为莱维是一个无神论者。事实上，莱维羡慕那些信徒（年纪越大，他就越羡慕他们），并希望自己能够信仰上帝。“有一个圣父，一个论断者，一个教导者是很好的，这令人平静。”[23]

直到退休前，莱维一直把自己脱离家庭生活归咎于工厂的忙碌工作，但他现在有时间修复与家人的关系了。他母亲的两位仍然在世的姐妹，艾达姨妈和约莱姨妈，已经优雅地步入老年生活，并乐于常常见到她们所热爱的外甥。艾达姨妈是都灵的一个寡妇，并患上了“某种神经失调”[24]（据莱维说）。约莱姨妈，是莱维最敬爱的长辈之一。她同样独自一人，生活在都灵罗塞利街 76 号。而莱维向她倾述了许多自己的难题。他也常常看到他的舅舅们。古斯塔沃·卢扎蒂和科拉多·卢扎蒂已经在 1971 年卖掉了家族的布店。他们是风度翩翩的绅士（如果心情不错），却在走下坡路。古斯塔沃·卢扎蒂总是病恹恹的，其时正与太太莱亚（Lea）一起乘船去地中海观光。莱亚因她那些华而不实的诗歌而闻名。（“为什么舅妈要写这样的垃圾？”莱维问——他对他人的评断往往是残酷无情的，哪怕是对家人。）在冬天，她会带古斯塔沃去拉帕洛（Rapallo）。他们会裹着毯子，坐在棕榈树下，呷着甜蜜的罗索利奥甜酒。莱维最担心的是科拉多舅舅。在一次轻微的心脏病发作之后，这位 75 岁的老人仍然开着跑车在都灵四处飙车。在一个发明和制作是了不起的消遣的时代长大的他，总是忍不住摆弄玻璃阀、钳子、烙铁和螺丝刀。当普里莫还是一个孩子时，科拉多带领他走进了无线电、电影和各种新奇小玩意的世界。而在今天再次看到他，莱维便回到了那些快乐的、充满探索精神的日子。

1975 年，莱维的日子是快乐的，并且常常充满了活力。他看到妹妹安娜·玛丽亚的次数要比以前多得多。仍然住在罗马的她已经嫁给了美国电影评论家和剧作家朱利安·齐梅特（Julian Zimet）。他在“二战”中与约翰·契佛（John Cheever）一起加入了弗兰克·卡普拉（Frank Capra）那充满传奇色彩的剧组。（战后，在美国受到反社会主义密探的追捕，齐梅特不得不离开好莱坞，在墨西哥隐居，之后移民到罗马，为“罗马影城”公司工作。）他和安娜·玛丽亚已经在罗马市郊的布拉恰诺湖（Lago Bracciano）边盖了一栋度假小屋。而莱维非常喜欢到那里去做客。在那里，他陶醉于那湖水“麝香的味道”以及“烧焦的树枝古朴的风味”[25]，倾听海鸥的鸣叫并诗兴大发。

渐渐地、平静地，作为一个半退休的企业家，他融入了自己的新生活，与克罗塞塔的邻居们成了朋友。其中一位邻居是都灵的政治哲学家诺尔贝托·博比奥（Norberto Bobbio），他在莱维心中有着圣人般的地位。作为意大利抵抗运动中政治力量的领袖之一（两次被墨索里尼投入监狱），博比奥是人权的坚定捍卫者，并衷心地热爱着莱维。他钦佩他行文的理性、严谨和均衡——它的“人性的度量衡”——而且从一开始他就是莱维最勤勉的读者之一。博比奥比莱维大10岁，但与他有着完全相同的道德准则、节制的判断，以及（最重要的）对于错综复杂事物的深刻洞察力。博比奥还是莱维的第一个出版商佛朗哥·安东尼切利（在1974年离开人世）的老朋友。而这一事实又进一步加强了他与莱维之间的友谊。在周六，他们常常去苏萨山谷散步，而在这些山地的远足中，莱维喜欢讲述犹太法典中那吹毛求疵的教义、犹太笑话和俏皮话，从而让博比奥忍俊不禁。莱维完全不许自己的妻子参加这些远足。相反，比安卡·乔德蒂·塞拉（现在已经成了一名著名的左翼律师）却成了他们的游伴。在阿尔卑斯山中逡巡时，莱维喜欢为朋友们指出自然世界的奇迹。他向比安卡展示了一枚由小树枝、羽毛和碎骨压缩而成的小球。那是夜枭吐出的弹丸。还有一次，他用一根小树枝，让一排蚂蚁偏离了它们翻山越岭的道路。“虽然我们已经长大了，但这些小东西仍然让我们发笑。”[26]比安卡回忆。

作为一种奇特的消遣，莱维常常去看望恩尼奥·马里奥蒂——1942年在石棉矿为莱维找到工作的那名化学家和炸弹处理专家。一直到退休前，莱维常常在化学上征求马里奥蒂的建议，因此，他们之间保持着一种朋友之外的相当正式的关系。现在，莱维每周至少会去马里奥蒂位于圣塞孔多街的实验室拜访三次。像古时的炼金术师，马里奥蒂喜欢自己动手称重、校准和提纯物质。在他的大门之上，悬挂着神秘的格言：“自然之律必恪守”。马里奥蒂不仅是莱维钦佩的那种老式的化学家，还是一位热情的美食家。他们俩会走遍都灵的市场，搜罗草盖罐子装的巴罗洛葡萄酒和味道浓烈的阿尔巴白色松露。但文学是他们最大的兴趣。艾萨克·阿西莫夫是马里奥蒂最喜欢的作家之一。而莱维也同意，阿西莫夫那关于生物化学的巨著《未来之砖》(*Building Blocks of the Future*）是一篇“杰作”[27]。马里奥蒂还为莱维引见了都灵的白魔法师古斯塔沃·罗尔（Gustavo Rol）——70年代意大利无可争议的灵界明星，电影导演费里尼的密友。罗尔重新激起了莱维对于超自然现象的兴趣（而这一兴趣是他那酷爱桌灵转的父亲切萨雷最先灌输给他的）。马里奥蒂还有更古怪的爱好。在位于克罗塞塔的家里，他在浴室里养了一条活鲤鱼，还有一头野生豪猪，笼子里关着老鼠，还养着乌龟和猫（以及一只雨燕）。星期天，莱维有时会陪着马里奥蒂去都灵的宫门市场买鸭子（不是为了吃，而是作为宠物饲养）。在《元素周期表》里的《镍》中，蓝眼睛的“托斯卡纳中尉”就是马里奥蒂的化身。

## 7

既然已经处于半退休的状态，莱维原以为自己会有充足的时间用于旅游和写作，但事与愿违。家中有相当多的杂事缠身。住在翁贝托国王大街75号的母亲就是莱维的一个沉重的负担，让他不得不在家中投入大量的时间。埃丝特尔很少自己出门（她已经80岁了），所以莱维每天要陪着她出门绕着街区散步两次，并在她最喜欢的冷饮厅——翁贝托国王大街的“泰斯塔冰激凌店”稍歇片刻，点一份香草甜筒。她的医生，阿德里亚诺·维泰洛（Adriano Vitello，安娜·玛丽亚当年在游击队里的老战友）建议她坚持大量的锻炼。莱维敬爱母亲，并看重她的想法。他们之间长时间的分离只有莱维在奥斯维辛以及遣返回国时的那22个月。尽管我们无从了解莱维母子关系的性质，但他们之间的联系紧密得异乎寻常。而且，在迫使自己的妻子与母亲同住了四分之一个世纪之后，莱维似乎对这两个女人为了吸引自己的注意力而不断竞争的状态表示了抗议。或者是因为他的个性需要她们两人的共同关注？莱维在给海蒂的信中，将这两个女人描述成“非常好的人，但（两人都）胆小且执拗”[28]。她们很少争吵。但当她们争吵时，她们从不让普里莫卷入她们之间的争端——那会让他不得不选择支持哪一边。考虑到露西娅几乎算是普里莫的第二个母亲，这些家务纠纷就成了一个雷区。我们无法知道，莱维的母亲是否有意营造出一些强烈的需求（以吸引莱维的关注），但她是一个疾病缠身的上了年纪的女人，而且到了最后（对于莱维，同样），这负担似乎已经变得无法忍受。而且，现在不仅埃丝特尔需要全天不间断的帮助；露西娅的母亲比阿特丽斯·莫尔普戈（Beatrice Morpurgo）实际上也已经失去了视力。结果露西娅无法像她所希望的那样陪伴她那退休的丈夫。相反，她常常在她母亲位于托马索王子街（Via Principe Tommaso）的阴暗公寓中留宿。

1975年年初，在意大利进行了一系列被称为“decreti delegati”的教育改革。这些改革将教育的权力由教师移交给父母，并吸引了大量媒体的关注。在春天，莱维当选为儿子在读的学校——“达阿塞里奥侯爵”皇家预科学校的家长委员会的主席，而且很快陷入了忙碌之中。莱维说他认为去帮助政府改革意大利那陈旧的教育体系是他的“公民责任”[29]。这个委员会不得不分配学校的资金，倾听家长和学生的投诉，并与那些在街上骚扰学生的新法西斯分子打交道。这些暴徒常常喜怒无常，甚至充满了暴力。而极左翼学生常常破坏家长委员会的集会，并要求委员会解释，他们为什么不能当选为委员会的代表。有一次，伦佐带了一批暴徒来会议上捣乱，但他不敢对他的父亲大喊大叫。（那是70年代中期意大利的常见景象。）伦佐花了3万里拉（大约75英镑）买了一辆二手摩托车，并且终于成功地蓄起了切·格瓦拉式的大胡子。

总体而言，莱维成功地履行了作为委员会主席的职责。他一方面软化反对派的对抗，一方面在相互敌对的各派之间培养亲善关系。大多数学生把他视为他们的朋友。他为将性教育引入学校教育体系而进行游说，而且，理所当然地，试图提高科学教育在学校教育中的比重。他甚至在自然史的课堂上安排了关于糖尿病的课程（莱维的外祖父死于糖尿病）。委员会的会议，尽管常常吵闹不堪，却为莱维带来了一份新奇感。而他喜欢身处改革的沃土之上，哪怕回到家时往往已经精疲力竭，而且满腹不快。

## 8

莱维提前退休主要是为了写作。他从来没有放弃出版他的诗集的想法。五年前，在1970年，他曾经私下在朋友圈中发行了300本诗集。莱维警告道，像某些药物一样，这些诗集“仅供内部使用”。担心自己被人嘲笑，他更情愿自己的诗歌先以一种无意义的形式出现在世人面前。一位校友对这些诗歌给予了热情的回应。德尔菲娜·普罗文扎利（Delfina Provenzali，绰号“普罗旺斯海豚”）是一名天主教徒。但她的父母曾经在纳粹占领时期守护了莱维家族的珠宝。普罗文扎利是一名专业化学家，为意大利的开胃酒公司“西纳”（Cinar）提取菊芋素。她出生于西西里首府巴勒莫，是一个皮肤黝黑、小巧玲珑的女人，有着独特的美丽。她已经出版了自己的诗集。无疑莱维对与普罗文扎利的新友谊另眼相看。“在多年之后与您重聚，并拥有您这样聪颖而勤勉的赞助人，是命运给我的意外惊喜。”[30] 他在给她的信中写道。

普罗文扎利建议莱维把他的诗歌寄给埃兹拉·庞德在意大利米兰的前出版商，施维勒父子出版公司（Scheiwiller & Son）。万尼·施维勒，一位40岁的自行车运动爱好者，非常愿意考虑出版莱维的诗作。一共有27首诗，其中一些是在《这是不是个人》同时期完成的。《致阿道夫·艾希曼》（“For Adolf Eichmann”，“啊死亡之子，我们并不希望你死去”）是对艾希曼的严厉诅咒。另一首诗的创作日期则要晚得多，《黑星》（“The Black Stars”）。在这首诗里，莱维思考了能证明黑洞和类星体存在的令人不安的证据。早在1941年，天体物理学教授尼科伦·达拉波塔博士就与莱维讨论了这个“盲目、暴力的”宇宙的主题。在莱维最后的岁月里，他再次探讨了这一主题。而正是德尔菲娜·普罗文扎利建议莱维将这部诗集命名为“布莱梅啤酒馆”（“The Bremen Beer-Hall”）。这个书名来自他的另一首诗《上岸》（“Landing”，这首诗的灵感来自海因里希·海涅）。

同时，在大西洋的另一边，莱维的另一位拥趸，露丝·费尔德曼（Ruth Feldman）正忙着把他的诗作翻译成英语。费尔德曼是一位出生于俄亥俄州的小诗人和画家，非常富有，有时会住在罗马。她喜欢说，自己的童年时光是“在黑暗的阴影中”[31]——她母亲过早地离世，而她的父亲则精神崩溃。她住在波士顿。而她的意大利语教师，恰好是莱维的堂妹安娜·约纳。约纳深知费尔德曼对于意大利诗歌的兴趣，因此在1972年将一册莱维私下印刷的诗集送给了她。那些“辛辣、朴实而富有音乐性”[32]的诗作深深地打动了她，让她决心把它们翻译成英语，并让普里莫·莱维的诗成了她一生的事业。莱维非常乐于让费尔德曼来翻译他的诗，因为她的意大利语相当不错，但她想请布莱恩·斯万（Brian Swann）与她一起翻译。斯万是住在马萨诸塞州的一位诗人和评论家。相对于费尔德曼，斯万并不那么喜欢莱维的诗：“他的诗只是他的文章的装饰，或者原本就是他的文章。”[33]

莱维和费尔德曼之间的通信进行得非常融洽。总是一丝不苟的她把在翻译中遇到的大部分问题都写信告诉了他。而莱维则耐心地一一作答。在必要时，他会让费尔德曼注意到她在翻译中的一些重大错误，并委婉地纠正她的意大利语语法错误（“‘rovescia’不是动词，而是形容词”）。有时，他发现她所选择的英语单词不够响亮，或音节过少，以致影响了诗歌的韵律感。但费尔德曼并不喜欢接受批评，哪怕是普里莫·莱维的批评，并给他写了一封愤怒的信，反驳他对于斯万-费尔德曼的合作译文的批评：“我们是优秀的诗人……你怎么能不信任我们？”接到信后，莱维立刻从都灵发出一封回信：“我请您原谅我：我并不想惹任何人生气。”

1975 年 5 月 13 日，费尔德曼来到了都灵。让她惊讶的是，莱维并没有邀请她到他家做客。而且莱维并没有友善地称呼她为“露丝”也让她有些气恼。无论如何，他们在克罗塞塔的一家酒吧里度过了一个“极为愉快”[34] 的夜晚（正如莱维其后提醒费尔德曼的），他们讨论了诗歌和其他事情。事实上，这次拜访并不让莱维感到“高兴”。8 月 22 日，在费尔德曼回到罗马的三个月之后，他给住在波士顿的堂妹安娜·约纳写信：“她不是一个非常好相处的人。在那不久前，我冒险对她的翻译方法给出了一些小小的、非常亲切的建议，但她却气愤地给我回信。她是不是有点疯了？”幸运的是，他与费尔德曼之间的争端并没有进一步升级。而莱维为费尔德曼“热心地参与”他的诗作的翻译工作以及她对他所有作品的赞誉而表示感谢（鉴于他在给堂妹约纳的信中所做出的评价，这显得有些口是心非）。

一开始，费尔德曼想在美国的犹太杂志《时刻》（*Moment*）上连载她的译作，却遭到了退稿。而最知名的期刊《评论》（*Commentary*）也同样拒绝发表她的作品。在英国，位于伦敦的梅纳德出版社（Menard Press）的老板安东尼·鲁道夫（Anthony Rudolf）决定以双语版的形式出版费尔德曼的作品。1975 年，时年 33 岁的鲁道夫是一位精力充沛、充满热情的诗人和编辑。成长于汉普斯特德园（Hampstead Garden）郊区的他，有着广泛的文学品味，并深深地了解欧洲犹太文学。他勇敢地决定承担起所有的经济风险去出版一位实际上并不知名的作者的作品。莱维给予鲁道夫全力的支持，并宣称自己“极为高兴”由鲁道夫出版自己的诗作。

## 9

《元素周期表》在1975年的出版是普里莫·莱维人生中的决定性时刻。早在这本书还未登上书店柜台之前，就出现了大量关于此书的评论。最早的评论来自洛伦佐·蒙多，刊登在5月24日的《邮报》上，承认了莱维文学风格中表达方式的精炼和巧妙。这些评论在春夏两季引起了大众对于此书的广泛关注。《浓缩咖啡》（*Espresso*）的文学评论家保罗·米拉诺（Paolo Milano）探讨了莱维对于科学和文学的精妙结合。尤其是那些对莱维最新的两本科幻小说感到失望的评论家们对这本书更是赞誉有加。天主教徒们认为《元素周期表》是一本对物理世界充满敬畏的圣书，而左翼的新生派作家则称莱维顺应了意大利先锋派作家的传统。先锋派？虽然莱维没有时间进行自省性的夸耀，但《碳》（选择这一章并不完全是偶然的）绝对是以一种现代主义的手法探索了其自身的文学性。敏感于莱维那镶嵌画般的文学借鉴手法的评论家们，事实上已经注意到《碳》与伊塔洛·卡尔维诺的讽喻小说《树上的男爵》的结尾那惊人的相似之处。在《碳》中，碳原子（来自一杯牛奶）在一位作家的大脑中停止运动。而这时，这位作家正抬起笔，为他那名为《元素周期表》的作品画上最后一个句号。而在18年前，卡尔维诺的作品也有着类似的自省式的结尾——作者的笔正写下作品中最后一个字母“i”的那个点。当卡尔维诺读到《碳》的手稿时，他对妻子惊呼：“老天爷，但那是卡尔维诺式的手法！”[35]

5月30日，因这些赞扬而扬扬得意的莱维参加了都灵大学的同学聚会。他一直非常愿意参加这个每五年举行一次的聚会，并乐意置身于这些没有艺术主张和文学偏见的化学家中。今年的聚会在索韦兹大街（Viale Thovez）的“帕维亚餐馆”（Ristorante il Pavia）举行。莱维被推举坐在了首席，因为这也是，正像一名同学所说，一场“午餐周期表”。来参加聚会的还有盖比瑞拉·加尔达和克拉拉·莫斯基诺，莱维年轻时的女朋友。在午餐中，有人问莱维，他有没有计划为《元素周期表》写一部续篇。他说是的，但他还没有书名。大家在讨论之后，建议书名叫“双键”（“Double Bond”）。莱维非常喜欢这个书名，他说这让他想起了 J.D. 沃森的作品，讲述 DNA 发现的《双螺旋》（*The Double Helix*）。

到 70 年代中期，莱维成了意大利的文学传奇。越来越多的人将他称为“作家”（莱维梦寐以求的称谓），以及他的夸张漫画形象开始见诸报端这个事实，都预示着这是一个崭新的更自信的普里莫·莱维。仅仅在 1975 年一年，《元素周期表》就卖出了 32000 本。尽管这本书不是意大利当年最畅销的书籍，但读它成了见多识广、富有教养的意大利人的标志。莱维已经收获了广泛的文学赞誉，以及大量热情的读者。几乎每一天，他都会接到热心读者的来信或电话：他在意大利文坛的地位已经确立。

不过，关于小说人物原型扭曲的抗议却破坏了莱维出版新书的快乐。莱维现在深深知道，把现实生活中的人放进书里时，总会有一定的风险。并非所有的朋友在莱维的书里发现自己时，都会欣赏莱维对他们的变形。一些人发现他们在普里莫·莱维作品中的形象时甚至会生气或抗议。莱维相信这些抱怨是无法避免的，因为要在现实生活的基础上创作出虚构（或半虚构）的作品是一种高度主观化的行为。“我们每个人都是三个不同的人：我们真实的自我，我们心中以为的自我，以及其他人眼中的自我。”[36] 莱维在《铁》那一章中运用虚构手法改造了桑德罗·德尔玛斯特罗的形象，那并不会降低莱维对他的登山英雄的崇高敬意。但莱维对他的刻画却让德尔玛斯特罗的侄子们非常生气。而且，在一次“极为不快的”电话中，他们要求莱维道歉。莱维暗示桑德罗是一个“contadino”（即“农民”，在意大利语中这个字眼有“农奴”的含意），这对桑德罗的家族造成了巨大的伤害。尽管莱维苦恼而且非常惊讶于德尔玛斯特罗一家的反应，但他也有些生气，因为他发现这个家族认为他眼中极为重要的事情，都毫无意义。在意识到莱维显然不会修改《铁》中的任何一个字后，德尔玛斯特罗家请桑德罗的未婚妻埃斯特尔·瓦拉布雷加对他施加压力，以求改变他的想法。莱维坚持自己的观点：他拒绝修改《铁》，既是因为他对自己作为一名创作型作家的自信，也是因为，也许，他并不觉得自己伤害了德尔玛斯特罗家族。

抱怨还在继续着。另一位朋友，盖比瑞拉·加尔达，发现自己在《磷》那一章中化身卖弄风情的“朱丽亚·维内丝”。这是一个非常令人厌恶的文学形象。在出版前，莱维带着这一章的打印稿去拜访了盖比瑞拉，但从表情来看，她显然并不高兴。莱维从未发现达拉·沃尔特家族对于《铈》这一章的极度不满，而他们也没有当众表现出来。在这一章中，莱维写到，阿尔贝托的母亲把相当数额的钱给了一个意大利骗子，只为了换取骗子带来的关于他儿子的假消息——说他儿子还活着，健康地生活在东欧某地。“我无法原谅莱维对真相的扭曲，”阿尔贝托的兄弟保罗·达拉·沃尔特告诉我，“你们也许会把这称为诗意的不拘一格，但那是诗人的手法，而不是莱维这种纪实作家应该去做的事情。”[37]

但莱维并不是纪实作家，他将事实放大、筛选和改造，从而构成小说的虚构情节。在某种意义上，《元素周期表》是让莱维最接近于小说家的一部作品。而没有哪一章能比《矾》更令他近乎成为一名小说家了。莱维在这一章中讲述了自己如何追踪到了他在奥斯维辛的监工费迪南德·迈尔。他在SIVA收到了一封信。信中提到了一批有质量问题的树脂。而写信的人是“洛萨·穆勒博士”。在激动之余，他注意到这个穆勒将单词“环烷酸”（naphthenate）拼错了，正像他在I.G.法本公司的顶头上司（也叫穆勒）曾经犯过的错误。这两个“穆勒”会是同一个人吗？正如我们所知，这完全是虚构的情节。《矾》让海蒂·施密特-马斯大吃一惊的是，莱维对于迈尔性格的“恶意”扭曲。书中的迈尔，远不是一个正派的德国人（而莱维自己也曾承认迈尔是一个正派的人），而是一个狡猾、虚伪的前纳粹分子，并显然对自己的过错毫无羞耻之心。海蒂对于文学虚构的不理解让莱维非常伤心。他试图向她解释，他认为，从文学的角度上、去“缩小”迈尔的优点，把他转变为一个德国资产阶级的典型形象，一个被希特勒政府腐蚀的道德懦夫，这有助于塑造这个形象。马里奥·皮亚琴察情绪稳定，哪怕莱维在《元素周期表》里把他无情地扭曲为泥腿子“恩里科”（尽管莱维事后为把他描写成渔夫的儿子而向他道歉）。不过，当德国周刊《时代》（*Die Zeit*）全文刊发了

《矾》之后，迈尔家族却怒不可遏。人们可以轻易看出书中的穆勒所影射的就是迈尔，而他的遗孀感到愤怒、觉得遭到了背叛。她想以诽谤罪起诉莱维，但她的儿子托马斯说服她打消了这个念头。于是，莱维永远不知道自己差一点就被卷入了一场官司。莱维的作品已经渐渐向半虚构转化，而且，人们将他视为纪实作家，这与他自己想成为的创作型作家之间的冲突也更强烈了。在写作《这是不是个人》时，莱维感到自己背负着做证的道德责任。而在他后续的作品中，他则感到没有这样的责任。他的一些读者抱怨这种对纪实文学的背离。

## 10

在 1975 年的整个夏天，对于《元素周期表》的反对声一直让莱维烦恼，而其他读者则表达着他们的不满。一场毫无意义的家庭悲剧更令他那焦虑的心情蒙上了一层阴影。露西娅的双胞胎妹妹加布里埃拉·特雷韦斯因为一场登山意外失去了她的女儿桑德拉。7 月 19 日，她去比耶拉进行周末的登山远足，却在一条小径上滑倒了，跌下了一道崖隙。桑德拉四岁的女儿艾达是唯一的目击者，但她不愿意说起这件事。露西娅的妹妹悲痛欲绝。而莱维也陷入了深深的震惊状态。唯一能安慰他的是那已经以惊人的速度恢复了的孩子艾达。她斥责他和加布里埃拉哭得太多："我试着遗忘，你们为什么不能？"[38]

在接下来的四个月中，莱维深居简出，一心投入《双键》的写作之中。这本书进行得并不顺利，而莱维担心它不会激起普通读者的兴趣。之后，令他大失所望的是，他的诗作仅仅收获了一些不温不火的评价。在阿布鲁兹公爵街的"阿塞希亚"书店，在一场美酒－奶酪的盛会中登上柜台的《布莱梅啤酒馆》很少有人问津。"莱维非常伤心。"[39] 书店的老板安娜·玛丽亚·坎杜拉（Anna Maria Candura）回忆。几乎没有评论家，只有一个笔名叫作伯纳德·德尔梅（他是莱维的大学同窗奥雷斯特·卡尔迪尼）的人称赞这本书中偶尔闪现的对纳粹主义的猛烈抨击，显然这是针对那首赠阿道夫·艾希曼的诗。不过，德尔梅将莱维的诗作称为“小诗”（poemetti）[40]，这个“小”字指出了一个难以否认的事实，莱维的诗歌与他的其他作品相比过于渺小、纤薄。还有另一件事让莱维失望，战后欧洲文坛中最大胆的原创作品之一，《元素周期表》，居然没有赢得意大利任何一流的文学奖项，错过了重要的（但不知名的）波扎洛奖（Pozzale Prize），以及同样不知名的普拉托奖（Prato Prize）。

同时，在英国，《元素周期表》已经被不少于27家出版商拒之门外了。幸运的是，在1975年年末那寒冷的日子里，莱维期待出版的英语版《元素周期表》一书终于有了一丝转机。斯特拉·汉弗莱斯（Stella Humphries）毕业于牛津大学，“二战”期间是情报部的某个外语部门的主任。她那世界主义的性情在很大程度上归功于她的祖父——一位俄国移民和希伯来语学者。他曾经用一本詹姆斯国王时期的《圣经》来教她英语，从而让她的英语好到足以将弥尔顿（Milton）的《力士参孙》（*Samson Agonistes*）翻译成希伯来语。促使她去翻译《元素周期表》的是娜塔丽亚·金兹伯格那热情洋溢的书评。汉弗莱斯联系了莱维在伦敦的出版商博德利·黑德出版公司。她在那里找到了一位热情的支持者，吉多·瓦尔德曼。瓦尔德曼非常愿意请汉弗莱斯翻译《元素周期表》，但他的编辑同事们却没有兴趣，而且拒绝出版这本书。《元素周期表》不是一本自传，也不是化学课本。它是什么？这样古怪的商品永远也卖不出去。这种观点得到了赞同。瓦尔德曼只好让汉弗莱斯去企鹅图书碰碰运气，但企鹅图书的表现甚至更加冷淡。《元素周期表》超前于它的时代：只有到今天，科学才成为时尚和富有吸引力的出版目标。莱维将不得不再等待10年，才能为他的书找到一位英国出版商。

还有两位英国热心读者，米尔娜·里斯克（Mirna Risk，她是一位嫁给英国人的意大利人）和西尔维娅·亨特（Sylvia Hunter），也希望翻译《元素周期表》。有一段时间，这两位住在曼彻斯特的女士几乎每周都给莱维写信，把她们合作完成的译文阶段稿寄给他。莱维担心她们已经错误地翻译了《砷》。凯斯·巴恩斯正坐在汉莎航空的一架国际航班上，准备从都灵飞往法兰克福。就在他等待起飞时，广播中传来了通知声：“巴恩斯先生在飞机上吗？”之后，一名空姐送来了一个标有“作者致J.K.巴恩斯”的信封，里面放着《砷》一章译文的打印稿。莱维想让巴恩斯对译文的质量立刻做出判断。因为这样一件小事而导致一架国际航班延误，可见莱维妄自尊大的惊人程度。“普里莫过于痴迷了。”[41] 巴恩斯说。

## 11

在最近几个月里，尤其是在 1975 年的秋天，莱维与海蒂·施密特-马斯之间的通信因海蒂的病情而一度中断。这是他们长达八年的通信中，由于她的原因的首次中断。但现在，海蒂急匆匆地恢复了与莱维的通信。11 月 12 日，海蒂去拜访了阿尔伯特·斯佩尔（Albert Speer），那个悔过的前纳粹头子，就在他位于海德堡城堡之上的家中。她对这个浮士德式的人物并不存在任何幻想，而只是想把莱维的书推荐给他。之后，她兴奋地写信告诉莱维，她已经把一本《这是不是个人》留给了这位前纳粹分子：“我让他一定要读这本书！”我们可以想象莱维的困惑。斯佩尔，希特勒的战备部长，对奴工和犹太强制劳力的主要纳粹压榨者，就要读到普里莫·莱维的书了。“在我看来，这就像是一个奇怪的梦，我的书，出生在奥斯维辛的泥沼里，就要逆流而上——直达那个时代的诸神之一的手中！”[42] 同时，莱维也为海蒂与这个敌人的亲密会见感到不安。“向我解释：你为什么会去去见斯佩尔？好奇心？责任感？‘使命’？”这是在他们的通信中唯一一次莱维看起来对海蒂有些生气。斯佩尔这个自我撕裂和自我推销的混合体是对集中营死难者的贬低，而他希望世界各地的新闻媒体不要去理会他那颗腐烂的良心。

斯佩尔读了《这是不是个人》吗？在 1976 年的新年，他写信告诉海蒂，他已经“浏览”了书中的部分章节。两周后，1 月 16 日，他又补充说他并不想因阅读这份证词而“打扰”莱维。什么意思？这一段令人困惑的陈述，让海蒂感到的更多的是疲惫而非气愤，直到六个月后，她才给他回信：“我觉得你没有读《这是不是个人》真是极大的遗憾。如果你读了这本书，你就会清楚纳粹体系的疯狂和穷凶极恶。”斯佩尔一直没有回信。我们所知海是在 1981 年 5 月 5 日给他寄出了最后一封信，但这封信却如石沉大海。而后斯佩尔便去世了。至于莱维，他为自己不需要勉为其难地与这个希特勒的忠心耿耿的得力干将通信（因为海蒂肯定会让他这么做）而大大地松了一口气。“我在给这个暧昧的家伙写信时一定会遇到某种困难。”莱维告诉我。

## 12

1976 年的新年，莱维的母亲突然患上了重病：先是头晕目眩，接着是肝痛。在整个 1 月里，她都没有胃口。护士在翁贝托国王大街 75 号里轻轻地走来走去，而莱维则考虑着他母亲可能面对的死亡。在给海蒂·施密特-马斯的信中，以可怕的严肃，他写道：“我们担心最糟的情况。”到 2 月，埃丝特尔显示出好转的迹象，但莱维仍然忧心忡忡，担心 1976 年这个不吉祥的新年还会带来什么意外打击。尽管他已经处于半退休的状态，但距离完全退休似乎还遥遥无期。三年前的世界原油危机已经让 SIVA 濒临财政崩溃的绝境，而莱维觉得他不能抛弃阿卡蒂。那会“像老鼠从将要沉没的船上逃走”，他在给海蒂的信中用英语说。

但现在，古怪的是，莱维遇到了另一个普里莫·莱维。意大利南方的一名教士有了一个“可怕的想法”[43]（莱维语），要重新出版 19 世纪爱国者普里莫·莱维那辞藻华丽的游记《阿布鲁佐区，甜蜜而优雅》（*Abruzzo, Sweet and Gentle*）。尽管这位教士已经在扉页上细心地对两位莱维做出了区分，但他的一些教区居民却没有注意到，而他们在购买了奥斯维辛幸存者普里莫·莱维的最新作品《阿布鲁佐区，甜蜜而优雅》之后，才发现其作者早在 1916 年就去世了。生气之余，莱维会厉声驳斥朋友，他与这个在阿布鲁佐区的同名者甚至没有一点血缘关系。而在心情更佳的时候，他则会更加轻松地面对这个“当地的混淆”（莱维语）。

1976 年 9 月 9 日，毛主席逝世了。他的离世让莱维震惊不已。他冲到 SIVA 实验室，想告诉大家这个消息。“我的老天爷，雷纳托·波尔泰西，你听说了吗？”雷纳托·波尔泰西，那个年轻的共产党员，困惑地听到莱维把毛泽东描述成“20 世纪最伟大的人物”，因为他还以为莱维是一个政治温和派。在毛主席逝世的那一天，莱维从“达阿塞里奥侯爵”皇家预科学校家长委员会辞去了主席的职务。在担任了19个月的主席之后，他原本的改革热情已经在对修缮校舍和安装投影仪的讨论中渐渐冷却了。既然伦佐已经毕业上了大学，他的父亲仍然留在这个委员会中就不太合适了。伦佐已经成长为一名19岁的英俊少年，而且充满了对科学的热情。初夏时节，由于他想找一份假期工作，莱维说服阿卡蒂让他去SIVA做兼职。起初，伦佐干得顺风顺水，而莱维在信中自豪地向海蒂报告他儿子的进步：“他非常认真和勤奋，喜欢自己的工作，而且显然学得比大学里（他在大学研习物理）还要多。”但之后事情却出了岔子。

事后回想起来，那场争吵是对70年代后期意大利社会的一种典型恐惧的结果。这些年，人们目睹了意大利现代工业化社会中的一些最血腥的恐怖事件。像阿卡蒂这样的工厂老板面临着被“赤色旅”（以及其他宣扬阶级战争的颠覆分子）打断腿或绑架的风险。这些潜在的受害者们在出门的时候都会带上止血带，以免有人突然对他们的腿开枪。伦佐·莱维当然不是一个“赤旅分子”，但他与“工人力量”（Potere Operaio）、“左翼无产者”（the Sinistra Proletaria）以及“不断斗争”（Lotta Continua）等组织存在理论上的联系——大多数左倾的意大利学生都与这些组织有联系。在阿卡蒂眼中，无论如何，这足以将莱维的儿子定性为一名“赤色旅”游击队员。在几个星期之内，他有意挑起一些与伦佐的小摩擦，从而为解雇他做准备。在伦佐被开除之后，莱维与阿卡蒂之间的关系降到了冰点。

1976年冬天，当“赤色旅”对工业化的意大利北部展开恐怖袭击时，莱维却急匆匆地踏上了一次为期五天的瑞士之旅。那是由一个意大利-瑞士文化团体组织的演讲活动。很大程度上，莱维乐于成为人们注意的中心，他完全没有想到这种作者巡回之旅会有那么无聊和辛苦。在五天中，他不得不进行同样的演讲，关于他“作为一名作家的体会”的演讲，一晚接着一晚。他的第一场演讲，11月9日，在苏黎世。之后，他参加了意大利领事馆的一场鸡尾酒会。在酒会上，他见到了路易吉（“吉吉”）·文特雷。1947年，文特雷是安东尼切利出版社的营销总监，负责《这是不是个人》一书的出版事宜。但 1958 年他搬到瑞士之后，莱维与他失去了联系。文特雷带来了一本安东尼切利版的《这是不是个人》，而莱维半开玩笑地写下了以下赠言："赠吉吉，此书的接生婆。"

11 月 24 日，莱维抵达巴里时，他的情况并不是很好。虽然社交名媛安娜·卡尔蒂娜丽（Anna Cardinali）为他准备了盛大的自助宴会，但她记得，姗姗来迟的莱维看起来却"郁郁寡欢"，并且"萎靡不振"。他似乎无法放松和聊天。相反，他只能坐在角落里，两手"一直焦躁不安"地动来动去，情绪低落（甚至垂头丧气）。谈话是尴尬的，直到卡尔蒂娜丽提起了圣人般的洛伦佐·佩罗内。"啊，洛伦佐，"莱维看起来高兴了一点，"我以前常叫他安东尼。"这称呼来自常常救济饥民的圣安东尼。当晚会进行过半时，莱维渐渐活跃起来。当卡尔蒂娜丽问他对于作家的真实想法时，他带着嘲讽的表情回答道："我们是一批骗子！"[44]

11 月 25 日，莱维回到了都灵，重新面对不确定的未来。并非第一次，他觉得自己笔下空空，什么也写不出来。他感到自己作为一个作家的前途完蛋了。但真正让他担心的，是在作家生涯的这个"危险转折点"[45]上，名誉和过度曝光可能带来的害处。新闻杂志纷纷要求他供稿。这些稿件的质量无所谓，只要它们带有"普里莫·莱维"的署名。

## 注释

1　"普里默已经有点时髦了。"：凯斯·巴恩斯告诉作者，1992 年 5 月 1 日。
2　"我警告你，……"：普里莫·莱维写给查尔斯·孔勒尔的信，1974 年 1 月 6 日。
3　"那是彻头彻尾的胡说！"：普里莫·莱维发表于《第七天》，1963 年 10 月 19 日。
4　"普里莫的幽默……"：卡尔洛·斯戈隆写信告诉作者，1993 年 7 月 1 日。
5　"有些沉闷，……"：普里莫·莱维写给海蒂·施密特-马斯的信，1973 年 7 月 29 日。
6　"遍体恶疾，朽迈不堪，……"：普里莫·莱维写给姆拉登·马基耶多的信，1974 年 11 月 16 日。
7　"当我们说……"：普里莫·莱维在家长委员会上的讲话，1973 年 5 月 29 日。
8　"困难而痛苦创作"：普里莫·莱维写给埃兹拉·本格尔索姆的信，1973 年 4 月 8 日。
9　"理性、热爱学习、……"：普里莫·莱维写给海蒂·施密特-马斯的信，1974 年 7 月 29 日。
10　"1945 年以来……"：普里莫·莱维告诉赫尔曼·朗拜因，1974 年 2 月 10 日。
11　"普里莫是一个天生的忧虑者"：凯斯·巴恩告诉作者，1992 年 5 月 1 日。

12 “英国人是务实的人”:《莱维全集》第一卷，p.574。
13 “非常彬彬有礼的”：普里莫·莱维写给埃兹拉·本格尔索姆的信，1979 年 1 月 27 日。
14 “但我们不得不……”：普里莫·莱维告诉查尔斯·孔勒尔，1973 年 11 月 22 日。
15 “《这是不是个人》里……”：摘自《讲故事的职业》脚本，意大利电视台，1974 年。
16 “低效的工作准则”：普里莫·莱维写给海蒂·施密特–马斯的信，1974 年 7 月 29 日。
17 “在乍看上去……”：利维奥·诺尔兹，BBC 第三电台关于普里莫·莱维做的纪录片的脚本，1987 年 7 月 30 日。
18 “莱维翻译的道格拉斯……”：马尔科姆·斯基告诉作者，1993 年 8 月 2 日。
19 “死亡集中营的人类学家”：弗朗西斯科·雷莫蒂写信告诉作者，1994 年 2 月 28 日。
20 “最重要的是，……”：伊迪丝·布鲁克告诉作者，1992 年 8 月 5 日。
21 “……这个令人忧虑的命题”：普里莫·莱维告诉作者。
22 “一个寻找信仰的人”：朱塞佩·普拉托内写信告诉作者，1994 年 1 月 7 日。
23 “有一个圣父，……”:《记忆之声》，p.276。
24 “某种神经失调”：普里莫·莱维写给安娜·约纳的信，1975 年 3 月 29 日。
25 “烧焦的树枝古朴的风味”:《莱维全集》第二卷，p.547。
26 “虽然我们……”：比安卡·乔德蒂·塞拉告诉作者，1993 年 6 月 18 日。
27 “杰作”：普里莫·莱维的这段话是由德尔菲娜·普罗文扎利告诉作者的，1995 年 4 月 6 日。
28 “非常好……”：普里莫·莱维写信给海蒂·施密特–马斯，1967 年 11 月 2 日—8 日。
29 “公民责任”：同上，1975 年 4 月 27 日。
30 “在多年之后……”：普里莫·莱维告诉德尔菲娜·普罗文扎利，1975 年 7 月 19 日。
31 “在黑暗的阴影中”：露丝·费尔德曼写给普里莫·莱维的信，1987 年 3 月 12 日
32 “辛辣、朴实而富有音乐性”：露丝·费尔德曼告诉作者，1994 年 3 月 19 日。
33 “他的诗……”：布莱恩·斯万写信告诉作者，1994 年 6 月 1 日。
34 “极为愉快”：普里莫·莱维写给安东尼·鲁道夫的信，1974 年 9 月 13 日。
35 “老天爷，但……”：埃丝特·卡尔维诺告诉作者，1995 年 6 月 9 日。
36 “我们每个人……”：普里莫·莱维告诉作者。
37 “我无法原谅莱维……”：保罗·达拉·沃尔特告诉作者（录音），1998 年 4 月 1 日。
38 “我试着遗忘……”：普里莫·莱维写给海蒂·施密特–马斯的信，1975 年 12 月 2 日。
39 “莱维非常伤心。”：安娜·玛丽亚·坎杜拉告诉作者，1995 年 5 月 8 日。
40 “小诗”：伯纳德·德尔梅，《完美之人》（*Paragone*），1976 年 8 月。
41 “普里莫过于……”：凯斯·巴恩斯告诉作者，1992 年 5 月 1 日。
42 “在我看来，……”：普里莫·莱维写给海蒂·施密特–马斯的信，1975 年 12 月 2 日。
43 “可怕的想法”：普里莫·莱维写给詹弗兰科·莫斯卡蒂的信，1984 年 5 月 22 日。
44 “我们是一批骗子！”：普里莫·莱维的这句话是由安娜·卡尔蒂娜丽写信告诉作者的，1996 年 5 月 6 日。
45 “危险转折点”：普里莫·莱维写给海蒂·施密特–马斯的信，1976 年 12 月 28 日。

# 二十一

# 劳工世界的映像

（1977—1979）

## 1

莱维在都灵意大利广播电视公司的摄像机前度过了圣诞节和1977年的新年。他的三部科幻小说被搬上了屏幕。但即使作者本人作为顾问在现场进行指导，拍摄工作还是近乎灾难。剧作家达里奥·弗（Dario Fo）的朋友，演员朱斯蒂诺·杜拉诺（Giustino Durano），不愿意背诵他的台词。RAI导演马西莫·斯卡廖内讲述了事情的经过："杜拉诺从未见过莱维，我认为他甚至不知道莱维长什么样。在与他的台词较劲了一会儿之后，他绝望地扬起胳膊：'我永远也记不住这些废话！哪个疯子写了这些东西？'正好在这个时候，普里莫从阴影里走了出来，介绍他自己。'恭喜你，我自己也一直记不住这些东西。'"[1]

同时，莱维在各个方面都非常顺利。他在都灵的生活进入了疯狂的节奏——回复邮件、会见朋友、出席新书发布会。4月，莱维读到了他朋友富尔维奥·托迈札的新小说《更好的人生——启示录》。托迈札将意大利-斯洛文尼亚方言糅合到写作之中。在11岁时，莱维央求父亲为他买了一本皮埃蒙特方言的语源辞典。他一直为方言着迷。托迈札的小说在意大利卖出了超过40万本。这部小说的大获成功鼓励莱维放弃了他那近况不佳的有机化学续篇《双键》，毅然着手另一个构思已久的写作计划。五年前，在陶里亚蒂，他已经有了想法去撰写一部半虚构作品，去描写自以为是的建筑工人蒂诺·福索内（Tino Faussone）的故事。而他将把皮埃蒙特方言糅合进这部作品中。

为了给这本书搜集素材，莱维走遍了圣保罗村（Borgo San Paolo）以及都灵郊区的其他村子的修车厂和修理铺，寻找操着一口掺杂着专业术语的半工业化行话的修理师傅。像这样的行话包括"把它敲平"（daje'n taï）；还有"调调你的阀门"（date'n-a regulà a le valvule）。它们反映了这些皮埃蒙特工匠对于尽善尽美和一丝不苟的追求：而福索内正说着他们的语言。

蒂诺·福索内在莱维的短篇小说《蓄谋》（“With Malice Aforethought”）中初次登场。这篇小说刊登在 1977 年 3 月 13 日，星期天的《邮报》上。福索内是在苏联伏尔加河下游某个工厂工作的两名皮埃蒙特人中的一个。他把一碟烤牛肉塞进一个工人的饭盒里。另一位皮埃蒙特人，无名的叙述者，是一位都灵化学家、集中营的幸存者，在福索内那冗长乏味的装配和建造的故事中一直保持沉默。这篇故事发表的那个周末，“赤色旅”的新法西斯分子们发动了一轮格外血腥的恐怖袭击。只用寥寥几笔，莱维就巧妙地塑造出了他小说中的新主人公的形象——30 多岁，高挑而瘦削、过早地秃顶，暴躁易怒，有着单身汉飘忽的眼神（他受洗时起的名字意为“浪荡子”）。他说一口地道而有趣的皮埃蒙特方言，作为一名石油钻井和高压电塔的搭建工人游历了世界各地。虽然没有受过良好的教育，但他精明、机警，同时也喜欢唠叨，既可爱，又同样惹人厌烦。

## 2

在 1977 年，莱维感到，他最重要的工作就是完成一系列福索内的故事，并将它们整理成一本书。这本书将叫作“星形钥匙”（“La chiave a stella”）——一把多角形的套筒扳手和螺丝扳手（福索内屁股后面总是挂着的两种工具）组成的图案。在英国，这本书将叫作“扳手”。莱维为这本书投入了一年半的时间，直到 1978 年秋季。他从未发现写作如此容易。他直接用他的电子打字机写作，在底稿上再进行一些小修改。《扳手》的本质，蕴藏在福索内这个蓝领建筑工人故事背后的，是莱维对于平凡工作那优雅（而且常常巧妙）的辩护。莱维决心写一本升华生活的书，去歌颂福索内的建筑业，并引导它进入文学的领域，正如《元素周期表》对化学所做的事情一样。这本书在很大程度上源自莱维童年时对于劳动伦理观的理解。为优秀地完成工作而自豪——是身为都灵人的固有特征。

在许多方面，《扳手》是莱维撰写的最个人化的作品，展现了他内心最深处的文化信仰。蒂诺·福索内的流浪汉经验，事实上源自法西斯时代，莱维的小学生活。在法西斯时代，处处都在歌颂埋头苦干的美德。而墨索里尼从未停止去赞扬那些靠他们的双手生活的泥瓦匠和掘土工们。普里莫的第一本认字课本《我的珍珠》，就警告道："那些懒惰的人是对社会有害的"，而且精神不正常，游手好闲甚至会导致死亡。那个男孩的另一本课本，《劳动者之书》则教导说："懒惰带来不幸！"从小时候起，莱维就对那些为自己的工作自豪的人抱以最崇高的敬意。怪不得，在皮埃蒙特语中，最恶毒、最不可原谅的骂人话是"窝囊废"（strassoun）。

尽管埃诺迪出版公司按"小说"对《扳手》一书进行营销，但福索内的大多数故事都是来源于朋友和同事们给莱维讲述的真实生活故事。比如《桥》，福索内在印度建造浮桥的故事，是尼科莱塔·内里对70年代中期在加尔各答发生的事件的充满吉卜林格调的生活记叙。她在印度目睹了一些贫困的家庭住在胡格利河（Hooghly）边的水泥管子里。莱维一直坚持进行调查研究，在《扳手》的整个创作过程中，他都极度依赖于他的工程师朋友利维奥·诺尔兹的帮助。诺尔兹协助他完成了书中关于吊塔和架空缆索的那些高深晦涩的细节，并借给莱维关于建筑的书籍和文章。莱维有充分的理由为自己的技巧感到骄傲——能将诺尔兹提供的技术信息天衣无缝地融入到福索内的故事中。技巧稍差的作家很难只用"沉箱"和"浮箱"支撑起一篇虚构的故事。

莱维向乔治奥·拉特斯请教其他技术细节，力求使自己的作品尽量准确地贴近事实。"大乔治"·拉特斯，仍然是都灵郊区一家镀铬厂的经理。莱维常常去他位于塞拉诺街（Via Serrano）的办公室做客。他在那里品尝威士忌，开怀大笑，一边倾听拉特斯讲述各种趣事，一边考虑着把这些趣事纳入自己作品的可能性。拉特斯的副手路易吉·托西尼（Luigi Tosini）还记得莱维在车间里为最下层的工人进行了一次演讲。在各个方面，《扳手》都将坚守莱维的文学信条：人是人类研究的适宜对象。

## 3

在写作《扳手》期间，莱维一直坚持为《邮报》供稿。在接下来的四年中，他为这家都灵报纸撰写了超过60篇文章，成了这家报纸的星级撰稿人。他证明自己是高级通俗化的大师，并且带着宜人的亲切感，将科学引入普通读者的世界。他的文章流露出一位博学大师的热情，以及深深打动人的谦逊。《邮报》给予他完全的自由去撰写自己所热爱的题材。而莱维用他那敏锐的大脑去剖析了超心理学的奇迹、阿道斯·赫胥黎对猫的偏爱以及中东欧犹太人的宗教仪式。

《邮报》的文化编辑阿尔贝托·塞尼加利亚（Alberto Sinigaglia）是莱维的外祖母阿黛尔·塞尼加利亚的远房亲戚。他是一个矮小精干的人，有着闪光而低调的幽默感，博学多才，很快赢得了莱维的好感。在塞尼加利亚看来，莱维"极为烦恼"，因为自己作为奥斯维辛见证者的光芒，让读者忽略了他的作家身份。不过，在塞尼加利亚那温柔的引导下，莱维愿意为周末版的《邮报》撰写一些短篇小说。他创作了一系列"星期天"短篇，其中许多都带有自传的色彩。当莱维发表《在正确的时间》（"At the Right Time"）时，科拉多舅舅已经患上了重病。在这篇小说中，莱维描写了一位布店伙计朱塞佩，以死亡天使的身份登门拜访。文中的布店伙计朱塞佩正是科拉多·卢扎蒂的一种映射。在《自控》（"Self-Control"）这篇小说里，一位身患忧郁症的司机因对肝病和失忆的恐惧而发狂。当《邮报》在1978年发表这篇小说时，莱维的母亲的肝病刚刚痊愈。而艾达·黛拉·托雷已经被确诊患上了阿尔茨海默症。随着一个个生活片断的积累，莱维内心最深处的恐惧被展现在报纸版面那更趋于中性的空间上。

莱维也撰写书评。《邮报》的文学编辑洛伦佐·蒙多是一个大块头，喜欢抽烟斗，信仰天主教，性格外向而热情，与坚守无神论而性格内敛的莱维形成了鲜明的对照。尽管如此，他们之间还是很快就建立起了相互尊重和信赖的关系。很快，莱维开始为各种题材的书籍撰写评论，从花边新闻到哲学，再到环境。只要他去《邮报》的时候，他就会去看望加布里埃拉·波利。她的办公室就在蒙多的隔壁。莱维在1954年就认识了波利。那时她负责布痕瓦尔德集中营的官方参观活动。她喜欢为他提供鳀鱼干和柠檬茶，一种他所钟爱的都灵礼节。波利属于一个记者的小圈子，而莱维会定期向他们告知自己尚未出版的作品的写作进度。

但是，尽管已经在报纸上发表了大量风格各异的文章，莱维仍然无法摆脱自己作为纳粹集中营的评论者的公众形象。1977年，愤怒的莱维发表了一篇措辞刻薄的文章，抨击了那些他认为美化纳粹暴行的电影。诸如《午夜守门人》(*The Night Porter*)或《凯蒂夫人》(*Salon Kitty*)等俗丽的热门电影中出现的皮鞭和镣铐等行头，无非是为了表现纳粹党卫军与他们的囚犯之间的性关系。更糟的是，它们将纳粹集中营里的生活简化为压迫者与被压迫者之间非黑即白的刻板对立。这些电影是70年代的纳粹时髦风，甚至可以作《藏春阁》杂志的素材了。

## 4

1977年9月1日，莱维终于切断了与SIVA的最后联系。单调的工厂生活结束了。“在近40年的高强度劳动之后，我拔锚起航，对所有人说再见，尤其是对阿卡蒂先生。这些年来，他变得越来越富有，也越来越忙碌和不开心。”[2]那是一个忙碌的秋季。9月8日，莱维呼吁天主教民主党的国防部长维托·拉坦齐奥(Vito Lattanzio)辞职。拉坦齐奥让党卫军陆军中校赫伯特·卡普勒(Herbert Kappler)从罗马的一家军队医院中逃脱了，并逃往德国。意大利无法把他从德国引渡回意大利。这个纳粹分子在罗马犹太人隔离区进行了大清洗，并在罗马郊区屠杀了335名男人和孩子以报复游击队的行动。根据以上罪行，意大利法庭在1948年判处他终身监禁。从法律意义上来说，卡普勒仍然是意大利的囚犯，因此拉坦齐奥部长应该为他从癌症病房逃走负责。卡普勒的逃跑激起了巨大的反响。莱维与都灵著名的反法西斯教士鲁杰罗·齐波拉(Ruggero Cipolla)神父一起前往都灵电台，讨论原谅一个战犯的问题。他和神父都同意，只有当那些罪犯表现出悔改之意时，才有可能去原谅他们。在这个事件中，拉坦齐奥的确辞职了(尽管并非是因为莱维)，但政府立刻为他提供了两个新的重要内阁职位。“这就是天主教民主党的行径。”莱维对他的德国朋友海蒂尖刻地评论道。原纳粹分子，卡普勒于1978年年末，在他位于联邦德国的故乡平静地死去，终年70岁。

10月22日，在卡普勒事件的余波之中，莱维在奥斯塔与他的作家朋友马里奥·里戈尼·斯特恩以及努托·雷韦利重聚了。他们将向学生们讲述他们在战争时期被投入集中营、努力生存和抵抗的痛苦经历。之后，这三个人享用了一顿美餐，包括玉米粥、猪肉以及当地的烈性白酒。岁月经年，这三个人之间的友谊（莱维称之为“三叶草”）愈加笃厚。在都灵的新书发布会和幸存者集会上，他们三人常常会面。而且他们相约一起去参观阿夏戈的第一次世界大战的旧战场遗迹，但他们一直没有找到适当的机会。（“倒霉的洗衣妇总是找不到合适的石头”[3]——莱维用这句皮埃蒙特格言生动地形容那些擦肩而过的机会。）一个关键的差异让雷韦利渐渐疏远了莱维和里戈尼·斯特恩。抵抗运动是雷韦利的胜利和解放，而对于莱维和里戈尼·斯特恩而言，这场战争却是一场灾难。不过，与莱维或里戈尼·斯特恩比起来，雷韦利却对战争有着更深刻的愤慨。作为一个执拗而富于战斗精神的人，他确定了自己的人生使命——去记录那些饱受战火之苦、在苏军撤退中得以幸存的皮埃蒙特农民那不为人知的证词。晚饭后，里戈尼·斯特恩回到旅馆，他在那里拥抱了莱维。“我们就像在度假的兄弟一样。”他说。

## 5

那年秋天，莱维继续撰写《扳手》，并在 11 月将完成的五章稿件寄给了他过去在埃诺迪出版公司的老编辑达妮埃莱·蓬基罗里。这位老编辑已经退休，回到了自己的故乡帕多瓦。蓬基罗里写道：“告诉我，你是怎么写成的。”《扳手》是莱维最开朗的作品，而蓬基罗里喜欢它。在他退休初期的快乐时光里完成的《扳手》，进一步证明了作者的喜剧天赋（这一天赋最先是在《休战》中有所体现）。莱维相信，福索内是他创作的最好的形象之一，而《扳手》中也蕴藏着对于皮埃蒙特地区深深的热爱。事实上，莱维对于福索内的刻画是对一部皮埃蒙特古典作品的致敬。马希莫·德阿泽利奥（Massimo D’Azeglio）侯爵的自传《我的回忆》，描写了皮埃蒙特陆军上尉鲁别拉（Rubiera）以及许多其他古怪的、有趣的形象。莱维在很大程度上正是从鲁别拉上尉的形象中，创造出了坏脾气的福索内，以及他那离奇的环球旅行的故事。不过，莱维创作福索内的灵感主要来自 SIVA 的电气技工菲利斯·马尔加罗利（Felice Malgaroli）。他是一个孤独的、自学成才的人，像福索内一样，他曾在44个国家工作过，包括伊朗和委内瑞拉。他有着一个属于整个地球的灵魂：他最熟悉漂泊与无家可归的感觉。

福索内那虚构的父亲是莱维所认识的各种各样的人的组合，但他的主要来源是都灵的铜匠希埃格内（Ciagne）先生。他在30年中，一直为SIVA制作锅炉和酒精蒸馏器。福索内的父亲是一位来自皮埃蒙特的卡纳维赛地区的铜匠。而且就像希埃格内曾经对他儿子做的一样，福索内从他父亲蒂诺那继承了职业自豪感和尊严。福索内并不是犹太人，但莱维肯定想到了父亲必须教儿子一门手艺的犹太训诫。希埃格内死于1960年，但为了防止其家庭对于书中虚构情节的反感，莱维将《打铜》一章的打字稿送给了希埃格内的儿子南尼（Nanni）。莱维小心翼翼——这并非每个人都能得到的恩惠：

> 我希望您能原谅我对您父亲的许多文学改造：您对我讲述的他的生平，成了此书必不可少的素材和起点。我相信，我的文字中并无冒犯您之处。如您不在意（但如果您在意，请告诉我），我将在致谢一节中提到您的名字。[4]

尽管南尼·希埃格内更正了一两处专业名词，但他对他所读到的章节并没有异议。南尼允许莱维借助他的想象去升华父亲。

## 6

1978年1月底，莱维开始感到不适。他的背部剧痛，接着出现了带有水疱的红疹。是因为他经手了一些SIVA的剧毒化学物质而引起了皮肤病吗？不过，纳多·德·贝内代蒂将其诊断为带状疱疹，而且提醒莱维，在他感到巨大压力时，这些疹子就会复发。在两周内，莱维接受了新的治疗。他总是期望在接下来的一周就能恢复写作。他仍然努力振奋精神，去参加了录制广播剧版《休战》的排练，尽管“罗马的大人物们”[5]（莱维这样称呼RAI的制片商们）已经不满于他对剧本的修改，并要求他重写。这些额外的工作占用了莱维大量的精力和时间。而且他与剧组导演埃德莫·费诺利奥，一位媚俗的前数学家，相处得并不融洽。

这些疹子极大地影响了莱维的生活和工作。两周后，它们再一次严重地复发了，而莱维尝试了维生素、乡村散步、休息，却都不奏效。之后他有了一个主意。一年前，纳多·德·贝内代蒂在使用中国针灸疗法治疗类风湿性关节炎时取得了巨大的成功。（他的手肿得很厉害，以致他甚至摘不下他的结婚戒指。）于是，在接下来的三周里，每到周一，莱维都会去一个中医诊所看病。这更多是出于"好奇"，他告诉海蒂，而不是真正相信。陈大夫认为莱维气血健旺，但肝肾失调，于是对他的脚和膝盖施行了针灸。这样治疗了几个星期后，莱维的健康状态并没有改善，而且在接下来的八个月中，他还得继续忍受神经痛的折磨。

**7**

1978 年 2 月 10 日，莱维收到了一纸传票，通知他接受司法调查——起因是他在 SIVA 管理的工人遭到了意外"人身伤害"。这张传票是意大利司法质询程序的一个环节，并不意味着接受质询的人有罪，只是说明法庭有足够的理由进行质询。但莱维可能会陷入极为棘手的困境：如果这个案件见诸报端，那么对莱维母亲的打击将是巨大的。作为《这是不是个人》（一本倡导人性尊严的书）的作者，莱维会因为不人道管理的指控而身败名裂。他像所有人一样深知这个官司将是令人不快的经历，而各种各样的丑闻都有可能出现。

莱维现在受到了两桩"人身伤害"案的起诉。一桩可以追溯到 1977 年 1 月 14 日，当时工人朱塞佩·科尔杜阿（Giuseppe Cordua）因石碳酸中毒而被紧急送进医院。他活了下来（18 年后，他在故乡卡拉布里亚区的圣塞韦里纳死于中毒并发症）。第二桩案子则更为含糊，牵扯到莱维在任时期，SIVA 的员工（或前员工）的一系列工伤或职业病。在 1977 年 3 月，因联苯酚的一次泄漏，洛伦佐·巴尼亚斯科（Lorenzo Bagnasco）几乎丧失了视力。对于莱维而言，幸运的是那一天他并不在工厂。

莱维原本会提前收到司法调查的警告。在他接到司法传票的三周前，1月23日，都灵的首席地方法官拉法埃莱·瓜里涅洛（Raffaele Guariniello）在政府劳动调查员和警官的陪同下来到了SIVA。他们在厂里拍照，并随机采访工人。根据他们的调查，瓜里涅洛发现他别无选择，只能启动司法程序。瓜里涅洛是一位极为严谨和公正的调查者。除了SIVA，还有许多都灵工厂归属于他那鹰隼般敏锐的监督之下。他是意大利突击法官之一。这个名称源自于他们常常对那些涉嫌犯罪的毒工厂进行突击检查。对于意大利的左派来说，瓜里涅洛是一个那不勒斯裁缝的儿子，一个改革斗士。而在右派眼中，他则是一个好管闲事的社会改良家。

与莱维一起受到“人身伤害”指控的还有SIVA的其他三位管理人员：阿卡蒂的女婿迈克尔·廷克、公司的销售经理毛里利奥·坦比尼还有里科·阿卡蒂本人。这三个人（不包括莱维）还被指控“违反劳动安全条例”。莱维尽其所能远离这三个人，这让阿卡蒂火冒三丈。莱维似乎试图拯救他自己。因其反动的粗暴策略而闻名的律师乔瓦尼·拉格尔德（Giovanni Lageard）将为阿卡蒂、廷克和坦比尼辩护，而比安卡·乔德蒂·塞拉将作为莱维的辩护律师。（这将是比安卡第一次为工厂企业家辩护。）莱维给她的第一份备忘录，日期是1978年2月23日，陈述了他已经尽最大努力规定工人们要使用防尘面具、防毒面具，以及其他保护性装备。随着调查的展开，78名工人分别接受了医学专家的检查，结果发现其中很多人患上了高血压、脑血栓、心脏病、牙周炎（铅中毒的症状）、哮喘、胃以及其他消化器官溃疡、慢性支气管炎。同时，也发现了由二氨基二苯基甲烷（这种化学制品于1964年在英国的埃平森林地区引发了一次黄疸疫情）引起的肝部损伤。无论按什么标准来看，这些诊断结果都是极为可怕的。而莱维原本打算将这些事情远远地抛在他的身后。

莱维最担心的是成为“第二个IPCA”。IPCA是都灵郊区的一家人造染料工厂，那里的许多工人都死于因接触萘胺而导致的膀胱癌。这座“癌症工厂”的高层管理人员都因为过失杀人而被投入了监狱。但这层恐惧之下，还有着更深层、更可怕的恐惧。在奥斯维辛，莱维常常要接触萘胺。它被用于合成橡胶的生产。“我不是说普里莫相信他患上了癌症，”都灵的心理医生贝内代托·泰拉奇尼（Benedetto Terracini，他也是莱维的一位朋友）说，“他只是极为担心患上癌症的可能性。”[6]虽然司法调查延期了，但莱维的满心苦涩，是泰拉奇尼这样的朋友无论给予了多少的支持或安慰都无法消除的。

莱维给比安卡·乔德蒂·塞拉的第二份备忘录，日期为1980年2月3日。这时，这场司法调查已经拖延了3年。这份备忘录的作者是帕维亚大学的工业医学专家弗兰西斯科·坎德拉教授。他对SIVA的600种化学制品进行了毒性检查。他认为这位教授的毒性报告“非常详细，但难以起到决定性作用”。因此，这份报告并没有说服莱维承认他的罪行。等到时间又过了3年，1983年6月16日，都灵法庭宣布最终判决的时候，莱维已经不太担心审判结果了。由于没有发现故意造成“人身伤害”的证据，因此，莱维、廷克、坦比尼和阿卡蒂并不需要受审。至于第二项指控，“违反劳动安全条例”（莱维没有这项指控），坦比尼、阿卡蒂和廷克被赦免无罪。意大利经常颁布这样的赦免令。在那个时代，这些赦免令让许多法西斯战犯重获自由。

迈克尔·廷克为这个结果而吃惊：“假如要受审的话，我认为我们四个人无疑都已经经历了一次缓刑。”[7]一开始，那个调查法官，拉法埃莱·瓜里涅洛并不知道普里莫·莱维与SIVA的联系。“我必须承认，发现这件事让我大吃一惊。这有一个人曾经历过奥斯维辛那难以想象的恶劣劳动环境。也许正因为他经历过，所以他忽视了工厂里恶劣的劳动条件（虽然恶劣程度要轻得多），像工人缺乏安全保护、化学污染等。以一种奇怪的方式，奥斯维辛让莱维忽视了在他的工厂里人类处境的重要性。我怕我的表达像一个危险的外行。”[8]莱维缺乏管理的意愿，不愿意真正去推行劳动安全改革：他的员工，其中的大多数，都是在忽视潜在危险的环境中工作的。莱维在1948年加入的那个小小的家族作坊早已经改头换面。而且，到了事故频发以致引起司法调查的时候，莱维在很大程度上已经丧失了对这个企业的热爱。

作为这场司法调查的尾声，在1979年，年轻的意大利化学家卢恰诺·卡廖蒂（Luciano Caglioti）请莱维为他的新书写序——《化学的两张脸》（*The Two Faces of Chemistry*）是一本探讨化学对环境影响的书。卡廖蒂写道，或迟或早，人类将被迫面对他们自己的破坏倾向。他并非不知道化学在医药和其他领域带来的成就。而他的论点的公正性给莱维留下了深刻的印象。像大多数意大利人一样，莱维忽视了生态学。但是，经历了地方法官瓜里涅洛的司法调查之后，他变得对工厂健康危机更加警觉了，并同意为卡廖蒂的书写序。

## 8

当莱维在 SIVA 的戏剧性事件接近尾声之时，一场可怕的国家大戏却才刚刚拉开帷幕。1978 年 3 月 16 日，意大利天主教民主党领袖阿尔多·莫罗（Aldo Moro）被“赤色旅”绑架，他的五名保镖都被机枪扫射而死。在整整 45 天里，莫罗被蒙上了眼睛，关进了所谓的“人民监狱”里。在这段时间里，意大利充满了不安的情绪。而莱维像所有的意大利人一样深深地震惊了。疱疹导致他的身体极度不适。而瓜里涅洛的司法调查带来的恐慌情绪更让他雪上加霜。几乎每天晚上，他都在恐惧中被惊醒。凝视黑暗则更加剧了他的恐惧。莫罗事件进一步加重了莱维那严重的焦虑。而这时传来了另一个令他不安的消息——在联邦德国的党卫军老兵公开聚会、游行，并高唱纳粹军歌。这些老兵大多数是无害的，但有年轻一代在支持的迹象。而他们的活动让莱维非常忧虑。于是，他给《邮报》写了一篇文章。仇恨没有在地堡里随着希特勒一起死去。

在莫罗失踪两周后，意大利人纷纷去看史蒂芬·斯皮尔伯格（Steven Spielberg）那避世主义的幻想题材电影《第三类接触》。都灵的小说家、退伍军人马里奥·索尔达蒂（Mario Soldati）在《邮报》上盛赞这部电影的出色。莱维，在一封致索尔达蒂的公开信（《与鬼把戏的亲密接触》）中批驳了这位小说家对电影的称赞，并借此机会回忆了他们在 15 年前，在威尼斯的见面。当《休战》为莱维赢得了坎皮耶罗文学奖时，他们在颁奖典礼上相识了。索尔达蒂，作为一个公开的双性恋，对莱维而言具有巨大的吸引力。他接受过耶稣会教士的教育，身穿一件千鸟格纹的粗花呢上衣，最著名的是他如食客般对美食的喜爱，以及他与格雷厄姆·格林（Graham Greene）之间的友谊。在 1963 年的威尼斯，“莱维”这位作家还只是个鲜为人知的传说，但他的文学作品即将得到大众的认可。现在，莱维成了一个名人，而声望的陷阱不仅是一种约束，在一位地方法官正对他展开司法调查之时，这声望也成了一种威胁。他多想能和索尔达蒂一起回到威尼斯，那时的人生是那么简单和率真[9]。

5 月 9 日，差不多在阿尔多 · 莫罗失踪两个月后，人们在罗马一辆汽车的后备箱里发现了他那被子弹打成筛子的尸体。“赤色旅”成员杀害了他。这么多年过去了，人们很难再理解“赤色旅”行为的重要性：爱尔兰共和军对玛格丽特 · 撒切尔的绑架和谋杀也许能和这桩罪行相提并论。这一事件让莱维陷入痛苦，他深刻地反思了现代意大利的制度，以及意大利警察可耻的无能。这些警察甚至找不到莫罗的囚室（时至今日仍然未能找到）。他在《邮报》上谴责恐怖分子，“我们都知道‘赤色旅’是谁”，之后他给海蒂 · 施密特-马斯写信：

> 在我们许多人看来，莫罗事件就像是一种疾病，叠加在感染了这个国家和世界的无数种疾病之上。这一事件本身，这场谋杀，仍然无法解释……“赤色旅”究竟是聪明还是愚蠢？之所以说他们聪明，是因为他们极其无情而精准地计划（超过一年，显然）并执行了他们的犯罪；之所以说他们愚蠢，是因为这场罪行本身并不会给他们带来任何好处，只会推进天主教民主党的复兴，让这个靠不住的、性格古怪的阿尔多 · 莫罗变成一个英雄。

当著名的反法西斯人士亚历山德罗 · 佩尔蒂尼当选为共和国的总统时，莱维大大地松了一口气。“这还是头一次在国会里有了一位清白的人。”[10] 他说。但佩尔蒂尼当选总统为他带来的喜悦却被来自都灵的一个坏消息冲淡了。7 月 4 日，星期二，他的老语文老师阿齐莉娅 · 阿里希去世了，享年 83 岁。莱维在《邮报》上为她写了讣告，并出席了她的葬礼。

8 月 1 日到 18 日，在彼得拉-利古雷的度假公寓里，莱维奋笔写作，希望能完成《扳手》。他的女儿在莫斯科，儿子去了希腊，妻子和母亲在附近的温泉度假胜地卢里希亚（Lurisia）休息。因此，在无人打扰的情况下，莱维很快完成了他的书。他把手稿寄给在埃诺迪出版公司的伊塔洛·卡尔维诺。伊塔洛很喜欢这本书，把它转给尼诺·科隆博（Nino Colombo）进行清校。在 20 年的时间里，科隆博一直为莱维校对清样，但是，在他与莱维漫长的出版关系中，很少能够找出大量的错误。"莱维是我见过的最一丝不苟的作家——他的文稿非常干净。"[11] 私下里，莱维抱怨过编辑们总是多多少少不愿意修改他的手稿：他渴望他们的评论和批评，正像所有作家一样。他的朋友圈（波利及其他人）已经帮助他完成了这份本该由科隆博完成的工作。

等到科隆博接手《扳手》的清校工作时，传来了艾萨克·巴甚维斯·辛格（Isaac Bashevis Singer）获得诺贝尔文学奖的消息。莱维在 10 月 6 日的《邮报》上发表文章，慷慨地赞扬了这位犹太小说家。他写道：辛格"理所当然"是我们时代最受欢迎的波兰裔美国意第绪语小说家，在他对东欧犹太村落生活的描写中闪烁着"夏加尔的灵魂以及罕见的诚恳态度"。然而，这见诸报端的赞扬，出自莱维的笔，却并非出自他的心。在私下，他对辛格有着截然相反的看法。埃诺迪出版公司的编辑卢卡·巴拉奈利（Luca Baranelli）被莱维对辛格那猛烈的厌恶之情惊得目瞪口呆。"我一点也不喜欢辛格"，他对巴拉奈利强调：辛格缺少成为第一流作家的"骨气"[12]。也许莱维是嫉妒辛格在意大利的颇受欢迎，但他又想在《邮报》读者面前展示自己的雅量。这并非是第一次莱维的公众形象背离了他真实的个人观点。这种不诚实是名誉带来的后果。

## 9

经过陈大夫八个月的针灸治疗之后，莱维的疱疹渐渐痊愈了，但奇怪的是，他的皮肤开始变得对天气敏感起来（莱维说他能"预感到风暴的到来"[13]）。10 月份，他和露西娅在坎帕尼亚（Campania）住了一周。那片南方的火山之地上栽种着一株株鲜红的番茄，点缀着古旧的罗马竞技场。这是莱维第二次来到意大利南部。第一次，是在 1970 年，他们去了加尔加诺那布满嶙峋的石灰岩的海角。在坎帕尼亚，他们参观了索菲亚·罗兰的故乡，波佐利城（Pozzuoli）——那座已经熄灭的火山仍然散发着硫磺的强烈臭味。在附近的庞贝古城，那些被火山灰石化的死难者吸引了莱维。一位把头埋在母亲胸膛的小女孩激发莱维写下了诗作《庞贝的女童》。在这首诗里，他深刻地把这个被火山灰埋葬的女童与在广岛遇难的女学生联系起来——原子弹爆炸的强光把她的身影永远定格在墙壁上。

当莱维在报纸上读到奥地利哲学家让·埃默里自杀的消息时，他已经离开了庞贝古城。10月17日，在萨尔茨堡（Salzburg）的一家旅馆中，埃默里用安眠药结束了自己的生命。据说，新纳粹分子在德国的复兴，以及对自己可能患上失忆症的恐惧，都让埃默里情绪低落。尽管埃默里在德国文学界颇有名望，但在意大利，很少有人知道他。莱维在庞贝读到的这篇报道非常简短。埃默里出生于维也纳，原名汉斯·梅耶（Hans Maier）。虽然他并不是严格意义上的犹太人（他的母亲出生于一个天主教徒和犹太人结合的家庭），在纳粹的眼中，埃默里却是无可争议的犹太人。在比利时，埃默里遭到了盖世太保的逮捕和虐待。接着，他被投进奥斯维辛，继续他那悲惨而痛苦的受难记。莱维无法理解埃默里对于犹太身份那又爱又恨的复杂情感（“对于我而言，做一个犹太人是一件非常单纯的事情”），而且不喜欢埃默里将他描述成一个“原谅者”。尽管如此，等他一回到都灵，他就开始翻译这个奥地利人的书——《精神的局限》（*At the Mind's Limits*）。这本出版于1966年的书，可以让我们窥视到作者经历奥斯维辛之后的羞辱和自我厌恶。在这本薄薄的小书里，莱维说他找到了“一个伤到了骨子里，被连根拔起的人那生动的绝望。这个人，一旦被虐待过一次，他的余生便都遭受着折磨”。尽管莱维为埃默里的自杀而悲痛，但他并不为此感到惊讶：

> 自杀往往是神秘的（他用英语给海蒂写信）：但埃默里的自杀并非如此。面对他思想那令人绝望的清晰，面对他的死亡，我感到自己是多么的幸运：不仅能回到我的国家，回到家人身边，还能成功地为自己编织一道“彩色的面纱”——由亲情、友情、旅游、写作、甚至化学织成的“面纱”。[14]

在埃默里自杀一个月后，11 月 18 日，发生了一场臭名昭著的集体自杀事件。在这个时期莱维的重要文章《让·埃默里，自杀的哲学家》中，莱维提起了圭亚那丛林里的大屠杀，教士吉姆·琼斯命令他的教众服用氰化物自杀。究竟是什么样的魔鬼让 911 人选择了集体自杀呢？是精神控制吗？与琼斯镇的集体自杀惨案相比，莱维说，埃默里的自杀至少是"可以解释"的。

那年 11 月发生了另一个悲剧。11 月 8 日下午 2 点，克罗塞塔发生了一起实验室爆炸，炸飞了恩尼奥·马里奥蒂的右手，并让他陷入了深度昏迷。当消防队员进入位于圣塞孔多街的实验室时，他们发现整个房间都被熏得漆黑，而化学家俯卧在血泊之中。当莱维听到爆炸的消息时，他刚刚参加完艾达·黛拉·托雷的 64 岁生日庆祝宴会。他匆忙赶到都灵医院。医生们正在抢救马里奥蒂。他那随和友善、热情有礼的性格让他成为莱维最重要的男性朋友之一。经过 5 个小时的手术后，64 岁的化学家奇迹般地活了下来。在这次爆炸之后，马里奥蒂比以前更努力地工作，靠着剩下的一只手去进行生物化学研究。他那坚强而充满尊严的康复过程给莱维留下了极其深刻的印象。

## 10

在 1978 年年末，莱维开始在歌德学院学习德语课程。在班级里，他是年龄最大的学生。且班上有 17 名女同学。他喜欢她们的陪伴。从一开始，他就是一个热切的学生。他有两位老师。第一位是尤塔·帕布斯特（Jutta Pabst），他发现了莱维那令人生畏的好奇心，并记得他想要了解德语单词的准确词源的狂热："在班级里，他的手总是高高举起：'老师，对不起，但这个词更深的——我是说真正的——含义是什么呢？' 在某些方面，莱维是老师，而我是学生。"[15] 另一位老师是汉斯·迪特尔·恩格特（Hanns Dieter Engert），他在教学中扮演着更重要的角色。他 1933 年出生于莱茵区的乌尔姆市（Ulm）。作为一名同性恋者，他相信（最后导致了悲剧收场）南方的"爱"（amore）更简单易得，因此在 20 年前离开德国，到地中海边寻找伴侣。恩格特腼腆、喜欢独处、博学多才而彬彬有礼。那一年，他 45 岁。他愿意花时间在歌德学院的图书馆陪伴莱维查字典、更正他的语法错误。与他的同代人不同的是，莱维对同性恋者并不反感。而且他已经在都灵结识了几位同性恋者，包括剧院总监皮耶拉尔贝托·马尔谢、电台导演乔治奥·班迪尼、书店老板安吉洛·佩扎纳（Angelo Pezzana，莱维很了解他的文化杂志《罪恶之城》)。莱维热情地回应了恩格特无微不至的关注，并欢迎他重译《这是不是个人》(但并没有任何成果)。六个月后，莱维的德语得到了极大的提高。他在给海蒂·施密特-马斯的信中提到他的新老师：

> 在他眼中，我一定是个奇怪的学生。不仅因为我的年龄，也因为我的德语有那么多截然不同的来源，包括：集中营、化学、商务出差、偶尔读到的几本书——古典与现代的混杂！（恩格特）认为这解释了我的德语为什么会如此丰富多彩而有趣。我经常把文言或书面语插入到日常对话中，反之亦然（正如我在这封信中可能犯的错误）。

显然，莱维为自己那非正统的德语而感到自豪。而且他在歌德学院学习了三年，以期能进一步提高自己的德语。每个学期他都是第一个去报到的人，他的好学给班级里的同学留下了深刻的印象。在59岁的年纪回到学校很有意思，他说。他买了一副双光眼镜，以便能更清楚地看到黑板，这让他有着一种长者的、学究的气质。

一位活泼的老妇人，安娜·玛丽亚·萨沃伊尼（Anna Maria Savoini）也加入了这个班级。作为班级里年纪最大的两名学生，她成了莱维的同桌。而他们之间那善意的竞争让汉斯·恩格特印象深刻。莱维“带着感激之情”将一本带有作者签名的《休战》赠给萨沃伊尼，因为她总是愿意帮助他解决难题。“除了希望提高他的德语，”萨沃伊尼告诉我，“莱维进入歌德学院还有另一个动机——逃避家里的窘境。”[16] 在1978年的上半年，莱维越来越担心他母亲的健康状况。而她越来越频繁地向他提出各种各样的要求。德语课程为他提供了小小的喘息机会。

## 11

《扳手》出版在即。莱维已经与埃诺迪出版公司合作了21年，而这家公司已经改变了。朱利奥·埃诺迪乖戾地煽动编辑内斗，并喜欢开会时火花四射。这让整个企业蒙上了一层令人不快的、冰冷的氛围。而这让莱维非常厌恶。“这个公司像是一个塞满了傻瓜的大冰柜。”[17]一名前顾问说。埃诺迪的生产经理奥雷斯特·莫利纳（Oreste Molina）是莱维在公司里寥寥无几的朋友之一。他讲话慢吞吞的，却有着难以置信的精准。莱维从1949年就与他结识。他的外表不苟言笑，内心却热情似火，作为一名技术人员，莫利纳能够比朱利奥·埃诺迪更好地欣赏化学家莱维。莱维常常是他位于都灵郊区的农庄（“早晨农庄”）的座上客。他在那里畅饮冒泡的巴贝拉葡萄酒。惊人的是，莫利纳一年能生产1500升这种葡萄酒。微醺之下，他们会讨论图书的装订、页码标记和排版问题。莫利纳那真诚、风趣的谈话让莱维乐在其中。有时，一位苏格兰出生的恐怖小说作家，阿兰·尼克森（Alan Nixon）也会加入他们。尼克森在翁贝托国王大街开办了一家翻译公司。像莫利纳一样，尼克森对于皮埃蒙特的醇酒美食有着敏锐的嗅觉。

大约在那段时间，在达妮埃莱·蓬基罗里编辑退休并归隐帕多瓦之后，莱维发现了一位新的、而且同样可亲的合作伙伴。阿尔贝托·帕普兹（Alberto Papuzzi）善于登山和新闻写作（现在他是《邮报》的文化编辑）。在莱维遇到他的时候，这位36岁的帕普兹已经出版了两部重要的报告文学。一部曝光了都灵郊区一家精神病院对病人如中世纪般的虐待，另一部则探讨了菲亚特集团对皮埃蒙特地区的垄断。帕普兹于1942年在博尔扎诺（Bolzano）出生。他是一位幻灭的前共产党员，有着永不满足、刨根问底的灵魂。他是埃诺迪新的新闻专员，并且，在那样一个势利的环境中，有着光明、坦率的做派。他那富有魅力的妻子路易莎，出生于威尼斯，有着让男人垂涎的威尼斯式的美丽。她是莱维喜欢的那种活泼的精灵。帕普兹现在成了莱维主要的登山伙伴。他们两人会开着他的汽车前往苏萨山谷，他们在那里攀上穆希纳峰（Mount Musiné）的峰顶。他们眺望着在头顶盘旋的滑翔机，聊着各种各样的话题，从飞碟到70年代对于鲁比克魔方的狂热。一天，他们能够远远望见罗莎峰的时候，莱维对帕普兹说："那一直是我最喜欢的山峰。"[18]那金字塔形的山峰对于莱维而言有着几何学上的完美。

莱维对于登山竞赛并不感兴趣：他从来不夸口自己登上了一座令人胆寒的山峰。相反，他看重的是对身体的挑战和对自我的考验。有一次，莱维计算出了他和帕普兹为了攀登一处险峻的山坡而耗费的卡路里值。不过，攀登并不仅仅关乎脉搏和体温：

> 一天，（帕普兹告诉我，）我们在尚波尔谢谷大约3000米的海拔高度步行了几个小时，然后下到山谷中，并发现了一连串美得令人心醉的原始湖泊。当我们到达第一个湖泊时，普里莫用孩子般的声音对我说："你知道，我以前从来没去过加拿大，但我想象中的加拿大就是这个样子。"

还有一次，帕普兹在与莱维登山时带上了他的小女儿巴巴拉（Barbara）和儿子达维德（Davide）。那时已是晚春时节，湛蓝的天空之下，一条条融雪形成的溪流流过。当莱维向帕普兹的孩子们解释紫色的花为什么喜欢生长在弱酸性土壤中的时候，他表现出超常的教育能力。他让他们看兔子印在雪泥中的脚印，还在他们的玩具相机前摆出小丑般的姿势。在莱维家族之外，很少有人看到过普里莫表现出怪态。这让帕普兹大为惊奇，而同时莱维对他孩子那沉着的教导也令他着迷。

## 12

1978年11月，埃诺迪出版公司出版了莱维的第六本书，《扳手》。其时，正是意大利全国动荡不安的时期。喧嚣狂暴的"铅年"（这个称呼来自"赤色旅"所使用的铅弹）就要结束了。这一年中充满了穷凶极恶的黑手党犯罪。临近年底，一位不知名的主教——约翰·保罗二世（John Paul II）当选为圣彼得大教堂的教宗。就在这样一个复杂无常的时代，莱维的新书引起了各种不同的反响。一些评论家把《扳手》视为对意大利地方和方言文学的悠久传统的巨大贡献，并善意地称赞它能媲美皮埃尔·保罗·帕索里尼（Pier Paolo Pasolini）在50年代创作的两部充满地方特色的描写罗马贫民的小说，《求生男孩》（*Ragazzi di vita*）和《暴力人生》（*Una vita violenta*）。也有人说，书中主人公福索内的名字在皮埃蒙特语中意为“大骗子”。这说明福索内（以及，包括他的创造者）都是伪造者、谎言贩子。这种说法让莱维大为生气。他写了一篇极长的文章来为自己的创作辩护，并驳斥了伪造指控。福索内这个名字，可能来自SIVA的姐妹企业SICME的一名反社会主义的警方密探、产业间谍。他的绰号是“al faussun”，在皮埃蒙特语中意为“虚伪的家伙”。

很快，莱维就迎来了第一批充满敌意的评论。左翼媒体几乎无一例外地对《扳手》采取了敌对的反应。这本书被看成是对1968年革命精神的攻击，是对劳动是惩罚性和令人厌恶的这一观点的攻击。南尼·帕莱斯特里尼（Nanni Palestrini）在他1971年出版的先锋派小说《我们想要全部》中，将劳动塑造成法西斯资本家用来压榨工人的一个骗局，并不知廉耻地拥护流水线上的奴工和邪恶老板的左派形象。莱维认为帕莱斯特里尼对于劳动的态度“愚蠢”，甚至“卑劣”。自约瑟夫·康拉德之后，再无作家去歌颂和赞美劳动。莱维被看成一个推销过时道德观的反动派。极左翼报纸《不懈斗争》刊登了一封愤怒的读者来信。这位读者在信中指责《扳手》：“我想要问莱维，你为什么不去描写被阿涅利家族的菲亚特生产线伤害的上百名工人中的一位？”[19] 当评论家们纷纷表态时，这场争论变得更加白热化。在采访中。莱维承认并非所有的劳动都是令人愉悦的，这个“可悲而显然”的事实，但他谴责左派在整体上否定劳动的做法。如果大家都不愿意劳动，那我们都得饿死。只有意大利杂志《你好2001》（*Ciao 2001*）敏锐地发现《扳手》表达了对奥斯维辛大门上那陈腐的纳粹格言的嘲讽：“劳动使你自由。”莱维以刻画一个破坏者的形象开始了他的文学之旅。他以刻画一个制造者、一个工匠的形象继续自己的文学创作。这些认为《扳手》宣扬了反动观点的评论恰恰加大了对它的宣传力度，而这本书很快将大获成功。

事实上，这是让莱维获得大量非知识分子读者的第一本书。在都灵附近的一次签售会上，一位年轻人带着浓重的皮埃蒙特口音向莱维进行自我介绍："我能跟您说句话吗？我叫福索内。您猜我是干什么工作的？"而莱维回答："你一定是装配工。"他正是一名装配工——作者找到了他笔下的角色。当莱维听到佩拉尼（Peyrani）建筑公司的46位装配工都读过《扳手》时，他请求都灵的这家建筑公司帮忙，他将根据公司的宣传图册为教科书版的《扳手》配上插图。"莱维不想让学生对塔吊或起重机留下错误的印象。"[20]公司主席里卡尔多·佩拉尼说。

## 13

1979年刚开始，就为莱维带来了巨大的不安——一股反犹思潮在欧洲重新抬头。它从法国开始。投靠纳粹的法国维希政府中主管犹太人事务的专员达基耶尔·德佩尔普瓦（Darquier de Pellepoix）称纳粹的种族灭绝只是一场"犹太人的骗局"。他那混淆视听的文章，刊登在《快报》（*L'Express*）上，得到了另一位修正主义者，里昂大学的罗伯特·福里松（Robert Faurisson）教授的支持，他在《世界报》（*Le Monde*）上称毒气室事实上只是"犹太谎言"。莱维感到自己有道德上的责任去批驳这些法国骗子，但他拒绝在瑞士的电视上与福里松辩论（不能给这个修正主义者这样的宣传平台，让他得以宣传自己的狂论）。但他选择了另一处阵地与他对抗。莱维在报纸发表了两篇文章反击福里松，其中的第一篇登载在1月3日的米兰《晚间邮报》上。在这篇文章旁，还有一篇来自西西里的犯罪作家列昂纳多·夏夏对这位里昂大学教授的驳斥。莱维和夏夏都认为福里松的假设极为邪恶，而他们有责任去驳斥它："如果你否认大屠杀……你必须解释为什么欧洲在1939年时还有1700万犹太人口，但到了1945年就锐减为1100万了。"

莱维在最糟糕的时机迎来了这场修正主义辩论。通过《扳手》，他原希望能摆脱自己作为集中营幸存者和见证者的公众形象，而进一步探索由福索内故事开辟的半虚构空间。现在，他除了报纸上关于奥斯维辛的文章，再看不到一点前途。当这场论战持续下去时，莱维刊发了第二篇文章，继续对抗伪纳粹分子篡改历史的企图。不顾客观事实和证据的英国"历史学家"戴维·欧文（David Irving），被莱维视为修正主义运动的一分子，并决定去驳斥他。（幸亏莱维没有活到 1997 年，否则他会听到欧文把《这是不是个人》贬低为由“精神不稳定”[21] 的犹太人写的一部“小说”。）随着这些新纳粹分子的人数越来越多，莱维不得不悲伤地承认他们正在获得优势。很快，他开始收到寄给“卑劣的犹太人”的充满仇恨的邮件。

## 14

1979 年的头几个月里，莱维在翁贝托国王大街 75 号深居简出。像往常一样，在一本新书出版之后，他感到了幻灭般的迷茫，无法确定自己在《扳手》之后的出路。整个冬天，他时时会陷入情绪低落。为了打发时间，他读普鲁斯特的书（“沉闷”[22]），并与意大利心理分析学家西尔瓦诺·阿列蒂（Silvano Arieti）通信。阿列蒂在纳粹占领期间逃离了自己的故乡比萨，来到纽约的心理分析研究院工作。他是犹太人。而莱维钦佩他，是因为他用非凡的笔触记录下了比萨犹太社区长老朱塞佩·帕尔多·罗克斯（Giuseppe Pardo Roques）被纳粹杀害前最后的日子。罗克斯长老患有恐惧症，因为怕遇到野狗，他很少出门。看到那些纳粹凶手时，他喊道：“现在我明白了，你们都是禽兽！”莱维当时在读阿列蒂关于精神分裂症和文学创作的书。尽管他发现这些书“很有趣”，但他在 2 月 21 日的信中告诉阿列蒂，他很可能活不到足够老的年纪去“恰当地理解这些课题”。年近六十的莱维已经感到了自己年纪的重量。他寻找着旧朋友的陪伴。

在这个艰难时期，他的盟友之一是出生于巴黎的雕塑家亚历山德罗·卢帕诺（Alessandro Lupano）。卢帕诺在离都灵不远的斯堪达卢佐（Scandaluzzo）有一个工作室。他充满活力、慷慨大度、而且总是手头拮据。外表高大壮实的他用岩石和河边的木头雕成各种印象派作品。在莱维看来，他的作品“耀眼”而“充满了诗意”[23]。尽管在外表和出身上截然不同，这两个男人却惺惺相惜。在战争时期，卢帕诺在意大利海军中服役。1943 年，他在雅典附近被纳粹俘虏，并被转移到布痕瓦尔德附近的一个军需工厂。战后，回到都灵，卢帕诺在米其林工厂里找到了一份工作。无疑莱维在这个海员的身上看到了蒂诺·福索内的某些特质。虽然这放在莱维身上听起来有些不可信，但卢帕诺告诉我，他和莱维一起在波河大街上用眼神挑逗路过的漂亮姑娘。波河大街上，墙皮斑驳的粉饰拱廊，锈迹斑斑的阳台，两旁满是鳞次栉比的咖啡馆。品呷咖啡的男人们可以从容地用眼神挑逗路过的姑娘，饮酒、吸烟和说笑话（常常是些黄笑话）。莱维喜欢与卢帕诺一起在这里放松自己。一天，在翁贝托国王大街的一个交叉路口，他告诉那位雕塑家："看在上帝的分儿上，快往前开！"并将身体沿着座位向下滑去，以免被车外的行人看到。《邮报》的时尚编辑，露西娅·索拉佐正戴着一顶滑稽的大帽子站在路口等信号灯。她是一个大嗓门、易兴奋的女性，有着虚荣、浮夸的文学品味。而莱维情愿与她保持距离。每次想起这件事，都会让卢帕诺忍俊不禁。

## 15

莱维坚持走访皮埃蒙特地区的学校。3 月 21 日，他和拉文斯布吕克集中营的幸存者利迪娅·罗尔菲一起，走访了兰佐地区（Lanzo）的大量学校。渐渐地，莱维发现这些走访活动令人精疲力尽。那时，莱维已经走访了至少 130 所意大利学校。有时，学生们对于集中营日益消退的兴趣也让他有些心灰意冷。他们还有其他恐惧和不安需要担心：恐怖主义、核威胁。也许，莱维无法摆脱的低沉情绪也加剧了他的幻灭感。无论原因如何，他都非常高兴有机会离开都灵去意大利的港口城市的里雅斯特。在妻子的陪同下，他将在这座城市的文化与艺术俱乐部进行关于《扳手》的演讲。在那里，他第一次遇到了的里雅斯特有着传奇色彩的犹太作家乔治奥·沃盖拉（Giogio Voghera）。沃盖拉当然也经历过"二战"的困难时期（他自称为"天生的悲观主义者"），但即使是他，也为莱维的言论而大吃一惊——他听到莱维在众多记者面前说，任何经历过奥斯维辛的人"不可能对人生和人类的改良性再有任何信仰"。莱维的言论很可能是受到了一次微弱的抑郁症发作的影响。他平常并非如此悲观。沃盖拉在给我的信中对莱维进行了以下描述；有趣的是，这些描述与之前莱维舞台剧的导演马西莫·斯卡廖内的话不谋而合：

> 他矮小而瘦弱，但四肢匀称，含蓄而温和，有着战前的亲切感。尽管留着花白的胡子，但他对我的表达中却带着古怪的孩子气。他给我的印象是一个被困在成人躯体里的孩子。[24]

有些人会说莱维有着脆弱而惹人怜爱的“童心”，而有人则会说那是“孩子气”。在这次演讲之后，莱维和露西娅再次遇到了伊斯特拉出生的作家富尔维奥·托迈札。他在的里雅斯特有一套小公寓。他自豪地带领他们参观这座城市的古城，威克雅城（Città Vecchia），穿过它那狭窄、曲折的巷子，经过一个个斯拉夫、日耳曼、意大利风格的咖啡馆。莱维想去可以俯瞰的里雅斯特的卡松（Carso）——尤利安山脉那岩石裸露的台地。但从卡松地区吹来的季节性布拉风（bora wind），在海面上掀起了巨浪，令街道上的栏杆格格作响。露西娅被这风吓坏了。当莱维与托迈札游览的里雅斯特时，他向他承认自己感到为独自留在都灵的母亲而感到不安。一位60岁的老人能为自己的母亲而感到如此坐立不安，这让托迈札感到“悲哀”。似乎他的情绪低落，也进一步加重了莱维因埃丝特尔而感到的罪恶感和不安。

莱维不得不照顾母亲。他在母亲身边度过的每一天愈加漫长而黯淡。每周都要在报纸上与“修正主义”进行战斗也让他满心悲哀。1979年的春天，莱维，像其他成千上万的观众一样，晚上会在家里收看好莱坞的电视系列片《大屠杀》（*Holocaust*）。反思这部系列片，它作为70年代的一大媒体事件，在美国和欧洲产生了巨大的影响。在联邦德国，它有助于打破35年来围绕着希特勒迫害犹太人的近乎沉默的局面。然而，莱维不喜欢这部系列片，也包括它的名字。他总是说“纳粹大屠杀”是一个令人遗憾的单词。“在我看来它并不恰当，浮华夸张，反而掩饰了所有的错误”[25]（“纳粹大屠杀”的英语是“holocaust”，源自于古希腊语，原意为对神的自焚献祭：即使按古语原始的标准，纳粹对犹太民族的种族灭绝也不能看作是牺牲者自发的一种献祭仪式）。其次，莱维担心这部系列片会让奥斯维辛的滔天罪行趋于廉价和商业化。一旦出现这样的后果，遗忘的过程就会随之开始。但莱维关于《大屠杀》的评论（5月20日刊登在《邮报》上）却出人意料地盛赞了这部系列片：这部“善意的”系列片，即使有些肤浅，但适当程度的流行文化元素可以激发普通观众收看它的兴趣。在其他地方，莱维赞扬这部系列片那纪实文学般的准确度，并称赞它足以媲美埃里希·雷马克（Erich Remarque）“捏造”的集中营小说《生命的火花》（*Spark of Life*）。而后者正是一个“篡改历史”的反面案例。然而，在私下里，他对《大屠杀》的看法却截然相反：

> 我从心里反感这部系列片（他告诉海蒂·施密特-马斯）。它肤浅而虚伪，并缺少对于纳粹的野蛮暴行和反犹主义那古远根源的历史解释。而因加·魏斯夫人（梅丽尔·斯特里普饰）真是太愚蠢了！另一方面，这部电影已经实现了它的目的，无论在这里，还是在德国。人们在公共汽车上、在学校里都在谈论它。这很好。不过，令人悲哀的是，为了让街头的人们接受它，历史不得不被简化到如此的地步。

尽管莱维再一次表现得表里不一（“作家有前后矛盾的权利。”他告诉我），但《大屠杀》却以一种意想不到的方式令他受惠，并享受了极大的心理满足感。《这是不是个人》的德语版已经在八年前售罄。但是，多亏了《大屠杀》所产生的巨大反响，他的书在联邦德国再版，重新摆上了书店柜台。他将其中一本赠给了都灵歌德学院，并附以有趣的赠言：“您最老的学生敬上。”

## 16

几周以来，在意大利的文学沙龙中，《扳手》很有可能赢得重要的文学奖项——斯特雷加文学奖的传闻不胫而走。有趣的是，在入围名单上，至少还有三位作家拥有写作之外的第二职业。其中包括保罗·巴尔巴罗（Paolo Barbaro），一位来自威尼斯的土木工程师。他的小说描写了在伊朗及其他地方钻探和爆破岩石面的故事。莱维，即使没有感到来自巴尔巴罗的威胁，也为这位工程师的竞争而忧心忡忡。巴尔巴罗的小说《人类的脚步》（*Footsteps of Man*），探讨了莱维热爱的主题之一：人类对主宰万物的不变追求。在威尼斯，一次为出版商及其作者举办的自助午餐会上，这对竞争对手终于见面了。巴尔巴罗记得，在这场悬挂着枝形吊灯的沙龙上，莱维总是瞥着眼睛看他。当他们小心翼翼地走向对方并打招呼时，莱维礼貌地对他说："我希望您能得奖。"[26]

最终，莱维赢得了斯特雷加文学奖。1979 年 7 月 4 日午夜，《芬奇–孔蒂尼花园》（*The Garden of the Finzi-Continis*）的作者，小说家乔治·巴萨尼（Giorgio Bassani，莱维并不很喜欢他，一个臭名昭著的势利小人）宣布了大奖得主。在此起彼伏的闪光灯中，社交名媛玛丽亚·贝隆希装腔作势地拥抱了莱维。"早在 16 年前，我们就该把这个奖项颁给《休战》！"她在他的耳边低声说。在获奖感言中，莱维说了一个非同寻常而忘恩负义的笑话："斯特雷加是唯一与通货膨胀同步的文学奖，而我很高兴赢得了它。"

回到都灵之后，莱维收到了不计其数的贺信，而他不辞辛苦地一一回复。在给《油漆与涂料》的编辑安娜·玛丽亚·赞布里尼的信中，他写道：

> 我当然很高兴获得斯特雷加奖，但我也有一点困惑。在我内心深处，我仍然是一个热爱油漆和涂料的人，而所有这些文学荣誉（它们当然很美好）似乎来自另一个星球。[27]

露西娅送给丈夫一个袖珍的镀金扳手作为礼物。7 月 12 日是露西娅的 59 岁生日。莱维的妹妹赶来小聚。但翁贝托国王大街 75 号早已人满为患。莱维想出了一个办法，以解决客人太多的问题。他把亲戚们安置在都灵附近的弗拉博萨（Frabosa）。在孤零零伫立在那里的怡东酒店（Excelsior Hotel）中，姑姑、姨妈、舅舅、叔叔们住了三个星期，从 7 月 22 日到 8 月 10 日。让他们高兴的是，旅馆经理西尔瓦娜·皮亚诺（Silvana Peano）为他们提供了大富翁以及其他棋牌游戏。

在自己的房间里，莱维继续与海蒂·施密特–马斯保持通信。他说自己想写一篇关于酗酒的奥斯维辛化学家莱因哈德·海德布罗克的短篇小说，但不会采用“审判的视角”（我不是法官，不是维森塔尔，而海德布罗克也不是一名罪犯）。海蒂能否让他去了解海德布罗克？莱维承诺在小说中不提到姓名，“也不会有特定的情境让人认出海德布罗克和他的妻子”。但在两年后发表在《邮报》上的小说《安静的都市》中，人们可以轻而易举地认出那个卑劣的嗜酒狂“默滕斯博士”就是海德布罗克。幸运的是，他的遗孀蕾娜塔·海德布罗克从来没有读过这部以她的丈夫（其时已患病）作为原型的小说。

## 17

秋天，莱维陷入了他的第一次公开辩论。由左翼报纸《支队》发起，意大利共产党在全意大利组织了筹资义卖活动。9月9日，莱维接到邀请去参加在米兰举行的“统一日”（Festa dell’Unità）活动。在烤肉和嬉戏的孩子中间，他将要进行关于文学模糊性的善与恶的演讲。小说家保罗·沃尔波尼（Paolo Volponi）对他进行了采访。无论是哪一方面，这两个人在文学上都无法达成共识。莱维坚信，写作应服务于大众，作家与读者之间的沟通应该是清楚而直接的。而沃尔波尼相信，作家有责任去反映现代叙事的瓦解和异化（正如他所看到的），因为现代叙事本身就是碎片化、迂曲化、意识化的。对于莱维而言，沃尔波尼倡导的这种反启蒙主义的审美观恰恰是这个时代令人不快的恶习：我们都知道这个世界是混乱的，但以混乱的方式去描述它并不能帮助任何人。沃尔波尼是一个浪漫的反资产阶级斗士，莱维认为。

这场论战有着深远的渊源。三年前，1976年，莱维在《邮报》上发表了捍卫文学清晰性的文章，《论模糊文学》（在这场论战中，他常常引用这篇文章中的内容）。这篇文章贬斥了推崇碎片化和晦涩化的现代主义美学。莱维狠狠地批判了诗人埃兹拉·庞德，不是因为他的反犹主义，而是因为他在自己的诗篇中运用了汉字——这是对读者的明目张胆的轻蔑。莱维这种反现代主义的保守性，是他最令人诟病的特征之一。而他的文章毫不意外地激起了意大利“最前沿的知识分子”的愤怒。评论家乔治奥·曼加内利（Giogio Manganelli）指责莱维的“公益恐怖主义”，因为他将“理性”的文章置于

“疯狂”的文章之上。莱维反唇相讥：“曼加内利说我是一个‘公益恐怖分子’，而这正是一个用词自相矛盾的好例子，而模糊文学也不外乎如此。”[28] 莱维认为，如果思维是清晰的，那么它就会自动找到清楚的表达方式。在他那寻求清晰沟通的强烈需求之下，潜藏着他在奥斯维辛的经历——在纳粹集中营里，沟通是危险的，甚至是不可能的。他谴责20世纪最伟大的作家之一——塞缪尔·贝克特（Samuel Beckett），因为他倡导“不言”的价值：“噢，贝克特真是让我非常生气。”

9月末，马里奥·里戈尼·斯特恩来到威尼斯。他那精彩的中篇小说《小托尼的历史》获得了坎皮耶罗文学奖。这部小说描写了在第一次世界大战前夕，出生于阿夏戈的杰克的种种经历。埃诺迪出版公司的宣传总监阿尔贝托·帕普兹深知里戈尼对于颁奖典礼的厌恶，在圣马可广场的弗洛里安咖啡馆为他安排了一场私人宴会。莱维也受到了邀请，而且，整晚“笑得像个孩子”[29]。他举起香槟向里戈尼·斯特恩致敬，为逃过了吵闹的颁奖典礼而高兴。当咖啡馆的乐队为里戈尼·斯特恩奏起一曲伤感的皮埃蒙特民歌时，莱维哭了。在他的一生中，他都喜欢欣赏这些感伤的旋律。而他真心喜爱正在演奏的这首《美丽的皮埃蒙特》，一首以都灵为背景的情歌。在许多方面相当自控的莱维，却情愿打开情感的闸门，放任自我沉入香槟色的愁绪之中，他“止不住那如潮的泪水”，帕普兹回忆。

回到都灵后，莱维出人意料地宣布他准备撰写一系列关于纳粹集中营的散文。这些散文将成为《被淹没与被拯救的》，而他希望在这个冬天有自由的时间去写作。但各种各样的杂务耽误了写作的进程。抢劫意大利银行的桑特·诺塔尼科拉（Sante Notanicola）因谋杀罪而被判处终身监禁。他现在投入争取囚犯权利的运动中，并开始在狱中写诗。他的律师比安卡·乔德蒂·塞拉也大力支持他在狱友中组建读友会的活动。她送给他一本《这是不是个人》。这本书在狱里被囚犯传阅，并促使诺塔尼科拉给莱维写信。他寄给莱维一些他的诗作，并附上阴郁的赠言：“正如你所见，集中营在今天又回来了。”[30] 愤怒的莱维回信说，在奥斯维辛每天有1万名囚犯死去；诺塔尼科拉的监狱怎么能和它相比？多年以来，莱维对把意大利的监狱和工厂与纳粹集中营相提并论的社会风尚（70年代末在意大利相当流行）已经产生了一种“过敏反应”。不确切的比喻、低劣的创新词、类似于“菲亚特=奥斯维辛”这类街头涂鸦仅仅是对幸存者的经历的一种侮辱。今天，像“纳粹大屠杀”“法西斯”“纳粹”这些字眼继续以莱维认为“草率”的方式，被人们所利用。诺塔尼科拉向莱维道歉，之后莱维成了他的支持者，给他寄书，关心他的福利（以及他母亲的福利），并给他的诗集提供出版方面的建议。到70年代末，诺塔尼科拉已经在诗坛闯出了一点小名气。不幸的是，他已经失去（或毁掉了）在狱中莱维寄给他的书信。

## 18

莱维在1979年最后的公众形象是让人难忘的。以“都灵-百科全书”的醒目标题，都灵城市委员会在11月组织了一系列讲座。这些讲座所涉及的内容是广泛的，从天体物理学到登山运动，无所不包。在一次名为“种族偏见”的杰出而深刻的讲座中莱维探讨了一个在《这是不是个人》中已经得到论证的主题，即种族偏见源自动物和原始人的行为。他引用了现代生态学之父康拉德·劳伦兹（Konard Lorenz）关于动物的族群仇恨的理论，谈到了母鸡的啄食顺序和老鼠间可怕的族群侵略（母鼠会咬断敌人的颈动脉）。这些动物之间的等级划分和征服同样存在于人类社会中，莱维说：在纳粹中有多少是禽兽？在这次讲座结束时，他引用了当前的一个案例，即1979年伊朗革命后，伊朗对库尔德人的屠杀。根据这个案例，莱维总结道，为人类的现状感到“乐观”是“不明智”的，因为生命的本质是可怕的。

一个沉郁的冬天来临了，而莱维并没有一个明确的写作计划。在为《被淹没与被拯救的》“挥汗写作”了六个月之后，他仅仅写完了序言和全书内容的纲要。莱维肯定不愿意再次唤起对奥斯维辛的痛苦回忆，并重新审视它们。意大利日渐严峻的政治形势也无助于他的写作。由于“赤色旅”开始采取歼灭战略，都灵成了“恐怖之都”。莱维的记者朋友卡洛·卡萨莱格诺

（Carlo Casalegno）在他位于翁贝托国王大街25号的家门口被人射杀。谁会是下一个？莱维家度过了一个闷闷不乐的圣诞节。露西娅最近已经从教学岗位上退休，感到困惑、迷茫，还有“一点点情绪低落”[31]（据莱维说）。他古怪地选择去阅读心理学家埃里希·弗洛姆（Erich Fromm）的《对人的破坏性之研究》（*Anatomy of Human Destructiveness*）。这本书对恋尸癖、争勇斗狠和自恋的分析无法为这个假期带来任何快乐。

## 注释

1 “杜拉诺从未……”：马西莫·斯卡廖内告诉作者，1992年6月8日。
2 “在近40年……”：普里莫·莱维写给海蒂·施密特-马斯的信，1977年11月13日。
3 “倒霉的……”：普里莫·莱维写给达妮埃莱·蓬基罗里的信，1975年12月31日。
4 “我希望您……”：普里莫·莱维写给南尼·希埃格内的信，1978年9月30日。
5 “罗马的大人物们”：普里莫·莱维写给海蒂·施密特-马斯的信，1977年11月13日。
6 “我不是说……”：贝内代托·泰拉奇尼告诉作者，1995年4月30日。
7 “假如要受审的话，……”：迈克尔·廷克告诉作者，1993年6月11日。
8 “我必须承认，……”：拉法埃莱·瓜里涅洛告诉作者，1995年3月31日。
9 1993年，当我采访索尔达蒂的时候，他已经患上了“举名性失语”。那是一种记忆缺乏症。他为我在他的一本小说《一封卡普里岛的信》上签了名：“我为何、何时在威尼斯遇到了普里莫·莱维，我已经想不起来了。现在，威尼斯对我来说只意味着一件事：亲爱的格雷厄姆。”1954年，索尔达蒂与格雷厄姆·格林合作，为一部在威尼斯拍摄的悬疑惊悚片《陌生人的手》撰写剧本。这部电影的主演是特瑞沃·霍华德。当时，与他们共同创作剧本的还有意大利犹太小说家乔治奥·巴萨尼。
10 “这还是头一次……”：普里莫·莱维写给海蒂·施密特-马斯的信，1978年7月20日。
11 “莱维是我见过的……”：尼诺·科隆博在信中告诉作者，1995年7月12日。
12 “我一点也不喜欢……”：普里莫·莱维的这段话是由卢卡·巴拉奈利告诉作者的，1993年5月17日。
13 “预感到风暴的到来”：普里莫·莱维写给海蒂·施密特-马斯的信，1978年11月22日。
14 “自杀往往是神秘的……”：同上。
15 “在班级里，……”：尤塔·帕布斯特告诉作者，1992年7月1日。
16 “除了希望提高……”：安娜·玛丽亚·萨沃伊尼告诉作者，1995年4月6日。
17 “这个公司像……”：拉尼罗·潘兹尔瑞的这段话是由朱塞平娜·潘齐耶里告诉作者的，1995年3月27日。
18 “那一直是……”：普里莫·莱维的这段话是由阿尔贝托·帕普兹告诉作者的，1992年11月2日。
19 “我想要问……”：《不懈斗争》，1979年1月14日。
20 “莱维不想让学生……”：里卡尔多·佩拉尼在信中告诉作者，1994年5月20日。
21 “精神不稳定”：戴维·欧文的这段话被引用在《周日独立报》中，1997年4月6日。
22 “沉闷”：《国家晚报》上刊登了普里莫·莱维评论普鲁斯特的文章，1981年8月21日。

23 “充满了诗意”：普里莫·莱维在一则海报中宣传卢帕诺的展览（圣斯泰法·诺贝尔博，1986 年 8 月 30 日—9 月 7 日）。
24 “他矮小而瘦弱，……”：乔治奥·沃盖拉在信中告诉作者，1992 年 7 月 6 日。
25 “在我看来它并不恰当，……”：《记忆之声》，p.125。
26 “我希望您能得奖。”：普里莫·莱维的这段话是由保罗·巴尔巴罗告诉作者的，1993 年 7 月 4 日。
27 “我当然很高兴……”：1979 年 7 月 14 日。
28 “曼加内利说我……”：该段话被用于《失落声音的回响》（*Echi di una voce perduta*），p.108。
29 “笑得像个孩子”：阿尔贝托·帕普兹告诉作者，1993 年 6 月 14 日。
30 “正如你所见，……”：《记忆之声》，p.128。
31 “一点点情绪低落”：普里莫·莱维写给海蒂·施密特-马斯的信，1979 年 12 月 20 日。

# 二十二

# 对抵抗运动的反思

（1980—1982）

# 1

在 1978 年 11 月《扳手》出版的第二年，莱维没有完成任何重要的作品。“我睡倒在自己的荣誉上，但这个床垫并不舒适。”[1] 他那关于集中营的散文集没有进展。不过，他产生了一个想法——去撰写一部关于犹太人在东欧反抗纳粹的小说。这部异想天开，甚至有些不明智的作品——《若非此时，何时？》（*If not Now，When?*）——将成为莱维最长的叙事作品，并与他之前的作品截然不同。一部囊括了激烈的打斗、冒险、爱情和战争的传奇爱情故事。它将成为一个古老史诗风格的宏大故事。莱维想向他的读者展现犹太抵抗运动的成功场景：犹太人并非像羔羊一样任人宰割。

《若非此时，何时？》有着典型的漫长而混杂的起源。最迟从 1946 年起，莱维就试图让自己去熟悉那失落的意第绪语世界。当年的一首诗，《东方犹太人》（“Ostjuden”），在一首简短的俳句式的挽歌中，描写了东欧犹太人那受压抑的世界——它的揶揄、悲伤和遭受的集体迫害。20 年后，1966 年，莱维撰文纪念华沙意第绪语（这个词源自于德语“Jüdisch”，意为犹太人）诗人伊扎克·凯特泽奈斯隆（Itzhak Katzeneslon）。在文中，莱维悲叹意大利人普遍不了解犹太人文化。大约在这个时期，他也读了奥斯卡·平库斯（Oscar Pinkus）的回忆录《面具的选择》（*A Choice of Masks*）。在这部回忆录中，平库斯记述了自己在被纳粹占领的波兰挣扎求生的经历。莱维曾经写信给平库斯：“意大利人完全不了解东欧犹太人那被迫害和灭绝的历史。”[2] 为了弥补自己的无知，莱维深深地投入到这个离散民族的文学之中。

在奥斯维辛，莱维曾经不得不面对自己对于东欧犹太人的反感。但在那之后，他渐渐发现这些来自加利西亚（Galicia）、布科维纳（Bukovina）和乌克兰的衣衫褴褛的犹太人与自己的相似之处远比自己原以为的要多得多。《若非此时，何时？》标志着莱维那迟到的对民族身份和团结的追求。莱维在自己身上发现了东欧犹太人典型的自嘲式幽默和对学习的热爱。而这些特征给予他一种亲和感和归属感。在70年代初，去苏联出差期间，他发现在希特勒的风暴中残存下来的东欧犹太小镇（shtetl）文化的痕迹，而这也加强了他的民族归属感。尽管在《元素周期表》里，莱维一直说自己有着西班牙犹太人的血统，但他母亲的娘家姓卢扎蒂明显来自东欧。而莱维的亲戚朋友的犹太姓氏，像迪那（Diena）、莫尔普戈（Morpurgo）和泰代斯基（Tedeschi，意为“德国人”），都是源自中东欧犹太人的姓氏。如果说莱维在《元素周期表》里不愿意承认自己的东欧犹太人祖系，那是因为他继承了父亲对东欧犹太人的偏见——他们都认为东欧犹太人是无知而粗鲁的。

莱维急于开始《若非此时，何时？》的写作，但他觉得自己对于东欧犹太人文化的了解和体验并不足以完成这个任务。所以，他需要进行长期的调查研究，再着手这部小说。带着他惯常的刨根究底，莱维将自己淹没在所有可以找到的，关于“二战”时期犹太人游击队活动的鲜为人知的资料中，无论这些资料是意大利的、同盟国的、还是苏联的。在八个月中，他是位于庇护五世大街（Via Pio V）的都灵犹太图书馆的常客。令人气愤的是，这家图书馆仅仅在周四下午开馆。他在这里研究地图、语言手册、指南，并借阅意第绪语辞典和关于意第绪传统的大众参考资料。许多人感到莱维对于自己的作品有些过于谨慎了。匈牙利作家、幸存者伊迪丝·布鲁克怀疑莱维对于准确性和真实性的过度追求已经可悲地妨碍了他的写作。“从一开始，我就看出普里莫有写出一部僵化、刻板的小说的危险。”[3]

莱维希望成为第一位描写意第绪民族那坎坷荣耀史的意大利作家。但是，由于莱维在意大利的绝大多数读者都是天主教徒，所以这样一本极端的种族小说可能不会受到欢迎。在他进行调研的过程中，莱维发现了一种消遣——让他的天主教朋友们了解《犹太法典》中对饮食和禁欲的严格规定。他希望，通过朋友们对这些经文、戒条的反应，对他的这本意第绪冒险小说的未来做出一个基本的预测。他把一段关于裸体的经文寄给了哲学家诺尔贝托·博比奥。而这段惊人的经文吸引了博比奥和他的妻子瓦莱里娅。开玩笑般的，莱维为埃诺迪出版公司那活泼、干练的版权经理阿涅塞·因奇萨（Agnese Incisa）背诵了更为极端的、关于安息日的戒律。因奇萨后来参考了《犹太法典》中对于食物的规定，为在都灵的正统犹太教朋友们准备了一桌犹太晚餐。这个消息令莱维忍俊不禁："祝你晚宴愉快！"[4]

## 2

对于莱维而言，1980 年的一件大事是他去西西里的短途旅行。在那个春天，他走进了一个充满深海探险、西西里橘园和古希腊庙宇的世界。意大利萨伊伯姆石油公司（Saipem Italia SpA）邀请莱维去参观它那充满科幻色彩的管道铺装船"海狸六号"。它就停靠在距离西西里海岸几公里的海面上。作为宣传，莱维可以把他的游记发表在萨伊伯姆公司的内部杂志《埃科斯》（*Ecos*）上。公司的总裁恩里科·甘多尔菲（Enrico Gandolfi）热爱莱维的作品，他在圣诞节时把 2000 本《扳手》送给了公司员工，并附以赠言："福索内就在你们之中！"

3 月 22 日，莱维来到位于罗马的《埃科斯》杂志总部。他在那里惊讶地遇到了一位编辑，路易吉·瓦尔吉米利（Luigi Valgimigli）。他的叔叔曾经是莱维的恩里科叔叔的佃农。这个愉快（甚至有些奇异）的巧合，揭开了顺利的一天的帷幕。接着，莱维见到了《埃科斯》的特约撰稿人保罗·安德烈奥奇（Paolo Andreocci），一位高大而亲切的罗马人。他将作为莱维在西西里的导游。早餐之后，他和安德烈奥奇遇到了摄影记者安德烈·内米兹（Andrea Nemiz），他是 60 年代罗马最早的自由摄影师之一。他曾经在威内托大街上为电影明星们拍照。这三个人一起飞到西西里。破败的西西里之都巴勒莫那亲切而懒散的氛围，以及特有的阿拉伯情调，征服了莱维。在他那北方人的眼睛里，这座岛有着更多的摩洛哥特征，而不是意大利风情。撒拉森人那粉红色穹顶的清真寺给莱维留下了深刻的印象。巴勒莫那被火焰熏黑的宫殿，在经历了 1943 年同盟国的轰炸之后一直没有修复过。它让莱维想起了（正如莱维所说）利物浦那凄寂孤立的建筑废墟。午饭时，安德烈奥奇推荐了带茴香和松子的撒丁岛风味意大利面。他们聊起了旅游、烹饪和摄影。莱维对于石油工业以及安德烈奥奇为了《埃科斯》而采访过的那些国家，都感到非常好奇。安德烈奥奇发现莱维在说话的时候并不使用手势。"他是一个典型的都灵人，与我这样易兴奋的南方人截然相反！”[5]

三人开车前往西西里岛的马尔萨拉港（Marsala Port）。这个港口的名字源于阿拉伯语“Mars-al-Allah”，意为“神的港口”。马尔萨拉因它那醇烈的美酒而闻名。阿拉伯文化对这个西西里岛西部的港口城市产生了巨大的影响。来自突尼斯的西洛可热风猛烈地吹拂着它。莱维要求参观中世纪的城堡古镇，埃里切（Erice）镇。1977年，他的儿子伦佐在在那里参加过一个生物物理学课程。提到这座古镇，人们总会想起西西里岛的核物理学家埃托雷·马约拉纳（Ettore Majorana）。他在1938年那混乱的局势中失踪，从此再没有人见过他。（有人相信，马约拉纳已经自杀身亡，因为他为自己核研究的后果感到担心。）站在埃里切的诺曼古堡上，莱维能望见地中海另一边突尼斯的波恩角（Cape Bon）。摄影家内米兹负责驾驶他们租来的奔驰车。他们沿着一条小径前往塞利农特（Selinunte，这个名字源自古希腊语“selinon”，意为“芹菜”）的古希腊遗址。莱维说，那里倒塌的大理石殿堂和失去屋顶的柱子让他想起了德·基里柯（de Chirico）的油画或作家博尔赫斯所描写的月光下的景色。空气中弥漫着野芹刺鼻的香气。内米兹为莱维拍摄的照片证明了莱维在那一天的好心情。在深紫色海洋的背景下，穿着粗花呢上衣的他看起来愉悦而放松。后来，莱维说那是“一场奇妙的旅行”[6]。

在马尔萨拉附近的马扎拉-德尔瓦洛（Mazzara del Vallo），三人住进了霍普斯旅馆，并在晚餐时享用了剑鱼，安德烈奥奇记得。海湾里，白色的渔船在酷热的微风里航行。第二天，3月23日，莱维来到了特拉帕尼那苍蝇横飞的马菲亚港。莱维一行从那里搭乘萨伊伯姆石油公司的直升机登上了排水量42000吨的“海狸六号”。从直升机的舷窗中，莱维能认出那失落的迦太基岛城莫特亚（Motya），浮现在飞机下方一个浅浅的礁湖中。他还能看到特拉帕尼的盐沼，以及他们那荷兰式的风车。20分钟后，莱维登上了“海狸六号”的直升机甲板。这艘巨船长达135米。从外形看，宛若一座石油钻井平台。迎着螺旋桨的强大气流，一位姑娘带走了莱维的行李。让他在接下来的半个小时内一直在担心这些行李的下落。身材魁梧的托斯卡纳船长彼得罗·科斯坦佐（Pietro Costanzo）带领莱维来到了他的舱室。这艘船可以容纳330人。

之后，莱维被引见给一些工程师。他征求他们对他的作品的意见。很快，他对《休战》中幽默情节的讲述就让他们着了迷，仿佛中了魔咒一般。莱维对船上海员们的孤独感以及他们对于登岸假期的需求表现出了关注和同情。一位焊工走到莱维面前，告诉他自己多么喜欢《扳手》这本书。莱维很高兴。

晚上，在六七位工程师和机械师的陪同下，大家一起围坐在科斯坦佐船长的桌子前，倾听莱维的高谈阔论。显然他在登上“海狸六号”之前做了一些功课，因为他提出的都是关于深水管道铺装的最专业的问题。人们交杯换盏，莱维开玩笑说，如果萨伊伯姆石油公司让SIVA为“海狸六号”提供油漆的话，那么他早就是一位百万富翁了。临近这次晚宴的尾声，微醺的莱维把彼得罗·科斯坦佐称为“尼莫船长”。这个绰号来自凡尔纳的《海底两万里》中的那名潜艇舰长。在睡觉前，他登上甲板，与摄影家安德烈·内米兹聊起了天。内米兹那一年40岁，是一位驻扎在埃塞俄比亚的意大利陆军军官的儿子。他有着锐利的蓝色眼睛。那天晚上没有月亮。仰望天空，莱维为内米兹指出各个星座。他说，从小时候起，他就一直暗暗希望自己能沉醉在这样星光满天的寂静夜色之中。“只有那时，我们才能理解我们生活的世界是毫无意义的。”他告诉内米兹。在一个小时里，这两个人欣赏着苍穹与银河。到午夜时分，“海狸六号”停泊在非洲边缘的潘泰莱里亚（Pantelleria）岛——一座飘散着茉莉清香的小岛。莱维和内米兹回到了他们的舱室。莱维睡在下铺，内米兹睡上铺。他们尴尬地背对背换衣服。内米兹飞快地爬上了上铺，他突然对莱维有了一丝怜惜感。后来，他在给我的信中写道：

> 并非有意的，当莱维转过身，对着舱室的墙壁开始脱衣服时，我的目光落在了他的身上。他在折叠，或者假装在折叠，他的裤子。就在那时，我对他有了一个全新的印象——极为脆弱，瘦得可怕，有着少年般的笨拙。他的腿是苍白而纤弱的。目睹这个伟大的人那半裸的身体让我感到羞耻，我移开了自己的目光。我不记得最后是谁关了灯。[7]

在“海狸六号”上度过了 30 个小时之后，莱维前往巴勒莫的拉伊西角机场，乘机飞回都灵。他送给保罗·安德烈奥奇一本有他签名的《扳手》：“为了友谊和真心的感激之情。”永远有着专业作家的敬业精神，莱维在回到都灵后立即起草了两篇关于西西里岛的游记。第一篇是《尼莫船长的客人》，刊登在 4 月 6 日的《邮报》上。第二篇要比第一篇长得多，刊登在 1980 年 5 月的《埃科斯》上。远至突尼斯的工程师争相传看这篇文章。从“海狸六号”的控制塔上，科斯坦佐船长给莱维打来电话，表达了自己对这篇文章的喜爱，并答应送他一枚萨伊伯姆石油公司的银质勋章以表达“尼莫船长的祝贺”。连续几周，西西里岛之旅一直带给莱维巨大的喜悦。他的妹妹发现他在母亲面前情绪高涨。他们一起去参观了位于都灵加里波第街的一座巴洛克风格的小教堂。这座教堂平时并不对公众开放，但莱维的一个朋友有钥匙。莱维在教堂前面带着“真正的敬意”[8] 为游客们签名赠书。

## 3

在 1980 年的整个春天，莱维一直坚持为他的犹太游击队小说展开调研工作。他的朋友，都灵的历史学家乔治奥·瓦卡里诺（Giogio Vaccarino），保存了大量关于抵抗运动的档案资料。他在这段时期为莱维提供了许多有益的文件。在整整一年中，每周一次，莱维会去拜访瓦卡里诺教授位于阿布鲁兹公爵街那精致的居所。他母亲埃丝特尔常常会陪同他。莱维尤其关注瓦卡里诺的一份资料——由苏联人科夫帕克（Kovpak）少将于 1945 年撰写的《苏联游击队》（*Les Partisans Soviétiques*）。根据莱维用铅笔书写的批注可以断定他对游击队里那无情的纪律尤其感兴趣——无论是喝醉的游击队员，还是可能的间谍人员，都会被执行枪决。《若非此时，何时？》实际上暗暗反映了莱维自身的游击战争经历。正如莱维曾经在 1943 年参与了游击队的两名叛徒的死刑一样，在他的小说里，一个在喝醉时向敌人吐露了机密的苏联游击队员也被毫不手软地执行了枪决。在极度细致的调研工作中，莱维也找到了摩西·卡格诺维克（Moshe Kaganovic）在 1947 年撰写的《犹太人对苏联游击运动的参与》。在无尽的痛苦之下，他把整本书从意第绪语翻译成了意大利语。

4月，莱维坚定地开始写作。同时，他也以同样的热情投入到另一项工作中。埃诺迪出版公司为数不多的贵族编辑之一，朱利奥·博拉蒂·迪·圣皮埃尔伯爵（Count Giulio Bollati di St Pierre），请求莱维将他最喜欢的文学作品编辑成册，以供出版。无论是植物手册的摘抄，还是闪电侠戈登的漫画，都可以被收录进这部选集，博拉蒂伯爵说。博拉蒂始终不变地信任着莱维。而莱维同样将博拉蒂视为最可信赖的编辑和导师。博拉蒂是那种老式学者：勤奋、精准。只要有机会，莱维就会钻进他父亲的老书房，精心地挑选。他要挑战文学选集的传统编辑思路，并享受这一过程。在他最终选择的三十位作者中，有七位英国人、六位意大利人、四位法国人、四位犹太人、两位德国人、一位奥地利人、一位使用拉丁语的古罗马人（卢克莱修）、四位美国人和一位古希腊人（荷马）。在这些作者中，有八位是科学家，其余二十二位是作家。如果没有意外，这部选集反映了莱维那广泛而世界性的文学品味。

莱维将这部选集命名为《寻根》（*The Search for Roots*），而他选择了一些最不可能的作品。很少有人能读完托马斯·曼那具有强烈催眠效果的作品《约瑟和他的兄弟们》（*Joseph and his Brothers*）。但莱维并不关心这本书的文学造诣。在希特勒迫害犹太人的年代，托马斯·曼却出版了一本小说，将犹太人描写为我们现代道德观的奠基者。在这部选集中，还有其他出人意料的作品。尽管莱维倡导传统风格的散文，但他却收录了西西里小说家斯特凡诺·达里戈（Stefano D'Arrigo）的意识流巨著《杀人鲸》（*Horcynus Orca*）的节选。达里戈是一位充满热情的天才，在他的血管里流淌着法国讽刺作家拉伯雷般粗俗幽默的文学血液（他在帕索里尼的黑社会暴力电影《寄生虫》里扮演过一个小角色），而他的小说显得恣睢放纵、怪诞荒唐。莱维选取了一段阴暗的自我揭露的段落：那不勒斯流浪儿纷纷拿起武器，包围了一名德国坦克驾驶员，并用刺刀扎死了他。从这个选段不难看出莱维对德国人那难以平息的愤怒。

《寻根》的大部分编辑工作是在都灵的家中完成的。莱维的工作常常会被打断，因为他需要抽出时间照顾母亲。他每周会把自己选定的文章和相关的文学评论送给圭多·达维科·博尼诺（Guido Davico Bonino）。博尼诺住在马泰奥蒂街一套租住的房子里，是为博拉蒂伯爵工作的一位自由作家。莱维常常会在中午刚过的时候光顾博尼诺的家，一边吸着薄荷醇香烟，一边删改文稿。然后，他会赶在天黑前步行回到克罗塞塔。莱维所选择的一些文章令博尼诺有些恼火。其中之一是罗马尼亚诗人保罗·策兰（Paul Celan）那可怕的诗作《死亡赋格》——德国抒情诗传统似乎在种族灭绝的地狱中坠落了。“这首诗中纯粹的绝望像病毒般传染了我。”[9]莱维告诉博尼诺。策兰于1970年自杀。而莱维在1976年第一次通过摩西·康恩精彩的意大利语译作读到了策兰那充满焦虑和痛苦的诗句。《寻根》是一本“黑夜之书”[10]，莱维说，而他的其他作品则是“光明之书”。博尼诺感到大量的科学术语已经令这本书严重地背离了人文主义。莱维真的坚持要收录关于蟑螂侵蚀工业涂料的涂刷方法的“专业”论文吗？莱维的答案是肯定的，在他心里，这篇干巴巴的“论文”是与卡夫卡的《变形记》联系在一起的。莱维认真倾听博尼诺的意见，但他告诉博尼诺，这些过于“专业”的文章恰恰是他最想出版的。毕竟，莱维的“根”并不仅仅是文学家，他还是一名化学家。他接受了莱维的意见。

## 4

1980年的春天，还有两件事占用了莱维的时间。莱维并不完全满意露丝·费尔德曼和布莱恩·斯万对他诗作的翻译，并想找其他译者再试试看。剑桥大学的医学生米格尔·埃尔南德斯-布隆舒（Miguel Hernandez-Bronchoud）曾经与伦佐上过同一所学校。尽管埃尔南德斯-布隆舒没有与任何出版社缔约，但莱维看重他的翻译能力，并热情地鼓励他、积极地提供各种建议。他对莱维诗作的翻译赢得了冈维尔与凯斯学院奖，随后刊登在牛津大学的一份杂志上。5月14日，莱维写信祝贺埃尔南德斯-布隆舒，并称他的成功是“实至名归的”。

5月28日，在莱维的授权下，由他的科幻小说改编的舞台剧《出生在地球》在都灵进行了首演。虽然这部剧作挑选了复活节假期这个适当的时机，但它却是一部令人不安的作品。它探讨了精神控制，并描写了外星人占领地球的情节。圭多·达维科·博尼诺在《邮报》上撰文，盛赞这部剧作，并不断邀请作者出现在舞台上（但莱维并没有那么做，可能是出于羞涩）。莱维送给朋友们很多免费票，感谢他们能去观看这部剧。

同时，纳多·德·贝内代蒂开始表现出抑郁症的症状，而且他的抑郁在逐渐加重。自从室友去世后，他独自生活在这个空旷的公寓里已经有10年之久了，很容易遭到盗贼的袭击。莱维担心他的安危。作为一名医生，纳多清楚自己的病情，并用专业的角度去进行观察。他已经几乎听不到声音了，但却拒绝带助听设备，结果人们只能对他大喊大叫。

5月31日，82岁的纳多从医生的岗位上退休了。他的情绪状态很快出现改观，并且健康情况似乎也显著恢复了。他甚至留了两撇优雅的小胡子，并试着去写一些短篇小说（对于这些作品，莱维不客气地没有给出任何评价）。一位铁路工人的女儿，安娜·玛拉卢奇（Anna Maralucci）从1965年起开始照顾纳多。她身材高挑，有着柔顺的黑色秀发，说话时带着南方口音。她在10岁时从意大利南方来到都灵，而她对纳多的爱是质朴而坚决的。她为他熨衬衫，为他接电话，给客人们开门，还给他做饭。她为纳多设计了一整套一成不变的生活常规：每天傍晚，她会把预先为他做好的早餐放在冰箱里，而午餐时，她会为他做烤梨、凤尾鱼和面包。出于感激，纳多把他的蓝旗亚轿车送给了她。不过，在两个人亲密的日常生活中不可避免地会产生龃龉。纳多最看重的美德是诚实，而他却发现安娜对他撒谎说她结婚了。纳多感到自己被欺骗了。他狠狠地责备她，把她称为骗子。当可怜的安娜真的结婚了，变成了安娜·皮耶尔桑蒂（Piersanti）太太时，她牺牲了自己的蜜月来照顾纳多。

1980年夏天，纳多搬出了他在克罗塞塔的公寓，住进了都灵犹太老人院。那是位于长长的、灰色的伯纳迪诺·加利亚里街的一栋不起眼的建筑。纳多说，这里都是“老年大男孩和老年大姑娘”[11]。在这样一个经常有人死去的地方，他作为一名医生享有重要的地位。而工作人员都很亲切、热情。纳多有自己的电话，可以随时联系莱维和其他朋友。他还有一台收音机，可以收听他喜爱的威尼斯华尔兹音乐；一台便携电视，用于在深夜收看电影。幸运的是，这座老人院距离安娜·皮耶尔桑蒂位于德加斯佩里街的家不远。而她每天都来看望他。到那时，他们已经在漫长的时间中（15 年）对对方有了深入的了解。星期天，他们在维托利奥街一起吃冰激凌、喂鸟。星期四，他们会去克里斯蒂娜街市场。纳多喜欢在那里买水果，并锻炼自己的腿脚。他发现在老人院吃饭过于压抑。他总是尽可能多地与亲戚或朋友一起吃饭。

大约在这段时期，莱维接到了一封来自意大利集中营幸存者埃琳娜·西蒙（Elena Simion）的来信。她认出了《休战》中的“李奥纳多”就是纳多·德·贝内代蒂。莱维在回信中附上了纳多在都灵的地址：“我相信，你的信会让他非常高兴的。”

尊敬的德·贝内代蒂医生：

也许您还记得我？1945 年复活节前，我们在卡托维兹中转营匆忙地见过一面。我原想能生一个小男孩，结果却生了一个小女孩，名叫娜迪娅。她在 5 月 25 日出生于克拉科夫医院：您是她见到的第一位意大利医生！此刻，我高兴地告诉您，我那营养不良的新生儿（看起来像一只老鼠）已经成长为一个健康的、美丽的女人了。她现在也有了自己的小女儿。

1980 年 6 月 6 日

1944 年冬天，在威尼斯郊外，德国人拦下了西蒙乘坐的火车。所有的平民乘客，无论年纪或种族，都被送往波兰。埃琳娜·西蒙被送进了位于上西里西亚、奥斯维辛附近的布莱克海姆尔（Blekhammer）集中营。她在那里成了德国工业的奴工。后来，她爱上了一位苏格兰战俘，罗伯特·汉米尔顿（Robert Hamilton），并很快怀上了他的孩子。在集中营被解放之后的混乱中，他们彼此失去了联系。之后娜迪娅在克拉科夫出生。有人最后在英国萨里郡的沃金（Woking）听说了她的父亲罗伯特·汉米尔顿的下落。莱维的意第绪游击队小说《若非此时，何时？》在某种程度上借鉴了这件事。在小说结尾处，一个孩子诞生了——在这个艰难的环境中，一个新生命活了下来，就像娜迪娅·汉米尔顿。

在35年后的1980年，埃琳娜·西蒙与纳多再次见面了。她惊讶地看到这位医生那质朴的生活环境。纳多把她迎进自己的屋子。屋子很简陋，配有一个小小的浴室。窗帘拉得紧紧的（纳多对光线敏感），而房间里只有一台小冰箱和几排书架。书架上放着纳多当时的读物，大多数是关于拿破仑的书。室内唯一的装饰品，是一幅伦勃朗及其妻子的自画像，署有画家的名字，日期为“1696年”。

## 5

多年以来，夏天总会为莱维带来那些难以忘记的生日。6月29日，他的母亲85岁了。7月2日，他的儿子伦佐23岁（几乎就在同样的年纪，莱维被捕并被送进奥斯维辛）。阿尔贝托·索莫尼在8月6日就62岁了。阿尔贝托的前妻比安卡·乔德蒂·塞拉在19日满61岁。秋天，9月18日，他在工会的朋友维托利奥·福阿庆祝了自己71岁的生日。莱维从童年起就认识了这位和蔼可亲的人。福阿那时还住在翁贝托国王大街64号。他是“公平与自由”运动中的重要领导人，而他的母亲是埃丝特尔·莱维的堂姐。在SIVA曾经招待苏联客户的“乡间大宅”里举行了一场盛大的生日宴会，三代亲朋共聚一堂。

不过，最重要的生日是在7月12日，莱维妻子的六十大寿。为了纪念这个时刻，莱维为露西娅写了一首贺寿诗。这首诗温柔地开头：“耐心点，我疲惫的太太。”虽然莱维不再像刚从奥斯维辛回来时那么依赖露西娅了，但是在33年的婚姻中，他对她的需要却始终如一。诗中充满了歉意（“从那时起，我便深深爱上你”），并在这段关系中赋予露西娅更重要的作用。莱维试图向她伸出自己的爱情之手：

不要再独自生活。
请接受，这首十四行诗。
它们是，我用那鲁莽的方式，
去述说你有多么可爱，
没有了你，我也不能独存于这世界里。

莱维很少在自己的作品中如此真情流露。而最后一行，到底是指在那黯淡的战后时光中，露西娅愿意接纳莱维，倾听他那绝望的话语，还是指自己近期对于自杀的想法，我们无从得知。

莱维和露西娅在弗拉博萨度过了暑假。8 月 2 日，他们收到了博洛尼亚火车站发生炸弹袭击的消息：86 人丧命，200 人受伤。最大的嫌疑人是意大利极右翼政治家、“幕后操纵者”，利西奥·杰利（Licio Gelli），绰号“古狼”。在西班牙内战期间，杰利支持佛朗哥，并加入了法西斯部队。随后，又加入了赫尔曼·戈林的党卫军部队。他是意大利非法组织 P2（Propaganda Two，2 号共济会宣讲分会，共济会分会之一）的尊主会长，参与了很多政治间谍活动和恐怖活动。在博洛尼亚暴行之后，意大利似乎即将从“赤色旅”的左翼恐怖主义时期，过渡到右翼的新法西斯恐怖主义时期。在数日的沉默和震惊之后，莱维撰写了他在 1980 年最阴暗的诗作，《黑带》（“Dark Band”），描写了在都灵马路的阴沟里一支忙碌的工蚁队伍。一开始，这首诗的风格是滑稽可笑的，但突然笔调一转，变得不安而紧张起来：“我本不想描写‘黑带’”；这条黑色的队伍让人们想起党卫军的等级秩序，或者还有杰利的 P2 那挺进意大利政坛的产业大军。博洛尼亚的炸弹表明法西斯给意大利带来的旷日持久的痛苦还远远没有结束。

## 6

1980 年 10 月，莱维开始撰写《若非此时，何时？》。让·萨米埃尔在那年秋天来到都灵，发现莱维正处于极度亢奋之中。莱维书房的墙上挂着欧洲占领区的战役地图。而莱维用尺子在地图上画出了小说中抵抗战士们走过的路线。当天晚些时候，莱维和萨米埃尔参加了反映纳粹奴工生活的德国电视纪录片《工业与恐怖》的拍摄工作。萨米埃尔战后就再没有使用过德语，而且当他面对摄像机时不由得感到一丝恐慌。不过，再次使用迫害者的语言让萨米埃尔可以去讲述他的苦难，先是对他的孙辈，然后是对他的朋友。这次采访是他成年岁月中的重大事件，他说。

那一年的结束为莱维带来了一个积极的音符。11 月 18 日，意大利集中营幸存者得到了与意大利退伍军人同样的“生活年金”待遇。莱维现在不仅享有免费医疗，还得到了一份退休金，作为他从 SIVA 得到的退休金的补充。

到 1981 年新年，莱维下笔如泉涌。他似乎要“飞起来”了。用了 11 个月的时间，他完成了《若非此时，何时？》。他与书中的游击队主人公形成了一种幸福而亲密的合作关系。从无到有地发明“角色”，莱维说，从来不会缺乏“美妙感”。莱维说，他能感到这些角色就在他的手边，告诉他去写什么，似乎他们已经从纸张中跳了出来。自然，他以自己的熟人为基础来塑造形象。游击队长基大利·斯基德勒（Gedaleh Skidler）是一个埃里厄尔式的精灵、一个失败的知识分子，有着可爱的歌声，非常像莱维的大学同窗阿尔贝托·索莫尼。在书中甚至潜藏着对阿黛尔·塞尼加利亚的致敬——那名意大利难民助手清清楚楚地叫作“阿黛尔·S. 女士”。显然，那个钟表匠门德尔（Mendel）就是莱维本人的化身，性格和蔼、书卷气、喜欢下棋、热爱哲学。不过，门德尔成了一名坚强而精干的游击队员，不同于莱维在游击队中那徒劳无功、毫无建树的表现。

但这本书中的许多角色，似乎仅仅是为了说出他们的教条和格言而存在的。莱维的手稿并没有给他的律师朋友比安卡·乔德蒂·塞拉留下好印象。她认为小说中的角色僵化，情节牵强。“我请莱维先把这本书停一停，但他不顾一切地继续写作。”这部小说显得套话连篇，就像《屋顶上的提琴手》与夏加尔式的异想天开掺杂在一起。电视系列片《大屠杀》很可能对莱维的创作产生了一些低俗的影响。在这部系列片中，犹太游击队员们在逃往巴勒斯坦前炸毁了位于东线的德国国防军仓库。将华丽的辞藻粗糙地堆砌起来——这是他在其他作品中不曾犯过的错误。

莱维把下午的时光用来写小说；而上午则用来写信。在冬天，他开始与西西里作家列昂纳多·夏夏通信。莱维一直崇敬夏夏的惊险小说和散文中那尖酸刻薄的语言及平民道德观。1979 年，莱维和夏夏曾经针对法国修正主义者福里松发动了一场联合讨伐。现在，两年后，夏夏送给莱维一本他最近出版的书，《记忆的剧场》，一本以 20 年代的都灵为背景的心理学神秘小说。

莱维写信感谢这位西西里作家，并借此机会向他请教“marsa”一词。在莱维的孩提时代，这个词被用于街头游戏中来表示停战。这是一个阿拉伯-西西里词语吗？一周后，夏夏回信说他不知道，他的西西里朋友们也不知道。他们希望能在巴勒莫讨论这件事。夏夏就生活在那里，生活在他所收集的大量银头手杖中间。但莱维并未成行。莱维后来悲伤地说：“巴勒莫离都灵太远了。”1985 年，夏夏告诉我，莱维是他“最想见到的”[12] 意大利作家。

上午的邮差总会给莱维带来一些邀请他去举行讲座的信函。波士顿大学想让他去出席一个关于“犹太文化”的会议。而他不得不拒绝。“主要是因为我的母亲。并不是她身体欠佳，但她已经 86 岁了，并且和我们一起住，所以我并不能一走了之，只让我的太太来照看她。我的太太还要照顾她自己的母亲。我的岳母已经九十高龄，并且失去了视力。”[13] 在一首写于这个时期的诗《未完成的事务》中，莱维悲叹那些失去的机会。前往一个遥远的城市？小岛？“你只好在行程中划去它们。”他觉得自己只能接受在意大利的讲座邀请，最好是在都灵。在都灵的老年大学，他同意进行一场关于食品化学的讲座。还有一家出版社邀请他为一部即将在米兰出版的儿童百科全书撰写关于食物脱水、熏制和腌制的历史。他围绕着“食物的保存”写了整整 30 页（仍未出版），特别是详细介绍了德国的“化学王子”尤斯图斯 · 冯 · 李比希男爵（Baron Justus von Liebig）——长效肉类萃取物的发明者、著名的李比希（食品）集团的奠基人。这部百科全书并没能出版，但莱维决定把他的文章转化成一场讲座。1981 年 1 月 14 日，他的老朋友西尔维奥 · 奥尔托纳将他引见给观众们。莱维谈到了埃及和中国的食物储存方法，并在最后强调了冷冻保存食物的奇迹。并非所有的老年观众都明白莱维的讲座内容，但大多数人都认为这场讲座不同寻常。之后，一个女人问莱维，“合成甜味剂”真的像人们吹捧得那么好吗？“很可能不是。”[14] 莱维简短地回答。

## 7

莱维时常会收到意大利集中营幸存者全国联盟（ANED）成员的许多“无聊的”来信。其中很多来信者提出了金钱或精神方面帮助的请求。莱维把他们称为:“可怜的基督徒们”[15]。一些人把莱维看作一项随时可以要求的公益服务。一名 ANED 的成员给他打电话:“你知道我是谁。我快要死了:写一本关于我的书吧。”但莱维礼貌地回答说他并不写关于“第三方”的书。

《若非此时,何时?》的写作进行过半的时候,莱维收到一封令他极为不安的长信。来信者是前游击队员、天主教徒特蕾莎·阿扎利(Teresa Azzali),她也是一名 ANED 成员。在重读《休战》的时候,阿扎利“悲伤地想起了”,她说,自己挤在闷罐车里那噩梦般的回国之旅。3 月 18 日,莱维给阿扎利写了回信:

> 我很抱歉,重读《休战》会令你如此痛苦。我原以为,与在集中营里度过的那些月份恰恰相反,归国的疯狂之旅的记忆应该是“快乐”而非“悲伤”的。(至少对我而言是这样的。)

5 月,《寻根》的出版赢得了众多好评。伊塔洛·卡尔维诺在《共和报》上称赞这本书的“广收博采”,以及大胆地将荷马与达尔文、康拉德及一篇德语化学论文置于同等重要的地位。只有一篇负面的评论。乔治奥·迪·里恩佐(Giorgio Di Rienzo)在天主教周刊《天主教之家》(*Famiglia Cristiana*)上谴责这本书是“文化上的懒惰”。迪·里恩佐说,莱维的“藏书一定非常贫乏”,否则他不会不收录意大利文学大师但丁、曼佐尼和莱奥帕尔迪的作品。但是,因为在意大利普通读者的藏书中往往都有这几位大师的经典作品,所以莱维把它们省略了。作为这样一本非经典的书籍,《寻根》取得了不错的销售成绩,在最初的几个月中就卖出了 18000 本。整个夏天,它都被书商们陈列在书店的橱窗里。

6 月,莱维暂停了他那犹太抵抗运动小说的写作,去参加了埃诺迪出版公司的一场编辑会。人们都知道他和朱利奥·埃诺迪相互之间并无好感。埃诺迪更愿意与那些更显贵、更高级的作者合作。莱维虽然博学多才,但肯定不是那种白衣秀士、翩翩才子,而埃诺迪正是一个看重外貌的势利小人。“我总是不知道对他说什么”,莱维向阿尔贝托·帕普兹承认。不过,既然莱维已经成为意大利的知名作家，埃诺迪就无法再忽视他。莱维被邀请参加一年一度的“述职会”——在迷人的夏日美景中，埃诺迪出版公司的三十几位员工、作者和顾问共聚一堂。为期七天的会议是一件大事，禁止与会者在参加会议期间带上他们的配偶。在会上将讨论出版的各个环节，从封面设计到法国出现的最新文学理论。会议希望莱维就科学文献提供建议。与会者将围坐在一个长长的木桌周围。而会议将由埃诺迪本人主持。像往年一样，那年的“述职会”仍然选择在人迹罕至的地方召开，并预订了三星级的“格兰塔帕丽”酒店（“Granta Parey”在瓦尔多斯塔诺方言里意为“长城”）。这家酒店就像一座瑞士风格的山中小屋，有着松木椅子和亚麻格纹桌布。酒店老板圭里纳（Guerrina）太太无微不至地招待来宾，甚至到了用热水和杜松子精油为客人们洗脚的程度。她最重要的工作就是为来宾们准备盛大的野外午餐会。柳条编成的食品篮中装满了烤鸡、奶酪，还有一瓶瓶美味的多利亚尼黑葡萄酒，由埃诺迪的司机还有男侍们搬到风景如画的野外，这几乎像是殖民时代的场景。

酒店老板喜欢把莱维称为“岩羚羊”。那是因为他在酒店周围的山路上那优雅而敏捷的步伐。在酒吧间，莱维遇到了娜塔丽亚·金兹伯格，吸着烟，绽放她那狡黠的微笑；还有卡尔维诺——他们俩是住在罗马战神广场区的邻居。三人品着杜松子酒，相谈甚欢。一流的讲故事能手卡尔维诺说他在酒店外面看到过一头狼，但没有人相信他。卡尔维诺正在忙着润色一部译作。它是雷蒙·格诺（Raymond Queneau）的造物狂想曲《袖珍天体演化学》（*A Small Portable Cosmogony*）。但诗中那些有关炼金术的科学典故难住了他。莱维了解它们吗？莱维的帮助让难题迎刃而解：没有他的帮助，卡尔维诺就无法深刻理解格诺这首恶作剧般晦涩的长诗。就在朋友们谈笑风生的时候，酒店的猫抓弄着手稿，喵喵叫着讨要牛奶。埃诺迪出版公司在第二年出版了这首诗，而卡尔维诺在书中感谢了莱维。

整体而言，对于莱维，“述职会”的七天过得飞快而快乐。而他很高兴能和朋友阿尔贝托·帕普兹再次去攀登高山。6 月 28 日，他们攀上了耸立在酒店的迷雾之上的费内特山口，并在早餐前筋疲力尽地返回酒店。娜塔丽亚·金兹伯格吃惊地看着他们背着冰爪和绳索走进餐厅。“什么？你们登上了费内特山口？”“啊，没什么！”[16]他们得意地齐声回答。

## 8

在1981年的下半年里发生了两件戏剧性的事件。其一，莱维的德语老师汉斯·迪特尔·恩格特自杀了。其二则古怪透顶，圣女、殉道者圣路济亚的遗骸被人以莱维的名义盗走了。这件事发生在11月7日晚。一个盗贼（或许多盗贼）在威尼斯教堂里留下了一张便条：“等到意大利的所有中学生以及威内托区的所有中学生都能读到《这是不是个人》时，圣路济亚才会回来。”一个恶作剧？在接受一名记者采访时，莱维无助地回答：“我不想谈这件事。”[17]天主教徒纷纷祷告上帝，乞求圣路济亚的遗骸能赶在12月13日的圣餐日前回到威尼斯教堂。而他们的祈祷实现了。警察在威尼斯郊区一栋公寓里找到了完好的骸骨。28岁的流浪汉詹弗兰科·蒂奥索（Gianfranco Tiozzo）之前已经因为谋杀一个餐馆老板而受到通缉。他承认了自己的罪行：“那只是个玩笑。”

11月24日，星期二，都灵意第绪电影节的最后一天。这次电影节激发了当地人对莱维即将完成的意第绪小说的相当大的兴趣，并且让都灵人体验到了犹太文化和智慧。不过，当天清晨，在都灵的另一边，汉斯·恩格特上吊自杀了。他原本应该在那天早晨出现在法庭上，与他的同性情人本·梅萨德（Ben Messud）对簿公堂。梅萨德威胁要曝光恩格特的同性恋倾向，借此向他敲诈钱财。他不断打电话骚扰恩格特，发出种种勒索威胁。绝望之中，恩格特求助于同性恋权利活动家安吉洛·佩扎纳。佩扎纳建议恩格特报警。而恩格特照做了。梅萨德将要接受审判。但是，在开庭的前夜，据说因为深陷于告发爱人的悔恨之中，恩格特上吊自尽：终年48岁。他的死让莱维悲痛万分（《邮报》报道了这次不幸）。佩扎纳试图说服莱维在一纸声明上签字——以声明恩格特实际上是“被谋杀”的，但莱维拒绝了：“汉斯结束了自己的生命——自杀是我们每个人的权利。”[18]和斯多葛学派一样，莱维相信个人有权利选择自己死亡的时间和方式。

在恩格特自杀的一周后，莱维在歌德学院继续参加德语课，但他不喜欢他的新老师。莉莉-玛丽亚·冯·哈特曼（Lily-Maria von Hartmann）是柏林人，性格粗暴，嗜烟，有着刻薄的幽默感。她出生于1939年，希特勒入侵波兰的那一年。她不在乎普里莫·莱维是谁，或者他在德国人的手里遭受了什么苦难。在她第一天上课时，她要求学生们两人一组离开教室，而在回到教室时，能用德语简要地介绍对方。一位上年纪的同学安娜·玛丽亚·萨沃伊尼将莱维介绍给冯·哈特曼："这是普里莫·莱维，不需要介绍。他年轻时去过德国，但并非他自己的意愿。"而冯·哈特曼却一言不发。她甚至还在班级里分发半疯的奥地利画家弗里德里希·施罗德-索纳斯特恩（Friedrich Schröder-Sonnestern）画作的照片。这些画作是一场充满了骷髅和过度渲染的性交场面的噩梦。但是，它们并没有像冯·哈特曼所希望的，激起莱维的强烈反应。他装作无动于衷。之后，她做了一件乏味的事情。她为班级布置了一篇题为《同性恋与自杀》的作文。这很可能是在影射她的前任。莱维发誓再也不会回到歌德学院了。不过，为了不伤害冯·哈特曼的感情，他谎称身为名人的巨大负担和繁忙事务让他没有时间来上课。"我已经成了为出名而出名。"他告诉她。这其中有几分真话。

莱维很快找到了一位新的德语老师——亨斯·亨里克·费舍尔（Hens Henrik Fischer）。费舍尔就住在莱维的约莱·卢扎蒂姨妈的楼下。他出生于1941年，父母都是爱沙尼亚人，有着绯红的脸颊。在见到莱维时，他感到非常高兴而紧张，因为他难以提起战争时期莱维遭遇的那些经历。为了帮助他克服尴尬，莱维建议他们用非正式的"你"（tu）来称呼彼此。而这似乎很奏效。每周一次的对话课在费舍尔位于罗塞利街的公寓中进行。为了提高语法水平，莱维带来了他自己对海因里希·海涅的讽刺诗《唐娜·克拉拉》（"Donna Clara"）的翻译。在这首诗中一个女人先将犹太人贬低为有毒的蛀虫，然后是天主教徒的屠杀者，最后甚至诬蔑犹太人的血液会污染一个民族。40年代时，这首诗首先在阿尔托姆的朋友中流传。而近年反犹主义的重新抬头让莱维对这首诗再次产生了兴趣。1981年，以色列对于巴勒斯坦阿拉伯人的政策，激起了一股反犹主义情绪。意大利的犹太教堂，在"二战"后第一次遭到了亵渎。在罗马，犹太学生保拉·卡维利亚（Paola Caviglia）只因为在期末的演出中扮演了安妮·弗兰克，就遭到了殴打，并被扔下了楼梯井。

在 1981 年最后的几周里，莱维出版了他的第三部短篇小说集《梦魇》（*Lilít*），收录了奥斯维辛的片断和科幻小品。这本书的反响不错，但评论家们不约而同地忽视了它最吸引人的方面。许多人说，我们的言语不足以描写奥斯维辛的滔天罪行，集中营是无法言说的、非人道的。但莱维并不同意。他使用平白的言语记录了这场人类的失败。在《梦魇》的第 13 篇短篇小说《恬静的星星》中，讲述了一名阿拉伯宇航员的故事。其中，莱维悲叹人类的语言不足以描述行星的科学现象或原子的微观世界。莱维相信，与奥斯维辛相比，我们的日常语言更难以描写这些方面。

## 9

随着旧的一年逝去，《邮报》请求莱维对 1982 年进行预测。他照办了。他的预测与英国小说家J.G.巴拉德（J. G. Ballard）的预测一起发表在《邮报》上。莱维的预测中包括了机器人生产线和计算机替代人等常见的内容。1982 年为莱维带来了一个痛苦的音符。莱维的记者朋友阿尔贝托·塞尼加利亚出版了一部以千禧年为主题的书：《2000 年前的 20 年》。在书中，塞尼加利亚选择了一些意大利作家进行采访。但莱维生气地发现并没有包括他。被人忽略让莱维备感苦涩，尤其是，这本书还采访了伊塔洛·卡尔维诺。莱维也许生气了。但外表大度而亲切的他却很少用大吵大闹来发泄自己的愤怒。1982 年 1 月 11 日，他写了一首关于千禧年的诗，《2000》，并把它交给塞尼加利亚在《邮报》上发表。“这是普里莫无声的原谅我的方式。”[19] 塞尼加利亚说。对于莱维的一些朋友来说，新的一年也并不完全顺利。阿黛尔·黛拉·托雷已经患上了严重的阿尔茨海默症，而纳多也已经进入了生命的最后时刻。同样在 1 月 1 日，他起草了遗嘱：“我把我的镀金钱夹送给我那亲如手足的朋友普里莫·莱维博士。”这个钱夹原属于纳多热爱的表亲妮拉·塞格雷和伊尔达·塞格雷，并镌刻着她们的名字。他把自己的枝形吊灯、衣柜和床头柜送给了他的女仆安娜·皮耶尔桑蒂。显然，纳多没有什么值钱的财产（他把伦勃朗的画作留给了家族)，但他把自己一生中大多数时刻都随身携带的镀金钱夹送给了莱维——一件充满友情的遗赠。

冬去春来，4 月，《若非此时，何时？》出版了。这部小说为莱维带来的关注和赞扬远大于他的期望。在意大利的书店里陈列着成堆的《若非此时，何时？》。讽刺的是，莱维最差的书赢得了最高的评价。只有一个不和谐的声音。克劳迪奥·马格里斯在为《晚间邮报》撰写的一篇充满敬意、措辞含蓄的评论中，称莱维的文章并不精彩。问题在于莱维所使用的小说体裁。很难说他是一个虚构作品的大师。莱维并非乔伊斯或卡夫卡这样的想象天才。"这是巨大的矛盾，"小说家阿哈龙·阿佩尔菲尔德（Aharon Appelfeld）说，"莱维有着纪实作家的创造性——他让叙事成了一种充满创造性的艺术。"莱维最好的作品来自他自己的经历。为了配合此书的出版，他接受了一系列采访。4 月 23 日，他的作家朋友罗伯托·瓦卡（当时他的一条腿打着石膏）从罗马赶来对他进行采访。莱维向瓦卡承认，他很少读现代小说。"除了康拉德，我并不喜欢20世纪的小说家。小说让我无聊。除了，当然，(莱维笑了）我们正在谈论的我自己的小说。"[20] 莱维读过的为数不多的小说中，大多数是外国作品（意大利没有长篇小说的传统，多为短篇和中篇作品）。意大利复兴时期伊波利托·涅沃（Ippolito Nievo）的爱情小说《一个意大利人的告白》(1867）是一个例外。这部小说通过紧张的冒险经历，描写了意大利人对于奥地利侵略者的反抗，正如《若非此时，何时？》。一些目光敏锐的评论家发现莱维也借鉴了其他作品。有人认为这本书借鉴了贝佩·费诺利奥（Beppe Fenoglio）在 1968 年出版的抵抗运动经典作品《游击队员约翰尼》。费诺利奥是皮埃蒙特小说家，也是奥利弗·克伦威尔的狂热支持者。他运用宏大的笔调刻画了这位意大利游击队员。

还没等《若非此时，何时？》登上意大利畅销书榜的榜首，出生于苏联的艺术家马克·夏加尔（Marc Chagall）就把莱维的出版商告上了法庭。埃诺迪出版公司没有征得夏加尔的许可，就在《梦魇》的封面上使用了他为耶路撒冷彩绘玻璃创作的部分图案。5 月 4 日，代表这位艺术家的律师通过意大利作家协会给莱维写信，谴责对于艺术权益的"盗用"和"损害"[21]。这个案子直到一年后才圆满解决，双方达成了庭外和解。这个官司让莱维极为不快，因为他非常钦佩夏加尔。这位艺术家影响了他在《若非此时，何时？》中对色彩绚丽的波兰日落和披着白色面纱的新娘们的描写。

## 注释

1 “我睡倒……”：普里莫·莱维给露丝·费尔德曼的信，1980 年 3 月 2 日。
2 “意大利人……”：1967 年 8 月 5 日。
3 “从一开始，……”：伊迪丝·布鲁克告诉作者，1992 年 8 月 5 日。
4 “祝你晚宴愉快！”：普里莫·莱维写给阿涅塞·因奇萨的信，1980 年 12 月 14 日。
5 “他是一个典型的……”：保罗·安德烈奥奇在信中告诉作者，1994 年 1 月。
6 “一场奇妙的旅行”：普里莫·莱维写给保罗·安德烈奥奇的信，1986 年 7 月 21 日。
7 “并非有意的，……”：安德烈·内米兹在信中告诉作者，1994 年 6 月 10 日。
8 “真正的敬意”：于梅尔坎蒂教堂（Cappella dei Mercanti），1980 年 4 月 29 日。
9 “这首诗……”：普里莫·莱维的这段话是由圭多·达维科·博尼诺告诉作者的，1993 年 6 月 17 日。
10 “黑夜之书”：普里莫·莱维，《寻根》的序言，p.5。
11 “老年大男孩……”：李奥纳多·德·贝内代蒂写给埃琳娜·西蒙的信，1980 年 11 月 7 日。
12 “最想见到的”：列昂纳多·夏夏告诉作者，1985 年 12 月 7 日。（我对列昂纳多·夏夏的采访内容刊登在《伦敦》杂志上，1987 年 4/5 月。）
13 “主要是因为……”：普里莫·莱维写给安娜·约纳的信，1981 年 5 月 8 日。
14 “很可能不是。”：据普里莫·莱维的讲话录音，《食品贮存》（*Conservazione degli alimenti*），1981 年 1 月 14 日。
15 “可怜的基督徒们”：普里莫·莱维接受马西莫·迪尼的采访，1984 年；未经发表的采访内容。
16 “啊，没什么！”：普里莫·莱维的这段话是由阿尔贝托·帕普兹告诉作者的，1992 年 11 月 2 日。
17 “我不想谈……”：普里莫·莱维的这段话刊登在《日报》上，1981 年 11 月 24 日。
18 “汉斯结束了……”：普里莫·莱维的这段话是由卢卡·巴拉奈利告诉作者的，1993 年 5 月 17 日。
19 “这是普里莫……”：阿尔贝托·塞尼加利亚告诉作者，1993 年 6 月 14 日。
20 “除了康拉德，……”：据普里莫·莱维接受罗伯托·瓦卡采访的录音，1982 年 4 月 23 日。
21 “损害”：据埃诺迪公司关于普里莫·莱维的文件记载。

# 二十三

# 中东冲突

（1982—1983）

# 1

《若非此时，何时？》出版了，所有的采访和评论结束了，聚会和欢庆收场了——莱维感到有些麻木。1982 年春天，他接受了一项委托来翻译卡夫卡的作品。朱利奥·埃诺迪计划推出一个新的“作家翻译作家”的系列企划。次年是卡夫卡的百年诞辰，莱维迫于压力需要完成翻译。起初，他对翻译很有热情，他希望通过翻译《审判》来提高自己的德语水平并避免自己的创意枯竭。然而，卡夫卡的作品带给莱维的困难比他自己想象的要可怕得多。卡夫卡甚至不是他最喜欢的作者之一；他并没有在翻译《审判》的过程中感到“快乐”，相反，他只感受到黑暗和对现实世界的极端厌恶。如果说莱维在他的写作中一直试图用理性之光照亮那些模糊和隐晦的事物，卡夫卡则像一个不断向更深、更黑暗处挖掘的“鼹鼠”。莱维在 1982 年 9 月 22 日所写的诗《老鼹鼠》，无疑是对卡夫卡的含蓄描述：鼹鼠宣布，“我选择独自在黑暗中生活”。

随着莱维越来越深地沉浸在《审判》中，他愈发觉得他本人的生活和卡夫卡这个被他称为“布拉格的圣弗兰茨”[1]的生活一样。这位奥地利作家曾经是一位保险推销员，过着非常单调的生活，几乎不去除了自己和父母住所之外的地方。莱维认为，他本人的生活也是顽固而守旧的。此外，卡夫卡的三个姐妹（她们正是《审判》所预言的不断瓦解的官僚主义的受害者）都在纳粹集中营里丧生了。《审判》，基于有罪推定，似乎以一种令人极端恐惧的方式预示了希特勒的恐怖统治。莱维认为，卡夫卡一定有一种“动物般的”敏锐，才能如此准确地预测未来。卡夫卡并没有让莱维从翻译工作中收获快乐，相反，他重新激起了莱维对犹太人和犹太教的忧虑。

那年夏天，莱维比战争开始以来的任何时候都更深入地参与到犹太人的事务中。他答应陪同一群学生、教师和幸存者去参观奥斯维辛集中营。接着，在 6 月 6 日，以色列入侵黎巴嫩。总理贝京原本计划摧毁巴勒斯坦的抵抗。但以色列人仅仅摧毁了黎巴嫩南部的大部分地区，并杀死了数千名阿拉伯人。在这个可怕的时刻，莱维不可能再对以色列战争无动于衷了。《若非此时，何时？》被一些意大利左翼分子误解为是犹太复国主义对贝京暴力行径的辩护。当然，莱维并无此意。书中没有任何一个人物是犹太复国主义者；他们最终定居在巴勒斯坦并不是因为他们的政治立场，而是因为他们无家可归。然而，遗憾的是，这样一本关于犹太游击队员如何在以色列新耶路撒冷得到拯救的小说，在当下并没有成为一本畅销书。

当贝京增派以色列坦克的时候，莱维对以色列和以色列政府的态度变得越发复杂；他告诉他的朋友，自 1967 年“六月战争”开始以来，他第一次发现自己主观上憎恨以色列政府。当莱维问一位意大利拉比他是否去过“巴勒斯坦”时，这位拉比被激怒了，因为将以色列称作“巴勒斯坦”听起来是一个反以色列的挑衅，他尖锐地回答莱维：“我没去过巴勒斯坦，但是我去过以色列。”[2] 在莱维看来，贝京总理最不可饶恕的地方在于他使用了纳粹曾经使用过的受害者神话作为他侵略和伤害巴勒斯坦人的正当理由。莱维对此感到十分愤怒，他发起了一场名为贝京必须下台的运动。6 月 7 日，他联系了摩西 · 卡恩（Moshe Kahn），意大利改革派犹太人之一，来决定需要采取何种行动。（莱维很欣赏保罗 · 策兰的诗歌，在读完摩西 · 卡恩对诗歌的翻译后，莱维在 1976 年首次见到了德国出生的卡恩。）他们产生了在意大利媒体上发表一封反对贝京的公开信的想法。莱维在当天傍晚开始起草这份抗议书，他与他的匈牙利作家朋友伊迪丝 · 布鲁克共同奋战到凌晨 2 点，之后，他将他的成果在电话里读给卡恩听。第二天，也就是 6 月 8 日，卡恩在位于罗马《共和报》的办公室里收到了通过电传打字机发来的全文。之后，抗议书的副本被寄给意大利的主要犹太知识分子签字。起初，娜塔丽亚 · 金兹伯格拒绝签字，理由是她母亲是天主教徒；然而，当保守派的意大利犹太人团结一致支持贝京时，她又觉得她必须签字。149 名其他签署者包括佛罗伦萨的历史学家乌戈 · 卡法兹（Ugo Caffaz），罗马的精神分析学家戴维 · 麦格纳吉（David Meghnagi）和生物化学家、都灵人丽塔 · 莱维 · 蒙塔尔奇尼（Rita Levi Montalcini）。然而，收集这么多签名的过程注定是缓慢的，抗议书直到 6 月中旬才出版，那时莱维已经回到了奥斯维辛集中营。

在他动身前往波兰前夕，莱维腾出时间去见了一个小学生，这个小学生正在写一篇关于“法西斯主义和意大利犹太人”的文章。莱维曾发誓不在教室里再谈论这个话题。但他仍然继续在家中单独接待学生，大约每月一次。(一个学生甚至打电话给莱维询问《这是不是个人》，然而事实证明，他还没有读过这本书：“我保证我会尽快读完您的所有书籍。”[3]他抱歉地告诉莱维。)6月9日下午，安东尼奥·萨玛里塔尼(Antonio Samaritani)在他在都灵经营阿塞西亚(Athesia)书店的母亲的陪同下，拜访了莱维。莱维亲切地欢迎了他们，因为当天十分炎热，莱维还给他们提供了他精心挑选的冰果汁。这个男孩很渴望知道一个真正的作家的公寓是什么样子的，然而结果令他失望：翁贝托国王大街75号与他父母的公寓几乎一模一样，甚至屋里面闻到的做饭的味道都与他自己家一样。在两个多小时的交谈中，莱维避免谈到政治，也很少谈及黎巴嫩的溃败，因为他感觉这对于一个16岁的少年来说太难理解了。他彬彬有礼地回答了安东尼奥有关墨索里尼和1938年种族法案的问题；安东尼奥的回忆录《与普里莫·莱维共度的一个下午》是一篇非常优秀的未成年人新闻作品。与自己的偶像见面往往是喜忧参半的，但是与莱维的见面则完全是喜悦，安东尼奥兴高采烈地与莱维告别。

## 2

6月14日，星期一，莱维和露西娅搭乘波兰航空公司的飞机飞往华沙。他自1965年以来再没有回到过奥斯维辛集中营，而露西娅则从未去过那里：莱维一定在心里对她会如何反应充满了疑问。露西娅旁边坐着卢恰诺·卡洛(Luciano Caro)，佛罗伦萨的首席拉比；50年代露西娅在都灵犹太学校教授艺术史时，他是露西娅的学生。(卡洛反过来又指导了伦佐·莱维的成年礼。)此行由佛罗伦萨委员会组织，由犹太RAI电视台的电视纪录片《生命之泉》摄制组跟随拍摄。

为了取缔“团结工会”，雅鲁泽尔斯基(Jaruzelski)将军刚刚宣布了戒严。据报道，波兰正在实行宵禁。在华沙机场，这些意大利人与波兰信息通讯部的一名向导见了面。她的第一句话即是警告他们，任何不当的行为都有可能导致被捕：这里的警察很严厉。然而，她还是非常热切地想得到报酬，竭尽全力地为卡洛拉比和他的妻子找到他们所要求的犹太食品。帮助组织这次旅行的佛罗伦萨教育部部长巴尔达萨雷·古洛塔（Baldassare Gullotta）教授后来回忆说，华沙是一个被压迫和恐惧所笼罩的城市："我们谁也不能给意大利的家里打电话。电话线路无法使用。商店内空无一人。人们排队买面包和汽油（在餐厅，能找到几根鸡骨头的都是幸运儿），华沙人看上去闷闷不乐。这些意大利人被建议不要在纳粹 1943 年烧毁华沙犹太人区的青铜纪念碑前停留太长时间，因为军队正在穆然诺地区（Muranów，前犹太人区）进行巡逻，他们会从屋顶明目张胆地射杀下面的人。"[4]

在从华沙飞往克拉科夫的飞机上，任何人想要使用厕所都需要先得到飞机上持有武器的波兰警卫的许可。正如莱维所预料的，这些意大利人在克拉科夫居住的酒店（假日酒店）是一个黑市交易场所，妓女和货币兑换商在大厅里拉客；莱维与两个醉醺醺的波兰人共乘电梯，这两个波兰人像"卡波"一样粗鲁地咒骂对方，莱维对此感到厌烦。第二天是周二，早餐后，一行人搭乘一个波兰旅行社的旅游巴士前往奥斯维辛集中营。在车上，莱维再次闻到了他记忆中 1944 年的冬天在波兰闻到的那种烤熟的大麦和燃烧的煤炭所混合的气味。"这是一个矿业国，至少对于我来说，这是波兰集中营的味道。"他这样告诉《生命之泉》摄制组。莱维的平静打动了摄制组以及车上的每一个人。该片的制片人丹尼尔·托夫（Daniel Toaff，他的父亲是罗马的拉比）问莱维再次见到波兰乡村的感受如何。"一切都不一样了。我像一个迷失的人、一个流浪者一样走过这些地方，我在寻找一个中心，寻找一个可以接纳我的人，而实际上这里只有一片荒凉。"[5]巴士驶过一个火车站，在铁路侧线上停着封闭式铁路货车，此时从纪录片中可以看到，莱维有些畏缩。"即使到了现在，那些铁路货车依然会严重影响我的情绪。"露西娅在头巾的遮盖下一直非常安静，以致几乎没有任何人注意到她在巴士上的存在。

华沙政府将奥斯维辛集中营称为波兰人（而非犹太人）的"牺牲"地，

莱维对此感到十分困扰。超过90%的纳粹集中营受害者都是犹太人。据莱维观察，“这个事实虽然没有被全盘否定，但是在某种程度上被淡化了”。为了表示抗议，他两年前，也就是1980年4月曾拒绝出席奥斯维辛集中营意大利纪念馆的落成典礼，但他还是为纪念馆写了一段文字，这段文字至今仍然印在意大利纪念馆21区的入口处：

> 各位参观者，在您观察这个营地的遗址时，请您仔细思考：无论您的国籍是什么，在这里您都不是一个外国人。请确保您的这次旅程有所收获，那么我们的牺牲就没有白费。为了您和您的孩子，愿奥斯维辛的灰烬能成为一个警告。愿您在这里看到的仇恨滋生出的可怕果实不再生长——永远不再生长。

没有人想吃午餐，莱维认为奥斯维辛集中营内的一个餐厅可怕得令人无法接受。丹尼尔·托夫询问莱维他是否认为人们有忘记奥斯维辛集中营的倾向。“有迹象表明：人们开始忘记甚至否认奥斯维辛集中营的存在。这至关重要：那些否认奥斯维辛集中营存在的人随时可能再次犯下这种暴行。”[6]

在波兰的最后一天，莱维参观了克拉科夫的犹太区卡齐米日（Kazimierz）。莱维向犹太教堂博物馆内的几位老年信徒询问了关于展出的逾越节盘子和发黄的旧照片的问题，他们被吓得不敢回答：“你得去问政府。”[7]他们的回答中带着卡夫卡式的讽刺。

《生命之泉》摄制组拍摄的莱维纪录片的大半胶片在未得到任何解释的情况下，就被机场海关没收了。丢失的片段不得不在都灵，在伪造的波兰布景下重新拍摄。然而，总的来说，波兰和波兰人给莱维留下了很好的印象。后来，他写信给一位在伦敦的波兰朋友，信中描述了波兰人“积极而富有同情心的形象”[8]，这种形象完全不同于“我在集中营里形成的，以及我在书里反复提及的那种公认的歪曲形象”。他愤怒地说：“我‘不喜欢波兰人’这件事不是真的。我不喜欢的是我在奥斯维辛集中营里见到的波兰政治犯，他们中的大多数是民族主义者、反犹太主义者、暴力主义者甚至是法西斯；但我不接受也不认可我不喜欢所有波兰人这种说法。”

## 3

当莱维在波兰时，随着反贝京抗议书在《共和报》的发表，阿以危机在意大利已经达到了最高点。抗议书要求以色列军队立即从黎巴嫩撤军，并停止在被占领的土地上建设任何犹太人定居点。意大利的保守派犹太人对莱维狂怒不已。莱维有什么资格来做出评判？他不认识任何一位杰出的以色列政治家，他也不了解巴勒斯坦的政治。在莱维和他的亲以色列朋友之间出现了争论和嫌隙，其中，利维奥·诺尔兹和纳多·德·贝内代蒂表达了对莱维直言不讳发表异议的反对。此后，莱维和纳多的关系大不如前了。他开始收到来自以色列好友的令人心痛的来信。“你瞎了吗？”他们在信中问道。“难道你看不到这些年来发生在以色列的流血事件吗？”莱维受着道德的煎熬，但他无意改变自己对于贝京的看法。相反，他决定进一步批评这位以色列总理。令人不安的是，入侵黎巴嫩使反犹主义再次变得可以接受了。描绘犹太人的漫画，比如纳粹报纸中出现的经典犹太人形象，开始出现在意大利的报纸上。人们很轻易地将贝京等同于全体犹太人民。因此，儿童文学家罗尔德·达尔（Roald Dahl，他显然不是亲犹主义者）写道，在1982年这一年，“大家都开始憎恨犹太人”。

作为抗议书的签署人之一，丽塔·莱维·蒙塔尔奇尼在电话中告诉莱维，她在战争时期唯一的安慰就是阅读《这是不是个人》。莱维很沮丧地回答她：“你真幸运，那本书已经无法再给我任何慰藉了。有时候我甚至怀疑我是否还属于犹太民族。”[9] 在6月24日的《邮报》头版，莱维说，他对于以色列的行为感到“痛苦和耻辱”。有消息称，《若非此时，何时？》帮助他获得了梦寐以求的维亚雷焦文学奖（Viareggio Prize），然而这个消息却使他变得更加沮丧了。莱维怀疑他获得该奖项的原因并不是基于文学价值，而是出于同情他作为一个犹太人所面临的四面楚歌的境地。因此，他要求维亚雷焦文学奖主席莱奥尼达·雷帕奇（Leonida Rèpaci）撤销他的获奖资格。雷帕奇称该奖项从未颁发给比《若非此时，何时？》“更杰出”的作品。但是他也有可能并没有说真话。

不管怎样，莱维最终被说服接受该奖项。6月26日，他在托斯卡纳区最大、最具活力的海滨度假胜地维亚雷焦领取了该奖。埃诺迪出版公司的新闻官阿尔贝托·帕普兹和他的妻子开着他们的雷诺汽车将莱维送了过去。在怡东酒店，莱维碰到了维亚雷焦文学奖的评委之一安伯托·艾柯（Umberto Eco）。艾柯戴着他标志性的粗花呢猎鹿帽。他当时正急着靠他的小说《玫瑰的名字》大赚一笔。后来他对没有跟莱维再多聊一会儿感到遗憾。通常情况下，颁奖宴会可能要拖到午夜才能开始；莱维设法逃到了一个安静的海滨餐厅，在那里（帕普兹回忆到），他与犹太历史学家和前党派成员曼利奥·罗西-多利亚（Manlio Rossi-Doria）共同享用了大菱鲆和薯片。第二天早晨，他写了《停航》（“Laid Up”），一首描写维亚雷焦的缆绳和游艇的绘画般的小诗。他尝试下海，并设法说服路易莎·帕普兹和他一起来到附近的博卡迪马格拉（Bocca di Magra）沙滩。海浪吓坏了路易莎（同莱维一样，她刚刚学会游泳），但莱维坚持要她一起去。他解释说，刚从奥斯维辛集中营回国时，他曾试图通过观察鸭子在水面上划水的动作来学会游泳。随后，依然是在帕普兹夫妇的陪同下，莱维沿着海岸前行，来到小小的度假胜地萨尔扎纳（Sarzana）。在当地的书店，他帮助推出新书《弥补失去的时间》（*Making Up for Lost Time*），这本书报道了工厂的生活，作者是政治家和前医学生彼得罗·马尔切纳罗（Pietro Marcenaro）。马尔切纳罗在意大利左翼文艺界有着良好的人脉关系：出席新书推介仪式的有娜塔丽亚·金兹伯格，她的儿子、历史学家卡洛以及资深工会成员维托利奥·福阿和布鲁诺·特伦廷（Bruno Trentin，势力强大的金属工人工会领袖）。莱维在朋友的陪伴下，在萨尔扎纳暂时摆脱了对以色列的忧虑和烦恼。

与此同时，对以色列的争议不断扩大，意大利全国的记者都在叫嚷着要求采访莱维。他接受了来自《共和报》的阿尔贝托·斯塔比莱（Alberto Stabile）的访问。斯塔比莱所写的文章对以色列和全体犹太人都充满了敌意。“巴勒斯坦人与当年纳粹统治下的犹太人是否处于相同的地位？”莱维很鄙视这种肤浅虚伪的类比。“现在并没有一条政策要灭绝巴勒斯坦人。”莱维接受了这么多家意大利媒体的采访，伊迪丝·布鲁克认为莱维是把个人宣传置于政治问题之上，“他并不需要向报纸说这么多。我们中的很多人宁愿他没有这样做。普里莫有那种作家自恋的恶习。”[10]

莱维的名字现在被数以百万计的阅读日报或时尚杂志的意大利人所熟知，而非那些读书的意大利人。他已经成为一个政治明星，而不仅仅是一个文学名士。与在英国不同（在英国，我们积极反对外行参与政治），在意大利，作家和大学教授则被期待能够全心全意地参与到公共事务中。莱维非常清楚地知道，他如今的名气完全是因为他对黎巴嫩所采取的立场，因而他选择继续攻击。在花边新闻杂志《今天》（*Oggi*）中，他甚至将入侵黎巴嫩与英国的福克兰群岛战争相比。“如果对于阿根廷人来说，入侵福克兰群岛是错误的，那么以色列入侵黎巴嫩也是错误的。”[11] 这绝不是一个精妙的政治分析。

1982 年 7 月 11 日，意大利队夺得世界杯冠军；球迷们在街头举行聚会，都灵的交通陷入了瘫痪。在这个炎热的夏日午后，莱维亲眼目睹了《若非此时，何时？》能够激起怎样的政治风波。在文学评论家切萨雷·卡瑟斯（Cesare Cases）和埃诺迪出版公司的营销总监罗伯托·切拉蒂的陪同下，他去了该市的工人区林戈托（Lingotto），在那里他将要向意大利共产党们讲述他的小说。然而，一到党派会所，他就受到了一群巴勒斯坦人的言语攻击。莱维被视为一名以色列官场的使者和一名贝京的支持者及犹太复国主义激进分子。在喧嚣之中，卡瑟斯试图解释莱维虚构的游击队员绝不会有贝京那样的傲慢和专横：这些游击队员是源于十月革命的虚构角色。但是他的解释没起到什么作用：巴勒斯坦人大声吵闹，以至于莱维不得不在护送下从后门离开了会所。

## 4

在 8 月的三伏天里，莱维再次为了避暑而与亲友隐居在弗拉博萨的怡东酒店。这些年来，莱维已经深深地爱上了这个皮埃蒙特小镇。这个小镇在他眼中已经成了安宁及家庭团聚的代名词。在酒店如修道院般的平静生活中，他试图继续翻译《审判》，这耗费了他巨大的脑力。莱维相信，翻译的作用应该是打开一扇窗，让光线能够照射进来，因此在翻译过程中，他力求消除卡夫卡文中那些晦涩难懂的地方。然而在“澄清”卡夫卡作品的过程中，莱维却曲解了原文，在这一点上，他难辞其咎。莱维常常为自己的译者的那些马虎和不准确的翻译感到愤怒，但是现在他也在任意歪曲卡夫卡的作品。（在出版后，也只有一向尖刻的评论家切萨雷·卡瑟斯抱怨说，《审判》被赋予了一种并不属于卡夫卡的“乐观主义”。）

1978 年带状疱疹发病后，莱维最近一次严重的抑郁症症状也消失了。但随着时间推移，卡夫卡的作品似乎让他的抑郁症复发了，并且让他再次感受到了熟悉的、令人抑郁的黑暗与绝望。莱维觉得他受到了卡夫卡的约瑟夫·K 的“污染”，他不仅发现了他的生活与卡夫卡的生活之间的相似之处，他还发现了《审判》与《这是不是个人》之间的相似之处。这两本书都用不带感情的、如法庭证词般的语调叙述了荒谬的事件，这两本书也都以一次任意而不公正的拘捕开篇。此外，莱维这一时期的短篇小说也提供了一些他受到卡夫卡影响的证据。在《出生登记》中，一个步伐缓慢的职员在记录保管处机械地仔细审查受洗和死亡证明，这种描写具有卡夫卡的《城堡》那种噩梦般的特质。

莱维的情绪持续波动，但到了 9 月初，他的情绪有了好转，这让他能够飞到威尼斯去领取另一个文学奖。坎皮耶罗文学奖是一个比维亚雷焦文学奖重要得多的奖项，莱维曾在 1963 年因《休战》获得过该奖项。然而，于 4 日举行的颁奖仪式在很大程度上是一次浮华的盛会。坎皮耶罗文学奖的承办人马里奥·瓦莱里·马内拉（Mario Valeri Manera），据说通过梵蒂冈银行家罗伯托·卡尔维（Roberto Calvi）与黑手党有联系。卡尔维在三个月前被发现吊死在伦敦的黑衣修士桥（Blackfriars Bridge ）下。他被黑手党所处决（事实就是如此）证实了莱维最担心的事情，即黑手党、国际金融和马内拉所属的天主教民主党极右派之间的联系。他一点都不喜欢马内拉，对于马内拉于 1986 年在警方展开对他的经济调查的压力之下试图自杀也没有感到惊讶。但是更糟糕的事情发生了，颁奖的前一天，黑手党处决了坎皮耶罗文学奖的评委会成员之一阿尔贝托·达拉·基耶萨（Alberto Dalla Chiesa）将军。

他和他的妻子在西西里岛首府巴勒莫被机枪扫射而死：我们已经无法知道达拉·基耶萨对《若非此时，何时？》有怎样的评价，但他是一个有教养的、对文学有着广泛爱好的人。他当选为负责调查巴勒莫黑手党的领导人正好100天。

莱维在总督府灯火通明的前院从马内拉那里领取了他的支票。坎皮耶罗金奖被追授给意大利小说家伊格纳兹奥·西罗涅（Ignazio Silone），并由他的爱尔兰遗孀达琳娜代为领奖，达琳娜和莱维交流了几句。虽然整个晚上，大家都对阿尔贝托·达拉·基耶萨将军的被害避而不谈，但是莱维的书和他本人还是引起了骚动，莱维对此感到很尴尬。他向坎皮耶罗文学奖的评审团成员塞尔焦·格兰迪尼（Sergio Grandini）寻求如何应对即将在威尼斯电台和电视上进行的大量采访的建议。格兰迪尼是一位意大利裔的瑞士实业家，他的冷静和良好的教养似乎让当时很脆弱的莱维消除了疑虑。当天晚些时候，被媒体的关注所淹没的莱维把他未发表的故事——《战时的最后一个圣诞节》的打印稿交给了格兰迪尼，并同意让格兰迪尼出版。他记得马里奥·里戈尼·斯特恩曾高度评价格兰迪尼，称他是一位私人出版商和艺术鉴赏家。之后莱维和同样矜持的格兰迪尼成了朋友，他们主要通过信函和电话联系。

与此同时，在豪华的达涅利酒店（Hotel Danieli），举行了一个向莱维致敬的特殊宴会。但莱维知道这个宴会将被他所鄙视的形式主义和阿谀奉承所影响，尤其是这座酒店的拥有者是极其腐败的P2组织的成员奥拉齐奥·巴尼亚斯科（Orazio Bagnasco，事实证明确实如此）。莱维在巴尼亚斯科和马内拉这种人的赞助和不义之财面前退缩了，他也不想接受他们的热情。相反地，他在威尼斯的酒吧与朋友私下庆祝了他的胜利。从酒吧心满意足地出来后，他碰到了伊塔洛·卡尔维诺和他的阿根廷妻子埃丝特·辛格，这是他第一次见到辛格。卡尔维诺是当年威尼斯电影节的评委。他的生命没有多少年就要走到尽头了。

不管莱维有多不喜欢坎皮耶罗文学奖的颁奖典礼，他终于还是在意大利获得了巨大的名气。第二天，9月5日，报纸上关于他的报道多达20篇，第100篇报道则在9月底发表。到年底时，《若非此时，何时？》已经印了四版，销量超过11万册。

莱维沮丧地离开了威尼斯。随着中东的消息不断传来，9 月末他的情绪变得更加低落。在以色列占领的西贝鲁特（West Beirut），基督教马龙派民兵，作为以色列的雇佣兵，在萨布拉（Sabra）街区和夏蒂拉（Chatila）难民营屠杀了几百名手无寸铁的巴勒斯坦平民。在这 38 小时的屠杀中，男人、妇女和儿童被枪杀和砍死，孕妇被剖腹并取出内脏。虽然贝京对大屠杀似乎无动于衷，整个世界却为之震惊。莱维谴责了以色列总统“血腥的嚣张气焰”。9 月 24 日，《共和报》第二次采访了莱维，标题是《我，普里莫·莱维，要求贝京辞职》。莱维说，贝鲁特大屠杀“玷污”了世界各地的犹太人形象，实际上，它引发了意大利战后最严重的一波反犹浪潮。10 月 9 日，身份不明的恐怖分子炸毁了罗马的犹太教堂，杀死了一个孩子，打伤了 30 名信徒。之后，城墙上出现了这样的涂鸦：“犹太人！焚化室在等着你们！”一些意大利报纸开始对犹太人使用仇恨和暴力的语言。意大利左翼报刊《新社会》（*Nuova Società*）甚至将贝京的脸叠加在一张纽伦堡集会的照片上。莱维对此感到震惊，犹太世界正处在动荡之中。

都灵书商和同性恋权利活动家安吉洛·佩扎纳虽然并不是犹太人，但他还是把《若非此时，何时？》放在了他的书店橱窗的显眼位置，以表达他对市内犹太人的支持。他将有具有象征意义的蓝色和白色（以色列国旗的颜色）的丝绸床单披挂在七杈烛台上，并将莱维的小说摆放成金字塔状。莱维对佩扎纳的支持感到受宠若惊，他向佩扎纳透露，《若非此时，何时？》的封面里隐蔽有以色列的国旗。这本书的封面展示了一幅伊戈尔·格拉巴里（Igor Grabar）创作的俄罗斯冬景（1904 年），画面中银白雪地上蓝色的树影斑驳。“你看，蓝色和白色！”[12] 莱维对着佩扎纳大声说。当然，这个封面是在中东冲突爆发前就设计好了。

## 5

在都灵，1982 年的冬季黑暗而难熬。从 11 月下旬开始的降雪冻结了积水，在路面上结成了一层薄冰。11 月 15 日是纳多·德·贝内代蒂的 84 岁生日；他用一杯比耶拉果酒（他目前的最爱）为自己庆祝生日。他和莱维因为以色列问题产生的裂痕还没有弥合，在犹太人聚居的克罗塞塔又发生了一件令人沮丧的事。莱维母亲的健康状况在恶化；她已经 87 岁高龄，变得衰老，经常会糊涂和情绪低落。莱维自己的健康状况和情绪在这个冬季也时好时坏。在美洲俱乐部游泳时，他的脚底被烫伤了，后来那个位置受到了感染，长出了一个扁平疣，莱维恼怒地向阿尔贝托·帕普兹抱怨："现在我人生中第一次理解了残疾人的感受。"一个抑郁的人通常会把问题看得过于严重。然而，令帕普兹感到惊讶的是，一个微不足道的扁平疣竟然会让一个奥斯维辛集中营的幸存者情绪如此低落。事实上，正是奥斯维辛集中营使他变得如此易怒：不能行走的囚犯会被直接送进毒气室——莱维脚上仍然有粗糙的木底鞋所留下的伤痕。与此同时，不断有人想要见到莱维，还有很多外文图书的发行会要参加。但是莱维谢绝了邀请，任凭自己沉浸在阴郁的情绪中。

10 月 8 日，他给锡尔苗内·卡图洛奖（Sirmione Catullo Prize）评委会发了一封电报："由于扁平疣手术，我无法出席颁奖礼。"[13] 莱维现在对这些文学奖项越来越不关心了——他已经拿过太多的奖了——他也越来越不关心任何形式的作家聚会。11 月 5 日之后不久，小说家吉安·路易吉·皮乔利（Gian Luigi Piccioli）惊讶地从莱维那里收到一张纸条，纸条上写着："不幸的是，我将无法参加佩斯卡拉（Pescara）书展了，因为我几乎无法行走。"虽然对于莱维来说，走路确实很费力，但他绝不是无法行走：他与帕普兹一起在苏萨山谷进行了一次短暂的冬日远足。雪覆盖了他们行走的窄径，帕普兹在莱维身后艰难地跋涉着，以防他跌倒。但是他还是跌倒了——他陷在了一个坑里。帕普兹冲上来帮忙，却被莱维粗暴地用手肘推到一边。"普里莫不想被别人看成一个残疾人，他下定决心不让任何人照顾他。"[14] 战后，莱维愿意从一个女人那里接受每日不间断的身体上的帮助，这个女人就是他妻子露西娅。然而现在，据他的一个表兄所说，他甚至有意地回避来自露西娅的帮助。随着莱维的抑郁症不断加重，他想要伤害自己。

然而，到了 11 月 12 日，他似乎已经完全恢复了，并去参加了一个在都灵举办的超新星（恒星爆炸）的讲座。玛格丽塔·阿克（Margherita Hack）是意大利最受喜爱的天文学家；莱维偶尔会给她编撰的《天文学》（*L'Astronomia*）杂志投稿，在她的演讲结束后，莱维走上去同她攀谈——谈话的内容并不是人们可能以为的天文学，而是衰老的问题。莱维现在60多岁了，他正处于一个过渡期，在这个时期，男人常常觉得他们的人生已经结束了。他讲述了当第一次有人在电车上给他让座时，他有多么震惊。但是，当他与阿克聊天的时候，他似乎显得很满足，并表示他并不希望与20多岁的年轻人互换角色。他的器官、四肢以及——最重要的——他的记忆似乎都还运转正常。

与此同时，只要主题与以色列无关，莱维仍会继续接受采访。11月27日，厚厚的雪覆盖了都灵。这一天，托斯卡纳（Tuscany）地区的文学期刊《吾之名》（*Firme nostre*）派去了一名记者。她问莱维是否曾与意大利浪漫派诗人贾科莫·莱奥帕尔迪（Giacomo Leopardi）产生过共鸣。莱维惊讶地回答说："之前从来没人问过我这个问题！"但是很显然，他不愿意与莱奥帕尔迪进行比较。莱奥帕尔迪是出名的悲观主义者，他有脊椎病和视力缺陷，这使得阅读对他来说非常困难。"就算我瘦得皮包骨了，我也不是畸形！"[15]莱维抗议道。事实是，就像他认同卡夫卡一样，他确实与莱奥帕尔迪越来越有共鸣了。莱奥帕尔迪向无聊倦怠和因思考人类存亡而引起的恐惧屈服，莱维在这一方面与他并没有什么不同。在1977年的一篇短篇小说《诗人与医生的谈话》中，莱奥帕尔迪（虽然没有明确指出他的名字，但是很容易辨认）描述了他对世界的看法——世界是绝望的朝圣者所穿越的沙漠，朝圣者渴望着死亡以从苦难中解脱。这个故事表明，生活尽管有欣喜，但是归根结底是痛苦的。然而，当被问及这个问题时，莱维说他大部分时间是在乐观与悲观之间摇摆，"取决于我遇到了谁，处于一年中的什么时候，我得到的是好消息还是坏消息"，他可能还会补充说，"或者我是否感到抑郁"[16]。他的文章《丑陋的力量》写于他抑郁症发作晚期，文章称，只有在"耳聪目明"的时刻，我们才能感知莱奥帕尔迪所相信的那种隐藏在我们一切行为之下的空虚和无意义。在最后的这几年里，莱维越来越多地把注意力转向莱奥帕尔迪，作为一种消极的慰藉。

到了12月，莱维已经到了绝望的边缘。"我正在经历自奥斯维辛集中营以来最糟糕的时期。"[17]他告诉奥地利历史学家赫尔曼·朗拜因。更糟糕的是，他的朋友，化学家恩尼奥·马里奥蒂，四年前实验室爆炸的幸存者，行将就木。在都灵毛里齐奥（Mauriziano）医院马里奥蒂的病床边，莱维坐了两个晚上。他感到很无助，他无法为马里奥蒂或他的妻子做任何事。马里奥蒂在最后的几个小时里一直处于昏迷状态，他的家属跪在床边为他祈祷。12月16日，这位化学家的心脏停止了跳动。他的遗体被送往都灵的天主教墓地。莱维为他的妻子玛丽亚，也为自己流下了眼泪。他认识马里奥蒂已经40年了；马里奥蒂的去世让他陷入了深深的悲伤。

现在，莱维处于财务困难之中。诗人同时也是菲利普·拉金（Philip Larkin）的译者卡米洛·彭纳蒂经常看到他神色匆匆地沿着翁贝托国王大街走在去银行的路上，“就像一只疾走的雪貂”[18]。挥霍无度的朱利奥·埃诺迪正处在破产的边缘，他的出版社即将进入破产程序。因此莱维没有收到《若非此时，何时？》一分钱的版税。他沮丧地对一个朋友说：“‘Struzzo’（鸵鸟：埃诺迪出版公司的标志）似乎不太可能东山再起了。这就像失去了一块故土。”[19] 虽然莱维还不至于生活贫困，但他需要钱来请护士照顾他的母亲，埃诺迪出版公司的危机使他的生活变得更加不便。与老谋深算的卡尔维诺（卡尔维诺对于出版和名望十分在行）不同的是，莱维不是一个唯利是图的人，他无法榨干埃诺迪的最后一分钱来清还自己的债务。莱维决定，支撑起他财务状况的最好机会是投资股票和股份。他求助于他的老朋友化学家西德尼·卡尔维，卡尔维现在是都灵的意大利商务银行（Banca Commerciale d'Italia）的股票经纪人。卡尔维认真细致地询问了莱维的情况，并认定他应该将股份存入银行。这个提议使莱维得到了安慰，卡尔维一直觉得莱维没有“数学头脑”[20]。另一份帮助也近在眼前。莱维在SIVA的同事，来自意大利南部的弗朗西斯科·普罗托建议他投资英镑金币。这同样是个好建议，因为随着黄金的升值，莱维赚到了钱。通过这样的权宜之计，莱维才免于经济困难。

## 6

1982年年底，莱维开始与一位伦敦的荣格心理分析学家通信。露丝·霍夫曼（Ruth Hoffman）比莱维小三岁，她是一个优雅沉着的女人，但是更重要的是，她极其聪明并且博学多才。莱维收到她的第一封信之后，他们似乎立刻就被对方所吸引了。然而直到三年后，他们才第一次在伦敦的一个文学节见面。在莱维的演讲之后，霍夫曼想向莱维介绍自己，但是可以预见的尴尬让她改变了主意。能够互相通信对他们两来说意义重大。对于莱维来说，霍夫曼的来信是一种安慰，而霍夫曼也非常高兴能与仰慕已久的作家取得联系。1982 年 12 月，霍夫曼喝了一杯白兰地给自己打气（她通常不会这样做），之后她写信问莱维她是否可以去都灵拜访他。在他的回信中，莱维没有透露他的抑郁症，但是他开始同霍夫曼通过写信调情：

> 你真的需要喝大量的白兰地才能“战胜对欲望的克制”，鼓起勇气给我写信吗？我能问一下是哪种克制吗？分析心理学家也会克制自己的欲望吗？也许你的克制与你的波兰（我猜还有犹太）血统有关？……如果能见到你，我会很高兴；但值得一提的是，我的英语口语比我的英语写作要差一点。

1922 年霍夫曼出生于维也纳的一家私人诊所里，她来自一个中欧的中产阶级犹太家庭。她在波兰的别尔斯科-比亚瓦（Bielsko—Biala）长大，旁边就是曾经的奥斯维辛集中营。1938 年 10 月，她逃到苏格兰，在那里她受训成了一名纺织工人（加拉希尔斯毛纺技术学院），之后她从爱丁堡大学医学院毕业。因为想把精神病学作为自己的职业，战争结束后，她选择就读于伦敦的心理分析学院，她在荣格心理分析学家中（她这样告诉我）以“揭穿事实真相”而闻名。虽然我只能从一方的书信中做出判断，但是很显然，露丝·霍夫曼不仅与莱维分享了她对书籍的热爱，还分享了她自嘲的天赋。她对莱维的思想尤其感兴趣，她饶有兴趣地分析了他寄给她的三封长信。

到了 1983 年的新年时，莱维已经开始向霍夫曼医生吐露自己心理健康和精神创伤的状态。他说，他对于自己的虚弱和“日薄西山”感到羞愧。目前抑郁症似乎正在支配他的性格，在这种情况下，他是否还有恢复的可能？莱维警告她无论如何不要在 4 月份的时候，按照原计划去都灵拜访他：“我的丑陋面貌可能会让你非常失望。”2 月 7 日之后不久，分析心理学家露丝·霍夫曼医生收到了这封用英语书写的信：

> 这几个月我的病情一直没有好转……在《若非此时，何时？》获得巨大成功之后，我患上了抑郁症，到了12月，由于母亲生病，我的抑郁症越来越严重了。她88岁了，同我和我的妻子住在一起。她的疾病让她在各个方面都需要帮助，最重要的是，她患有严重的抑郁症。她的抑郁症加重了（甚至可以说是成倍地加重了）我的病情，同时，这与我对妻子的愧疚感交织在一起。我的妻子是一个很好的人，她专业、高效而周到；相反，我在家里是一个无能、思维混乱、无用的人——我除了购物之外什么都做不了。此刻，我发现自己已经完全无法写字了（写这封信耗费了我巨大的精力），即使是做最微不足道的决定对我来说也是非常困难的。我对未来极度地（担心）。虽然我正在接受治疗，但是我绝对无法预测4月份时我的病情会怎样（我将会变成怎样的一个人）。我不知道我能否处在一个健康的状态与你见面：你是一名医生，我请求你理解我；你是一个高贵的人，我请求你原谅我。

多年以后，霍夫曼医生谈到了这封信："莱维的病真的很严重，但是他依然写得流畅。显然，一定是他性格中'健康'的那部分使他能够完成这封信；而'不健康'的部分则与他的母亲和她起伏不定的状态和心情息息相关。"[21] 所谓的"起伏不定"几乎可以肯定是莱维的想象，但它反映了莱维对他母亲深深的理解（和依赖）。霍夫曼接着说道："在这种特殊情况下，我可以预见到他妻子的结局有多悲惨，随着母亲和儿子之间越来越紧密，她的期待会逐渐消失。"换句话说，通过暂时的与世隔绝，莱维得以更深刻地了解埃丝特尔的病症。莱维的信促使霍夫曼医生再次阅读荣格的论文《双重母亲》和《脱离母亲的战争》。她无法清楚地知道奥斯维辛集中营是否加剧了他的病情；但是她向我指出，相较于女性幸存者，男性幸存者的自杀要普遍得多。

## 注释

1 "布拉格的圣弗兰茨"：普里莫·莱维告诉作者。

2 “我没去过……”：卢恰诺·卡洛拉比告诉作者，1995 年 11 月 1 日。
3 “我保证……”：据 1981 年，莱维与“居里夫人”理科学校的一名学生的电话录音，格罗塞托。
4 “我们谁也不能……”：巴尔达萨雷·古洛塔教授在信中告诉作者，1996 年 5 月 17 日。
5 “一切都不一样了。……”：据意大利广播电视台电视节目《生命之泉》的电视采访记录，1983 年 4 月（《记忆之声》，p.209）。
6 “有迹象表明……”：同上。
7 “你得去问政府”：乌戈·卡法兹在信中告诉作者，日期不详。
8 “积极而富有同情心的形象”：普里莫·莱维写给露丝·霍夫曼的信，1984 年 12 月 8 日。
9 “你真幸运，……”：普里莫·莱维的这段话由丽塔·莱维·蒙塔尔奇尼告诉作者，1992 年 7 月 29 日。
10 “他并不……”：伊迪丝·布鲁克告诉作者，1992 年 8 月 5 日。
11 “如果对于……”：《今天》引用了莱维的这段话，1982 年 7 月 14 日。
12 “你看，蓝色和白色！”：普里莫·莱维的这段话由安吉洛·佩扎纳告诉作者，1995 年 6 月 1 日。
13 “……我无法出席……”：出自埃诺迪公司关于普里莫·莱维的文件中的电报副本。
14 “普里莫不想……”：阿尔贝托·帕普兹告诉作者，1993 年 6 月 14 日。
15 “就算我瘦得皮包骨……”：普里莫·莱维的这段话登载在《吾之名》（*Firme nostre*）上，1983 年 9 月—12 月。
16 “取决于我遇到了谁，……”：普里莫·莱维与佩萨罗的一名学生的谈话记录，罗西尼剧院，1986 年 5 月 5 日。
17 “我正在经历……”：普里莫·莱维的这段话由赫尔曼·朗拜因告诉作者，1994 年 12 月 5 日。
18 “就像一只疾走的雪貂”：卡米洛·彭纳蒂在信中告诉作者（信件日期不详）。
19 “……似乎不太可能……”：普里莫·莱维写给埃玛·维塔-莱维的信，1984 年 7 月 5 日。
20 “数学头脑”：西德尼·卡尔维告诉作者，1993 年 6 月 17 日。
21 “莱维的病……”：露丝·霍夫曼在信中告诉作者，1994 年 6 月 5 日。

# 二十四

# 闻名海外

（1983—1985）

# 1

1983年，莱维的恐惧感日益加深。翻译卡夫卡的作品使他患上了抑郁症。当时，他无法与家人相处，深感愧疚。焦虑烦躁、多愁善感、失眠多梦、食欲不振——抑郁症的这些表现令他鄙视自己，似乎自己在装病，甚至成为家庭的负担。阿尔文·罗森菲尔德（Alvin Rosenfeld）是印第安纳大学的一名教授，他与莱维在都灵相识相知。2月14日，莱维在给他的信中，用蹩脚的英文表达了自己的忧惧："我希望您永远不会经受这样的心灵变故，这过程无比痛苦而又损人心智。我无法写作，甚至无法驾驶也无法旅行。尽管我正接受药物治疗，但这种痛苦何时才能结束尚不可知。"绝望之中，莱维决定阅读抑郁症康复手册寻求自救。其中一本是他的朋友罗伯托·瓦卡所著，为表示感谢，莱维在信中写道："这本书会帮助许多人，可能包括我，因为我正在经历一段极其艰难的时期……但是自我改变远非想象那么容易。"[1] 莱维只对几位挚友委婉地吐露了心声，因为他对自己的疾病难以启齿。

因为不愿让他人轻易看透他的痛苦，莱维在1983年3月开始服用抗抑郁药物。对于像他这样成长在中产家庭的人来说，这是一个尤其艰难的决定，因为在都灵的中产社会，服用这类抗抑郁药物的行为本身就被视为一种软弱的表现。作为现实的反映，在《诗人与医生的谈话》一书中，莱维讲述了主人公莱奥帕尔迪的时间旅行故事。书中有一幕，这位19世纪的诗人把抗抑郁的处方药扔进了排水沟，因为他相信自己没有这些药也能活得好好的。而现实生活中，莱维的处方药是"Parmodalin"[2]（反苯环丙胺），他曾怀疑这种药是否能够缓解他极度低落苦闷的情绪，但就在极短的时间里，他感到病情有所好转。这难道是药物带来的幻觉吗？在写给住在伦敦的露丝·霍夫曼医生的信里，他坦陈了对自己目前治疗状态的惊讶之情。

> 我刚开始服用"Parmodalin"的时候心灰意冷，但在两三天的

时间内我的抑郁情绪却得到了缓解。我无法知晓我的好转是否应该归功于药物抑或开给我药物的精神科医生。这并不是我忧郁症的第一次发作，我甚至明白这也并不会是最后一次。疾病让我遭受了无尽的折磨，剥夺了我许多人生乐趣，其中之一就是无法与您在都灵会面。我想再一次向您表达我的歉意，但我相信，您作为一名医生能够理解我的处境。[3]

从 1982 年 12 月到 1983 年 5 月末的 5 个月里，莱维一直受到抑郁症的折磨，这也是他人生中最为敏感和痛苦的时期之一。然而如今，他喜悦地感觉到命运已再次掌握在自己手中。他又开始帮扶家务，也不再总是那么担惊受怕，这也让别人不再那么害怕他。他已经从这种对大多数人来说神秘未知的病症中康复。尽管他仍在为不知何时会来的下一次发作感到忧心，但与此同时，药物治疗的有效性也使他感到宽慰。

## 2

在 1983 年的上半年，他的卡夫卡译本得到了广泛好评，于是莱维尝试向海外读者推广他的作品。但他的《元素周期表》在民主德国的译本被审查的事实让他十分沮丧，他用英文称之为“审查性删改”[4]。而《这是不是个人》的波兰版，书中对于波兰反犹主义的描述也被全部删除了。在其他地区，莱维的作品推广情况要稍好一些，《这是不是个人》的芬兰版 1962 年在赫尔辛基发行，如今又加上序言部分再版。序言部分由年仅 26 岁的评论家丹・斯泰因博克（Dan Steinbock）执笔，他被公认为是芬兰最坚定的莱维作品的拥护者。莱维让住在米兰的芬兰语翻译皮尔科・佩尔托宁-罗尼奥尼（Pirkko Peltonen-Rognoni）帮助他翻译了这段序言。然而当莱维读到序言译文时，却感到非常困惑与惊讶。斯泰因博克是第一位把莱维视作卡夫卡映照的评论家。“普里莫就是约瑟夫・K。”读到这种评价，莱维担心卡夫卡的精神已经植入他的生活，并反映在他的作品中。

莱维作品在美国市场的不甚成功让人惊讶。美国众多的犹太人是一大市场优势，所以莱维的作品原本被认为会受到热烈欢迎。近 20 年来，莱维的纽约经纪人博贝·西格尔（Bobbe Siegel）一直尝试在大西洋彼岸推广他的作品。但如内行人所说，博贝并不是那么“充满干劲”[5]，并且似乎对意大利小说市场不甚了解。而朱利奥·埃诺迪则顶多算是一名不热心的推销员，对旗下作者的海外推广兴趣不大。因此，尽管《若非此时，何时？》的稿子交给了兰登书屋、克诺夫、双日和众神出版社，但没有一家出版社对它感兴趣。在英国，情况依旧，莱维始终不为人所知。企鹅图书在 1979 年出版过《这是不是个人》和《休战》，并且小说家保罗·贝利（Paul Bailey）为此写了一篇优秀的序言，但作品很快就停止印刷了。美国反响一直停滞不前，直到莱维的妹妹找到一位资深的意大利语翻译大师威廉·韦弗（William Weaver）。

安娜·玛丽亚通过她的美国丈夫朱利安·齐梅特认识了韦弗，并且深信韦弗作为一名可靠的翻译家，可以给予《若非此时，何时？》一份略有不同但无可指摘的译文。韦弗曾完美地译出了安伯托·艾柯中世纪背景下的凶杀小说《玫瑰的名字》中涉及多国语言的旁征博引，这使此书有了全世界热销 500 万本的惊人成绩。《百年孤独》（*One Hundred Years of Solitude*）在图书市场上都未能取得如此巨大的成功。因此莱维的妹妹希望韦弗点书成金的翻译可以使莱维获得同样成功。而韦弗则是在 1949 年第一次听说莱维，当时那不勒斯著名小说家拉法埃莱·拉·卡普里亚（Raffaele La Capria）的妻子菲奥里·普奇（Fiori Pucci）向他推荐了《这是不是个人》。韦弗当时并不喜欢这本书：“不过是另一本集中营回忆录罢了！”直到 20 年后，在苏格兰的著名意大利语翻译家阿奇柏尔德·科洪（Archibald Colquhoun）的敦促下，他才再次阅读了这部作品。韦弗后来回忆道：“我读完立刻意识到，这是一部经典之作。”[6]

纽约西蒙与舒斯特出版公司（Simon & Schuster）的子公司高峰出版社（Summit Books）聘请韦弗来翻译《若非此时，何时？》。根据韦弗所说，出版社其实是想用这本描写大屠杀的小说吸引美国的少数犹太裔读者。然而当出版社发现莱维是一位已被同化的犹太人，并持有反以色列立场后，不仅出版事宜搁浅了，而且韦弗在等了几个月后还是没能拿到译费。而从一开始，无宗教信仰的莱维就得不到美国犹太人的亲近。直到著名的犹太文学评论家欧文·豪同意为《若非此时，何时？》写序言，出版社才又开始着手出版事宜，韦弗终于拿到了译费。

毫无疑问，莱维的作品在美国受到的关注日渐增多。肖肯图书公司（Schocken Books）是一家颇有名望的出版社，这家位于美国广告中心麦迪逊大街的出版社热切想要出版《元素周期表》。出版社的编辑埃米尔·坎布亚（Emile Capouya）是帕索里尼（Pasolini）作品的译者，也是一位意大利文学专家。然而起初，由于此书已被20多家美国出版社拒绝了，所以当书稿摆在他面前时，埃米尔·坎布亚抱着谨慎的态度，但他决定完全信任雷蒙德·罗森塔尔（Raymond Rosenthal）的判断。雷蒙德·罗森塔尔是一位自由文学评论家，他毛遂自荐来翻译这本书，因为在他眼中，《元素周期表》是一部"伟大的杰作"。而坎布亚读过之后，也不得不同意他的看法，然后迅速从埃诺迪出版公司手中以两千美元的价格买下了此书的美国版权。

罗森塔尔一生中从未主动要求他人为其译作执笔荐语，更未恳求过他人的溢美之词。所以当读到挚友索尔·贝娄（Saul Bellow）寄给肖肯图书公司的热切赞扬时，他感到十分惊喜。

> 我们总是在寻觅下一本必读的佳作。几页墨香过后，我感激地沉浸在读到它的狂喜之中。整本书全无过分矫饰却处处包含万象。风格极其纯粹，译文十分唯美。

莱维非常崇拜贝娄，因此《元素周期表》得到这位1976年诺贝尔奖得主的俯就称颂，这让他欣喜若狂。不仅如此，贝娄的称赞也在美国掀起了对莱维关注的热潮，而普通的夸赞极少能带来如此重大的影响。

## 3

与此同时，住在都灵的莱维并不知道在大西洋彼岸，他正走入公众的视野，反而，他继续与他的大学旧识见面聊天，他的朋友包括在马志尼街（Via Mazzini）开文具店的阿尔贝托·索莫尼，照莱维的话，阿尔贝托现在

“睿智而平和”[7]，瓦娜·拉娃、乔瓦娜·巴尔扎雷蒂和以“英雄般的奉献精神”抚育了两个患有血友病儿子的克拉拉·莫斯基诺。家境殷实但却体弱多病的马里奥·皮亚琴察偶尔会从秘鲁回都灵看望莱维，他在秘鲁开了一家油漆厂。两个人总会怀旧地讲起在现已破败的克罗塞塔实验室发生过的校园趣事。莱维同样没忘记他的战友西尔维奥·奥尔托纳。7 月 31 日是莱维的 64 岁生日，那天两人一同爬上科涅附近白雪积顶的土尔纳峰庆生。那一天，阳光灿烂，鼓舞人心，从拍摄的照片看，莱维穿着衬衫，看起来精神焕发。但这群朋友却同时经受着家人患病的考验：奥尔托纳的妻子艾达·黛拉·托雷与莱维战时在米兰相识，她现在正处于阿尔茨海默症晚期，而莱维的母亲也出现了老年性痴呆的征兆。

生日的第二天，即 8 月 1 日，噩耗降临，传来了海蒂·施密特-马斯过世的消息。莱维深感痛苦而追悔莫及，因为他两年来都没有再与她联系了，然而她在最后的时光仍精神饱满。在 65 岁意外去世之前，她曾对女儿玛丽安娜说：“知道吗，我一生充满乐趣。”她对莱维的仰慕尽管并不总能得到回报，却深沉非凡，而莱维也始终对她惺惺相惜。若没有海蒂，他书中的一些章节则无法诞生。在她去世之前，她共写给莱维 57 封信，而他的回信也达到惊人的 49 封。如今海蒂已然过世，莱维决定将两人书信中的一部分内容写入《被淹没与被拯救的》中《德国人的来信》一章中，但他并未征求她家人的意见。不仅如此，海蒂的死讯似乎激发了莱维另一段文学创作期，尽管那段时间里，他精神麻痹、情绪低落。因为他与她通信已经整整 16 年了（她给他的生活增添了与异性不伤大雅的玩笑），她是他除翁贝托国王大街 75 号外的另一条生命线。而如今，斯人已逝。莱维写信向挚友马里奥·里戈尼·斯特恩倾诉心中的“个人空虚”：

> 未来会带来什么谁又能知晓？……要是我能像你一样住在高高的雪原上该有多好，那我将任何愁绪都不再有。套上我的滑雪板，纵身一跳，我即能穿越国界。而在都灵，一切都不同了。汽车围得水泄不通，一切都在运转，但一切都静止了。这种情况下，即便逃离这城市也需要一小时的耐心挣扎。我的所有老朋友都在经历难

关，健康危机、财务危机、孩子走入歧途的危机。亲爱的马里奥，请原谅我的崩溃，但终有一天，我会重拾生活的勇气。[8]

8月27日，为了重新振作，莱维到米兰旅行并见到了“幸存者代言人”——埃利·威塞尔（Elie Wiesel）。威塞尔的成名得益于犹太民间故事集意大利语译本的推广。莱维并不喜欢威塞尔，也不喜欢威塞尔所代表的一切。威塞尔拥有一个稳定的犹太读者群体，他的读者多愁善感并多出自中产阶级，他以集中营幸存者身份自居，以此种名气吸引了一批狂热信徒。莱维对此或许有点嫉妒，他从未获得，也从没想得到美国人浪费在威塞尔身上、近似偶像崇拜的这种拥护。威塞尔在意大利的出版商是所谓的“精神学家”——外强中干的阿尔曼多·韦尔迪廖内（Armando Verdiglione）。据说此人涉嫌诈骗。这名39岁的前耶稣会信徒，将自己在米兰博罗梅奥（Borromeo）的别墅一翼装上了金制水龙头和四柱大床，并以法老的阔绰气派把这栋房子称为“韦尔迪廖内宫”（1986年，他因敲诈被判入狱五年）。

在“韦尔迪廖内宫”里，莱维浅浅地拥抱了威塞尔。威塞尔声称自己与莱维在奥斯维辛集中营结下了深厚的友情，但莱维坚决否认了他的说法。（“我们从未在奥斯维辛见过，如果真的见过，我也不记得了。”[9]）如果说莱维嫉妒威塞尔的成功，那么威塞尔也一定对莱维更高的文学地位和知识素养怀有妒意。在参加公开访谈之前，韦尔迪廖内带着幸存者们一同前往大教堂对面的“教堂酒店”（Hotel Duomo）吃午餐。但威塞尔食欲不佳，觥筹交错中，韦尔迪廖内察觉到两人之间微妙的冷漠态度。实际上，威塞尔曾告诫莱维改变反对以色列的立场，不要指责贝京总理的国防部长阿里埃勒·沙龙（Ariel Sharon）对黎巴嫩的入侵。之前，在《共和报》刊登的文章里，莱维曾把沙龙描写成“铁石心肠、寡廉鲜耻的大兵”[10]。

尽管那是一个炎热的8月周末，“韦尔迪廖内宫”却被许多意大利人挤得水泄不通，因为他们都想一睹仍然在世的最重要的欧洲犹太人屠杀见证者的真容。当天，同台的不仅有普里莫·莱维、埃利·威塞尔，还有《邮报》的宗教事务记者塞尔焦·昆齐奥（Sergio Quinzio），以及共产主义知识分子马西莫·卡恰里（Massimo Cacciari，后来成了威尼斯的市长）。然而，当针对犹太人与犹太教的辩论展开时，韦尔迪廖内却注意到莱维有点失常。早些时候，莱维曾向韦尔迪廖内坦言他又开始服用抗抑郁药物了，但他的病情仍然时好时坏。旧事重演，现在对莱维来说又是一段痛苦的时期。那天稍后，当他无法照原计划顺利乘车回都灵时，韦尔迪廖内的一名门徒卢恰诺·法伊奥尼（Luciano Faioni）主动开车送他回家。高速公路上，莱维终于摆脱了威塞尔的高谈阔论。法伊奥尼后来回忆说："他看起来为此次见面困扰不已，他思绪重重又缄默不语。"[11] 可想而知，莱维即使回到母亲的身边后，也一定感到焦虑不安。

第二天，威廉·韦弗登门拜访。莱维把他称作一头"老狼"，因为韦弗有着敏锐的商业头脑和自信的个人气场。由于童年在美国弗吉尼亚州度过，他的身上保有一种古人的风度与魅力，尽管已六十耳顺之龄却并不显老。韦弗在 1943 年 7 月作为美国战地服务团的救护车驾驶员第一次来到意大利。从那时起，他就在纽约和意大利托斯卡纳之间游走，这让他熟知意大利文化，并因此曾被大名鼎鼎的《伦敦杂志》（*London Magazine*）聘为驻罗马临时通讯员。此次韦弗来访是因为他已经大致译好了《若非此时，何时？》，但按照他的工作惯例，仍需请作者解答许多疑问。那天，莱维热情地把他迎进了翁贝托国王大街 75 号。在那早的交谈中，韦弗向莱维说起他曾从纽约的犹太朋友那学到过几句意第绪语。莱维总是很欣赏非犹太人对犹太文化的兴趣，因此，两人一直谈笑风生，但当他们在利奥·罗斯滕（Leo Rosten）的趣书《意第绪语之乐》（*The Joys of Yiddish*）中探求字汇的正确用法时，偶尔也会有颇为扫兴的时候。韦弗后来的印象是莱维一家并不善于待客，因为当天露西娅只准备了几份简单的冷盘当午餐，但之后尽管韦弗下榻的酒店仅在步行距离之内，莱维还是坚持开车将他送回卡斯特罗广场（Piazza Castello）。

## 4

正当莱维的情绪逐步好转之时，10 月 16 日传来了纳多·德·贝内代蒂过世的噩耗。最先发现遗体的是他的女仆安娜·皮耶尔桑蒂。周日清晨，犹太养老院纳多的房间里传来"安娜！安娜！"的呼喊声。安娜接到电话后立刻赶到，但是等她赶到房间的时候，纳多已经去世了。她看到这位老人靠在摇椅里，浑身都是汗水，后来证明这是心脏骤停导致的。一盒糖渍栗子摆在身旁。纳多总是希望能站着死去。当他从床上挣扎起来，到扶手椅边按铃时，他几乎就是站着死去的。逝世时，他离 85 岁生日还有一个月。莱维沉浸在哀痛中无法自拔。尽管他们对以色列意见不一，但他们的友情坚不可摧。当年，从福索里集中营到奥斯维辛集中营，再到之后的日子里，莱维所有最黑暗的人生时光都是与纳多共同度过的。现在纳多走了，而莱维的身份再次改变了：他成了一位形单影只的幸存者。犹太教义禁止火化遗体，但纳多的遗愿却是火化。他愿望达成了（他是想陪着他的爱妻约兰达浴火成灰）。火化定在 10 月 18 日，那天下着雨，天气闷热而潮湿。纳多的女仆安娜・皮耶尔桑蒂向她的丈夫轻叹道："看，莱维彻底崩溃了。"纳多死后，安娜再未看过莱维的笑颜。有人说，若不是纳多去世，他不会如此失魂落魄。莱维对老友逝世的道义上的怀念和精神上的哀悼抽空了他的灵魂。此时，他正处于人生的一个转折点：抑郁症，不如意的家事，最近海蒂・施密特-马斯、化学家恩尼奥・马里奥蒂和纳多的死讯，都重重地压在他的肩上。此时他最需要的人就是纳多，但纳多已经不在了。

创作《被淹没与被拯救的》的最后数月里，莱维文思枯竭。或许这是因为抑郁症带来的心结使他无法顺利完成这部记叙集中营狱中生活的书。但纳多的逝世给予他的是坚持完成这部书的动力，因为他觉得这本书是对老友的亏欠。在 10 月 29 日都灵那场名为"回忆与集中营"的讲座中，他的讲座内容实际上是对书中第一章内容的预演。但莱维对集中营的痛苦回忆里还隐藏着由记忆和理解的缺陷带来的危险：他开始质疑纳粹集中营中部分陈述的真实性，因为自我欺骗、错误观念和固执成见使他的判断受到、影响。莱维现已 64 岁高龄了，按他的说法，人到了这个年纪，记忆已经开始"十分显著地退化了"。因此他写这本书的部分原因是想急切地挽救支离破碎的回忆。但他的记忆力其实并无大碍。举例说，近 40 年来，莱维的脑海里一直回旋着一首主题曲的旋律，但他自己记不起到底是什么歌。他不断询问身边的人是否知道这首歌，终于有一位听出这是舒曼钢琴协奏曲 A 小调（op.54）的第一乐章，一经提醒，莱维立刻记起了乐谱的所有小节。有时他打趣道，零星杂绪充斥在他的回忆里，甚至包括他第一辆车的车牌号。所以实际上，他不想遗忘任何事情。

## 5

12 月 17 日，莱维从写作中抽身前往巴多内基亚，因为当地的市议会邀请他去做关于人生和写作的演讲。巴多内基亚是都灵富裕阶层的郊外度假胜地，莱维在那度过了美好的童年时光。他在巴多内基亚的田野、森林和房舍里度过了沉迷网球的少年时代，现在这些地方还是老样子。同时，莱维也想去拜访在巴多内基亚工作的艺术家朋友尤金尼奥·博利（Eugenio Bolley）。博利喜欢制作机械小鸟，也会用废弃材料制作一些带有发条和滑轮的奇妙装置。他与莱维在 1971 年相识于都灵，那时博利还是一名装配工。大家都不太明白这两人之间的友情，因为博利算是怪人：秃顶、身材魁梧并且热爱日本文化。但莱维却总喜欢与这样不谙世俗的人打交道。

由于积雪盖住了轨道，莱维乘坐的那列到巴多内基亚的火车几乎晚点了两个小时。莱维带着一只老旧的过夜旅行箱，戴着一顶俄式裘皮帽下了车，博利和毛里奇奥·阿瓦托（Maurizio Avato）在月台的那一端等着接他。阿瓦托是一位在巴多内基亚市政厅工作的意大利阿巴尼亚人，他的工作任务是安顿好莱维的食宿。因为阿瓦托做事有着军队风格的精准度，莱维亲切地称他为“我贴心的执行官”[12]。当时，阿瓦托接过了莱维的旅行箱，帮他入住两星级的“欧罗斯波特酒店”。之后，莱维打开行李，点燃一支薄荷烟，和他的朋友们一起前往梅达伊尔街（Via Medail）。

重新回到小镇上，莱维感到期待之外的喜悦。但无论是巴多内基亚抑或是莱维都改变了。小时候，梅达伊尔街是条安静的街道，但现在这条街挤满了酒吧。据莱维说，这之中最奇妙的变化莫过于他当初栽种的小树苗现已长成 18 米高的大树了。巴多内基亚的群山却一如往昔，仰视山巅，莱维回忆起他年少时在梅尔希奥国王峰（Mount Melchior）那寒冷的山顶上曾做过的恶作剧。不久，开始下雪了，莱维说他想独处一会儿去回想萦绕心头的少年往事。过了一阵子，当阿瓦托开着他的菲亚特小轿车环绕小镇时，他从后视镜中看到了莱维的身影。只见莱维正艰难地蹒跚在一条打滑的上坡路上。阿瓦托不便打扰莱维，因为他看起来一心一意并且全神贯注地走着。然后，莱维突然在阜姆街（Via Fiume）的一堵有日晷的墙边停下来，仔细读着上面的话："是我，我是影子，我是太阳的女儿。" 顿时，过去如潮水般向他涌来，因为这幢房子正是以前莱维家族的假日别墅。晚些时候，许多在校学生来听莱维在市政厅的讲座，更让人开心的是，这些年轻的听众聪慧而对内容充满兴趣。之后，莱维又惊喜地遇到了艾尔莎·贝格尼斯（Elsa Begnis），在莱维麻烦事不断的青年时代里，她是莱维难以忘怀的女孩中的一位。

当时意大利正在进行古代刑具巡回展览。展览来到了都灵。因为《邮报》的约稿，莱维去观看展览，或许他也想借此为《被淹没与被拯救的》寻找灵感，后来在书里他引用了让·埃默里的名言："曾被折磨过的人永远备受煎熬。" 然而，莱维却对那些被崇敬地摆放在都灵美术馆里的脚镣和拇指夹深感厌恶。他的评论发表在 12 月 28 日的《邮报》上。这篇评论充满了狄更斯式的原始的愤怒。他批判策展人是抱着投机的心态去展览这些令人毛骨悚然的展品的。莱维同样严厉指责了借出展品的欧洲收藏家："什么样的人竟会这样做！"

## 6

奥威尔之年——1984 年，不可避免地来到了意大利。随着莱维的家庭矛盾愈演愈烈，他迎来这个阴郁的新年。莱维的母亲已经中风以致难以行走。露西娅的母亲比阿特丽斯·莫尔普戈则已失明 13 年，而且无法独立生活。由于意大利医疗系统频频陷入危机，很难找到护士照顾这两位老人。而露西娅大部分时间都不在家里，莱维只得照顾她的母亲，于是这间房子很快变成了他的监狱。当然，这在一定程度上是他作茧自缚，但这个家仍然成了一所监狱。

他的孩子都已长大而且早早离家。丽莎时年 36 岁，她在都灵自然历史博物馆工作；伦佐时年 27 岁，远在乔治亚州的亚特兰大，所以莱维非常挂念他。伦佐在埃默里大学医学院研究一个生物物理项目。有人告诉莱维，伦佐郁郁寡欢，所以为了缓和莱维听到消息的紧张情绪，伦佐的导师路易斯·J. 德·菲利斯（Louis J. De Felice）教授打电话给莱维强调说医学院的每一个人都很喜欢伦佐，并且称赞伦佐是一名杰出的研究员。然而，当伦佐刚抵达亚特兰大的时候，他的举止很奇怪。在机场，他坚持立刻给家里打电话，并且乞求德·菲利斯教授和教授的妻子帮他找零钱。而之后在德·菲利斯夫妇家，当伦佐发现教授和他妻子并未听说过普里莫·莱维的名字后，他似乎松了口气，并且送给房东夫妇英国平装本的《这是不是个人》和《休战》，还补充了好几次说《这是不是个人》是一本“经典之作”。他的手提箱里还装着很多本莱维的书，说是以备他人索取。然而，当伦佐坦承他从未读过普里莫·莱维的书时，谈话出现了一阵尴尬的沉默。至于原因，伦佐简洁地回答：“因为太晦涩了。”而德·菲利斯观察到，伦佐放松精神是在知道德·菲利斯从未听说过普里莫·莱维之后，因为这意味着教授选择伦佐做研究生是其自身优秀的缘故，而不是依靠他父亲的名声。后来，伦佐在亚特兰大度过了 18 个月。

此时在都灵，普里莫·莱维正享受着克洛德·列维-斯特劳斯（Claude Lévi-Strauss）的著作《面具之道》（*The Way of the Masks*）的翻译工作。这本书细致地描写了北美的礼仪面具和入会程式。通过翻译，莱维认为此书作者拥有和他相似的怀疑精神和求知智慧，因此他宣称这本书“充满魅力”。这本书是如此富有魅力以致他开始阅读另一本列维-斯特劳斯的作品《遥远的目光》（*The View From Afar*）。1 月 17 日，莱维给时任巴黎法兰西公学院（Collège de France）人类学教授的列维-斯特劳斯写了一封措辞热情的长信，在信中，莱维称赞他是一位“现代神话缔造者”，并分享了一则诙谐的美食趣闻。

为了主显节，我们全家人在烘烤蛋糕的面团里混合了两种蚕豆：一种白色，另一种是黑色。据说，在自己那片蛋糕里吃到白豆的人会新年万事顺利，而吃到黑豆的人则会遭遇不幸——除非他在饭桌上立刻忏悔自己的罪过。而巧合的是，这种用于显示神意的蚕豆，在意大利语里写作“fava”，有一个粗俗的意思是“阴茎的顶端”。

列维-斯特劳斯一周后的回信让莱维兴高采烈。这位人类学家说他最喜欢读的一部作品是莱维的《扳手》，因为这本书系统化地把人类关系映射到书中的故事里，是一部“不可思议的人类学创作”[13]，而主人公之一蒂诺·福索内则是一位“机器时代的游牧者”。在那些家事纷扰的日子里，这位法国学者的来信是对莱维的一份祝福和鼓励。

## 7

之后，莱维似乎进入了一个快乐的阶段。1984年年初，他参加了意大利版《荒岛唱片》(*Desert Island Discs*，受邀嘉宾挑选八首最喜欢的曲子）节目的录制。录音分为五部分，于2月1日至17日在都灵完成。莱维在主持人保罗·泰尔尼（Paolo Terni）面前应答自如。节目中，他选择了保守的音乐，其中包括几首坚定铿锵的曲子，如柴可夫斯基的第六交响曲（也是他父亲的最爱）和比才的《卡门》。莱维说，他可以听《卡门》千遍而不厌倦，其喜爱程度甚至超过了尼采（尼采曾在都灵看过14遍《卡门》的歌剧）。在莱维的孩提时代，他一直在收音机中收听牙膏和去头皮屑产品的广告，而当那曲“最美的音乐”开始播放，他竟把《卡门》的歌名误听成“Carni”，而“Carni”在意语里是肉的意思。尽管莱维认为瓦格纳的音乐粗俗并兼有日耳曼主义，但他仍然选择了旧爱《飞翔的荷兰人》。而巴赫的《圣马太受难曲》是他选择的最庄严的曲子，因为莱维说这首曲子富有“轻柔的美丽”[14]，与奥斯维辛集中营每天播放的德国行军曲形成鲜明的对比。他在节目中表现出的幽默中充满着好奇的童心和偶尔尴尬的时刻。他说选择舒伯特的《鳟鱼》是因为它让他想起一个意第绪语笑话：一家酒店接待员询问访客是否想要有自来水（也可理解为“流动的水”）的房间，客人则暴躁地回答说：“你把我当啥啦？我是鳟鱼吗？”

1984年春季和夏季，莱维的公众活动主要包括参加抵抗运动的纪念活动并会见作家们和国外出版商。在这段快乐的日子里，他还与都灵物理学家图利奥·雷吉（Tullio Regge）进行了一系列谈话，这为之后的一本书打下了基础。总之，莱维尽一切努力走出家门，人们开始在公园、书店、音乐厅和电影院频频看到他。种种迹象均显示他克服了前几个月的沮丧情绪，现在他不仅不再服用抗抑郁药，而且过得充实而忙碌。甚至在复活节那几天，他的住处也有访客。马雷克·赫尔曼（Marek Herman）是一位现居以色列的波兰裔犹太人，他年少时逃离了被占领的波兰，之后又被一些意大利士兵发现并被带回了都灵。意大利抵抗运动时期，年少的他曾负责在教堂钟楼里操作无线电发射机，后来，他写了一本书，《犹太男孩的日记》，为的是让他的子孙知晓他的事迹。莱维作为作家里最无私的一位，认为这本书应该被介绍给更多人，于是他帮赫尔曼找了一位意大利出版商出版了这部书。（《犹太男孩的日记》现在是意大利多所学校的课堂读本。）在翁贝托国王大街75号畅饮时，莱维和赫尔曼无所不谈，内容包括阿拉伯与以色列的冲突、拉伯雷、爱因斯坦和悬挂式滑翔。赫尔曼回忆道："莱维似乎对一切事物都充满好奇。"

4月份，莱维出席了抵抗运动纪录片在皮埃蒙特的上映活动。影片《第一波段》由艾达·科贝蒂的儿子保罗·科贝蒂执导，他浓密的黑眉毛和狡黠的顽皮表情在当地很知名。抵抗运动期间，保罗导演曾勇敢地与桑德罗·德尔玛斯特罗和阿尔贝托·索莫尼并肩作战。但遗憾的是，莱维在都灵卓别林电影院的身影却没有被拍摄下来，但观众对莱维到场的热烈反响被记录了下来。据科贝蒂回忆，莱维那天"精神矍铄"[15]。参加活动时，莱维刚从都灵一座新休闲公园的落成仪式上赶来，那所公园以他殉道牺牲的同志、老朋友埃马努埃莱·阿尔托姆的名字命名。

在随后的5月2日，莱维在都灵出席了歌剧的首场演出，他沉浸于这部改编自拉伯雷16世纪人文主义巨著《卡冈都亚》（*Gargantua*）的优秀歌剧。1940年左右，莱维第一次在他父亲的藏书里读到了这位法国天才创作的荒诞冒险小说。拉伯雷身兼僧侣、医生、语言学家、旅行家和人文主义者数职，他是真正属于文艺复兴时代的学者。莱维认为自己和拉伯雷有着同样旺盛的求知欲。莱维的亲戚、艺术家埃马努埃莱·卢扎蒂（Emanuele Luzzati），绰号"莱莱"，设计了这部戏剧的场景，作曲家阿兹奥·科尔吉（Azio Corghi）则为歌剧谱曲。不过不仅莱维认为曲子似新手作品般毫无曲调可言，公众反响也不乏差评。除此之外，都灵的新法西斯主义者们强烈抗议《卡冈都亚》的剧本，他们愤怒地认为剧本里诸如“shittard”和“turdous”等词语挑战了公众道德。所以在幕间休息的时候，新法西斯主义者们将简单印刷的反拉伯雷传单扔向了观众。对此，莱维怒火中烧，因为他认为这是一部震撼人心的作品。他竭力称赞卡冈都亚的尿液喷湿了修道院院长、馅饼师傅和矮人这一幕戏的独特效果。之后，带着年轻先锋艺术家般的热情，他告诉记者：“这是我见过的最生动的作品，这简直是一场盛大的狂欢！”[16] 此时，老顽固们已经不再被观众推崇，所以莱维觉得自己的艺术观念已被平反，并因此受到极大的鼓舞。

在 6 月预计与物理学家图利奥·雷吉合作出版《对话》一书之前，莱维还有六周的空闲时间。所以当《的里雅斯特》（*Triestino*）的作者克劳迪奥·马格里斯邀请他帮助筹备文学季刊《西格玛》（*Sigma*）的春季发布会时，莱维应允了。因为《西格玛》曾在 1964 年发表过几首莱维的诗歌而且莱维也一直愿意支持都灵本土的杂志。但实际上，莱维略微嫉妒马格里斯能写出多部戏剧、散文和游记的能力。（莱维曾问他：“你究竟是如何做到既挤出时间来书写如此美好的事物，又同时享受生活的呢？”[17]）马格里斯同时送给莱维小说《一把马刀的推断》的打字稿。这本小说讲述了 1944 年一名古怪的哥萨克人在意大利东北部的故事。但莱维知道他的一位作家朋友卡尔洛·斯戈隆（Carlo Sgorlon）也在写一部相同题材的小说，所以他觉得不便对马格里斯的作品给予太过热心的指导。斯戈隆来自意大利东北部弗留利地区，他的小说以无艺术修饰、平淡朴实的口吻讲述了使用弗留利方言的农民们的故事，这些故事给莱维留下了深刻印象。（两人 1978 年在罗马的斯特雷加奖颁奖礼初次见面，当时两人都极想逃离觥筹交错的社交，求点清静。斯戈隆将莱维视作一位“并不浪漫的作家”，“一位从事文学工作的化学家”[18]。）

5 月 31 日，为表彰对“皮埃蒙特文化和道德”的终身贡献，《邮报》授予莱维一枚银牌，以此圆满地为 5 月画上了句号。有一会儿工夫，当哲学家诺尔贝托·博比奥在介绍莱维曾经获得的各项荣誉时，莱维坐在“报纸俱乐部”的成员中，不好意思地低下了头。

在6月初，莱维与他的新德国出版商迈克尔·克鲁格（Michael Kruger）在都灵咖啡馆会面。因为丽莎·莱维的德语比他父亲流利，所以她在旁帮助父亲。虽然莱维热衷于聊天，但在克鲁格看来，他的幽默却是“令人痛苦的幽默感”。因为莱维一直打断谈话并调侃自己家里的窘境。莱维抱怨说，每当他坐下来写作，他的母亲便会用她的拐杖猛烈敲击相邻的墙壁。然后，他不得不停下笔，去看看她想要什么。克鲁格觉得这一点“令人折磨，惹人悲怜”[19]。之后，他提出想邀请莱维去慕尼黑进行巡回宣传，因为他计划在联邦德国出版他所有的作品。片刻的停顿之后，莱维婉言拒绝了这个提议。克鲁格认为，莱维这么做并不是因为与德国或德国人有过集中营的不快回忆，而是因为他需要照顾他的母亲和岳母。莱维说，这两位女人的存在让他无法“去任何地方”。此时的莱维似乎变得迷茫，他认定两位老妇人与他的自由格格不入。克鲁格回忆说，莱维谈话时的生涩和他断断续续的手势“就像木偶匹诺曹”，他觉得莱维虽然在家，但心灵早已另有所属。最后，克鲁格只能扫兴地只身返回了慕尼黑，因为莱维认为他必须尽到照顾母亲的义务。

## 8

之后的6月14日，按计划，莱维到都灵的图利奥·雷吉家做客。雷吉是一名非常杰出的物理学家，他毕业于都灵大学，目前留校做都灵大学的相对论教授。雷吉相貌非凡，他苍白的小丑般的脸上顶着一头乱糟糟的胡萝卜色头发。尽管莱维完全可以跟上雷吉一些非常跳跃的科学思维，但对别人来说依旧很难想象两个截然不同的人之间的友情：雷吉热情洋溢、潇洒风流；莱维沉稳隐忍、不露声色。1970年，他们第一次见面，当时莱维在晚餐中途古怪地抛出一句：“顺便说一句，战争发生时我正在集中营里。”[20]之后在1980年，莱维和雷吉在都灵的一次计算机图形动画演示活动中再次相遇，展会上来自罗德岛的访问数学家汤姆·班科夫（Tom Banchoff）试图利用电脑对第四维度进行可视化。（但莱维不确定他是否真的看到了班科夫可视化的第四维度）。

之后，在雷吉的起居室里，伴着茶和威士忌，两人在两个夏日午后进行了长时间的谈话并把对话记录了下来。记录的原因是两人希望彼此抒发己见并最终结集成册。此次谈话并无事先计划，交谈通常以轻松的调侃开始，发展成思想的自由交流，最后定性为一次意义非凡的双人访谈。雷吉不是犹太人，但他谈话开始就提及了对希伯来文的兴趣，而随后的话题又转移到了电子计算机、犹太法典和“星际文明”上。虽然对话过程似乎是两人之间的协作，而且后来确实也按这种形式出版了图书，但实际上是雷吉在负责主要工作。尽管莱维贡献较少，但读者对他的话却更感兴趣。当第二天下午的谈话接近尾声时，莱维一反常态地健谈起来，在同样滔滔不绝的雷吉面前坚持讲起自己的事情，包括他的父亲、他的学校教师和法西斯的种族迫害。然而谈话的最终成果《对话》，却顶多算是莱维的另一本回忆录，还称不上是自我分析的一次实践。

随着夏日一天天过去，莱维再次被他的文章卷入了可能导致两败俱伤的争端中。6 月 12 日，《邮报》发表了他的短篇小说《硝棉裤袜》，故事讲的是一位在诺贝尔炸药公司工作的员工为了给他的女朋友做裤袜，偷走了几团易燃的硝棉（纤维素硝酸酯）。不难设想，女孩穿着这双易的燃袜子，双腿着了火。1947 年，诺贝尔公司的医生吉奥・克罗托（Gino Crotto）亲口告诉莱维这桩轶事，而吉奥・克罗托自己则是一位喋喋不休的故事大王。然而，当皮埃蒙特诺贝尔炸药公司的经理里奥尼尔多・凯拉（Leonildo Carrà）读到莱维的这篇小说时，他被激怒了。因为莱维在文章里断言，所有诺贝尔公司的员工都是同样“疯狂”“绝望”和“残缺”的。他的言论在凯拉看来是诽谤中伤。凯拉非常愤怒，于是写信给《邮报》主编，要求撤销莱维的撰稿人身份并赔礼道歉。但幸运的是，后来凯拉考虑到司法诉讼可能需要不菲的费用，于是决定将这篇文章看作一部虚构小说，并放弃追责。凯拉认为莱维作为一名作家，可能将写作艺术的夸张修饰看成了一丝不苟的事实说明。而这也是最后一次，莱维因将事实与虚构混淆而惹了麻烦。

之后在 7 月 14 日早晨，莱维终于收到了威廉・韦弗邮寄来的《若非此时，何时？》的译稿。仔细检查校对之后，莱维对译文非常满意，用他的话说“既具文学风格又忠实于原文”[21]。之后莱维联系高峰出版社表示可以立刻出版。那天晚些时候，莱维和比安卡·乔德蒂·塞拉一同攀登了罗卡塞拉峰（Rocca Sella）。从山巅俯视，莱维细细欣赏了皮埃蒙特美丽而苍翠的乡间景色。然而不久后，夏日田园的闲暇时光却被家人的死讯打断了。3 天后，即 7 月 17 日，莱维的舅舅科拉多·卢扎蒂死于心脏病。莱维一家非常敬爱科拉多，尤其是普里莫，因为莱维认为舅舅心胸宽阔，富有人格魅力。科拉多的哥哥古斯塔沃在 12 月 10 日，那年的晚些时候也去世了。如此一来，莱维的母亲埃丝特尔在五个月内一连失去了两个兄弟。

## 9

夏日结束之前莱维购入了一台电脑。至此，他以 65 岁高龄成了意大利第一位使用文字处理器的知名作家。儿子伦佐在6月末从亚特兰大返回都灵，他建议父亲不要参考苹果电脑的使用说明书（“你需要通过试验和犯错学会如何使用它”），他还耐心地告诉父亲键盘的使用方法。因此没过多久，莱维就爱上了电脑。苹果电脑的用户通常都对品牌十分忠诚，而莱维也正处于成为苹果狂热用户的危险之中。有一次，因为露丝·霍夫曼把他的苹果电脑描述成“仅仅是一部聪明的新打字机罢了”，莱维严肃地谴责了她。莱维回击道：“它比打字机厉害得多！它是记忆的假肢，是一所档案馆，是一位从无怨言的秘书，它每天都更新游戏，它也是一位设计师，不信你看看电脑上表示附件的那个像蜈蚣一样的小图标。”[22] 而就在不久前，莱维还把自己的电脑比作毒品，因为他自己每一天花费在电脑上的时间越来越长，莱维打趣道：“现在我甚至开始向其他人兜售苹果电脑了。”[23] 有一次，惊闻威廉·韦弗没有这样一台文字处理器，莱维赶紧请他坐下并让他在自己的电脑上写作试试。这位美国人试着打出这样一行字：“我叫比尔，我错误地出生在华盛顿特区（因为他实际在弗吉尼亚州长大）。”[24] 第二天，韦弗立刻也买了一台苹果电脑。

但没过多久，莱维就意识到，使用电子文字处理器可能会导致文章冗长。因此在一天的写作里，他会时不时地移坐到书桌的“古风小隅”（即桌子面北的一边），使用他的老式奥利维蒂牌打字机写作。而在 1984 年，个人电脑还是新奇事物，因此在一些人面前，莱维不会提及他使用电脑写作的事情。有一次，瑞士的实业家和艺术收藏家塞尔焦·格兰迪尼曾写信给莱维，为使用打字机而致歉（因为他认为手写信件才是更私人的做法）。之后，莱维回信给格兰迪尼："噢天哪，请千万别为打字的事情感到抱歉！我想告诉你，我自己也在使用打字机。"[25]

30 年来，经历了多位译者对自己的作品毫无文学风格的翻译之后，这年夏末，莱维非常高兴地得知资深译者芭芭拉·克莱纳（Barbara Kleiner）将着手翻译《若非此时，何时？》的德语版。8 月 16 日，在给她的信里莱维写道："我知道现存有很多译本，但我希望其他译本不会给您带来太多干扰。"在九个月的饶有成果的通信期间，莱维帮助克莱纳确认书中意第绪词语的韵律韵脚，并改正她打字稿上的拼写错误（比如将"Sobibov"改为"Sobibòr"）。但他写给克莱纳的所有信件都不是用苹果电脑写的，这可能是因为克莱纳寄给他的所有信件都是打字稿。

伦佐在美国时的导师德·菲利斯教授，将在 10 月份到都灵拜访几日。在教授到访期间，莱维招待有加并将这位生物物理学家介绍给了自己的女儿、妻子和母亲（教授说莱维母亲当时被"幽禁在一间密室里"）。正如许多那时拜访莱维一家的访客所想，德·菲利斯非常震惊于这一家人的亲密程度。儿子伦佐就住在隔壁，女儿丽莎在附近的克罗塞塔有所公寓。拜访当天，妻子露西娅用银色托盘端上饮品招待客人，而当夜幕降临之时，莱维告诉德·菲利斯教授他非常喜欢苹果电脑上的象棋游戏，莱维一边谈话一边向儿子投去宠溺的一瞥。那是 10 月份一个微煦的黄昏，德·菲利斯正在享受晚餐，此时莱维突然从餐桌一端起身，慢慢走向了开着的法式落地窗，在那可以看到三架飞机从翁贝托国王大街一座座尖尖的屋顶上掠过。在写给我的一封信里，德·菲利斯描述了下一幕发生的情景：

> 当他从打开的窗子远眺时，他背对着我们，然后卷起了袖子，又把手放在胯上，此时他的肘部几乎在身后碰到了一起。就在这时，我看到了他前臂上文着的囚犯号码（之前我只在新闻影片里见过）。

> 莱维就像一只水鸟似的站在那儿，他蓄着修剪整齐的山羊胡，四分之一的侧脸转向我。他极目远眺，可能在思考此时我欲言又止的话。我事后考虑了许多次，莱维是否故意向我展示囚号文身，因为我是房间里唯一的外人，所以这可能是某种转移仪式。而当莱维再次转向桌子这边时，他把袖子放了下来。[26]

在这种不安的氛围中，莱维似乎是故意用奥斯维辛的标志让客人惊慌失措。莱维是故意使德·菲利斯不快吗？还是德·菲利斯曲解了一件本来平常不过的事呢？彻底理解莱维举动的意图是不可能的。换句话说，莱维已经带着这枚牢狱标志生活了近 40 年，他难免有时会忘记文身的存在。

## 10

那年冬天，当埃诺迪出版公司拒绝出版莱维的新诗歌选集后，莱维感到十分沮丧。卡洛·卡雷纳（Carlo Carena）是一位很受敬仰的古典学者，也是埃诺迪出版公司的秘书长，而他认为莱维的诗集“欠缺高贵感”[27]。所以莱维又找到其他出版社，他把手稿交给了帕索里尼的出版商，米兰的利维奥·加尔赞蒂（Livio Garzanti）。这是一个公认内向、挑剔又难以相处的人。但可能因为加尔赞蒂的妻子、小说家吉娜·拉戈里奥（Gina Lagorio）是皮埃蒙特人，所以在夫人的大力举荐下，加尔赞蒂决定出版莱维的诗歌选集。诗歌选集收录诗作约 60 首，其中包括 9 年前（即 1975 年）万尼·施维勒曾出版过的诗和在《邮报》上刊登过的一组诗。莱维把这部诗集命名为《不定的时刻》(*At an Uncertain Hour*)，溯源是诗人柯勒律治曾经在名作《古舟子咏》中写的：“从此后这无比的痛苦时时出现（an uncertain hour），将我折磨。”此外，诗集里还收录了几首诗歌译作，其中一首是 17 世纪的苏格兰方言诗《斯彭斯歌谣》(“The Ballad of Sir Patrick Spens”)，莱维翻译这首无名吟游诗的原因是个谜。然而，这首诗的意象是一艘沉船——沉船用意大利语表达是“naufragio”——莱维可能想用此暗喻他与抑郁症抗争的过程恰如鲁滨孙的荒岛求生。

吉娜·拉戈里奥读过莱维的作品，但直到1984年11月17日，两人才在“都灵人之家”文化俱乐部初次交谈。这个俱乐部位于波河街43号的一栋老式建筑中。它致力于保存皮埃蒙特“古老高贵的本地传统”。直到法西斯分子强制关闭俱乐部前，莱维的父亲一直是该俱乐部的热心成员并十分喜欢俱乐部的宴会和其下里巴人的方言剧。那天在“绿宝石沙龙”，拉戈里奥与莱维以“皮埃蒙特的文化和身份”为题进行了一次合作演讲。拉戈里奥是一位有保护欲的女性，并且认为莱维“非常和蔼”[28]。双方两情相悦，尽管拉戈里奥已经60岁了，她依然精力充沛，相貌端庄。而每次莱维看到拉戈里奥，他也总像害羞的小男孩一样垂下眼睛。拉戈里奥是莱维另一位发乎情，止乎礼的红颜知己。正如莱维总是被充满保护欲并带有母性光辉的女性所吸引，许多女性也总想给予莱维母亲一般的关怀爱意，拉戈里奥就是其中一位。虽然莱维很喜欢她处女作《花粉》里的短篇小说《犹太人》，但莱维羞于启齿，不敢告诉拉戈里奥。那天简单交谈之后，他们共同被邀请到“都灵人之家”俱乐部有橡木嵌板的餐厅小酌一杯。“来吧。”拉戈里奥一边说一边挽起了莱维的胳膊，但是莱维却以要尽快回家陪伴母亲为由推辞了。因为当时，母亲埃丝特尔对儿子的依赖正日渐加剧。拉戈里奥之后说，莱维总是被母亲独自在家的想法所折磨。“他无法忍受对母亲不尽孝道。”拉戈里奥是最先认为莱维家庭生活不甚健康的朋友中的一位。

## 11

11月，《元素周期表》终于在美国出版了。由约翰·格罗斯（John Gross）主笔的第一篇书评刊登在《纽约时报》上，他对这本书大加赞赏：“莱维先生是一位真正的作家，他的记叙天赋异禀，他能细致入微地观察人心。”《纽约书评》的尼尔·阿舍森（Neal Ascherson）称赞这部书是一部“迷人的原创作品”。赞誉之辞同样出现在国家期刊上，其中包括《纽约客》（“每一章节都充满惊喜”）《新闻周刊》和《时代周刊》。除此之外，当《科学》杂志在冬季连载了这部作品时，美国科学界也开始关注这部作品了。之后，对《元素周期表》的赞美一直持续到1985年新年。《洛杉矶时报》给予的赞誉是莱维所能期待的最热情的反馈。而且主导洛杉矶文学声誉的理查德·埃德（Richard Eder）也不遗余力地把莱维同赫尔曼·梅尔维尔、华莱士·史蒂文斯和安东尼·特罗洛普（尽管这比较很奇怪）等大文学家相提并论。无论如何，理查德·埃德刊登在头版上的书评帮助莱维被洛杉矶广大的犹太读者所知晓。《华盛顿邮报》的文章启用了由儿子伦佐拍摄的一张莱维的宣传照，该篇文章作者保罗·韦斯特（Paul West）满怀敬意地将莱维比作托马斯·布朗爵士（Sir Thomas Browne），因为两人都富有同样广博的科学知识。直到文章结尾，保罗·韦斯特仍大加称赞："这是几年来最蕴含智慧的图书之一。难以相信我们竟然等了10年才读到英文译版。"而当新一批美国版《元素周期表》样书送到都灵时，莱维兴奋不已，他立刻答应帮亲朋好友签名。当德·菲利斯教授第二次访问都灵时，莱维赠予他一本亲笔签名的书。后来，尽管教授多番谢绝，莱维还是从椅子上一跃而起，拿着另一本书并兴奋地像个孩子似的问道："这本书题给哪位？"到了12月末，莱维最初的14000本《元素周期表》已全部销售一空。

莱维在美国的成功主要归功于肖肯图书出版公司的公关负责人艾琳·威廉姆斯（Irene Williams），她一心一意要在美国版图内捧红莱维。艾琳·威廉姆斯知道莱维在纽约出版界的意大利裔仰慕者不一定会出言相助，于是她找到了《晚间邮报》的曼哈顿通讯员乌戈·斯蒂尔（Ugo Stille）。乌戈·斯蒂尔同意帮忙联系几位受人尊敬的意大利作家为《元素周期表》执笔封面荐语。包括安伯托·艾柯和伊塔洛·卡尔维诺等几位作家及时地写好了主要寄语，而其他推荐词则从意大利文化研究院的文档中抽选。之后，莱维曾写信给艾琳·威廉姆斯，感谢她"坚持不懈的努力"。而11月29日，艾琳·威廉姆斯在回信中写道："您在美国出版的第一本书是20年内最轰动的作品。"在美利坚合众国，意大利作家普里莫·莱维的时代到来了。

其实从许多方面来讲，莱维在美国市场的成功是可以预见到的。如今意大利文学作品在教条主义浓厚的美国图书市场中十分时髦。戈尔·维达尔（Gore Vidal）早就提醒过美国读者这股临近的风潮。他从70年代就开始在《纽约书评》上发表文章大力拥护意大利作家伊塔洛·卡尔维诺和列昂纳多·夏夏。除此之外，安伯托·艾柯的作品《玫瑰的名字》广受欢迎也帮莱维铺平了道路。到 1984 年，艾柯已经成为美国最有知名度的意大利作家。令人高兴的是，两位皮埃蒙特出身的作家（艾柯出生于皮埃蒙特的亚力山德里亚）都在纽约文学界发展得顺风顺水。

莱维的另一家美国出版商高峰出版社因此也想趁机从这次“莱维热”中分杯羹。于是高峰出版社邀请莱维赴美做巡回演讲，也顺便为将在次年春季出版的《若非此时，何时？》预热。而高峰出版社的年轻编辑亚瑟·萨缪尔森（Arthur Samuelson）相信，此次巡讲定能促成这部书大卖。莱维起初非常犹豫。首先，虽然美国有意大利犹太人文化群体，但是他们力量微薄并且缺乏知名的个人典型。至于做演讲，莱维则自知无雄辩天分。除此之外，如同许多在 1945 年前出生的欧洲人一样，莱维有明显的反美情绪。在 1966 年他写给意大利作家兼医生的洛伦佐·托马蒂斯的信中即表现明显：“我们给了美国人太多讨论自己的空间，他们的垃圾废话已经填满了我们的脑子。”[29]

然而莱维并没有考虑多久就同意了，因为美国人开出的条件十分优厚：纽约的意大利文化研究院愿意报销一切花销并承担他去加利福尼亚拜访亲戚的部分机票费用。同意做巡讲后，莱维与亚瑟·萨缪尔森确认了演讲的备选话题，之后亚瑟·萨缪尔森又负责与“纽约犹太讲演局”联系并安排行程。做好预定工作之后，萨缪尔森写信给意大利文化研究院负责人乔治奥·科隆博（Giorgio Colombo）：

> 莱维来美的最佳时机应为 4 月中旬，因为 4 月 18 日恰好是犹太民族大屠杀纪念日。（但实际应为 1985 年 4 月 21 日）因此莱维的巡讲恰逢其时。[30]

从这篇简短的备忘录中可以明显看出，美国人首先是把莱维定位成一名犹太幸存者而在美国市场进行宣传的，其次才认为他是一名作家。（其实情况一直如此，当印第安纳大学出版社 1981 年主动提出要出版《元素周期表》时，出版社规定任何与“意大利犹太人经历和大屠杀”[31] 无关的章节都必须删掉。）所以“犹太讲演局”想要的其实是一位地中海版的埃利·威塞尔。

尽管有来自纽约充满诱惑的邀请，对莱维来说，1984 年却仍以悲剧收尾：12 月 12 日，他参加了舅舅古斯塔沃·卢扎蒂的葬礼。虽然比起古斯塔沃舅舅，他更喜欢科拉多舅舅，但是古斯塔沃舅舅的死讯仍旧意味着卢扎蒂家族又失去了一名成员。弟弟的死讯让莱维的妈妈格外心碎。1985 年新年，莱维的第一封信寄给了与他共度奥斯维辛最后 10 天时光的查尔斯·孔勒尔。

> 距我们上次相聚又过了多久？想想已然超过 10 年了，自我们初次相遇，那场值得纪念的“夜晚之末”（这句话出自塞琳娜的战争启示录小说《暗夜旅程》）已整整 40 年了。我经常回想起我们在奥斯维辛相伴度过的极度紧张的最后 10 天。看起来，尽管之后的生活对我们不薄，但那 10 天却成了我们生命中最好的时光。[32]

莱维曾不止一次地感觉到，奥斯维辛那段人生经历似乎成了他情感体验的顶峰。自那以后，他再也未能感受到如此强烈的情绪，抑或是再一次从苦难中感悟到生命的真谛。

幸运的是，莱维在 1982 年坎皮耶罗文学奖颁奖礼上认识的瑞士实业家塞尔焦·格兰迪尼愿意私人出版莱维的短篇故事《战时的最后一个圣诞节》（*Last Christmas of the War*）。莱维对这部书的装帧设计印象深刻，于是他写信给格兰迪尼（用手写而不是打字）：“我从未有任何一部作品包装地如此精美和优雅。”[33] 作品用仿手工纸印制而成，精装的封面一面是大理石花纹，另一面是巧克力色卡纸。有趣的是，莱维向格兰迪尼要求了整整 50 万里拉作为小说的版权费。可见当涉及作品的出版事宜时，莱维非常具有商业头脑。除此之外，他也要求亲自确定纽约出版商的合同条款，并对自己作品的版权和版税抱有专业的重视态度。之后，当《纽约客》杂志想要刊登小说《战时的最后一个圣诞节》时，莱维第一时间就想到了格兰迪尼，并谨慎地询问他想要从中抽取多少版税费。但格兰迪尼回复说他不需要任何版税分成。

当莱维在美国获得凯旋之时，实际上他的作品在英国却还默默无名。他最初的两本书《这是不是个人》和《休战》分别于 1959 年和 1964 年在英国出版，而 1979 年又以平装版形式联合出版。但这几版书早就已经绝版了。亨丽埃塔・希尔德（Henrietta Heald）是迈克尔・约瑟夫出版公司（Michael Joseph）的一位年轻编辑，她一直密切关注着莱维在美国的发展。注意到美国作家索尔・贝娄对莱维的赞赏之后，她立刻请马克思・艾伦伯格（Max Eilenberg）于 1985 年 1 月 21 日主笔了一份《元素周期表》的读者报告，报告中写道："对英国居然没有人买下这本书的版权，我感到非常吃惊。请赶快买下它！因为这本书是我近年来读过的最好的作品。"

当负责莱维英国版权事宜的文学中介机构"A.M. 希思"（A. M. Heath）的负责人迈克尔・托马斯（Michael Thomas）以仅仅 1000 英镑的价格卖出《元素周期表》的版权时，希尔德十分惊讶。这样一部现代文学经典的版权费竟然等同于一首歌的版权费用。而与此同时，迈克尔・约瑟夫出版公司的一位很有主见的宣传总监希拉・墨菲（Sheila Murphy）也在不断建议企鹅图书再版《这是不是个人》和《休战》两部现代经典。企鹅图书若再版的话完全在情理之中，因为迈克尔・约瑟夫是企鹅图书的子公司。然而，令墨菲不解的是，企鹅图书毫无意愿再版莱维的作品，因为他们还积压了 119 本库存，所以现在只想把这 119 本书化成纸浆。所以最终，企鹅图书在获利微薄的条件下将这两部书的出版权转让给了环球图书。迈克・佩蒂（Mike Petty）是环球图书文学出版部的编辑主任，在这样的背景下，他顺理成章地阅读了美国版的《元素周期表》："我的直觉立刻告诉我要出版这部书。"[34] 他从迈克尔・约瑟夫出版公司手中以 4000 镑的价格买下了《元素周期表》的平装本版权。于是迈克・佩蒂和亨丽埃塔・希尔德此时自豪地成了《元素周期表》的共同出版人——精装本和平装本。

## 12

回到都灵，莱维早早就开始为美国之旅做准备。因为美国的春季没有意大利的春季温暖，所以他准备了厚外套、帽子还有手套。莱维和妻子露西娅打算从纽约飞往加利福尼亚，再去印第安纳，然后飞往波士顿，最后飞回曼哈顿。这算得上是一场为时两周的海岸线飞行马拉松。但莱维坦承演讲任务让他感到“害怕”[35]。在儿子伦佐的帮助下，他将演讲稿都译成了英文，因为莱维不想在没有完全准备的情况下就去演讲。儿子伦佐在翻译中并没有对演讲稿的内容过多评论，只是默默地在讲稿的边角备注补充。

莱维需要这次远行，因为他在家陪母亲过着一成不变的生活已经太久了。莱维本性喜爱远足，他认为自己生来就是一名旅行者。但这天性却总是被依赖、愧疚与疏忽大意的情感所阻碍，这几种情绪纠缠在他与母亲埃丝特尔的关系之中。妹妹安娜·玛丽亚同意在莱维和露西娅去美国的时候从罗马过来照顾母亲。毫无疑问，莱维对让妹妹全责照顾母亲感到愧疚，但可以想象到，尽管只有几个礼拜，莱维也为能够从母亲身边解放而松了一口气。莱维的母亲就住在走廊尽头的房间，她在那里统治着儿子的生活，早晨 6 点半叫醒莱维，然后 7 点要求吃早饭，没日没夜地使唤莱维。而这也是妹妹安娜·玛丽亚第一次不得不在这么长的时间内照顾母亲。

起初妻子露西娅并不愿意赴美，但是从未关心过露西娅的姨妈约莱·卢扎蒂向她施加了压力：“你一定要让莱维离家一阵。”莱维也预料到了露西娅的犹豫，因为妻子非常害羞并且英文也并不流利。之前露西娅很少去都灵以外的地方。尽管自从莱维退休以来，夫妻间紧张的关系已经得到了一些缓和：莱维现在是意大利小有名气的作家并且也不再那么渴求媒体关注，但是在美国，露西娅将成为莱维的附属品，她需要陪丈夫去参加曼哈顿的派对，出席书店午餐会，看着丈夫被索要签名的人和仰慕者所围绕。这些对露西娅来说可能是不小的压力。但露西娅最终决定出行，她不能够让丈夫只身赴美。她决定自己将一如既往地支持丈夫。

正当莱维夫妇准备出发的时候，住在波士顿的堂妹安娜·约纳写信询问莱维是否愿意接受马萨诸塞州的布兰迪斯大学授予他的一个名誉学位。莱维受宠若惊但深知自己无权接受这一荣誉，因为他的英文写作能力并没那么优秀，而且这次美国之旅的噱头已经足够“夸大成狂”了，不应该再贪心于大学授予的名誉学位了。于是他在回信中这样写道：

> 说实话，如果我再年轻 20 或者 30 岁，授予我名誉学位的想法

> 将让我置身于极乐世界。但这些日子我心力交瘁，不再像以前那样看重名誉了……露西娅和我是出于好奇才决定赴美，我们也不想浪费这可能一辈子只有一次的机会，我们只希望这次旅行可以将我们从日复一日的琐碎里解救出来。[36]

尽管这封信表达的是对堂妹的温暖问候和对布兰迪斯大学提议的衷心感谢，但字里行间里还是可以看出压在莱维肩头的家庭重担。

与此同时，莱维最终获悉《这是不是个人》和《休战》无法在德意志民主共和国出版发行。在实行社会主义的民主德国发行莱维作品的计划自1981年就开始筹备，但大多数出版商都拒绝出版。因为对于民主德国的社会主义政权来说，莱维不讨好地在《这是不是个人》中将共产党和社会民主党的囚犯描写成准纳粹党卫军，这等同于对民主德国社会主义的亵渎。然而，民主德国建设出版社（Aufbau Verlag）的约阿希姆·迈纳特（Joachim Meinert）却愿意出版莱维的图书。首先迈纳特在不惑之年仍对意大利文学抱有极大兴趣，并且他也绝不是拥护党派观念的强硬分子。除此之外，他出版莱维作品的热情还得到了两位声名显赫的德国人的支持。第一位是布痕瓦尔德集中营的幸存者弗雷德·万德（Fred Wander）。他所著的集中营回忆录《第七井》在意大利是一本很受欢迎的畅销书。莱维很仰慕万德，所以能收到来自万德长达13页的信件，莱维感到十分惊喜。万德信中表达了对莱维作品的欣赏。而第二位则是电影导演康拉德·沃尔夫（Konrad Wolf），他的哥哥是大名鼎鼎的民主德国情报机构负责人马库斯·沃尔夫（Markus Wolf）。据说马库斯·沃尔夫是英国作家约翰·勒卡雷的作品《柏林谍影》的人物原型。弗雷德·万德和康拉德·沃尔夫主笔了对莱维作品热情洋溢的赞词，然后约阿希姆·迈纳特将他们的推荐信交给了民主德国的文化部。因为只有得到文化部批准，迈纳特才能出版莱维的作品。

民主德国文化部不知如何评价莱维的作品。很显然，他书中内容问题不少，这本书能被出版吗？于是按照一个非常不寻常的做法，文化部把莱维的作品交给了反法西斯委员会。这个臭名昭著的组织由13名受斯大林思想影响的极端教条主义成员组成（迈纳特用了“死板”[37]一词）。13 名成员拥有最终决策权，并且他们一致否决了《这是不是个人》和《休战》的出版。在委员会发布的长篇累牍的报告中，这 13 名死板的空论家将莱维攻讦成一名反平等主义的“犹太复国主义同情者”[38]，并称莱维书中对监狱的描写大不敬地无视了奥斯维辛集中营里共产主义反纳粹抵抗活动的存在。莱维可能并不会为这篇他从未读到过的报告而感到吃惊，因为把集中营描述为反抗阵地的言论本身就是一种可怕的来自政治鼓吹者的谬论。莱维曾说过：“所有功劳都应归于那些实实在在存在过的人，但绝不会是统治者。因为统治者终将被打倒，被倾覆。”[39]委员会主席奥托·丰克（Otto Funke）曾在给迈纳特的信中言辞激烈地表达了对莱维的不满。迈纳特之后措辞小心地在写给莱维的信中说明，如果两部书想在民主德国出版，潜在的删节将不可避免。莱维回信说如果这样做可以“拯救”两部作品，自己可以授权两本书的删减版在民主德国发行，然而任何删减部分都必须经过他的“个人授权”。之后，莱维没再收到迈纳特的回信。而一年之后的 1985 年 2 月 5 日，莱维从迈纳特处得知了一条令人沮丧的消息，奥托·丰克和其党僚主笔删改的部分要比他们担心的还严重得多。当迈纳特的信送到时，莱维正要出发去纽约，于是他只能沮丧地在回信中写道：“我对委员会进行审查的原因表示充分理解。”[40]如果莱维在书中描写奥斯维辛共产主义抵抗运动的部分果真有误，那也是因为他当初没有目睹到任何共产主义者抵抗的迹象。

## 注释

1 “这本书会帮助……”：1983 年 2 月 7 日。
2 “Parmodalin”的英文商标名称是“Parstelin”，此种药物含有抗抑郁药［即“tranylcypromine”（强内心百乐明）］和镇静剂［即“trifluoperazine”（三氟拉嗪）］的成分。
3 “我刚开始服用……”：1984 年 12 月 8 日。
4 “审查性删改”：普里莫·莱维告诉作者。
5 “充满干劲”：吉姆·西尔伯曼告诉作者，1994 年 3 月 25 日。
6 “我读完立刻意识到，……”：威廉·韦弗告诉作者，1993 年 7 月 12 日。
7 “睿智而平和”：普里莫·莱维写给埃玛·维塔-莱维的信，1984 年 7 月 5 日。
8 “未来会带来什么……”：《邮报》刊登了普里莫·莱维的信，1984 年 4 月 14 日。
9 “我们从未……”：普里莫·莱维告诉作者。

10 “铁石心肠、寡廉鲜耻的大兵”:《记忆之声》, p.282。
11 “他看起来……”: 卢恰诺·法伊奥尼告诉作者，1995 年 11 月 1 日。
12 “我贴心的执行官”: 毛里奇奥·阿瓦托告诉作者，1995 年 6 月 6 日。
13 “不可思议的人类学创作”: 克洛德·列维-斯特劳斯在信中告诉作者，1992 年 12 月 18 日。
14 “轻柔的美丽”:《普里莫·莱维与音乐》(*La musica e i dischi di Primo Levi*), 1984 年。
15 “精神矍铄”: 保罗·科贝蒂告诉作者，1995 年 6 月 3 日。
16 “这是我见过……”: 普里莫·莱维发表于《邮报》的文章，1984 年 5 月 5 日。
17 “你究竟是……”: 普里莫·莱维写给克劳迪奥·马格里斯的信，1984 年 5 月 10 日。
18 “一位从事文学工作的化学家”: 卡尔洛·斯戈隆在信中告诉作者，1993 年 7 月 1 日。
19 “令人折磨，惹人悲怜”: 迈克尔·克鲁格告诉作者，1995 年 12 月 7 日。
20 “顺便说一句，……”: 普里莫·莱维发表在《普里莫·莱维与图利奥·雷吉: 对话》上的文章，p.viii。
21 “既具文学风格又忠实于原文”: 普里莫·莱维写给亚瑟·萨缪尔森的信，1984 年 7 月 14 日，据埃诺迪公司关于普里莫·莱维的文件记载。
22 “它比打字机……”: 普里莫·莱维写给露丝·霍夫曼的信，1984 年 12 月 8 日。
23 “现在我……”: 普里莫·莱维的这段话是由皮耶罗·贝卢西告诉作者的，1993 年 6 月 26 日。
24 “我叫比尔，……”: 威廉·韦弗告诉作者，1993 年 7 月 12 日。
25 “噢天哪，……”: 1984 年 12 月 5 日。
26 “当他从……”: 1993 年 10 月 7 日。
27 “欠缺高贵感”: 卡洛·卡雷纳告诉作者，1993 年 6 月 10 日。
28 “非常和蔼”: 吉娜·拉戈里奥告诉作者，1995 年 5 月 4 日。
29 “我们给了美国人……”: 1966 年 2 月 27 日。
30 “莱维来美的最佳时机……”: 1984 年 11 月 28 日。
31 “意大利犹太人经历和大屠杀”: 印第安纳大学的珍妮特·拉毕诺维兹写给乔治·乔奇诺维茨的信，1981 年 2 月 9 日。
32 “我们最后一次……”: 1985 年 1 月 1 日。
33 “我从未有……”: 1984 年 12 月 5 日。
34 “我的直觉……”: 迈克·佩蒂在信中告诉作者，1996 年 1 月。
35 “害怕”: 普里莫·莱维给露丝·费尔德曼的信，1985 年 2 月 5 日。
36 “说实话，……”: 普里莫·莱维给安娜·约纳的信，1985 年 2 月 16 日。
37 “死板”: 约阿希姆·迈纳特告诉作者，1994 年 12 月 20 日。
38 “犹太复国主义同情者”: 民主德国反法西斯委员会（解密文件），1981 年 11 月 24 日，由文化部的克劳斯·赫普克（Klaus Höpcke）提供。
39 “所有功劳……”:《记忆之声》, p.255。
40 “我对委员会……”: 1985 年 3 月 8 日。

# 二十五

# 美国在等待

（1985）

# 1

莱维写道，纽约有着“粗野、快活、玩世不恭的美”[1]。当他和露西娅在 1985 年 4 月 12 日（星期五）到达这座城市时，他们都为它而折服。当时，一股慢跑和节食的热潮正席卷曼哈顿。中央公园里跑步的人们（常常牵着狗）构成了一道独特的风景线。意大利文化研究院的乔治奥·科隆博来到肯尼迪机场迎接莱维夫妇。他向莱维保证，《若非此时，何时？》将大获成功，而它的作者将作为一颗意大利文学新星，接受人们的欢呼。这番赞扬让莱维有些紧张，但八面玲珑的科隆博（从莱维远在贝内瓦杰恩纳镇的祖辈算起，科隆博还是他的远房亲戚）让他摆脱了拘束。他为莱维夫妇在多勒尔旅馆预订了房间。这座旅馆位于列克星顿大道 541 号，第 49 街路口，沃尔多夫酒店对面。小酌之后，他便告辞，让他们能休息几个钟头。莱维需要好好休息一下。他未来几天将非常忙碌。

晚间，肖肯图书公司公共关系部的艾琳·威廉姆斯前来拜会。她笑脸盈盈，举止得体，在这对意大利夫妇心中留下了相当好的印象。尽管莱维对于他在纽约的名人地位还显得异常矜持，但他并不反对威廉姆斯为他安排的一轮令人精疲力竭的采访。不过，他拒绝上电视，因为他担心自己显得像个“傻瓜”。这些采访被安排在下周一，纽约各大媒体的记者都会到场。莱维强调，他更愿意用意大利语与记者们交流，并警告威廉姆斯说，当他说英语时，他的智商会“下降 30 个百分点”[2]。威廉姆斯从未遇到过这样谦逊的作者。他的魅力征服了她。

在旅馆的会客室里，她坐在莱维身边，在公关笔记上飞快地做着记录。莱维开始要求她不要把他与卡洛·莱维相混淆。（埃诺迪本人有一个便捷的区分方式：“世俗莱维”和“天主教莱维”。）他直截了当地警告威廉姆斯，他不想在纽约仅仅被人们视为一名犹太作家：“我不想被贴上标签——就像德国人做过的一样。”在他们的谈话中，威廉姆斯惊讶地发现莱维非常熟悉《纽约客》

的漫画家索尔·斯坦伯格（Saul Steinberg，被无数次复制和转载的《从第九大道看世界》的创作者）。“二战”时，斯坦伯格在米兰学习建筑学。而莱维还记得他在米兰讽刺杂志《贝托尔多》（*Bertoldo*）上发表的漫画作品。

莱维夫妇可以自由支配周末以及第二天（整整一个周六）的时间。他们游览了这座美丽而紧张不安的城市。只需要沿着列克星顿大道走上几步，就足以打碎莱维对于纽约的幻想。就在这儿，在斯坦伯格所描绘的高度文化的曼哈顿，人们在垃圾箱里翻捡垃圾。后来，艾琳·威廉姆斯还记得莱维在曼哈顿的一家餐馆外看到乞求施舍的乞丐时那失望的表情。纽约的阴暗面吓坏了莱维，让他有些应付不来。

周一早晨，在多勒尔旅馆的会客厅，莱维迎来了第一批新闻记者。他没想到会来那么多记者，而他们向他提出了一些傻乎乎的问题。（你能说流利的意第绪语吗？）这些记者也没有为这场采访做好功课。《纽约时报》的赫伯特·米特冈甚至根本没有读过他的书，这让莱维大为生气。歪曲失实的报道，就像一片乌云，早在他之前便登陆美国，正如之前奥斯卡·王尔德和查尔斯·狄更斯的遭遇。一些美国报纸，抢在采访莱维之前，仅仅根据他的照片，就对他提前进行了报道。根据他那“优雅睿智”的表情，莱维显然就像是“大胡子版”的英国演员迈克尔·威尔丁（Michael Wilding）。《国际先驱论坛报》（*International Herald Tribune*）将他定位为“圣徒般的犹太人”。（早在1963年，皮埃蒙特报纸《福山人民》就将他描写成一位“圣人”。而莱维说他缺少作为一个宗教形象所必要的“个人魅力”和“自省精神”。）

用英语与记者交流让莱维备感拘束。等到接受国家公共电台的采访时，莱维觉得上午这场公关活动已经进行得过久了。于是他宣布了他所谓的“最后通牒”：他不再接待任何记者，除非他（或她）至少读过他的一本书。幸亏一名记者，亚历山大·斯蒂尔（Alexander Stille）比其他人都更了解莱维。作为拥有意大利犹太血统的纽约人，斯蒂尔是意大利《晚间邮报》的乌戈·斯蒂尔的儿子。而乌戈曾经在莱维登陆美国的过程中助他一臂之力。当莱维发现斯蒂尔能说一点意大利语时，他松了一口气：“他像迎接归来的朋友一样欢迎我，就像我正在帮他一个大忙。”[3] 实际上，莱维对于所有认真做了功课的记者都会像对斯蒂尔一样热情。斯蒂尔记得莱维显得“疲惫”而“不适”。到那时，他还没有完全适应这次美国之旅。

莱维的纽约之行的高潮，是他在那个周一对哥伦比亚大学化学系的参观。因为露西娅去了市中心购物，他独自前往哥伦比亚大学。来自比萨的客座化学教授卡洛·弗洛里亚尼（Carlo Floriani）和他的妻子丽塔张开双臂欢迎莱维，将莱维迎进他们的实验室。丽塔·弗洛里亚尼在1958年还在意大利上学期间就读过莱维的书，从此成了莱维的忠诚读者。见到莱维让她高兴万分。摆脱了多勒尔旅馆的公关活动的折磨，莱维放松下来。他对友好的弗洛里亚尼夫妇颇有好感。他同意穿上化学家的防护服，抱着弗洛里亚尼夫妇亲手制作的化学玻璃器皿，让一名《新闻周刊》的摄影师拍照。“虽然我一直手握烧杯——但我只是一个二流化学家！”[4] 他出乎意料地宣布。

之后，莱维请求在化学系四处参观一下。带领莱维参观的特权落在了研究生院的导师伦纳德·法恩（Leonard Fine）教授的头上。“真正让莱维流连忘返的，”法恩回忆，“是我们的博物馆。”[5] 在那里，莱维被展出的各种化学染料所折服，尤其是维多利亚时期的化学家威廉·波金斯（William Perkins）捐赠的苯胺紫样本。来自拜耳公司的德制染料也在展出之列。还有成架的原电池样本。由哥伦比亚大学19世纪的化学家查尔斯·弗雷德里克·钱德勒（Charles Frederick Chandler）安装的16个木制展柜也给莱维留下了深刻的印象。在钱德勒改建后的实验室里，莱维戴上有色玻璃的护目镜，观看了一场激光表演。激光惊人地检出了纽约空气中煤尘的微粒，让莱维不由得以纽约人的意第绪语惊呼：“啊，煤尘（shmutz）！”莱维喜欢纽约的原因之一是它让他有机会去搜集犹太人的妙语巧思。他最喜欢的一句是：“好吧，我们的确杀了耶稣。不过他就死了三天。”

当晚，莱维在城市大学进行演讲。但在此之前，欧文·豪和哥伦比亚大学以色列与犹太研究中心的负责人尤瑟夫·耶鲁沙尔米（Yosef Yerushalmi）邀请他和露西娅到西42街共进晚餐。耶鲁沙尔米不安地发现莱维是那么紧张局促，通过莱维的书，他还以为莱维是一个更沉稳自信的人。进餐期间，大多数时候莱维都一言不发，只能由豪和耶鲁沙尔米的谈话来保持不冷场。

带着憔悴的微笑，莱维承认他并不经常离开都灵，而他在纽约感到自己就像“一个刚刚走下渡轮，登上斯塔滕岛的移民”[6]。他试着说了几个希伯来单词。但据豪出生于以色列的遗孀伊利亚娜（Iliana）说，他的发音并不正确。豪和耶鲁沙尔米都不会说意大利语，他们与莱维之间的交流受到了局限。

在纽约大学礼堂中，“普里莫·莱维之夜”即将开始。在座无虚席的礼堂中，莱维一直坐在后面，并显得忧心忡忡。耶鲁沙尔米坐在发言人的位置上。从不为当众演讲而感到羞怯的他，开始主宰那个晚上。（“似乎耶鲁沙尔米想成为当晚的明星，把各种冠冕堂皇、不切实际的帽子戴在莱维的头上。”[7]高峰出版社的亚瑟·萨缪尔森还记得。）《元素周期表》的译者雷蒙德·罗森塔尔迟到了。等他挤进会场时，发现一群人围着莱维，争着与他握手或请他签名。“我不可能靠近他，因为豪就像莱维的保镖一样，可以说，赶走了所有的观众，一边推来搡去，一边高叫着：‘退后！退后！’。”[8]要是这样难堪的局面再经历一次，莱维很可能会直接跳上下一班飞机飞回意大利。罗森塔尔疲惫地走回了自己的公寓，为没有跟莱维说上话而大失所望。

莱维到纽约还不到四天，但这次旅行已经对他产生了负面影响。而现在，他不得不面对各种应酬活动。在一间明亮的曼哈顿公寓里，他的另一家出版商高峰出版社办了一场鸡尾酒会。喋喋不休的纽约人从四面八方包围了莱维，但莱维那磕磕巴巴的英语并无助于放松他的神经。那喧嚣的、兴奋的、嘈杂的人声让他惶恐不安。高峰出版社那有着老派学者风度、亲切和蔼的总监吉姆·西尔伯曼，记得莱维在跟他交谈中的痛苦表情以及羞涩的头部动作。“他显得并不知道如何社交周旋。然而，这次酒会与曼哈顿的众多酒会并不一样，在那些酒会上，超过一半宾客都在巴望着作者的倒台，而在这里，大多数人都为莱维的成功而高兴。”[9]不过，莱维也许会注意到，这场酒会也有着势利的一面。当博贝·西格尔作为莱维的“曼哈顿代言人”被介绍给欧文·豪时，豪却对她置之不理。（“豪真是一个势利小人。”西格尔回忆道。）与之形成鲜明对照的是，莱维对西格尔非常亲切，露西娅也是一样。在西格尔眼中，露西娅是一个“身穿黑裙，佩带珍珠首饰，美丽的中产阶级主妇”[10]。但是，由于露西娅只会一点英语，而西格尔对意大利语也所知不多，谈话中总是会出现空白。

## 2

莱维开始以混合着失望和好奇的复杂心态看待他的这次美国文化之旅。他问露西娅，究竟还有没有非犹太人住在纽约。到那时为止，他们遇到的大多数人都是犹太人。后来，莱维向国内的朋友们，描述了他的曼哈顿之行的一些最难忘的时刻。4 月 16 日，亚瑟·萨缪尔森驾驶一辆闪闪发亮的黑色豪华轿车载着莱维和露西娅去吃午饭。以其谦逊的性格，莱维更愿意搭乘出租车。而魁梧的萨缪尔森立刻看出莱维并不愿被名人的光环加身。在汽车后座上，他的眼睛从厚厚的眼镜后面投射出紧张的目光。他的谦逊开始与纽约出版商们的要求产生碰撞，而现在双方都看到了那痛苦的后果。“安伯托·艾柯就能完美地处理好公共关系事务。”[11] 萨缪尔森想。但艾柯并不是奥斯维辛幸存者。而莱维却厌恶利用幸存者身份去换取金钱和名誉。轿车停在布鲁克林桥下的小河咖啡馆。至少这个地方让莱维打起了精神。吃午晚时，他敬畏地凝视大桥的吊索和随风摇摆的人行道，宛如《扳手》中描写的工程奇迹。

普里莫·莱维的追寻并没有结束。肖肯图书的艾琳·威廉姆斯想确保他和露西娅的纽约之行过得愉快：绝不能让他们感到被忽略。那天晚上，她带他们到林肯中心的顺利中餐馆吃晚饭。侍者都穿着黑色的制服，桌子边挤满了富有的高管人员和喋喋不休的上流社会白人。莱维夫妇在小河咖啡馆吃过午餐后并不太饿，因此点了面条。他们那天晚上原本并不想出门，但还是勉为其难。毫无理由地，露西娅突然说起她喜欢英语惊险小说，也喜欢约翰·福尔斯的《占星师》（*The Magus*）。纽约一定让露西娅感到了可怕的压力。她几乎听不懂别人的英语，而她的丈夫又被公关事务缠身，无力帮助她。晚饭过后，威廉姆斯带着这对夫妇来到艾弗里费雪音乐厅去欣赏一场古典音乐会，并保证让他们看看“犹太人在纽约的成就”。

4 月 17 日，正午 12 点，莱维在布鲁克林学院学生中心进行了他在美国的第一场讲座，《犹太人对于意大利文化的贡献》。在此之前，布鲁克林杰出的但丁专家伯纳德·托斯卡尼（Bernard Toscani）陪伴莱维在纽约肮脏的下西城进行了一次有趣的散步。这里与高雅的上西城形成了鲜明的对比。空气中弥漫着烤肉的味道，阴沟脏水外溢，橱窗里挂满了鲜红油腻的烤鸭。快被华人占据的小意大利区让莱维着迷。他的妹夫齐梅特当时就在北京附近教授电影课程。莱维请求托斯卡尼陪他去桑树街和格兰街，看看意大利生活在那里留下的痕迹——披萨店和意大利香肠店。沿着坚尼街前行，托斯卡尼给莱维讲述了他家附近的不良女学生的传奇事迹，从地狱猫玛吉到唐人街格蒂，逗得莱维哈哈大笑。百老汇漂亮的伍尔沃斯百货大楼让莱维乐在其中。当他凝望那金绿相间的马赛克屋顶时，他"迷失在纸醉金迷的纽约梦中"[12]，托斯卡尼回忆。

布鲁克林学院礼堂中人满为患，一些人只能坐在别人的膝盖上。当莱维走上讲台，观众们礼貌地鼓掌致意。刚刚完成唐人街之行，他的精神相当不错，用他那坦率的幽默逗得大家忍俊不禁："看，一般来说，我只有在说意大利语时才算风趣，而说英语时就要冒着无聊刻板的风险。"[13] 在讲座时，莱维说得飞快，几乎喘不过气来，在阅读长达六页的笔记时甚至有些气喘吁吁（可以从录音中听出来）。他的讲座有些笨拙，但莱维富有魅力的亲切声音，以及他那优雅的表情，仍然打动了观众们。只有一个小插曲：坐在前排的一位女士总是对他使眼色。她有着浅棕色的头发，看起来有些眼熟。

在调整了麦克风（"我能把这个玩意儿调低一点吗？"）之后，莱维开始回答观众提问。"莱维博士，你知道世界珠宝中心在哪吗？"莱维用带着浓重口音的英语回答："在纽约住了六天之后，我不知道还该不该说它在以色列。"哄堂大笑。讲座结束后，前排的那个女人登上讲台，向莱维自我介绍她叫伊迪丝・薇兹。莱维犹豫了几秒钟，才想起她原来是他的大学校友。听说了莱维的消息，她从纽约东北的诺沃克（Norwalk）专程赶来。这次出人意料的重聚让莱维很高兴，虽然也有些惶恐。新闻镜头拍下了蓬齐奥教授的两名化学系学生紧紧拥抱在一起的画面。当最初的兴奋退去，莱维开始向薇兹抱怨纽约那"可怕的喧闹"以及公关事务的折磨："我就像一个昂贵的动物标本一样被四处展览。"[14] 在他们整个谈话期间，露西娅知趣地远远躲在一边。等到回国时，家中各种需要处理的文书，像合约、版税等等，一定堆积如山了，莱维继续抱怨说。半开玩笑地，薇兹自告奋勇充当起了他的秘书。“我想这也许有助于让他从那些枯燥的工作中解脱出来，但他的妻子充满鄙夷地狠狠瞪了我一眼。”不过，露西娅给予薇兹的目光中很可能充满了压力和紧张。纽约媒体圈不仅给予莱维巨大的压力，同样也在考验着露西娅的承受力。

4 月 18 日，星期四，莱维来到了洛杉矶。他们在洛杉矶国际机场见到了露西娅的表兄阿尔伯托·芬齐。当年，芬齐逃离了法西斯意大利，来到太平洋边的帕利塞兹开始新生活——距离他出生的费拉拉省（Ferrara）无比遥远的地方。露西娅为见到亲人而高兴，但更让她高兴的是离开了那喧嚣、吵闹的纽约。在加利福尼亚，她能做她想做的事，说她想说的话。芬齐在威尔榭大道的威尔榭广场酒店为莱维夫妇预订了房间。第二天，他们见到了莱维的妹夫朱利安·齐梅特的老朋友伯纳德·戈登。他为莱维在好莱坞找到了一位电影制片人。他们将讨论翻拍《若非此时，何时？》。莱维的电影制片人哈洛德·格林（Harold Greene）认为翻拍这部充满悬疑和暴力的小说有利可图。如果莱维同意的话，法国前时尚模特多米尼克·桑达（Dominique Sanda）将出演影片的主人公。

戈登开车载着莱维驶进了好莱坞山那稀疏的树林和灌木丛。阿道斯·赫胥黎的遗孀劳拉·阿彻拉·赫胥黎就住在“HOLLYWOOD”（好莱坞）大字中第一个“O”下面的一栋别墅里。她曾邀请莱维夫妇去她家喝茶，吃南瓜饼。遗憾的是，他们的日程排得太满，无法接受这份邀请。当他们乘车穿越好莱坞山时，莱维饶有兴致地欣赏着洛杉矶的景色，并瞪大眼睛惊叹洒满阳光的比佛利山庄的草地和车道。戈登原本还担心这场财富和物质主义的展示会令莱维不快。但莱维却带着天真的快乐喊道：“落日大道！”[15] 他像往常一样，想知道道路两旁树木的名字。然而戈登对它们一无所知。自然，莱维并没有遭遇这座天使之城标志性的血腥枪战。也许听起来有些奇怪，但他在这座城市的游泳池和高速公路之中感觉就像回到都灵一样亲切。他对洛杉矶那热切的好奇心给戈登留下了深刻的印象。“也许正是这份真诚与开明促使他去书写一切，包括奥斯维辛。”

第二天，莱维夫妇乘车沿着加利福尼亚海岸穿过罗纳德·里根（Ronald

Reagan）的选区橙郡（Orange County）。在拉古纳海滩（Laguna Beach），他们停下车，在由一艘轮翼蒸汽船改装的餐馆里吃午饭。南加利福尼亚的太阳和冲浪梦并没有打动莱维。午饭后，他和露西娅来到风景如画的度假胜地拉荷亚（La Jolla）。露西娅的姨妈玛丽亚住在这里。尽管玛丽亚·维特比已经九十高龄，失去了听力，但她仍然非常高兴，并且作为露西娅的姨妈，真诚地欢迎莱维。她和她的儿子安德鲁·维特比（Andrew Viterbi，一名经营电子元件的商人），力荐莱维去见见他们的邻居 H. 斯图尔特·休斯（H. Stuart Hughes）教授。作为一位在加利福尼亚州土生土长的历史学家，休斯一直在美国的大学里大力介绍莱维。在他关于意大利犹太人的书《希望的囚徒》（*Prisoners of Hope*）中，有很长的一章用于介绍普里莫·莱维。而莱维对与他的倡导者的这次见面充满了好奇。休斯来参加周日的茶会，这是一个亲切的场合。休斯问莱维，他是否认为纳粹集中营对他的所有负面影响都一直持续到今天。而莱维直截了当地回答："不。"接着换到了更轻松的话题上，大家开始谈论加利福尼亚的美酒。

4 月 21 日是纳粹大屠杀纪念日，莱维将在加利福尼亚的克莱蒙特大学中心进行演讲。那个星期天，有超过 500 人来倾听他的演讲。正像 80 年代的美国文化，"纳粹大屠杀"成了一场公关活动的粗俗谈资。不过，在加利福尼亚的那个夜晚，莱维作为一位"幸存者-受害者"受到人们的敬重。他之后的横死仅仅验证了许多美国犹太人的信仰——他们深信犹太人的体验就是痛苦的、殉道的。（"你们难道看不出莱维病了！"[16] 一名心理医生在 1997 年一场关于莱维的会议上喊道。）克莱蒙特大学的本·拜里亚克（Ben Beliak）拉比向观众们介绍了莱维。拜里亚克是一名德国犹太幸存者的儿子。1962 年，在他受戒仪式的前夜，他在亚里桑那州的凤凰城（Phoenix）读到了《这是不是个人》。多亏莱维的书，他的父母那未经言表的苦难对于少年拜里亚克来说变得无比真实，而从那之后，他一直渴望见到此书的作者。莱维打开他的演讲的打字稿（后来成了《被淹没与被拯救的》的第一章）。克莱蒙特大学的意大利语教授莎拉·埃德勒（Sara Adler）在问答环节负责翻译工作。但她无法胜任这份工作。莱维不得不纠正她的翻译。这在会场造成了一些骚动。后来，莱维尴尬地听从了拜里亚克拉比的劝告。虽然莱维是一位无神论者，并不相信犹太教，但他尊敬拉比的地位。

莱维夫妇从加利福尼亚飞到密苏里州的圣路易斯（St. Louis），之后前往印第安纳波利斯（Indianapolis）。他们搭乘的飞机于4月22日傍晚到达那里。还在都灵时，莱维就约好要与印第安纳大学的犹太研究主任阿尔文·罗森菲尔德见面。他是莱维最坚定的美国支持者之一。虽然莱维不愿意使用“大屠杀”这个字眼，但他仍然答应在罗森菲尔德的“大屠杀文学”课堂上进行一次讲座：至少他们读过他的书。当天傍晚，莱维在大学进行了题为“身为犹太作家的意义”的讲座。讲座进行得相当顺利。之后莱维邀请罗森菲尔德与他一起登上讲台，共同进行问答环节的“二重唱”。莱维被拥护者所包围。他们觉得与他讨论的时间过去得太快。随着美国之行的继续，莱维越来越厌烦这些他所谓的“恋恋不舍者”了。

## 3

在离开一周之后，曼哈顿在莱维夫妇的眼中似乎显得更加独特。它的摩天大楼像“发亮的白云石”[17]一样在夜晚熠熠生辉。他们来到世界贸易中心大楼的城市之光酒吧，为天空与海湾那壮丽的景色而赞叹不已。4月25日，意大利解放日，莱维在公园大道的意大利文化研究院进行了一次讲座。各个年龄层次的、各种背景出身的意大利裔纽约人赶来聆听他的讲座。整个意大利文化研究院被挤得水泄不通，人们不得不站在楼梯或门口，伸长脖子，希望能看到莱维。研究院的院长伊瓦洛·马尔基（Ivano Marchi）向观众们介绍莱维：“若非此时，何时我们还能请到他？”雷蒙德·罗森塔尔被邀请坐在莱维身边，帮助他回答观众提问，这让他有些受宠若惊。莱维知道没有罗森塔尔，他在美国不会取得这样史无前例的非凡成功。在讲座之后，他们相谈甚欢。他们有着几乎截然相反的性格：莱维更懂小慎微，而罗森塔尔则是一个直率的纽约人。

第二天，他们在麦迪逊大道的一家餐馆里加深了彼此的了解。在莱维的要求下，罗森塔尔说起了战后他在意大利伊斯基亚岛（island of Ischia）的生活。他在那岛上结识了W.H.奥登（W. H. Auden），并且因在同盟国军队登陆意大利南部期间的英勇行为获得了银心勋章。罗森塔尔是一个坏脾气的、也有一些可爱的 73 岁老人，有着坷坎的一生——不过，像许多纽约人一样——亲切、聪慧、开明。莱维接着请他说一说他在早年当翻译时犯过的那些低级错误。其中之一尤其让莱维忍俊不禁："野蛮竞赛"（selvaggina）被译成了"小野人"。德国犹太学者内厄姆·格拉策（Nahum Glazer）加入了他们。格拉策在 1938 年成为法兰克福大学宗教研究院的主席，并与约翰·厄普代克（John Updike）一起，负责肖肯图书的卡夫卡丛书。丝毫没有世俗的顾虑，格拉策用德语与莱维交谈。他是莱维在美国真正喜欢的一位出版商，而显然他也敬仰莱维。罗森塔尔注意到莱维要了意大利火腿和甜瓜，却并没有吃火腿：他不想冒犯恪守犹太教义的格拉策。

## 4

随着美国之行接近尾声，莱维进行了最后一次讲座。这场讲座定在 4 月 26 日，在波士顿大学的柯蒂斯大礼堂中进行。许多学生出席了这场名为《生存之外》的讲座，同样连过道都站满了人。莱斯利·爱泼斯坦（Leslie Epstein，撰写《卡萨布兰卡》剧本的爱泼斯坦兄弟之一的儿子）还记得莱维的讲座："他那整洁、专业的外表，恰到好处的幽默与宁静，权威性的讲座让整个会堂鸦雀无声。他像钢铁制成的一样闪亮、冷静、真实。"[18] 然而，实际上莱维在那个周五的晚上非常紧张。普林斯顿大学的一位教授，彼得罗·弗拉西卡（Pietro Frassica，他还是小说家吉娜·拉戈里奥的朋友），上前与莱维攀谈，却发现莱维心不在焉。"他在想什么？他到底在想什么？"莱维的不安是因为有人没有出现。那个人就是 1969 年诺贝尔医学奖的获得者萨尔瓦多·卢里亚（Salvador Luria），一位在都灵出生、成长的科学家。卢里亚原定与莱维见面，但因为在马萨诸塞技术研究院的讲座而没有成行。卢里亚在《科学》杂志上发表了一篇书评，对《元素周期表》进行了高度赞扬。但莱维急于见到他还有另一个原因。在卢里亚的自传《一台老虎机，一个打破的试管》（*A Slot Machine, a Broken Test Tube*）中，他清楚地提到了锂（元素周期表里的第三种元素）对于抑郁症的显著疗效。他非常想让其他抑郁症患者了解这种疗法，但莱维没有机会与他当面讨论这件事。莱维只能精疲力尽地回到波士顿肯莫尔广场的豪生酒店。

当晚，莱维来到了波士顿附近草木茂盛的剑桥市，见到了他的堂妹安娜·约纳。作为一个出众的女性，安娜·约纳一直受到莱维的钦佩。聪慧过人的她作为一名电台记者在战后美国努力生存下来，并表现出出人意料的坚韧。当安娜回到都灵时，莱维总会到位于圣塞孔多街的天主教女青年会去看她——她常常资助这个宗教团体。对于朋友，约纳是热情而慷慨的。对于敌人，她则永不原谅（莱维的诗作译者露丝·费尔德曼曾经与她有过几次不快的接触）。莱维和露西娅到达安娜家时已是深夜。原先计划的晚餐毁了，这让安娜非常不高兴。在安娜眼中，莱维不仅疲惫而且“忧心忡忡”，而她肯定他的情绪低落是因为担心家人。事实上，莱维此刻身处亲人身边，于是流露出了对母亲的担忧。第二天早晨，吃早饭时，安娜发现他“迷茫而心不在焉”[19]。等到安娜开车载着他四处参观波士顿的美景时，他才变得开心了一些。莱斯利·爱泼斯坦也在陪同之列。

莱维曾在报纸上发表过一篇文章，《一枚硬币的故事》。这篇文章讲述了波兰罗兹市犹太人隔离区独裁的主席哈伊姆·罗姆科夫斯基的故事。它在很大程度上借鉴了爱泼斯坦的小说《犹太王》。但爱泼斯坦并不在意。在豪生酒店的台阶上，他邀请莱维花上几个月的时间，在这个夏天与他一起在波士顿大学教授创意写作课程。莱维似乎在考虑这个提议，却彬彬有礼地谢绝了。“他说他永远不敢想把母亲一个人留在意大利。”[20]像往常一样，莱维和露西娅房间里的电话响个不停。不断有人邀请他去电台或电视台参加脱口秀节目，或邀请他担任教授或进行讲座。莱维把电话听筒从座机上摘了下来。

让都灵的家人和朋友们吃惊的是，莱维在美国又逗留了一个星期。5月1日，他回到了纽约的哥伦比亚大学，并答应把带有他签名的《元素周期表》送给那一年化学系最优秀的学生。艾琳·威廉姆斯非常细心地布置了活动现场，安排了一场符合犹太教义的自助午餐会，并在门口附近摆放了成堆的莱维的书。在系主任罗伯特·波拉克（Robert Pollack）的倡议下，莱维在签字赠书之前用英语进行了简短的演讲。他全身心地投入到这场活动中，并露出欣慰的笑容。“努力学习，”他告诉学生们，“你们知道化学救了我的命。”威廉姆斯之前从未见过莱维如此郑重的表情。后来在午餐会上（有烟熏白鲑鱼、百吉饼），莱维顽皮地向意大利化学家丽塔·弗洛里亚尼（Rita Floriani）承认，他此刻最想吃的是“一大根意大利蒜味肠”[21]。这次哥伦比亚大学的签送会成为莱维美国之行的高潮。

当天晚些时候，莱维收获了肯尼斯·B. 思麦伦图书奖。肯尼斯·B. 思麦伦（Kenneth B. Smilen）是曼哈顿的一位富翁。他每年都会为十类图书中最佳的犹太书籍颁发奖金。《元素周期表》作为自传体作品获得了 1500 美元的奖金。莱维早早来到了第五大道 1109 号（这里后来成为纽约犹太博物馆）的颁奖现场。他很高兴能来到这里，并下车一个人走进会场。他第一次置身于第五大道强大的犹太人群体之中，这些犹太人定义了犹太的上层阶级，并在 80 年代纽约的街道上定义了那些词汇的意义——气魄、产业。在莱维获得美国公众关注的道路上大力帮助他的索尔·贝娄，也是这一图书奖的获奖者。我们可以想象莱维想见到他的热切心情。不过，威廉姆斯还记得，贝娄带着“冰冷的微笑”[22]，冷落了莱维，而忙着与其他宾客高谈阔论。在贝娄的小说《贝拉罗萨暗道》（*The Bellarosa Connection*）中，一位美国犹太人总是回避一位感恩戴德的欧洲犹太人，哪怕他曾经从纳粹集中营里救出了他。“一个人的感恩是他恩人的毒药。”贝娄写道。那一年，思麦伦图书奖的主席戴维·西多尔斯基（David Sidorsky）坚称贝娄和莱维交谈了一会儿，尽管他也承认，这样一件略有些草率的事情（“由三人评审团评选出 10 位获奖的作家”[23]），并不会有助于交谈。艾琳·威廉姆斯则对贝娄更加苛刻：“他对莱维非常傲慢，冷若冰霜，拒人千里。普里莫获奖损害了他的自尊心，于是他改变了态度。”带着这段不愉快的记忆，他和露西娅回到了意大利。丽莎“急切而高兴地”[24]在米兰的马尔彭萨机场等待着她的父母。“我不相信这次旅行徒劳无功。”莱维后来在一首诗中这样评论道。丽莎开车载着父母回到了都灵。

这是一次非同一般的旅行。20 天内，莱维在美国的 6 座城市间穿梭，进行了 6 次讲座，接受了 25 次采访。多年以来，文学评论家一直将莱维排除在美国之外。而现在，他却在美国好评如潮，而这吓着了莱维。拥挤的人群让他不知所措，鼓掌叫好声震耳欲聋。他难以理解美国人为什么那么赞美他的犹太性。他是一名化学家，也是一名作家。犹太教义只是他感兴趣的许多事物中的一件。他向都灵的朋友们抱怨，美国人在他的身上“戴上了一枚大卫星”。但美国人喜欢按种族和背景把人们分门别类。莱维不可避免地获得了一大批犹太读者。事实上，他也是这样被营销的。如果这其中存在着某种误解，那是因为莱维代表了纳粹集中营文学中的一个不为人们所熟悉的形象——一个地中海人，而不是一个东欧幸存者。不过，哪怕美国人误解了莱维，但他仍然是一个受欢迎的客人。美国人普遍喜欢他。“莱维是我所知道的最伟大的英雄。”[25] 艾琳·威廉姆斯后来告诉我。他那巨大的国际声誉在这次美国之旅中打下了基础。从那时起，莱维在美国成了一个不容忽视的名字。他决定在以后写书时，都要带着将来把这些书翻译成英语的眼光来写作。他的纽约出版商都信心满满地相信，不出一年，他的新作品就会再次出现在美国图书市场上。

## 注释

1 “粗野、快活、玩世不恭的美”:《莱维全集》第二卷，p.956。
2 “下降 30 个百分点”: 普里莫·莱维的这段话由艾琳·威廉姆斯在信中告诉作者，1993 年 7 月 19 日。
3 “他像迎接……”: 亚历山大·斯蒂尔告诉作者，1994 年 3 月 21 日。
4 “虽然我……”: 丽塔·弗洛里亚尼在信中告诉作者，1994 年 8 月 29 日。
5 “真正让莱维……”: 伦纳德·法恩告诉作者，1994 年 3 月 22 日。
6 “一个刚刚走下……”: 普里莫·莱维的这段话是由伊利亚娜·豪告诉作者的，1994 年 3 月 23 日。
7 “似乎耶鲁沙尔米……”: 亚瑟·萨缪尔森告诉作者，1994 年 3 月 24 日。
8 “我不可能……”: 雷蒙德·罗森塔尔告诉作者，1994 年 3 月 30 日。
9 “他显得并不知道……”: 吉姆·西尔伯曼告诉作者，1994 年 3 月 25 日。
10 “身穿黑裙……”: 博贝·西格尔在信中告诉作者，1994 年 1 月 28 日。
11 “安伯托·艾柯……”: 亚瑟·萨缪尔森告诉作者，1994 年 3 月 24 日。
12 “迷失在……”: 伯纳德·托斯卡尼告诉作者，1994 年 3 月 22 日。
13 “看，一般来说，……”: 普里莫·莱维在布鲁克林学院讲座的录音资料，1985 年 4 月 17 日。
14 “我就像……”: 普里莫·莱维的这段话是由伊迪丝·薇兹告诉作者的，1985 年 3 月 24 日。

15　“落日大道！”：伯纳德·戈登在信中告诉作者，1994 年 2 月 3 日。
16　“你们难道……”：杰里米·R. 麦克，1997 年 4 月，会议由哥伦比亚大学深度研究意大利学会组织。
17　“发亮的白云石”：《莱维全集》第二卷，p.956。
18　“他那整洁、专业的……”：莱斯利·爱泼斯坦在信中告诉作者，1994 年 2 月 17 日。
19　“迷茫而心不在焉”：安娜·约纳告诉作者，1994 年 3 月 20 日。
20　“他说他永远……”：莱斯利·爱泼斯坦告诉作者，1994 年 2 月 17 日。
21　“一大根意大利蒜味肠”：丽塔·弗洛里亚尼在信中告诉作者，1994 年 8 月 29 日。
22　“冰冷的微笑”：艾琳·威廉姆斯告诉作者，1994 年 3 月 22 日。
23　“……10 位获奖的作家”：戴维·西多尔斯基在信中告诉作者，1994 年 7 月 5 日。
24　“急切而高兴地”：《莱维全集》第二卷，p.619。
25　“莱维是……”：艾琳·威廉姆斯告诉作者，1994 年 3 月 22 日。

# 二十六

# 翁贝托国王大街75号的监牢

（1985）

## 1

莱维在1985年5月初回到了都灵。回到他熟悉的世界，他去美洲俱乐部里游泳，并且参加了RAI电视台的电视系列片《原子内的旅行》的录制工作。他签名支持比安卡·乔德蒂·塞拉在左翼无产阶级民主党中的选举活动。这将又是一个充满家务琐事、努力写作和通信的夏天。6月，莱维在报纸发表文章的结集，《他人的行当》(*Other People's Trades*)获得了1985年的阿奎莱亚奖。由于埃诺迪图书公司陷入了财务危机，这本书只能用廉价的纸张印刷，这让莱维有些生气。尽管如此，他仍然为在颁奖现场第二次遇到弗留利作家卡尔洛·斯戈隆而万分高兴。他们进行了一场热情的长谈。斯戈隆称呼他的朋友："我亲爱的普里莫"。而莱维则向他倾述他多么喜欢他的最新作品《失落河流的军队》。这部作品描写了意大利北部的纳粹军队和他们的哥萨克盟军。莱维说，这本书表现出对占领者惊人的宽宏大度。"我不认为我知道如何去原谅。"[1]他向斯戈隆承认。

到初夏时节，莱维的英国出版商已经为发行《元素周期表》一书拟订了计划。迈克尔·约瑟夫出版公司公共关系部门的希拉·墨菲，问莱维是否愿意接受从英国专门飞去的记者的采访。这将比在英国举行一次营销巡回之旅的成本低得多。6月13日，莱维在给墨菲的回信中写道："务请确保这些记者至少读过我的一本书。"美国之行的挫折仍然刺痛着莱维。在纽约，同时，出版商亚瑟·萨缪尔森正忙着出版莱维最新的集中营小说，由露丝·费尔德曼翻译的《缓刑时刻》(*Moments of Reprieve*)。萨缪尔森一开始对这些（显然比较次要的）作品并不关注。这让费尔德曼非常苦恼。她向莱维抱怨萨缪尔森对她的译作不感兴趣。莱维对这些抱怨不为所动。如果萨缪尔森不在乎这些作品的话，那么她为什么还要继续用她的译作对他进行狂轰滥炸呢?"别给自己太大压力：这世界还有更糟的事情，"[2]莱维告诉她，之后他提到1985年10月，一些巴勒斯坦暴徒在意大利邮轮"阿基莱劳伦"号上，把一名坐着轮椅的老年犹太游客扔进大海的事情。

## 2

6 月 25 日，莱维到托斯卡纳的度假胜地维亚雷焦休了一个短假。他的朋友亚历山德罗·加兰特·加罗内的散文集《我的导师》获得了维亚雷焦文学奖（非虚构类）。而加罗内的女儿凡娜（Vanna），一位热情的民谣歌手，也在维亚雷焦。多年以来，莱维渐渐喜欢上了凡娜。当他们沿着海边散步时，凡娜说服了莱维与她一起去游泳。海水很凉，但莱维享受着逃脱繁琐的颁奖仪式的喜悦。他游泳像一个新手（实际上他的确是一个新手），但他突然担心狗仔队会偷拍到他与半裸的凡娜在一起的照片，又担心有人会拿走他们的衣服。体贴女孩子的老男人常常有着不可告人的动机，但莱维只是单纯而热心地仰慕凡娜。他们一起在海滩慢跑。在回到都灵的几天后，6 月 29 日，莱维庆祝了母亲的 90 岁寿辰。

那年夏天还发生了两件令人失望的事情。第一件是关于电影。伯纳德·戈登在好莱坞为莱维物色到了一位电影经纪人。这位经纪人正式通知他，《若非此时，何时？》不可能登上银幕。“任何真正想表现人类处境的作品都会立刻在当地警察局引起猜疑。”[3] 他试着安慰莱维。而且，被好莱坞的电影大亨们忽视也是一种“荣誉”。莱维已经为这场失败做好了心理准备。20 年前，索菲亚·罗兰的丈夫卡洛·庞蒂（“罗马电影界的教皇”）就有兴趣将莱维的作品搬上银幕。不过，他的那些慷慨的承诺却都没有实现。此外，美国的那些关于《若非此时，何时？》的极为糟糕的评论也让莱维失望透顶。幸运的是，这些评论发表在莱维回国之后，否则它们会毁了他的美国之行。在曼哈顿的自由党周刊《新领袖》（*New Leader*）上发表的一篇书评就是这些评论中典型的一篇。它以刻板的教条主义，赤裸裸地攻击这本书是一本“完全不真诚”的作品。美国的批评家们，并不像他们的意大利同行那样大度，认为这本书是一部“二手的”意第绪作品——它的作者并不是一名东欧犹太人，也不是一名哈西德派犹太人，甚至完全没有受到哈西德主义的影响。

7月，威廉·韦弗带着《猴子的扳手》（*Monkey's Wrench*，英国版的书名是“扳手”）的初译稿来拜访莱维。莱维很高兴再次见到他的译作，但也为这本书的美国书名而感到失望。将意大利语“La chiave a stella”按字面翻译成“星形钥匙”也许已经让莱维觉得有些过于诗意化［或者说，它传递了大卫之星（Star of David）的寓意，而这并非作者的意图］，但这至少比亚瑟·萨缪尔森把“猴子”硬加到书名里要强得多。“我想他们以为‘猴子’会让书名看起来可爱一些。”韦弗试着向莱维解释（不过，活动扳手，“monkey wrench”，并非莱维所指的那种扳手）。当韦弗走出电梯时，他看到一位虚弱、佝偻的老妇人慢慢地踱过客厅。莱维介绍那是他的母亲。“我是他妈妈。”她迷茫地微笑着看着这个美国人。韦弗认为她非常亲切，并恭喜莱维有着这样一位长寿的母亲。这肯定预示着他也会长寿。莱维回答说这取决于老年生活的质量。

在夏天的这几个月里，埃丝特尔偶尔会由年轻的以色列学生阿米尔·伊谢尔（Amir Ishel）来照顾。伊谢尔曾经也照顾过科拉多·卢扎蒂舅舅。在威廉·韦弗前来做客的第二天，伦敦《文学评论》的记者杰曼·格里尔前来采访莱维时，就见到了阿米尔·伊谢尔。一个“紧绷的肌肉在紧身背心和更紧的牛仔裤下凸显出来”的年轻人，非常温柔地帮助一个老妇人走出电梯。在走进公寓之前，她牵住了格里尔的手，凝视着她的脸，想知道她是否认识她。关于这个老妇人的一切，格里尔记得，都“受到了无微不至的关怀和照顾”。在格里尔采访莱维期间，不断有电话打来询问他母亲的健康情况，这让格里尔得以一窥莱维的烦恼。当问他是否害怕死亡时，莱维回答他能忍受自己的痛苦，却无法承受他人的痛苦。格里尔向莱维讲述了她在饥荒横行的埃塞俄比亚目睹的骨瘦如柴的饥民，以及堕落的人格。这促使莱维承认在他的家庭中也有“埃塞俄比亚人”[4]——他是说他的母亲和岳母。联系到埃丝特尔和比阿特丽斯那生活无法自理的状态，这些言论的确有些过分。但莱维并没有就此止步。他把这两位老妇人比喻成“被淹没的人”，意为毫无希望的人，就像他将要在英国出版的那本书《被淹没与被拯救的》中那些绝望的人。这不是莱维最后一次把他的母亲比喻成奥斯维辛的囚徒。

## 3

9月5日，一对犹太夫妇从英国来到都灵，再次激起了莱维对于奥斯维辛的回忆。五十多岁的西蒙妮·拉克马克（Simone Lakmaker）和格里·拉克马克（Gerry Lakmaker）希望莱维能帮助他们找到格里失踪的哥哥曼纽尔（Manuel）。1942年，拉克马克兄弟为了躲避法西斯的迫害而各自躲藏起来，但他们都被纳粹逮捕，并于1944年被转移到了纳粹占领之下的荷兰的韦斯特博克（Westerbork）中转营。弟弟格里，从韦斯特博克进入了贝尔森集中营。而哥哥曼纽尔则被投入了奥斯维辛。1976年，格里因经商来到了以色列。在耶路撒冷，他决定去犹太大屠杀纪念馆参观。在博物馆，他通过档案记载，发现他哥哥在中欧失踪。没有尸体，也没有坟墓，格里因而无法追悼他的哥哥。1960年，在取得了工程师资质之后，格里离开荷兰，到英国寻求国际工作经验。他的妻子西蒙妮作为一名法律顾问，对“跨信仰工作”产生了兴趣，并在哈罗（Harrow）参加了一个帮助丧亲者的组织。她在那里结识了在附近学校里工作的意大利学者布里吉德·派索普（Brigid Pailthorpe）。格里在贝尔森集中营生存下来的故事打动了派索普。1984年，极为巧合地，她在拜访威尼斯的朋友们时，意外地在他们的书架上发现了一本平装书。她不知道这本书的内容，也不了解它的作者。那是埃诺迪版本的《这是不是个人》。利用她那流利的意大利语，她坐下来，一口气把它看完了。在最后一章里，莱维描写了一个荷兰小伙子“拉克马克”，在奥斯维辛躺在莱维的下铺，奄奄一息。“拉克马克”17岁，与格里失踪的哥哥同岁。布里吉德·派索普的第一反应是“拉克马克”是一个常见的荷兰名字，就像史密斯和琼斯。但在她的世界里并不存在偶然的事情，而她相信这个巧合一定有着重要的意义。

回到哈罗之后，这件事让格里·拉克马克陷入了狂喜和震惊的复杂情绪之中。1984年11月14日，他给莱维写了一封信。这封信经过莱维在都灵的出版商的传递，辗转到达莱维手中。格里并不知道，莱维在战后曾经试图亲自寻找拉克马克在阿姆斯特丹的家族成员（但那里的犹太人社区回复说查无此人）。在他给格里·拉克马克的信（用英语撰写）中，莱维小心翼翼，以免格里会产生不必要的期待：

> 不幸的是，过去了这么多年，我怕我对这个年轻人的记忆早已缩水到只剩下我写在书里的那几个片断了……他个子很高，骨瘦如柴（不过，那时那地，所有人都骨瘦如柴），而且，尽管遭受着折磨，他却有着温柔的性格。他肯定不是死在毒气室里——如果这能减轻您的悲痛：从1944年深秋起，奥斯维辛就不再使用毒气室了。他在集中营解放之后死于疾病，但在苏联人到来之后，我就再没见到过他。[5]

1985年9月5日，拉克马克夫妇在下午3点到达了都灵。从瑞士长途驱车前来让他们疲惫不堪。尽管莱维被家务琐事缠身，但他仍然欢迎这对夫妇的到来。寒暄之后，他们给他看了曼纽尔的一张照片：莱维现在可以肯定，他在奥斯维辛见到的那个小伙子就是格里长期失踪的哥哥。即使已经过去了半个世纪，但他还是一下子就认出了那张脸。在回哈罗之前，西蒙妮·拉克马克忍不住问莱维他是否相信上帝。像许多人一样，她发现他具有"奇怪的灵性"[6]。（事实上，这种"灵性"的印象已经成了莱维个性的一部分。1974年，拜耳公司的一名电气专家汉斯·施莱格尔，就曾注意到莱维的眼睛略呈杏仁形，显得"神圣"[7]。）对于西蒙妮·拉克马克的问题，莱维回答说自己并非一个信徒。"我相信凡人。"虽然他乐于帮助解决曼纽尔失踪的迷案，也愿意帮助格里，但他从不相信这些不同寻常的事情是上帝的圣意，更不相信自己是上帝在人间的圣使，才让自己担负起安慰那些丧亲者的重任。莱维人性追求的对象是人。而他敦促格里写下自己对于贝尔森集中营的记忆，是为了让后人不忘前史。回到哈罗之后，西蒙妮·拉克马克点燃祈祷之烛，以纪念曼纽尔。

9月19日，在接待了拉克马克夫妇两周后，莱维接到了一个可怕的消息——伊塔洛·卡尔维诺去世了。这位作家在脑溢血后被紧急送入了托斯卡纳的一家医院。但太晚了。卡尔维诺享年62岁。安伯托·艾柯在《晚间邮报》上发表的讣告被放在墨西哥地震的新闻之前。就在去世之前，卡尔维诺还给莱维写过一封信，请求莱维协助他校对雷蒙·格诺另一篇作品的译文。这次是这个法国人对家用塑料的诡异致敬《聚苯乙烯之歌》[ *Le Chant du Styrène*，影射《汽笛之歌》( *Le Chant du Sirène* ) 的双关语 ]。"我不知道你什么时候能看到这封信，因为我想你正在外出度假。"[8] 事实上，莱维在家（他的母亲让他无法外出），而他立刻给卡尔维诺打电话，更正了他翻译中的几处技术性错误。他发现卡尔维诺精神不错，提到了格诺的诗"完全不可能翻译"，并为此哈哈大笑。卡尔维诺的去世，不仅让莱维失去了一位朋友，而且让他感到在一定意义上，这个国家的现代文学生活已经结束了。多日以来，他无法集中精神——他的注意力范围极易崩溃——但不管他现在感觉多么惊恐，他都会用抗抑郁药来压抑它。

## 4

秋天在 9 月中旬降临了，天气变得异乎寻常地冷，几次流感的发作袭击了莱维。在两次流感发作之间，10 月 6 日至 7 日，他去帕多瓦附近的阿尔巴诺（Albano）洗硫磺浴。让·萨米埃尔和他的妻子克劳德来看望他。这位法国人发现莱维变化很大——"内敛而紧张"，"像一个担负着巨大不幸的人"[9]。莱维对他母亲的担心是显而易见的，但他的悲哀还有另一个原因：德国人的修正主义。不像几年前的法国修正主义者们，像罗伯特·福里松教授，这些以柏林的历史学家恩斯特·诺尔特（Ernst Nolte）为首的修正主义者并不否认纳粹大屠杀曾经发生过，他们提出大屠杀并非德国特有。恰恰相反，人类的大屠杀可以形成一根链条，向前可以追溯到斯大林的阶级大屠杀，向后则有波尔布特（Pol Pot）70 年代在柬埔寨对 200 万人的大清洗。病中的莱维将诺尔特视为要为纳粹翻案的魔鬼。他向萨米埃尔承认自己担心有朝一日，世人会对他所有的集中营作品充耳不闻。那是萨米埃尔第一次见到他的朋友失去平日里那春风般温柔的秉性。他忧心忡忡地回到了斯特拉斯堡。

为纳粹翻案并非笼罩在莱维地平线上唯一的乌云。10 月在美国发表的一篇关于他的犹太游击队小说的文学评论，让他开始怀疑自己在美国的文学地位。虽然美国人对于《若非此时，何时？》的负面评价已经令莱维烦恼，但他完全没有为右翼《评论》杂志的抨击做好心理准备。这篇长达八页的攻击似乎仅仅是为了损害莱维作为一名自由主义犹太人的声誉。此外，这篇评论一面谴责文明同化，一面却对东欧犹太文化极度无知。这恰恰验证了莱维的两个怀疑：其一，这家杂志是支持以色列总理贝京的；其二（据暴躁易怒的戈尔·维达尔所说）反黑人、反同性恋的编辑诺曼·波德霍雷茨（Norman Podhoretz）是这次攻讦的幕后主使。这篇评论的作者是不知名的小说家费尔南达·埃贝尔斯塔特（Fernanda Eberstadt）。她出生于1960年，有着时髦的纽约圈子。在埃贝尔斯塔特之前，没有人去攻击《这是不是个人》。而她却说“伪科学的行文”和“陈腐的社会心理学”毁了这部书。这些话让莱维很受伤，但给他打击最大的，是埃贝尔斯塔特在后文中暗示，他的反法西斯主义只是投机般的亡羊补牢。据埃贝尔斯塔特所说，直到同盟国取得了关键性的胜利，莱维才表现出反抗纳粹-法西斯的意志。她说莱维常常仔细研读战报，以决定如何投机取巧。这种说法深深地激怒了莱维。大多数作家在某个阶段都不得不面对这些凶残的评论家，但莱维已经进入了不幸的晚年生活，而这篇评论对他造成了巨大的伤害。11月1日，他在给他的译者雷蒙德·罗森塔尔的信中写道：

> 埃贝尔斯塔特小姐的严厉批评，让我既惊讶，又伤心（尽管这伤心并不很深）。我无法揣测她为什么这样恶毒。是因为我是一个被同化了的犹太人吗？但我们都是啊，只是程度不同而已。也许在意大利，犹太人被其他文明同化的程度要甚于美国，但这在更大的程度上是历史的结果，而不是个人的选择。要么因为我是一个无神论者？但是同样，每个人有权利自由地做出自己的选择！

虽然莱维勇敢地隐藏了自己所受到的伤害，但这于事无补：费尔南达·埃贝尔斯塔特让莱维非常烦恼。他想不通，为什么自己不信仰上帝就让这个25岁的曼哈顿新保守派小姐如此生气。因为埃贝尔斯塔特的犹太血统仅仅来自她的爷爷，她甚至算不上一个真正的犹太人。等到莱维想通这个问题的时候，他（用英语）尖刻地对我说：“我似乎是被一个相当反犹的人攻击了！”

1986 年 2 月，他在《评论》杂志上对埃贝尔斯塔特的回答是彬彬有礼、心平气和的。埃贝尔斯塔特对于莱维被同化的身份的指责自然没有受到多少关注。在这次反击中，莱维意外得到了阿兰 · 维特比（安德鲁 · 维特比的儿子）的帮助。维特比愤怒地指责埃贝尔斯塔特是“恶毒而无情的”。雷蒙德 · 罗森塔尔也拿起了棍棒。“我很了解那些恶意攻击他人的文章。而费尔南达 · 埃贝尔斯塔特于去年 10 月在贵刊上发表的文章显然荣幸地加入此列。”他拿出诺曼 · 梅勒（Norman Mailer）般激昂的战斗状态，要求《评论》杂志的全体员工对莱维道歉。（这场道歉并没有到来。当我在 1994 年采访罗森塔尔时，他仍然很生气。）

在这次遗憾的事件中，莱维仍然能够看到好的一面。他的两位翻译，罗森塔尔，以及他妻子的外甥维特比，都在《评论》杂志上为他辩护。这表现出意大利特有的“偏袒和任人唯亲”（clientelismo），“而他们还说黑手党并不存在！”[10] 莱维讽刺道。埃贝尔斯塔特是一件令人恼火的事，但她只是莱维在这段时期经历的许多负面事件中的一件。他用一句糟糕的话结束了他给罗森塔尔的信：“这并不是我第一次失去良好的幽默感和活下去的意愿。”莱维承认自己不想再活下去固然令人震惊，但罗森塔尔当时并没有对此想得太多，而只是与他那“可爱”的妻子一起进行了礼貌的回复。罗森塔尔并不非常了解莱维，他认为莱维的话只是一种修辞方法。有趣的是，莱维把这段信息放在一封信里，寄给了与他在都灵的亲朋好友毫无联系的罗森塔尔。哪怕罗森塔尔对此有所警觉，他也无法警告任何重要的人。

在这些不愉快之中，终于，传来了一些好消息。《元素周期表》在英国大卖。事实上，它已经与迪克 · 弗朗西斯（Dick Francis）的作品一起登上了畅销书的榜首。在新书发行之前，当年秋天在 BBC 电视台播出的关于莱维的 40 分钟纪录片《书签》（*Bookmark*）极大地带动了此书的销售。在这部纪录片中，在已故的诗人、评论家伊恩 · 汉密尔顿的介绍下，莱维走过春日的阳光和波河街游廊的阴影，抽着廉价的“国家”牌香烟，与西尔维奥 · 奥尔托纳一同走进一家咖啡馆。其中一幕惊人的场景是在罗塞利街的约莱姨妈家拍摄的——莱维坐在一群老年女性亲戚中间聊着家常。正如他一直所具有的备受尊敬的长子气质，他在她们之中显得格外突出。在这部纪录片中的莱维不可能不让观众感到温暖。而这个身体单薄，说话柔和，却从奥斯维辛的地狱中死而复生的意大利人一定打动了英国的评论家们。英国人对于《元素周期表》的第一篇评论，发表在10月24日的《卫报》上，为之后的评论定下了基调。提姆·拉德福德（Tim Radford）盛赞这是一部“金子打造”的“非凡”之作。保罗·贝里在《观察家》上非常高兴地赞扬这本书，因为他一直是莱维的拥护者。只有乔纳森·米勒（Jonathan Miller，在BBC电台的《万花筒》栏目中）批评道：“我只希望人们在写作时不要总是写些大而空的东西。”（在这份BBC电台广播稿的页边，被人写上了：“傻瓜！”）再没有比像《化学和工程新闻》这样的专业期刊的好评，更让莱维高兴的了。约克郡的化学家弗雷德里克·丹顿爵士（Sir Frederick Dainton），在《新科学家》中，称《元素周期表》“不可思议的成功”。这篇评论让莱维非常高兴，他给弗雷德里克·丹顿爵士写了一封长信，以表达他对该文的“真诚的感激”[11]。

《元素周期表》在英国的成功，让莱维在伦敦的出版商，希拉·墨菲非常高兴。11月4日，她在给他的信中写道：“您的著作的成功让我们非常高兴。当然，我们感到这正是您应得的。”他会来英国吗？莱维说他会的，但“我可否请您不要让我的时间表过于紧张”？同时，环球图书的迈克·佩蒂已经听到传言，据说诺贝尔文学奖委员会正在考虑将这个大奖授予莱维。“显然为这个消息高兴得太早有些愚蠢，但如果您能考虑让我们在1986年10月出版它的平装本，也不会妨碍这个梦想！”[12]

莱维在英国迟来的成功让一个女人有些烦恼。10年前，斯特拉·汉弗莱斯翻译了《元素周期表》，但是当时没人对这本书感兴趣。她在10月30日给莱维写了一封信：

> 你想象不出，在BBC电视节目中看到您，并知道您的《元素周期表》在英国终获出版时，我们有多么高兴。我们总是在急切地期待着您的新书出版。

这封信在语气上有些酸楚，而莱维在回信中给予了深切的同情：

> 您的信既让我感动又让我悲伤：我很遗憾，您对于我的《元素周期表》的富有先见之明的判断并没能发挥作用，而且您还徒劳地翻译了它。请原谅我：我间接地感到一点罪恶感。但您一定知道，书的命运，就像人的命运，是非常难以预料的。10年前，在欧洲几乎很少有人关注这本书。我的书在美国的成功对我也是一个惊喜，同时也是一个未解之谜。很可能，只是因为我的运气不错。[13]

## 5

随着寒冬到来，当人们问起《被淹没与被拯救的》的进度时，莱维总是闭紧嘴巴，沉默不语。他在纽约那“异常急性子”的编辑亚瑟·萨缪尔森总是在向他催稿。而在一封写给萨缪尔森的生硬的短信中，莱维向他解释了他那被长期搁置的写作计划，《元素周期表》的续篇（书名仍暂订为《双键》）“仍然还只是一个计划”。只要《被淹没与被拯救的》这本书一被“干掉”[14]，他就会立刻着手于这个写作计划。“干掉”——这个有力的字眼反映出莱维对于他正在写作的这本书已经渐渐失去了耐心，但他又很难去完成它。莱维抱怨，他的母亲，还有她的疾病，她那不断需要人照料的状况，都让他无法完成这本书。压力重重之下，莱维发现他的脑子中充满了关于飞行和失重的白日梦。它们似乎在说，你飞得越高，越好。在1983年的小说《大突变》中，一个女孩长出了翅膀，就像夏加尔油画中的人物，在空中优雅地飞行。她越来越“憎恨”自己身体的重量。（1963年，莱维就选择了一幅夏加尔的画作为《休战》的封面。在这幅画上，一个人在俄国的夜空中飞行。）1985年12月4日，《邮报》组织了一场“无重力竞赛”，向学生们征集在零重力环境下进行科学实验的创意。莱维的年纪太大，无法参加竞赛。但他在报纸上发表了一篇文章，《飞人》。在这篇文章里，他倾述了自己对于失重的渴望：突破地球重力的束缚将让人喜悦无比。人们普遍将失重或飞行的梦（正像那些游泳的梦）解释为对性的渴望。我们无从知道这是否反映了莱维在婚姻中的性挫折。但考虑到他对母亲那深深的、几乎病态的依恋，莱维几乎不可能有着非常美满的婚姻。莱维似乎是一个有着性困扰的人。在他人生中性欲最强的时期——奥斯维辛——他的身边几乎全是男性。而他父亲那极为招摇的寻花问柳显然也对他造成了不利的影响。同样值得一提的是，他与（除妻子外的）女性之间的所有挑逗和调情都没有发生性关系。恰恰相反，他总会痴恋上某个男人——那些有着希腊神话英雄般英武气质的男人，先是富有魅力的金德兄弟，然后是桑德罗 · 德尔玛斯特罗，再到马里奥 · 里戈尼 · 斯特恩。从这些可以推导出莱维对于性的矛盾心理。一直到去世前，莱维一直渴望能从他身体的重量中解放出来。

莱维几乎认为自己永远也无法完成《被淹没与被拯救的》这本书了。这时，从加拿大寄来了一个邮包，里面装着一盘录有 18 世纪犹太礼拜音乐的磁带。这种音乐起源于都灵以东的卡萨莱蒙费拉托（Casale Monferrato），莱维家族的根基也在那里。寄出这个邮包的人是多伦多电台的制作人约翰 · 里弗斯（John Leeves）。莱维在给里弗斯的信中提到了这些音乐带给他的快乐："我和朋友们一起听这些清唱，虽然我完全不懂音乐，但我也觉得它们非常美妙。"[15] 他能够欣赏这些音乐，是因为他的抑郁症有所减轻。这个意料之外的美好礼物进一步改善了他的情绪状况，并给予他一个刺激，让他得以解放自己的创造力。5 天后，12 月 12 日，在几个月的拖拉之后，莱维完成了《被淹没与被拯救的》。

愈加自信的莱维在这一年剩下的时光里享受着相当美好的社交生活。12 月 13 日，他在都灵的"校园"书店再次见到了他的朋友马里奥 · 里戈尼 · 斯特恩和努托 · 雷韦利。里戈尼 · 斯特恩的战争回忆录《胜利的那一年》刚刚得以出版。雷韦利为这次庆祝宴会带来了两瓶巴罗洛葡萄酒。追忆往事，他们三人谈起了身为兼职作家，游走于意大利文坛边缘的自豪。里戈尼 · 斯特恩和努托 · 雷韦利无法知道，这将是他们见莱维的最后一面。三天后，莱维写了一首诗，《赠友人》。这首诗是献给里戈尼 · 斯特恩、努托 · 雷韦利，以及他身边所有的朋友，还有那些已经失去"活下去的意愿"的人的。这首诗充满了秋天般的萧瑟，表达了一个人回顾自己人生的自我检讨。如今，莱维的朋友比安卡 · 乔德蒂 · 塞拉说这首诗"几乎就是一个道别"[16]，而她仍然能一个字不差地背诵它：

> 时光飞逝，诸事已毕，
> 你所有淡淡的愿望，
> 只是这个秋天漫长而温暖。

莱维的约莱姨妈读到这首诗时，她知道普里莫的情绪一定非常低落。惊恐的她给三层楼之下的邻居亨斯·费舍尔（他曾经教过莱维德语）打电话。约莱直率地告诉他："只有想自杀的人才能写出这种诗。"[17] 莱维并不想让这首诗看起来像一篇"心的绝唱"（cri de coeur），所以在把它寄给小说家吉娜·拉戈里奥时，他假装出打趣的口气，写道："可别觉得它太过悲伤了！"

## 注释

1 "我不认为……"：普里莫·莱维的这段话是由卡尔洛·斯戈隆在信中告知作者的，1993年7月1日。
2 "别给自己……"：1985年11月21日。
3 "任何真正……"：伯纳德·戈登写给普里莫·莱维的信，1985年7月1日，据埃诺迪公司普里莫·莱维的文件记载。
4 "埃塞俄比亚人"：杰曼·格里尔对普里莫·莱维的采访记录，汉瑟出版社档案，慕尼黑。
5 "不幸的是，……"：普里莫·莱维写给格里·拉克马克的信，1984年11月20日。
6 "奇怪的灵性"：西蒙妮·拉克马克告诉作者，1994年2月14日。
7 "神圣"：汉斯·施莱格尔在信中告诉作者，1995年2月22日。
8 "我不知道……"：1985年8月10日，摘自《聚苯乙烯之歌》，斯凯威勒书社，1985年。
9 "内敛而紧张"：让·萨米埃尔告诉作者，1993年1月27日。
10 "……而他们还说……"：普里莫·莱维写给安娜·约纳的信，1986年2月25日。
11 "真诚的感激"：1986年4月29日。
12 "显然为这个……"：环球图书备忘录，1985年12月2日。
13 "您的信……"：1985年10月31日。
14 "干掉"：1985年12月9日，据埃诺迪公司普里莫·莱维的文件记载。
15 "我和朋友们……"：1985年12月7日。
16 "几乎就是一个道别"：出自《星期日泰晤士报》。
17 "只有想自杀……"：约莱姨妈的这段话是由卡拉·沃纳希（弗舍尔的妻子）告诉作者的，1995年4月24日。

二十七

# 在伦敦

（1986）

# 1

1984年在美国出版，随后在英国上市的《元素周期表》应该给予了莱维他所需要的动力。他将美国和英国版本的《元素周期表》送给他的朋友和崇拜者们。莱维却开始不祥地反复提到他对于成功已经不感兴趣了。好莱坞愿意花费六位数来购买《若非此时，何时？》的拍摄权。这一消息仅仅加深了他对失望的担忧。而事后证明他的担心不无道理。虽然公司的名字取得很乐观，但是"永不沉没"（Neversink）制片厂似乎并没有钱，这部电影也从未被拍摄。尽管莱维现在已经明智地放弃了好莱坞，这对他来说仍然是一个痛苦的时刻。但是他至少还可以期待他春天的伦敦之旅。

到了1986年的新年，莱维的病情恶化，他的朋友们注意到了他的沮丧。因为诺贝尔奖的传闻，埃玛·维塔-莱维给他写了一封充满赞美和喜悦的信，并邀请他去她位于科莫湖畔的豪宅中暂住。但莱维所谈论的只有他的疼痛和焦虑。"没错，科莫是位于都灵附近。但是同样，都灵距离科莫又非常遥远：现在，家庭关系已经恶化并变得如此复杂，以致实际上我已经不可能出门旅行了。"[1]他在信末悲哀地补充说："诺贝尔奖只是一个故事而已——距离获奖的道路还远得很！"

1月29日，莱维在米兰出席了卡尔维诺的纪念活动。在纪念演讲《卡尔维诺、格诺和科学》中，莱维赞扬了他们对科学共同的兴趣。他说，他一直很喜欢他和卡尔维诺的作品中反复出现的迷宫主题；卡尔维诺作品中的基督山伯爵试图找到逃脱囚禁的道路，却遇到了死胡同的迷宫。我们甚至可以说莱维在翁贝托国王大街75号也遭遇了同样噩梦般的囚禁。后来，他悲伤地向卡尔维诺的遗孀埃丝特表达了问候，并告诉她他不能留下来喝一杯，因为他不得不回到他母亲的身边。在离开之前，他们简要地讨论了遗著保管人和遗嘱的问题。埃丝特告诉莱维，在卡尔维诺去世之前，他没有对他的书籍和手稿预先采取任何措施。莱维说，这样的事将不会发生在他身上：几天前，他就已经嘱咐过妻子在他死后应如何处理他的文章。埃丝特·卡尔维诺后来对我说："他已经不想再活下去了。伊塔洛从来没有向我谈论过死亡，但很明显，莱维与他的妻子谈过此事。"[2]但抱着死亡想法的莱维却仍然比卡尔维诺多活了很多年。

## 2

2月10日，对于黑手党的"大审判"开始了。"我们的事业"（Cosa Nostra）组织在意大利历史上第一次掉进了国家铺设的陷阱中。人们可以从旁听席上看到下面被关在囚笼中的475名罪犯。与所有意大利人一样，莱维全神贯注，同时极为震惊地关注着这场对西西里岛黑手党的审判，他也希望审判能够像一把尖刀，插入"光荣会"（Honoured Society）的心脏之中。"这场审判是意大利共和国向我们证明国家制度依然奏效的最后一个机会。"[3]他在接受罗马《国家晚报》（*Paese Sera*）的采访时这样说道。1986年的意大利是一个发生了改变的国家，而莱维并不喜欢他所看到的那些改变。自从意大利共和国于1946年成立以来，近半个世纪已经过去了。也是从那时起，莱维对更公平、更美好的意大利的期望在很大程度上消失了。西西里岛仍然是有组织犯罪的老巢，但是"章鱼"（La Piovra，黑手党的通俗叫法）已经将其触角伸向了意大利北部。他们走私大量的海洛因，而到了80年代中期，他们已经开始杀害那些阻挠他们的记者、法官和警察了。

在他这段时间的新闻作品中，莱维影射了这些肮脏的事件。意大利现在可能已经超越英国，成为西方世界的第五大工业强国（大超越，"il sorpasso"，意大利人称之为——"超车"），但莱维知道，在新建立的经济繁荣背后，隐藏的是深层次的腐败。在他呼吁更严格的机场管制以遏制如洪水般涌入都灵的北非移民时，他显示出他保守的一面。与很多都灵资产阶级一样，莱维怀疑那些在新门火车站拉客、被称为"萤火虫"的黑人妓女们是都灵犯罪率上升的原因。

莱维还发现意大利政治一个新的令人不快的方面，即"把政治当作表演"（politics-as-spettacolo）。1987年年初，色情明星"西西奥莉娜"（Cicciolina，意为“小甜饼”）代表意大利激进党主持民权运动更加剧了这一现象。西西奥莉娜预示了华丽而庸俗的新意大利的到来，莱维对米兰记者马西莫·迪尼（Massimo Dini）表达了他对80年代政客的普遍不满：“他们这种自说自话而非与人交流的方式总是令我生气。”[4]仅仅有一些意大利政客获得了莱维的认可，如乔瓦尼·斯帕多利尼（Giovanni Spadolini），他是复兴运动的理想——民族团结和公共道德——的拥护者。而这种尊重也是相互的。斯帕多利尼邀请莱维向大名鼎鼎的文化杂志《新文集》（*Nuova Antologia*）投稿，斯帕多利尼后来担任了《新文集》的编辑。莱维答应了他的请求。他的末日启示诗《备忘书》（“Memorandum Book”）刊登在1986年的春季版上；这首诗描绘了跌落的彗星、核灾难以及反复出现的对零重力的期望：

在这样的一个夜晚
有个人向旁边的女人伸出手去
他感觉自己没有重量了，
他的未来也没有重量了。

此时，莱维开始非常频繁地抱有这种关于虚无和失重的想法。

1986年春季，当切尔诺贝利的放射性尘埃云涌向欧洲的天空时，莱维年初的不安情绪在此刻进一步扩大了。乔纳森·谢尔（Jonathan Schell）经典的、引人觉醒的论文《地球的命运》（*The Fate of the Earth*）已经向他发出过警报。然而，他不是一个坚定的生态学家，他也不喜欢他所看到的意大利反核示威者那种虔诚而不宽容的性格。但是，切尔诺贝利事故之后，在他的想象中，大规模核战争更加真实可信了。在灾难发生的4月，他正在阅读他的物理学家朋友吉多·邦菲廖利未发表的核惊悚小说《青椒与伽马射线》（*Green Chili and Gamma Rays*）。莱维告诉邦菲廖利，任何“精明的出版商”都不会放过出版这本书的机会。他认识到这是一个人类责任感减弱的时代：与用原子弹炸毁广岛的美国飞行员相比，切尔诺贝利的物理学家们并不觉得自己在道德上要对这起事故负更大的责任。莱维此前的科幻小说曾提出这样的观点：在这个科技时代，我们的劳动分工可以使任何个人的贡献显得似乎不再重要；纳粹的死亡集中营就是以此为基础运作的。

## 3

初春，莱维必须决定在他和露西娅去英国的这段时间里，该如何照顾他91岁的老母亲。一种方法是让一名护士一直待在公寓里；另一种方法是让他的妹妹再次从罗马过来照顾她。但是在他们去伦敦之前，莱维收到英国犹太家庭辛诺伯（Zinober）一家的一封来信，辛诺伯一家声称他们从《元素周期表》中找到了他们失散已久的亲人。在周日的《泰晤士报》对《钒》的摘录中，“古德鲍姆”（Goldbaum）这个姓氏吸引了他们的注意。薇薇恩·辛诺伯（Vivienne Zinober）对这一巧合感到震惊，她怀疑这可能是她自战争结束以后就失踪了的叔叔格哈德·古德鲍姆（Gerhard Goldbaum）。古德鲍姆是一个不同寻常的德国名字，而且细节似乎也合乎情理。

薇薇恩·辛诺伯是来自布里斯托尔的一名医生，她写信给莱维说她准备去都灵拜访他。同时，她附上了她叔叔在战时的照片用以识别身份。她的叔叔是一位有教养的物理学家，1903年出生于布雷斯劳。1934年，古德鲍姆在阿姆斯特丹定居，后来他在那里加入了反抗组织。但是盖世太保抓住了他，他在1943年被流放到奥斯维辛集中营。莱维被照片吓了一跳。1986年3月22日，他用英文给辛诺伯医生回信说：

> 你寄给我的照片就像打在我脸上的一记重拳。这件事丝毫不用怀疑：我立刻就认出了他（格哈德·古德鲍姆）……我对那段时期，特别是对人的面孔保留着令人感到荒谬的精确记忆，而照片里显然是那位和我一起工作过的人。

当她写信给莱维时，薇薇恩·辛诺伯对她叔叔的命运一无所知，但是莱维却很清楚地知道他身上发生了什么事：他在1945年1月奥斯维辛匆忙疏散时遇害了。让·萨米埃尔亲眼目睹了古德鲍姆的“最终命运”，莱维建议辛诺伯医生联系这位法国幸存者。(莱维向来不喜欢代替目击者发言。)眼下，莱维能够向她保证至少她的叔叔在和他们一起在奥斯维辛集中营的实验室里工作的那段时间里没有遭受过“极端的饥饿或疲惫”。“我记得古德鲍姆的营养状态相当不错，你的照片与我对他的视觉记忆相当一致地证明了这一点。”莱维提议，他们可以在他即将去伦敦春游期间在伦敦见面。在信末，莱维运用化学类比了集中营揭露人性善恶的能力：

> 我要说一件事补充前面所有的内容。你看，集中营是一个非常好的“石蕊试纸”(测试)，它揭示了人性的深奥与弱点。我和古德鲍姆并不是朋友，但是他一看就是个非常值得尊敬的人，他与当时堕落的背景环境完全格格不入。

莱维回忆起古德鲍姆“讨好”(也许他的意思是“迎合”)荷兰犯人头目约瑟夫·莱辛(Josef Lessing)的事。莱辛在邪恶的“国家精神”的驱使下，对荷兰国民给予了特殊关照。显然，自从在阿姆斯特丹工作以来，古德鲍姆一直自称是半个荷兰人。这不是莱维第一次在奥斯维辛听到古德鲍姆这个名字。这个名字出现在莱维与他的奥斯维辛监工费迪南德·迈尔的通信中。在1967年写给莱维的一封信中，迈尔声称他已经帮助“古德鲍姆先生”(他这样讨好地称呼他)获得了实验室里一个享有特权的职位，并且他想知道这个“友善、忠诚、认真的男人”身上发生过什么事。

在当时，让·萨米埃尔觉得这样做是可以理解的，虽然直到很久以后他才告诉薇薇恩·辛诺伯她叔叔身上发生的那些事可能会令她感到不安。在从奥斯维辛集中营转移时，古德鲍姆在格莱维茨车站被扔上了一辆“死亡卡车”(用于装尸体的货车)：萨米埃尔本准备在第一封信中告诉她这件事。然而，直到萨米埃尔与她面对面地聊天时，他才觉得可以揭开事实的真相了：当他们在古德鲍姆面前关上运尸车的车门时，古德鲍姆还有呼吸。辛诺伯医生得知了她叔叔的真实情况。她感到恶心，但是在某种程度上，知道事情真相的她也终于松了一口气：“虽然格哈德叔叔是在巨大的痛苦之中死去的，但这件事我必须要知道。”[5]

## 4

1986年4月12日，一个阳光明媚的星期六上午，莱维和露西娅抵达伦敦。他们决心要尽情享受假期；事实上，伦敦之旅即将成为莱维生命中最后一首美好的春日插曲。意大利文化学院的乔治奥·科隆博正在伦敦希斯罗机场等待迎接他们。他曾陪伴莱维夫妇游览纽约，他们也很高兴再次见到他。科隆博安排他们住在伦敦西区素雅讲究的杜兰特斯酒店（Durrants Hotel）。在他们到达的那个星期日，莱维夫妇会见了迈克尔·约瑟夫出版公司宣传总监希拉·墨菲。她立刻就发现了酒店工作人员对莱维的尊重。尽管莱维温文尔雅，声音低沉——在各方面，他都不是一个引人注目的人——但是服务员和前台接待人员都以尊敬来回应他高贵的品格。莱维穿着V领套头衫和粗花呢的外衣，这让他看起来更像是一个值得信赖的家庭医生，而不是一个占据了电视节目和报刊杂志的文化名人。当天晚些时候，墨菲陪同莱维去伦敦西北部的亨顿，在那里，一个"意大利犹太人的庆祝活动"即将开始。"埃杰顿"（Egerton）花园礼堂里挤满了莱维的仰慕者，其中不乏来听莱维演讲的意大利人。因为没有椅子，来得晚的人只能坐在莱维背后的舞台上。鲁道夫·哥德巴赫（Rodolfo Goldbacher）是其中之一，他是佛朗哥·萨切尔多蒂的亲戚。萨切尔多蒂是一个年轻英俊的那不勒斯人，他曾与莱维、尼希姆和万达·马埃斯特罗一起被流放到奥斯维辛集中营。

同往常一样，莱维在演讲后被索要签名的人和崇拜者所包围。与他通信的荣格心理分析学家露丝·霍夫曼医生想要向他介绍自己，但是她太害羞了以致错失了机会，最后只能伤心地回了家。等待了一会儿之后，薇薇恩·辛诺伯医生走到了莱维的近前。"哦，是的，我想和您谈谈。"他说，并拉过了一把椅子。然而他们还没来得及谈话，莱维又被崇拜者所吞没，辛诺伯医生也被挤出了大厅，对此她感到非常沮丧和难以理解。接着，鲁道夫·哥德巴赫向莱维介绍了自己。在他们东芬奇利的家里，哥德巴赫一家正在照顾莱维的侄女艾达·萨切尔多蒂（Ada Sacerdoti）；艾达的父亲是约莱·卢扎蒂姨妈的儿子，莱维因而感受到了家人之间的亲密。当哥德巴赫离开大厅时，莱维越过人群对他大声喊道："照顾好艾达——我们爱她！"[6]

总的来说，莱维发现相较于采访他的美国记者，英国记者们更了解他的情况。《卫报》的提姆·拉德福德问莱维他是否还能梦到奥斯维辛集中营。"很少。"莱维回答。然而他接着对鲁道夫说，在一次偶然的梦中，他被赶进集中营，但是他坚定地抗议说："先生们，我已经来过这里了。我不应该再进去了。"无论走到伦敦的任何地方，莱维都受到无比的尊敬。在他到伦敦的第三天，他见到了希拉·墨菲的宣传助理，容易让人混淆的是，助理的名字叫作萨拉·墨菲（Sarah Murphy）。在杜兰特斯酒店，她翻阅了莱维的宣传日程。从照片中，她没有看出莱维是一个如此注重细节而温和有礼的人。莱维小心地把每一次会面的细节都抄到一个专门为这个场合而准备的袖珍笔记本上。后来，她在日记中写道：

> 莱维个子很矮，非常的整洁优雅；他既严肃，又会被周围所发生的一切逗笑。他不会错过任何一个表达或语句上的细微差别，对每一个同他说话的人，他都以极大的体贴和耐心来回答他们。

当他想说好英语的时候，莱维能把英语说得很好。然而，每次他走进伦敦电台播音室时，他都会特意提醒采访者，如果他觉得谈话的速度太快了，他会"像这样"举起他的手。在BBC的布什大厦，萨拉·墨菲对来向莱维表达喜爱之情的观众数量大吃一惊：

> 一位女士，在没有通知大家的情况下，就走上前来充满感激地与莱维握手，她对自己能有向这样一个伟大的作家表达敬意的机会感到相当不知所措。莱维热情地回应了她，表示他很高兴能找到机会说些意大利语，他甚至建议她来录音室当他的翻译！

在伦敦的日子飞快地流逝。莱维与他的朋友在迈克尔·约瑟夫出版公司共进晚餐，同露西娅一起参观了哈罗德百货公司，还看到了白金汉宫。周二，他去安东尼·鲁道夫和他的妻子奥黛丽（Audrey）在伦敦北部的家中看望了他们。鲁道夫曾于1976年用英语出版了莱维的诗，他也是他最忠实的英国支持者之一。鲁道夫夫妇为莱维和他的伦敦之旅举杯祝酒，但是有关美国攻击的黎波里的谈话给当晚蒙上了一层阴影。当天，即4月15日早些时候，美军轰炸机意外地炸毁了法国大使馆。被罗纳德·里根称为“中东的疯狗”的卡扎菲再一次逃走了。为了报复，利比亚军队向距离西西里岛不远处的兰佩杜萨岛上的美军雷达基地发射了导弹：导弹没到海滩就被击落了，没有造成任何伤害。莱维承认，他并不崇拜卡扎菲，但是他不明白炮击的黎波里对打击全球恐怖主义能起到什么作用。他担心中东的紧张局势会导致一个灾难性的结局，一次伊斯兰与西方世界之间的冲突。

## 5

在一个没有日程安排的上午，莱维拜访了意大利作家、记者加亚·塞尔瓦迪奥（Gaia Servadio），并和她共进午餐。塞尔瓦迪奥在《邮报》工作期间，他们偶尔会在都灵见面。但是，他们之间还存在着一层家庭关系。塞尔瓦迪奥的父亲卢克萨尔多（Luxardo）是一位工业化学家，莱维在SIVA认识了他。（他的母亲和祖母都在奥斯维辛集中营遇难了。）加亚·塞尔瓦迪奥现在住在伦敦。在这个大都市里，她已经崭露头角。从小，她就证明了自己是一个有才能并极有主见的记者。莱维一直带着敬佩关注着她的职业生涯。吸引他的不仅仅是她美丽的外表，还有她的机智和教养：不被她吸引是一件不可能的事。菲利普·罗斯是她贝尔格莱维亚区家里的常客，塞尔瓦迪奥在周三当天下午安排了莱维和这位美国小说家见面。莱维说，他被罗斯传说中的机智和讽刺所吓到。“但是我只读过《波特诺的怨诉》（*Portnoy's Complaint*）！”他向塞尔瓦迪奥抗议道。然而，罗斯是莱维忠实的崇拜者，他之前非常渴望见到他。事实上，他即将对帮助莱维巩固他在美国的名声起到意想不到的作用。

露西娅也出席了午餐，但令她感到遗憾的是，塞尔瓦迪奥几乎没有注意到她。他们所谈论的话题非常广泛。他们讨论了帕索里尼对台伯河的公共场所（莱维无法理解它们的吸引力）和对骑自行车环行皮埃蒙特的喜爱。莱维表示，他是用骑自行车的方法追求到露西娅的，他像个孩子一样，对他的自行车求爱感到非常骄傲。“在我的印象中，他们的关系非常温柔亲密。”[7] 塞尔瓦迪奥回忆道。席间，莱维常常面带微笑地转向露西娅；这对夫妇一起度过了艰难的日子——现在的他们在离开翁贝托国王大街 75 号后，一如既往地变得更加快乐。

菲利普·罗斯在贝尔格雷夫广场 39 号的意大利文化学院，等待着莱维。在那里，普里莫将于当天晚上进行演讲。路过的人可能会对他们之间的反差感到震惊：新泽西州出生、身材修长的罗斯和身材瘦小的莱维。他们之间相差了 15 岁；罗斯是一位古怪而有趣的美国犹太人，在很多方面，他都与莱维十分地不相称。莱维也没有预料到罗斯竟然是这样一位迷人的绅士。而对于罗斯来说，莱维出人意料地平易近人。“你会愿意对某些人吐露心声——而莱维就是其中之一。”[8] 罗斯在 1994 年这样对我说。莱维几乎找不到一个比罗斯更愿意倾听他说话的人了，在意大利文化学院里，他们热情地聊了一个小时。不知为何，罗斯能够突破莱维惯常的戒备心理。在他们告别时，莱维对这位美国作家说：“你知道吗，这一切来得太晚了。”直到后来，罗斯才发现这句话里所隐含的一丝预言的意味。那个星期三，在他们的会面结束之后，罗斯感到非常兴奋，他与塞尔瓦迪奥绕着贝尔格雷夫广场散步了好长一段时间。“菲利普跟我谈论了莱维是多么好的一个人——我想他称他为‘圣人’——这是一次了不起的会面。”[9]

下午 6 点半，莱维在意大利文化学院发表了题为《从实验员到作家》的演讲。当人们回到贝尔格雷夫广场时，在场的人没有谁会忘记那可怕的拥挤的人群；根据消防规定，所有站着的人都被要求离开现场。但是没有人走。莱维请塞尔瓦迪奥充当他的翻译。尽管她认为自己说英语不如莱维精准，她还是欣然地接受了。（莱维这样做很可能只是因为她是让他感到放心的熟人。）观众全神贯注地听他谈论科学和文学。这两类文化之间没有任何不相容之处，他坚称，有的只是“相互吸引”。我记得莱维看起来有点紧张，他的举止有一些迟疑，但是当他结束演讲的时候，他立刻向拥挤在房间内的观众致意，然后给了他们最灿烂和迷人的微笑。“就好像太阳升起来了。”[10] 一位观众回忆道。

楼上的会客室提供了饮料和点心。莱维被安排签售《若非此时，何时？》。排在第一个的是英国军事历史学家理查德·兰姆（Richard Lamb），他曾是第八集团军和意大利游击队之间的首席联络官。兰姆记得莱维操着一口文雅的“有一点学究式的意大利语”[11]，并且他看起来有些“憔悴而焦虑”。事实上，让莱维感到失望的是约克郡化学家洛德·丹顿（Lord Dainton）未能按照预期出席活动。莱维的英国平装书出版商迈克·佩蒂急于向莱维展示《元素周期表》样书的封面，在他向莱维介绍自己之前，他紧紧抓着样书的护封，不停地走来走去。莱维表示他喜欢这个设计。但是他极力反对《华盛顿邮报》将这本书形容为“神秘”的说辞。他不喜欢“神秘”这个词所带有的“非理性”色彩，他要求佩蒂将其删除。当他们说话的时候，佩蒂发觉在莱维的近旁有一群人。“当我跟他道别并走到一边时，不同寻常的事发生了：一群意大利人迅速冲过来，带着一阵明显感受得到的热情。”[12]

事实上，他们是薇薇恩·辛诺伯的朋友和家人，其中包括她的孩子劳伦斯（Lawrence）和塔玛拉（Tamara），她的弟弟艾伦（Alan）和她的丈夫哈伊姆·约菲（Chaim Joffe）。他们全家都不是意大利人，而有着南非血统。他们围住了莱维，接下来的 20 分钟里，他们连珠炮似的问着有关薇薇恩的叔叔格哈德·古德鲍姆的问题。莱维要被他们的喋喋不休震得耳聋了，他试图给这一家人讲述每一件他可以回忆起来的事。他们看起来都很苦恼，尤其是塔玛拉，她拒绝接受像费迪南德·迈尔那样的“邪恶的纳粹”曾以任何方式帮助过古德鲍姆的事实。莱维认真地想办法向她解释，迈尔不是十恶不赦的纳粹分子，而是一个典型的“处于是非黑白之间、性质模糊的人物”。如果塔玛拉感到烦恼，那么部分原因来自莱维。《钒》的虚构之一是迈尔（《元素周期表》第 11 章中的“穆勒”）是前希姆莱集中营的某个狱卒，但实际上他根本不是。薇薇恩·辛诺伯设法把礼物——一条蓝色马海毛的围巾，以及一封感谢信交给莱维。但是在离开贝尔格莱维亚区的沙龙时，她的精神状态受到了极大的打击，因而她又带着一肚子有待解答的问题回到了布里斯托尔。

莱维的演讲得到了很多好评，随后，意大利文化学院的院长亚历山德罗·瓦恰戈（Alessandro Vaciago）博士安排他和露西娅在加里克俱乐部（Garrick）用餐。这家有着富丽堂皇的楼梯间的伦敦俱乐部并不符合莱维朴素无华的品味，但更令他不快的是其他客人。撒切尔夫人的私人秘书查尔斯·鲍威尔（Charles Powell）的意大利妻子，衣着华丽的鲍威尔夫人也在那里。另一位让他感到惊讶的客人是《共和报》爱说闲话的驻伦敦记者保罗·费罗·德拉托雷（Paolo Filo Della Torre）。因其亲阿拉伯的立场以及可疑的反犹太主义，莱维并不喜欢《共和报》，同样，莱维也不喜欢德拉托雷以前工作过的准法西斯报纸《镜报》（*Lo Specchio*）。这些光鲜的意大利人代表了莱维所不喜欢的80年代的意大利。尽管与这些人一同进餐，莱维在餐桌上依然“很有信心”[13]，希拉·墨菲回忆道，“他有时甚至主导了谈话”。幸运的是，当他询问是否可以带劳拉·莱普奇（Laura Lepschy）一起来时，瓦恰戈博士并没有反对。莱普奇是传奇的皮埃蒙特历史学家阿纳尔多·莫米利亚诺的女儿。她在伦敦大学学院教书，她在都灵的犹太人亲戚跟莱维熟识。在加里克俱乐部，她的谦逊和不矫揉造作让莱维非常高兴。在晚宴结束，他们互相告别时，他提议他们在他下一次的伦敦之旅中再见。然而可悲的是，他没有机会再次造访伦敦了。

周四，莱维参加了BBC的《女性时间》（*Woman's Hour*）节目。主持人苏·麦格雷戈（Sue MacGregor）在BBC前台迎接他时，对他进行了高度的赞扬。10分钟的采访进行得很顺利，莱维很有礼貌地回答了麦格雷戈提出的问题。节目中，莱维的声音在今天听来也是很优美的：对答如流，极少有停顿。据萨拉·墨菲说，虽然他很想讲述昨天他与辛诺伯一家的碰面和他们叔叔的故事，但是他没有这么做，因为这一家人可能会收听广播，他们可能感觉自己被利用了。相反（因为这是《女性时间》节目），他谈到了妇女在苏联反纳粹抵抗组织中所发挥的独特作用。“妇女被选为飞行员是由于她们的体重轻。”莱维还参加了BBC的“全球服务电台”和“广播2台”的采访。在这个相当沉重的节目中，最引人注目的是他从容不迫的平静。对他来说，在伦敦的日子过得飞快，同时也很享受。

第二天，即4月18日，希拉·墨菲开车载着莱维夫妇离开杜兰特斯酒店。他们整个上午都在当代艺术学院。在那里，莱维在楼上一个狭小的房间里接受了第四频道的编辑迈克尔·胡斯托（Michael Kustow）的采访。观众很欣赏他，整个谈话录制期间，莱维都非常风趣而放松。那时，胡斯托对他的印象是“稍微有些柔弱，猫一样的”[14]男人，并有着天使般圣洁的外表。胡斯托欣赏，但不喜欢《若非此时，何时？》。然而莱维还是引人入胜地谈论了这部小说。仅仅在几周之前，他惊讶地发现这本书中的某些方面在现实生活中一名游击队员的回忆录中——《来自丛林的声音》（*A Voice From the Forest*）——得到了反映。回忆录的作者纳胡姆·科恩（Nahum Kohn）是一位生活在波兰小镇的钟表匠。他的经历与莱维虚构的游击队英雄“门德尔”完全一样。“艺术来源于生活！”胡斯托惊呼道。“是的，是的！”莱维笑着说。会谈余下的时间里，他们谈论了莱维的其他书籍和关注的事，包括他与刚刚去世的卡尔维诺的友谊。这是一场极具吸引力的对话，成为莱维伦敦之行中最令人印象深刻的一次。莱维的采访者也是一位很健谈的人——录制中，两人就像朋友一样亲切聊天。

胡斯托：您的书讲述了身为弱者的欧洲犹太人的经历。

莱维：我从来都不是一个弱者。

胡斯托：但是您曾经在奥斯维辛集中营……

莱维：那些比我卑微的人才是弱者。我一直保留着作为人类应有的能力。我没有沉沦堕落。弱者丧失了讲话和清晰表达的能力。一个弱者永远不可能写出任何作品。

胡斯托：但是您了解身为弱者意味着什么。其他的作家不知道。

莱维：也许吧……

菲利普·罗斯原定将出席ICA（当代艺术学院）的访谈，但他在最后一刻改变了主意，因为他害怕被人认出来（“就像美国总统一样。”加亚·塞尔瓦迪奥开玩笑说）。罗斯的搭档，女演员克莱尔·布鲁姆（Claire Bloom）代替他出席。据希拉·墨菲说，布鲁姆将罗斯写给他的一封长信交给了莱维，这让他又惊又喜。在见过莱维并读过更多他的作品之后，罗斯表示他现在想在都灵代表《纽约时报》采访莱维。莱维认为这封信意义最为重大。与菲利普·罗斯进行的采访可能会帮助他在纽约之外的文坛获得声望，或许还可以消除由《评论》引发的对他的不满。（莱维知道罗斯十分不赞成《评论》。罗斯还在几部小说中用讽刺的口吻把自己的不满发泄了出来。）虽然克莱尔·布鲁姆从没有读过莱维的任何一本书，但是她发现他“相当有魅力”。在1994年，她这样跟我说：

> 我印象最深刻的是他那双会说话的、令人难忘的美丽眼睛。奇怪的是，他的眼睛让我想起了查理·卓别林。卓别林同样拥有这样不可思议的、孩童般的美丽双眼。莱维思路清晰，充满了好奇心和活力。简·里斯（Jean Rhys）也有这样的眼睛——孩童般的双眼，我的意思是，直到你死之前，这样的眼睛会一直属于你。有趣的是，莱维也在其他方面让我想起卓别林——他们身高和体型都差不多——但是对于普里莫，从那双眼睛中，我凭直觉能感受到一道深深的伤口。[15]

## 6

伦敦之行远不像美国之行那样走马观花，总的来说，莱维很享受他在伦敦度过的七天。他对希拉·墨菲说，这座城市“天生具有辉煌的历史与现代的效率相结合的所有特质”[16]。他喜欢红色的邮筒、红色的公共汽车和黑色的出租车；它的缺乏个性和保守矜持让他想起了都灵。露西娅之前从未来过伦敦，此时即使在阴雨连绵的4月，她仍然发现这是一个“美味”的城市。当代艺术学院没能给她留下深刻的印象，但华莱士收藏馆却以其法式家具、雕塑和艺术品给她带来了乐趣。普里莫·莱维在后来给墨菲的信中写道：

> 正如我告诉你的，这是我第一次有机会悠闲地游览一个地方……我们发现身边都是意气相投、聪明睿智、低调审慎的人：当然首先就是你，以及非常友好的你的同名之人（萨拉·墨菲）。我对迈克尔·约瑟夫出版公司里的每一个人都充满感激，特别是对你，因为我们在伦敦所享受到的快乐大部分都是你亲自给我们带来

的……非常，非常感谢，并致以最美好的祝愿。

莱维在4月份的旅行还没有完全结束。20日，他和露西娅离开伦敦前往斯德哥尔摩。他们的航班延误了，在希思罗机场的候机室里，希拉·墨菲非常想吸一支烟；此前，她怕莱维夫妇不喜欢，一直克制住自己吸烟的冲动，但是现在她再也忍不住了。当她点燃了香烟时，莱维夫妇拿出他们各自的"阿拉斯加"牌薄荷香烟，并异口同声地喊道"终于！"。在一片笑声中，露西娅送给墨菲一瓶迪奥小姐香水，它是莱维夫妇送给这位迷人、热心的女士的临别礼物。

周日晚上，莱维夫妇抵达了斯德哥尔摩阿兰达机场，他们精疲力尽又满心不快。在伦敦接受采访的时日和用英语演讲的压力终于让莱维付出了代价，他突然变得闷闷不乐，烦躁易怒。斯德哥尔摩意大利文化学院的马里奥·那提（Mario Nati）教授为莱维夫妇在市内安排了两晚的住宿。此时，莱维为把母亲独自留在都灵感到十分内疚，而当那提领着他和露西娅进入他们在外交官酒店的房间时，莱维谈到了他"身体状况不稳定的母亲"[17]。那提不知道该说些什么，这使得房间内出现了一阵尴尬的沉默。莱维肯定已经开始讨厌他生病的母亲，因为她给他带来了沉重的负担。他想逃离埃丝特尔，他为自己有这种想法而感到羞愧。

莱维在瑞典的声誉并不高，只有他的意第绪语游击队小说被翻译成了当地语言。然而，斯德哥尔摩文学界的很多人还是在4月21日晚来到意大利文化学院听他的演讲，当莱维走上讲台时，台下响起了热烈的掌声。穿着整洁的深蓝色羊毛套装的莱维虚弱地笑了，然后他开始朗读准备好的手稿，《生存之上》（*Beyond Survival*）。他的瑞典翻译英格丽德·博耶（Ingrid Börge）正在台下，她马上看出事情有些不对头。她从莱维的脸上不仅能看出"累"（有时甚至是惊吓）的表情，还有十分明显的对他的同声翻译汤姆·约翰内松（Tom Johanneson）的恼怒，因为他的意大利语不足以让他胜任此次的翻译任务。因此，莱维"快速"而"单调"地读着他的手稿，博耶回忆说。"但是，即使在他开始演讲之前，他就已经要求负责人告诉观众（记住，礼堂已经坐满了），他在演讲结束之后将不会回答任何问题。许多莱维的崇拜者都非常失望。你感觉得到他只想让这一切尽快结束。他给人一种没有礼貌的印象。”[18] 莱维陷入了又一段抑郁症发作期。

之后，在斯德哥尔摩豪华时尚的瓦伦蒂诺餐厅里，莱维的表现远称不上活跃。实际上，他注意力不集中，看起来紧张不安；聚会的主人能够看得出这顿饭并不成功。莱维的瑞典出版商卡尔·奥托·邦尼尔（Karl Otto Bonnier）、英格丽德·博耶和作家本特·霍尔姆奎斯特（Bengt Holmqvist）都注意到了他的沉默寡言和面带愁容。第二天，莱维几乎没有时间去参观“迷人但冰冷的”斯德哥尔摩市。在他和露西娅参观有着灰色岩石和纸皮桦的斯堪森公园之前，卡伊·许勒尔（Kaj Schueler）代表《瑞典日报》（*Svenska Dagbladet*）对他匆匆进行了采访。在暴雨之中，他们观看了皇宫露台上皇家卫队的换岗。莱维喜欢这个干净的北方城市，后来，他告诉邦尼尔，他和露西娅“希望能尽快再来这里旅游”[19]。

## 7

莱维夫妇于 4 月 22 日回到家中，在之后的一周，正如莱维所料，他的纽约出版商亚瑟·萨缪尔森来拜访他。这次会面并没有如萨缪尔森所希望的那样进行。他买下了《活在奥斯维辛》（*Survival in Auschwitz*）和书名同样错误的《再度觉醒》（*The Reawakening*）的精装书版权。联邦贸易法规不允许他将这两本书恢复为其原始书名（《这是不是个人》和《休战》），但最令莱维失望的并不是书名。他曾试图说服萨缪尔森，那些书的英文译本需要修订，但萨缪尔森反对称，原版印刷的成本更加低廉，他拒绝修改任何地方，甚至是一个逗号。莱维不想与萨缪尔森争辩，因为他是他最有影响力的美国出版商。在他们喝酒时，萨缪尔森问起了《双键》。他认为这本书听起来非常不错。莱维告诉他，创作这本书让他在家里那些令人忧虑的事情中找到了一些“安慰”。萨缪尔森可以清楚地看到这些忧虑是什么。“对莱维来说，一切都似乎让他无法承受，每一分钟，他的身体都无法承受。”[20] 莱维现在是一位世界级的文学家——与他拥护的“艾柯们”和“贝娄们”并驾齐驱，邀请他去参加正式会议、研讨会和发布会的请帖接踵而至。这些事该如何应对？莱维向萨缪尔森展示了他精心绘制的图表，他徒劳地希望通过这些图表记录他在全球各地的出版活动。吃晚饭时，萨缪尔森试图引诱莱维回到美国，参与《猴子的扳手》的巡回宣传活动，但是莱维已经给出了他的回答：他要待在在家里，陪着母亲。

5 月 2 日，当意大利进入辐射警戒状态时，莱维回到了都灵平静的生活中。来自乌克兰的切尔诺贝利辐射云已经飘到意大利海岸。莱维本就情绪低落，但是辐射的威胁促使他给《邮报》写了一篇有关核辐射危险的异常消沉的文章，《无尽的灾祸》（“The Plague Has No Limit”）。莱维真的非常恐惧：“切尔诺贝利已经不仅仅是一个悲剧，更是一个可怕的信息。”[21] 他在给住在伦敦的安东尼·鲁道夫的信中这样写道。接着，他在意大利电视节目中同时谴责苏联与西方对这场灾难的报道：苏联人低估了危险，而西方世界则夸大了危险。与此同时，一场大暴雨降临在都灵，天空变成了铅灰色，此时，莱维正在帮助安东尼·鲁道夫翻译莱奥帕尔迪末日启示诗中的诗句：“有一天，月亮很有可能会坠毁在你面前！”[22]

在他情绪阴郁的这段时间里，莱维通过在苹果电脑上玩国际象棋以及享受文字游戏的抽象乐趣来解除心中的愁闷。到了晚上，他开始创作故意使人困扰的回文——顺读和倒读都一样的单词或短语——因为这些回文有助于治疗失眠。卡尔维诺曾向他介绍准超现实主义法国文学社团“乌力波”（OuLiPo）的谜语和相关的语言游戏，莱维从他们的文字游戏中得到了很多与字母有关的乐趣和愚蠢的想法。在他的电脑上，他设计了包含词汇和图案的无意义解谜游戏（画谜），以在《邮报》上出版。他不希望让自己的名字出现在这些画谜上——他表示，他们是“无聊的”——所以该报匿名发表了这些画谜。

《邮报》的资深编辑之一詹保罗·多塞纳（Giampaolo Dossena）鼓励莱维提交其他类型的解谜游戏。詹保罗·多塞纳也设计一些智力游戏，不受出版工作或竞争对手的阻碍。而莱维一直喜爱他所设计的那些智力游戏。听到莱维说在潜意识里他总是为玩字谜感到“罪恶感”，多塞纳不禁笑了。一名学生（“很显然，一个德国人”[23]）写了一篇博士论文，《普里莫·莱维作品中的头韵》（*Alliterations in the Works of Primo Levi*），并赠送给他一份副本以供他评鉴。自此之后，莱维表示他失去了他作为一名作家的“自然的纯真”。多塞纳在那年春天拜访莱维的时候，发现他虽然看起来很健康，但是情绪很低落。他穿着鳄鱼运动衫，抽着他平时喜欢抽的薄荷香烟。露西娅进来了，拿着巧克力，更多的香烟以及咖啡。就在这时，他们开始讨论有关仍然会在斯德哥尔摩颁发诺贝尔奖的传闻。莱维开玩笑说，这个奖项（奖金 65 万英镑）可能足够他支付全天 24 小时照顾他母亲的护士的费用。埃丝特尔仍然是一切的中心。

在这个艰难的时期，莱维见到的另一个朋友就是大名鼎鼎的出生于托斯卡纳的出版商比安卡 · 塔洛内（Bianca Tallone），她的印刷机是全皮埃蒙特（甚至整个欧洲）最好的。莱维想要参观这架印刷机。为了到达它的所在地，他向南驶过都灵那景色单调的郊区去往阿尔皮尼亚诺。塔洛内巨大的花园里有两个古旧的蒸汽机车，莱维说它们让他想起了战后苏联的遣返火车。塔洛内与莱维的交往出人意料的愉快；当情绪高涨的时候，她会突然递给他一杯厄尔巴岛的格拉巴酒或柠檬糖浆。多年来，莱维与塔洛内关系变得非常密切；当他知道她对但丁感兴趣时，他愿意背诵《地狱》给她听。莱维主要是来观察工作中的排字工人和印刷工人的。不出所料地，他着迷于版面编排和字母排列的手工技术细节。塔洛内回忆说：“普里莫以化学家的视角，欣赏我们用来制作油墨的植物和颜料，却对现代化工生产的油墨不感兴趣，普里莫说，这种油墨很快就会失去光泽。”[24] 最重要的是，莱维欣赏塔洛内的出版物优雅的排版，他评价她出版的《木偶奇遇记》：“太完美了！”他当即花 23 万里拉（约 150 英镑）买下了一册。塔洛内认为莱维在这一时期发生了很大的变化。她关切地注意到他“悲伤而痛苦”的样子。她相信，她的印刷实验室在他患抑郁症期间成了他的避难所。

## 8

春末夏初，莱维虽然经常情绪低落，但是他仍然写了一些文章并继续和朋友一起散步。5 月 23 日，他在都灵市郊的一个仓库里观看了舞台剧版本的《扳手》。出乎所有人的预料，他非常喜欢这部舞台剧。此前，他曾毫不犹豫地告诉导演弗拉维奥·安布罗西尼（Flavio Ambrosini），他认为蒂诺·福索内的故事不值得被搬上舞台。他一直非常不愿意帮忙，以致有一天安布罗西尼不得不从美洲俱乐部中把莱维拉出来，他发现他正在那里试着练习举重。一开始，安布罗西尼想要一台梅尔·布鲁克斯风格的盛大演出，有扮演黑人的艺人组成的爵士乐队、卡巴莱女歌手以及哑剧表演所需的棕榈树和猴子。所有的演员都是业余爱好者，来自一家类似英国电信公司的意大利公司，这家公司被称作 SIP。莱维一到巴勒莫街的剧院，就准备去售票处给自己买一张票。“我的天啊！你可是作者！”一位引座员阻止了他，并领着莱维到了舞台侧面的一个前排座位上。但在第一幕开始之前，莱维不得不应观众要求走到了舞台前面。他害羞地鞠了一躬，满怀感激地接受了一张 SIP 公司为这部剧制作的海报，他张开双臂，做出一个顺从的手势。到幕间休息时，他已经开始欢呼雀跃：这次表演的视频记录显示，他在座位上向前伸长了脖子，像个孩子一样绽开笑容。“我可以诚实地讲，莱维高兴地大声尖叫。”[25] 安布罗西尼说。

莱维的情绪低落似乎在晚春的和风中暂时消退了。5 月 26 日，他去领取都灵狮子会俱乐部的金质奖章，因为他“在他的著作中维护并传播了人类的权利和尊严”。莱维不喜欢这些和共济会性质相似的扶轮组织，也不喜欢他们的仪式用剑和银色奖杯，但即将就任狮子会俱乐部会长的古列尔莫·兰扎（Guglielmo Lanza）是他在“达阿塞里奥侯爵”皇家预科学校的老同学，莱维不想让他失望。在颁奖仪式的当天上午，兰扎来拜访莱维，看看他情况如何。莱维表示他很担心应该穿什么，他也没有“黑色的领带”。兰扎告诉他不要担心。在莱维准备出门的过程中，他们开始了一场关于文坛声誉的谈话。兰扎是一位虔诚、正直的人，他为莱维说他不再在乎声誉表示震惊。莱维指着一排排被翻译成罗马尼亚语、日语和芬兰语的作品说：“它们现在对我来说毫无意义。”[26] 曾经，一个新译本的出版对他来说是值得庆祝的事，但现在，他对此无动于衷。为了让莱维振作起来，兰扎带他去见狮子会俱乐部的会长罗莫洛·托塞托（Romolo Tosetto），一个絮絮叨叨却充满善意的律师朋友，他可以让最心灰意冷的人振作起来。在半小时之中，托塞托对莱维大加赞赏，他说他希望自己可以像莱维一样精通写作。莱维觉得托塞托会无休止地说下去。在离开他家的时候，莱维面无表情地用平静的声音对兰扎说："我不知道你的朋友会不会写作，但他显然会说话。"当天晚些时候，在都灵拉斯卡里斯宫，当托塞托将狮子会俱乐部的金质奖章挂在莱维胸前时，他更加热烈地赞扬了莱维。对着聚集在一起的男女会员们，莱维说"我很幸运"[27]，然后又坐了下来。

## 9

1986年6月，莱维关于纳粹集中营的散文集，《被淹没与被拯救的》出版了。在这本书中，莱维最彻底地展现了他对过去的纪念和道德责任，并提出了最难以回答的问题。在他充满痛苦但思路清晰的散文中，莱维力图理解当代野蛮行为的本质，并力图再一次向全世界解释他作为见证者的使命。本书的核心是警告那些肤浅地评判集中营的人：只有集中营的幸存者才有原谅或定罪的权利，即使他们也不适合做出这种评判，因为那些真正深知人性的沉沦的人，他们没能从集中营生还并向我们诉说他们的不幸遭遇。对于书的封面，莱维选择了汉斯 · 梅姆林（Hans Memling）中世纪祭坛画《宇宙大审判》的一个局部。在画中，那些有罪的人，赤身裸体地在但丁式的地狱深渊中号叫，这揭示了基督教天启论的恐怖。埃诺迪出版公司美工部的恩里卡 · 梅洛西（Enrica Melossi）从来没有见过比这更严肃或可怕的封面，但是莱维出版了一本梅姆林作品的全彩版，他说这幅佛兰德文化的"众生判罪"（massa damnationis）大概是他所见过的最可怕的绘画作品，但是它很适合这本书。这无疑传达了他所描写的事物的可怕程度。

这本书放大并深化了《这是不是个人》的很多内容（书中有一章真正探讨了"被淹没与被拯救的"这一主题）。只是这一次莱维描写了其他人的，而非他自己的受迫害的经历。在最沉重、最令人痛苦的一篇文章《灰色地带》（"The Grey Zone"）中，他探讨了犹太和非犹太囚犯为了生存，在不同程度上被迫与纳粹合作的问题。为换取衣服和食物，奥斯维辛的犹太囚犯组成专门的小组"特遣队"。他们不得不将犹太同胞送进毒气室。在莱维看来，将别人卷入到他们自己的腐败活动中是纳粹独特的道德犯罪行为。有人可能会问是什么让莱维承担起这个可怕的任务——重提自己和其他幸存者受折磨的经历。其原因不是“迷恋邪恶”[28]（意大利天主教评论家洛伦佐·蒙多语），抑或某种卸下内心重担的准宗教冲动。莱维创作《被淹没与被拯救的》的主要原因仅仅是他需要“知道”和“理解”。这两个动词，在意大利语中写作“conoscere”和“capire”，在他的文章中经常出现。莱维创作这些文章的另一个原因直击我们道德史的核心。他想要对抗历史修正主义的浪潮，想要最后一次对着年轻人呐喊。莱维说，记忆是一份礼物，也是一种责任。

与1947年出版的《这是不是个人》相比，《被淹没与被拯救的》更具争议性，更令人痛苦，也更抱着怀疑的态度。前者是由一个28岁的年轻人创作的；而后者则是由一位年过花甲的男人写就的。莱维再也无法用一个二十八九岁的新婚男子的那种青春和积极的态度来面对事情了。如果说《这是不是个人》的创作是新生——一段从痛苦到慰藉的旅程，那么《被淹没与被拯救的》则没有这种精神宣泄的作用。原因是什么？当战争结束时，莱维对历史和人类的可臻完美信心满满。人类能犯下比奥斯维辛更恶劣的暴行对他来说似乎是不可思议的。德国已经受到了惩罚，并被分成了两个国家；普里莫·莱维曾经站在胜利者的一边。而现在他不那么肯定了。近半个世纪以来，尼采笔下的“人类暴行的节日”（festival of human cruelty）远没有结束。莱维曾经以为战后的世界已经改头换面，但实际上它的基础非常不牢固。在这些文章中，莱维震惊地讨论了中东和波尔布特领导下的柬埔寨大屠杀，在这两个地区，三分之一的人口被斩尽杀绝，只是为了某个狂热的理想。虽然莱维从没有找到纳粹大屠杀发生的原因，但是他推断的结论是，人在本质上是残忍的。

意大利评论家认为这是一部令人不安的、沉重的作品，它没有提供一丝慰藉。一些评论家惊叹于莱维精确和灵巧的记忆，也惊叹于他对集中营的承受能力和理解能力。莱维已经66岁了，他带着在奥斯维辛集中营生活的记忆活了42年，这是一段非常长的时间。然而，这本书得到的书评少得惊人，莱维也几乎没有接到任何采访。它也没有赢得任何第一流的文学奖项。大多数评论家认为这本书只是莱维描述集中营的主要作品的补充，他们并没有意识到它的极端重要性。事实上，《被淹没与被拯救的》是普里莫·莱维晚年的一部杰作——用皮埃蒙特方言说，是他的“caplavòr”——也是一部道德冥想的伟大著作。因为与蒙田和曼佐尼一样，莱维也是一名道德学家。事实证明，《被淹没与被拯救的》即将成为莱维最后一部完整的作品，虽然他曾计划写一个续篇，探讨参与纳粹集中营的德国企业（巴斯夫、西门子、拜耳）。

莱维在《被淹没与被拯救的》中转向描写一个前所未有的无望的主题，这一说法是不正确的；但一些浪漫派批评家愿意相信这一说法，他们相信耻辱和悲观已经淹没了他。比安卡·乔德蒂·塞拉在1946年第一次从莱维那里听到“灰色地带”这个词。“从一开始，”她在1992年告诉我，“他就总是在问这个问题——理解发生了什么事，以及为什么人类会做出这种事。《被淹没与被拯救的》本可以成为普里莫的第一本书，就像它成为他的最后一本书那样。”[29]耻辱在他一生中的大部分时间里不同程度地侵蚀着莱维；它不可能在他生命的最后几年才一下子淹没了他。早在1955年，在他的文章《被流放者的纪念日》（“Anniversary of the Deportees”）中，他已经承认他感到无法抗拒的“vergogna”（耻辱）因为他与那些建造了奥斯维辛集中营的人同属于一个物种。四分之一个世纪后，在1980年，莱维向托斯卡纳小说家吉安·路易吉·皮乔利供认了自己的罪行，即他以某种方式与纳粹合作过，因为他们曾以他是一个工业化学家为由“赦免”了他。莱维对别人代他而死，而他因为某项特权，依然活在世上而一直感到内疚。“我知道我的内疚感是相当不合理的，”他对皮乔利说，“但我的良心让我无法抹除这种内疚感。”[30]

在《被淹没与被拯救的》中，莱维那未指名道姓的反对者是布鲁诺·瓦萨里（Bruno Vasari），一个身材高大、神态威严的人，他是ANED（National Association of Ex-Deportees，全国前被流放者协会）都灵分会的主席。瓦萨里记叙自己从毛特豪森集中营生还经历的书《死亡的露营地》（*Bivouac of Death*）已于1945年8月在意大利出版。莱维很欣赏这部作品，在都灵时，他经常去拜访瓦萨里。瓦萨里是一个谦和典雅的人，穿着几年前时髦的深色西装，让人想起那些旧日时光。瓦萨里认为曾经被流放的人能够从纳粹集中营生并不是凭借狡猾或暴力，而是凭借他们正直的品性——高尚的品德。瓦萨里认为，那些幸存下来的人——被“拯救”的人——是最高尚的人。

而在《被淹没与被拯救的》中，莱维的态度似乎正好相反。高尚的人被“淹没”了，没能活下来；而卑鄙者被“拯救”了，幸免于难。读者能从这本书的每一页中感受到这种区别给他带来的心理负担——最为明显的就是这本书但丁式的标题。在上了年纪的意大利人中有一句老话：“‘最好的’早就死了。”他们会悲伤地摇着头说，“Ah，i migliori sono quelli che muoiono”（唉，最善良的人早就死了）。莱维将这句话无情地用到所有奥斯维辛集中营的幸存者身上。

一些意大利幸存者认为他们不应该被这样对待——他们已经历尽苦难——但还是有许多人喜欢《被淹没与被拯救的》。莱维通过这本书声明自己仍坚持这个对他们来说最重要的主题：纳粹集中营。40 年来，他们敬仰莱维，把他当作一盏指路的明灯和他们事业的拥护者，但是他也写过科幻小说和（对他们来说）类似的无聊作品。莱维曾在 1969 年给意大利幸存者和天主教诗人乔治奥・基耶苏拉（Giorgio Chiesura）的信中写道，“现在我再也无法写出任何与集中营相关的作品了。”[31] 莱维放弃了他作为幸存者的事业，在基耶苏拉看来，这似乎说明莱维已经背信弃义，他厌恶地发誓决不再读莱维的作品。因此，对基耶苏拉来说，《被淹没与被拯救的》就好像一道惊雷——莱维已经重新承担起他作为纳粹主义见证者的责任了。

## 10

1986 年 6 月，《被淹没与被拯救的》出版后不久，库尔特・瓦尔德海姆事件爆发。这位资深的奥地利政治家被发现隐瞒了“二战”期间参与反犹行动的事实。他不是一个杀人魔，只是很多人对此心存怀疑。6 月 12 日，在米兰的埃诺迪书店，莱维在《被淹没与被拯救的》的新书发布会上发言。他的追随者在雨中排队等待与他见面的机会，但是他当时心情很不好。当天早些时候，在《共和报》上，以言语尖刻而著名的记者乔治・博卡（Giorgio Bocca）曾试图引用“灰色地带”为奥地利人瓦尔德海姆开脱。莱维对博卡一直都没有好感。在很多有教养的都灵人看来，这位长着一张职业拳击手的脸的记者将树敌作为自己毕生的职业。一开始，他曾是法西斯，之后参加了游击队，现在常常会面临反犹主义的指控。博卡认为，莱维是都灵矫揉造作的资产阶级精英和埃诺迪圈内所谓“自以为是的理智主义”的图腾。“我与莱维一向不合——在任何愚蠢或粗俗的行为面前，他是傲慢而缺乏耐心的。”[32]博卡此言或许有些道理。

观众中的集中营幸存者们愤怒地挥舞着当天的《共和报》，指责莱维准备原谅前国防军陆军中尉瓦尔德海姆。“博卡歪曲了我的话。”莱维脸色苍白，浑身发抖地说。在埃诺迪书店中，天主教幸存者特蕾莎·阿扎利走近莱维：“他看起来目光呆滞，茫然失措——他很不快乐。”[33]莱维对阿扎利谈起了“生活的疲惫”，然后小声地说：“谁知道我为什么会这样？”小说家奥莱斯特·德尔博诺（Oreste Del Buono）证实了他当晚情绪低落，莱维对博卡文章的过度甚至痛苦的敏感让奥莱斯特·德尔博诺感到震惊：“普里莫一定是意志消沉才会做出这种反应。”[34]当书店中空无一人时，莱维向奥莱斯特·德尔博诺承认了他的恐惧，他害怕自己正在“失去理智”。前些天，当莱维接到一通从美国打来的电话时，他惊恐地发现他无法开口说英语了。奥莱斯特·德尔博诺认为，他担心的不单是失去记忆，更是无可挽回地失去理智。

当天晚些时候，在米兰，莱维与卢西亚娜·尼希姆在她位于修道院街（Via dei Chiostri）的公寓中共进晚餐。尼希姆看得出来，莱维对该如何应对博卡表现得过度紧张了，她说了一些话来安慰他。情况有些棘手，但是，因为博卡与尼希姆的丈夫、经济学家佛朗哥·莫米利亚诺交好，尼希姆竭尽所能向莱维保证博卡并无恶意。

## 注释

1 “没错，科莫……”：1986 年 1 月 13 日。
2 “他已经不想……”：埃丝特·卡尔维诺告诉作者，1995 年 6 月 9 日。
3 “这场审判……”：普里莫·莱维，载于《国家晚报》，1986 年 6 月 2 日。
4 “他们这种自说自话……”：马西莫·迪尼于 1984 年对普里莫·莱维的采访；未经发表的采访内容。
5 “虽然格哈德叔叔……”：薇薇恩·辛诺伯·约菲告诉作者，1993 年 4 月 22 日。
6 “照顾好艾达……”：普里莫·莱维的这段话是由鲁道夫·哥德巴赫告诉作者的，1995 年 11 月 5 日。

7 “在我的印象中……”：加亚·塞尔瓦迪奥告诉作者，1994年1月28日。
8 “你会愿意……”：普利普·罗斯告诉作者，1994年6月6日。
9 “菲利普跟我……”：加亚·塞尔瓦迪奥告诉作者，1994年2月6日。
10 “就好像太阳……”：迈克·佩蒂在信中告诉作者，1996年1月。
11 “有一点学究式的意大利语”：理查德·兰姆在信中告诉作者，1998年6月1日。
12 “当我跟他道别……”：迈克·佩蒂在信中告诉作者，1996年1月。
13 “很有信心”：希拉·墨菲告诉作者，1993年4月27日。
14 “稍微有些柔弱，……”：迈克尔·胡斯托告诉作者，1994年8月10日。
15 “我印象最深刻的……”：克莱尔·布鲁姆告诉作者，1994年6月6日。
16 “天生具有辉煌……”：1986年4月30日。
17 “身体状况不稳定的母亲”：马里奥·那提在信中告诉作者，1994年2月2日。
18 “但是，即使在他……”：英格丽德·博耶在信中告诉作者，1994年2月14日。
19 “希望能尽快……”：普里莫·莱维写给卡尔·奥托·邦尼尔的信，1986年5月2日。
20 “对莱维来说，……”：亚瑟·萨缪尔森告诉作者，1994年3月24日。
21 “切尔诺贝利……”：1986年5月20日。
22 “有一天，月亮……”：莱奥帕尔迪的诗体剧作《梦》。
23 “很显然，一个德国人”：普里莫·莱维写给詹保罗·多塞纳的信，1986年2月3日。
24 “普里莫以化学家……”：比安卡·塔洛内告诉作者，1995年5月28日。
25 “我可以诚实地讲，……”：弗拉维奥·安布罗西尼告诉作者，1995年5月9日。
26 “它们现在……”：普里莫·莱维的话由古列尔莫·兰扎告诉作者，1995年3月29日。
27 “我很幸运”：普里莫·莱维的这段话由费鲁乔·马鲁菲告诉作者，1992年6月13日。
28 “迷恋邪恶”：洛伦佐·蒙多，载于《星期日泰晤士报》。
29 “从一开始，……” 比安卡·乔德蒂·塞拉，载于《星期日泰晤士报》。
30 “我知道……”：普里莫·莱维的这段话是由吉安·路易吉·皮乔利告诉作者的，1994年6月21日。
31 “现在我再……”：1969年6月7日。
32 “我与莱维……”：乔治·博卡告诉作者，1995年5月9日。
33 “他看起来……”：特蕾莎·阿扎利告诉作者，1995年5月20日。
34 “普里莫一定……”：奥莱斯特·德尔博诺告诉作者，1995年10月9日。

# 二十八

# 每况愈下

（1986—1987）

# 1

1986 年，普里莫·莱维人生中的最后一个夏天，疾病缠身。他再次感染带状疱疹，意大利语称此病症为“圣安东尼的火焰”。这次是在前胸，而后病情又发展成脚部溃疡。我们只能猜想前几个月里这种病症带给莱维的痛苦。随着病情加重，莱维的精神焦虑也在加剧，而莱维对自身的消极情绪常有着病态的着迷。他并没有阿尔茨海默症，但 66 岁的他记忆却大不如前了。同时，莱维也有其他担忧。当《被淹没与被拯救的》在书店上架时，莱维对自己身为作家的写作能力产生了自我怀疑，也没能找到下一步的创作目标。于是莱维忙于参加各种活动以分散精力，其中包括给一项文学奖做评委。总之，他尽可能离开家到外面参加活动。6 月 18 日，在都灵一场名为“假设世界上没有化学”的讲座上，他遇见了熟识的物理学教授尼科伦·达拉波塔博士。两位老人礼貌地问候了彼此的家人，莱维悲伤地坦承自己可能永远都没有机会实践做祖父的“艺术”了。如果有了孙子，莱维也许更有活下去的动力（如今，他的儿子伦佐已经是一位父亲了）。去年，当雕塑家桑德罗·卢帕诺喜抱孙儿后，莱维曾嫉妒地对他说：“当祖父可是一件苦差事，桑德罗，但这是多么美好的一件苦差事啊。”[1]

在此期间，莱维制订又放弃了一个个计划。莱维曾同意为以色列纪录片《第八十一次爆炸》（*The Eighty-First Blow*）读旁白。这部纪录片讲述了纳粹统治下的波兰犹太人的遭遇。录音设备已在都灵准备就绪，可在最后一刻莱维改变了主意。他解释道：“是由于我的母亲。”[2] 埃丝特尔如今行走困难并常常情绪低落。而母亲的情绪波动似乎也在影响着她的儿子。

尽管如此，莱维开始阅读菲利普·罗斯蔑视礼教的作品“朱克曼三部曲”（Zuckerman Trilogy），并期待着按计划与罗斯在都灵会面。罗斯那狂怒的文字、别具一格的激情，都是莱维从未读到过的。这位美国作家对性爱的大胆描写使莱维既兴奋、又惊恐，他也敬佩罗斯对传统的蔑视和其广泛的文学兴趣。而罗斯本人长久以来也一直支持像伊凡·克里玛（Ivan Klima）和米兰·昆德拉（Milan Kundera）这样被低估的东欧作家，在一定程度上，正是这种对美国之外的文学家的好奇，让他注意到了莱维。莱维曾让他的纽约出版商把《猴子的扳手》的校样送给罗斯。而在6月1日写给罗斯的信中，莱维表达了他对罗斯作品的赞赏之情：

> 我不得不暂时把“朱克曼”放到一边，因为我目前是维亚雷焦文学奖的评委之一（我发誓这是我最后一次做文学评审）。因此在当前几个月里，我必须每天审读一篇小说加一部诗集。这项工作正摧残着我的灵魂，因为它堵塞了所有思想，也毒化了一切灵感。我再也不会这么干了！但依然衷心祝福您和克莱尔·布鲁姆一切都好。

这个夏天发生的最不寻常的事之一是莱维不仅表现出对读者的关心，也热衷于对新作家的扶持。他总是回复热心读者来信，对一些纠缠不休的读者也试着表现出友好的态度。比如，在收到来自那不勒斯的读者马西莫·科蒂尼（Massimo Cortini）对他的科幻小说的赞誉之词后，莱维回信说：“收到您的来信我非常高兴：它让我放心，并给予我希望，让我知道自己的写作并非是徒劳无功的。”[3] 同样地，当一些满怀抱负的新生作家把手稿寄给莱维并请求他的指导时，莱维也经常会阅读并给予评论。当时，莱维扶持的主要对象是马里奥·马卡尼奥（Mario Macagno）。他是一位出生于都灵的机械师，也是一位业余化石收藏家，前游击队员，一位很有希望的作家。马卡尼奥猜想莱维会同情不得志的业余作家，于是鼓起勇气打电话问莱维是否可以斧正自己的几篇诗歌。马卡尼奥打电话里的语气让莱维觉得这不像是一个庸才打来的骚扰电话，于是答应下来。几天后，莱维寄给了马卡尼奥一封极其鼓舞士气的信件：

> 亲爱的马卡尼奥，
>
> 请容我向你解释为何我起初收到你的诗作后犹豫不定。因为每周都会有两三个人请求我帮忙斧正诗句，但大部分的作品都毫无章

> 法（有许多文章文笔太过稚嫩！）或内容空洞。而你的诗歌，尽管风格压抑，却让我备感欣慰。有几处需要些许润色。但句句言之有物，并且难能可贵的是，文章里没有所谓专业作家雕饰的痕迹……我相信你有许多事物想要表达，而显而易见，你也找到了自己的表达方法。感谢你选择我指导你的作品。[4]

莱维指导有方，马卡尼奥的诗作不久即被出版。当夏日渐渐来临，莱维鼓励马卡尼奥试着创作短篇小说，他说："我鼓励你创作短篇是因为我相信你有能力：记住，我对内容更感兴趣，而不是形式。"一周后，马卡尼奥托翁贝托国王大街75号的门房交给莱维一捆小说手稿，莱维读过之后大为赞叹。作为业余作家，马卡尼奥的行文真实诚恳，文风清新，但也不乏笨拙之处，然而这些拙笔也仍惹人喜爱。6月30日，莱维寄给马卡尼奥另一封鼓励的信件，信里写道："关于工作、山川、汽车、女性等等，你有很多东西可以写，或许其中也包括我不了解的事物。"[5]莱维的信里接着介绍了一些文学常识，有些话未免带有偏心指导之嫌："你一定要学会区分不同的细节，哪些细节是必要的，哪些仅仅是有趣的，而哪些细节则是冗余的。"如果说莱维是在居高临下地指导马卡尼奥，那么莱维对马卡尼奥的扶持也是始终如一的。他总是写信说自己非常"高兴"马卡尼奥"提高"了创作技巧。同时，莱维也警告马卡尼奥不要太过文学化，要避免纯文学性的咬文嚼字。这些忠告最终有了回报：马卡尼奥的短篇小说得到了出版，但可惜的是，这已经是莱维去世五年之后的事了。

## 2

7月初，莱维在瓦勒登溪谷的小镇皮内罗洛（Pinerolo）签售新书《被淹没与被拯救的》。莱维在市政厅回答观众提问时表现得很坦诚，丝毫不见抑郁的症状：但莱维擅长在他人面前隐藏自己的精神状态。莱维40年未见的一位同窗，当年的一名化学系研究生，马里诺·雷韦利（Marino Revelli）出现在会场中。而莱维见到他的喜悦是显而易见的。尽管之前与马里诺的妻子路易莎未曾谋面，但莱维在送给马里诺的书上写道："送给路易莎和马里诺，祝福我们之间亘古深情的友谊。"这份赠语字里行间的真挚情感似乎可见莱维当晚温和的情绪。之后在皮内罗洛镇，莱维同戴维·泰拉齐尼（David Terracini）共进晚餐。戴维是莱维妹妹安娜·玛丽亚·莱维的雕塑老师罗伯托·泰拉齐尼的儿子。席间，泰拉齐尼丝毫看不出莱维近几个月的心神不安，他可以证明莱维当晚热情好客，是一位真心诚意的好伙伴。而事实却证明，在皮内罗洛镇的签售会是莱维人生中最后一次公开亮相。

莱维的母亲身体日益衰弱，正成为莱维肩上的重担。尽管妻子露西娅已经退休了，但她还要花费许多精力照顾自己的母亲。而莱维的女儿丽莎则住在克罗塞塔的另一区，并且据说她与弟弟、父母很少来往。另一方面，儿子伦佐是一名年仅29岁的年轻生物物理学家，而他出于摆脱父亲功名阴影的需要，正努力地拼搏事业。所以莱维不想过多麻烦工作繁忙的儿子，况且母亲埃丝特尔一心只想莱维贴身照顾。尽管如此，伦佐仍不免感到整个家庭的压力，尤其是，对于父亲精神健康的担忧。

夏意渐浓，莱维的家庭生活每况愈下。6月21日，他写给曾在1980年同游西西里岛的记者保罗·安德烈奥奇一封情绪极其低落的信。尽管安德烈奥奇曾称赞《被淹没与被拯救的》是一部"具有无法估量的价值的佳作"，但莱维对安德烈奥奇的赞誉毫不关心地写道：

> 我正经历一段极其艰难的时期：家庭问题正吞噬我所有的精力。您不吝赞誉称拙作为"具有无法估量的价值的佳作"，但对我来说，这部书不再有丝毫意义。我不知道自己何时有空写作，甚至怀疑自己是否还能写作。我不敢许下任何承诺。倘若我未回复您的来信，恐怕不是因为在下故弄玄虚，戴着"沉默的面纱"，而是因为我的"non possumus"（拉丁语：无能为力）。[6]

莱维不仅为近期传来的集中营战友埃米尔·达维多维奇和摩西·莱科·伊斯雷尔的死讯心灰意冷，也为西西里作家列昂纳多·夏夏罹患骨髓癌的消息感到难过。然而在夏末，传来的挚友死讯使莱维对人生更加悲观。7

月 27 日早晨，艾达·黛拉·托雷在患阿尔茨海默症 8 年之后，以 71 岁高龄驾鹤西去。当她的大脑还具有部分机能时，她仍然在抗争着命运的不公，呐喊着："为什么是我"，但当她渐渐无法自控时，她变得情绪激动，心存困惑。最终，艾达甚至连自己的名字都不会拼写了。莱维与艾达自 1942 年相识相知，因此她的死讯对莱维而言无疑是一记沉重的打击。挚友去世的当天早晨，莱维一篇名为《不可抗力》（"Force Majeure"）的短篇小说在《邮报》发表。这篇文章可能是莱维对奥斯维辛集中营的讽喻，也可能是身为集中营受害者对羞耻感的记述，还可能是用来表达莱维此时面对生活困境时的绝望。在这篇表达无端痛苦的文章里，莱维借鉴了作家卡夫卡的写作智慧。文中的主人公 M（全拼米歇尔恰好是莱维的中名）在小巷里被一群暴徒偷袭并毒打一顿。当 M 趴在地上任人践踏之时，他心里隐隐意识到，他将"再也无法成为之前的自己"。但文章发表的第二天，再次传来更糟糕的消息。

7 月 28 日周一上午，即莱维 67 岁生日的三天前，他的母亲由于中风跌倒在家中。这场意外使莱维在他的情感世界里经历了一场危机，让他开始怀疑人生和未来。由于这次意外极有可能使母亲瘫痪，所以莱维开始害怕母亲先自己而去。因为尽管莱维已经是成年人，但他仍然非常依赖母亲的支持和妻子的帮助。总之，莱维的幼稚症日益严重（精神学家可能会这样诊断）。而当大部分意大利人都趁着悠闲的夏日时光出门度假时，莱维和妻子却不得不在都灵家中照顾各自的母亲。莱维的母亲埃丝特尔时年 91 岁，而妻子的母亲比阿特丽斯·莫尔普戈时年已 95 岁。她双目失明并且平衡感也出现了问题。就在母亲埃丝特尔中风的前一周，莱维曾以好奇之心写下这段具有预见性的诗句：

意大利的夏日八月，
还有谁宅在家中？
恐怕只有穷人与疯子，
还有被遗忘的老妇人。

母亲埃丝特尔住院已经 20 天了。初步诊断为脑中风，身体状况显示她必将陷入瘫痪，而莱维则不知道母亲是否还能出院回家。莱维抱着消极的悲观，认为母亲的病房里病魔踪迹无处不在。在母亲住院期间，莱维的带状疱疹再次复发。在母亲中风一个月后，8 月 31 日，他创作了一首题为《苍蝇》的诗歌，讲述一只青蝇以“无法进食”的病人的盘中食物为生。正如往常一样，莱维把诗稿交给了《邮报》发表。但这次，他有些不情愿这样做。莱维把诗稿交给报社的诗歌编辑乔治奥·卡尔卡尼奥（Giorgio Calcagno），平淡而生硬地说道：“这是我 8 月的投稿。”[7] 而那时，莱维的母亲已被确诊丧失了右臂和右腿的功能。尽管心烦意乱，莱维依然每天看望母亲三次。但莱维的母亲已经无法开口说话，因此莱维认为她的康复希望“实际上为零”[8]。在写给印第安纳大学阿尔文·罗森菲尔德的信中，莱维说：“未来晦暗不可知。”然而事实证明，埃丝特尔反而比儿子多活了 4 年，她在 1991 年 12 月 21 日，以 96 岁高龄驾鹤西去。

当莱维绝望之际，妻子露西娅将自己的所有精力都用于照顾两位母亲。她的付出纯粹而不求回报，而且对待其他家庭成员也非常宽厚。但露西娅实际上在一定程度上享受着牺牲自我的殉道感（莱维曾在写给露西娅的诗中说：“每一天你都在掠夺自己的一部分。”[9]）。从两人结为伉俪的那天起，莱维就让露西娅成了家里的囚犯：现在她想让丈夫知道他曾经带给她一段怎样的婚姻之旅。

## 3

当母亲躺在医院因为中风说不出话时，莱维的脚部溃疡也复发了。当年奥斯维辛集中营粗糙的鞋子带来的长期的皮肤磨损导致了最终的溃疡。于是莱维向理疗师拉法埃拉·帕加尼（Raffaella Pagani）寻求医疗帮助。帕加尼正值而立之年，她气质庄重，富有精神追求并且喜欢参与患者的生活。留着厚重棕色短发的帕加尼，身上的忧郁气质有种莫名的吸引力。在帕加尼遇见莱维时，她已经在都灵生活了近 10 年（她出生于马焦雷湖畔的斯特雷萨）。不久翁贝托国王大街就传出了莱维和帕加尼有染的绯闻。但正如莱维其他许多发乎情止乎礼的红颜知己一样，两人的外遇完全是精神式的恋爱。帕加尼会充满同情地倾听莱维的痛苦，并用自己作为女性的直觉和作为医师的护理知识帮助莱维。而在治疗中，帕加尼会跪下用蘸水的棉花擦拭莱维的脚伤，然后以电泳疗法让电流通过双脚的溃疡。尽管莱维并不喜欢幸存者们强加于他的救世主名号，但他的确沉溺于帕加尼无微不至的照料之中。因为除了帕加尼，没人能在这些难捱的日子里使他感到自己如此特别。另一方面，帕加尼则认为自己有义务照料莱维，因为他不仅是集中营的幸存者，更是一位意大利文学巨匠。最后，帕加尼对莱维共进行了九次电泳治疗，但莱维自始至终都未曾向她提及自己已婚的事实。

电泳治疗似乎非常有效。当两人情谊继续发展时，帕加尼向莱维讲起了少女时期抑郁的事实和曾有的自杀企图。莱维全神贯注地倾听，帕加尼后来回忆说："他既没有宽恕自杀行为，也未曾谴责这种选择，总之他的态度并不明朗。"[10] 后来，帕加尼鼓起勇气给莱维看她的诗歌，莱维表示自己很喜欢诗中表露的坦诚语气和真情实感。帕加尼后来说："我并未真正爱上莱维，但可以这样讲：莱维在我身上看到了女儿的影子，而我则将他视为精神上的父亲。我们的关系有父慈女孝的一面。"现实生活中，莱维和亲生女儿丽莎的父女关系时常紧张，于是莱维在家庭之外找到了父女关系的替代品。这意味着他的旧本性又在偷偷作祟了。

这个夏季缓缓过去，莱维仍构思不出任何作品——他的写作灵感似乎毫无希望地被阻塞了。6月，他曾在电话中向校友利迪娅·卡博纳托吐露："我的创作已经陷入谷底。"[11] 然而，幸好至少在英国他已经获得了声誉。8月，迈克尔·约瑟夫出版公司为莱维换了一位新编辑苏珊·瓦特（Susan Watt）。她是莫斯科《每日电讯》（*Daily Telegraph Moscow*）通讯员杰里米·沃尔芬登（Jeremy Wolfenden，他还是苏联克格勃的情报人员）的未婚妻。这个女子引起了莱维的兴趣。8月20日，莱维这样回复她对于莱维母亲近况和家庭困境的关切："不，不幸的是，一切皆不如意。"

## 4

在1986年秋天，莱维再次服用抗抑郁药物，因此改善了睡眠状况，他觉得服药后自己有了像正常人一样的睡眠。在这段短暂的平和期，菲利普·罗斯和克莱尔·布鲁姆在9月的第一周来到都灵拜访莱维。罗斯立刻请求莱维带他们去莱维的老油漆工厂转转。莱维非常乐意效劳，他打趣说SIVA事实上是“都灵的中心”。里科·阿卡蒂的女儿保拉·阿卡蒂（Paola Accati）是SIVA的新经理，她负责开车载这对著名的夫妻到工厂去，因为莱维不愿意亲自开车，他曾告诉保拉：“我不可能同时驾驶和谈话。”[12]莱维还提醒保拉不要向罗斯提及其作品《波特诺的怨诉》，因为罗斯不太喜欢别人谈论自己的成名作（书中主人公亚历山大·波特诺也巧合地出现在莱维创作的短篇故事《在公园》中，并被描写成一位“既愚钝粗鲁又满腹牢骚”的少年，“没人受得了他”）。

9月5日，周五，SIVA的员工们仿佛过节一样，他们中许多人已经多年没见过莱维了。克莱尔·布鲁姆回忆说，莱维出现时，员工们“感动而快乐”[13]。莱维也情绪高涨并在参观工厂时对客人盛情有加。在实验室，莱维将雷纳托·波尔泰西引荐给罗斯，波尔泰西声称自己非常喜欢罗斯的作品，但当莱维追问是哪一本时，波尔泰西却脸红地承认自己其实从未读过罗斯的书。这带来了一段尴尬的沉默。之后，莱维催促客人参观工厂的净水塔。在参观期间，为了给《纽约时报》的采访做准备，罗斯记下了莱维那令他忍俊不禁的谈话内容，尤其记录了莱维对绘画与文学的见解。当时，罗斯说自己只知道有两位重要作家还身兼油漆厂的经理一职：一位就是都灵的莱维，另一位则是俄亥俄州的舍伍德·安德森（Sherwood Anderson）。听到这话，莱维露出与他的年纪相符的宽容微笑并纠正道：“我坚持补充第三个名字，伊塔洛·斯韦沃（Italo Svevo），一位住在的里雅斯特，改信天主教的犹太人。”[14]（斯韦沃曾在詹姆斯·乔伊斯门下学习英语，专攻船体外壳防腐油漆）。因为罗斯与莱维都聪颖而健谈，于是两人之间形成了一种友好的竞争关系，而莱维也很愿意教导这位年轻人。

随着罗斯的来访，两人之间无所不涉的谈话当晚再次在翁贝托国王大街75号展开。之后，两位作家又通过问卷或电话的形式共同对谈话的文稿进行了修改，直到这篇精心构思的文章完美契合了《纽约时报·书评》对头版文章的要求。后来，一名摄影师来访并负责拍摄两人的合影。照片里，高个子的罗斯像塔一样站在被他称为是“矮小好动的林地生物”的莱维身后。

当晚，莱维带罗斯和布鲁姆到一家熟识的都灵时尚酒店用餐。席间，罗斯注意到莱维拒绝饮用红酒，于是他准确地猜测出莱维应该正在服用抗抑郁药物（因为抗抑郁药物若同酒精一起服用有害健康）。罗斯认为：“在晚餐席间，莱维举止富有魅力，宛如希腊神话中年轻的牧神潘，甚至略有些女孩子气。”[15] 罗斯对莱维女性气质的评价抓住了莱维的特质：许多人都提及过莱维敏感又略微娇弱的一面。这同一旁身强体壮的罗斯形成了鲜明的对比。

两位作家相谈甚欢，但当罗斯问起莱维家庭近况时，莱维却突然局促不安起来。莱维的困境心理和其对母亲的附属感使罗斯感到非常不安，他说：“我认识一些犹太子女，但莱维对母亲尽孝的责任感和他的付出则比我见过的任何人都要强得多。这件事情有悲哀的一面。”[16] 席间，莱维极少与克莱尔·布鲁姆主动交谈，而当他试图引起话题时，却带着令人坐立不安的羞涩，他通常流利的英语也不知如何择词，讲得结结巴巴。布鲁姆回忆说：“我确信普里莫知道我是谁，但他却对我的演艺事业不闻不问。”[17] 自然，莱维在家中打听过布鲁姆的来历（他总是事先准备），并且知道布鲁姆的第一任丈夫罗德·斯泰格尔（Rod Steiger）曾是弗朗西斯科·罗西（Francesco Rosi）执导的意大利经典恐怖电影《城市上空的手》（*Hands Over the City*）的主演。另一方面，当莱维与罗斯交谈时，露西娅和布鲁姆两位女眷则沉默不语。布鲁姆后来向我解释了原因：“身处两位伟大人物之间，你不会想开口说话的。”而莱维的妻子露西娅也基本不与布鲁姆讲话，因此在布鲁姆的印象中，露西娅总是“处在某种愁云惨雾之下”。最后，因为莱维提到他必须回家照顾母亲，晚餐聚会很早便结束了。

次日，莱维带着两位客人游览都灵。一行人在波河街对面的“费奥里奥咖啡馆”用过餐后来到了圣乔瓦尼教堂参观著名的耶稣裹尸布，然后又向东穿过卡斯泰洛广场拜访尼采完成自传《瞧，这个人》（*Ecco Homo*）的那幢建筑物。（之后发生的故事就是著名的尼采哭马：尼采在都灵的大街上满眼泪水地抱住了一匹驮着重物的受虐马驹——这名德国作家当时身患梅毒。）之后大家来到了卢森堡书店。莱维与书店老板安吉洛·佩扎纳自60年代早期就熟识，当时这家书店是都灵唯一一家贩售英美杂志和同性恋文学作品的书店。为了欢迎莱维一行人的到来，书店老板特意在橱窗内摆上了克莱尔·布鲁姆的有声图书，其中就有她的自传《〈舞台春秋〉和之后》（*Limelight and After*）。尽管莱维在她面前总是表现羞涩，但其实莱维很喜欢布鲁姆。在读过她的自传之后，莱维在写给她的信中赞叹道："我真的无法想象进入电影世界竟需要如此大的个人勇气与信念……"[18]

菲利普·罗斯意识到莱维身上的悲哀情绪，他将之称为"悲怅"，但他也发现了莱维身上的安宁。他说："莱维并不是那种能够将自身平和影响到别人，安抚他人安然入睡的人。因此我所说的安宁指的是他身上有种令人振奋的平和情绪。"[19]9月8日，周一，在都灵的离别带着意料之中的感伤，因为这几日，一行人共度了一段不可思议的时光。当两位作家相拥而泣时，莱维说："我不知道我们两人谁是哥哥，谁是弟弟。"因为莱维与罗斯关系如此紧密，他甚至觉得两人之间有种血缘关系。但莱维同样明白人情世故：有些事情年轻的罗斯明白，莱维却捉摸不透，而反过来亦如此。克莱尔·布鲁姆在分别时也落泪了，那时她意识到莱维可能是抑郁症的"候补者"（按她的说法）。1994年时，她告诉我：

> 当莱维对我说再见的时候，他的目光让我余生难忘。我说不清究竟是什么样的眼神，但我觉察到异样——他也发现了这一点。于是在那一刻，我们两人之间异样的目光交流成了一种彼此承认，这种情感交流非常、非常强烈。那时他是否已经对自己的死有所预感，我不知道。[20]

布鲁姆的说辞不乏戏剧的夸张。但显而易见，莱维身上的某些东西引起了女性特殊直觉的注意。莱维唤起了布鲁姆的母性冲动，正如许多女性在他面前的反应。

## 5

罗斯离开两周后，莱维的精神状态每况愈下。他的抑郁症恶化在初期是比较平缓的，后期却急转直下：进入最后的精神崩溃阶段。在莱维人生最后的六个月里，他深陷绝望与沉沦中。但不变的是，据他最亲密的朋友说，不可回转的灰暗正逐渐占领他的生活。莱维的绝望和对未来的极度悲观正是自杀的预警信号，但没人想到莱维会真的夺走自己的生命，因为正如其他抑郁症患者一样，莱维学会了在家人朋友面前举止“正常”——但这种正常状态是与其真实精神状态不相符的。9 月 20 日，莱维在其抑郁症加重之际参加了生物化学家丽塔·莱维·蒙塔尔奇尼在都灵举办的一场讲座。蒙塔尔奇尼有着鸟儿一般美妙的声音，但莱维在 1982 年于罗马接受精神医师治疗时得知，蒙塔尔奇尼也是治疗中的抑郁症患者。演讲结束之后，莱维对蒙塔尔奇尼说：“我对你的讲座内容一无所知，但我很喜欢这场讲座。”[21] 虽然莱维当时外表看起来积极振奋，但蒙塔尔奇尼作为一名眼光老练的抑郁症患者，觉察到莱维此时的精神状态正逐步恶化。

10 月份，在家庭医生的建议下，莱维加大了抗抑郁药用量。莱维提到过，从四年前开始服用的“Parmodalin”（也称“三氟吡啦嗪”）有“显著效果”[22]。但莱维的精神痛苦仍未得到缓解。10 月 13 日，莱维克服了巨大困难才勉强写出一篇恭贺丽塔·莱维·蒙塔尔奇尼获得诺贝尔医学奖的登报文章。（“终于……传来了一个好消息！”）此时的莱维身心俱疲，而莱维的家人——包括他的妻子和孩子，也厌倦了莱维的喜怒无常。然而，几位朋友的陆续到访则让莱维的生活多了几丝安慰。10 月 15 日上午，加拿大电台制作人约翰·里弗斯到达都灵。莱维与里弗斯相识于 60 年代，当时里弗斯改编的《这是不是个人》广播剧在加拿大广播公司多伦多电台播出。两位老友互相仰慕，当里弗斯的原配妻子在 1970 年过世时，莱维曾在以色列亲手种植了一棵悼念树。那天，两人坐在莱维的寓所里追忆似水年华，像往常一样用法语交谈，然后出门度过了一段愉快的午餐时光。但里弗斯后来回忆说，当莱维谈到其照料母亲和岳母的压力时，显得“格外焦虑”[23]：“莱维为看不到生活尽头的光亮而感到绝望：两位老妪似乎寿命仍然很长，因此一直需要莱维的额外照料。”然而莱维尽最大努力不让自己的痛苦影响到来访朋友的情绪（这也是他的典型做法）。之后里弗斯说，自己为能在莱维去世之前见到他最后一面感到无比欣慰。

莱维将菲利普·罗斯刊登在《纽约时报》的访谈文章戏谑为“《纽约时报》中不祥的几页”。罗斯的访谈文章旁边是一篇由美国社会文化评论家阿尔弗雷德·卡津（Alfred Kazin）主笔的关于《猴子的扳手》的优秀书评。起初，莱维还担心《猴子的扳手》的皮埃蒙特文风会致命地影响此书在美国市场的吸引力。但恰恰相反，卡津将莱维视为“我们时代最有价值的作家之一”。有了这样的盛赞，莱维在美国再次声名鹊起，曼哈顿文坛疾呼莱维的归来。尽管亟需再次出访美国，但美国人对集中营幸存者的吹捧却让莱维感到不舒服，他曾说：“我对派对、会议和节庆毫无兴趣。”[24] 而此时，大多数朋友已经意识到，莱维的精神状态并不如意。

费尔南达·皮瓦诺曾是莱维在“达阿塞里奥侯爵”皇家预科学校的同窗，她也是 1986 年巴黎丽兹酒店海明威奖的文学评审之一（这一奖项的设立是为鼓励意大利的“研美学者”）。皮瓦诺给莱维打来电话就提名其作品《猴子的扳手》一事征求意见。莱维回复说：“好吧，可是海明威和我有什么关系呀？”[25] 尽管莱维看似戏谑，但他很快就向皮瓦诺透露了自己身患抑郁症的事实。他声称自己是体内“无法控制”的“各种事件”的捕食对象（这些话的意思晦涩难懂）。由于此时莱维已经无法写作，于是他唯一能做的就是制作小动物的铜线塑像：至少这算是一种治疗。尽管皮瓦诺试图用对学校老师的童年记忆分散莱维的注意力，但莱维仅以冷漠的语气回答她，好像尘世的一切都已与他无关。最后，海明威奖颁给了法国女作家玛格丽特·杜拉斯（Marguerite Duras）。

即便遭受抑郁症的折磨，莱维仍努力保持清醒的意志——这是过去集中营生活的磨炼结果。10 月 20 日，他出现在都灵抵抗运动历史研究院，自 1985 年起他就是该组织的委员。这一名衔并无实职，因此莱维常常感到工作无聊（因为他没有多少活计）。但正如那一代的许多都灵人，莱维认为自己有义务提醒人们铭记当年的游击战争。并且因为莱维在意大利反法西斯圈子内算是一位“要人”，所以在为期两天、以纳粹集中营受害者为主题的都灵会议上，总能看到他的身影。此次会议由皮埃蒙特区政府赞助，并于 11 月 21 日至 22 日在市营的拉斯卡里斯宫举办。这次会议的目的除了召集幸存者，还包括发行一部名为《被背弃的人生》（*Life Betrayed*）的书。此书由政府资助出版，书中收录了包括普里莫·莱维在内的纳粹集中营幸存者的200多篇访谈录。书中，莱维主笔的前言痛斥了德国和法国的修正主义者否认或轻视大屠杀暴行的行为，莱维认为这是一种“令人憎恨的企图”。莱维觉得此种修正主义令人痛心和困惑，因为这样做“抹杀”（莱维用词）了人类暴行的极端例证的存在。对莱维这样一位生活中很少大声讲话的人来说，这篇前言读起来像是他在振臂疾呼。在与这本书相关的采访中，莱维一反往常的激烈言辞让采访人感到惊讶，莱维痛斥了布鲁诺·贝特尔海姆（Bruno Bettelheim）及其针对纳粹集中营的心理学研究，莱维认为这些研究是对唯理智论的滥用。

莱维经常以母亲身体欠佳作为借口逃避公开露面或是晚宴邀请。如今，莱维又用相同的借口早早离开了会场。莱维的母亲埃丝特尔此时已经出院，但需要轮椅才能活动的她需要儿子莱维无微不至的照顾。参会的幸存者们认为莱维的突然离场非常不妥，他们无法理解他们的领军人物为什么会突然弃他们而去。事实上，这群幸存者唤起了莱维一种抑郁的恐慌心态，这种恐慌吓得莱维落荒而逃。而另一方面，莱维也并不想成为其他幸存者倾诉苦难的对象，因为他自己的人生已经受够折磨了。

在这个冬天与莱维私下会面的人都目睹了他此时的低落情绪。拉法埃拉·帕加尼回忆说，当她陪莱维结束物理治疗回到其寓所时，发现莱维那黑暗的书房如“坟墓般阴森”[26]。虽然莱维仍然热情地与帕加尼谈话，但大部分都是在重复自己之前说过的话。因为两人总是坐在黑暗之中，所以帕加尼好奇莱维书房的黑暗是否恰恰反映了他此时内心的绝望。后来，帕加尼回忆道：“他似乎整天都拉紧了窗帘。”后来，随着母亲出院回家，莱维萧索和孤单的心情更加严重。瘫痪在床的母亲，让莱维和他的妻子承担着双倍的责任与重担。

莱维依旧每周去埃诺迪出版公司收取美国寄来的传真与电报。在莱维人生最后惨淡的几个月里，两位编辑依旧帮助着他。阿涅塞·因奇萨是嗜好饲养名贵赛马的马里奥·因奇萨·德拉·罗凯塔侯爵（Marquis Mario Incisa della Rocchetta）的女儿。因奇萨心直口快，（男人们）形容她是一名“骑兵”和一位“军士长”。另一位编辑埃内斯托·费雷罗是一名性格严肃，但缺乏幽默感的皮埃蒙特人，他与莱维已相识25年。虽然两位编辑的生活也被莱维的抑郁症影响着，但莱维非常开心人生中能有他们的陪伴。当莱维看起来疲惫不堪、情绪低落时，因奇萨的心中会充满同情，并对莱维宠溺有加。后来，莱维开始向她抱怨自己的母亲，说母亲“利用”自己并支使自己“做这做那”——大多数时候都是跑腿的琐碎差事。我们很难确认莱维的母亲是否真的压榨了自己的儿子，但莱维对母亲的确牢骚满腹。而当因奇萨圆滑地建议莱维将母亲送到养老院时，莱维以震惊的语气回答道：“把我的母亲放到养老院吗？”因为这种做法将是莱维最为不齿的：当莱维和妻子在外工作时，是母亲埃丝特尔照顾抚养莱维的孩子们；母亲曾主持了一切“家务”（莱维使用法语词表示）；而且母亲是翁贝托国王大街75号的合法主人。并且作为一名孝子，莱维无法想象将自己瘫痪的老母亲逐出属于她的房子。在另一个年代，他已经目睹过太多的痛苦，以致无法忍受伤害自己的母亲。

尽管如此，因奇萨对莱维的困境灰心丧气。她感到这场困境只能以灾难结束。她明白自己必须向莱维挑明：“你和你的母亲，总有一个会先死去。”11月末，当莱维邀请她到翁贝托国王大街75号做客时，她终于能够亲眼见到莱维悲惨境地的根源：莱维的母亲躺在床上动弹不得，却非常健谈。因奇萨为公寓里古怪的一尘不染感到不安：“屋里连一张报纸都没有，更不要说是一支圆珠笔或是其他能够证明这个家里曾有人居住的痕迹了。”[27]

另一位编辑埃内斯托·费雷罗则相信莱维会战胜病魔，他回忆说：“我当时认为莱维的抑郁症不可能再恶化了。”[28]他还敦促莱维从事一些具体事务。有一次，他提供给莱维埃诺迪出版公司大厦里的一间办公室以便莱维在不受母亲干扰的条件下继续写作。几番推辞后，莱维搬进了这间办公室，但仅在两天后就弃用了。因为莱维说自己总在担忧母亲中午和晚间无人喂食。这个冬天其他帮助莱维的举措也如此次一样基本以失败告终。阿涅塞·因奇萨曾劝莱维重新开始登山运动，就像他之前那些健康的岁月。但因奇萨回忆：“莱维声称妻子露西娅会因此‘嫉妒’的，并且无论如何，让妻子帮忙清洗登山后的野餐餐具也是‘不公平的’。”[29]野餐盘？对正常人来讲小事一桩，对莱维来说却成了恐慌情绪的元凶，这肯定是严重抑郁症的症状之一：因为患病使莱维无法正常理解事物的轻重缓急。而其他荒谬行为也接连发生，当著名评论家切萨雷·卡瑟斯于 11 月 22 日至 23 日拜访莱维时，他发现莱维如此精神崩溃而且“心绪烦乱”，以至于让切萨雷·卡瑟斯觉得莱维成了一名“年老贫穷的犹太人”[30]。

## 6

这一年冬天，莱维继续度日如年。但偶尔他会去都灵附近转转。12 月 10 日的一次出行中，莱维偶然发现著名的意大利自然学家伊莎贝拉·拉特斯·考夫曼（Isabella Lattes Coifmann）在火车站旁的校园书店里签售新书《动物的智慧》（*Animal Intelligence*）。考夫曼之前虽然从未见过莱维，但仍与他热情地讨论了动物王国的神秘。莱维局促地对考夫曼坦承自己害怕蜘蛛。他声称自己至今仍未摆脱童年的恐怖经历。其实在莱维生命的最后几个月里，他不仅被头痛折磨，实际上对蜘蛛的幼年恐惧也浮出水面。《亲密访谈》（*Intimate Interview*）是莱维出版的最后一部小说，其中记录了一名记者和一只捕食雄性蜘蛛的雌蛛之间的对话。虽然小说看似喜剧，但其实并不然。莱维的一些亲友推测，小说中的“蜘蛛夫人”即指莱维的母亲埃丝特尔或是妻子露西娅，这两人在翁贝托国王大街 75 号织下天罗地网，生吞了莱维的人生。但也有可能，这部小说的创作灵感来源于作者的童年经历。莱维小时候曾在叔叔恩里科那里读过但丁的作品，书里的插图描绘了希腊神话中的织布女神阿拉克涅，因受到雅典娜的惩罚，画中她的背上长出了蜘蛛的长毛腿，变成了半人半蛛的模样。

圣诞节就要来了，12 月 23 日阿涅塞·因奇萨再次来到翁贝托国王大街 75 号。莱维用鼠标在电脑屏幕上为她设计了一株圣诞树。阿涅塞·因奇萨后来回忆说：“那是我最后一次看到他开心的样子。”[31] 不久之后，莱维突然收到来自俄亥俄州辛辛那提的一张贺卡，贺卡上标注的日期是 12 月 22 日。打开信封后，莱维意识到这张邮错的贺卡应该是寄给住在翁贝托国王大街

26 号的拉法埃洛・莱维教授（Professor Raffaello Levi，尽管姓相同，两人并无血缘关系的）。虽然莱维认识这位教授，但他却误打误撞把贺卡转寄给了翁贝托国王大街 25 号，而 25 号的住户又将信邮回了辛辛那提发信人处。当这封信历经艰辛终于到达拉法埃洛・莱维和他妻子在都灵的家中时，夫妻俩无比惊讶地发现信封内附有一张手写的便条，上面写着："请接受我的道歉——由于误会打开了信件。普里莫・莱维衷心祝愿您节日快乐。"[32] 但此时，莱维已经去世了。

12 月 31 日，莱维写给住在意大利南部的朋友弗朗西斯科・普罗托一封信："我极力说服自己世界不至于堕落毁灭，即将到来的新年会给每个人带来祥和与繁荣（更不用说生活会充满乐趣！）。"而如今，这些说辞让人洞悉莱维心中的痛苦和扭曲。他深知没有"欢乐"会降临到他的生活中：此时他日益感知到自己的生命即将结束。

## 7

在 1987 年新年那天，由于抑郁症症状加重，莱维在其医师指导下增大了抗抑郁药物的服用剂量，即从每日一片改为每日两片。但增大剂量使莱维情绪恶化并焦虑烦躁，而且，大剂量的抗抑郁药物带来了和其他精神疾病治疗药物相似的副作用——痛苦的膀胱梗塞。一名泌尿科医师诊断莱维患有轻微的前列腺肥大症，尽管医生承诺莱维他不会有患前列腺癌的风险，但莱维依然处于对癌症的恐惧中：因为他的父亲就是在 45 年前，即 1942 年，被癌症夺走了生命，而 SIVA 的前老板里科・阿卡蒂也得过前列腺癌并死于癌症复发。因此到了 1 月上旬，莱维已处于情绪低谷，或者按照他对朋友利维奥・诺尔兹的说法，他正在一片"沉没的土地上"[33]。当莱维频繁经受着身体和精神的双重折磨时，他的写作、行动和娱乐都受到了影响。他渐渐陷入了疾病的魔掌中。

由于无法完成《元素周期表》的续作，莱维的空虚感和无为感日益加重。莱维从 1975 年就开始构思《双键》，但目前连故事大纲都没有写好。根据莱维的编辑埃内斯托・费雷罗的说法，这部续作将是一部基于 18 世纪背景的书信体小说，通过记录一位虚构的科学家和一位皮埃蒙特贵夫人之间的情书，来探讨爱情的化学反应是如何促使一个人为爱人精心制作蛋黄酱、白酱和油醋汁的，这部书将以此种方式把爱情的化学作用与实际烹饪所需的化学知识结合起来。但莱维实际拾笔创作这部烹饪言情实验小说的时间却并不多。之前纽约出版商曾送给莱维一本哈洛德·麦吉（Harold McGee）的作品《食物与厨艺：厨房科学与法则》（*On Food and Cooking：The Science and Law of the Kitchen*）。莱维非常喜欢它那积极阳光的书名，但比起麦吉，他更欣赏意大利本土的“比顿夫人”（Mrs. Beeton，擅长家务的典型形象）——佩莱格里诺·阿尔图西（Pellegrino Artusi），因为他所著的意大利复兴时期的《厨艺科学和吃得好的艺术》（*Kitchen Science and Art of Eating Well*）既可以当作菜谱，也完全可以视为烹饪小说。然而，莱维真正创作《双键》的时间并不多。阅读周边素材占据了写作的大部分时间，而不久连研读素材的乐趣都在慢慢消失。朋友们开始猜测莱维是否在认真创作续作。而西尔维奥·奥尔托纳读过这部书的前几章后，也感到困惑：“前几章嬉笑怒骂，颇有趣味。但这几章也让我感到害怕：这些句子并不是出自我熟识的莱维笔下，似乎是一位患有神经质疾病（una malattia）的人创作了这部书。我曾经警告过莱维千万不要再继续写下去了。”[34] 而在 1981 年创作的诗歌《未竟事业》（“Unfinnished Business”）中，莱维曾悲哀地提及一部未曾完成的文学作品：“你会在我的抽屉里找到残稿。”他在诗中很可能就是指《双键》这部书。

如果说莱维的创作冲动暂时中止了，他的文学能力却没有完全消失。莱维经常把积极的文学创作当作止痛药，所以尽管目前精神问题加重，莱维还是设法创作了三篇半诙谐的幻想作品，文中他虚构了一位记者分别与一只鲱鱼鸥、一只鼹鼠、一只长颈鹿和上文提到的吃雄性蜘蛛的雌蜘蛛的对话。这些“jeux d’esprit”（法语：心理游戏）在莱维自杀前三个月就开始策划，故事延续了意大利复兴诗人阿廖斯托作品《疯狂的奥兰多》（*Orlando Furioso*）中的中世纪虚构动物寓言的创作传统。如同莱维一贯的文学风格，这些“亲密访谈”里也包含着许多寓教于乐的内容。从这些虚构的采访里，我们可以清楚地得知为何鼹鼠可以打出完美的圆柱形隧道，或是长颈鹿为何总是站着睡觉。莱维在 67 岁时重新进入了《儿童百科全书》（*The Children’s*

*Encyclopaedia*）中的“内在求知”世界，并且开始试图效仿杜立德医生（Dr. Dolittle）与动物们对话。通过创作这些有关动物学的轻松故事，莱维希望以此证明自己并没有疯掉（或是丧失幽默感），以及自己的创作能力依然完好无损。

1987年的漫漫冬日，莱维仍被集中营的痛苦回忆所纠缠。帕多瓦的一名学校老师寄给他一份证明另一所法西斯集中营“伏奥”（Vo）存在的文件（意大利政府曾长期否认这所集中营的存在），而“伏奥”集中营就在帕多瓦城区之外。据资料记载，曾有47名犹太人从“伏奥”被转送到奥斯维辛。我们无从得知他们究竟遭遇了什么。莱维写信感谢邮寄给他材料并从事相关研究的弗朗西斯科·塞尔明（Francesco Selmin）教授：“‘伏奥’集中营的发现是您和您的学生勤奋、优异和怀有良知的成果。”[35] 发生在1月的另一个惊喜是一个与纳粹记忆有关的邮包，里面有一截被咬过的铅笔头。当时，这根铅笔头被当作纪念品从奥斯维辛的废墟里抢救了出来，它其实属于意大利幸存者利亚娜·米卢（Liana Millu）。她曾在40年前用这支笔创作了铿锵有力的回忆录《比尔克瑙的烟雾》（*Smoke Over Birkenau*），莱维曾为此书执笔前言。但米卢如今身体欠佳，短暂的冬日时光让她意识到自己将不久于人世。于是在去世之前，她将这支笔送给莱维作为象征幸存与抗争的护身符。莱维被米卢的情谊感动了，在写给米卢的致谢信里，他同样坦承冬日的萧索使他深知末日将至：“对我而言也是一样，时光越来越短暂。”（Anche per me i giorni si stanno facendo corti.）[36]

在此期间依然试着安抚莱维情绪的体贴朋友之一是记者佛朗哥·帕帕拉多·拉·罗莎（Franco Pappalardo La Rosa）。他回忆莱维曾在他的银行咨询过“突然死亡情况下”财产的处置问题。这说明在生命的最后，莱维在沉思如何将身外之物安排妥当。而实际上莱维的财政状况一直十分乐观，因为从1984年到1986年，他在埃诺迪出版公司的平均年收入差不多是45843767里拉（约合22000英镑）。这笔可观的积蓄足以在他去世后供养家庭。

同样在1月，出于对子孙后代的考虑，也几乎算作自立遗嘱，莱维决定为自己作传。乔瓦尼·泰西奥（Giovanni Tesio）是都灵的一名批评家，他在圣诞前不久曾联系过莱维探讨过传记事宜。虽没有对莱维明说，但泰西奥暗示自己对皮埃蒙特文化的广博知识将使他成为主笔传记的不二人选。思忖过后，莱维指定泰西奥为他传记的正式主笔人。泰西奥于 1 月 12 日雄心勃勃地开始了工作，在冬季的前三场会面中，他不断向莱维提问。泰西奥发现，莱维始终忘不了在抵抗运动中牺牲的战友万达·马埃斯特罗。莱维对万达的被捕感到无比自责。如果在那个一生难忘的夜晚，莱维不在阿尔贝戈的里斯托罗旅店，万达也许就不会被围捕。而莱维的抑郁症无疑使他的内疚感更加深重。然而，随着泰西奥的访谈进一步深入，他发现莱维并不完全合作而是有所保留，因此谈话并不像泰西奥期待的那样坦诚。例如，莱维拒绝谈论有关母亲的一切。可是他却十分愿意向其他人抱怨母亲的作为。莱维与母亲相互折磨，但其母子关系脆弱、特殊而又令人痛苦，因此要在传记中写清这种母子关系，无疑有损于这部传记。

其他烦心事也在日益加重莱维的阴暗情绪。冬季，在与泰西奥进行传记会面期间，一场关于“最终解决方案”的公开辩论使得莱维坐立不安。此场辩论最初在德国举行，后来消息传到了意大利。在保守派的《法兰克福汇报》（*Frankfurter Allgemeine*）上，著名柏林历史学家恩斯特·诺尔特提出一条假设，即希特勒的犹太种族灭绝方案与早期斯大林对苏联富农的大屠杀有着道德上的平等性。诺尔特是一名严谨治学的历史学家，他认为《这是不是个人》在任何语言环境下都是对奥斯维辛集中营的“最佳纪录”[37]。但他同样认为，如果在读莱维作品之前没有读过索尔仁尼琴的《古拉格群岛》，那么莱维的故事对读者将是“很大程度的误导”。因为如果古拉格集中营不曾存在，那么奥斯维辛也就不会出现了。莱维同诺尔特据理力争，因为即便无人怂恿莱维这样做，他也会坚持驳斥诺尔特的说法是一种“诡辩”。莱维于 1 月 22 日在《邮报》上发表了一篇名为《奥斯维辛的黑洞》（“The Black Hole of Auschwitz”）的论战文章。考虑到莱维当时的精神状态，这篇文章算是一篇说理明晰的佳作。文章里，莱维表达了真诚的悼念和犀利的论证：对受难者尸体和骨灰的工业化利用就是对纳粹极端暴行的最好证明；并且之前从未有任何一国的政府曾计划灭绝整个民族。在这篇文章彬彬有礼的表面之下，莱维的坚定体现在痛苦的文字间。可见，当他过往的惨痛经历被触及，莱维还是会一如既往地积极斗争。只是妙笔生花对于此时的莱维而言已经是过高的要求了。

刚刚结束了与诺尔特及其他修正主义者在《邮报》的论战，莱维就被迫在都灵与一名新法西斯主义者会面，而这场会面更加重了他在这个冬季所经历的心灵绝望。社会党记者卡拉·佩罗蒂（Carla Perotti）有一个任性的儿子埃马努埃莱·佩罗蒂（Emanuele Perotti），而这位年轻人是拥护墨索里尼的挑衅者。之前，曾经评论过莱维剧作的卡拉·佩罗蒂得以与莱维熟识，于是她恳求莱维和自己儿子见上一面，劝劝这位年轻人，让他认识到自身不合道德的一意孤行。之后，埃马努埃莱·佩罗蒂于指定时间前往翁贝托国王大街75号赴约。但他带来了一套伪造的奥斯维辛影像剪辑，因为他想以此“证明”奥斯维辛瓦斯毒气室不曾存在。埃马努埃莱·佩罗蒂愤怒地质问莱维：“你为什么要将已经证明子虚乌有的事情一再夸大呢？”[38] 听着埃马努埃莱·佩罗蒂的言论，莱维内心的失望和悲哀不断增长。据莱维的匈牙利朋友伊迪丝·布鲁克说：“在一定程度上，莱维开始认为人类不值得了解奥斯维辛的真相。因为如果一个16岁的男孩都可以否认纳粹暴行的存在，那么幸存者们就不得不保持沉默了，尽管这可能是最糟糕的做法。”[39] 最后，莱维要求埃马努埃莱·佩罗蒂离开他的寓所。在自己抑郁症加重之时，莱维允许了一名娇生惯养、走入歧途的少年对自己指手画脚；而从那天起，莱维则完全对意大利年轻一代失去了信心——无论是那些新法西斯主义者还是其他少年。[40]

1月27日，莱维为妹妹庆祝她66岁的生日，此时距他自杀还有三个月，这是他最后一次参加家人的生日宴会。几天前，他曾南下到那不勒斯领取颁给《被淹没与被拯救的》的一项小众文学奖（阿尔贝托·马罗塔文学奖，the Alberto Marotta）。在金碧辉煌的皮尼亚泰利山庄（Villa Pignatelli）举行的颁奖典礼上，莱维再次遇见了伊莎贝拉·拉特斯·考夫曼，两人又谈论起蜘蛛。考夫曼好奇莱维从哪里读到过蛛丝的信息，因为在一篇名为《蜘蛛的秘密》（“The Spider’s Secret”）的文章里，莱维将蛛丝描绘成纺织工人梦寐以求的材料，延展性优良又富有弹力。莱维承诺给考夫曼找到当时在《自然》杂志上曾读过的那篇关于蛛丝奥秘的文章。回到都灵之后，莱维来到图书馆里寻找那期杂志。但他很快就放弃了。因为每天他能做的只是推着坐在轮椅上的母亲绕着克罗塞塔散步。

## 8

莱维此时也遭受着间歇性前列腺苦痛的折磨，由于身体不适以致他推掉了所有的公开露面的邀请。莱维曾参与了意大利政府对德国在“二战”期间的波兰屠杀2000名意大利军人的调查。而如今他不得不辞退这一职务，他告诉记者：“现在已经太晚了。”[41] 如今，那些话语还在寒冷中回荡。莱维认为所有事物都不再充满乐趣、赏心悦目或值得尝试。他早就计划和朋友努托·雷韦里一起到皮埃蒙特因移民而人口锐减的鬼村“费列里”（Fererre）探险，但如今这一向往已久的计划看起来只是乏味而愚蠢的一腔热血。当斯特雷萨艺术家卡洛·雷普（Carlo Rap）提出想给莱维做雕像时，莱维只是回信说：“下次有机会再说吧。”[42]

到了2月，莱维的精神状态更不乐观，他躲避朋友，行尸走肉一般退缩在翁贝托国王大街75号的寓所里。但此时，一位意料之外的英国仰慕者正支持着莱维与疾病的斗争。戴维·门德尔（David Mendel）是一位退休的心脏病学家，他在1986年年初次读到莱维的作品，他对莱维的尊重伴有一种热切的身份认同感。（“如果莱维为英格兰打板球，那我就为肯特郡效力。”[43]）上个秋天两人曾在都灵见面。那时门德尔的主要兴趣之一就是为伦敦的《泰晤士报》写讣告（尽管他当时并未告诉莱维）。门德尔对莱维的态度中既有同情，也带有门徒的崇拜。尽管这位英国人非常欣赏莱维，但他无法忽视莱维生活的不幸。另一方面，尽管露丝·霍夫曼医生之前已经对莱维进行了五年的治疗，莱维还是转向门德尔这位“高尚的医生”寻求帮助。

> 我已陷入了十分严重的抑郁情绪；我丧失了写作的热情，阅读的兴趣。我的精神格外萎靡，不想见任何人……数月以来，我都在服用抗抑郁药物，却毫不见效。我担心这种折磨没有尽头。任何事物，即便是琐碎小事，也在耗尽我的精力，包括给您的这封信。我感觉自己需要帮助，然而我不明白是何种帮助。[44]

2月初，莱维开始服用另一种抗抑郁药物“Trittico”（英国人称“曲唑酮”）。此种药物的优点是其缓解了其他药物带来的泌尿不适的副作用；却同样具有平复镇定的功效。这意味着莱维现在不仅情绪抑郁，并且焦躁不安。整个2月份，莱维都在焦急地等待药物起效。同时，甚至最琐碎的日常活动——洗澡或者给朋友打电话，都让莱维深陷恐惧，并需要付出无法忍受的努力。似乎没有任何事物能治愈他的抑郁症。8日早上，莱维打电话给他的传记作者乔瓦尼·泰西奥，将进一步的访谈推迟到4月后，因为莱维需要做一次前列腺手术。莱维在电话里说：“不要来医院看望我，我身体不适的时候极度无趣。”[45]因为患有良性前列腺肿瘤，莱维需要手术，然而手术（仅切除腺体的一部分）却让他深陷恐惧。因为他害怕麻药会抹去他的记忆，因此导致作为“铭记一切的集中营幸存者”这一公众形象的毁灭。因为莱维知道，任何思想力量的缺失都会立刻反映在他作品的质量上。尽管他的恐惧有一定现实性，但这份恐惧在一定程度上，也掺杂着抑郁症的负面情绪，如认识困惑、精神涣散，以及杞人忧天的不良预感。另一方面，在担心失忆的背后，还有莱维对于阿尔茨海默症的恐惧，因为艾达·黛拉·托雷就死于此种病症。

2月14日手术前，莱维写信给戴维·门德尔，说自己只能在治疗精神疾病的药物“Neuleptil”（英国人称“氰噻嗪”）的帮助下才能入睡。他害怕在早上查看信件，因为他害怕信中的请求让自己做出无法履行的承诺。他只有在谈论自己的抑郁症和母亲的时候才有讲话的欲望。而接下来几周的荷兰巡回签书会也使他感到害怕：因为他必须讲英文，而且还要记住陌生的面孔和名字，他害怕再次成为公众眼里的自己。莱维目前最期待的就是睡眠，因为陷入昏睡起码会停止他的恐惧。他同一位精神病医生朋友碰过面，但是帮助不大。正如许多抑郁症患者一样，莱维对自己消极的悲观深信不疑。在写给戴维·门德尔的信里莱维说：

我明白这一阶段终会过去，就像之前多次的抑郁症发作一样。但我仅仅在理性的时候才能意识到这一点，有时苦难永无尽头的想法占据了我的思维，我将永远找不到出口……在我清醒的时刻我处于不幸与焦虑的永恒状态中。我只能在睡眠中寻求庇护，甚至在下午我也会喝几杯酒以求入睡，否则只有在晚上，当我带着些许期待上床休息时，紧张感才会消失。[46]

莱维绝望的痛苦预示了他的自杀行为，但并不是所有被绝望折磨的抑郁症患者都会自杀。莱维的病症让他看不到一丝希望，也对未来茫然若失。手术的前一天，传记作者乔瓦尼·泰西奥来探访他，还给他带来了他刚刚编辑好的莱维作品选集。但莱维却冷淡地告诉泰西奥，选集里收录的文章《军械库》（节选自《元素周期表》）刚刚被译成了中文。当泰西奥在门边向莱维道别时，莱维拥抱了他。莱维之前从未与他拥抱告别。这一异乎寻常的举动令泰西奥感到不安。

切除前列腺肿瘤的手术十分成功，并且莱维在平娜·平托尔（Pinna Pintor）诊所的身体康复过程似乎也十分顺利。当莱维在诊所渐渐康复时，2月15日，《邮报》发表了莱维所写的一篇名为《亚当的黏土》（“Adam's Clay”）的文章。在这篇关于生命起源和碳元素的生命法则的文章里，读者几乎看不出莱维身患抑郁症的迹象。那是因为，这篇文章实际上是莱维在一年前写的。《邮报》请求莱维搜寻旧稿，以供发表。

莱维出院后不久后就去一位精神治疗医生处接受了诊疗，不过当医生试图了解莱维的内心情感时，过于激进的方式使治疗不了了之。至此，莱维病症如此严重却缺乏专业治疗的事实令人吃惊。或许莱维不该出院：因为他患有潜在的致命性精神疾病。然而，强制让他住院也许很困难——因为这需要医生们达成一致的专业诊断。虽然莱维本人是否同意住院不得而知，但对于许多精神疾病治疗来说，医院可以为患者平复每日精神折磨带来的痛苦。同时，莱维的家庭医生又为莱维开了新药，一种名为“坎托”（Cantor）的新型精神疾病治疗药物。[47]

同时，莱维母亲带来的压力日益加重，直到压得他完全崩溃。听闻莱维身患精神疾病的消息，同为集中营幸存者的匈牙利朋友伊迪丝·布鲁克从罗马打电话给莱维询问近况。莱维对她说，自己现在只能生活在母亲房间的

“黑暗”里。在母亲房间里有一个笔记本，莱维用它记录下母亲的需求——打扫、烹饪和喂食等。瘫痪在床的母亲指使莱维做着各种杂务。身患抑郁症的莱维感到自己毫无价值，而病症带来的错觉让莱维认为自己的母亲是一位欺负弱小的恶人。他认为自己的人生对其他人一文不值，而自己的生活则毫无意义。好友伊迪丝·布鲁克听到这话反问道：“你在胡说些什么？你一直在谈论自己的不幸，但是你打算怎么解决问题呢？”[48] 但莱维只回答说：“我已经无法写作了。我活着还有什么目的？”不久后，伊迪丝·布鲁克坦承她将莱维当时的绝望误解成了写作陷入困境的极端情况。她试着用一些老套的话安慰莱维，例如：“作为集中营幸存者，我们没有死亡的权利。我们应该永远活下去。”但莱维此时已身陷绝望太深。2 月 19 日，他给住在波士顿的译者露丝·费尔德曼写了一封信：

> 我当前正经历着奥斯维辛之后最糟糕的一段时光：从某种角度说，现在的日子甚至比奥斯维辛的生活还要痛苦，因为我已不再年轻。我已无法一如往昔地迅速适应生活。我的爱人也疲惫不堪。请原谅我在信里大吐苦水，因为我知道您会明白我的……“de profundis”（拉丁语：从苦难的深渊中发出的呼喊声）。

## 9

在春日萧索的日子里，莱维的病情再次恶化，他只接待了少数朋友的拜访。但这些老友们都未意识到这将是他们最后一次见到莱维。3 月 9 日，莱维在都灵参加了在抵抗运动历史研究院举办的前游击队员聚会。重聚一堂的老一辈反法西斯斗士中包括哲学家诺尔贝托·博比奥。然而，当身处绝望者极力掩饰其痛苦时，外人是很难察觉的。因此诺尔贝托·博比奥事后回忆说：“直到莱维去世，我都一直相信莱维是世上最心如止水的人。”[49] 尽管此时莱维的健康每况愈下，他还是习惯在每周三比安卡·乔德蒂·塞拉结束法庭工作后去拜访她。在比安卡位于圣达尔马佐街（Via San Dalmazzo）装修高雅的律师事务所里，莱维沉迷于讨论黑洞和人性泯灭这些阴暗的话题。此时的莱维充满虚无主义情绪，并渐渐产生了妄想。后来，比安卡才意识到莱维身上有种她“未曾注意到”[50]的愤怒。她认定莱维变成这样是过度工作的缘故，于是她劝莱维雇一名秘书帮助他处理文书工作，但莱维坚持认为，自己每周寄出的信件必须是“个人的和隐私的”。此时的莱维好像要将自己置于尽可能巨大的压力之下，屈服于病态的悲苦所带来的压抑。莱维似乎认为自己“活该”受到惩罚。一位在瑞士传教的美国神学家曾写信给莱维表达对《这是不是个人》的喜爱，并说自己曾在教堂圣会上朗读过此作品，然而莱维回信说：“我不值得您这样做。”[51]

至于莱维的家人，丽莎·莱维，时年38岁，正忙于筹建都灵的新自然历史博物馆；儿子伦佐埋头于各种生物物理研究项目；妻子露西娅大部分时间仍然在为其生病的母亲操劳。我们无法知道，莱维的家人是否了解莱维此时抑郁症的严重程度。莱维的家人们一定意识到他此时正处于深度苦恼之中，但莱维似乎极力隐瞒自己的病情，而他的家人也不愿去强行探究。

另一方面，除了阿涅塞·因奇萨和埃内斯托·费雷罗，在莱维在世的最后几周中，他唯一交往甚密的埃诺迪编辑只有弗朗切斯科·恰法洛尼（Francesco Ciafaloni）。性格开朗，留着八字胡的弗朗切斯科·恰法洛尼之前是一位石油工程师，这一理科背景拉近了两人的距离，除此之外，让莱维更感到亲切的是弗朗切斯科·恰法洛尼友善的南部性格，并且毫不势利。当他真诚地与莱维相处时，露西娅不会嫉妒地觉得自己被排除在外。据弗朗切斯科·恰法洛尼说，导致莱维抑郁，却常常被人们忽视的一个重要原因就是时事对他的压力。莱维一直非常关注政治（当然他比一般意大利民众阅读更多的报纸杂志），而在他在世的最后几周里，他似乎不仅对自身病症苦痛担忧，还为世上其他民族所受的苦痛感到震惊。比如，在冬天的一个晚上，比安卡·乔德蒂·塞拉曾邀请莱维和弗朗切斯科·恰法洛尼共赴晚宴。另一位受邀的客人是吉诺·萨切尔多特（Gino Sacerdote），他刚刚从日本回来（他在日本教物理学），并在回国途中路过拥护原教旨主义的德黑兰。比安卡·乔德蒂·塞拉给大家倒酒时，吉诺·萨切尔多特愤世嫉俗地说，如果伊朗人和伊拉克人可以“互相赶尽杀绝”则“再好不过”[52]。听到这话，莱维脸色发白，因为那时正值1980—1988年海湾战争最激烈的时候，伊拉克与伊朗大战中双方死亡人数达到近50万人。而吉诺·萨切尔多特身为一名受过良好教育的犹太教授竟能如此轻易地拥护此种暴行，莱维惊惧地认为这是野蛮主义的回归。弗朗切斯科·恰法洛尼后来回忆说：“莱维因此强烈地感受到灰暗时代的来临——他感觉到这世界将沦落成一个野蛮无序、失去控制的地方。”[53]余下的晚餐时间里，莱维几乎滴水未进。弗朗切斯科·恰法洛尼感觉当时莱维深感愤怒，几乎难以自制。

在都灵这个小城，发生的任何事情都会被人知道，不久，关于莱维的风言风语开始扩散开。有一次，费利切·凡蒂诺到莱维家里吃晚饭。他在1946年和莱维在DUCO共事。当晚费利切·凡蒂诺在莱维家逗留到晚上11点半，于是他托莱维帮忙打电话叫部出租车回家。之后，两人互相道别。然而，费利切·凡蒂诺下楼时却发现，等待接他回阿维利亚纳村的不是出租车，而是一部警车。费利切·凡蒂诺猜想，可能莱维正接受警方保护（或许是因为莱维早期对以色列的公开言论）。但我们无法知道这次警方护送究竟是何用意。在此之后，费利切·凡蒂诺再也没有见过莱维。

还流传着其他故事。有人说莱维会在黑暗的书房里点蜡烛，莱维的一名政客朋友乔治奥·阿蒂托（Giorgio Ardito）解释说：“蜡烛是为了纪念死者和将死的人。”[54]（但莱维可能是在周五日落前点燃安息日蜡烛，也可能是为了某个离世亲人的周年忌日而点燃祈祷蜡烛。）另一个故事则说莱维曾和他少年时代的“大乔治”，即乔治奥·拉特斯，谈论过即将到来的死亡。乔治奥·拉特斯曾是一名高挑和蔼的男人，现在却骨瘦如柴，深受抑郁症折磨的他因为几次中风瘫痪在床。在两人漫长而阴郁的谈话中，他们好奇死亡的最后一刻身体会有什么感觉。对此，两人共同的好友工程师罗伯托·真蒂利（Roberto Gentili）评论说：“他们正处于十字路口，辩论着是去是留。”[55]另一位共同好友，化学家路易吉·托西尼则声称自己曾听到莱维告诉乔治奥·拉特斯他希望当时自己“死在奥斯维辛”[56]。在这场结束生命的比赛里，乔治奥·拉特斯比莱维多活了4个月，他于1987年8月8日去世。

## 10

正当一切似乎无法变得更加糟糕的时候，3 月 18 日周三上午，莱维再次被送进平娜·平托尔诊所。他的膀胱再次堵塞。莱维向一位朋友诉苦："我身体的液压系统似乎坏掉了。"[57] 莱维还需要做进一步的手术。在手术之前麻醉医师罗伯托·帕托诺探访了莱维。他记得，莱维在术前再次出现对失忆的担忧。自 50 年代以来，罗伯托·帕托诺一直是莱维的朋友，并且了解莱维可能患有抑郁症的事实。（之后他向一位美国记者透露，在两人初次见面时，罗伯托·帕托诺即怀疑莱维有自杀倾向，罗伯托·帕托诺说："许多年前，我就对我自己说：莱维自杀只是时间的问题。"[58]）罗伯托·帕托诺按惯例询问莱维是否有疾病史和药物过敏史，但作为回答，莱维只卷起袖子向他展示了奥斯维辛集中营的囚号文身，说："这就是我一生中最糟糕的疾病。"

晚上，当莱维从麻醉中恢复意识时，手术已经成功完成。莱维在平娜·平托尔诊所，一直住到第二周晚些时候。周五晚上出院前，罗伯托·帕托诺医生再次探望了莱维。莱维向他征求术后锻炼的意见，罗伯托·帕托诺向莱维保证术后恢复前景非常乐观。莱维对此话感到欣慰。据我们所知的，莱维最后一次赠书的题词是写在《被淹没与被拯救的》上的一段话："饱含无限感激之情将此书献给罗伯托·帕托诺医生。"麻醉师后来回忆说当时莱维似乎急切地想回到工作中，实际上对写作充满了热情。回顾当时的情况，罗伯托·帕托诺认为莱维的精神状态是"可疑的"。他说："抑郁症患者通常在自我毁灭的前几天，看起来会更镇静，'精神状态会更好'。已经决心自杀的莱维，对生存的焦虑终于平复了下来。"[59]

莱维于 3 月 28 日中午出院。第二天，怀着罗伯托·帕托诺医生认为的"不祥的热情"[60]，莱维忙于写信回复如潮水般寄来的祝愿他身体健康的卡片。对许多人来说，莱维似乎在重新组建生活。在抑郁症末期，恢复了足够的精力和充分的决心后，病人有可能会采取致命的行为，因此这一阶段自杀非常普遍。在兴奋情绪的驱使下，莱维在 3 月 30 日告诉诗人德尔菲娜·普罗文扎利，他打算开始翻译戈特弗里德·贝恩（Gottfried Benn）的诗作。

4月初，莱维似乎相当快活，并组织了几次朋友聚会。朋友们一起静静地享用晚餐，度过了一个谈笑风生的夜晚。彼得罗·弗拉西卡是一位在美国普林斯顿大学教书的意大利教授，他在4月1日拜访莱维，劝说他到普林斯顿大学任教。数月以来，彼得罗·弗拉西卡的劝说都徒劳无功，而现在莱维却突然决定接受。彼得罗·弗拉西卡很高兴，但同时也为莱维的突然改变感到困惑。大约在这个时期，卢西亚娜·尼希姆来看望莱维，了解他的术后康复情况。在此期间，她发现莱维"精神状态非常好"[61]。这是两名幸存者相聚的最后一个下午。另一方面，都灵共产党书记皮耶罗·法西诺（Piero Fassino）也像卢西亚娜·尼希姆一样，认为莱维精神焕发。皮耶罗·法西诺是来劝说莱维担任埃诺迪出版公司荣誉主席一职。这个出版社经过了四年的债务危机，如今终于建立了良好的财务机制并且销量不俗，正处于重组之中。皮耶罗·法西诺回忆说，莱维当时对于这一提议感到"极度荣幸"[62]。但莱维说自己需要一周时间认真思考一下，并且让皮耶罗·法西诺在4月11日周六早晨再来一趟。

## 11

莱维最后茫然步入的深渊就是他位于翁贝托国王大街的四楼公寓的楼梯井。几乎在过去67年的每一天里，莱维离开公寓时都会从楼梯井向下看。因此，楼梯井给人的一种螺旋空洞的眩晕感（正如我记得在1986年采访莱维时听他这样说过）将无可避免地铭刻在莱维的脑海中，并且多年以来莱维可能一直为此着迷。对楼梯的情结在《这是不是个人》的最后一章里有所体现，在书中莱维解释道："在奥斯维辛感染白喉'比从三楼上跳下更为致命'。"（piú sicuramente mortale che saltare da un terzo piano.）[63]这本书创作于40年前，部分内容是在翁贝托国王大街的公寓里创作的。另一方面，我们可以推测，可能在莱维内心某个封闭的小角落，他始终未曾忘记自己的祖父米歇尔于1888年从二楼的窗户跳楼自杀的事实。自杀倾向可能作为一种危险基因在莱维家族中世代传承：莱维是否受到祖父自杀先例的致命影响？同样，自杀方式也经常在家族中流传，而选择极度相似的自杀方式往往是模仿先辈的结果。因此莱维的验尸死因可能与99年前祖父的死因完全相同，皆为："precipitazione dall'alto"——"高处坠落致死"。除此之外，1888年宣布祖父米歇尔·莱维自杀身亡的那间医院被孙辈莱维描述成"让子孙后代饱受苦难"[64]。莱维的评论可能带着无意识的、富有预感的重要意义。

但祖父米歇尔不是莱维家族中唯一自杀的人。莱维的舅姥爷恩里科·萨切尔多特（Enrico Sacerdote）是家里的败家子，他娶了一名吗啡上瘾的妻子。1970年，他在一所都灵犹太养老院里点燃了自己的床垫，最后死于烟尘窒息。恩里科·萨切尔多特那蓄意的自我毁灭算不上是莱维自杀的家族基因的证据，但或许这是谜题的一部分。自杀不仅在莱维家人中蔓延（恩里科·萨切尔多特是科拉多·卢扎蒂的舅舅），同样发生在莱维的朋友身上。莱维本人至少认识11位自杀者，其中包括大学化学系同窗阿戈斯蒂诺·内里、莱维的德语老师汉斯·迪特尔·恩格特、DUCO的同事加斯托内·孔帕纽奇、作家切萨雷·帕韦塞和那位幸运的泥瓦匠洛伦佐·佩罗内。

但在所有的自杀事件里，有一位朋友的自杀始终在莱维心中挥之不去。那就是奥地利哲学家和同为集中营幸存者的让·埃默里的自杀。但莱维与让·埃默里显然没有通过信，因为两人性格截然不同。让·埃默里为人易怒，莱维认为让·埃默里（对德国人）的憎恨成了一种强迫症。莱维认为让·埃默里"心理上无法控制愤恨"[65]。但莱维仍对让·埃默里充满兴趣。让·埃默里在作品《变老的哲学》里描写年华逝去的文笔文采非凡。在艾达·黛拉·托雷身患阿尔茨海默症身体不佳期间，莱维陪在病床旁阅读了这本价值非凡的哲学作品。而莱维在世的最后几天阅读的则是让·埃默里的另一本作品《独自迈向生命的尽头》。让·埃默里通过严厉的内省对"自我谋杀"进行辩护。没人完全了解，或是大概明白，让·埃默里于1978年自杀的动机。但他的遗孀玛丽亚·"莫普斯"·埃默里（Maria "Mops" Améry）很确信：她的丈夫选择自杀是一条"通向自由的合法道路"[66]。而苏格拉底曾说过——死亡是痛苦的终止，显然这将是莱维想寻求的安慰。

自杀的念头常常表现在莱维零散的随笔、访谈和信件里。它们起码暗示了莱维心中对于自我毁灭的考虑。1959年，莱维曾在给德国译者海因茨·里特的信中写道：自杀是“一种意愿的执行，一种自由的决定”[67]。莱维的写作中没有一处把自杀称作一种自私或令人蒙羞的行为。由此可见，莱维有时会被这种暴力而突兀的人生结尾所吸引。莱维一直对阿道斯·赫胥黎作品《针锋相对》（*Point Counter Point*）中斯潘德里尔（Spandrell）的“戏剧性自杀”[68]（莱维如此称呼）感兴趣。就像盖在沸腾炖锅上的盖子，斯潘德里尔直到最后举枪自杀之前都在极力抑制自我毁灭的冲动。莱维经常将自己比成一头半人马（一半是人，一半是马），因为他的人生一半在工厂，一半在打字机前度过；一半陪伴家人，一半又在结交朋友。而在莱维早期科幻故事《对半人马的正式调查》中，那头可怜的半人马因深信人生皆浮华而自杀的情节设定也不可能完全只是巧合。（实际上，莱维在我面前将这则故事描述成“自传”。）不仅如此，莱维晚期的诗作里充溢着文化毁灭者自娱自乐的破坏性满足心态。莱维在1981年创作的文章《给我们》中恳求道：“请赐予我们可以毁灭的事物，可以烧光，可以侵犯，可以砍断，可以摔烂，可以腐烂的事物。”在做了一生的公众行为模范后，莱维终于厌倦了身为集中营幸存者的榜样形象，厌倦了做一名永不失控的男人。据说于1985年自杀的意大利小说家艾尔莎·莫兰黛在床头曾留有一本《给我们》作为安慰之物。如果说在莱维最后的时光里，他终于看到了隧道尽头的光亮，那光亮正是来自一辆向他迎面疾驰而来的列车。

## 注释

1 “当祖父可是……”：普里莫·莱维的这段话由桑德罗·卢帕诺告知作者，1995年5月23日。
2 “是由于我的母亲，”：普里莫·莱维的这段话由保罗·科贝蒂告知作者，1995年6月3日。
3 “收到您的来信……”：1985年6月19日。
4 “请容我向你解释……”：1985年10月25日。
5 “关于工作……”：1986年6月30日。
6 “我正经历……”：1986年7月21日。
7 “这是我8月的投稿。”：普里莫·莱维的这段话由乔治奥·卡尔卡尼奥告知作者，1992年11月7日。
8 “实际上为零”：1986年7月30日。
9 “每一天……”：《莱维全集》第二卷，p.556。

10 “他既没有……”：拉法埃拉·帕加尼告知作者，1995 年 4 月 22 日。
11 “我的创作已经陷入谷底。”：普里莫·莱维的这段话由利迪娅·卡博纳托告知作者，1995 年 3 月 28 日。
12 “我不可能……”：保拉·阿卡蒂，载于《星期日泰晤士报》。
13 “感动而快乐”：克莱尔·布鲁姆告知作者，1994 年 6 月 6 日。
14 “我坚持补充……”：载于《纽约时报·书评》，1986 年 10 月 12 日。
15 “在晚餐席间，……”：普利普·罗斯告知作者，1994 年 6 月 6 日。
16 “我认识一些……”：同上。
17 “我确信普里莫……”：克莱尔·布鲁姆告知作者，1994 年 6 月 6 日。
18 “我真的无法想象……”：1986 年 10 月 7 日。
19 “莱维并不是那种……”：普利普·罗斯告知作者，1994 年 6 月 6 日。
20 “当莱维对……”：克莱尔·布鲁姆告知作者，1994 年 6 月 6 日。
21 “我对你的讲座……”：普里莫·莱维的这段话由丽塔·莱维·蒙塔尔奇尼告知作者。1992 年 7 月 29 日。
22 “显著效果”：普里莫·莱维写给戴维·门德尔的信，1987 年 2 月 14 日。
23 “格外焦虑”：约翰·里弗斯在信中告诉作者，1994 年 1 月 26 日。
24 “我对派对、……”：普里莫·莱维在信中告知作者，1986 年 10 月 21 日。
25 “好吧，可是……”：普里莫·莱维的这段话由费尔南达·皮瓦诺告知作者，1992 年 3 月 19 日。
26 “坟墓般阴森”：拉法埃拉·帕加尼告知作者，1995 年 4 月 22 日。
27 “屋里连一张报纸……”：阿涅塞·因奇萨告知作者，1992 年 7 月 20 日。
28 “我当时认为……”：埃内斯托·费雷罗，载于《星期日泰晤士报》。
29 “莱维声称……”：阿涅塞·因奇萨告知作者，1993 年 6 月 8 日。
30 “年老贫穷的犹太人”：切萨雷·卡瑟斯的这段话由安娜·卡瑟斯告知作者，1992 年 9 月 14 日。
31 “那是我最后一次……”：阿涅塞·因奇萨告知作者，1992 年 7 月 20 日。
32 “请接受我的道歉……” 普里莫·莱维的这段话由拉法埃洛·莱维告知作者，1995 年 10 月 25 日。
33 “沉没的土地上”：普里莫·莱维的这段话由利维奥·诺尔兹告知作者，1993 年 2 月 17 日。
34 “前几章嬉笑怒骂，……”：西尔维奥·奥尔托纳，载于《星期日泰晤士报》。
35 “‘伏奥’集中营的发现……”：1987 年 1 月 4 日。
36 “对我而言……”：1987 年 1 月 7 日。
37 “最佳纪录”：恩斯特·诺尔特在信中告知作者，1994 年 11 月 30 日。
38 “你为什么要……”：埃马努埃莱·佩罗蒂的这段话由乔治奥·维卡里诺告知作者，1993 年 3 月 25 日。
39 “在一定程度上，……”：伊迪丝·布鲁克告知作者，1992 年 8 月 5 日。
40 1994 年 1 月 16 日，埃马努埃莱·佩罗蒂在电话里告诉我，他与莱维的那次会面“十分差强人意”并且他自称从未成为一名新法西斯主义者。
41 “现在已经太晚了。”：普里莫·莱维的文章登载在《信使报》（*Il Messagero*）上，1987 年 4 月 12 日。
42 “下次有机会再说吧。”：普里莫·莱维的这段话由利迪娅·卡博纳托告知作者，1995

年 3 月 28 日。

43 “如果莱维……”：戴维・门德尔告知作者，1992 年 12 月 6 日。

44 “我已陷入了……”：1987 年 2 月 7 日。

45 “不要来医院看望我，……”：普里莫・莱维的这段话发表在《名利场》（*Vanity Fair*）上，1988 年 1 月。

46 “我明白……”：1987 年 2 月 14 日。

47 据《柳叶刀》1985 年 4 月刊说明，“坎托”（Cantor）对治疗“阿尔茨海默症类型的老年痴呆”有显著疗效。

48 “你在胡说些什么？……”：伊迪丝・布鲁克告知作者，1992 年 8 月 5 日。

49 “直到莱维去世……”：诺尔贝托・博比奥的这段话发表在《综合分析》上，1987 年 4 月 26 日。

50 “未曾注意到”：比安卡・乔德蒂・塞拉，载于《星期日泰晤士报》。

51 “我不值得您这样做”：普里莫・莱维告知作者。

52 “互相赶尽杀绝”：吉诺・萨切尔多特的这段话由弗朗切斯科・恰法洛尼告知作者，1993 年 5 月 12 日。

53 “莱维因此强烈地感受……”：同上。

54 “蜡烛是为了……”：乔治奥・阿蒂托告知作者，1995 年 4 月 3 日。

55 “他们正处于十字路口……”：罗伯托・真蒂利告知作者，1995 年 3 月 16 日。

56 “死在奥斯维辛”：路易吉・托西尼告知作者，1995 年 5 月 28 日。

57 “我身体的……”：普里莫・莱维的这段话由尤金尼奥・博利告知作者，1995 年 6 月 6 日。

58 “许多年前，……”：罗伯托・帕托诺的这段话登载在《名利场》，1988 年 1 月，《幸存者的自杀》，詹姆斯・阿特拉斯。

59 “抑郁症患者……”：罗伯托・帕托诺告知作者，1995 年 4 月 2 日。

60 “不祥的热情”：同上。

61 “精神状态非常好”：卢西亚娜・尼希姆告知作者，1995 年 5 月 15 日。

62 “极度荣幸”：皮耶罗・法西诺告知作者，1995 年 11 月 30 日。

63 斯图尔特・伍尔夫的《这是不是个人》译本里将此处译为“四楼”；可能是最初美国出版商（俄里翁出版公司）坚持按美国惯例计算“楼层”，为保持一致，三楼被译成了四楼。

64 “让子孙后代饱受苦难”：载于《莱维全集》第二卷，p.751。

65 “心理上无法控制愤恨”：普里莫・莱维告知作者。

66 “通向自由的合法道路”：玛丽亚・埃默里的这段话出现在海蒂・施密特-马斯的日记里。

67 “一种意愿的执行，……”：1959 年 11 月 28 日。

68 “戏剧性自杀”：载于《莱维全集》第二卷，p.638。

# 二十九

# 最后六天

（1987年4月）

我们只能找到一些只言片语，以及怀着内疚之情的回忆片断，也只能靠着这些材料把最后几天发生的事情大致拼凑起来。1987 年 4 月 5 日（或 6 日），加亚·塞尔瓦迪奥从伦敦给莱维打电话。“我什么都尝试过了。”[1] 莱维告诉她。他的语气听起来就像他的人生中再没有什么需要去经历或发现的了。他感觉如此绝望，没有药品能帮助他。露西娅从未见过她的丈夫如此情绪低落。无法看着他受苦，她恳求比安卡·乔德蒂·塞拉想办法让普里莫走出公寓，哪怕一个下午。在温暖春日中的一次散步会对他有好处。4 月 7 日，如果她的活动日程记录是准确的话，比安卡给露西娅打电话说她正在前往翁贝托国王大街 75 号的路上。刚过了上午 11 点，她到了。她设法哄劝莱维去了瓦伦蒂诺公园。他们踏着 4 月的绿荫，穿过春日盛开的百花。她试着通过闲聊分散他的注意力，但莱维并不听她说话。比安卡问他是不是奥斯维辛的回忆让他的情绪如此低落。莱维清楚地回答：“不，我活下来了，我能够讲述我的故事。”[2] 他说，身为纳粹罪行的证人，让他的内心感到“宁静”。

4 月 8 日，星期三，是一个阴沉的雨天。邻居们看到莱维走出了他的公寓（这将是他最后一次出门）。他打着伞站在大门外，然后出发去邮寄信件。我们知道莱维当时写了两封信。一封是给荷兰的电影制片人珍妮·温克勒（Jeanne Wikler）；一封是给威尼斯小说家费迪南多·卡蒙（Ferdinando Camon）。在给温克勒的信中，莱维说由于自己的病情，所以在夏天之前无法再接受她的采访。他请求卡蒙送给他一本他的文集。这文集中囊括了卡蒙在法国《解放报》上发表的所有文章。卡蒙后来说，这封信似乎充满了“活力与期盼”[3]。他无法想象这封信的主人即将结束自己的生命。

似乎莱维再一次用快乐而积极的行为隐藏了自己的意图。在那个星期三的傍晚，朱利奥·埃诺迪发现莱维“相当快活”[4]。皮耶罗·法西诺刚走，埃诺迪就敲响了莱维家的房门。他是来劝说莱维接受他的出版公司名誉主席的职位。作为一个典型的都灵人，一个旧式而博爱的社会党党员，莱维似乎对这个职位受之无愧。所以埃诺迪向莱维提出了这个请求，并非常高兴莱维接受了它。酒过三巡，莱维谈起了他的苹果电脑的神奇之处，并向埃诺迪展示了他存在电脑里的自传资料，以用于埃诺迪出版公司即将出版的莱维全集。“但我还活着的时候又怎么能写一部我自己的传记呢？”莱维半开玩笑地问。（莱维去世后，人们检查这块硬盘时，发现这部自传的日期停止在了1975年，他母亲第一次患重病的时候。）等埃诺迪离开翁贝托国王大街75号的时候，他还以为自己此行的目的已经大获成功。但大约在午夜时分，他的电话却出人意料地响起来。打电话的正是莱维：“我不能接受这个职位。”他已经决定不担任埃诺迪出版公司的名誉主席了。埃诺迪认为是外部的压力促使莱维改变了主意，很可能是他的妻子。露西娅想保护莱维，不让他承担过重的负担和责任。

在他出事的两天前，4月9日，星期四，莱维打电话给都灵犹太教堂，询问用于犹太逾越节的无酵饼是否已经运到。祈祷蜡烛、无酵饼——假如他不是毕生的无神论者，人们还会以为这证明了莱维在最后时刻的宗教觉醒。当时接电话的是都灵犹太社区的副主席安娜·拜希斯·维塔莱（Anna Bises Vitale），两人自1963年就认识了。“普里莫似乎很高兴——我从来没想到他就要结束自己的生命了。”[5]但是，正像莱维在他的书中避而不谈自己的个人生活（避而不谈是他隐藏个人意图的一种手段），他也很善于隐藏他已经决定的结束自己生命的任何计划。埃内斯托·费雷罗在星期四晚些时候打来电话，而莱维听起来情绪非常低落，于是他试图让他高兴起来：“总有一天，你会去斯德哥尔摩领取诺贝尔文学奖！”莱维却没有给予任何热情的回应。第二天，他用一种更快活的声音告诉他的传记作者乔瓦尼·泰西奥，他们应该重新开始写作了。结果，泰西奥再也无法写完这部传记了。普里莫·莱维深信自己的人生已然结束，并即将去证明这一点。

所有抑郁病情改善的迹象（如果它们真是那样的话）很快消失了。在莱维生命中的最后一个星期五，他打电话给表妹朱莉娅·科隆博，询问受了一些小伤的她是否已经康复。“普里莫听起来很奇怪——显得心事重重——似乎他在那时已经打定了主意，谁知道呢？”那天晚上，在都灵的另一边，SIVA的欧索里娜·费雷罗做了一个不祥的梦。在工厂里，莱维像朝圣者一样挎着一包衣服出现在她的面前。“里娜，我不得不走了。”[6]她请求他带她一起走。“不，你还没到时候。”之后，他迈出实验室的窗户，消失在虚无之中。

对于那些在人生的苦难中挣扎的病人，在新的一天醒来往往超出了他们的承受能力：4 月 11 日，一个干冷的周六早晨。莱维的公寓里还有他的妻子、母亲和护士埃琳娜·乔达尼诺（她已经在这间公寓里工作了 9 个月）。早晨 8 点，乔达尼诺像往常一样给莱维打了针（什么药物，她在给警方的陈述记录中并没有提及）。之后她离开他，去照顾他的母亲。莱维曾请求政治家皮耶罗·法西诺在 11 日给他打电话。而大约在早晨 9 点，法西诺的电话打了进来。法西诺还不知道莱维已经拒绝了埃诺迪提出的担任名誉主席的邀请，而听到莱维说“我不能答应这件事”时，他感到非常失望。

据说莱维还打了另一个电话。露西娅在 9 点 30 分外出购物。几分钟后，莱维给罗马的大拉比埃里奥·托夫打了电话。莱维之前和托夫至少见过一面，但莱维为什么打最后这个电话仍然不得而知。莱维并不信仰上帝，但在星期六，犹太人的安息日，去打扰一位拉比仍然显得有些古怪。用痛苦的声音，莱维告诉他：“我不知道我还能怎么活下去。我的妈妈患上了癌症——每次我看到她，就会想起奥斯维辛里那些躺在自己的木板床上奄奄一息的病人的面孔。”[7] 这次电话之后，托夫拉比为自己没有读懂莱维那痛苦的“信号”，而在之后的日子里一直承受着巨大的罪恶感和失败感的折磨。

大约在上午 10 点 05 分，莱维走出四楼的公寓，翻下栏杆，跌落在楼梯井的大理石地面上。他的屈辱终于结束了。露西娅，大约在上午 10 点 30 分购物归来。人们听到她的尖叫：“不！他做了他一直说要做的事情。”

在翁贝托国王大街 75 号的大门外拉起了一条绳索，以隔离好奇的旁观者。他们挤在人行道上，张着嘴看热闹。而数不清的记者和摄像师则在现场附近转来转去。警察们已经封锁了楼梯井附近的区域，并逐个盘问邻居。在警察对露西娅的第一轮正式的讯问中，她只能哭着不断重复说她丈夫不再想活下去了。“只需要有一会儿没注意到。”同时，在城市另一边的皮耶罗·法西诺已经听说了这个让他惊讶万分的消息：“我刚刚才跟莱维说过话呀。”从外观看，发生自杀事件的公寓没有任何哀悼的迹象，四楼的窗户在纱帘的后面关得紧紧的。没有黑色的殡仪缎带，没有花。记者们，在按响一楼印有“普里莫·莱维”字样的对讲机时，会听到一个女人的声音：“拜托了，这没有人。”

在那个星期六，作家努托·雷韦利正在瓦勒度教派的安格罗尼亚村的一间拥挤的教室里等待着莱维。他和莱维原本要参加当地基督教牧师让-路易斯·赛普（Jean-Louis Sappé）举办的一本关于反纳粹抵抗运动的新书的发售会。莱维并没有来。到上午11点，从博洛尼亚打来了一个找雷韦利的电话。“博洛尼亚？我在博洛尼亚认识谁呢？”拿起电话，一名记者把莱维自杀的消息告诉了他。也是这位记者在马里奥·里戈尼·斯特恩位于阿夏戈的家中找到了他。“普里莫死了？荒唐！”但里戈尼·斯特恩的第一个想法是：“就这样了。”几天前，莱维寄给他一封信，向他承认自己已经“不想活下去了”[8]，而且他的家庭生活已经变得难以忍受。

利维奥·诺尔兹在出租车里得知了他朋友的死讯。司机刚刚在电台听到了新闻。诺尔兹忍不住想那些不可能的事情，不可能的“要是……该多好”，而他那痛苦的质问持续了很多年。各处的新闻机构在进行报道时，纷纷将这起自杀事件称为国际文坛的一次重大损失。以色列小说家阿哈龙·阿佩尔菲尔德悲痛欲绝，虽然他从未见过莱维：“我真希望我能帮助莱维。我原本应该登上飞机，去敲响他的房门。”[9]悲痛、懊悔和各种“要是……该多好”的假设似乎是无穷无尽的。对于莱维的朋友和仰慕者们而言，很难将他书中那显而易见的冷静、理性与这突然的死亡联系在一起。仅仅看着莱维的字迹，阿佩尔菲尔德无法相信他会陷入抑郁，并走向自我毁灭：“这字迹看起来那样工整、利落，充满了自控的力量。”SIVA的保拉·阿卡蒂的震惊却有着不同的原因：“在我们共事时，莱维教会我的一件事就是世界上所有的事情都会有解决之道。”[10]她从来没见过莱维在试验中失去自控。“但我想在最后时刻，他失去了对自己的控制力。”

在美国，莱维的自杀激起了一些道德上的谴责。《纽约客》说莱维用最极端、最可怕的否定方式欺骗了他的读者。读者们对作者的印象常常庸俗而短视。莱维和他的书并不一样。可以说，莱维的自杀提醒我们：艺术家的人生并不会与他的作品同步。在他最后一次接受采访时，莱维警告他的读者们不要把作者与他的作品相混淆。“在我的作品中，我把自己描绘成各种不同的形象，或勇敢，或懦弱，或高瞻远瞩，或天真幼稚，但总是，我相信，很正常的。然而，我远没有那么正常。我长期过着失调的生活。”[11] 当莱维的家人深陷悲痛之时，朋友们则试图为他的自杀辩护。“普里莫与其他人一样，”比安卡·乔德蒂·塞拉说，“无论他选择了怎样的死亡方式，我们都不能以此来判断他的作品。”[12] 卢西亚娜·尼希姆同意她的说法。“自杀是普里莫自己的事情。他选择了这种方式。”[13] 而尼希姆相信，以自杀的方式，他得以与万达·马埃斯特罗一起长眠于地下。

一些幸存者内心极为不安。他们把莱维的自杀视为他们的责任。让·萨米埃尔说他“震惊于”莱维选择结束自己的生命的这一天正是他在布痕瓦尔德集中营解放纪念日：1945 年 4 月 11 日。伊迪丝·布鲁克为莱维行为的自私和毫无意义而愤怒：“我无法原谅普里莫。”[14] 但是，随着莱维自杀的现实性渐渐显现，布鲁克开始理解莱维的自杀是他在 67 年的人生中唯一真正的“自由的号叫”。“在普里莫的作品中没有号叫——所有情绪都得到了控制——但普里莫用他的死亡发出了这样的号叫。”对于布鲁克而言，莱维的自杀几乎成了一种英雄主义的行为：我的人生是我自己的，而只有我自己能够决定。

比起莱维的自杀，一些人更惊讶于他选择的自杀方式。作为一名化学家，他原本可以选择更体面的方式结束自己的生命，像阿瑟·凯斯特勒（Arthur Koestler）一样服用毒药自杀。相反，他选择像小报犯罪版面上的人物一样，跳下了楼梯井。有人指出，这种暴力的自杀方式，让他的亲人目睹了一幕可怕的场景。事实上，他也让其他人目睹了这幕场景。但是，任何正统的医生都知道，抑郁症晚期病人的思维方式异于常人。莱维有充分的理由用自己选择的方式走向死亡。跳楼干净利落，没有被人们发现或拯救的机会。跳楼能带来当场死亡，也避免了自杀者在最后一刻会回心转意。莱维并不担心死亡——只要走出门口，跳下楼梯井，死亡就会迅速而及时地到来。

自帕索里尼在罗马郊外被害之后，意大利的各大新闻媒体还没有如此大肆报道过一个作家的死亡。“被拯救却又被淹没”“都灵为艺术大师哀悼”这些大字标题纷纷出现在报纸的头版头条。大多数意大利报道是离奇和详尽的。在两天中，讽刺的是，都灵的报纸却很少报道这起自杀事件。而这座城市中最大的报纸《邮报》则正处于罢工之中。与此形成鲜明对照的是，整个周末，所有的电话都响个不停。“你听说了吗？”都灵，陷入凄冷而沉默的哀悼之中。哲学家诺尔贝托·博比奥、作家娜塔丽亚·金兹伯格、富尔维奥·托迈札和卡尔洛·斯戈隆纷纷发表悼词和怀念文章。莱维与让·埃默里在同样的年纪去世：67 岁。

在位于基亚布雷拉街（Via Chiabrera）的市属停尸房中莱维被匆匆进行了尸检，他不得不赶在长达一周的犹太逾越节前（即下一个周一的日落前）入土为安。葬礼不会由宗教人士主持。尽管莱维的家人们希望低调地举行葬礼，但数千人赶来表达他们的敬意，因为莱维被许多人爱戴着。整个周一上午，人们排队在吊唁簿上签字：不知名的面孔，还有邻居们。很多纳粹集中营的幸存者赶来了，无论是天主教徒，还是犹太教徒，以及“公平与自由”组织的前游击队员们。“我们失去了我们的指路明灯，我们现在都成了孤儿。”其中一个人这样对媒体说。

4 月 13 日，下午 2 点 10 分，都灵的大拉比埃马努埃莱·阿尔托姆[15]，来到了停尸房，喊道——“先生们，让一让”——以请求人群让开出口。站在棺材边，他念诵着犹太教的祈祷文。在犹太教中，正像伊斯兰教一样，自杀者常常被视为受诅咒的人。（自杀的犹太人无法得到为期七天的庄严哀悼，同样，还会被葬在墓地中一个专门埋葬不洁者的区域。）不过，阿尔托姆拉比给了莱维神学上的特殊待遇。莱维并不完全是一个自杀者，而是一名“长期谋杀”的受害者。在阿尔托姆看来，任何自杀的纳粹集中营幸存者，在一定意义上，都是被杀害的——被纳粹谋杀。这是一种特殊情况。

莱维的灵柩在下午 2 点 30 分离开停尸房。在 4 月灰暗的阳光中，人群鸦雀无声。在这座含蓄的城市中，没有下葬前的演讲，也没有吵闹的告别。莱维的遗孀戴着墨镜，身着灰色套装，走在棺材后面。伦佐、丽莎和安娜·玛丽亚·莱维走在她的身边。出席葬礼的还有编辑埃内斯托·费雷罗、阿涅塞·因奇萨、阿尔贝托·莫拉维亚、律师比安卡·乔德蒂·塞拉、物理学家图利奥·雷吉。人们敬献了大量的花圈，这些人中有都灵的店主，还有完全陌生的人，以及“埃诺迪出版社的朋友们”。莱维的传记作者，乔瓦尼·泰西奥，也到场了，还有 SIVA 的前老板，悲伤的里科·阿卡蒂。

灵车在下午3点10分到达位于皇家公园路（Corso Regio Parco）的墓园。都灵的这个荒僻的角落装饰着独特的烟囱和贮气罐。而犹太人的墓园中则点缀着《以赛亚书》中那振奋人心的经文：“住在尘土中的你，醒来歌唱吧。”亲戚、朋友组成了大约 500 人的送葬队伍。阿尔托姆拉比再次吟诵起祷文。之后，他把墓园的泥土洒在已经放进墓穴的棺材中。紧绷着脸的伦佐也这样做了。接着是他的姐姐。最后是露西娅。正如《邮报》报道的：“她的动作中充满了最后一次拥抱的温情。”在一个小时内，葬礼结束了。五名挖墓工人开始向墓穴里填土。露西娅是最后离开的。她看着一块灰色的大理石墓碑被树立在这块土地上。墓碑上铭刻着朴素的铭文：“1919—1987，普里莫·莱维”。后来，莱维的集中营编号“174517”也被铭刻于其上。莱维说过，他想将荷马用于形容尤利西斯的那句古希腊语，“pollà plankte”[16]作为他的墓志铭。它意味着“大错特错”或“背井离乡”，在尤利西斯那思乡的流放中，远离亲友和故乡，长期忍受着痛苦的他正像每一个普通人一样。普里莫·莱维也是这样。这就是为什么在 21 世纪的我们仍然觉得他如此亲切。

## 注释

1 “我什么都……”：1994 年 2 月 6 日，作者从加亚·塞尔瓦迪奥口中得知了普里莫·莱维说过的这段话。

2 “不，我活下来了，……”：比安卡·乔德蒂·塞拉，载于《星期日泰晤士报》。

3 “活力与期盼”：1999 年夏天，迪亚哥·甘贝塔发表在《波士顿评论》上的文章《普里莫·莱维的最后时刻》中引用了费迪南多·卡蒙的话。

4 “相当快活”：1995 年 4 月 6 日，朱利奥·埃诺迪告诉作者。

5 “普里莫似乎很高兴……”：安娜·拜希斯·维塔莱，《星期日泰晤士报》。

6 “里娜，我不得不走了。”：1992 年 9 月 28 日，欧索里娜·费雷罗向作者描述了她的梦。

7 “我不知道……”：1997 年 4 月 14 日，《共和报》引用了托夫拉比的话。

8 “不想活下去了”：1995 年 5 月 5 日，作者从马里奥·里戈尼·斯特恩那里得知普里莫·莱维所说的这段话。

9 “我真希望……”：1994 年 10 月 25 日，阿哈龙·阿佩尔菲尔德告诉作者。

10 “在我们共事时，……”：保拉·阿卡蒂，《星期日泰晤士报》。
11 “在我的作品中，……”：《记忆之声》，p.173。
12 “普里莫与其他人……”：比安卡·乔德蒂·塞拉，《星期日泰晤士报》。
13 “自杀是普里莫……”：1992 年 9 月 21 日，卢西亚娜·尼希姆告诉作者。
14 “我无法原谅普里莫。”：1992 年 8 月 5 日，伊迪丝·布鲁克告诉作者。
15 这位拉比是更著名的同名者埃马努埃莱·阿尔托姆（1944 年被纳粹-法西斯杀害）的远亲。
16 “pollà plankte”：1985 年 1 月 7 日，阿尔贝托·戈齐在意大利电视二台的节目《天空之镜》（*Lo specchio del cielo*）进行的无线采访中引用了莱维的这段话。

# 后记

所有的自杀都容易造成错误的分析、错误的数据，而莱维的自杀也不例外。专家报告、调查、反调查：据说莱维患上了迫害妄想症，在他去世的那一天看到有新法西斯分子拿枪指着他。最古怪的假设出自于西西里小说家杰苏阿尔多·巴法利诺（Gesualdo Bufalino）：莱维的自杀是因为看了波兰斯基（Polanski）的恐怖电影《怪房客》（*The Tenant*）。这部电影在“莱维自杀的前几天”，在意大利晚间电视节目中播出。在电影里，一名叫作特雷尔科夫斯基的波兰-法国犹太人在巴黎从四楼跳下自杀身亡。巴法利诺说，莱维的自杀是被波兰斯基的电影“情绪感染”[1]的结果。莱维在辗转难眠时看了这部电影吗？巴法利诺的猜测并非毫无意义。在《怪房客》里的公寓楼，有着老式的电梯吊笼和螺旋形的大理石楼梯：在某些方面，它和翁贝托国王大街75号的四楼一模一样。

对于莱维自杀最浪漫，也是最经久不衰的解释，是奥斯维辛在召唤他。《晚间邮报》的大字标题是“集中营的幽灵令他崩溃”。娜塔丽亚·金兹伯格赞同这种观点：“正是那些岁月的记忆让他走向死亡。”但金兹伯格并不了解莱维晚年的抑郁症，因为到他去世时，他们已经三年没见面了。小说家阿尔贝托·莫拉维亚同样认为莱维死于“无药可救的集中营病”。但莫拉维亚只在1963年与莱维匆匆见过一次面。莱维的儿子伦佐在驳斥记者时，对这些奥斯维辛理论总结道：“读读《休战》的最后一页，他自杀的原因都写在那里。”[2] 在那页上，莱维描述了一个不断出现的梦境。莱维梦到了自己回到奥斯维辛，而“集中营之外的事物都是虚幻的”。不过，从伦佐那恼怒的语气推断，他很可能只是在告诉记者们一些他们想听到的内容，以便驱散他们。当这些记者挤上来抢着看解释了一切的那句话时，他对他们说：“放尊重一点。”

究竟莱维那可怕的过去（他第一次看到“劳动使你自由”的那个晚上）是否加重了他的抑郁症，或者说，集中营的经历会不会就是他的抑郁症的根源所在，我们只能猜测。都灵的书店老板安吉洛·佩扎纳也许最接近真相。他说：“普里莫不是因为奥斯维辛或他的母亲而自杀。而是他内心深处的某种东西杀死了他。”[3] 与莱维一起在奥斯维辛活下来的卢西亚娜·尼希姆，对于那些把莱维当作集中营后遗症受害者的说法，毫不掩饰自己的愤怒。根据她的分析，莱维的自杀是重度抑郁症的最终后果。“是痛苦让普里莫发了疯，不管其他人付出多少爱，也无法挽救他。”[4] 莱维的妹妹也没有把莱维的死归咎于奥斯维辛。“它跟他的死没有关系，绝对毫无关系。”[5] 她说。安娜·玛丽亚认为，让她哥哥自杀的“大灾祸”无非就是那场前列腺手术。他的死亡实际上是平淡无奇的。

还有一些人，认为莱维是他的名誉的牺牲者。克莱尔·布鲁姆告诉我：“因为普里莫在美国的成功，这个世界已经向他敞开了怀抱。但是家庭琐事却让他难以脱身。而在一定意义上，跳下楼梯井这件可怕的事情——在那个地方——是对家庭的暴力反抗。”[6] 对于莱维的老朋友维托利奥·福阿而言，莱维在翁贝托国王大街 75 号自杀一事真是让他伤心万分。“在 75 号总是延续着一种家族感——让人们感到生活会永远那么继续下去。现在这条家族线被打破了。”[7]

小说家奥莱斯特·德尔博诺（他承认自己也是一名疑病症患者）相信，莱维自杀是因为他对于衰老的厌倦和恐惧。“肌肉和骨骼一点点地失去弹性，加上对失忆的恐惧，无情地蚕食着普里莫。我们可以把它称之为一种有机的崩溃。最终莱维再没有力量去抵抗自己身体那残酷的化学反应了。”[8] 另一些人猜测莱维是因为失去了在 SIVA 的工作而悲伤。因为这份工作可以转移他的注意力。

总是存在着两种自杀——真实的自杀，以及人们自以为他们了解的自杀。多年以来，咄咄逼人的公众言论相信莱维在事实上没有结束自己的生命。在所有这些免除莱维“自杀之罪”的尝试背后，是人们相信一个勇敢和伟大的人不会做这样的事。但是，勇敢而伟大的人确实会做出这样的行为，而且相当常见。在这些否认派中，一些人提出，即使莱维真的自杀了，那也是一时糊涂，一场冲动，一场“头脑风暴”。虽然莱维的自杀几乎肯定是冲动的（或者由于他跳楼前发生的某种未知事件），但自杀几乎也都是非理性的行为。抑郁症是损害理性思维能力的最重要的自杀因素。“就像人们把盘子摔在墙上，”阿涅塞·因奇萨说，“莱维同样让自己摔下了楼梯。”[9] 有人试图证明，莱维不是想结束自己的生命，他只是抗抑郁药物副作用的受害者。也有人说，他不可能自杀，因为他没有留下遗书。但只有少数自杀者（大约四分之一，据最近美国的一项研究统计）会留下遗书。坐下来，写一封遗书（在那个时候），似乎就像给表上发条一样毫无意义。而且，我们也不能说，莱维绝对没有留下遗书。杰曼·格里尔从她的意大利出版商（蒙达多利出版集团）那里得知，人们找到了一封遗书。“我仍然情愿相信那不是真的。”[10] 她说。（格里尔，像许多人一样，非常热爱莱维。而相信他死于自杀，会损害她对他作为一名作家、作为一个人的印象。）

1967 年，莱维曾经在文章中提到了皮埃蒙特诗人切萨雷·帕韦塞：“没有人能猜透他自杀的原因。”[11] 而这句话也适用于莱维。身患重度抑郁促使他结束了自己的生命。但错综复杂的各种因素加重了他的抑郁病情：他母亲的病、前列腺手术、历史修正主义浪潮、对于老年痴呆的恐惧——所有这一切都在刺激着莱维。不过，无论是用集中营后遗症，还是家庭窒息来作为莱维自杀的解释，无论这些解释有多么诱人，它们都不是能打开这把锁的钥匙。真正的自杀原因，永远笼罩在层层迷雾之中。因为那些自杀者的痛苦是个人的、隐私的、其他人难以理解的。正如与莱维一起在奥斯维辛获救的木匠安东尼奥·派卡涅拉（Antonio Paccagnella）在 1989 年告诉我的：“没有人会把真相放在自己的钱包里。”（Nessuno ha la verità in tasca.）[12]

在普里莫·莱维去世后的几个月里，意大利的许多广场、街道和学校以他的名字命名，作为对他的纪念。但真正的纪念却在其他地方，在他那无与伦比的书籍中，在那些了解他的亲友的记忆中。莱维最长久的朋友之一利维奥·诺尔兹的话将作为本书的结尾："现在，我开始明白这个伟大而令人安慰的事实——普里莫那些不朽的作品，是比青铜更耐久的纪念碑。"[13]

## 注释

1 "情绪感染"：杰苏阿尔多·巴法利诺，《西西里报》，载于 1987 年 4 月 22 日。
2 "读读《休战》……"：1987 年 4 月 26 日，《全景》引用了伦佐·莱维的话。
3 "普里莫不是……"：1995 年 6 月 1 日，安吉洛·佩扎纳告诉作者。
4 "是痛苦让……"：1992 年 9 月 21 日，卢西亚娜·尼希姆告诉作者。
5 "它跟他的死……"：1993 年 4 月 7 日，安娜·玛丽亚·莱维告诉作者。
6 "因为普里莫……"：1994 年 6 月 6 日，克莱尔·布鲁姆告诉作者。
7 "在 75 号……"：1992 年 10 月 22 日，维托利奥·福阿告诉作者。
8 "肌肉和骨骼……"：1995 年 10 月 9 日，奥莱斯特·德尔博诺告诉作者。
9 "就像人们……"：1992 年 10 月 9 日，阿涅塞·因奇萨告诉作者。
10 "我仍然情愿……"：1994 年 3 月 28 日，杰曼·格里尔在信中告诉作者。
11 "没有人能……"：1967 年 4 月 30 日，普里莫·莱维写给海蒂·施密特-马斯的信。
12 "没有人会把真相放在自己的钱包里。"：安东尼奥·派卡涅拉，载于《星期日泰晤士报》。
13 "现在，我开始……"：1987 年 7 月 30 日，利维奥·诺尔兹，摘自 BBC 第三电台关于普里莫·莱维的广播稿。

# 参考文献

## 普里莫·莱维的作品

我们不可能在此列出普里莫·莱维的全部作品。其中一些作品（比如莱维关于漆包线的文章）鲜为人知。埃诺迪出版公司出版的两卷本《莱维全集》中囊括了莱维最重要的作品。值得一提的是马尔科·贝尔波利蒂（Marco Belpoliti）整理莱维书目的勤勉努力。我（以及其他许多人）帮助他编辑了埃诺迪版的《莱维全集》。莱维的许多作品（证词、电影和广播作品、剧本、诗歌及其他作品）在他死后流散各地，被埋没在旧报纸和出版商的故纸堆中。贝尔波利蒂把它们挖掘出来，并编辑成集。即使如此，仍有许多莱维的文章没有被收录到《莱维全集》之中。我在书中引用的莱维作品版本如下。

### 意大利语和英语作品，按出版日期顺序

‘*Voi non sapete studiare*!’（‘You Don’t Know How to Study!’), in ‘D’ Azeglio Sotto Spirito’, Turin: Tipograf. Eugenio Gili, 1936. A slightly different version of Levi’s debut poem appeared in Franco Fini, *Il libro della memoria*, Bologna: Grafica Ragno, 1991

*La puntinatura degli smalti Dulox*（Relazione n. 32), 1946: unpublished article on paint ‘seeding’. Deposited in the private archive of GiunioRuspino

*Se questo è un uomo*, Turin: De Silva, 1947（also: Turin, Einaudi, 1958); *If This is a Man*（trs. S. Woolf), London/New York: Orion Press, 1959

*Deposizione del Dott. Primo Levi*: testimony regarding the Resistance anddeportation, made in Rome on 14 June 1960. Deposited in Yad Vashem Archives, Jerusalem

*La tregua*, Turin: Einaudi, 1963; *The Truce*( trs. S. Woolf), London: Bodley Head, 1965

*Se questo è un uomo*, 1964: unpublished RAI radio script, deposited at RAI Sezione Drammatica, Turin

'Furono I deportati di Birkenau a distruggere i forni crematori': open letterby Primo Levi, Leonardo De Benedetti and Giuliana Tedeschi to *La Stampa* ( 19 Oct. 1965 ) on the subject of resistance in the Nazi camps

*Se questo è un uomo*, theatre adaptation ( with Pieralberto Marché ), Turin: Einaudi, 1966

*Storie naturali* ( '*Natural Histories*' ), Turin: Einaudi, 1966; selections in *The Sixth Day* ( trs. R. Rosenthal ), London: Michael Joseph, 1990

'Specchio dei tempi' in *La Stampa*: Levi replies to a reader's question on the subject of forgiveness, 1 September 1967

*Intervista aziendale* ( '*Factory Interview*' ), 1968: RAI radio script ( with Carlo Quartucci ), deposited at Biblioteca Nazionale, Rome

*Deposizione Primo Levi*: testimony against SS Friedrich Bosshammer, madein Turin on 3 May 1971. Deposited in Centro di DocumentazioneEbraica Contemporanea, Milan

*Vizio di forma* ( '*Structural Defect*' ), Turin: Einaudi, 1971; selections in *The Sixth Day*

*Il sistema periodico*, Turin: Einaudi, 1975; The Periodic Table ( trs. R.Rosenthal ), London: Michael Joseph, 1985

*L'osteria di Brema* ( '*The Bremen Beer-Hall*' ), Milan: Scheiwiller, 1975; *Shema: Collected Poems* ( trs. R. Feldman and B. Swann ), London: TheMenard Press, 1976

*La chiave a stella*, Turin: Einaudi, 1978; *The Wrench* ( trs. W. Weaver ), London: Michael Joseph, 1987

*Lilít e altri racconti*, Turin: Einaudi, 1978; with variations as *Moments of Reprieve* ( trs. R. Feldman ), London: Michael Joseph, 1986

'The Preservation of Foods': unpublished encyclopaedia entry. Deliveredas a lecture in Turin on 14 Jan. 1981. Tape deposited in the library of Università della Terza Età, Turin

*La ricerca delle radici*, Turin: Einaudi, 1981; The Search for Roots ( trs. P.Forbes ), London: Penguin, 2001

'Vediamo un po' quali cose si sono avverate': Primo Levi ( with J. G. Ballard: 'Il futuro non c'è più' ) in 'Tuttolibri', *La Stampa*, 3 Jan. 1982

*Ad ora incerta* ( '*At an Uncertain Hour*' ), Milan: Garzanti, 1984; *Collected Poems*, London: Faber & Faber, 1988

'Beyond Survival', *Prooftexts* ( vol. 4/1 ), Baltimore: Jan. 1984

*Se non ora, quando?*, Turin, Einaudi, 1984; *If Not Now, When?* ( trs. W. Weaver ), London: Michael Joseph, 1986

*L'altrui mestiere*, Turin: Einaudi, 1985; *Other People's Trades* ( trs. R.Rosenthal ), London: Michael Joseph, 1986

*I sommersi e i salvati*, Turin: Einaudi, 1986; *The Drowned and the Saved* ( trs.R. Rosenthal ) London: Michael Joseph, 1988

*Racconti e saggi*, Turin: La Stampa, 1986; selections as *The Mirror Maker* ( trs. R. Rosenthal ), London: Methuen, 1990

Primo Levi and Tullio Regge, *Conversations* ( trs. R. Rosenthal ), London: Penguin, 1992

'Ciò che può essere amore'; 'La nostra vita'; 'La prima volta': unpublished poems addressed to ( or sent to ) Gabriella Garda Aliverti, precise dates unknown

## 普里莫·莱维相关的出版物

Amsallem, Daniela, Primo Levi: *Au miroir de son oeuvre*, Lyons: Cosmogone, 2001

Belpoliti, Marco ( ed. ) *Primo Levi*, Riga 13, Milan: Marcos y Marcos, 1997

—— and Gordon, Robert ( eds ), *The Voice of Memory: Interviews* 1961–87

*Primo Levi* ( trs. R. Gordon ), Cambridge: Polity Press, 2001

Borri, Giancarlo, *Le divine impurità: Primo Levi tra scienza e letteratura*, Rimini: Luisè, 1992

Camon, Ferdinando, *Conversazione con Primo Levi*, Milan: Garzanti, 1991

Cavaglion, Alberto, *Primo Levi e Se questo è un uomo*, Turin: Loescher, 1993

—— ( ed. ) *Primo Levi: Il presente del passato*, proceedings of the Turinconference, 28–9 March 1988, Milan: Franco Angeli, 1991

Cicioni, Mirna, *Primo Levi: Bridges of Knowledge*, Oxford: Berg, 1995

Dini, Massimo and Jesurum, Stefano, *Primo Levi: Le opere e i giorni*, Milan: Rizzoli, 1992

Ferrero, Ernesto ( ed. ), *Primo Levi: Un'antologia della critica*, Turin: Einaudi, 1997

Frassica, Pietro ( ed. ), *Primo Levi as Witness*, proceedings of a symposiumheld at Princeton University, 30 April–2 May 1989, Fiesole: Casalini Libri, 1989

Grassano, Giuseppe, *Primo Levi*, Florence: La Nuova Italia, 1981

Ioli, Giovanna ( ed. ), *Primo Levi: memoria e invenzione*, proceedings of the San Salvatore Monferrato conference, 26–7–8 September 1991. SS.

Monferrato: Tipograf. Barberis, 1995

Levi Della Torre, Stefano ( ed. ), *Scritti in memoria di Primo Levi*, specialissue of *La*

*Rassegna Mensile di Israel*, vol. LVI, n.2–3: Unione delle comunità israelitiche italiane, May–Dec. 1989

Nystedt, Jane, *Le opere di Primo Levi viste al computer*, Stockholm: Almqvist & Wiskell, 1993

Poli, Gabriella and Calcagno, Giorgio *Echi di una voce perduta* Milan: Mursia, 1992

Rudolf, Anthony, *At an Uncertain Hour: Primo Levi's War against Oblivion*, London: The Menard Press, 1990

Sodi, Risa B., *A Dante of Our Time: Primo Levi and Auschwitz*, New York: Peter Lang, 1990

Tarrow, Susan R. (ed.), *Reason and Light – Essays on Primo Levi*. Ithaca, New York: Center for International Studies, Cornell University, 1990

Toscani, Claudio, *Se questo è un uomo*, Milan: Mursia, 1990

Varchetta, Giuseppe, *Ascoltando Primo Levi*, Milan: Guerini, 1991

Vincenti, Fiora, *Primo Levi*, Milan: Mursia, 1981

## 涉及的文章、论文及采访记录

注：以下所囊括之新闻条目，也许并非与莱维的生活与工作有直接联系，但亦与它们存在部分或间接联系。

Arbib, Gloria, unpublished interview with Levi, 8 June 1981

Anonymous, 'The Talk of the Town', *New Yorker*, 11 May 1987

Atlas, James, 'The Survivor's Suicide', *Vanity Fair*, Jan. 1988

Bailey, Paul, 'Saving the Scaffolding', *New Statesman*, 20 Aug. 1971

Cases, Cesare, 'Ricordo di Primo Levi', in *Tre Narratori: Calvino, PrimoLevi, Parise*, Gianfranco Folena (ed.), Padua: Liviana, 1989

——'L'ordine delle cose e l'ordine delle parole', *L'Indice*, Dec. 1987

Cherchi, Grazia, 'Il suicidio di Primo Levi', *L'inea d'ombra*, May 1987

Bruck, Edith, 'Ebreo fino a un certo punto', interview with Levi, *Il Messagero*, 9 Jan. 1976

Darlow, Michael, unpublished interview with Primo Levi, 9 Dec. 1972.

Sections used in Thames Television series *World at War* (Part Four: 'Auschwitz: The Final Solution'). Deposited in Imperial War Museumarchives

Eberstadt, Fernanda, 'Reading Primo Levi', *Commentary*, Oct. 1985

Fontana, Luca, 'Interview: Primo Levi', *City Limits*, 1–8 May 1986

Fortini, Franco, 'Lettere da lontano: a Primo Levi', *L'Espresso*, 1 March 1987

Gambetta, Diego, 'Primo Levi's Last Moments', *Boston Review*, Summer 1999

Getzler, Dvorah, 'Branded in Memory, interview with Primo Levi', *Jerusalem Post*, 29 Nov. 1986

Giubertoni, Anna, 'Le Ragioni di Levi', *Filosofia*, Jan–April 1987

Guadagni, Anna Maria, 'Primo Levi', *L'Unità*, 21 Feb. 1993

James, Clive, 'Last Will and Testament', *New Yorker*, 23 May 1988

Judt, Tony, 'The Courage of the Elementary', *New York Review of Books*, 20 May 1999

Mendel, David, 'Requiem for a quiet man of courage', *Sunday Telegraph*, 8 Sept. 1991

Miller, Karl, 'Levi's Oyster', review of *The Drowned and the Saved*, *LondonReview of Books*, 4 Aug. 1988

Motola, Gabriel, 'Primo Levi: His Life and Work', *European Judaism*, vol.21, n. 2, 1988

Nocerino, Vanna, 'Ricordo di Primo Levi', unpublished reminiscence (readout in Turin synagogue, 9 Feb. 1988)

Norzi, Livio, 'Primo Levi: A Contribution', unpublished reminiscence (extracts used by Paul Bailey in BBC Radio 3 talk on Levi, 30 July 1987)

Orthel, Rolf, unpublished interview with Levi, 1974

Ozick, Cynthia, 'Primo Levi's Suicide Note', in *Metaphor and Memory*, New York: Alfred A. Knopf, 1989

Pivano, Fernanda, 'Il mio compagno Primo Levi e io rimandati asettembre', *Corriere della Sera*, 18 April 1987

Radford, Tim, 'Lifeline from Auschwitz', *Guardian*, 17 April 1986

Rosenfeld, Alvin H., 'Primo Levi: The Survivor as Victim', in *Perspectiveson the Holocaust: Essays in Honour of Raul Hilberg*, James S. Pacy andAlan P. Wertheimer (eds), San Francisco: Westview Press, 1995

Rudolf, Anthony: 'Interview with Primo Levi', *London Magazine*, Oct.1986.

Sodi, Risa, 'A Last Talk with Primo Levi', *Present Tense*, May–June 1988

—— 'An Interview with Primo Levi', *Partisan Review* LIV, Summer 1987

Spriano, Paolo, 'L'avventura di Primo Levi', *L'Unità*, 14 July 1963

Székács, Vera, 'Conversation with Primo Levi', *Nagyvilág*, June 1987; extracts in 'Primo Levi: Il sorriso necessario', *La Stampa*, 5 June 1992

Thomson, Ian, 'In the Heat of the Moment: A conversation in Rome withItalo Calvino', *London Magazine*, Dec. 1984

——'Families and Friends: A conversation in Rome with NataliaGinzburg', *London Magazine*, Aug–Sept. 1985

——'Alberto Moravia and Indifference', *London Magazine*, Nov. 1985

——'Primo Levi in conversation with Ian Thomson', *Poetry NationReview*, 58 vol. 14/2, 1987

——'Sicilian Writers and the Mafia: A Conversation in Palermo withLeonardo Sciascia', *London Magazine*, April–May 1987

——Primo Levi: Obituary, *Independent*, 13 April 1987

——'After Auschwitz', Interview with Primo Levi, *Independent*, 14 April 1987

——'Mapping the World of Work', review of *The Wrench*, *Times Literary Supplement*, 5 June 1987

——'National Enquirer', interview with Francesco Rosi, *Independent*, 18 June 1987

——'A Town Called Aliano', article on Carlo Levi, *Sunday Telegraph*, 6 Nov. 1988

——'Death of a Survivor', article on Primo Levi, *Sunday Times*, 30 April 1989

——'Primo Levi: literature in the crucible', review of *Other People'sTrades*, *Independent*, 21 Oct. 1989

——'Seeing the Light', interview with Laura Archera Huxley, *Independent Magazine*, 30 April 1994

## 普里莫·莱维的翻译作品，按出版日期顺序

Houwink, Dr. R. Elasticity, Plasticity and *Structure of Matter* (Levitranslated the chapter 'Phthalic Resins', unpublished, 1946). Depositedin the private archive of Giunio Ruspino

Gilman, Henry, *Chimica organica superiore* (*Organic Chemistry: An Advanced Treatise*), vols 1 and 2 of four volumes, Turin: Einaudi, 1955

Jacob (Jacques) Presser, *La notte dei Girondini* (*The Night of the Girondists*), Milan: Adelphi, 1976

Douglas, Mary, *I simboli naturali* (*Natural Symbols*), Turin: Einaudi, 1979

Kafka, Franz, *Il Processo* (*The Trial*), Turin: Einaudi, 1983

Lévi-Strauss, Claude, *Lo sguardo da lontano* (*The View from Afar*), Turin: Einaudi, 1984

——*La via delle maschere* (*The Way of the Masks*), Turin: Einaudi, 1985

# 参考文献

Agnelli, Susanna, *We Always Wore Sailor Suits*, London: Weidenfeld &Nicolson, 1975

Agosti, Giorgio and Bianco, Livio, *Un'amicizia partigiana: lettere 1943–45*, Turin: Meynier, 1990

Ainsztein, Reuben, *Jewish Resistance in Nazi-Occupied Eastern Europe*, London: Paul Elek, 1974

Alexander, Edward, *The Resonance of Dust: Essays on Holocaust Literatureand Jewish Fate*, Colombus: Ohio State University Press, 1979

Alvarez, A. *The Savage God*, London: Weidenfeld & Nicolson, 1971

Améry, Jean, *At the Mind's Limits*, London: Granta, 1999

——*Levar la mano su di sé*, Turin: Bollati Boringhieri, 1990

——*Rivolta e rassegnazione*, Turin, Bollati Boringhieri, 1988

Antelme, Robert, *La specie umana*, Turin: Einaudi, 1954

Antonicelli, Franco, *La pratica della libertà*, Turin: Einaudi, 1976

Arbib, Gloria, *Partecipazione di ebrei alla resistenza nella regione Piemonte*, Milan: University of Milan Political Science thesis, 1980

Ardagh, John, *Germany and the Germans*, London: Hamish Hamilton, 1987

Arendt, Hannah, *Eichmann in Jerusalem*, London: Penguin, 1977

Arieti, Silvano, *The Parnas*, Philadelphia: Paul Dry Books, 2000

Arlacchi, Pino, *Mafia Business: The Mafia Ethic and the Spirit of Capitalism*, London: Verso, 1986

Arnaldi, Roberto, *Immagini di un passato ebraico nel Monregalese*, Mondovì: L'Unione Monregalse, 1982

Arpino, Giovanni and Antonetto, Roberto, *Emilio Salgari: il padre degli eroi*, *Milan: Mondadori*, 1991

Artom, Emanuele, *Diari: gennaio 1940–febbraio 1944*, Milan: CDEC, 1946

Artusi, Pellegrino, *La scienza in cucina e l'arte di mangiar bene*, Turin: Einaudi, 1970

Assandria, Giuseppe, *Augusta Bagiennorum*, Bene Vagienna: F.Vissio, 1925

Baccino, Renzo, *Fossoli*, Modena: Comune di Carpi, 1961

Bagnasco, Arnaldo, *Torino: un profilo sociologico*, Turin: Einaudi, 1986

Balestrini, Nanni, *Vogliamo tutto*, Milan: Feltrinelli, 1971

Barbaro, Paolo, *Passi d'uomo*, Milan: Mondadori, 1978

——*Giornale dei lavori*, Turin: Einaudi, 1966

Bassani, Giorgio, *The Garden of the Finzi-Continis*, London: Quartet, 1974

Batham, D., *A Reminiscence of Gideon Algernon Mantell, Esq.*, London: Simpkin, Marshall & Co, 1853

Bebb, R. L (ed.), *Synthetic Rubber*, London: Chapman & Hall, 1954

Bedarida, G., *Ebrei d'Italia*, Livorno: Tirrena, 1950

Bedford, Sybille, *Aldous Huxley: A Biography*, London: Chatto & Windus, 1973

Belli, Giuseppe Gioachino, *Sonetti*, Milan: Mondadori, 1978

Belloni, Emanuela (ed.), *Un'avventura internazionale: Torino e le arti, 1950–1970*, Milan: Charta, 1993

Belluci, Maria and Ciliberto, Michele, *La scuola e la pedagogia del fascism*, Turin: Loescher, 1978

Bernstein, Jeremy, *Cranks, Quarks, and the Cosmos*, London: Harper Collins, 1993

Bertinetti, Giovanni, *Le Orecchie di Meo*, Turin: S. Lattes, 1908

Bertoldi, Silvio, *Dopoguerra*, Milan: Rizzoli, 1993

Bertolo, Giovanni (ed.), *Torino tra le due guerre*, Turin: Musei Civici, 1978

Bertone, Gianni, *I figli d'Italia si chiaman Balilla*, Rimini: Guaraldi, 1975

Bertone, Giorgio, *Italo Calvino: Il castello della scrittura*, Turin: Einaudi, 1994

Bettelheim, Bruno, *The Informed Heart*, London: Penguin, 1991

Bianco, Livio D., *Guerra partigiana*, Turin: Einaudi, 1954

Biancotti, Angiolo, *Arturo Foà: L'uomo e il poeta*, Turin: S.Lattes, 1936

Bobbio, Norberto, *Autobiografia*, Bari: Laterza, 1997

——*Profilo ideologico del '900*, Milan: Garzanti, 1990

——*Trent'anni di storia della cultura a Torino: 1920–1950*, Turin: Casa diRisparmio, 1977

Boccalatte, Luciano, De Luna, Giovanni and Maida, Bruno (eds), *Torino inguerra: 1940–1945*, Turin: Gribaudo, 1995

Boitani, Piero, *The Shadow of Ulysses: Figures of a Myth*, Oxford: Oxford University Press, 1994

Bollati, Giulio, *L'Italiano*, Turin: Einaudi, 1983

Borgogno, Anna, *La città perduta*, Milan: Pan Milano, 1981

Borkin, Joseph, *The Crime and Punishment of I. G. Farben*, New York: Pocket Books, 1978

Borowski, Tadeusz, '*This Way to the Gas, Ladies and Gentlemen*', London: Jonathan Cape, 1967

Bragg, William, *Concerning the Nature of Things*, London: G. Bell, 1925

Bravo, Anna and Jalla, Daniele (eds), *La vita offesa: storia e memoria deiLager nazisti nei racconti di duecento sopravissuti*, Milan: Franco Angeli, 1986

Brendon, Piers, *The Dark Valley: A Panorama of the 1930s*, London: Pimlico, 2001

Bruck, Edith, *Due stanze vuote*, Padua: Marsilio, 1974

Bullock, Alan, Hitler: *A Study in Tyranny*, London: Penguin, 1990

Buruma, Ian, *The Wages of Guilt: Memories of War in Germany and Japan*, London: Jonathan Cape, 1994

Caffaz, Ugo, *L'antisemitismo italiano sotto il fascismo*, Florence: La NuovaItalia, 1975

Caglioti, Luciano, *I due volti della chimica*, Milan: Mondadori, 1979

Caleffi, Piero, *Si fa presto a dire fame*, Milan-Rome: Avanti!, 1955

Calvino, Italo, *Why Read the Classics?*, London: Jonathan Cape, 1999

——*The Road to San Giovanni*, New York: Pantheon, 1993

——*I libri degli altri*, Turin: Einaudi 1991

——*The Path to the Nest of the Spiders*, New York: Ecco Press, 1976

——*Tarocchi: Il mazzo visconteo di Bergamo e New York*, Parma: F. M. Ricci, 1969

——*I nostri antenati*, Turin: Einaudi, 1960

Camerana, Oddone, *Contro la mia volontà*, Turin: Einaudi, 1993

Campagnoli, Ruggero and Hersant, Yves, *Oulipo. La letteratura potenziale (Creazioni Ricreazioni Ricreazioni)*, Bologna: Clueb, 1985

Canestri, Giorgi and Ricuperati, Giuseppe, *La scuola in Italia dalla leggeCasati ad oggi*, Turin: Loescher, 1976

Caracciolo Nicola, *Gli ebrei e l'Italia durante la guerra: 1940–45*, Rome: Bonacci, 1986

Carcano, Giancarlo, *Torino antifascista: 1922–1943*, Turin: Edizioni A.N.P.P.I.A, 1993

Carrel, Alexis, *Man the Unknown*, New York: Harper & Brothers, 1935

Castronovo, Valerio, *Torino*, Bari: Laterza, 1987

Cavaglion, Alberto (ed.), *La moralità armata: studi su Emanuele Artom1915–1944*, Milan: Franco Angeli, 1993

——*La scuola ebraica a Torino (1938–1943)*, Turin: Pluriverso, 1993

Centro Furio Jesi (eds), *La Menzogna della Razza: documenti e immagini delrazzismo e dell'antisemitismo fascista*, Bologna: Grafis, 1994

Cereja, F. and Mantelli, B. (eds), *La deportazione nei campi di sterminio Nazisti*, Milan: Franco Angeli, 1986

Cesari, Severino, *Colloquio con Giulio Einaudi*, Rome-Naples: Theoria, 1991

Cesarani, David (ed.), *The Final Solution*, London: Routledge, 1993

Chamberlin, Lesley, *Nietzsche in Turin: The End of the Future*, London: Quartet, 1996

Chiambaretta, Sergio and Panei, Alessandro (eds), *La grande Torino*, Turin: Gribaudo, 1988

Chiesura, Giorgio, *Devozione*, Milan: Mondadori, 1990

——*Light Without Motion*, New York: Owl Creek Press, 1989

Chiodi, Pietro, Banditi, Turin: Einaudi, 1961

Clerici, Luca and Falcetto, Bruno (eds), *Calvino & l'editoria*, Milan: Marcos y Marcos, 1993

Cohen, A., *Everyman's Talmud*, New York: Schocken Books, 1975

Coifmann, Isabella Lattes, *L'intelligenza degli animali*, Turin: La Stampa, 1986

Curwood, James, *The Glory of Living*, London: Hodder & Stoughton, 1928

Dallaporta-Xydias, N., *Cristianesimo e mondi tradizionali*, Abano Terme: Piovan, 1991

Dante, *Hell* (trans. Steve Ellis) London: Chatto & Windus, 1994

——*The Divine Comedy* (trans. C. H. Sisson), London: Pan, 1981

Davì, Luigi, *L'aria che respiri*, Turin: Einaudi, 1964

Dawidowicz, Lucy S., *The War Against the Jews*, London: Penguin, 1990

D'Azeglio, Massimo, *I Miei Ricordi*, Turin: Einaudi, 1949

——*Dell' emancipazione civile degli israeliti*, Florence: Le Monnier, 1848

Debenedetti, Giacomo, *16 ottobre 1943*, Palermo: Sellerio, 1993

De Felice, Renzo, *Storia degli ebrei italiani sotto il fascismo*, Turin: Einaudi, 1961

De Kruif, Paul, *The Microbe Hunters*, London: Jonathan Cape, 1927

Della Torre, Ada, *Messagio speciale*, Bologna: Zanichelli, 1968

Del Noce, Augusto, *Giovanni Gentile*, Bologna: il Mulino, 1990

Desmond, Adrian, *Huxley: The Devil's Disciple*, London: Michael Joseph, 1994

Diena, Marisa, *Guerriglia e autogoverno: brigate Garibaldi nel Piemonteoccidentale 1943–45*, Parma: Ugo Guanda, 1970

Dolza, Delfina, *Essere figlie di Lombroso*, Milan: Franco Angeli, 1990

Dossena, Giampaolo, *La zia assatanata*, Rome: Theoria, 1988

Duggan, Christopher, *Fascism and the Mafia*, London: Yale UniversityPress, 1989

Eatwell, Roger, *Fascism: A History*, London: Chatto & Windus, 1995

Eco, Umberto, *How to Travel with a Salmon and Other Essays*, London: Secker & Warburg, 1994

Enzensberger, Hans Magnus, *Civil War*, London: Granta, 1990

Eustace, John Chetwode, *A Classical Tour Through Italy*, London: J. Mawman, 1815

Fabre, Abbé Augustin, *The Life of Jean Henri Fabre*, London: Hodder &Stoughton, 1921

Fabre, Jean Henri, *The Wonder Book of Chemistry*, New York: Century, 1922

Fargion, Liliana Picciotto, *Il libro della memoria: Gli ebrei deportatidall'Italia (1943–1945)*, Milan: Murisa, 1991

Faurisson, Robert, *Mémoire en défense (contre ceux qui m'accusent de falsifierl' Histoire)*, Paris: La Vieille Taupe, 1980

Feltrinelli, Carlo, *Senior Service*, London: Granta, 2001

Fenoglio, Beppe, *Il partigiano Johnny*, Turin: Einaudi, 1970

Firpo, Luigi, *Gente di Piemonte*, Milan: Mursia, 1983

Foà, Arturo, *L'Italie en marche* Turin: S.Lattes, 1931

——*Per Benito Mussolini*, Turin: Alberto Giani, 1926

Foa, Vittorio, *Il Cavallo e la Torre*, Turin: Einaudi, 1991

Formiginni, Gina, *Stella d'Italia, stella di Davide*, Milan: Mursia, 1970

Fraccaroli, Arnaldo, *Ungheria Bolscevica: Note di uno che c'è stato*, Milan: Sonzongo, 1920

Frei, Matt, *Italy: The Unfinished Revolution*, London: Arrow, 1997

Friedlander, Albert H., *Riders Towards the Dawn*, London: Constable, 1993

Friedlander, Saul (ed.), *Probing the Limits of Representation: Nazism and the Final Solution*, Cambridge: Harvard University Press, 1992

Fubini, Guido, *Lungo viaggio attraverso il pregiudizio*, Turin: Rosenberg &Sellier, 1996

——*L'ultimo treno per Cuneo*, Turin: Meynier, 1991

Gallico, Giuseppe, *Torino di ieri*, Turin: Palatine, 1954

Garrone, Alessandro Galante, *I miei maggiori*, Milan: Garzanti, 1984

——*Libertà Liberatrice*, Turin: La Stampa, 1992

——*Amalek: Il dovere della memoria*, Milan: Rizzoli, 1989

Gattermann, Ludwig, *Chimica organica pratica*, Milan: Hoepli, 1957

Ghersi, Italo, *Matematica dilettevole e curiosa*, Milan: Hoepli, 1913

Gilbert, Martin, *The Holocaust: The Jewish Tragedy*, London: Collins, 1986

——*Auschwitz and the Allies*, London: Michael Joseph, 1981

Gill, Anton, *An Honourable Defeat: A History of the Resistance to Hitler*, London: William Heinemann, 1994

——*The Journey Back from Hell: Conversations with Concentration CampSurvivors*, London: Grafton, 1989

Ginsborg, Paul, *Italy and its Discontents: 1980–2001*, London: Allen Lane, 2002

——*A History of Contemporary Italy: Society and Politics 1943–1988*, London: Penguin, 1990

Ginzburg, Natalia, The Manzoni Family, Manchester: Carcanet, 1987

——*La strada che va in città*, Turin: Einaudi, 1984

——*Le piccole virtú*, Turin: Einaudi, 1982

——*Vita Immaginaria*, Milan: Mondadori, 1972

——*Lessico familiare*, Turin: Einaudi, 1963

Glover, Jonathan, *Humanity: A Moral History of the Twentieth Century*, London: Jonathan

Cape, 1999
Gobetti, Ada, *Diario partigiano*, Turin: Einaudi, 1956
Gobetti, Piero, *La rivoluzione liberale*, Turin: Einaudi, 1964
Gobbi, Romolo, *Il mito della resistenza*, Milan: Rizzoli, 1992
——*Operai e resistenza*, Turin: Musolini, 1973
Goldhagen, Daniel, *Hitler's Willing Executioners*, London: Little, Brown, 1996
Gotta, Salvatore, *Il piccolo alpino*, Milan: Mondadori, 1926
Gould, Stephen Jay, *The Mismeasure of Man*, New York: Norton, 1981
Gramsci, Antonio, *La Città futura* ( *1917–1918* ), Turin: Einaudi, 1982
Gratzer, Walter ( ed. ), *The Longman Literary Companion to Science*, London: Longman, 1989
Gravela, Enrico, *Giulio Bizzozero*, Turin: Umberto Allemandi, 1989
Gregor, James A., *The Ideology of Fascism*, New York: Free Press, 1969
Guariniello, Raffaele, *Se il lavoro uccide: Riflessioni di un magistrato*, Turin: Einaudi, 1985
Guglielminetti, Clelia, *I miei ricordi del liceo Massimo D'Azeglio*, Turin: Vincenzo Bona, 1968
Gunzberg, Lynn M., *Strangers at Home: Jews in the Italian Literary Imagination*, Berkeley, CA: University of California Press, 1992
Haycraft, John, *Italian Labyrinth*, London: Secker & Warburg, 1985
Hayes, Peter, *Industry and Ideology: I. G. Farben in the Nazi Era*, Cambridge: Cambridge University Press, 1987
Hayman, Ronald, *Thomas Mann*, London: Bloomsbury, 1996
Herman, Marco, *Diario di un ragazzo ebreo*, Cuneo: L'Arciere, 1984
Hilberg, Raul, *The Destruction of European Jews*, New York: Holmes & Meier, 1985
Hobsbawm, Eric, *Age of Extremes: The Short Twentieth Century 1914–1991*, London: Michael Joseph, 1994
Hughes, H. Stuart, *Prisoners of Hope: The Silver Age of the Italian Jews: 1924–1974*, Cambridge, MA: Harvard University Press, 1983
Huxley, Laura, *This Timeless Moment*, California: Celestial Arts, 1975
Jamison, Kay Redfield, *Night Falls Fast: Understanding Suicide*, London: Picador, 2000
——*An Unquiet Mind*, London: Picador, 1996
Jaspers, Karl, *The Question of German Guilt*, New York: Dial Press, 1947
Jemolo, Arturo Carlo, *Anni di prova*, Vicenza: Neri Pozza, 1969
Jesurum, Stefano, *Essere ebrei in Italia*, Milan: Longanesi, 1987

Josipovici, Gabriel, *A Life*, London: London Magazine Editions, 2001

Kedourie, Elie (ed.), *Spain and the Jews*, London: Thames & Hudson, 1992

Kennedy, Joseph P. (ed.), *Polymer Chemistry of Synthetic Elastomers*, NewYork: John Wiley, 1968

Kertzer, I. David, *The Kidnapping of Edgardo Mortara*, London: Picador: 1997

Klemperer, Victor, *Lingua Tertii Imperii*, Berlin: Aufbau Verlag, 1949

Koestler, Arthur, *The Yogi and the Commissar*, London: Hutchinson, 1965

Kolitz, Zvi, *Yosl Rakover Talks to God*, London: Jonathan Cape, 1999

König, Joel, *Sfuggito alle reti del nazismo*, Milan: Mursia, 1973

Kovpak, S.A., *Les Partisans Soviétiques*, Paris: La Jeune Parque, 1945

Kustow, Michael, *One in Four*, London: Chatto & Windus, 1987

Lajolo, Davide, *Il 'Vizio Assurdo'*: Storia di Cesare Pavese, Milan: Mondadori, 1972

Lamb, Richard, *Mussolini and the British*, London: John Murray, 1997

——*War in Italy 1943–1945: A Brutal Story*, New York: Da Capo Press, 1996

Lammer, Eugen, *Fontana di giovinezza*, Milan: L'Eroica, 1933

Langbein, Hermann, *Against All Hope: Resistance in the Nazi ConcentrationCamps 1938–1945*, London: Constable, 1994

——*Uomini ad Auschwitz*, Milan: Mursia, 1984

Lanzmann, Claude, *Shoah: The Complete Text of the Film*, New York: Da Capo Press, 1995

LaPalomba, Joseph, *Democracy, Italian Style*, London: Yale University Press, 1987

Laqueur, Walter, *The Terrible Secret: An Investigation into the Suppression of Information about Hitler's Final Solution*, London: Weidenfeld &Nicolson, 1980

Lassar-Cohn, Professor Von, *Chemistry in Daily Life*, London: H. Grevel &Co, 1913

Letts, Vanessa, *New York*, London: Cadogan, 1991

Levi, Carlo, *Il futuro ha un cuore antico*, Turin: Einaudi, 1956

——*The Watch*, London: Cassell, 1952

Levi, Fabio, *L'identità imposta*, Turin: Zamorani, 1996

——(ed.), *L'ebreo in oggetto*, Turin: Zamorani, 1991

Levi, Michele, *Calcolo delle dimensioni d'una incavallatura Polonceau*, Turin: G. Derossi, 1873

Levi Montalcini, Rita, *Elogio dell'imperfezione*, Milan: Garzanti, 1987

Levi, Primo, *Abruzzo forte e gentile*, Sulmona: Di Cioccio, 1976

Levi, Stefano Della Torre, *Mosaico*, Turin: Rosenberg & Sellier, 1994

Levi, Riccardo, *Ricordi politici di un ingegnere*, Milan: Vangelista, 1981

Liebman, Joshua Loth, *Peace of Mind*, London: Heinemann, 1946

Lingens-Reiner, Ella, *Prisoners of Fear*, London: Gollancz, 1948

Loewenthal, Elena, *Figli di Sara e Abramo*, Milan: Frassinelli, 1995

Lomax, Eric, *The Railway Man*, London: Jonathan Cape, 1995

Lombardo-Radice, Giuseppe, *Lezioni di didattica*, Palermo: Sandron, 1936

Lombroso, Cesare, *After Life, What?: Spiritist Phenomena and theirInterpretation*, Boston: M. Smart, 1909

——*L'antisemitismo e le scienze sociali*, Turin: Bocca, 1894

Lorenz, Konrad, *On Aggression*, London: Methuen, 1966

Luria, Salvador, *A Slot Machine, a Broken Test Tube*, New York: Harper &Row, 1984

Lyons, Philip, *Literary and Theological Responses to the Holocaust*, Bristol: University of Bristol thesis, 1988

Macagno, Mario, *Cucire un motore*, Pollone: Leone & Griffa, 1992

——*Cinquantotto anni che contano per cento*, Turin: Italscambi, 1986

Magris, Claudio, *Lontano da dove: Joseph Roth e la tradizione ebraicoorientale*, Turin: Einaudi, 1989

Malaparte, Curzio, *Kaputt*, New York: E. P. Dutton, 1946

Malgaroli, Felice, *Domani chissà*, Cuneo: L'Arciere, 1992

Manaresi, Angelo, *Parole agli alpinisti*, Rome: Edizioni del C.A.I., 1932

Mann, Vivian B. (ed.), *Gardens and Ghettos: The Art of Jewish Life in Italy*, Berkeley, CA: University of California Press, 1989

Mantell, Gideon Algernon, *Thoughts on Animalcules; or, a glimpse of theInvisible World Revealed by the Microscope*, London: John Murray, 1846

Marcenaro, Pietro, *Riprendere tempo*, Turin: Einaudi, 1982

Marchis, Riccardo (ed.), *Diario di Carlo Chevallard 1942–1945*, Turin: Archivio Storico della Città di Torino, 1994

Mayda, Giuseppe, *Ebrei sotto Salò*, Milan: Feltrinelli, 1978

Michaelis, Meir, *Mussolini and the Jews: German-Italian Relations and theJewish Question in Italy 1922–1945*, Oxford: Oxford University Press, 1978

Mila, Massimo, *Scritti civili*, Turin: Einaudi, 1995

——*Scritti di montagna*, Turin: Einaudi, 1992

Millu, Liana, *Il fumo di Birkenau*, Florence: Giuntina, 1986 (reprint)

Modiano, Patrick, *The Search Warrant*, London: Harvill, 2000

Modigliani, Carlo, *Una croce e una stella*, Milan: Gastaldi, 1959

Mola, Aldo Alessandro, *Storia della massoneria italiana dall'unità alla Repubblica*, Milan:

Bompiani, 1976
Molinari, Maurizio, *La sinistra e gli ebrei in Italia: 1967–1993*, Milan: Corbaccio, 1995
Molnar Miklós, *From Béla Kun to János Kádár: Seventy Years of Hungarian Communism*, New York: Berg, 1990
Momigliano, Arnaldo, *Pagine ebraiche*, Turin: Einaudi, 1987
Momigliano, Eucardio, *Storia tragica e grottesca del razzismo italiano*, Milan: Mondadori, 1946
Montale, Eugenio, *Auto da fè. Cronache in due tempi*, Milan: Il Saggiatore, 1966
Monti, Augusto, *I sanssôssi*, Cuneo: Araba Fenice, 1993
——*I miei conti con la scuola*, Turin: Einaudi, 1965
Monti, Faustino, *Bene Vagienna: Ricordi popolari*, Cuneo: A. Riba, 1877
Morante, Elsa, *History: A Novel*, London: Allen Lane, 1977
Moravia, Alberto, *The Time of Indifference*, New York: Farrar Strauss, 1953
Morpurgo, Giuseppe, *Beati misericordes*, Turin: S.Lattes, 1930
——*Yom Ha-Kippurim*, Florence: Casa Editrice Israel, 1925
Morris, Jan, *Trieste and the Meaning of Nowhere*, London: Faber & Faber, 2001
Mosso, Angelo, *Mens sana in corpore sano*, Milan: Treves, 1903
——*Fisiologia dell'uomo sulle Alpi*, Milan: Treves, 1897
——*La paura*, Milan: Treves, 1884
Müller, Filip, *Auschwitz Inferno*, London: Routledge, 1979
Nicco, Roberto, *La resistenza in Valle d'Aosta*, Aosta: Musumeci, 1990
Nissim, Luciana, *Ricordi della casa dei morti, in Donne contro il mostro*, Turin: Vincenzo Ramella, 1946
Nyiszli, Miklos, *Auschwitz: A Doctor's Eye-Witness Account*, London: Granada, 1978
Olschki, Marcella, *Terza liceo 1939*, Palermo: Sellerio, 1993
Operti, Piero, *Lettera aperta a Benedetto Croce*, Turin: Edizioni Superga, 1946
Orano, Paolo, *Gli ebrei in Italia*, Rome: Pinciana, 1938
Paglieri, Marina, *Torino Belle Epoque*, Turin: Lindau, 1994
Pancaldi, Giuliano, *Darwin in Italy*, Indiana: Indiana University Press, 1991
Papuzzi, Alberto, *Il mondo contro*, Turin: La Stampa, 1996
——*Portami su quello che canta*, Turin: Einaudi, 1977
——*Il provocatore. Il caso Cavallo e le Fiat*, Turin: Einaudi, 1976
Pasolini, Pier Paolo, *Una vita violenta*, Turin: Einaudi, 1979
——*Ragazzi di vita*, Milan: Garzanti, 1976
Passerini, Luisa, *Fascism in Popular Memory: The Cultural Experience of theTurin Working*

*Class*, Cambridge: Cambridge University Press, 1987

Pavese, Cesare, *This Business of Living*: Diaries 1935–1950, London: Quartet, 1980

Pellegrino, Oreste, *Le mie perle: scelta di letture per la quarta elementare*, Lanciano: R. Carabba Editore, 1922

Pellico, Silvio, *Opere scelte*, Rome: Cremonese, 1956

Pinkus, Oscar, *A Choice of Masks*, Englewood Cliffs, N. J: Prentice-Hall, 1969

Piovene, Guido, *Viaggio in Italia*, Milan: Baldini & Castoldi, 1993

Pitkin, Walter, *A Short History of Human Stupidity*, London: George Allen, 1935

Pizzardi, Tina, *Senza pensarci due volte*, Bologna: il Mulino, 1996

Pollack, Martha, *Turin 1564–1680*, Chicago: University of Chicago Press, 1991

Ponchiroli, Daniele, *Le avventure di Barzamino*, Turin: Einaudi, 1965

Ponzio, Giacomo, *Chimica organica*, Turin: Unione Tipografico, 1938

——*Chimica inorganica*, Turin: Unione Tipografico, 1937

Presser, Jacques, *The Night of the Girondists*, London: Harvill, 1992

Prolo, Maria Adriano, *Storia del cinema muto italiano*, Milan: Poligono, 1951

Provenzali, Delfina, *L'incisione dura*, Milan: Scheiwiller, 1977

Queneau, Raymond, *Piccola cosmogonia portatile*, Turin: Einaudi, 1988

——*La canzone del polistirene*, Milan: Scheiwiller, 1985

Re, Luciano and Sessa, Giovanni, *Torino, Via Roma*, Turin: Lindau, 1992

Revelli, Nuto, *Il disperso di Marburg*, Turin: Einaudi, 1994

——*La strada del davai*, Turin: Einaudi, 1966

——*La guerra dei poveri*, Turin: Einaudi, 1962

——*Mai Tardi: Diario di un alpino in Russia*, Cuneo: Panfilo, 1946

Reynolds-Ball, E.A., *Unknown Italy: Piedmont and the Piedmontese*, London: A. & C. Black, 1927

Richards, Charles, *The New Italians*, London: Michael Joseph, 1994

Ridley, Jasper, *Mussolini*, London: Constable, 1997

Ring, Jim, *How the English Made the Alps*, London: John Murray, 2000

Rolfi, Lidia Beccaria and Bruzzone, Anna Maria, *Le donne di Ravensbrück*, Turin: Einaudi, 1978

Romanelli, Guido, *Nell'Ungheria di Béla Kun*, Udine: Doretti, 1964

Rosenfeld, Alvin H., *A Double Dying: Reflections on Holocaust Literature*, Bloomington, IN: Indiana University Press, 1980

Ross, Alan, *Blindfold Games*, London: Collins Harvill, 1986

Rossi-Doria, Manilo, *La gioia tranquilla del ricordo*, Milan: il Mulino, 1991

Rosten, Leo, *The Joys of Yiddish*, London: W. H. Allen, 1970
Roth, Cecil, *The History of the Jews of Italy*, Philadelphia: Jewish Publication Society of America, 1946
Rousset, David, *L'univers concentrationnaire*, Paris: Pavois, 1946
Rusconi, Gian Enrico (ed.), *Germania: un passato che non passa*, Turin: Einaudi, 1987
Russell, Lord of Liverpool, *The Scourge of the Swastika*, London: Cassell, 1954
Saba, Umberto, *Scorciatoie e raccontini*, Milan: Mondadori, 1946
Sacchi, Filippo, *Diario 1943–1944*, Lugano: Casagrande, 1987
Sacco, Sergio and Richietto, Gigi, *Il dinamitificio nobel di Avigliana*, Susa: Piero Melli, 1991
Sartre, Jean-Paul, *Anti-Semite and Jew*, New York: Schocken Books, 1948
Schwarz-Bart, André, *The Last of the Just*, London: Secker & Warburg, 1961
Sciascia, Leonardo, *Il teatro della memoria*, Turin: Einaudi, 1981
Segre, Augusto, *Memorie di vita ebraica*, Rome: Bonacci, 1979
Segre, Dan Vittorio, *Memoirs of a Fortunate Jew*, London: Peter Halban, 1978
Segre, Emilio, *A Mind Always in Motion*, Berkeley, CA: University of California Press, 1993
Segre, Renata, *The Jews in Piedmont*, 3 vols, Jerusalem: Israel Academy of Sciences and Humanities and Tel Aviv University, 1986
Segre, Sion Amar, *Lettera al Duce*, Florence: Giuntina, 1994
Selmin, Francesco (ed.), *Da Este ad Auschwitz*, Este: Giordano Bruno, 1987
Sereny, Gitta, *The German Trauma: Experiences and Reflections 1938–2000*, London: Allen Lane, 2000
——*Albert Speer: His Battle With Truth*, London: Picador, 1996
——*Into That Darkness: From Mercy Killing to Mass Murder*, London: André Deutsch, 1974
Serra, Bianca Guidetti, *Storie di giustizia, ingiustizia e galera*, Milan: Linea D'Ombra, 1994
Servadio, Gaia, *Un'infanzia diversa*, Milan: Rizzoli, 1988
Sgorlon, Carlo, *Army of the Lost Rivers*, New York: Italica Press, 1998
Siciliano, Enzo, *Pasolini*, London: Bloomsbury, 1987
Sinigaglia, Alberto, *Vent'anni al Duemila*, Turin: Eri, 1982
Smith, Denis Mack, *Mussolini*, London: Weidenfeld & Nicolson, 1981
Soldati, Mario, *The Malacca Cane*, London: André Deutsch, 1973
Solmi, Sergio and Fruttero, Carlo (eds), *Le meraviglie del possible*, Turin: Einaudi, 1959

Spriano, Paolo, *Le passioni di un decennio 1946–1956*, Milan: Garzanti, 1986
Squarotti, Giorgio Bárberi, *Le colline, i maestri, gli dei*, Treviso: Santi Quaranta, 1992
Steinberg, Jonathan, *All or Nothing: The Axis and the Holocaust 1941–1943*, London: Routledge, 1990
Steinberg, Paul, *Chroniques d'ailleurs*, Paris: éditions Ramsay, 1996
Stern, Mario Rigoni, Amore di confine, Turin: Einaudi, 1986
——*L'anno della vittoria*, Turin: Einaudi, 1985
——*La storia di Tönle*, Turin: Einaudi, 1978
——*Quota Albania*, Turin: Einaudi, 1971
——*Il bosco degli urogalli*, Turin: Einaudi, 1970
——*Il sergente nella neve*, Turin: Einaudi, 1953
Stille, Alexander, *Benevolence and Betrayal: Five Italian Jewish FamiliesUnder Fascism*, London: Jonathan Cape, 1992
Stone, Norman, *Hitler*, London: Hodder & Stoughton, 1980
Styron, William, *Darkness Visible*, London: Jonathan Cape, 1991
Svevo, Livia Veneziani, *Memoir of Italo Svevo*, London: Libris, 1989
Svoray, Yaron and Taylor, Nick, *In Hitler's Shadow*, London: Constable, 1995
Tamburini, Luciano, *I teatri di Torino*, Turin: Albero, 1966
Tannenbaum, Edward R., *Fascism in Italy: Society and Culture 1922–45*, New York: Basic Books, 1972
Tedesci, Giuliana, *Questo povero corpo*, Milan: Editrice Italiana, 1946
Terracini, Benedetto (ed.), *La fabbrica del cancro: L'IPCA di Ciriè*, Turin: Einaudi, 1976
Thomson, Ian, *Southern Italy*, London: Collins, 1989
Todorov, Tzvetan, *Facing the Extreme*, London: Weidenfeld & Nicolson, 1999
Tomasi, Tina, *Idealismo e Fascismo nella scuola italiana*, Florence: La NuovaItalia, 1969
Tomizza, Fulvio, *Destino di frontiera*, Genoa: Marietti, 1992
——*La miglior vita*, Milan: Rizzoli, 1977
——*Materada*, Milan: Mondadori, 1960
Turi, Gabriele, *Casa Einaudi: Libri uomini idee oltre il fascismo*, Milan: il Mulino, 1990
Vacca, Roberto, *Il medioevo prossimo venturo*, Milan: Mondadori, 1971
Vasari, Bruno, *Mauthausen bivacco della morte*, Florence: Giuntina, 1991 (reprint)
——*A ciascuno il suo*, Rome: Quaderni della FIAP, 1987
Vassalli, Sebastiano, *Night of the Comet*, Manchester: Carcanet, 1989
Viallet, Jean-Pierre, *La chiesa valdese di fronte allo stato fascista*, Turin: Claudiana, 1985
Vidal-Naquet, Pierre, *Assassins of Memory*, New York: Columbia University Press, 1992

Viglongo, Andrea, *Conoscere il piemontese*, Turin: A.Viglongo, 1980

Vittorini, Elio, *Diario in pubblico*, Milan: Bompiani, 1957

Voghera, Giorgio, *Anni di Trieste*, Gorizia: Editrice Goriziana, 1989

Volponi, Paolo, *Le mosche del capitale*, Turin: Einaudi, 1989

Wheatcroft, Geoffrey, *The Controversy of Zion: How Zionism Tried toResolve the Jewish Question*, London: Sinclair-Stevenson, 1996

Wiesenthal, Simon, *The Sunflower*, London: W. H. Allen, 1970

Wilhelm, Maria de Blasio, *The Other Italy: The Italian Resistance in WorldWar II*, New York: W.W. Norton, 1988

Wilkinson, James D., *The Intellectual Resistance in Europe*, Harvard University Press, 1981

Woodhouse, John, *Gabriele D'Annunzio: Defiant Angel*, Oxford: Clarendon Press, 1998

Zargani, Aldo, *Per violino solo: La mia infanzia nell'Aldiqua 1938–1945*, Bologna: il Mulino, 1995

Zilahy, Lajos, *Two Prisoners*, London: William Heinemann, 1931

Zorzi, Renzo, *Gli anni dell'amicizia*, Vicenza: Neri Pozza, 1991

Zuccotti, Susan, *The Italians and the Holocaust: Persecution, Rescue and Survival*, London: Peter Halban, 1987